巴蜀文化通史

百四岁叟马识途

《巴蜀文化通史》学术委员会

章玉钧　隗瀛涛　李绍明　林　向　胡昭曦　贾大泉
谭继和　万本根　陈玉屏　罗　鸣　沈伯俊　彭邦本

主　编
章玉钧　谭继和

副主编
罗　鸣　彭邦本

编辑部
主　任　侯水平　向宝云
副主任　万本根　李　庆

"十二五"国家重点图书出版规划项目
四川建设西部文化强省重点项目

章玉钧 谭继和 主编

巴蜀文化通史
城市文化 卷

何一民等 著

四川人民出版社

编者的话

巴蜀文化通史

编者的话

《巴蜀文化通史》编撰工程是中共四川省委批准、省委宣传部直接组织和领导,由四川省繁荣发展哲学社会科学协调小组立项、四川省社会科学院牵头的四川省西部文化强省建设重点支持项目,也是"十二五"国家重点图书出版物出版专项规划及国家出版基金(2016年度)资助项目。一直关心四川文化传承创新的省老领导杨超、杨析综、何郝炬、冯元蔚、廖伯康、聂荣贵、李永寿等同志率先向省委、省政府倡议启动编撰工作。在编撰研究过程中,得到了陶武先、柯尊平、王少雄、甘霖等历届省领导的大力支持和亲切指导,我们谨致衷心的敬意和感谢。

本书编撰委员会于2006年设立,编撰工作由此启动,至2020年全面完稿,历时十五年。编撰委员会名誉主任陶武先,主任王少雄、柯尊平,副主任殷建中、贾松青、侯水平、隗瀛涛、李绍明;顾问蔡美彪、李学勤、张海鹏;编委会成员有章玉钧、林向、胡昭曦、贾大泉、谭继和、万本根、陈玉屏、罗鸣、沈伯俊、彭邦本、向宝云、王素、舒大刚、邓经武、赵振铎、龙晦、龙显昭、刘平斋、吴野、钱来忠、曹顺庆、陈德述、任新建、李明泉、张忠仁、王毅、王庭科、冉光荣、杜肯堂、李学明、孙锦泉、陈廷湘、刘复生、佘正松、李健、李刚、李诚、江玉祥、江章华、蒋维明、季富政、高大伦、段志洪、侯德础、谢元鲁、甘绍成、张明富、张凤琦等。编委中,有些作为学术委员会成员,自始至终参与本书研讨和审定;有的承担了分卷的撰著;有的在本书酝酿和编撰的相关会议上提供了不少宝贵意见;有的应邀对有关书稿审阅并提出有益的建议。总而言之，编委们都为本书编撰出版做出了各自的贡献。另还专门请宗性（中国佛学院）审读了《宗教文化卷》。

编撰工作具体依托四川省社会科学院进行，院历届领导贾松青、侯水平、李后强、向宝云、高中伟等都给予大力支持、督促和帮助，多次召开院党委或院办公会议，听取编辑部汇报，决定有关事项并检查落实。编辑部成员张彦、彭东焕、印国玲在具体组织协调、制订规范规则、联系作者、学术讨论记录（含录音）、编写简报等方面做了大量工作。

《巴蜀文化通史》是集思聚智的学术成果，撰著参与者及分工情况详见于各卷后记。以下谨按卷次列出主要撰著者名单，共同见证这部著作的出版：

《通论卷》　　　　　　谭继和著
《农业与水利文化卷》　彭邦本编著
《工商文化卷》　　　　张学君著
《城市文化卷》　　　　何一民等著
《建筑文化卷》　　　　庄裕光著
《交通文化卷》　　　　蓝勇等著
《民族文化卷》　　　　赵心愚、杨铭等著
《宗族与会社卷》　　　张力著
《移民文化卷》　　　　陈世松著
《方言卷》　　　　　　李国太、黄尚军、袁雪梅、曾为志著
《民俗文化卷》　　　　徐学书、喇明英、况红玲等著
《哲学思想卷》　　　　蔡方鹿、刘俊哲、金生杨著
《史学卷》　　　　　　粟品孝、周鼎、李晓宇著
《宗教文化卷》　　　　李远国、向世山等著
《教育卷》　　　　　　徐辉、徐仲林等著
《文学卷》　　　　　　邓经武著
《艺术卷》　　　　　　苏宁、沈博、幸晓峰著
《科技文化卷》　　　　查有梁、王迎川、周世祥等著

《传播文化卷》　　　　　　赵志立著
《文献要览卷》　　　　　　舒大刚、李冬梅等著
《巴蜀文化大事记》　　　　张彦、陈德言、王林、彭东焕编著
《巴蜀文化研究论著索引》　李敬洵编

由于多领域的地域文化通史尚属首创，不同门类各有其文脉演变、内在逻辑与历史进程，故未对各卷涉及本领域涵盖的时间起止及个别体例做统一的要求。编著者虽务求如清人顾炎武所说"庶几采山之铜"，而力避"买旧钱""废铜以充铸"，但因见闻学识所限，书中疏漏不足之处，尚祈望读者正之。

最后要说的是，全书从编撰到出版来之不易，还得益于四川人民出版社历任社长罗韵希、解伟、黄立新，副社长骆晓平，总编辑刘周远的关心和支持。特别是谢雪编审从中协调、统筹以及众多编辑"为他人作嫁衣裳"的辛勤付出。巴蜀文化界学术界的领军人物、尊敬的马识途先生在2018年一百零四岁时为本通史题写书名。在此，我们表示深深的谢意。

章玉钧　谭继和　罗鸣　彭邦本
2021年11月

总 序

◎ 章玉钧

呈献在读者面前的这部多卷本《巴蜀文化通史》,是国家重点图书出版物出版专项规划项目、国家出版基金资助项目和四川省西部文化强省建设重点支持项目的学术成果。这个项目由中共四川省委宣传部直接组织和领导,四川省社会科学院牵头,川渝合作,组织和邀约四川省、重庆市七十多位巴蜀文化研究专家参加,得到四川省委、重庆市委和国家有关部门的重视和支持,获得国家和省文化产业经费的资助。全书二十二卷二十八册,约一千六百万字。编撰出版工作历时十五年终告完成。参加本书编修的专家学者们团结协同、切磋琢磨、集思聚智、甘苦备尝,贡献了创造性的劳动。四川人民出版社和各卷责任编辑认真敬业,严谨审慎,做出了辛勤奉献。在此,谨就编撰《巴蜀文化通史》的缘起与旨归、定位与特色、架构与方法、集成与出新,作一概括的介绍,以助读者对全书先有个总体的了解。

缘起与旨归

编修《巴蜀文化通史》之议,酝酿已久。20世纪80年代至90年代,巴蜀文化和蜀学研究在四川逐步升温,在选编出版徐中舒、蒙文通、顾颉刚、任乃强、邓少琴、冯汉骥等大师关于巴蜀文化的论著①后，陆续编写出版了《巴蜀文化图典》②《巴蜀文化研究丛书》③《巴蜀文化系列丛书》④。大家既为"地域文化热"的兴起而振奋，又在同地域文化研究先行地区的比较中，看到我们的差距，深感传承、整合和弘扬巴蜀文化，要抓牵头的东西，抓具有基础性、全局性和带动性的项目。2001年，一直关注文化的四川省老领导杨超、杨析综率先提出编撰《巴蜀文化通史》的倡议，杨超还构想系统整理自古以来的巴蜀文献，编成《巴蜀全书》。他们登高一呼，高屋建瓴，对学界有很大的启发和鼓舞。经过反复酝酿，省里八位老同志⑤于2005年10月联名致信四川省委、省政府，建议启动《巴蜀文化通史》的编撰工程。在组织四川高校和研究机构数十位专家学者进行论证，并征得重庆市有关领导和专家学者的赞同后，省委批准立项，审定了全书的框架设计。2006年7月，《巴蜀文化通史》多卷本编撰工程正式开展。

大家渴望编撰《巴蜀文化通史》并积极付诸行动，是基于这样的共识：民族文化是一个民族的根、脉、魂，是民族精神的载体，是支撑民族生存和发展的脊梁。全球文明古国各具优长，唯有中华文明几千年来一脉贯通地连续发展至今，重要原因是有由甲骨文、金文发展而来的形、音、义相结合的汉字为重要载体和文化纽带，用其写成的文史典籍代代承传，从未间断，起到全民族凝心聚力的巨大作用，激励中华民族历经磨难而不衰，直至迎来民族走向伟大复兴的盛世。巴蜀文化是多源汇成一脉、多元聚为一体的中华文

---

① 徐中舒《论巴蜀文化》、蒙文通《巴蜀古史论述》、顾颉刚《论巴蜀与中原的关系》、任乃强《四川上古史新探》、邓少琴《巴蜀史迹探索》，均由四川巴蜀史研究会编辑，由四川人民出版社于20世纪80年代出版。此后还有《冯汉骥考古学论文集》1985年由文物出版社出版，另有《缪钺全集》2004年由河北教育出版社出版。
② 该图典由川渝合作编成，刘茂才、滕久明任编委会主任，万本根、俞荣根任主编，四川人民出版社1999年出版。
③ 该丛书由杨超、杨析综任编委会主任，首批六册。李绍明《巴蜀民族史论集》、隗瀛涛《巴蜀近代史论集》、林向《巴蜀考古论集》、胡昭曦《宋代蜀学论集》、谭继和《巴蜀文化辨思集》、徐南洲《古巴蜀与〈山海经〉》，均由四川人民出版社2004年出版。
④ 该丛书由杨超、杨析综任编委会主任，谭洛非、邓星盈、万本根任主编，共十册，四川人民出版社2001年出版。
⑤ 八位老同志是杨超、杨析综、何郝炬、冯元蔚、廖伯康、聂荣贵、李永寿、章玉钧。

化中一个重要的区域文化，是博大精深的中华文明的一枝奇葩，在中华民族文化谱系中占有独特的地位。她绚丽多彩、大器包容，在与兄弟地域文化交流互益、吞吐融会中发展繁荣，形成并展示出独特的神韵和魅力，使哺育她的中华文化更添灿烂辉光。对于川渝地区各族同胞而言，巴蜀文化就是我们世代生存之根、承传之脉、发展之魂。

巴蜀大地钟灵毓秀、文脉悠长，堪称多种人类遗产荟萃的聚宝盆。巴蜀文化有许多独具的特色和亮点，足以令我们为先辈的创造感恩并自豪。茂县营盘山、成都平原从宝墩到三星堆、金沙以及长江三峡、宣汉罗家坝等处文化遗址的多次惊世发现，结合古文献资料，无可辩驳地证实了巴蜀作为长江上游的上古文明中心，丰富了中华文明的基因，显示出古蜀古巴文化永恒的魅力。周秦以来，中华思想文化素以儒学、道学为主干；佛学西来后，更以儒释道交融互补为特色。蜀地仙道发源很早，成为天师道的创教地；儒学从西汉起就在此代代传承，文翁石室、周公礼殿、孟蜀石经彪炳千秋；在佛教中国化的进程中，巴蜀出了许多大德高僧，尤其是禅学大师，成为中国禅学中心之一。作为中国重要地域学术文化的蜀学，富有哲思传统和文史之长，"易学在蜀""史学莫隆于蜀""文宗自古出巴蜀""自古诗人例到蜀"等赞语，无不彰显历代巴蜀学术文化的璀璨夺目，成就非凡。巴蜀的音乐、舞蹈、碑刻、石窟、书法、绘画、诗词歌赋、戏剧、织锦、酿酒、制茶、肴馔等享有盛誉，非物质文化遗存丰赡多彩。巴蜀悠久的农耕文化与繁盛的工商文化相得益彰，并曾在水利开发、天然气开采、钻井术、天文、数学、医药等科技领域独占鳌头，纸币"交子"首发领先全球。巴蜀是中国历史上一个典型的移民区域，又长期是汉族和许多少数民族相聚和融合的地区，开拓了对外交往的条条蜀道，形成了连通中亚、南亚的南方丝绸之路和藏羌彝民族走廊。移民文化与原生文化、汉文化与少数民族文化、本土文化与外来文化在这里交融互动，使巴蜀文化具有很强的开放性、包容性、创新性和辐射性，这些特性被学者喻为"水库效应"。巴蜀儿女自古敢为天下先，尤其是百余年来向现代化转型时期，巴蜀文化哺育和造就了众多的杰出人物和文化精英，红色文化光耀史册，三线建设举国之重，"改革之乡"①闻名遐迩。在2008年"5·12"汶川特大地震等自然灾害的救援和重建过程中，四川人民表现出的英勇、睿智、大爱、感恩，也都凝聚着巴蜀文化浴火重生的精神。

当今中国正处于世界百年未有之大变局，建设社会主义文化强国，着力提升文化软实力，关系到"两个一百年"奋斗目标和中华民族伟大复兴中国梦的实现。身为当代学人，要在马克思主义指导下，树立高度的文化自觉和自信，十分珍视本土优秀的传统文化，处理好传统文化与现代化、本土文化与外来文化的关系，立大志愿，开大视野，用大手笔来发掘和系统梳理传统文化资源，传承、整合、弘扬巴蜀文化，致力于培根铸魂、固本延脉，使我们优秀的文化基因永续传承，与当代社会相协调，让富有恒久魅力、具有当代价值的巴蜀文化在提高全民精神素质，推进文化强省强国，铸牢中华民族共同体意识和助推构建人类命运共同体的进程中发挥应有的作用。

编撰多卷本的《巴蜀文化通史》，具有深远宏大的文化价值、学术价值和应用价值。一是对巴蜀文化几千年的发展轨迹及其创造、积累的宝贵文化财富，作出系统梳理和规律性总结，可以回应巴蜀民众了解"我是谁""我从哪里来"的文化寻根需求，丰富人们的精神世界，尤其是在道德规范和价值取向上得到涵养和化育。二是可以较全面地展示巴蜀文化的神韵和亮点，系统阐扬蜀史、蜀学、蜀文、蜀艺，构筑宽阔的学术研究平台，为巴蜀人文社会科学走向繁荣，促进传统文化的创造性转化和创新性发展，发挥立其大本、凝聚人心、导向助推的作用。三是同兄弟地域文化的研究成果相互呼应、相得益彰，有助于深入了解中华文化，传承中华文脉，为我们的母亲文化增光添彩，一起来展示她的独特魅力，进而与世界多元文化中不同民族文化平等交流互鉴，为建设新时代中国特色社会主义文化，增强我国的文化竞争力和软实力添砖垒瓦。四是更进一步促进川渝文化合作，可以为繁荣、丰富当代巴蜀先进文化建设，尤其是推进文化创意产业和康乐旅游产业，发掘深层次的文化内涵，提供坚实的学术依据，从而开启思路、激发灵感，以文塑旅，以旅彰文，把潜在文化资源（包括物质文化遗产和非物质文化遗产）

---

① 邓小平1982年对家乡四川的深情赞语。

转化为现实的生产力和文化软实力。五是有助于改变四川高校和研究机构在巴蜀文化和蜀学研究上各自为政、力量分散的状况，使之汇聚并形成有较高水平的老中青结合的研究队伍。与《巴蜀文化通史》珠联璧合的《巴蜀全书》，作为四川有史以来最大规模的古籍文献整理工程，经由四川大学古籍整理研究所提出并担纲，在四川省社会科学院和兄弟高等院校协力下，2012年以来，已出版阶段性成果两百余种，就是蜀学研究正在形成合力的又一明证。

定位与特色

为了实现前述宗旨，参与编撰的同仁都力求使《巴蜀文化通史》既是文化集成，又是学术创新，努力做到观点有一定创新性，知识含量丰富，资料翔实，文笔流畅，总体上进入巴蜀文化研究的学术前沿，在科学性、系统性、创新性、前瞻性、可读性等方面力争成为当代巴蜀学人可以"预流"——预于时代学术潮流的成果，成为在巴蜀文化研究上服务于现实并可继往开来的学术著作。但我们悬鹄虽高而未必力所能逮，故难免"取法乎上，仅得乎中"之憾。

这部书的研究对象是巴蜀文化，性质是通中寓专、通专结合的文化通史，角度是把地域史学与文化学及相关学科契合起来，贯穿全书的编撰理念是"三通"，即纵通、横通与会通。这里就分别说一说本书的"文化"本位、"巴蜀"立位和"三通"定位。

（一）"文化"本位

世界上对"文化"的定义已经有好几百种。我们以唯物史观为指导，本着天人合一、以人为本的中华人文精神[①]来解读文化。"惟天地万物父母，

---

① 天人合一、以人为本，打破天道与性命的隔阂，既避免把天人合一引向神学化，也避免陷入人类中心主义，而把敬畏、顺应自然与发挥人的主体能动性相统一，蕴含天人相依相待、互动互益的张力。

惟人万物之灵。"①人作为自然演化的产儿，受惠于天地万物，在群体劳动实践中成为地球上的万物灵长，既能创制工具，又能用语言交流，进而创制文字，由此有了文化及其积累、传承，于是便创造了"人化的自然界"。同时，在法天、法地、法万物的进程中，人也改变和提升着自身。汉字的"文"，原意是文身、文饰、纹理，以文来显示，以文来变化，讲规矩、礼貌，与禽兽区别开来。这是外在的，更是内在的。文的外化于行与内化于心，开物成务与锻塑成人，乃是人类与自然进行精神与物质相互变换中联袂互动的双重效应。自然力所为乃造化，人类心力所创是文化。文化从何而来？由人化文；文化落脚何方？以文化人。荀子讲"化性起伪"，"伪"就是人为的东西。要改变自身才能更好地改变世界。文化就是这样"人化"与"化人"（或曰"人为"与"为人"、人性的外化与内化）相统一，在双向建构中螺旋式上升，推动着人居世界的演进。人，既是创造文化的能动主体，又是文化所创造的价值主体。这与古语"人文化成"②的解读可以相通，也跟西方"文化"一词兼容"耕作、栽培"（外化）和"养育、教化"（内化）的语义相衔接。《中庸》讲至诚尽性，内外交修："惟天下至诚，为能尽其性。能尽其性，则能尽人之性；能尽人之性，则能尽物之性；能尽物之性，则可以赞天地之化育；可以赞天地之化育，则可以与天地参矣。"③这段话，恰可理解作为内化与外化相统一的文化的功能。

这样的广义文化，它对外与天地万物相成相济，内结构则包含着精神文化、语文符号、规范体系（行为习俗和法律）、社会制度和社会组织、物质产品等要素。④这些文化要素，大体可划分为相互联结、相互渗透的三个层面：外层是作为基础的物态文化，即经过人的劳动形成的"人化"自然或器物层面，体现人与自然的互动关系及其物质成果；中层是语文符号、制度文化和行为习俗文化等，可称为"交往文化"，体现出人与人的互动关系即社会关系，也是精神文化的外在表现；内层则是以价值观为核心的精神文化，

---

① 《尚书·周书·泰誓上》，《十三经注疏》上册，中华书局1979年影印本，第180页。
② 《易·贲卦·彖辞》："观乎天文以察时变，观乎人文以化成天下。"
③ 《礼记·中庸》，《十三经注疏》下册，中华书局1979年影印本，第1632页。
④ 《中国大百科全书·社会学卷》，中国大百科全书出版社1991年版，第409页。

体现出人的心灵世界在真、善、美、圣（科学、道德、艺术、哲学、宗教）诸多领域与境界的创造。清代龚自珍说过："圣人之道，本天人之际，胪幽明之序，始乎饮食，中乎制作，终乎闻性与天道。"①文化的上述三个层面，既如血脉相通，总体上联动互进，在变迁时序上又往往呈现有速有缓、或前或后的不平衡发展状态。这种总体性与异步性的统一，是在研究和描述文化史时需要仔细琢磨和体现的。

综上所述，文化是在天人相合相分、互动互益进程中人的生命存在及其取得的全部成果，或简单地说，文化就是人类独有的生存方式。人们总是生活在世代传承而又不断积累、不断丰富的文化之中。这文化如水，滋润万物；若风，吹拂人间；又好比血液，灌注循环于特定民族或地区人群的心灵深处，产生凝聚力和认同感，积淀、凝结为人们稳定的生存方式。因此，人类的文化既有共通性，又有民族性、地域性和时代性，是多元的、多样的，而不是单一的、无差别的。不同民族、不同地域、不同时代产生的文化模式，形成的文化精神各有不同。伴随着时代的风云变幻，当不同文化相遇、相会时，从价值观念、思维方式、生活样态到社会习俗，就会产生交流、交融、交锋，出现文化选择和互融，进而导致文化的转型。通观世界历史，文化转型曾有过各种不同的类式。中华文化的现代转型是守正创新，把马克思主义基本原理同中华优秀传统文化相结合的自主式；而不是聚合多种移民文化、喧宾夺主的复合式；更不是那种特定场合下原有文化解体，被另一文化取代的断崖式。

"文化"和"文明"是两个意义相近又有区别的概念。文化侧重于文的功能，文明侧重于文的成就。人猿揖别，就出现文化；到告别蒙昧、野蛮，才进入文明时代。文明是个褒义词，囊括人类创造的积极成果之总和，用以指称人类社会的进步程度和开化状态。②当今多以文化标示民族性差异和地域性特色，而以文明标示人类的普遍行为和多元成就。文明因交流而互鉴，因互鉴而发展。在经济和科技全球化进程中，许多物态文化和一部分行为习

---

① 《五经大义终始论》，《龚自珍全集》，上海人民出版社1975年版，第41页。
② 《易·乾·文言》："见龙在田，天下文明。"《尚书·舜典》："睿哲文明。"孔疏："经天纬地曰文，照临四方曰明。"

俗文化在逐步趋于同质化，而具有不同基因的制度文化、语言文字，特别是精神文化，则终会呈现和保持多样化。这一部地域文化通史，本着文化的多元性和相通性来立论，各卷都力图写出浓郁的地域文化味，体现出"人化"与"化人"的统一。

（二）"巴蜀"立位

广袤的中华大地因地壳碰撞形成了自西向东、由高到低三个落差很大的阶梯，巴蜀处于高阶到中阶的内陆腹地，连通祖国的南北西东。巴蜀西部为青藏高原东南缘及横断山区北段，东部为群山环抱的四川盆地，总体地势西高东低，地形地貌独特丰富，集雄、奇、险、秀于一体，自然禀赋得天独厚，是万物生灵的洞天福地。巴和蜀是上古以来巴人、蜀人及其他族群先民活动的地域，二者相连乃至交错，文化复合共生，自成一个地域文化区系。在中华文明满天星斗式的起源中，这里是相对独立肇兴的长江上游文明起源中心，有巫山人、资阳人为代表的文化根系，有万年以上的文明起步，上古巴蜀地域文明形成和发展中的不少谜团还有待地下发掘来破解。三千多年前巴蜀文明就与中原文明血脉交融，与吴越、荆楚等文明紧密互动，也与南亚、中亚文明交流互鉴。公元前316年，秦并巴蜀后则更紧密全面地融入中华文明共同体，成为它重要的组成部分之一，东汉时即享有"天府之国"的美誉。巴与蜀同源同围，文化具有同质性和内聚力，而自然人文环境又同中有异，形成了刚柔相济的复合型文化共同体。蜀人慕文好乐，精敏健雄，浪漫诙谐；巴人质直尚勇，豁达豪爽，吃苦耐劳。所谓"巴出将、蜀入相"，大致道出了两者文化性格的差异。巴蜀的地域范围历代有涨有缩，行政区划迭有变迁（包括1997年以后川渝分治），而长期历史形成的巴蜀文化区虽没有截然划定的边界，却是相对稳定的整体，并未因行政区划变动而忽合忽分。巴蜀文化区的范围是涵盖今四川省和重庆市地域，兼及周边风俗略同地区的民族文化共同体。它以史源悠久、流传有绪的巴文化、蜀文化为主轴，既包括四川盆地以汉族为主体、辐射四周的文化，也包括盆地周边各以藏、彝、羌、苗和土家等世居少数民族为主体、各民族和谐共融的文化，是这一地区从古至今多民族地域文化的总汇。这部书论述的地域以今四川省和重庆市为主，对不同历史时期曾纳入巴蜀行政区划或与其文化关联密切的地域也有涉及。

巴蜀虽地处祖国内陆，不靠边、不濒海，却衔接南北，连通西东。在编撰这部书时，我们力求处理好巴蜀文化与其母文化——中华文化的关系，重视巴蜀文化与兄弟地域文化之间的交集和互动，着眼于巴蜀文化的特性、个性，寓共性于个性之中，寓统一性于多样性之中。我们也重视巴蜀文化与域外文化之间的交集和互动，注意巴蜀文化在中外文化交流中所起的作用。在巴蜀文化内部，我们力求处理好蜀文化与巴文化相互之间的关系，巴蜀汉民族文化与各世居少数民族文化的关系，尽可能都给以充分的关注，反映它们之间的共性与个性、互联与互动，力避顾此失彼，详略失当。为涵盖并展示少数民族文化多姿多彩的众多领域和方面，这部书除单独设置《民族文化卷》外，各有关专题卷都力图把相关领域的少数民族特色文化摆在重要位置进行阐述和概括。

（三）"三通"定位

"三通"是贯穿全书的重要编撰理念。史著价值在于信，通史灵气在于通。司马迁"究天人之际，通古今之变，成一家之言"[①]是我们心向往之、孜孜以求的目标。史学前辈范文澜等曾提出"三通"（"直通""旁通""会通"），我们根据编撰《巴蜀文化通史》的要求，把历时态的"纵通"、共时态的"横通"与跨文化、跨学科的"会通"，合在一起作一些新的阐释。世界是通的，大历史是通的，大文化是通的。文化史的发展，本来就涵盖着纵向的全过程、横向的多层面、跨文化的多领域。通向历史本真，揭示历史本体，是"三通"追求的目标。尤其是作为通中寓专、通专结合的多卷本地域文化通史，无论承担通论或专题卷的学者，都力求在"三通"上下功夫。

一曰纵通，指历时态全过程的贯通。"观水有术，必观其澜。"这部书贯穿古今，上溯于远古巴蜀先民之蒙昧初开，下迄21世纪初年川渝之文明新

[①] 《史记》卷一三〇《太史公自序》。

貌，原始察终，系统梳理这个既有内在连续性，又呈现不同时代阶段性的曲折过程中巴蜀文化层积而兴的脉络，由此分析其在各个历史时期的盛衰流变，此起彼伏的高峰低谷，展示巴蜀文化的特色和贡献，进而探究其发展的逻辑进程，尤其是传统巴蜀文化向现代化转型的路径，论证巴蜀文化的当代价值和意义，揭示巴蜀文化的发展趋势和前景，做到鉴古察今、述往知来。这是全书贯穿始终的主线。这条主线还可以从实践与认识的角度一分为二：一是巴蜀文化的实践史、发展史；二是在实践基础上对巴蜀文化的认识史、研究史。二者结合方能从实践与认识的循环往复中，深入把握"外化与内化相统一"的文化真髓。

二曰横通，指共时态全方位的互通。"事不孤起，必有其邻。"从全书立卷到各卷章节的设置，都力图以时间为经，以反映文化的不同层面及专题为纬，纵横交织，立体成像。历史运动是有结构的，它是过程与结构的统一，广义文化中各层面的共生、交叉、互动就体现着这种结构性。这部文化通史不仅要剖析巴蜀文化发展的过程，同时要展现巴蜀文化的层次与结构。本书多数专题卷，虽然在物态文化、交往文化、精神文化几个层面中各有其侧重点，但都是从有血有肉的文化肌体中抽出来的，不能孤立求索和描述。研究时不仅不能把经济基础与其上层建筑割裂开来，还要努力展示文化各层面的横通，展示各专题内部各个相关领域的横通。这样做是为了尽量体现地域文化生成的内在机理，使读者把握到神完气足、血肉丰满、生机勃勃的整个巴蜀文化。

三曰会通，着重指跨文化、跨学科的多元共融，全景式打通。《易·系辞上》说："圣人有以见天下之动，而观其会通。"[①]南宋郑樵《通志》特别强调"会通"。[②]要从天下事物阴阳变动不居的状况，观察领悟其会合变通的卯窍。人类文化从来是多元并存，在相互比较、碰撞、渗透、融合中发展的。研究地域文化，必须有开放式的大视野，具备跨文化、跨学科的眼界

---

① 李鼎祚《周易集解》注文中引用汉代干宝："观日月而要其会通，观文明而化成天下。"
② 郑樵《通志·总序》："百川异趋，必会于海，然后九州无浸淫之患。万国殊途，必通诸夏，然后八荒无壅滞之忧。会通之义，大矣哉！"又其《夹漈遗稿》卷三《上宰相书》："天下之理，不可以不会，古今之道，不可以不通，会通之义，大矣哉！"

和通识，能够在充分尊重和了解各种文化事象的前提下，不停留于对现象的描述，而要触类旁通、探赜索隐、择精合妙、汇聚通宜，真正实现圆融贯通。纵通为经，横通为纬，须擅会通，方呈现三维立体的全息图景，做到究始终、观全体、明是非得失之故。就是说，文化史研究要通过分析和综合，具备文化反思和阐释张力，会归通衢，由"方以智"进到"圆而神"，抵达藏往知来之境。

我们时时提醒自己：研究巴蜀文化不仅要钻得进去，还要跳得出来，站到更高处，具有开放的胸襟和跨文化比较的视野，把巴蜀文化放到多元一体的中华文化和全球多元文化的大背景下加以审视，察异观同，和合会通。巴蜀文化从来不是与世隔绝、孤立自足地成长起来的，而是在同周围的兄弟地域文化相互影响下发育繁衍，并在同远近的异质文化间接或直接的交流互动中汲取营养的。我们正处在不同文化交流空前深入、碰撞空前激烈的时代，为了追寻全球文化的多元和谐，助推构建人类命运共同体，一定要本着"各美其美，美人之美，美美与共，天下大同"的文化会通观，祛除近代以来因受西方强势文化轻视、压抑而形成的文化自卑和盲从心态，提高对中华文化地位、作用的认识，坚定文化自信，珍爱并拓展、弘扬本土文化的精华。要在马克思主义指导下，具备通识通才，对中外文化精神析同辨异，折冲樽俎，在会通中实现对优秀传统文化的继承和超越，对外来文化精华的吸纳和转化，促进新时代中国特色社会主义文化繁荣发展，不断开拓文化巴蜀、文化中国转型复兴之路。

架构与方法

20世纪初叶，随着新史学的兴起，文化史在历史学中的地位得到重视和加强。刘师培曾计划研究文化专门史，含十六种，以西方学术的科目，析先秦诸学术思想之长短得失。①胡适设想，中国文化史要包括民族史、语言文字史、经济史、政治史、国际交通史、思想学术史、宗教史、文艺史、风俗史、制度史等科目。②梁启超专就文化史的做法讲课，认为需要对政教典章、社会生活、学术文化等方面，做分门别类的文化专史。最好是把人生的活动事项纵剖，依其性质，分类叙述。在狭义的文化专史中，他举出语言史、文字史、神话史、民俗史、宗教史、道术史（哲学史）、史学史、自然科学史、社会科学史、文学史、美术史等。③不过，20世纪30年代初问世的几部中国文化史（如杨东莼1931年、柳诒徵1932年、陈登原1935年），仍多系综合体裁，对各文化门类往往语焉不详。

　　在前辈学者探索的启发下，我们反复思量，决定突破所见的国内现有地域文化史侧重综合、纵通的体裁，而按"纵述史实，横排门类"的编撰原则，采用"通论+专题卷+大事记"这样一种体现纵通、横通、会通的创新结构，几经斟酌，全书共二十二卷，排序如下：置全书之首的《通论卷》，阐释了巴蜀文化的基本概念与学术体系，生态环境背景，巴蜀文化的研究史和认识史，由古及今的文化发展轨迹、基本性质及基本特征，在多元一体、博大精深的中华文化中的定位及其特殊贡献，薪火传承与现代化转型创新及前景趋势，力求起到提纲挈领、纲举目张的作用。其后大体按文化的不同层次，分别为巴蜀文化具有特色的领域、学科列专题卷。先是侧重物态文化并由此探及相关交往文化、精神文化层面的，有《农业与水利文化卷》《工商文化卷》《城市文化卷》《建筑文化卷》《交通文化卷》；接下来的《民族文化卷》从中华民族共同体的多民族视角强调综合性；《宗族与会社卷》《移民文化卷》《方言卷》《民俗文化卷》大体属于制度文化、语言文字、行为交往文化层面（鉴于政制、职官、法律等制度，全国大体统一，故不设专卷）。继后精神文化层面的部分，卷数较多，设有《哲学思想卷》《史学卷》《宗教文化卷》《教育卷》《文学卷》《艺术卷》《科技文化卷》《传

---

① 刘师培：《周末学术史序》，1905年作，《刘师培儒学论集》，四川大学出版社2010年版，第36～78页。
② 胡适：《〈国学季刊〉发刊宣言》，《胡适文存》二集，黄山书社1996年版。
③ 梁启超：《中国历史研究法（补编）》，《中国历史研究法》（外二种），河北教育出版社2000年版。

播文化卷》。为便于了解巴蜀历史文献,尤其是蜀学文献,特设有文献目录学专题《文献要览卷》。专题卷之后的《巴蜀文化大事记》,对先秦至当代巴蜀文化重大事件以编年方式扼要记载,便于读者对巴蜀文化全程有鸟瞰式、综合性的把握;《巴蜀文化研究论著索引》,则供研究者作为检索工具使用。以上就是全书的架构。

各专题卷均前置导言,末设结语。其篇章框架则因事制宜而有所不同。有的是以时期分章,大体按不同门类分节,在纵通中含横通(如《教育卷》);有的主要按专题并结合时序来分章节,在横通中含纵通(如《科技文化卷》);有的先理出历史线索,再突出一些重点专题,先纵后横,纵横结合(如《城市文化卷》);还有的卷内分两编,分述相关内容(如《农业与水利文化卷》)。

《巴蜀文化通史》作为多卷本的学术著作,主要供大专以上程度的读者阅读,以及文化馆、图书馆等购备。它既不是曲高和寡的"阳春白雪",也不是能够直接普惠民间的通俗普及读本。为了让巴蜀文化走进千家万户,还有待开发科普读物和图文,使之逐步大众化,在应用和传播上做创新文章。

编撰《巴蜀文化通史》,涉及学科门类甚广,涵盖时间很长,创新要求颇高,总字数超过千万。这样的文化工程,绝非率尔操觚、短促突击所能成功。近人刘承幹①《明史例案》提出过八条准则,就是"搜采欲博,考证欲精,职任欲分,义例欲一,秉笔欲直,持论欲平,岁月欲宽,卷帙欲简",我们在编撰过程中借作参照,同时根据在新时代撰写地域文化通史的新要求,不断从实践中探索,大体形成了以下一些做法:

(一)多学科的专家学者分工合作,协同攻关

梁启超主张,广义的文化专史,涉及面特别广,在专史中最为重要,也最为困难。这不单是史学家的责任,更是研究某种专门学问的人对于该种学问的责任,要尽量用内行的专门家去做。若能以终身力量做出一种文化专史

---

① 刘承幹(1881~1963):著名藏书家、刻书家、史学家。

来，于史学界便有不朽的价值。①本书的编撰设置了编撰委员会、学术委员会及编辑部，确定由正副主编主持编撰，编辑部依托省社科院开展编务工作。各专题卷的著者采取定向邀标办法聘请，多为对该学科领域研究有素的专门家，分别采取由个人承担，或二三人合著，或一人主撰、团队协力完成等方式进行。为保证学术质量，使全书有机统一，在实行主编负责制的同时，由资深专家组成学术委员会，全程参与从项目规划到成书的学术攻关和学术把关。

2006年以来，先后开了四次分卷著者会议，八十多次书稿审读会议。第一阶段，先由学术委员会同分卷著者反复讨论各卷著者拟出的由粗到细的提纲，并明确全书编纂理念②，统一规范体例，然后与分卷著者签订编撰合同，落实工作责任。第二阶段，学术委员会同分卷著者研讨各卷写出的一两章样稿，这是"摸着石头过河"的试错与磨合过程。有些卷的思路和写法曾有大的调整和改变。第三阶段，各卷著者潜心研究，奋力写作。初稿先后写出后，大都经过学术委员会仔细研读，写出审读意见，同著者一起讨论，从结构、体例到观点、材料都认真交换意见，对著者遇到的各种史料、概念及话语体系、文脉梳理、文化基因挖掘等问题，出点子，提思路。待著者修订后又进行讨论，有的书稿研讨了四个回合。当某一分卷初稿趋于成熟时，即请出版社责任编辑提前介入审编，参加讨论，以便撰写工作与第四阶段的编辑出版工作紧凑衔接，不出空当。因各卷皆分头撰写，结构和文字风格有所不同，对同一文化事象的见识裁断有别也在所难免。在统改书稿过程中，既充分尊重分卷著者的学术个性和创见，同时为了各卷在总体上规范统一，基本观点相互协调而不相抵牾，尊重主编的统改权，而在个案判断上各卷则有自由度。注意把握各卷边界，相互照应避让，以免大的重复，做到详略互见，各得其宜。

在这部文化通史编撰期间，本书学术委员会大多数成员在辛勤共事中度过了古稀以至耄耋之年。我至今还清楚地记得在每次研讨会、审稿会上专家

---

① 梁启超：《中国历史研究法（补编）》，《中国历史研究法》（外二种），河北教育出版社2000年版。
② 章玉钧：《关于编纂〈巴蜀文化通史〉的思考》，《中华文化论坛》2007年第4期，第5~10页。

们无私地贡献个人的真知灼见，自由发表不同见解乃至相反的主张，体现出的那种学术为公的争鸣探索精神。尤其令我们刻骨铭心的是：隗瀛涛、李绍明、贾大泉、沈伯俊、万本根、胡昭曦、林向七位先生为学术工作长期呕心沥血，先后因病辞世。对诸位先生的高见卓识、学者风范尤其是为编撰本书所做的贡献，我们将永志不忘。

（二）采取多重证据法和综合研究法，在搜集和鉴别史料上下大功夫

古人所称"文献"，原本指书面文字记载与贤人口头传闻[①]，徐中舒先生拓展他的老师王国维的古史二重证据法为多重证据法，注重传世文献、出土文物和现代民族学、民俗学的活态文献等结合互证，将区域文化史研究提高到崭新的学术境地。本书编撰中，继承和弘扬王、徐等前贤视野广阔的史料观，搜罗史料力求竭泽而渔，鉴别史料着意披沙拣金，通过综合比勘，相互参证，追根溯源，从而正误辨伪，务寻真史。各专题卷著者都是先汇辑基本史料并掌握学界已有研究状况，汲取前人取得的成果，才进入写作阶段。有好几卷的著者更是"读万卷书、行万里路"，带领研究生经年累月搞田野考察，获得不少真知灼见，从而在学术上有了新的拓展。

（三）坚持文化学的视角，采取多学科交叉和比较文化学的研究方法，力求写足文化味

文化既然是人的生存方式，归结为"人化"和"化人"，每卷文化史就要见物更见人，既写出"由人化文"的胜境，更揭示"以文化人"的妙谛。有关精神文化的各专题卷，既系统梳理巴蜀精神文化尤其是蜀学发展繁荣的脉络，突出展示巴风蜀韵孕育出的文宗巨子和文化精英的成就，也记载众多无名工匠、艺人等留下的民族民间文化、市井文化的瑰宝。侧重物质文化的各专题卷，不停留在物态层面的描绘，而尽力深入到制度层面、精神层面。如《农业与水利文化卷》《科技文化卷》等，对举世无双、造福人类

[①] 朱熹："文，典籍也；献，贤也。"引自《四书章句·论语集注》卷二《八佾第三》，中华书局2012年版，第63页。

二千二百七十多年的都江堰水利工程，就不仅从物质、科技、生态层面介绍其巧夺天工、可持续发展的奥秘，而且从制度文化层面总结其堰官、岁修、劳役、配水、轮灌、收费等管理制度，更深入精神文化层面阐释其"上善若水"的哲理和人文精华。

（四）掌握焦点，抓住重点，发挥特点，突破难点

饶宗颐先生在揭橥华学趋向时，曾提出"三条"："一是纵的时间方面，探讨历史上重要的突出事件，寻求它的产生、衔接的先后层次，加以疏通整理。二是横的空间方面，注意不同地区的文化单元，考察其交流、传播、互相挹注的历史事实。三是在事物的交叉错综方面，找寻出它们的条理——因果关系。"又说："我一向采用的史学方法，是重视'三点'，即掌握焦点，抓紧重点，发挥特点，尤其要特别用力于关联性一层。"[1]我们体会，"三通"的理念与上述"三条""三点"是一致的，而方法上特别重视关联性，就要纵通找焦点，横通抓重点，会通求特点。编撰中，我们注意咀嚼梁启超的卓见：文化的发展史，各个时代、各个领域是不平衡的，重要性是不一样的，要分主系、闰系和旁系。不要平讲直叙，分不出浓淡高低。须用鸟瞰的眼光，看出哪个时代最主要，发达到最高潮，便用全力赴之。[2]各书大都采用了这种大处着眼、抓住重点、突破难点、提炼观点、不平均使用力量的方法。

集成与出新

前面提到，编撰这部书时，我们力求做到既是文化集成，更是学术创新。无论文化发展、学术探索，都是慧命相续、推故致新的过程，需要不断传承积累，继往开来，久久为功。"譬如积薪，后来居上。"用冯友兰先生

---

[1] 饶宗颐：《〈华学〉发刊词》（1995年），《选堂序跋集》，中华书局2006年版。
[2] 梁启超：《中国历史研究法（补编）》，《中国历史研究法》（外二种），河北教育出版社2000年版。

的话，这是从"照着讲"到"接着讲"的进程。每门文化史的研究，都需要对已有的各种史料，广搜博采，集纳钩沉；对前贤成果循波讨源，含英咀华；只有在对文化遗产守正传承的基础上，才有可能站到前人肩膀上，回应新的时代需求，匠心独运，开拓新境；才有可能焕然出彩，奉献出在某些方面超越前贤的成果。朱熹诗云："旧学商量加邃密，新知培养转深沉。"①集成是出新必需的基础和前提，出新则是集成企求的目标和价值增值的成就。二者同体异面，缺一不可，是衡量学术成果质量相互关联的两个维度。

（一）从集成的维度看

首先，《巴蜀文化通史》可以说是"巴蜀文化"概念提出八十多年来首次大的学术集成。"西蜀文化"（郭沫若1934年）、"巴蜀文化"（卫聚贤1941年）提出之初，主要是就巴蜀考古文化而言，后来渐次扩大到广义的巴蜀文化，有关论著已上千册，有关文章达数万篇（《巴蜀文化研究论著索引》多有著录），形成了分别以史学文献考据、文物考古、民族民俗田野调查为主的三种研究方向，近年又发展出综合诸家的会通型研究方向。各条路径的学者在不同领域、从不同角度艰辛探索，均取得了丰硕的成果。本书各卷编修中，都努力加以搜集、消化和吸取，并以借鉴、发挥这些观念、方法为前提，力求形成对巴蜀文化研究具总汇性的成果。如《通论卷》从总体上就巴蜀文化生态背景、内涵性质、发展历程及基本规律、特征等问题，会通诸说，取精用宏，做了言之成理的统体性总述，成为具有集成性的一家之说。《民族文化卷》不仅就民族理论的疑难问题深入研究，还在搜集分析历史文献材料、文物考古材料，特别是对国家组织的多次民族调查材料下了很大功夫，从而描绘出巴蜀世居各少数民族立体生动的文化图景。

其次，古往今来的巴蜀文化长河浩荡壮丽，魅力无穷。《巴蜀文化通史》对清点总结长时段、宽领域、多层面的巴蜀文化来讲也是一次学术集成。巴蜀的历史文化名人，如大禹、李冰、落下闳、文翁、司马相如、扬

---

① 《鹅湖寺和陆子寿》，（宋）朱熹著，郭齐、尹波点校：《朱熹集》卷一，四川教育出版社1996年版，第185页。

雄、诸葛亮、陈寿、常璩、陈子昂、武则天、李白、杜甫、薛涛、苏轼、格萨尔、张栻、秦九韶、杨慎、李调元等，都在相关卷帙中重点推介，娓娓道来；巴蜀历史上突出的物质文化成就和非物质文化成就，蜀学、蜀文、蜀艺、蜀籍的精华也都提要钩玄，荟萃于此。如《文献要览卷》就搜选论列了近五百种巴蜀文化重要典籍，可一览巴蜀文献精华，为学者指点津梁。又如智慧幽默的四川方言是巴蜀历史文化凝结的珠宝，《方言卷》挖掘、串起一颗颗珍珠，并生动剖析其蕴含的丰富文化信息，令人齿颊留香。

再者，不少专题卷的著者既具文化通识，又对该学术领域长期耕耘，研究有素，此次写作起到了阶段性总结的学术集成作用。例如：《城市文化卷》著者三十多年来由跟从名师到带领团队，一直深耕于近现代中国城市与城市文化研究领域；《移民文化卷》著者是国内知名的移民文化、客家文化研究专家；《交通文化卷》著者多年致力于西南历史地理尤其是交通文化的调研；《哲学思想卷》和《史学卷》著者长期潜心研究巴蜀哲学、巴蜀史学；《建筑文化卷》著者是卓有成就的古建筑研究专家、高级建筑师。他们都在各自领域完成了多项国家课题，此次承担专题卷，更是辛勤研讨，旁搜远绍，厚积薄发，突出亮点，倾力奉献了后出转精之作。

（二）从出新的维度看

本书围绕前述长时段、宽领域、多层次的巴蜀文化来创新体例结构，成为首部纵横贯通、覆盖面广、体量超大的巴蜀文化史，在全国已出的各种区域文化通史中，当属编撰体例新、时间跨度长、内容浩繁的一部。学术体系上的集成性，本身就是从文化观念、编撰理念到架构体例的出新，在地域文化通史领域作了开创性的探索。这是其一。

本书各卷着眼于发展新时代文化，明道求真，以史经世，着力写出巴蜀文化的特色和韵味，在内容上有较多突破和出新。过去关于农业与水利、工商、交通、建筑、城市等的论著，容易停留于物态层面，罕有从文化学角度和宏观视野对其全过程深入探讨之作；这次研究标明以"农业与水利文化""工商文化""交通文化""建筑文化""城市文化"为对象，注重深入文化层面进行阐释，且着意探讨长时段历史中这些物质文化变动与制度文化、精神文化演进的关系及产生的影响，这些往往是以前研究论著较少触及的。有关巴蜀学术文化的几卷，着力显示蜀学长于思辨、多元会通、创新超迈、沟通理欲、注重事功等特色，有助于发扬当今的时代精神。有关交往文化的几卷，注重聚焦于民间大众，关注各色人等的日常生活，运用了许多文化人类学、社会学、民族学的方法，见解新颖，地域文化味很浓。这是其二。

更值得珍视的是，各卷在编撰中深汲传统的源头活水，发现其烛照现实和未来的原创亮点，尤其是优越秀冠的巴蜀文化在传承创新中焕发异彩之所在。许多卷发掘出大量翔实的资料，匠心独运，以史鉴今，提炼出有创新性的学术观点，或举出有新颖性的论据，活用巴蜀首创的学术话语，采用别出心裁的叙事方式，力争获得创新、独见、卓识的学术成果。具体的创新点如同"诗眼""文眼"分布闪烁在卷帙之中，细心披阅，当会时有"山阴道上，应接不暇"之乐，这里无法一一细析。

鉴于多卷本地域文化通史尚属初创，不同文化门类各有其学理脉络、发展轨迹和演进特色，编撰难度往往超出预期，主编和各卷著者虽迎难而上，勉力为之，但仍难免有纰漏丛脞之处。尤其是古蜀文明还有不少千古待解之谜，我们受限于已获的资料和研究水平，多只能守阙存疑。对成稿后的许多惊世发现，巴蜀文化日新月异的面貌和新的研究成果亦未能更多纳入。当把多卷本《巴蜀文化通史》奉献到读者面前时，我们既同大家分享喜悦，又有颇为忐忑的心情。这部书，以至其中每一卷，究竟应获怎样的评价，最终还要接受时间的检验。衷心期望巴蜀文化研究慧命相续，薪火相传，探索和构建起自身完整的学科体系、学术体系和话语体系。但愿此番的初创能为后续俊彦们开拓新境起到抛砖引玉的作用。

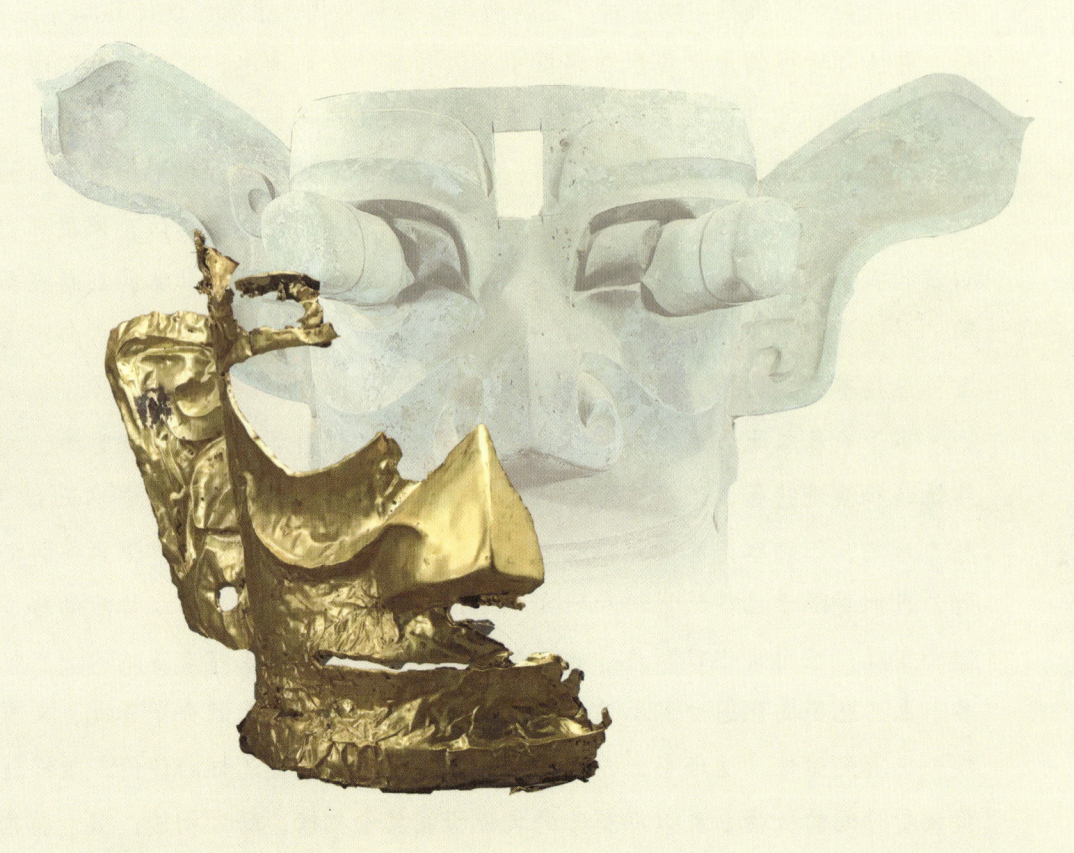

目 录

导　言 / 1

第一章　早期巴蜀城市与城市文明 / 7

第一节　早期蜀地城市的兴起 / 10
一、文化遗存与聚落 / 10
二、古城群的兴起 / 13

第二节　早期巴地城市的兴起与发展 / 20
一、聚落的出现与分布 / 20
二、城市的兴起与特点 / 24

第三节　长江上游城市文明中心的形成 / 28
一、三星堆城市文明的形成 / 28
二、新的文明中心 / 34

第二章　古代巴蜀城市的发展与演变 / 43

第一节　秦汉三国两晋南北朝时期巴蜀城市的发展 / 45
一、秦汉巴蜀城市的发展与变迁 / 45
二、三国两晋南北朝时期巴蜀城市的兴衰 / 57

第二节　隋唐至明清（鸦片战争前）巴蜀城市的发展变迁 / 63
一、隋唐至宋时期巴蜀城市的兴盛 / 63
二、元明清时期巴蜀城市的发展变迁 / 78

第三章　近现代巴蜀城市的发展 / 99

第一节　近现代巴蜀城市的发展 / 101
一、城市发展历程与特点 / 101
二、城市文化的变迁 / 129

第二节　现代巴蜀城市的发展 / 143
一、巴蜀城市的曲折发展 / 143
二、巴蜀城市的快速发展 / 156

第四章　巴蜀城市空间结构与景观文化 / 187

第一节　古代巴蜀城市形态与空间 / 189
一、选址与城市形态 / 189
二、城市政治空间 / 196
三、城市经济空间 / 199
四、居住空间与建筑文化 / 203

第二节　日趋开放的近代城市空间 / 212
一、经济空间布局的演变与提升 / 212
二、现代工业空间形态的出现与发展 / 220
三、现代市政起步与城市交通枢纽空间的形成 / 226
四、城市公共空间的扩大 / 239
五、新型文教区的形成 / 244

第三节　多元化发展的现代城市空间 / 245
一、成渝城市工业空间布局的演化 / 245
二、现代城市规划与城市空间结构形态的调整 / 249
三、巴蜀城市空间布局新形态 / 255
四、成渝城市群的构建 / 259

第五章　巴蜀城市文化瑰宝——成渝历史文化 / 267

第一节　影响成渝城市历史文化的因素 / 269

一、自然地理环境因素 / 269
　　二、地域功能性因素 / 274
　　三、历时性因素 / 279
第二节　成都城市文化特质 / 286
　　一、和谐包容的文化气度 / 286
　　二、开拓创新的文化精神 / 290
　　三、崇文重教的文化传统 / 294
第三节　重庆城市文化特质 / 300
　　一、崇力尚武的文化传统 / 301
　　二、爱国尚义的文化秉性 / 309
　　三、淳朴实用的文化风俗 / 313
　　四、兼容开放的文化气质 / 318

第六章　巴蜀民族地区城镇文化 / 325

第一节　藏彝走廊民族城镇的兴起与发展 / 327
　　一、藏彝走廊民族城镇的兴盛 / 327
　　二、川边锁钥，藏甸屏翰——康定 / 332
　　三、高原古城——松潘 / 339
　　四、得天独厚月亮城——西昌 / 343
　　五、川滇锁钥——会理 / 346
　　六、藏彝走廊民族城镇文化发展的同一性与差异性 / 349
第二节　渝东南地区土家族、苗族城镇 / 352
　　一、渝东南地区城镇的兴起与发展 / 352
　　二、渝东南地区城镇的空间分布与建筑文化 / 359
　　三、渝东南地区城镇文化的演变 / 367

第七章　巴蜀历史文化名城名镇文化特色 / 381

第一节　巴蜀历史文化名城名镇 / 383
　　一、巴蜀名城名镇的特点与数量 / 383

二、巴蜀名城名镇的地域分布 / 386

第二节 历史悠久的巴蜀历史文化名城 / 387
一、巴文化地区重要的历史文化名城 / 388
二、蜀文化地区重要的历史文化名城 / 406

第三节 类型丰富的巴蜀名镇 / 428
一、山水风光型 / 429
二、水陆要冲型 / 432
三、文脉流香型 / 437
四、风格特异型 / 439
五、民族风情型 / 443

第四节 巴蜀名城名镇的地域文化特色 / 446
一、总体布局与环境特色 / 446
二、建筑文化独具特色 / 454
三、民风民俗文化特色突出 / 460

结　语 / 463

主要参考文献 / 467

后　记 / 484

导　言

　　巴蜀地处长江上游、青藏高原东缘、云贵高原北侧，地域辽阔，资源丰富，是中华文明发源地之一。得天独厚的自然地理条件，孕育了辉煌灿烂的早期城市文明。早在先秦时期，蜀地就产生了文化特征相似、时代先后衔接的众多早期城市，形成了具有鲜明地域特色、自成体系的蜀地早期城市文明，巴地也产生了若干重要的城市。自秦统一，设置巴、蜀、汉中三郡开始，巴蜀地区就被纳入中央王朝的统一管辖之下，巴蜀城市文明自此与中原城市文明相融合。此后巴蜀城市发展既经历了秦汉时期城市行政建制设立和城市建设的第一次高潮，也出现过三国两晋南北朝时期的相对衰落；既创造了唐宋时期称雄全国的辉煌，也见证了宋蒙战争对城市带来的空前浩劫；既经历了元明时期的缓慢恢复与渐进式发展，又再次饱受明末清初战火的摧残。元以后，中国的地方行政建制发生重要的变化，随着行省制的建立，四川行省建立，初步确立了巴蜀地区城市行政等级体系。从元到清，四川省的行政管辖范围不断调整，基本包括了巴蜀的大部分地区，其间，巴蜀地区的城市不断建立和发展，城市体系不断壮大完善，到清嘉庆年间形成了12个府、8个直隶州、5个直隶厅、1个屯务厅、11个属州、4个厅、111个县的行政建制格局[①]。自清代中后期以来，巴蜀地区的城市行政建制虽然历经了民国时期短暂的调整，但其基本格局仍然保存，一直到20世纪末。1997年，重庆成为中央直辖市，重庆从四川省行政区划中划分出来，巴蜀城市行政体系因此而发生了一定的变化，但其城市结构更趋合理，原来的川东地区形成了以重庆为中心的城市体系，新四川也形成了多个区域城市体系。21世纪以来，区域合作成为

---

① 《嘉庆重修一统志》卷二五（四川），中华书局1986年版，第19128~19135页。

一个新的发展趋势，以重庆主城区为中心的巴渝城市群和以成都为中心的四川城市群之间加强合作，互动共生，成为时代发展的需要，重庆和四川虽然在行政管理上分开，但经济与文化的联系变得更加密切。从国家整体发展需要出发，构建成渝经济区和成渝城市群已经成为国家战略。随着成渝经济区和成渝城市群的建立，一个新巴蜀城市体系也将逐渐形成和完善。巴蜀悠远厚重的历史积淀，为21世纪巴蜀新城市体系的发展，奠定了深厚的历史文化基础，也为新巴蜀城市体系的发展和形成鲜明的地域文化特色创造了条件。

巴蜀城市文化既是中国城市文化的重要组成部分，也有着与其他区域城市文化相异的特色。纵览数千年巴蜀城市文化发展的历程，可以发现巴蜀城市文化的最大一个特点就是多元文化的并存与交融，从而形成了开放与包容的巴蜀城市文化特色。巴国和蜀国的历史非常悠久，其城市文明是多种地域文化相互交融的结果。数千年前，长江中下游的先民和青藏高原、关陇地区、云贵高原的先民相继来到巴地和蜀地，带来了各地的文化，这些不同地域的文化与早期的巴文化、蜀文化相融合，形成了独具特色的巴文化和蜀文化。秦并巴蜀后，中原文化大量引入巴蜀地区，与巴蜀文化交流、融合，特别是秦国各项制度的引进，大量秦国与其他各国移民的迁入，对巴蜀文化产生了极大影响。在此后2000多年的发展过程中，巴蜀城市文化打破四周高山环抱的封闭地理格局，始终具有很强的开放性与包容性，并与中原主流文化保持一致性，形成了一体多元的文化格局。

巴蜀文化是巴文化与蜀文化的共称，巴文化和蜀文化既是一体，又各有其特点。巴文化与蜀文化在四川盆地的自然地理环境中发展，逐渐形成了以今天的重庆为核心的亚文化体系和以今天的成都为核心的亚文化体系；两个亚文化体系之间既相互联系、相互影响，又各有其特色和发展路径，其文化的共性和特质隐含在其源远流长的历史文脉和地域性文化的底蕴中，凝聚着若干巴蜀城市的历史文化与民风民俗，体现着城市居民对城市生活价值的归属感和认同感，因而具有强大的精神感召力，并影响着城市发展的方向和路径。成都、重庆作为巴山蜀水最为耀眼的双子城，其城市文化的形成、发展与演变，一方面代表着巴蜀城市文化的主流，另一方面也彰显着巴与蜀各具风韵的文化特色。

首先，就影响成渝城市文化形成的因子来看，无论是自然环境因素、地域功能因素，还是历时性因素，成渝两地可以说是都有差别。

自然环境上，成都地处四面环山的四川盆地之中，川西地区平畴千里、气候温润、食物丰美、风光绚丽，孕育出的便是富有闲适、平和、柔美的城市文化。重庆则地处山峰起伏、大江奔流的长江之滨，动感强烈，故而重庆城市文化多显阳刚与豪爽气质。

地域功能上，蜀地所具有的远离强敌的地缘优势使成都长期能够独处天府之国的核心区域，凭借独特的地理环境和优越的经济条件，在历史的风云变幻中保持着政治的相对稳定和经济的高度繁荣，极大地推动了成都城市文化的延续和发展。重庆因地处战略要津，乃历代兵家必争之地，一幕幕征战杀伐，磨炼出巴人强悍、尚武的文化风气和豪迈果敢的坚韧情怀。

在古代，成渝城市文化的特质分别体现为一个尚文，一个尚武；一个文雅，一个刚毅。秦汉以后，成都形成了"颇慕文学"的尚文风气，学术发达，名人辈出，以致"巴蜀自古出文宗""诗人自古例到蜀""自古蜀中多才女"成为成都城市文化，尤其是成都文学发展的三大规律[1]。自然环境和人文环境的长期协调发展，形成了成都人特有的闲适文雅的生活情趣。反观巴渝地区，与成都人"以文辞显于世"所不同的是，巴人则向来都是以勇猛善战著称于世，巴人"刚悍生其方，风谣尚其武"[2]。再加上"巴人劲勇，见敌无所畏惧"[3]的大无畏精神，巴渝自是"人多劲勇，少文学，有将帅才"[4]。浓厚的彪悍个性使得重庆处处都显示出"俗素朴""姿态敦重"的气质。如果说重庆像一个武士，极尽雄壮与尊严，而成都则像一个文人，有说不尽的温文，数不完的雅趣。但值得注意的是，重庆除了勇猛，也不失文雅；成都除具有尚文的柔美之外，也不失阳刚与果敢。从"与秦同分，故多悍勇"[5]，到"司马错率巴、蜀众十万"[6]共同征战伐楚，无不体现出蜀文化中刚强的一面。而崇力尚武尽管是农业时代重庆城市文化的主旋律，但自唐宋以来，文教事业同样在巴渝大地勃然兴起。

值得注意的是，就成渝城市文化的发展与演变来看，蜀文化与巴文化虽然

---

[1] 谭继和：《神奇、神秘、神妙的巴蜀文化》（下），《四川党的建设》（城市版）2007年第9期。
[2] （晋）左思：《蜀都赋》，（梁）萧统等：《六臣注文选》，上海古籍出版社1993年版，第97页。
[3] 《魏书·董绍传》。
[4] （晋）常璩：《华阳国志·巴志》。
[5] （晋）常璩：《华阳国志·蜀志》。
[6] （晋）常璩：《华阳国志·蜀志》。

各成体系,但两者在城市文明的发展进程中,彰显各自不同文化个性的同时,也具有互为交融的文化共性。

20世纪以来,成都和重庆在承袭个性文化之时,加强了两个城市文化之间的互动和互补。特别是改革开放以来,成都和重庆都以大开放、大交融的积极姿态,以"敢为人先"的文化秉性,以"开拓创新"的超越精神,以"爱国尚义"的民族情怀,以"和谐包容"的历史胸襟,给巴蜀历史文化带来了现代性文化因子,共同引领着巴蜀文化在现代大放光彩。伴随历史车轮的前进,巴蜀文化在经过数千年的演进和整合后,在传承中相互交流、相得益彰,共同构成了巴蜀城市发展的精神支柱。从成渝全国统筹城乡综合配套改革试验区到成渝经济区的实践,都是在传承巴蜀城市文化的基础上进行的现代一体多元发展战略的具体体现,都是以共生共荣的巴蜀城市文化推动巴蜀城市在21世纪实现新跨越、新发展。

《城市文化卷》是《巴蜀文化通史》作为体例创新所设立的一个新项目。

城市是人类文明的产物,城市文化是人类文化的重要组成部分。城市既是一个国家或地区的政治、经济中心,也是文化的发源地、集中地和传承地;城市既积累历史文明,又承载现代文明。城市文化的内涵有着明显的系统性和层次性,它可以分为四个层次:

一是城市物质文化层。它主要表现为城市直观形象与景观特色,如城市特有的市容、市貌、景观、建筑物等。城市的物质文化见之于形,闻之有声,触之有觉,是城市文化的表层。作为城市物质形态,它反映城市的历史、风俗、观念与精神。

二是城市制度文化层。它主要是指城市法律、管理制度、行为准则、典礼仪式、组织领导方式以及其他行为方式中所体现的精神因素,包括城市管理体系、社会分层、社会组织等。

三是城市生活与行为方式层。它包括城市居民的生活习俗、日常交往方式、生活时尚等。一个城市的行为文化具体地表现为城市市民的素质、品位、风俗习惯、生活方式,以及城市的民风、诚信、私人和公共服务等方面。作为城市行为文化的整体,它又可视为这个城市的"人文文化场"。

四是城市心理观念文化层。它是城市文化的深层结构,是城市文化的核心,主要表现为城市精神、价值观念、道德规范等纯精神观念因素,包括城市人的意识形态,如宗教观念、政治观念、道德情操、哲学理念、艺术底蕴等。

城市文化四个层次形成城市文化的系统结构。其中，观念文化层决定行为文化层和物质文化层，制度文化层则是观念文化层和物质文化层的中介。这四者相互影响、相互作用，共同构成城市文化的完整体系。

21世纪，是中华文明复兴的世纪，伴随着中国经济的腾飞，中国各地区的文化也将出现新的飞跃。因而研究区域文化成为一个重要的学术热点，撰写区域文化史也成为一种共识。目前国内各主要省区都在撰写文化通史，有的已经出版，有的正在编写过程中。但迄今为止，并无人专门就城市文化史相关的理论问题展开系统的研究，城市文化史的体例体裁也是见仁见智，并无一省区专门编写城市文化卷。因此，撰写《巴蜀文化通史·城市文化卷》，在无体例体裁可供参考的情况下，编写难度非常大。《巴蜀文化通史·城市文化卷》就所涉及的内容而言，实际上涵盖了巴蜀文化的众多方面，《巴蜀文化通史·城市文化卷》要涉及《巴蜀文化通史》其他各卷中的一些内容，但又不能成为《巴蜀文化通史》的缩写本，只能是《巴蜀文化通史》的有机组成部分。思考《巴蜀文化通史·城市文化卷》的体例体裁，还需要考虑与其他各卷的联系和配合。撰写《巴蜀文化通史·城市文化卷》是一个全新的课题，必须要有新的思路和新的视角。研究巴蜀城市文化必须要正确认识、全面了解城市文化的内涵和构成。基于以上对城市文化的认识和分析，《巴蜀文化通史·城市文化卷》要按照城市与城市文化的内涵和构成来思考其研究的主要内容，但又不能面面俱到，应在照顾系统性的基础上择其重要方面来研究；要对巴蜀城市文明史进行系统的历史梳理，但又不能完全按时代，而应兼顾"纵通"与"横通"的要求；既要有巴蜀城市文化历史演变的记述，也要有城市文化的专题研究。鉴于此，本卷大胆尝试了纵横交织、点面结合的体例，其中难免有疏漏不足之处，还有待同行专家批评和指正。

另外还需要说明的是，研究城市历史文化，首先要研究历史的城市和城市的历史，但是长期以来一个令城市史研究者困扰的问题是，怎样确认何为历史城市？由于当代世界各国所采用的可计量的指标在历史上缺乏统计和记载，除少数城市外，大部分城市都难以获得准确的具体数据，故而多只能采用定性的办法来确定。正如老一辈学者、著名历史地理学家陈桥驿教授所指出："在这种情况下，中国的历史城市研究者，常常采用一种不得已的历史标准，即凡是曾经作为县一级政府驻地的聚落，就作为历史城市。"同时他也承认"这种行政标准存在明显的缺陷"，然而"在统计资料十分缺乏的古代，要在数量庞大的县邑中区别哪些是历史城市,哪些不是历史城市,现在看来,这是很难做到的"。①的确,陈教授所言十分在理,因而本书也是不得已采用这样的标准。

就区域城市文化发展史而论,迄今还无"文化通史范本",也无人专门就相关文化理论和方法专门展开系统研究。本分卷提纲和样稿经过了分卷主编与学术委员会几上几下,反复研究探讨,才最终确定下来。今天来看,本分卷还存在这样或那样不足,但作为一种探索,是否可以得到理解,还望识者不吝赐教。

---

① 陈桥驿:《中国城市历史地理·序》,《中国城市历史地理》,山东教育出版社1998年版,第10~11页。

第一章 早期巴蜀城市与城市文明

巴蜀地处中国西南腹地，位于长江上游，面积广阔，人口众多，自古以来都是中国重要的政治经济区域。巴蜀地区适宜的自然环境为早期人类文化的发展提供了便利的地理条件。从目前考古发现来看，这里很早就有人类生存繁衍，并创造了丰富的史前文化。1986年10月，考古专家在巫山大庙龙骨坡"巫山人"遗址发现了两件人类化石，一为左侧的下颌骨（残），另一为上门齿。根据古地磁资料的测试，含人类化石的原层位距今约为204万~201万年，是我国迄今发现最早的人类化石之一。[1]由此进一步证明以成都平原为中心的蜀地是"研究人类起源的重要地区之一"[2]。四川考古工作所取得的巨大成就，在弥补历史文献中关于蜀人、蜀国早期历史记载欠缺的同时，为世人展现了从原始社会末期至春秋战国时期成都地区人类活动的整体发展历史过程，为了解这一时期成都的社会、经济、文化和阶级状况提供了比较丰富的考古资料。[3]

巴蜀城市是巴蜀地区社会、经济、文化发展的重要空间载体，在巴蜀社会经济发展中具有重要的地位和作用，因而研究巴蜀城市的发展变迁对于我们全面、深入地了解和把握巴蜀历史发展脉络具有至关重要的作用。古代巴蜀城市发展既有鲜明的地域特色，又体现了古代城市发展的共性，是中国城市发展史的重要组成部分，加强对古代巴蜀城市发展演变历史的深入研究，对于深化中国古代城市史和区域城市史研究都具有重要意义。

---

[1] 黄万波等：《巫山猿人遗址》，海洋出版社1991年版，第26页。
[2] 贾兰坡：《四川史前考古学的希望》，《四川考古论文集》，文物出版社1996年版，第35页。
[3] 何一民：《长江上游城市文明的兴起——论成都早期城市的形成》，《中华文化论坛》2002年第2期。

第一节 早期蜀地城市的兴起

一、文化遗存与聚落

城市的起源与人类早期的聚落有着直接的关系。城市应该包括三个本质性特点：集中、中心、高级聚落。集中是指城市是人口、资本、消费、文化等的集中之地；中心是指城市是人类文明的产物，是国家或地区的政治、经济、文化、教育、交通、金融、信息中心；高级聚落是指城市有别于农村那种分散、相对隔绝的聚落形态。在地理学概念中，聚落是指"人类活动的中心，既是人们居住、生活、休息和进行各种社会活动的场所，也是人们进行劳动生产的场所"[1]。考古学上的聚落是"人类聚居生活的地方，是与人类生存活动密切相关的地表空间，它是人类在大自然中赖以生存的基础，是人类利用自然、改造自然的主要场所"[2]。但聚落有等级区别，一般的聚落虽然具有集中的特征，但还不能够称为城市，只有同时具备了中心功能的高级聚落才能够称为城市。

新中国成立后，通过系统的考古发掘工作，考古学家在巴蜀范围内进行了较大规模的考古调查，先后在成都、广汉、广元、绵阳、南充、阆中、巴中、雅安、天全、汉源、汶川、理县、西昌、丹巴、巫山、巫溪、忠县、万县、云阳等地，发现了新石器遗址和遗迹300余处[3]。这些遗址星罗棋布，广泛分布于巴蜀各地，它们东起巫山，西至雅砻江、大渡河，北达阆中，南到长宁，其时代大致在距今8000年至4000年之间。但由于目前受考古发掘的广度和深度所限，以上这些遗址大多数虽然作为新石器时期人类的居住地，具备聚落的基本特征，但普遍规模较小，所发掘的大型建筑物较少，不具备中心功能，因而不能称之为城市。仅岷江上游的营盘山遗存规模较大，是一个具有一定行政中心功能的高级聚落。

营盘山遗址位于岷江上游四川省阿坝藏族羌族自治州茂县、汶川县之间的营盘山。20世纪20年代，考古工作者首次在汶川县威州姜维城发现彩陶片[4]。20世

---

[1] 张文奎主编：《人文地理学词典》，陕西人民出版社1990年版，第478~479页。
[2] 俞伟超：《考古学新理解论纲》，《考古学是什么》，中国社会科学出版社1996年版，第173页。
[3] 文物出版社编：《新中国考古五十年》，文物出版社1999年版，第375页。
[4] 林铭均：《四川威州彩陶发现记》，《说文月刊》巴蜀专号四卷合订本，1944年版。

纪50年代以来，此类遗存又陆续有所发现①。以此为基础，有学者对岷江上游新石器文化做了初步研究，发现了该遗址的初步面貌②。2000年6月，成都市文物考古研究所等单位又在岷江上游地区展开了全面的考古调查，对茂县营盘山遗址进行了勘探和试掘，学术界对该类遗存有了初步的认识，把该类遗存命名为"营盘山文化"。

从目前考古发掘来看，营盘山聚落规模大，建筑遗存较多。营盘山遗址规模较大，目前可探知的面积超过10万平方米，周围还分布着数十处面积在数千至近万平方米不等的中小型聚落，共同构成了新石器时代晚期的大型聚落遗址群。营盘山聚落的新石器时代遗迹包括房屋基址6座、墓葬及殉人坑5座、灰坑47个、灰沟3条、窑址及灶坑等，还在遗址中部西侧发现一处大面积且较为平整的硬土面遗迹，推测可能为当时的大型广场之类的活动场所，灰坑的平面形状有不规则形、圆形、椭圆形、长方形、扇形等种类③。同时，其聚落有很多小型房屋，基址的面积不大，多系单间建筑，平面多为方形或长方形，中型房址内有隔墙，房址之间有叠压、打破关系。大型广场性质的人殉坑遗迹的发现，表明此遗址具有相当大的规模。营盘山聚落广场具有明显的向心式形态，体现了该聚落的统一性。

营盘山聚落出土的器物数量较大，种类较多，做工精细，可以表明该聚落的人口较多，活动涉及范围广。从数量来看，有陶器、玉器、石器、细石器、骨器、蚌器等类遗物，总数达数千件。考古工作者对这些器物进行考察，发现营盘山时期的手工业已经出现较细的分工，从业人数相当多，其工艺水平已达到相当高的程度，有数量众多且制作精美的彩陶器，特别是陶质人面像雕塑、具有特殊用途的石牌形器等高规格遗迹、遗物，这些表明它是该大型遗址群的中心聚落。

考古工作者通过对营盘山遗址的考察，发现此一时期营盘山聚落已经处于定居生活状态，居民以农耕为主要生产方式，农产品的产量已较为丰富。就生产工具来看，除了打磨精细的石质生产工具外，还有着器形丰富的陶质和骨质

---

① 徐朋章：《四川藏区孟董沟的磨制石器》，《文物参考资料》1955年第6期；《四川茂汶羌族自治县考古调查》，《考古》1959年第9期。
② 陈剑、陈学志：《岷江上游新石器时代文化遗址调查及营盘山考古试掘综述》，《阿坝师范高等专科学校学报》2004年第4期。
③ 陈剑、陈学志：《营盘山遗址——藏彝走廊史前区域文化中心》，《阿坝师范高等专科学校学报》2005年第1期。

生产工具；就生产的器物来看，种类也较多，容积深广的贮器已经占有一定的比例，如陶器中夹砂厚胎的炊器体积宽大。此外，还发现有圆形袋状灰坑，应为贮藏粮食或其他物品的窖穴，这些都表明熟食器具等日常生活器具的生产和粮食储存技术都已达到了一定水平[1]。考古工作者在营盘山聚落还出土了相当数量的酒具类器物，比如有制作精美的彩陶壶、瓶、杯、碗等。据此推测营盘山的居民可能已掌握了酿酒技术，而酿酒需要粮食，因而此一时期的农业已发达到有了相当的剩余粮食可以酿酒。生产工具和生活用具种类增多，以及大量的谷物需要储藏等状况表明，此一时期营盘山聚落的农业生产力水平已经发展到较高程度。

营盘山文化时期，社会分工已较细，专业化程度高，各类制作品体现出高超的装饰和造型艺术水准[2]。这从营盘山聚落出土的玉器和彩陶制作上可见一斑。就现有出土玉器来看，可将其分为三类：一是为仿生产工具的锛、斧、凿、穿孔刀、簇等，多数的刃部未见使用痕迹；二是环镯、珠类装饰品；三是具有礼仪用器性质的璧、璜类器。从彩陶器来看，其彩陶器种类众多，质地以细泥红陶为主，火候较高，烧制温度可达摄氏1000度，叩之有清脆的响声。器表均打磨光亮，有的还施有一层白色的陶衣，再于其上用软笔绘出各种图案，图案内容题材丰富，包括动物（变体鸟纹、蛙纹等）、植物（草卉纹、草叶纹、杏圆纹等）、几何图形（垂帐纹、水波纹、弧线纹、圆圈纹等）三大类，绘制笔法流畅、娴熟。其造型也多样，特征以几何曲线形为主，器类有瓶、罐、盆、钵等，不少堪称精品[3]。另外，营盘山聚落还出土多件小型的陶、石质人面雕塑，其中一件陶质雕塑人面像，鼻及双耳为捏塑，双目及口部刻画而成，造型生动、传神，表现出高超的技术水平。最后，从其建筑技术来看，建筑程序复杂、建筑物结构坚固、木作技术较高，表明当时已有较高的建筑水平。

营盘山聚落所处的时代，约当属于氏族公社晚期，私有制可能已经萌生，一夫一妻制的小家庭逐渐成为独立的生产单位，也开始产生阶级分化。如在遗址中部地带发现了一处面积不小于200平方米的类似广场的大型遗迹，坚硬的踩踏层之下发掘出四座人骨坑，其中三座均保存有一具较为完整的人骨架，应是

---

[1] 蒋成、陈剑：《2002年岷江上游考古的收获与探索》，《中华文化论坛》2003年第4期。
[2] 辛中华：《岷江上游新石器时代遗存及相关问题探讨》，《四川文物》2005年第1期。
[3] 陈剑、陈学志：《营盘山遗址面面观》，《中国文物报》2004年12月22日第4版。

具有奠基性质的人祭坑;另一座仅见一人头,该头骨已不见颅顶及上颌部分,剩余仅颅身及下颌部分。这种现象可能与原始社会常见的猎头习俗有关。从彩陶器来看,部分加工制作精致的泥质陶器,开始逐步脱离日常生活实用器的特征,呈现出礼器化的迹象①。

营盘山聚落可以说是迄今为止发现的5000多年前文化内涵最为丰富的大型中心聚落,代表了此一时期长江上游地区聚落文化发展的较高水准。从功能上看,营盘山聚落可能是区域的大型中心聚落,具有一定的区域行政管理中心功能。中心广场、居住区、手工业区、墓地群的分区,表明该聚落已经具有较为复杂的管理系统和管理能力。而人祭坑的出现则表明社会分化已经出现,社会分工已经形成。

从人类历史发展的一般规律来看,当聚落发展到一定程度,在中心聚落的基础上,便产生了早期的城市,城市文明也随之萌芽。营盘山聚落及其聚落文化发展为早期古蜀城市群的产生奠定了基础,促进了蜀地城市的萌芽。

二、古城群的兴起

20世纪90年代以来,在以成都为中心的成都平原地区,考古工作者相继发现并确认了以新津宝墩古城为代表的史前城址群,包括郫县古城、都江堰芒城、温江鱼凫古城、崇州双河城(下芒城)等在内的系列史前城址群。这对于揭示蜀地社会历史发展的诸多问题,如城市、国家、文明的起源和形成等,无疑有着十分重要的作用。

(一)新津宝墩古城

宝墩古城位于新津县城西北约5公里的龙马乡宝墩村,处于成都平原的西南边缘,俗称"龙马古城"。考古发掘已证实该遗址为一座距今约4500年的新石器晚期古城址。1996年,成都市文物考古研究所对宝墩古城遗址进行了试发掘,揭露面积435平方米,发现城址1座,灰坑32个,墓葬5座②。发现地面有明显的围成长方形的土垣,并对宝墩古城城垣范围及走向基本确认,其中以北边和东边土垣保存较好,土垣宽度10米~25米左右,最高处约5米。城垣略呈长方形,北墙、南墙各长约600米,东墙、西墙各长约1000米,城垣周长约3200米,

---

① 辛中华:《岷江上游新石器时代遗存及相关问题探讨》,《四川文物》2005年第1期。
② 江章华等:《成都平原的早期古城址群——宝墩文化初论》,《中华文化论坛》1997年第4期。

城址面积达60万平方米。城垣构筑方法为"堆筑法",即边堆土,边拍打或夯打,每次堆筑一大层。拍打又分水平、斜面拍打两种。房址的平面可能是方形或者长方形,东西宽4.1米,南北长2.23米,墙为木骨泥墙。灰坑有圆形、椭圆形、长方形、长条形、不规则形等,其中以圆形、椭圆形和长方形居多,灰坑中发现制作陶器的陶土,有的灰坑内有大量的陶片。墓葬均为长方形竖穴土坑墓,其中M4、M6、M7墓坑小,疑为小孩墓,M3、M8墓坑较大,可能为成人墓。城墙叠压在早期地层之上,筑墙时破坏了早期地层,城址的废弃年代和遗址的废弃年代一致①。

宝墩遗址出土的生产工具以小型的磨制石器为主,制作较精致,以磨制斧、锛、凿为主,另有少量穿孔石刀、铲、矛、镞等。陶制生产工具有轮和网坠。生活用具主要是陶器,陶器主要有夹砂和泥质两种类型,其中泥质陶的数量多于夹砂陶,盛行小平底器和圈足器,纹饰以绳纹为主,以花边口绳纹平底罐、宽平沿平底尊形器、喇叭口平底高领罐、镂孔圈足豆等为典型器物②。发现有小型房基,为方形的木骨泥墙建筑,并发现带木骨印痕的红烧土块,推测木骨泥墙是经火烘烤过的。由上述情况可知,宝墩时期的人们过着定居的农业生活,兼有采集和渔猎③。

2009年11月,成都文物考古研究所再次组织考古调查队,对宝墩遗址进行了考古调查。此次考古调查采取了较大范围的地面调查、城内钻探、采样分析等,并结合地貌、水文、古地理和古环境进行综合考察,取得很大的进展。经过考古发掘,宝墩古城为双城格局,其面积较前大为扩展,以壕沟外侧边为界,新发掘面积约276万平方米;以外城墙外侧墙基为界,新发掘面积约268万平方米;以外城墙内侧墙基为界,面积约253万平方米④。宝墩外城墙和壕沟的发现使我们对宝墩古城遗址、宝墩文化有了全新的认识。宝墩古城由内、外两重城墙构成,是目前发现面积最大的具有内、外双重城墙的龙山时代城址,大大丰富了宝墩文化的内涵,对探索宝墩文化时期聚落形态、社会结构与社会复

---

① 成都市文物考古队等:《四川新津县宝墩遗址调查与试掘》,《考古》1997年第1期;中日联合考古调查队:《四川新津县宝墩遗址1996年发掘简报》,《考古》1998年第1期。
② 成都市文物考古队等:《四川新津县宝墩遗址调查与试掘》,《考古》1997年第1期。
③ 江章华等:《成都平原早期城址及其考古学文化初论》,《苏秉琦与当代中国考古学》,科学出版社2001年版。
④ 成都文物考古研究所:《成都市新津县宝墩遗址新发现》(打印稿),2010年。

杂化程度具有极其重要的研究价值。

宝墩古城规模巨大，可推测出距今4500年前成都平原已出现高度集中的政治和权力中心。从目前的发现情况来看，宝墩古城面积276万多平方米，与良渚、陶寺古城的规模相当，为探讨城市起源、中华文明的起源、早期国家形成的多元化等问题提供了全新的资料，是对"古文化、古城、古国"的文明演化模式发展规律的最好诠释，也是对中华文明起源"满天星斗"拥有多元化中心的支持①。

（二）郫县古城

郫县古城位于郫都区三道堰镇古城村和梓路村，相传为三国诸葛亮养马的"养马城"，这里属于成都平原的腹心地带。

郫县古城遗址城垣是同期成都平原史前城址中保存最好的一处。城址平面呈长方形，长约620米，宽约490米，面积约30.4万平方米。城垣在地面以上保存的高度还有5.6米②。郫县古城遗址内出土有大量陶器和磨制石器，分属生活用具和生产工具。经过三次发掘，在城垣内发现灰坑35个、灰沟2条、房基13座。在这些房址中，发现有大型房屋建筑基址F5。F5位于遗址的中部，平面呈长方形，与城垣方向大体一致，长约51.5米，宽约10.7米，面积约551平方米。该建筑的墙体推测为木柱夹竹笆，内外涂抹草泥形成。据推测，"F5当不属一般的居址，可能为大型的礼仪性建筑，如举行公共仪式的场所"③。在城址的西北部，发现了干栏式建筑，这在宝墩文化时期尚属首次。随着考古工作的进展，对于古城城址内的平面布局可形成初步的认识："即以位于城址中部的大型礼仪性建筑（F5）为中心，在其四周均分布有小型的木骨泥墙建筑或其他小型建筑，应为城址的居住区"④。

在郫县古城的建筑遗迹内还有间距大致相等的五堆卵石面台基。这对于研

---

① 成都文物考古研究所：《成都市新津县宝墩遗址新发现》（打印稿），2010年。
② 林向：《成都附近四县考古调查》，《四川大学考古专业创建三十五周年纪念文集》，四川大学出版社1998年版。
③ 成都市文物考古研究所、郫县博物馆：《四川省郫县古城遗址1997年发掘简报》，《文物》2001年第3期。
④ 成都市文物考古研究所、郫县博物馆：《四川省郫县古城遗址1998～1999年度发掘收获》，《成都考古发现（1999）》，科学出版社2001年版。

究当时的社会形态、社会性质提供了重要的资料①。

（三）都江堰芒城

都江堰芒城位于距离都江堰市区南约12公里的青城乡芒城村，地处川西平原的西部边缘，西距青城山支脉的药王山仅2.4公里，东去约1.4公里有泊江河由北向南流。该城址平面近似方形，分内外两圈城垣，以内圈保存较好。内圈南北长300米，东西宽约240米，现存地面宽5米~20米，残高1米~212米。外圈与内圈相距20米，城垣保存较差，北垣保存180米，南垣保存130米，残宽7米~15米，残高约1米~215米。推算整个城址面积约10.5万平方米。内外城垣间地势较低，似为城壕。共发现灰坑11个、灰沟1条、房基4座。出土遗物以陶器为主，另外有一定数量的石器，陶器皆残破。无论是陶系、纹饰、器物群还是器物形态都比较一致，没有太大变化。因此发掘者认为该遗址延续的时间不长，应属于同一考古学文化的同一时期。遗址的文化内涵与宝墩遗址比较一致。与宝墩遗址略有差异之处在于，该遗址以泥质灰黄陶为主，夹砂褐陶也有所增加②。

此外，在都江堰芒城城址还发现了一座竹骨泥墙房址，首次证实了成都平原史前城址中竹骨泥墙的存在。

（四）温江鱼凫古城

温江鱼凫古城位于温江区万春镇报恩村，距温江城区约5.5公里，东南距成都市区20公里，西南离岷江7公里。遗址习称"鱼凫城"，相传蜀人鱼凫王曾于此建都。

鱼凫古城城址建于平原的台地之上，从台地边缘建筑城墙，城内地表明显高于城外。遗址现存不连续的低矮城垣，残存四段，城址平面为不规则的六边形，面积初步推测为32万平方米。现存的城垣一般高出地面约2米，宽约15~20米。遗址墙体构筑方式为坡状堆筑，墙体中发现有大量卵石，应是为牢固墙体而用。

考古工作者通过对鱼凫古城遗址的两次发掘，出土了大量特征明显的陶器和石器，清理出灰坑155个、房址14座、墓葬4座和灰沟6条。其中，房址均为地

---

① 江章华：《成都平原的史前城址文化》，《寻根》2002年第11期；孙华：《成都平原的先秦文化》，《苏秉琦与当代中国考古学》，科学出版社2001年版。
② 文物出版社编：《新中国考古五十年》，文物出版社1999年版，第376页。

面式建筑，可分为墙体是木骨或竹骨的墙基槽式和干栏式两种，干栏式房址的布局和建造方式与郫县古城1998年清理的同类建筑相似，推测为仓储式建筑的基础部分。根据遗址出土文物和出土地点的分析，城址东南部是当时人们活动的次中心，应为生活居住区；城址南部可能是墓地和废弃物的堆放地；城址的中心地区（鱼凫村地界）和现存的东部边缘地点，应是人们活动比较频繁的区域。"鱼凫古城有可能延续使用时期长，人口也较多，是当时成都平原人们聚居活动的中心之一。"①

除以上4个具有代表性的古城址外，在蜀地的古城还有崇州双河城址、崇州紫竹城址、大邑盐店城址和高山城址。这一系列的史前城址尽管存在一定的差异，但同时也表现出一些共同特征：

第一，古城选址与地形密切相关，且均选择与河流平行的垄岗状台地建城。

从目前已发现的新津宝墩城址、郫县古城城址、温江鱼凫城址、都江堰芒城城址、崇州双河城址、崇州紫竹城址、大邑盐店城址和高山城址的宏观地理位置来看，都处于成都平原范围之内。而从微观地形考察，可以看出这些成都平原史前时期城市的建造对自然地形做了充分的考虑和选择。有研究者依据城邑所处的地形不同，将中国史前城址分为四种类型：缓岗类、台地类、山城类和水城类②。成都平原史前城址基本属于台地类型，且充分利用河流。宝墩遗址距离西河4公里，距离铁西河仅0.5公里；郫县古城距离青白江3.2公里，距离柏条河2.5公里；鱼凫古城距离江安河2公里；芒城距离泊江河1.4公里；双河城址距离西河5公里；紫竹城址距离西河2公里；盐店城址距离南河支流斜江河仅1公里。在方便利用水源的同时，也使得蜀地早期的城邑能得到尽量大的修建。因此，散布在成都平原上的古蜀早期城址，面积较大。最大的新津宝墩古城遗址面积达276万平方米，郫县古城和温江鱼凫古城遗址的面积均在30万平方米以上，较小的都江堰市芒城与崇州双河古城遗址也都在10万平方米以上。这就与依山而建且面积狭小的早期巴地聚落形成了鲜明的对比。

第二，城址形态因地制宜，具有多样性特点。

从目前考古发现来看，蜀地早期城址都能因地制宜，故而形成了单圈和双

---

① 成都市文物考古研究所：《温江县鱼凫村遗址1999年度发掘》，《成都考古发现（1999）》，科学出版社2001年版。
② 张国硕、阴春枝：《我国新石器时代城址综合研究》，《郑州大学学报》（社科版）1997年第3期。

圈两种类型：郫县古城、温江鱼凫、大邑盐店等城址为单圈城垣；新津宝墩、都江堰芒城、崇州双河、崇州紫竹等城址为双圈城垣。城址平面形态多为长方形，只有温江鱼凫城址为不规则的六边形。各古城城址走向大体与临近的河流走向一致，郫县古城、都江堰芒城、崇州双河等城址中发现有壕沟存在，大邑盐店城址也可能有护城河存在。就目前对城址墙体所做的解剖分析，构筑方法都采用的是斜坡堆筑，只有芒城的墙体建造表现出显著特点，即作为内墙主体的墙心部分修筑得特别好，而内城墙的外皮和外墙基本由小卵石堆筑，较为松散，从而与其他城址墙心堆筑松散而外皮堆筑紧密形成对比[1]。

第三，早期蜀地城市文明已经发展到一个较高的水平。

成都平原史前古城遗址均出土了相当数量的陶器和磨制石器等生产、生活用具。此外，郫县古城遗址中还发现了玉器，崇州双河城址中出土了三孔石钺，这些器物可能属于早期的利器，反映出该地社会发展到了一定的水平，城市文明正在孕育形成。考古工作者在这些城址中还发现了灰坑、灰沟、墓葬、房址等遗迹。在温江鱼凫城址中发现有祭祀坑、窑址；在郫县古城和崇州双河城址中发现有大型建筑基址，这些大型建筑有可能就是大型礼仪性建筑，房体建筑一般采用木骨泥墙构筑；另外，在都江堰芒城遗址发现了大型房址，其建筑采用了竹骨泥墙的方式建造。早期古城遗址和大型建筑基址的发现，表明成都平原史前社会的生产力发展已经达到一个较高的水平。

以上各城址的遗存均属于宝墩文化的范围。宝墩文化的年代范围据推测为距今4500年～3700年，前后有800年左右，考古工作者将其具体细分为四期七段：宝墩遗址可作为宝墩文化的第一期，分早、晚两个阶段；芒城遗址文化作为宝墩文化的第二期；鱼凫遗址早、中段与郫县古城作为宝墩文化的第三期；鱼凫遗址晚段作为宝墩文化的第四期；其中郫县古城遗址分早、晚两段，早段与鱼凫早段一致，晚段早于鱼凫遗址晚段而晚于鱼凫遗址中段[2]。从已有的考古发现及其分析来看，成都平原史前城址与其遗址文化具有明显的共性，各城址的年代也基本接近或表现出前后继承的关系。

目前学术界一般认为，国家产生的一个重要标志就是"大型建筑""大型

---

[1] 中日联合考古队：《都江堰芒城遗址1998年发掘工作简报》，《成都考古发现（1999）》，科学出版社2001年版。
[2] 江章华、王毅、张擎：《成都平原先秦文化初论》，《考古学报》2002年第1期。

祭祀活动""大批聚落中心和古城"的出现①。而从近年来蜀地发现的早期古城遗址来看，各种"大型建筑""大型祭祀活动""大批聚落中心和古城"普遍出现。如成都平原就发现有多个史前城址组成的古城群，而在这些史前城址上也发现有大型建筑遗址，如郫县古城所发现的大型建筑遗址面积就达500平方米，在城址的中央部位有一座大型的建筑物，该建筑物长50米、宽11米，在房子的中央有规律地分布着5个长方形的台基②，据考证该大型建筑遗址可能与祭祀有关③。长方形或方形城垣结构的出现，"其中既隐含着防御体系的重大变化，可能还隐含着社会内部组织结构的重要变革"④，该建筑"当不属一般的居址，可能为大型的礼仪性建筑，比如举行公共仪式活动的场所"⑤。这一点也可以从同时期出土的大量礼器得到证实，如崇州双河城址中发现了三孔石钺，属于一种礼器，此器"选料精细、石质上乘、做工精致、造型特殊，是探索本地区文明起源与发展不可多得的珍贵实物资料"⑥。崇州双河遗址还发现有房屋遗址，南北宽8.3米、东西长8.5米、面积达70多平方米，柱洞14个，构成"十"字形布局，"该建筑有可能是当时一种等级较高的活动场所，或许这一区域附近就是当时的一个中心区域"⑦。结合多方面的因素可以推测在成都平原高耸的城垣不仅起着重要的防御作用，而且也起着重要的政治、宗教作用。"城堡建筑物，这是城市的原始形态，它以政治、军事和宗教功能占主导地位。"⑧

宝墩文化时期成都地区已出现第二次大分工，产生了一批脱离农业生产而专门从事各种手工业生产的工匠，手工业与农业的分离是城市形成的另一个重要契机。正如马克思、恩格斯曾指出："某一民族内部的分工，首先引起工商

---

① 何一民：《长江上游城市文明的兴起——论成都早期城市的形成》，《中华文化论坛》2002年第2期。
② 王毅、江章华等：《郫县古城发掘取得重大收获》，《中国文物报》1998年3月18日。
③ 成都文物考古研究所、四川大学历史系考古研究室、早稻田大学长江流域文化研究所：《宝墩遗址》，（日本）有限会社阿普（ARP）2000年版。
④ 钱耀鹏：《中国史前城址与文明起源研究》，西北大学出版社2001年版，第257页。
⑤ 成都市文物考古研究所等：《四川省郫县古城遗址1997年发掘简报》，《文物》2001年第3期。
⑥ 成都市文物考古工作队：《四川崇州市双河史前城址试掘简报》，《考古》2002年第11期。
⑦ 成都市文物考古工作队：《四川崇州市双河史前城址试掘简报》，《考古》2002年第11期。
⑧ 贺云翱：《从考古学看中国上古城市建设》，《南方文物》1995年第4期。

业和农业劳动的分离，从而也引起城乡的分离和城乡利益的对立。"① 可见，农业和手工业的发展为商品交换创造了物质条件，而商品交换则推动了集市的发展；商品交换和商业的出现，以及集市的形成和发展，对城市的产生起着至关重要的作用。

综上所述，以宝墩遗址为代表的史前城址群在成都平原的出现，是蜀地在农业发展基础上社会变革所产生的结果，是社会分化、阶级产生、国家出现、政治变革的一个重要标志，高大的城垣和巨大壕沟的城邑出现标志着早期城市雏形的形成。因此，以宝墩遗址为代表的蜀地早期古城群的发现，对于揭示蜀地史前社会的发展、长江文明的起源以及四川盆地早期城市的起源和发展无疑有着十分重要的意义。尤其是宝墩文化范围的8座史前城址的发现，使考古研究者初步确定在距今4500年前左右，成都平原便已处于国家和城市文明的起源阶段，这批早期古城代表着成都平原最早诞生的城市文明。

第二节　早期巴地城市的兴起与发展

一、聚落的出现与分布

巴族，一个曾经强大而又充满了神秘色彩的民族，它从幽幽三峡和巍巍的大巴山地区走出，历经多次迁移，至春秋战国时期，以今川东地区和嘉陵江两岸河谷地区为主，建立了巴国。古代巴国社会和文化发展具有较为显著的地方特色，城市发展也是如此。尽管关于巴国城市的相关考古工作尚未取得突破性进展，但仍可依据历史文献的简略记载，结合考古发现所提供的零星线索，对早期巴地城市的形成、发展过程，作一些初步的认识。

最早关于巴人的文献记载为《山海经·海内经》："西南有巴国。太暤生咸鸟，咸鸟生乘厘，乘厘生后照，后照是始为巴人。"据任乃强教授研究，"咸鸟"就是盐鸟，即运盐之鸟，巴人装载着巫盐的"轻舟"在大江上像鸟一样快速行进，因而被称为咸鸟②。巴族是以捕鱼为主、狩猎为辅的渔猎部落，并从事泉盐和丹砂的长途贩运。目前所发现的巴人早期聚落分布甚广，主要在

---

① 《马克思恩格斯全集》第3卷，人民出版社1960年版，第24~25页。
② 任乃强：《说盐》，《盐业史研究》1988年第1期。

汉水流域、嘉陵江流域、长江三峡地区、鄂西南的清江流域以及湘西的五溪和贵州北部地区。

古代巴人的早期聚落主要有几个大的遗址：以哨棚嘴、中坝、瓦渣地等聚落构成的㘏井沟聚落，由李家坝、余家坝等聚落构成的澎溪河聚落，由塘房坪、苏和平、黄柏溪、涪溪口等聚落构成的万州聚落，以巫山双堰塘、锁龙、魏家梁子和奉节的新浦、老关庙等聚落为主的巫山—奉节聚落，由中堡岛、白庙、三斗坪、杨家湾、杨家嘴、红花套、路家河等遗址组成的宜昌聚落，由大沙坝、长府沱等聚落组成的秭归聚落，以及以长阳香炉石聚落为中心的清江聚落。

（一）㘏井沟聚落

㘏井沟聚落主要有三个聚落——中坝、哨棚嘴、瓦渣地[1]，三个聚落有着明确的分工，各司其职。中坝以生产盐为主，根据考古发现和鉴定，中坝聚落是制盐的中心。考古工作者在遗址中发现了一些结构特殊的窖藏、黏土坑，水槽遗迹内壁常常有厚薄不等的灰白色钙化物的残留；发现的数以百计的房址，仅有地面、柱洞、水槽和用火痕迹，应该是生产作坊一类的建筑；房址平面密集的柱洞类遗迹应该是与生产有关。在中坝遗址Ⅱ区，发现了大量类型单一的尖底杯的堆积层，在尖底杯堆积层的上面叠压着花边束颈圜底釜（罐）的堆积层。大量的花边束颈圜底釜堆积层中，尖底杯也与之共存，该层堆积相对年代应是西周时期[2]。通过全面的发掘发现，从新石器时代晚期中坝就开始产盐，夏、商时期繁荣起来，在春秋、战国时期达到顶峰[3]。

1997年，北京大学考古学系又对㘏井沟的哨棚嘴、瓦渣地遗址进行了较大规模的正式发掘[4]。考古工作者在瓦渣地和哨棚嘴遗址发现了各种形状的陶窑，出土了大量以圜底釜和尖底杯为主的陶器，其中瓦渣地主要负责圜底釜的生产，而哨棚嘴主要负责尖底杯的生产。早期巴地的盐业生产，不仅为巴人的生存与发展提供了必要的条件，推动了巴族社会经济的发展，而且还促进了巴地与中原及其他地区经济文化的交流与融合，对巴地城市文化的形成产生了深远的影响。

---

[1] 四川省博物馆：《川东长江沿岸新石器时代遗址调查简报》，《考古》1959年第8期。
[2] 王鑫：《忠县·㘏井沟遗址群哨棚嘴遗址分析——兼论川东地区的新石器文化及早期青铜文化》，《四川考古报告集》，文物出版社1996年版。
[3] 陈果：《论早期巴文化及其与周边文化间的关系》，《民族学报》2007年第五辑。
[4] 文物出版社编：《新中国考古五十年》，文物出版社1999年版，第361页。

（二）巫山—奉节聚落

巫山—奉节聚落，是以双堰塘聚落为中心。该遗址位于长江三峡的腹心地带，从地理位置上看，这里也是古代巴人活动最频繁的地区之一。巫山地区曾成为夔子国的都城所在地，大约从西周宣王时代至春秋中期，巫山县一带均属夔子国管辖。此外，据一些历史文献考证，从武王伐纣灭商起至西周中期，今重庆万州区以东、巫山县以西地区均属庸国地。至于西周早、中期的庸国和西周晚期的夔子国的详况，目前可资作证的资料尚十分欠缺，但从其传说的行政地域主要在渝东地区或巫山地区的迹象分析，可以推测他们的主体文化应属于巴文化范畴[①]。

双堰塘遗址位于巫山县北部长江支流大宁河流域中游的大昌盆地，发现于20世纪50年代，也被称为"大昌坝遗址"[②]。双堰塘遗址与大昌盆地及其周围遗址，构成了一处规模较大的商周时期的中心聚落遗址。大昌古镇地理坐标为东经109°46′40″，北纬31°17′20″，海拔140米~153米。其地理环境总体上属于高山丘陵，遗址所在地依山濒水，地势开阔平缓。该聚落得天独厚，不仅面积较大，且地势开阔平坦、土质优良，在高山丘陵之中有平坝地带是十分罕见的，该聚落就坐落在平坝之中。双堰塘遗址现知的聚落规模颇为庞大，其中西周时期的文化遗物的埋藏量还是十分惊人的。1997年至1998年考古工作者对此遗址进行了发掘，不仅出土了大量的陶、铜、铅、骨角、石和玉器等遗物，同时也发现了一些诸如坑洞、沟槽、小型墓葬、陶窑、石灰窑、灶膛和较大量的红烧土堆积以及砾石堆积等遗迹，周文化陶片的出土量达一吨以上[③]。仅凭此项，便可推知西周时期该聚落规模颇为可观，不是一般的村落遗址，极有可能就是区域聚落中心。

从近年来学术界对双堰塘西周遗址聚落的规模、出土陶器遗物特征以及断代研究来看，可以初步确认双堰塘西周文化遗址属西周中晚期巴人聚落范畴。这个聚落遗址文化有较浓厚的巴文化色彩。研究人员通过对发掘陶器的特点分析，确认遗址中以花边口罐、盆、壶、尖底杯、盏为主的器物群，带有极浓厚

---

① 陈果：《论早期巴文化及其与周边文化间的关系》，《民族学报》2007年第五辑。
② 四川省博物馆：《四川省长江三峡水库考古调查简报》，《考古》1959年第8期。
③ 中国社会科学院考古研究所长江三峡工作队：《97年度重庆巫山大昌双堰塘遗址第二阶段发掘工作简报》，1998年5月，内部资料。

的西周时期巴文化色彩，鼎、豆等器物亦有较浓厚的巴文化色彩①。同时，该聚落遗址也有一些其他文化遗存的痕迹，以及多种文化的融合。考古工作者在双堰塘遗址出土了数量相当多的石磬、砖石画、卜甲、铜工具、铜渣、铜矿石和小玉饰等遗物，这表明双堰塘遗址可能是西周晚期夔子国巴人的聚落或城邑②。

（三）清江聚落

清江流域有多个早期巴文化遗址，其中香炉石遗址因出土大量的卜骨、卜甲、骨匕等骨器以及陶印章，显露出该遗址高度发达的文明。以王善才为首的一批专家学者都认为这是最早的巴国中心，也就是巴国的都城。这里是一个被清江环绕的半岛似的地形，易守难攻，可以说是一个非常理想的居住地。

除了香炉石遗址，附近还有桅杆坪、西寺坪、南岸坪等一系列遗址，这些遗址附近有若干盐泉。廪君部白虎巴人西进的第一站，就是占领盐水神女部落所控制的盐泉。长期从事贩盐生意的巴人，深知盐能给他们带来的巨大经济利益，所以他们首先就将扩张的矛头指向了盐阳，在占领"盐水"以后，他们就地建立起了夷城。现在许多专家就认为香炉石遗址即古代的夷城所在地，此地三面环水易守难攻，但建城于此最主要的目的还是在于控制盐泉，并利用清江这条与长江相连的"天然运输线"，将盐运销出去。可以说，正是盐泉孕育了清江聚落群。

（四）澎溪河聚落

澎溪河聚落群主要由李家坝、余家坝等分布在云阳、开县一带的聚落遗址构成，主要分布在澎溪河流域③。李家坝是一个带有军事色彩的聚落，从其墓葬区出土的大量青铜兵器可以看出，此地在战国时期是一个军事重镇。但是这个聚落群的建立，同样是因为巴人的盐业生产。从春秋战国开始，云阳的云安盐井就成为巴人主要的盐业生产基地之一，云安盐井和忠县的尊井、涂井一样，都是从地面淡水河底涌出来的盐泉。最初盐水与淡水混合流行，不为人类所发现。而对它们的发现是从巴民族开始的，巴民族善泅，巧于行水，用独木

---

① 文物出版社编：《新中国考古五十年》，文物出版社1999年版，第364页。
② 郑若葵：《寻觅巴人的聚落——解读巫山双堰塘遗址》，《永不磨落的文明——三峡文物抢救纪实》，山东画报社2003年版。
③ 参见四川大学历史物化学院考古系、云阳县文管所：《云阳李家坝遗址发掘报告》，《重庆库区考古报告集（1997）》，科学出版社2001年版。

舟采运巫溪盐巴自给,并转售于沿江及其支流地区,以盐兑换其他土产和生活用品。由于行水往来于各水下盐泉河段,发现了潜在的盐泉,并发明了用木桶隔开淡水,汲盐水以煮盐的方法,使泉盐产量大于巫溪盐泉十倍①。为了保护云安盐井这个重要的泉盐产地,巴人就近建立一个军事要塞,来确保其安全。同时,在这里建立要塞也可成为防止楚人向东挺进的前哨,所以澎溪河聚落群在巴国晚期成为巴人一个非常重要的军事基地。

综上所述,可以看到巴人建立的主要聚落群一般都与巴人的经济开发紧密结合在一起,而且目前所发掘的主要聚落几乎都与盐业生产有关。可以推测,随着这些区域中心聚落的兴起与发展,势必演变为巴地早期的城市。

二、城市的兴起与特点

由于自然条件的限制和巴人特殊的生产方式和生活方式等原因,巴族的守土性不强,而具迁徙性。商周时期,巴族在今川、陕、鄂、渝、湘、黔等交界地区大迁徙,并将巴族的势力和巴文化扩展到这些地方。在迁徙的过程中,产生了一些势力强大的部族。《世本·世系篇》载:"廪君名务相,姓巴,与樊氏、晖(瞫)氏、相氏、郑氏凡五姓,俱出皆争神,以土为船,雕文画之而浮水中,其船浮因立为君。他船不能浮,独廪君船浮,因立为君。"《水经注·夷水》载曰:"廪君乘土舟下及夷城,夷城石岸险曲,其水亦曲。廪君望而叹之,山崖为崩,上有平台,方二丈五尺,因立城其傍而居之,四姓臣之。"②巴人的五部族在廪君的率领下,沿夷水(即清江)西上,到达今清江中游一带,当地水曲山险,易守难攻,故廪君在今日的长阳渔峡口镇所在的地方修筑土城,因夷水而名夷城,建立起部落联盟的统治机构。以廪君为首的巴部落形成后,力量更加强大,便要对外扩张。《后汉书·南蛮西南夷列传》载:务相率众"乃乘土船从夷水至盐阳。盐水有神女,谓廪君曰:'此地广大,鱼盐所出,愿留共居',廪君不许"③。巴人部落联盟,利用盐水,对外进行盐物交换,经济力量日益强大,军事政治力量迅速壮大,便积极向外扩张,以增加领土,掠夺奴隶和财富,并建立了早期的国家④。《左传·桓公九年》杜注曰:

---

① 参见任乃强:《四川上古史新探》,四川人民出版社1986年版。
② (北魏)郦道元:《水经注》。
③ 《后汉书》。
④ 陈果:《论早期巴文化及其与周边文化间的关系》,《民族学报》2007年第五辑。

"巴国在巴郡江州县。"①《舆地广记》载："巴县古巴子之都，本江州，古巴国也。"②春秋战国时期，巴国在楚国强大的军事压力之，不得不在东至鱼复（今重庆奉节），西至僰道（今四川宜宾），北接汉中，南接黔涪（今渝东南、黔东南及湘西部分）的广袤土地上迁徙，其都邑发生多次变化。《华阳国志》载："巴子时虽都江州（今重庆市渝中区），或治垫江（今重庆合川区），或治平都（今重庆丰都县），后治阆中（今四川阆中市），其先王陵墓多在枳（今重庆涪陵区）。其畜牧在沮，今东突峡下畜沮是也。又立市于龟亭北岸，今新市里（今重庆市小南海）是也。"③

《华阳国志》共记载了巴地5个早期城市，即是战国时期巴国先后在四川盆地东部建立的都城。巴国在春秋战国时期，曾相当强大繁盛，巴与楚曾结为同盟，共同出师伐申；鲁庄公十八年，巴出师伐楚，克之。鲁文公十六年，巴与秦、楚共灭庸。作为当时的一个具有较强军事实力的国家，巴国的都城具有一定的政治、军事中心功能。巴国除都城外，还有若干城市，如"周之季世，巴国有乱。将军蔓子请师于楚，许与三城。楚王救巴"④。由此可见，此一时期巴国的城市数量不在少数，为了救危难，可以一次许诺割让三城。但由于目前考古学界还未对巴国的早期城市展开比较系统的发掘工作，因而还不能详知巴国早期城市的规模、布局等，只能依据相关文献记载与已有研究成果，对这些城市的发展状况做一简单的概述。

（一）江州

江州，是战国时期巴国的都城，地处长江和嘉陵江的交汇之处，具体位置在今重庆市区附近。据《舆地纪胜》卷一七五记载："古江州城，东接（渝）州城，西接（巴）县城"。秦灭巴后，张仪在原址筑城。《华阳国志·巴志》称：巴人"又立市于龟亭北岸，今新市里是也"。⑤《水经注·江水》云："江水又东，左迳新市里南。常璩曰：巴旧立市于江上，今新市里是也。"据学者考证，江州市场所在地为今天重庆的小南海⑥。"立市"以规范交易，表

---

① （晋）杜预、林尧叟附注：《春秋左传》。
② （宋）欧阳忞：《舆地广记·恭州》。
③ （晋）常璩：《华阳国志·巴志》。
④ （晋）常璩：《华阳国志·巴志》。
⑤ （晋）常璩：《华阳国志·巴志》。
⑥ 邓少琴：《巴蜀史迹探索》，四川人民出版社1983年版，第2页。

明商品交换已经有一定规模，需要加强管理。尽管目前还缺乏考古资料为之佐证，但从现有的相关文献看，江州作为巴国的政治中心，经济有较大的发展，商品交换也具一定规模。

（二）垫江

垫江是战国时期巴国的又一都城。《华阳国志·巴志》记载：巴国"或治垫江"，即是说曾以垫江为国都。民国《合川县志》载："今（合州）州治之南，地名水南，俗谓之故城口，即巴子别都也。"①今合川南津街，又称南坝，传说此地曾建有古城，可能与巴国都城垫江的具体位置有关。然至今考古调查未在垫江发现有古城垣遗迹，因此巴人在垫江是否建都城还不能证实。

（三）平都

平都为战国时期巴国都城之一，地处长江南岸今重庆丰都境内。《华阳国志》所载平都为巴国五都之一，建城时间应较早。然而有关平都的文献记载十分稀少，同时考古发掘也未展开，与巴国其他都城一样，平都亦未发现有土质城垣建筑。

（四）枳

枳也为战国时期巴国都城之一，地处长江南岸今重庆涪陵境内。从"巴国先王陵墓多在枳"②的记载来分析，枳作为巴国都城应该建都较早，其所处地理位置也与巴人的迁移路线相一致；巴王陵墓多，说明了枳作为都城使用的时间相对较长。巴国后期，巴人以阆中为政治中心退保一隅。后巴国为秦所灭后，一些巴族贵族退处于枳。公元前280年左右，楚国进攻枳地，"楚襄王灭巴子，封废子于濮江之南，号铜梁侯"③。《史记·苏秦列传》中云："楚得枳而国亡。"枳与其他巴国城市一样，迄今为止还未发现土质城垣遗址。然而，多年来涪陵范围内出土了战国时期大量巴国文物，特别是发现了数量甚多的战国墓葬，这与文献所载"巴国先王陵墓多在枳"相吻合，虽然都城遗址至今尚未发现，然而涪陵巴文化遗址与巴国都城枳必定有某种内在的联系④。

---

① 郑贤书等修、张森楷纂：《合川县志》。
② （晋）常璩：《华阳国志·巴志》。
③ （宋）王象之：《舆地纪胜》卷一五九《益部耆旧传》。
④ 四川省博物馆：《四川涪陵地区小田溪战国土坑墓清理简报》，《三峡考古之发现》，湖北科学技术出版社1998年版。

（五）阆中

阆中是巴国晚期最后一个都城，地处嘉陵江中上游。战国后期巴人溯嘉陵江而上，治阆中。巴人建都于阆中，是与巴国受到楚国军事挤压有关，巴人从川东长江两岸地区沿嘉陵江自南而北迁移，最后建都阆中。秦灭巴后，占领阆中，"执王以归"①。《舆地纪胜》卷一八五载："阆中古城本张仪筑也。""秦司马错执巴王以归阆中，遂筑此城。"②《通典》载："阆中城名曰高城，前临阆水，却据连岗。"据考证，旧城位置在"今城东北蟠龙山尾清真寺附近"，因地处高处，故曰"高城"③。

尽管由于资料的欠缺，目前对于巴国城市发展的认识较为有限，但从以上5座具有代表性的城市来看，早期巴国城市即已表现出了显著的地方特色。这主要体现为以下三个方面：

第一，早期巴国的城市主要分布在长江、嘉陵江沿岸。

早期巴国城市分布的一大特色便是沿长江和嘉陵江沿岸分布，如平都和枳建于长江沿岸，阆中和垫江建于嘉陵江沿岸，垫江在渠江、涪江和嘉陵江交汇之地，江州则位于嘉陵江和长江交汇之处。巴人的城市地理分布和具体选址，与早期人类对于聚落的选择有较大的一致性。巴国地处川东平行岭谷地区，城市选建在临近河流的平坝地带。这无疑是其最佳选择。这些城市都濒临江河，水上交通便捷，有利于渔业捕捞和商业贸易；同时这些城市所在地都是土壤肥沃的河流冲积地带，适宜农业生产的发展。

第二，早期巴国城市有城无垣。

考察巴国的城市遗址，其建筑规模都较小，建筑结构也与大多数同时期的城址结构不同，同时建筑取材也比较独特，具有浓厚的地域特色。巴地早期城市一般都是有城无垣，主要在城周用木竹等木质材料，插栽地下，加以捆扎，使之连成一个整体，成为较简陋的防御设施。故有研究者断言："巴国城市未建土质城垣，可能仅在城市四周树立篱笆，以作为城市的界标。"④巴国都城

---

① （晋）常璩：《华阳国志·巴志》。
② （晋）常璩：《华阳国志·巴志》。
③ 任乃强校注：《华阳国志校补图注》，上海古籍出版社1987年版，第46页。
④ 毛曦：《巴国城市发展及其特点初论》，《西南师范大学学报》（人文社会科学版）第31卷第3期。

不筑城垣，以木栅为城市界标，这与春秋楚平王以前楚都的情况恰相一致①。

由于川东江河两岸的平地一般较为狭小，导致巴人的城市一般规模均不大。巴国经常发生内外战争，导致巴人经常迁徙，这也成为巴国城市规模一般不大的一个重要原因。巴人建城注意因地制宜，特别是顺应山势和水势，城市建筑多依地势而起伏，房屋分布高低不一，错落有致，开启了巴地山城建设的先河。

第三，早期巴国城市的功能以政治、军事功能为主，其军事功能尤其突出。

从城市功能来看，早期巴国城市一般是巴国的政治、军事中心，因此一时期经常发生战争，特别是"巴人天性劲勇"，"巴师勇锐"②，故而巴人所建城市尤其强调其军事防御功能。有研究者指出："巴以国都为中心所形成的城市，政治军事性最为突出，而尤具军事重镇的特征。"③

总之，早期巴国城市的发展表现出了较为明显的区域特征，这些城市特征的形成，既与巴人历史时期所处的自然地理环境和人文地理环境有密切的关系，更与巴族文化的尚武精神和建筑传统有必然的联系。

第三节 长江上游城市文明中心的形成

一、三星堆城市文明的形成

近年来，中华文明多元起源的论点得到了越来越多的学者的认同。苏秉琦先生就曾说过："我确信，成都及其附近几县从距今五千年前新石器晚期至距今三千年前存在着自成一系的古蜀文化区系。"④

事实上，巴蜀城市文明作为中华文明多元起源地区之一的论断也越来越被考古发掘证明。特别是成都平原一系列有关文明起源的重大考古发现和发掘，证明长江上游同样有着悠久灿烂的历史文化，也是中国古代文明的发源地之一。目前，在以成都平原为中心的长江上游地区，已从考古学的学科领域建立起了该区域先秦文化的发展序列，即以今天成都为中心的长江上游地区的文

---

① 段渝：《论巴楚联盟及其相关问题》，《楚学论丛》第一辑，《江汉论坛》1990年增刊。
② （晋）常璩：《华阳国志·巴志》。
③ 段渝：《四川通史》卷一，四川人民出版社1993年版，第227页。
④ 苏秉琦：《中国文明起源新探》，生活·读书·新知三联书店2001年版，第85页。

化经历了从宝墩文化到三星堆文化，再到十二桥文化，最后到晚期巴蜀文化的发展进程①。其时间从新石器时代晚期，经夏商周，到春秋战国，历时2000余年。长江上游文明正是循着这个文化序列，经历了从起源，到形成，再到发展的漫长而曲折的演

三星堆全貌

进过程。20世纪以来，成都平原考古发现的数量甚多、规模空前的中心聚落和古城址，以及许多为世人所瞩目的珍贵历史文物，无不显示其作为中国古代文明区域中心的特殊地位。

三星堆文化时期，古蜀国家已经出现，蜀地城市已经形成较为完整的形态，社会发展已处于文明阶段。

三星堆遗址，位于四川省广汉市城西约7公里的南兴镇和三星镇境内，总面积达12平方公里，分布范围为两镇7村72社，海拔高度为500米～505米。三星堆遗址，是一处由数十个文化点构成的若干个大遗址的分部区域所组成的大型遗址群②。已发现有城垣遗迹、房屋建筑基址、祭祀坑、窑址、墓葬和灰坑等遗迹。其中房屋建筑基址发现多处，已揭露出50多间。祭祀坑在1986年先后发现发掘出两处，一、二号坑出土宗庙祭祀用器上千件，包括金、铜、玉、石、陶、骨、象牙等种类，代表了迄今为止所知的三星堆文化的最高技术和艺术水平。

三星堆遗址文化堆积丰富，根据其文化特征可大致将其分为四个时期：第一期约相当于新石器时代晚期，与中原的龙山文化相当，测定年代在距今4740年～4070年；第二期的年代相当于夏代及商代前期，测定的年代在距今4070年～3600年；第三期的时代相当于商代的中晚期，测定年代大约在距今3600

---

① 江章华、王毅、张擎：《成都平原先秦文化初论》，《考古学报》2002年第1期。
② 陈德安、魏学峰、李伟纲：《三星堆——长江上游文明中心探索》，人民出版社1998年版，第1页。

年~3200年；第四期的时代大约处在商末周初，测定年代在距今3200年~2875年之间，三星堆遗址文化前后历时约2000年①。三星堆一、二期遗址反映的文化面貌是以成都平原为中心的地方性文化，与同时期四川周邻地区其他考古学文化有着明显的区别，标志着蜀地早期城市文明的初步形成，而三、四期遗址标志着蜀地早期城市文明的初步发展。

就中国古代文明而言，城市、青铜冶炼和礼制建筑是文明形成最主要的因素。由此来看，在三星堆遗址中，城市、青铜器、大型礼仪中心等多个文明要素不仅已经同时、集中地出现，而且还发展到相当高的水平，这显然标志着长江上游城市文明已经形成。

（一）城市的出现

三星堆古城已经属于完整意义上的城市，主要表现为以下几点：

1. 三星堆古城作为国都，已经具有政治、军事中心功能

三星堆古城规模较大，建设了由墙体高大的城墙、宽深的壕沟等组成的坚固的防御建筑体系。1984年，四川省考古队在鸭子河南岸遗址的东、西、南三面发现有夯筑的城垣遗迹，在夯土内发现有陶片堆积层，墙外有20米~30米宽的壕沟环绕。古城南埂残长180余米，西埂残长600米，东埂残长1000米。土埂残宽20米左右，残高2米~5米，顶部宽5米左右，堆积层15厘米~22厘米，东西对峙。城北边以鸭子河为障，南边利用马牧河和一段土埂，形成一个较完整的防御建筑②。1986年，考古工作者又发现大量的房屋建筑遗址。这些房子遗迹，全部为地面木结构建筑，形状有圆形、方形、长方形三种房址。其建筑方法是在地面做好房基、柱洞、沟槽，地面多是以分段搭接的技术为主的穿斗式骨架，上以抬梁构成两面坡的房子，其建筑材料系采用土、木、竹、草等③。可见，早商时期三星堆古城已经开始建筑高大厚实的城墙。考古工作者通过测试发现，城墙横断面为梯形，三面围墙，南北宽1400米，东西长1600米~2000米，三面围墙总长在5000米以上，墙基宽40余米，顶部宽20余米，高4米~6米④。如此宏大的城址，结合出土的众多神器、礼器、权杖等遗物，足以说明三星堆

---

① 赵殿增：《三星堆考古发现与巴蜀古史研究》，《四川文物》（三星堆古蜀文化研究专辑）1992年。
② 段渝：《三星堆文明：长江上游古代文明中心》，四川人民出版社2006年版，第13页。
③ 陈德安：《三星堆遗址的发现与研究》，《中华文化论坛》1998年第2期。
④ 陈德安、罗亚平：《蜀国早期都城初露端倪》，《中国文物报》1989年9月15日。

古城是当时的政治、经济、军事、文化中心，是早期蜀国的都城①。

2. 三星堆古城建成区不仅面积大，而且功能分区明显，城市规划水平较高

根据考古研究工作者的调查和勘测结果表明，三星堆古城东西长1600米至2100米，南北宽1400米，总面积2.6平方公里②。"三星堆城址规模很大，文化内涵丰富无疑，是一个方国的中心都邑。"③同时，从现存遗址的结构来看，城内具有一定的功能分区。1980年，考古队发掘的F12，呈正方形，面积为75.69平方米。据推测，可能属"宫殿"之类建筑物④。1984年，考古工作者在西泉坎的发掘区内，发现有大面积的红烧土，还发现有石璧成品、半成品、废品堆积层。该区域面临鸭子河，水源丰富，土质较黏，为陶器、石器的制作等提供了非常有利的条件。一个以宗教区、宫殿区、生活区、生产区构成的古代蜀都，构成了商代长江流域一个中心城市的格局⑤。而宫殿区、宗教区、生活区、生产区便构成商代三星堆蜀国都城平面规划的基本要素。

从上可知，三星堆古城"城墙"内，已有了不同的功能分区。从城市的整体规划布局和发现的遗物来看，该遗址反映的不是一般的早期城市，而是规格较高的王城。

三星堆古城作为政治中心，其建成区除了古城之内外，在古城外部还发现有数量较多的居民生活和从事生产活动的遗址。不仅有面积10平方米左右的木骨泥墙小房舍，而且有面积超过60平方米的穿斗结构大房子和抬梁结构的厅

三星堆考古发掘现场

---

① 陈德安：《三星堆遗址的发现与研究》，《中华文化论坛》1998年第2期。
② 陈德安、罗亚平：《蜀国早期都城初露端倪》，《中国文物报》1989年9月15日。
③ 四川省文物考古研究所：《三星堆祭祀坑》，文物出版社1999年版，第438页。
④ 赵殿增：《三星堆考古发现与巴蜀古史研究》，《四川文物》（三星堆古蜀文明研究专辑），1992年。
⑤ 陈德安等：《三星堆——长江上游文明中心探索》，四川人民出版社1998年版，第57~58页。

堂，以及"大量生产工具和作坊遗迹的区域"①。这些遗址同古城一起形成了宏伟宽广的三星堆文化的区域空间。

（二）青铜文明的高度发达

当今中西学术界都把金属冶炼技术的成熟作为社会进入文明的一个主要标志，也把复杂的礼仪中心的出现当作文明社会产生的关键"要素"。三星堆遗址出土了大量青铜礼器，不仅数量甚多，而且制作精美，工艺复杂，因而其既可以作为金属冶炼产生的证据，也可以视作社会从事复杂礼仪活动的表征。三星堆青铜文明的熠熠光辉毫不亚于中原的青铜文明。

1986年，考古工作者在三星堆发现了两个祭祀坑，一号坑出土了黄金、青铜、玉石器、象牙等300多件，并出土约8立方米的烧骨②；二号坑出土了黄金、青铜、玉石器、象牙等400多件③。这些器物在埋前都经火焚，已有不同程度的毁坏。经推算，一号坑的年代约当殷墟文化一期，二号坑约当殷墟晚期。在坑内和遗址中发现大量厚胎夹砂坩埚、青铜熔渣结核和金料块，表明坑内的青铜器和金器都是在当地制作的。

通过对出土的青铜文物进行整理，青铜雕像群可分为两大类：第一类为人物造型，包括全身人物雕像、人头雕像、人面像，共计82尊。全身人物雕像，二号坑所出连座通高260厘米、与真人大小基本一致的戴花状高冠的青铜大立人，衣襟前后饰龙纹。这些雕像多为西南夷的形象，或氐羌人形象，代表着蜀王治下各级统治者、各族之长或群巫④。可见，青铜雕像群所表现出来的，是一个以蜀人为核心的、拥有众多族类的统治集团结构⑤。人面像则多是蜀人祖先崇拜的产物。这在商周谓之神主，在人类学上则称为祖先崇拜。同时，这些雕像还从一个侧面透露出上古蜀人的神话和传说。第二类为动植物造型，大概都与蜀人的泛灵信仰有关。这类雕像，主要有龙、蛇、虎、鸡、鸟、怪兽、

---

① 陈显丹：《广汉三星堆遗址发掘概况、初步分期》，《南方民族考古》第二辑，四川科技出版社1989年版。
② 四川省文物管理委员会、四川省文物考古研究所、四川省广汉市文化局：《广汉三星堆遗址一号祭祀坑发掘简报》，《文物》1987年第10期。
③ 四川省文物考古研究所：《广汉三星堆遗址二号坑简报》，《文物》1989年第5期。
④ 沈仲常：《三星堆二号祭祀坑青铜立人像初记》，《文物》1987年第10期。
⑤ 段渝：《商代蜀国青铜雕像文化来源和功能之再探讨》，《四川大学学报》（哲学社会科学版）1991年第2期。

蝉、神树等，这些图案形象逼真，冶炼技术相当高超①。

祭祀坑内还发现数十件黄金制品，有金杖、金面革、金虎、金箔鱼形饰等。特别值得注意的是金杖，它全长1.42米，直径为2.3厘米，用捶打好的金箔，包卷在一根木杆上，净重约500克，但木杆部分早已炭化，只剩完整的金箔。金杖的一端，刻有图案，共分三组，靠近端头的是两个前后对称、头戴五齿高冠、耳垂三角形耳坠、面带微笑的人头像；另外两种图案相同，上方是两头相对的鸟，下方是两条两背相对的鱼，它们的颈部，都叠压着一根似箭翎的图案②。虽然专家们对于金杖的意见甚多，争议甚大，但作为古代蜀国王权、神权和财富垄断之权的象征物则得到较多的认同；同时金杖上的各种图案形饰也表明其具有深刻的文化内涵。这些青铜器和金器，从内容到形式都表现出与商代华北迥然不同的文化风格，已经形成了古蜀王国独特的文明形态，显示出古蜀王国在这个时期已完全进入文明社会，形成了具有强烈地方色彩的可以同殷商中原文明和西亚文明以及世界上其他青铜文明媲美的文明形态③。

此外，根据三星堆出土的陶、石、玉、金、青铜器的情况看，商代蜀文化是在其本身基础上，吸收了华北、西亚等地的文明因素发展而成的高度发达的青铜文化，是一个高度发达的文明中心。

三星堆遗址中大量青铜器和礼器的出土，以及大型礼仪性建筑遗迹的发现和宗教性建筑的存在，无不说明三星堆文化时期蜀地已经出现国家的形态，城市已经形成，社会进入文明发展阶段。林向先生指出："相当于中原的夏商之际，在东亚'两河流域'之间的沃野上，以四川盆地为中心的华阳之地的天府之国——成都平原，孕育出又一个古代文明中心，那就是三星堆（包括十二桥类型），或称为古蜀文明。称它为文明中心，因为它是这片广袤的西南土地上，众多具备建立国家条件的青铜文化中的佼佼者，影响着许多发展水平不齐的文化综合体，并以它为核心，形成了一个文化区。"④如果说宝墩等古城遗址所处的时期尚是古蜀文明的孕育时期，那么在宝墩文化基础上脱胎发展而来的规模宏大的三星堆古城和高度发达的青铜文化，则显示出古蜀王国在这个时期已完全进入文明社会，形成了具有强烈地方色彩的文明形态。

---

① 四川省文物考古研究所：《三星堆祭祀坑》，文物出版社1999年版，第230页。
② 四川省文物考古研究所：《三星堆祭祀坑》，文物出版社1999年版，第235页。
③ 三星堆博物馆编：《三星堆研究》第二辑，天地出版社2006年版。
④ 林向：《童心求真集——林向考古文物选集》，科学出版社2010年版，第278页。

二、新的文明中心

随着三星堆文明的陨落,古蜀另一个新的文明中心开始出现并兴起,这就是继三星堆遗址之后所发现的金沙遗址。金沙遗址位于成都平原东南边缘,北纬30°41′,东经104°,地处成都市西二环路和西三环路之间,东距市中心天府广场约5公里,东临青羊大道,南近成温路,北过羊市街西延线,遗址内地势起伏较小,西北高,东南低,相对高差不到5米,海拔高度为504米~508米[①]。遗址的东南面是绵延10余公里的十二桥商周遗址群[②],东北约8公里处为羊子山土台遗址[③],往北约38公里是广汉三星堆遗址。从1995年开始,金沙遗址群相继发掘。最初,成都文物考古研究所先后在摸底河北岸黄忠小区的三合花园、金都花园等小区,发掘出一些商周时代的大型房屋遗址,以及灰坑、烧窑、墓葬等遗存,这些遗址和遗存与先秦时期的十二桥文化大致相当,因此将其命名为黄忠村遗址。到2001年,成都文物考古研究所在摸底河南岸也发现了同样性质的许多文物,因此这里应该是一个大型遗址的中心地点,人们便将北岸合并在内,合称为金沙遗址群[④]。

(一)金沙遗址是新的古蜀文明中心

目前,考古工作者初步断定金沙遗址群分布面积约3平方公里,是一处大型的商周时期古蜀文化中心遗址,是古蜀国在继三星堆古城后的又一都邑所在。

1. 金沙遗址出现大型建筑区

金沙遗址的"三合花园"遗址,面积达2026平方米,共发现房址17座、窑址17座,另有300余个灰坑、13座墓葬等。其中开口于5A层下的5座房址,均为大型排房建筑,长度在20米以上;最大的一座F6宽近8米,长度在54.8米以上,至少有五个开间,面积在436平方米以上。房屋的修建相当考究,均是挖基槽的木(竹)骨泥墙式建筑[⑤]。这种房屋的修筑方法是先在地上挖出房屋的基槽,然后把小圆木或小圆竹按一定距离竖立在基槽内形成墙体,然后再内外抹草拌

---

① 宋治民:《六十年来蜀文化研究的重大收获》,《四川文物》2009年第4期。
② 参见孙华:《成都十二桥遗址群分期初论》,《四川考古论文集》,文物出版社1996年版,第123~144页。
③ 四川省文物管理委员会:《成都羊子山土台清理简报》,《考古学报》1997年第4期。
④ 成都文物考古研究所:《金沙:21世纪中国考古新发现》,五洲传播出版社2005年版,第4页。
⑤ 成都文物考古研究所:《金沙:21世纪中国考古新发现》,五洲传播出版社2005年版,第10页。

泥,再经火的烘烤就形成了墙面。它的基槽宽约0.5米,槽内大、小柱洞排列规整;小柱洞较密集,大柱洞间相距约1.4米~1.5米。"5座房址的布局有规律,可能为一组建筑"①。考古研究者认为这种成组的大型排房建筑不是一般平民所能拥有的,只有古蜀国最高统治阶层才有能力组织人力、物力来修建。同时,这些大型房屋建筑也不是普通人所能够使用,很可能是宫殿区所在地。在遗址的中部,有面积约1万平方米的人工卵石设施,卵石设施由两部分组成,一是用卵石和红烧土铺成的活动面;二是用卵石砌成的沟状遗迹,间距约2米,已暴露的长度为150余米,由西北向东南呈弧形环绕。从整个遗址布局上看,卵石设施的西北是宫殿区,东南是祭祀区,西南是墓地,在遗址中的位置十分重要,其上没有发现建筑遗迹,很可能是一处大型公共活动场所②。

2. 金沙遗址布局合理,结构规整,各区域功能分明

就现有的考古资料来看,初步推测黄忠村"三合花园"一带应当是金沙遗址的宫殿区所在地。"梅苑"东北部出土了玉器、铜器、金器、卜甲等重要文物700余件,并主要分布在一个约1000平方米的范围内;此外,还出土了大量的象牙、陶器。该区有三个极为重要的遗迹现象:一是象牙堆积坑,坑内堆积有大量象牙,伴出有玉器和铜器;二是面积约300平方米的石壁、石璋半成品分布区;三是成片的野猪獠牙、鹿角、美石、象牙集中分布区,面积约300平方米。这三处遗迹与出土金器、铜器、玉石器的地点均有各自的分布区,互不相连。"梅苑"东北部区域是有一定布局结构和功能分区的,这种功能分区很像作坊的形式;但是,如果长期在一个区域内的不同地点用某些固定的器物举行固定的宗教祭祀活动,也会产生这种情况。这可能都与宗教仪式活动有关,可以推测这是宗教礼仪区。"兰苑"发掘面积达12800平方米,发现有大量的房屋建筑遗迹和红烧土、成排的窖穴、400余个灰坑、80余座墓葬、1座陶窑等遗迹现象,出土了数以万计的陶器、陶片和少量的玉石器、铜器、金器等,该地可能是居住、生活区和一小片墓地。"体育公园"发现面积达162平方米的房屋建筑遗迹、红烧土和15座墓葬。15座墓葬集中分布在81平方米的范围内,初步认定这批墓葬多数为二次葬。其中3座墓葬有随葬品,出土了大量玉石器和陶器。该区域原可能是居住、生活区,废弃后成墓地。

---

① 朱章义、张擎、王方:《成都金沙遗址的发现、发掘与意义》,《四川文物》2002年第2期。
② 朱章义、张擎、王方:《成都金沙遗址的发现、发掘与意义》,《四川文物》2002年第2期。

3. 金沙遗址建有大型祭祀礼仪中心

金沙遗址的东南部，大约面积约1万平方米，该处出土了3000余件金器、铜器、玉器、石器、卜甲、骨器、漆器等珍贵文物，以及100余根象牙和数以千计的野猪獠牙、鹿角等礼仪性用品，还发现了与祭祀活动有关的遗迹17处。其祭祀区规模之宏大，出土珍贵文物数量之多，祭祀方式之独特，全国罕见[1]。

经考古发掘证实，这些器物很多是出自地层中，也有一些出自坑内，它极有可能是一处大型专门祭祀活动场所。同时，对于祭祀用的象牙，堆放密集，极有规律地放在一起。有的象牙还被整齐地切割过，其上还有人工刻画的图案。祭祀用的野猪獠牙和鹿角堆放面积近500平方米，獠牙无一例外的都是选择野猪的下犬齿，在獠牙与鹿角中还选用了一些玉器、美石、象牙、犀牛下颌骨。祭祀用的玉器和铜器，数量多。祭祀用的石器，倾斜摆放，层层叠压，成片分布。祭祀用的卜甲均为龟腹甲，上有密集的灼痕。这些诸多迹象表明金沙已经出现了大型礼仪中心。

考古工作者根据目前已发掘的遗址判断，金沙遗址群的面积甚大，分布面积在3平方公里以上；遗址内部有一定布局结构，每一文化堆积区内部也有一定布局结构；另外，出土了大量的礼仪性用器和一些与宗教有关的特殊遗迹现象，这些都是一般聚落所无法比拟的。因此，可以推测它是继三星堆后一处大型的新的古蜀文明中心，可能为商代晚期至西周时期古蜀国的都城。

（二）以金沙遗址为代表的十二桥文化，是古蜀文化发展的一个高峰，是对三星堆文化的传承与发展

以金沙遗址为代表的十二桥文化，在继承三星堆文化的基础上，又有所发展。从目前金沙遗址群出土的器物考察，它们与三星堆出土的器物既有联系，又有区别；既有继承，也有发展[2]。考古研究者把三星堆遗址的文物和金沙遗址出土的文物，在时间上、形制上和文化符号等方面进行对比，发现"金沙遗址出土器物的总体风格与三星堆两个器物坑出土器物相一致"[3]，但金沙遗址的器物又富有自身鲜明的特色。金沙遗址出土器物的总体风格与三星堆器物坑所出

---

[1] 施劲松：《金沙遗址祭祀区出土遗物研究》，《考古学报》2011年第2期。
[2] 刘道军：《从三星堆青铜神树到金沙太阳神鸟》，《重庆师范大学学报》（哲学社会科学版）2006年第5期。
[3] 成都市文物考古研究所：《成都金沙遗址I区"梅苑"地点发掘一期简报》，《文物》2004年第4期。

器物的一致性，表明两者之间有着共同的文化渊源，关系十分密切①。金沙遗址群出土了许多三星堆遗址没有的新器物，这些器物有着新的文化内涵，表明它的发展和创新。

"太阳神鸟"是金沙遗址出土的一件金饰，也是金沙遗址文化创新的一个重要标志。"太

金沙遗址出土的太阳神鸟

阳神鸟"为圆环形金箔，厚度仅0.02厘米，重量却有20克。学术界认为，金饰中心图案很像一个喷射出十二道光芒的太阳，外层的四只飞鸟极似神话传说中的"负日金乌"，都与太阳神崇拜有关，因此被命名为"太阳神鸟"②。该器物的制作技术表明此时期蜀地生产力整体水平已经发展到非常高的程度，同时精神文明也达到相当高的程度。根据研究者对"太阳神鸟"图案的解读，普遍认为"太阳神鸟"图案与太阳崇拜有关，也与历法有关。图案的中心是一个抽象的太阳，闪射着十二条弧形光芒，光芒之外有四只飞翔的神鸟，四只神鸟与十二条弧形光芒可能象征一年四季与十二个月。虽然在先秦时期，中国有多个地区的出土器物上有太阳形图案，但没有一个器物的图案有如此精美，有如此深刻的文化内涵。"太阳神鸟"金饰的制作技术和文化创意是对三星堆镂空技术的继承，并在此基础上有所创新和发展，其文化内涵也是金沙遗址文化的最佳体现。晚商和西周时期的古蜀历法已经很发达，有其独特的系统，产生过深远影响，故古有"天数在蜀"之说。在三星堆所出土的器物中与太阳有关的图案有十个以上，如三星堆出土的圆形铜挂饰，它也有九道弧形旋转芒纹，同样象征太阳的光芒；在青铜神殿的顶部和屋盖上也刻有七个或者八个芒纹，甚至十二道光芒的太阳形图案。因此，可以说三星堆文化时期的古蜀人，已经开始

---

① 李明斌：《从三星堆到金沙村——成都平原青铜文化研究札记》，《四川文物》2002年第2期。
② 刘道军：《从金沙"太阳神鸟"看金沙遗址文化》，《青海民族研究》2007年第1期。

把宗教崇拜（尤其是太阳崇拜）和历法联系在一起①。而到金沙文化时期，对太阳的崇拜和对历法的认识则出现了巨大的飞跃。

金沙遗址出土的金带也是三星堆遗址不曾出现过的新型器物。金带直径19.6～19.9厘米，宽2.68～2.8厘米，器物呈圆环形。直径上大下小，出土时断裂为长条形，捶揲成形。金带表面纹饰采用了刻画工艺；纹饰由四组图案组成，每一组图案分别由一鱼、一箭、一鸟和一圆圈……②

金带的箭射鸟鱼的组合图，与三星堆出土金杖的箭射鸟鱼组合图特别类似。鸟鱼等动物在我国古代有特别的含义，"天子谛郊（祭天地）之事，必自射其牲，王后必自舂其粢（谷物）；诸侯宗庙（祭祖先）之事，必自射牛、刲羊、击豕（猪），夫人必自舂其盛"③。用于祭祀的牲畜、鸟、鱼等祭祀物品，由祭祀者自己射获、击杀，是为祭祀的虔敬④。

金沙铜立人像与三星堆青铜立人像的造型风格也有很大的相似性。就三星堆青铜立人来看，他衣着华贵，装扮独特：在立人的深衣外层，还套有近似"背子"的外套；肩上有一背带，从右肩斜绕左腋下，最后两端在背后结绊；右侧为竖直排列的目纹和虫纹相间，左侧为上下两组相同的两尾相对龙纹，龙纹高冠有角，有归翅、球形爪、分尾、身卷曲。我们可以看出，"这尊青铜立人像的身份和地位不是一般的了"⑤。有研究者从其造型进行推测，认为青铜人的背面塑造很像甲骨文的王字（王），大立人其面部特征是耳大口宽，像甲骨文圣字（圣），手握用柏树干做成的法器"巫"，穿上由目纹和虫纹图案组成的衣饰以表圣人的身份——先祖王蚕丛。"巫"，甲骨文、金文读作巫，字形是横竖放着的树干，意味着圣人用来通天通神的道具⑥。金沙立人像的造型姿态、服饰与它有很大的相同之处，金沙铜立人像由上下相连的立人和插件两部分组成。立人身着短袍，头戴一道环形帽圈，十三道弧形芒状饰沿着帽环周缘呈反时针旋转，脑后下股发辫，当垂至后背中部时，有一宽带将下股合为一

---

① 刘道军：《金沙遗址中"太阳神鸟"的象征意义》，《成都大学学报》2006年第2期。
② 成都市文物考古研究所：《金沙——再现辉煌的古蜀王都》，四川人民出版社2005年版，第21～22页。
③ 《国语·楚语·观射父论祀牲》。
④ 钱玉趾、沙马拉毅：《三星堆金杖与金沙金带新考》，《文史杂志》2007年第2期。
⑤ 参见陈德安等：《三星堆》，四川人民出版社1998年版。
⑥ 黄晓斧：《"蜀""蚕丛""青铜立人"新释》，《中华文化论坛》2007年第2期。

束。脸瘦,眉弓凸起,椭圆形眼,颧骨高凸,直鼻方颐,两侧的耳垂有穿孔。腰间系带,正面腰带上斜插一物。左臂屈肘于胸前,右臂上举至颈下,双手腕上各有一箍形突起,通高19.6厘米。两个青铜立人之间明显有着共同的文化内涵[①]。

最后,通过对比金沙和三星堆的陶器也可以看到文化的继承性。金沙陶器一方面反映出与三星堆文化的承袭关系,另一方面又有鲜明的自身特点。诸如小平底罐、高柄豆、瓶等反映了金沙遗址与三星堆文化的承袭关系,同时金沙的陶文化又有所发展,如尖底盏、尖底杯、高领罐、圈足罐、圈足杯等则是金沙遗址的典型器物。

金沙古城作为对三星堆古城的继承与发展还体现在城市建筑技术和风格的一脉相承上。成都平原从公元前2500年前后开始到秦灭蜀国,经历了宝墩文化、三星堆文化、十二桥文化（包括金沙遗址）等主要发展阶段。在宝墩文化时期,成都平原上出现了比较密集的聚落,其中有的聚落修筑了土堆筑的城墙。这些有城墙的邑聚,规模相差不大,还没有中心都城的迹象。到稍后崛起的三星堆文化,成都平原上原有城墙的那些聚落已不复存在,只有广汉三星堆古城遗址巍然屹立。这座古城规模宏大,周围有高大的土筑城墙,城内有大型宫殿建筑和神庙,拥有众多青铜和宝玉等贵重物品。显然,三星堆古城已成为当时成都平原乃至于整个四川盆地的中心都城。三星堆古城废弃后,成都金沙古城兴起,开始了十二桥文化的繁荣时期。

从金沙遗址现阶段的发掘结果分析,金沙社会形态已包括了大型的建筑基址、大型的祭祀活动、一般的生活区域、墓地、窖穴、陶窑作坊、生产工具、生活用具、装饰品、艺术品和宗教用品等内容,表现出明显的等级分层。这些内容与大量的金、铜、玉、石器及珍贵的象牙构成一个有效而又庞大的社会礼制体系。

金沙遗址文化延续了三星堆文化的礼制体系和宗教信仰,它所出土的金器、铜器、卜器等珍贵文物绝大部分都是礼仪用品,与宗庙社稷活动有密切关系,总体风格与三星堆祭祀坑出土的祭祀器物一致[②]。金沙遗址大量礼仪用器集中地埋藏,频繁地出现,都表明宗教祭祀活动在当时社会的政治生活中占用

---

① 魏崴:《从三星堆、金沙出土金器探索早期蜀文化》,《文史杂志》2005年第2期。
② 陈显丹、何经泰:《寻找古蜀王国》,《华夏人文地理》2005年第12期。

金沙遗址原貌还原图

十分突出的地位。

在原始社会时期,世界各地的先民都先后出现过太阳崇拜、鸟崇拜、月亮崇拜、象牙崇拜等普遍的自然崇拜,其中,太阳崇拜是主流。如黄河流域的辛店文化和仰韶文化出土的彩陶①,以及青海、广西、江苏、内蒙古等地远古时代遗留下来的岩画上面都有太阳形图案或符号,我国古籍关于太阳的记载甚多。如《山海经·大荒南经》载:"东南海之外,甘水之间,有羲和之国。有女子名羲和,方日浴于甘渊。羲和者,帝俊之妻,生十日"②;《淮南子》载:"尧时十日并出害人"③;《礼记·祭义》载:"郊之祭,大报天而主日,配以月。夏后氏祭其暗,殷人祭其阳,周人祭日以朝及暗"④。此外,对"鸟"图腾崇拜在我国古代也并不少见。"凤鸟适至,故纪于鸟,为鸟师而鸟名"⑤;"天命玄鸟,降而生商"。由此可见,不管是蜀地鱼凫,还是望帝杜宇,都是古蜀人鸟图腾崇拜的体现。金沙遗址出土的"太阳神鸟"与三星堆文化中的"太阳神树"均代表古人的"日、鸟崇拜"。青铜"太阳神树"是广汉三星堆遗址二号坑出土的一株有着"一龙十鸟"的青铜神树,因为它首先体现的是"十日神话"和"金乌负日"等神话传说,四只飞鸟是对三星堆文化中古蜀人"鸟图腾崇拜"的延续。"鸟"的造型和图案在三星堆和金沙遗址出土的考古材料中比比皆是,形态各异的"青铜鸟",都是古蜀人崇拜鸟的遗迹。三星堆和金沙遗址出土的有关文物和考古材料都充分证明,无论是在三星堆文化,还是在金沙遗址文化中,古蜀人都有崇拜太阳和鸟的习俗;三星堆青铜太阳神树表现了三星堆文化中古蜀人对太阳和鸟崇拜的高度统一,而"太阳神鸟"反映的"崇鸟崇日"的宗教意义和神话色彩,正是三星堆

---

① 张朋川:《中国彩陶图谱》,文物出版社1990年版,第73页。
② 袁珂:《山海经校注》,上海古籍出版社1980年版,第381页。
③ (汉)刘安等编撰:《淮南子》。
④ (清)阮元:《十三经注疏》。
⑤ 杨伯峻:《春秋左传注》,中华书局1981年版,第465页。

文化中这一传统的继承和发展。

通过对巴蜀早期城址的城墙、遗留器物以及宗教活动场所等进行分析，我们可以看出那一时期的巴蜀地区城市已经形成了具有丰富内涵的物质文明、制度文明和精神文明。

商周时期，蜀地兴起了一批重要城市。《华阳国志·蜀志》称："蜀以成都、广都、新都为三都，号名城。"杜宇故都郫城、临邛等也都是具有相当规模的城市。有学者认为，春秋战国时期的成都平原，"聚落星布，遍及平坝丘陵、河谷山麓，两大城邑并峙在平原上，或筑城墙则兼有堤防、卫御、营建宫室与祭祀神坛等多种功能。地面建屋子有方形、圆形、长条形，既有木骨泥墙的小屋，又有干栏木构、抬梁编墙、茅茨三重的宫室，还有地梁载柱的宫殿，更属举世首见"[1]。因此，可以认为成都平原是当时长江上游古文明发展的中心，是长江文明的生长点之一，这就是整个先秦时期巴蜀文化的历史定位[2]。

世界文明起源多元化，中华文明的起源也是多元化，长江文明和黄河文明都是中华文明的摇篮。在长江文明的兴起过程中，以成都为中心的长江上游古蜀地区是中华文明的发祥地之一。无论从其广阔的分布区域还是其深厚的文化内涵上，长江上游地区与同期中国的其他文明中心相比都毫不逊色，且各有特色。

---

[1] 林向：《童心求真集——林向考古文物选集》，科学出版社2010年版，第284页。
[2] 刘茂才、谭继和：《巴蜀文化的历史特征与四川特色文化的构建》，《四川省情》2005年第10期。

第二章 古代巴蜀城市的发展与演变

巴蜀城市的发展历史悠久，上一章根据文献记载和考古发掘，论述了距今4500年～2500年前巴蜀地区城市文明的兴起。此一时期，巴蜀地区虽然与外部有着较为密切的经济、文化交流，但其文化具有相对独立性，形成了以古蜀文明为核心的巴蜀文化区，而城市则是巴蜀文明的重要载体。春秋战国时期，中国的政治局势发生巨大变化，各国在军事、政治、外交等方面的斗争十分激烈，大国兼并小国，强国吞食弱国。在战国后期，蜀国和巴国相继被秦国所灭，从而开启巴蜀历史的新篇章。秦统一中国后，巴蜀地区成为中国的有机组成部分，其政治、经济、文化逐步纳入统一的多民族国家的发展进程中，城市的发展也出现了新的特点。

第一节　秦汉三国两晋南北朝时期巴蜀城市的发展

一、秦汉巴蜀城市的发展与变迁

（一）秦代巴蜀城市的发展与变迁

公元前316年，秦并巴蜀，从此巴蜀地区进入一个新的发展阶段。秦统治巴蜀的时间长达110年，在此期间，秦国加强了对巴蜀地区的政治、军事统治，大力推行各项新政令，兴修水利，促进农业、手工业、商业的发展，使巴蜀地区经济得到长足发展，从而为城市的发展奠定了基础。

1. 推行秦国郡县制度，加强统治

秦统一巴蜀后，将秦国的郡县制度移植到巴蜀地区，对巴蜀城市发展产生了重要的影响。郡县制是继宗法分封制度之后出现的以郡统县的两级地方行政制度，是古代中央集权制在地方政权上的体现。郡县制萌芽于春秋时期，形成于战国时期。县的出现较早，其时一些大国吞并小国后将其地设置为县加以管理，一些官僚贵族瓜分私家之田后也设县，还有的县是诸侯国合并诸乡聚邑而成。战国时期，县的设置普遍起来，分布也越来越密。不少诸侯国为了便于管理，在县之上又设郡，从而产生了郡县两级制地方行政组织。秦在统一全国的过程中,逐渐将郡县制推行到被征服地区,在统一各诸侯国后,"分天下为三十六郡"[①];随着疆域的进一步扩展,逐渐增至40余郡,每郡下设若干县,并循战国之例,将郡治设在本郡范围内某一较为重要的县城之中。这些郡、县两级行政中心治所的所在地,也就是遍布于全国各地大小不等的城市。这样就"初步确立了以中央王朝所在地的都城为中心,以郡县城市为网络分布状的封建大一统的首都郡县制城市体系。这种中国式的古典的城市体系制度为以后历朝的封建统治者所继承、发展,并逐渐完善,城市成为各级封建政权所在地,城市的政治功能为第一功能,封建统治者以城市为据点,对全国进行统治,他们往往为了政治的需要而推动城市建设、城市经济和城市文化的发展"[②]。

秦灭巴蜀后,先后在巴国和蜀国故地设置了巴、蜀、汉中三郡。《华阳国志》对这段历史有着如下记载:"周显王时,楚国衰弱,秦惠文王与巴、蜀为好。蜀王弟苴(侯)私亲于巴,巴蜀世战争。周慎王五年,蜀王伐苴侯,苴侯奔巴,巴为求救于秦。秦惠文王遣张仪、司马错救苴、巴,遂伐蜀,灭之。仪贪巴、苴之富,因取巴,执王以归,置巴、蜀及汉中郡,分其地为三十一县。"[③]

2. 兴修水利,发展经济

成都平原为冲积平原,在古蜀时期是水旱灾害十分严重的地区。发源于岷山南麓的岷江,从地势甚高的岷山奔腾而下,冲向成都平原,形成很大的落差。从岷江出山口玉垒山,向东南倾斜,坡度很大,今之都江堰市(海拔731米)与金堂县城(海拔440米)之间的落差为291米,都江堰市与成都城区(海拔495米)之间的落差为273米,都江堰市与新津县城(海拔454米)之间的落差为277米。由于岷江等多条河流的落差大,因而远古时期成都平原屡遭岷江等河流洪水泛滥之害。古蜀人长期以来就与水患相斗争,史上关于蜀地治水的传说甚多,反映出人们对治水的愿望和呼声。据《蜀王本纪》载,杜宇王朝的灭亡和开明王朝的建立就与治水有着十分密切的关系。开明王朝时期的蜀地政治、经济的发展都与治水相联系。秦入主蜀后,也面临治水问题。张若为蜀太守时,曾对河道进行过治理。秦昭王时,秦任命李冰为蜀郡守,李冰在总结前人治水经验的基础上,兴建了都江堰大型水利工程,其主要工程有开凿宝瓶

---

① 《史记·秦始皇本纪》。
② 何一民:《中国城市史纲》,四川大学出版社1994年版,第33页。
③ (晋)常璩:《华阳国志·巴志》。

口，修建分水鱼嘴、飞沙堰、穿二江等。由于该工程充分利用岷江出山口特殊的地形、水脉、水势，乘势利导，因地制宜，使堤防、分水、泄洪、排沙、控流相互依存，共为体系，实现了无坝引水，自流灌溉，保证了防洪、灌溉、水运和社会用水综合效益的充分发挥。都江堰大型水利工程的修建，不仅解决了成都平原防洪问题，而且还解决了农业灌溉、水上交通运输、城市生产用水和生活用水等一系列问题，由此促进了成都平原的大发展，成为中国最发达的农业经济区之一。《华阳国志·蜀志》载："冰乃壅江作堋，穿郫江、检江，别支流，双过郡下，以行舟船。岷山多梓、柏、大竹，颓随水流，坐致材木，功省用饶；又灌溉三郡，开稻田，于是蜀沃野千里，号为陆海，旱则引水浸润，雨则杜塞水门，故记曰：水旱从人，不知饥馑，时无荒年，天下谓之天府也。"①

由于水利的兴建和农业的发展，蜀地城市经济也有很大的发展。"蜀于是盛有养生之饶焉"，"有盐井、渔田之饶；大豪冯氏，有鱼池、盐井。县繁，有小井十数所"②。其时，蜀地中心城市——成都的工商业发展甚速，秦国在成都"置盐、铁、市官并长丞"③。这些专门的工商业管理机构的设置和市场的建立，说明其时成都平原的工商业发展已到达相当的水平，有必要设立专门的管理机构和官员。

由于兴修水利，大力发展农业、手工业和商业，促进了巴蜀城市的发展。同时，郡县制在巴蜀的推行，使得巴蜀城市的发展进入了一个新阶段。郡治所在地一般都是该郡行政区划范围内规模最大的中心城市，而县治所在地一般也是该县行政区划范围内的重要城市。秦王朝在巴蜀推行郡县制，从而将相对封闭、自成体系的巴蜀城市纳入全国城市体系中，开启了巴蜀城市发展的新阶段。此一阶段巴蜀城市的发展出现以下新特点。

第一，秦代巴蜀城市数量增加。

秦在巴蜀推行郡县制，使得巴蜀城市数量大为增加。秦在巴蜀所设置的县，大都是以春秋以来巴蜀地区逐步形成的城市和都邑为基础。秦王朝究竟在巴蜀设置了多少县，史料记载有所不同。《华阳国志·巴志》记载，秦在

---

① （晋）常璩：《华阳国志·蜀志》。
② （晋）常璩：《华阳国志·蜀志》。
③ （晋）常璩：《华阳国志·蜀志》。

巴、蜀及汉中三郡之下共设置了31县①。《汉书·高帝纪》却记载："汉王王巴、蜀、汉中四十一县"。故有学者认为，秦国在统治巴蜀初期或初置31县，后增至41县，甚至50县左右②。由于史料的缺失，秦代巴、蜀、汉中三郡所辖诸县的具体情况今天已不能全部考知。有研究者在前人的基础上共考证出大致可以确定名称的县共39个，属于巴郡和蜀郡范围内的县大致有31个。巴郡属县12个：江州、阆中、垫江、鱼复、朐忍、枳、宕渠、江阳、符、夜郎、鳖、且兰。蜀郡辖县19个：成都、郫、临邛、广都、新都、繁、沮、葭萌、湔氐道、武阳、严道、僰道、南安、汁方（什邡）、青衣（道）、郪、资中、梓潼、汉阳③。以上这些郡县城市为秦代巴蜀地区的主要城市，其中不少城市至今尚存，充分显示出城市发展的生命力。

第二，秦代巴蜀地区主要城市的分布基本沿袭了原来巴国和蜀国时期的城市空间布局。

一是城市沿河流分布的特征突出。

沿河流分布是世界各国古代城市地理分布的重要特征，巴蜀地区亦不例外。秦代巴蜀地区的主要城市除严道县以外，全部分布于各大小河川之侧，沿河流呈现点状分布。其中，又以岷江、长江和嘉陵江沿岸地区城市分布最为密集，城市数量分别为5座、7座和3座。岷江，是长江上游流量最大的支流，发源于岷山之中，由北向南流经富饶的成都平原，至南安（乐山）与大渡河、青衣江汇合，然后至僰道（宜宾）汇入长江。岷江江阔水深，利于舟楫通行，是巴蜀地区开发最早的水道之一。岷江所流经的成都平原地区土地肥沃，物产丰富，是巴蜀地区开发最早的区域之一，商、周时期已形成了多种经营的"立体农业"的雏形④。因此，岷江沿岸自然成为人口密集区，也是蜀地最早的城市发源地之一，成都即位于岷江之畔。嘉陵江，古名漾水、阆水、巴水、渝水，唐以后始称嘉陵江，发源于秦岭南麓，从阳平关入巴蜀境内，在垫江（合川）汇集涪、渠两大支流，至江州（重庆）注入长江。嘉陵江是巴蜀地区与北方中原地区交往联系的重要水道。据《禹贡》记载，自夏代，嘉陵江就已成为巴蜀地区通往关中和中原的水陆联运路线，古蜀国运往夏王朝的贡品，即溯嘉陵江，转

---

① （晋）常璩：《华阳国志·巴志》。
② 贾大泉、陈世松主编：《四川通史》卷二，四川人民出版社2010年版，第4页。
③ 贾大泉、陈世松主编：《四川通史》卷二，四川人民出版社2010年版，第8~11页。
④ 林向：《童心求真集——林向考古文物选集》，科学出版社2010年版，第283页。

汉水、渭水、黄河而达夏都①。长江，自古以来就是巴蜀地区的交通大动脉，巴蜀境内众水均归于长江，形成了以长江为主干，各大小江河为分支的遍布巴蜀境内的交通网络。战国以降，长江更成为一条沟通巴蜀地区与楚吴地区的交通大动脉，秦国司马错伐楚即是取道长江。

由于江河沿岸不仅能为城市提供生活与生产必需的丰富水资源，还为城市与本地区乃至于区域外其他城市与地区的人员往来、物资交流提供便捷的交通条件，因此，城市在空间格局上呈现出沿河流分布的特征，而这一特征在早期城市的分布中体现得尤为显著，秦代巴蜀地区城市的分布也具有鲜明的特征。

二是城市分布不平衡。

重要城市集中分布于巴蜀地区的中部和东部地区，城市分布呈现由中部向东部逐渐减少的趋势，而西部地区城市极其稀少。

秦代巴蜀地区的主要城市集中分布于巴蜀中部和东部地区，而西部广大区域的城市分布稀疏，主要是巴蜀地区各区域间地理与自然条件的差异所造成的。巴蜀地区按地貌形态划分，大致可以岷山、邛崃山和峨眉山为界，形成了东部和西部两个截然不同的自然地理区划。其中，西部是平均海拔3000米以上的高原；东部为四川盆地，自西向东由成都平原、盆中丘陵和盆东平行岭谷组成；盆地四周为山地。巴蜀地区这种地理区划的差别导致了各区域间开发的差异性，特别是在生产力低下的农业社会早期，人们对自然条件的依存度更高。因此，地理自然条件恶劣的巴蜀西部地区基本还属于待开发地区，自然是地旷人少，城市分布稀疏；巴蜀中部和东部地区由于自然地理条件较为优越，较为适合人居，开发较早，因而城市数量相对较多。

三是以成都为中心的成都平原城市密度较大。

在成都平原及其附近地区，以蜀郡郡治成都为中心，大致分布有郫、临邛、广都、新都、繁、武阳、南安等7个县治城市，占上述31个城市的约23%。成都平原及其附近地区在整个巴蜀地区中所占的面积却是较小的，因而该地区是整个巴蜀地区城市分布最为密集的区域。

第三，秦文化与巴蜀文化相融合，巴蜀城市逐步被纳入中原城市文化体系。

秦并巴蜀后，采取"移秦民万家以实之"的政策。其后，"秦惠文、始皇

---

① 王绍荃主编：《四川内河航运史》，四川人民出版社1989年版，第2页。

克定六国，辄徙其豪侠于蜀，资我丰土"①。在秦统治巴蜀的百余年间，秦国先后通过移民、迁虏等形式，大规模地向巴蜀地区迁移人口。这一方面大大地充实了巴蜀地区的人口，另一方面也改变了巴蜀地区的人口构成，同时多种文化相互交融，也改变了原有的区域文化特性。《华阳国志·蜀志》称：秦并蜀后，成都"工商致结驷连骑，豪族服王侯美衣，娶嫁设太牢之厨膳，归女有百两之从车，送葬必高坟瓦椁，祭奠而羊豕夕牲，赠襚兼加，赗赙过礼，此其所失。原其由来，染秦化故也"②。由此可见，秦文化在巴蜀地区的影响已深入各个领域。

由于大量的移民入蜀，特别是随着经济的发展，巴蜀地区的人口出现较大幅度的增长。虽然有关此一时期巴蜀地区人口总量并无确切统计，但也保存了部分相关记载。有研究者根据这些相关记载推算，在司马错率巴蜀士兵伐楚之际，巴蜀地区的人口总量至少应有162.8万人，比周武王伐商时期巴蜀地区100万左右的人口增加了60%。秦统一巴蜀后，在巴蜀地区兴修水利，发展农业生产，有力地推动了巴蜀地区人口的快速增长。西汉元始二年（2），巴蜀人口统计为3514217人。从司马错伐楚到西汉元始二年约300年间，巴蜀人口年平均增长率为2.7‰，比西汉元始二年以后年平均2.1‰的增长率还要高一些，其中秦王朝时期巴蜀人口增长的贡献自是不容忽视③。

秦并巴蜀后，秦文化对巴蜀城市产生直接的影响还在于对巴蜀城市的营建，即以秦国的城市形制和布局制度来规范巴蜀城市。《华阳国志·蜀志》载："惠王二十七年，仪与若城成都，周回十二里，高七丈；郫城周回七里，高六丈；临邛周回六里，高五丈。造作下仓，下皆有屋，而置观楼射兰。成都县本治赤里街，若徙置少城内，营广府舍，置盐、铁、市官并长丞；修整里阓，市张列肆，与咸阳同制。"成都城在建制与布局上与秦王朝都城咸阳城基本相同，有高大的城垣，城内按宫城、手工业区、商业区、居住区、墓葬区等进行功能分区，从而在城市建设规划等方面将巴蜀城市文化纳入秦文化的体系中。

秦并巴国后，也先后采用秦国筑城技术和规划布局观念，对巴国都城江州、阆中等城市加以重建。《华阳国志》载："仪城江州。"《舆地纪胜》也

---

① （晋）常璩：《华阳国志·蜀志》。
② （晋）常璩：《华阳国志·蜀志》。
③ 李世平：《四川人口史》，四川大学出版社1987年版，第38~45页。

载:"古江州城,东接(渝)州城,西接(巴)县城,《巴中记》云:张仪所筑。"阆中为巴国故都,秦并巴国后,以此为巴郡和阆中县治所,并按秦制筑城。《舆地纪胜》载:"《九域志》云:阆中古城本张仪筑也。《图经云》:秦司马错执巴王以归阆中,遂筑此城。"秦先后在巴蜀地区设置三郡40余县,由于缺乏文献资料记载,是否也在成都、郫城、临邛、江州、阆中之外的其他县城,也按秦制筑城,不得而知。但可以确知的是,秦在加强对这些城区和城市统治的同时,也将秦文化强制性地输入巴蜀地区,从而使巴蜀城市文化发生了质的变化。

(二)两汉巴蜀城市的兴衰

西汉王朝建立后,汉王朝着力对巴蜀地区进行经营,使之在西汉中期就成为全国经济最发达的地区之一。《汉书·地理志》对巴蜀地区的富饶描述如下:"巴、蜀、广汉本南夷,秦并以为郡,土地肥美,有江水沃野、山林竹木、疏食果实之饶。南贾滇、僰僮,西近邛、笮马旄牛。民食稻鱼,无凶年忧。"《后汉书·公孙述传》中更称:"蜀地沃野千里,土壤膏腴,果实所生,无谷而饱;女工之业,覆衣天下;名材竹干,器械之饶,不可胜用。又有鱼、盐、铜、银之利,浮水转漕之便。"上述描述虽然有一定的文学加工色彩,甚至可能有溢美之嫌,但两汉时期巴蜀地区经济出现较大的发展则是可以确定的。仅以人口的增长为例,便可窥其一斑。

表2-1 两汉巴蜀境内5郡户口统计表

郡名	元始二年(2)		永和五年(140)	
	户数	人口数	户数(增长率)	人口数(增长率)
蜀郡	268,279	1,245,929	412,020(53.6%)	1,826,105(46.6%)
巴郡	158,643	708,148	310,691(95.8%)	1,086,049(53.4%)
广汉郡	167,499	662,249	176,975(5.7%)	715,090(8%)
犍为郡	109,419	489,486	145,651(33.1%)	448,565(-8.4%)
越嶲郡	61,208	408,405	130,120(112.6%)	623,418(52.7%)
共计	765,048	3,514,217	1,175,457(53.6%)	4,699,227(33.7%)

资料来源:《汉书·地理志》《续汉书·郡国志》。

由上表可知，西汉平帝元始二年（2），巴蜀地区的人口总数约为350余万人；东汉顺帝永和五年（140），巴蜀地区的人口总数增加至469.9万人，138年间共增加了将近120万人，增长33.7%。另据统计，元始二年，全国总户数为12356470户，人口数为57671401人，巴蜀地区户数和人口数分别仅占全国的6.2%和6.1%；永和五年，全国户数为9698630户，人口数为49150220人，其中巴蜀地区户数和人口数分别占到全国的12.1%和9.6%。由此可见，巴蜀地区的人口无论户数，还是人口数，在全国的比重都较前大为增加。巴蜀地区人口增加的一个主要原因，在于两汉之际全国大多数地区经历了大规模的战争，人口死亡甚多，各地人口总量锐减，而巴蜀境内却因没有发生大规模的战争，社会经济和人口保持了继续增长，一增一减，所占比重自是大幅度提高。两汉时期，巴蜀地区的城市经济职能得到加强，城市物质文化有较大发展。这主要表现在以下几方面：

1. 城市手工业发展兴盛，城市物质文化得到进一步的提升

汉代巴蜀手工业高度发展，在全国名列前茅，其中以盐业、冶铁铸造业、纺织业、漆器和金银器制造业最为著名。

盐业：巴蜀地区的盐业生产有着悠久的历史，汉代以后又得到进一步发展。《华阳国志·蜀志》记载："宣帝时又穿临邛、蒲江盐井二十所，增置盐铁官。"据《汉书·地理志》记载，西汉时期在巴蜀境内设置盐官的县有临邛、南安和朐忍。东汉时期，巴蜀盐业生产发展迅速，盐井遍布全境。同时，东汉时期在开凿井盐的过程中，川西平原已开始利用天然气煮盐。

冶铁铸造业：西汉时，在临邛、南安、武阳设有铁官；至东汉，宕渠县也设置了铁官。蜀地最大的冶铁中心是临邛。《华阳国志·蜀志》载：临邛"有古石山，有石矿，大如蒜子，火烧合之，成流支铁，甚刚，因置铁官"。西汉著名的工商富室卓王孙、程郑等都曾在此开设工场，采矿冶铸。《史记·货殖列传》载："蜀卓氏之先，赵人也，用铁冶富。秦破赵，迁卓氏……致之临邛，大喜，即铁山鼓铸，运筹策，倾滇蜀之民，富至僮千人。田池射猎之乐，拟于人君……程郑，山东迁虏也，亦冶铸，贾椎髻之民，富埒卓氏，俱居临邛。"此二人的工场所产铁器销售地域范围甚广，包括今四川、云南、贵州等西南地区，足见其铁器生产规模之大，也从另一个侧面说明川西平原一带当时冶铁业十分发达。近年来，在云南、贵州发掘出土的墓葬陪葬品也说明其时巴蜀的铁制农具已远销到这一带。

纺织业：汉代巴蜀地区的纺织业，不论是产品的数量还是质量，都驰名全国。所谓"女工之业，覆衣天下"，即是时人对蜀地纺织业之兴盛的评价①。汉代蜀地最著名的纺织品之一为"蜀布"，即一种精致的麻布。在西汉著名的《盐铁论·本议篇》中，将"蜀郡之布"与"齐阿之缣"相并举。蜀布中最名贵者是"黄润"布，有所谓"筒中黄润，一端数金"之说②。另据《华阳国志》记载，巴郡的黄润是贡品；又载，蜀郡江原县（今崇庆）"安汉上下、朱邑出好麻、黄润细布，有羌筒盛"。蜀布还行销外地和国外。在甘肃省居延汉墓中出土的汉简中记载："广汉八□布十九匹八寸大半寸，直四千三百廿"③。西汉张骞通西域时，曾在大夏国（今阿富汗境内）见到经身毒国（今印度）转销到大夏的蜀布。巴蜀地区的另一重要纺织品——蜀锦在汉代已达到相当高的工艺水平。扬雄在《蜀都赋》中称："尔乃其人自造奇锦，紌缜緸繢，緂缘卢中，发文扬采，转代无穷。"这说明了蜀锦品种之多，文采之繁美。蜀锦的生产，主要集中在成都。左思《蜀都赋》说："阛阓之里，伎巧之家；百室离房，机杼相和；贝锦斐成，濯色江波。"以上这些脍炙人口的文字，即是对汉代成都蜀锦业的发达和蜀锦的精美的生动描述。

漆器和金银器：战国以来，漆器一直是巴蜀地区的一项比较重要的传统手工业，工艺水平较高。巴蜀漆器的生产量较大，除了满足本地区的需要外，还输出到全国许多地区。20世纪中后期以来，在湖南长沙马王堆、湖北江陵凤凰山以及贵州清镇等地汉墓中，乃至朝鲜平壤、蒙古诺音乌拉的古墓中，都曾发现大批精美的蜀地所造漆器。在以上所出土的漆器中，常常有"成亭""成草市""市府草"等铭文，应该都是成都地方政府管理的作坊的产品。

西汉政府在全国8个手工业最发达的城市设置工官，其中就有两处在巴蜀，即蜀郡成都和广汉郡雒县，而成都和广汉都是以手工业发达著称于世，尤其以漆器、金银器闻名。《汉书》载："蜀、广汉主金银器，岁各用五百万"。"河内怀（县）、蜀郡成都、广汉皆有工官，工官主作漆器物者也"。这里所说的金银器，其中很大一部分就是指镶嵌了金银的漆扣器和错金银漆铁器等。这类金银饰漆器，工艺复杂，制作考究，不计工本。正如《盐铁论·散不足

---

① 《后汉书》卷一三《隗嚣公孙述列传》。
② （汉）扬雄：《蜀都赋》。
③ 谢桂华、朱国昭、李均明编：《居延汉简释文合校》，文物出版社1986年版。

篇》记载："（漆器）一杯卷用百人之功，一屏风就万人之功。"

汉代巴蜀地区手工业的发展，推动了城市经济的繁荣，并对城市社会生活产生了重要的影响。随着巴蜀地区城市手工业的发展，还出现了一批专业化的手工业城市，除成都外，还有广都、临邛、蒲江、什邡、郪县、南安县、牛鞞县、江阳县、汉安县、汶山县、万县、巫县等。"孝宣帝地节三年，罢汶山郡，置北部都尉。时又穿临邛、蒲江盐井二十所，增置盐铁官"。临邛"有火井，夜时光焰上昭。民欲其火，先以家火投之。顷许，如雷声，火焰出，通耀数十里，以竹筒盛其光藏之，可拽行终日不灭。井有二，（一燥一）水，取井火煮之，一斛水得五斗盐；家火煮之，得无几也"。什邡"有盐井"，郪县"有山原田，富国盐井"，南安县"治青衣江会，县溉，有名滩，一曰雷垣，二曰瀽，李冰所平也，有柑橘官社。汉有盐井"。"有盐官、铁官"。"悬溉有滩，名垒坻，亦曰盐溉"①。

2. 城市商业得到较大的发展，商业文化也有较大变化

汉代，随着巴蜀地区农业、手工业的发展和交通条件的进一步改善，巴蜀地区的城市商业也得到进一步的发展。

汉代，巴蜀地区的对外交往进一步加强，不仅带来了区域内商业贸易的繁荣，长途贩运亦很盛行。例如，西汉后期犍为郡资中人王褒在《僮约》一文中描述其贸易活动："牵犬贩鹅，武阳买茶"，"贩于小市"，并"多作刀矛，持入益州，贸易牛羊"②。其时，巴蜀商人的贸易活动不仅遍及巴蜀地城市，甚至远至长安和洛阳、武都等城市。

由于农业和手工业的发展，巴蜀城市中的商品除本地农副产品和手工业产品外，还有许多外地的商品，种类繁多，规模较大。成都作为区域性中心城市，其贸易为巴蜀城市之最，汉代为全国五都之一。左思《蜀都赋》记载：成都为"市廛所会，万商之渊。列隧百重，罗肆巨千。贿货山积，纤丽星繁。都人士女，袨服靓妆。贾贸墆鬻，舛错纵横。异物崛诡，奇于八方。布有橦华，麨有桄榔。邛杖传节于大夏之邑，蒟酱流味于番禺之乡"③。另据《史记》记载，西汉时期全国城市中的商业行业主要有22种：酿酒业、酱醋业、屠宰业、

---

① 《汉书·地理志》。
② （明）杨慎编，刘琳等点校：《全蜀艺文志》。
③ 严可均校辑：《全上古三代秦汉三国六朝文》卷四二，中华书局1958年版，第359页。

粮食业、燃料业、竹木业、油漆业、五金业、牲畜业、杂货业、绸布业、皮毛业、生漆业、油盐调料业、渔业、干果业、蔬菜业、水果业、高利贷业、居间业等。这些商业种类，绝大多数都可以在巴蜀城市中看到。

3. 经济中心城市出现

汉代巴蜀地区手工业经济在先秦和秦代的基础上进一步发展，城市人口也有所增加，由此促进商业的繁荣，从而形成一些手工业和商业并重的城市。这些城市又往往是各自所在区域的政治中心城市，对带动区域经济的发展起着积极的作用。

成都，在先秦时期即是古蜀国的政治、文化中心。秦并蜀后，成都成为蜀郡治所，依然保持其区域政治、经济、文化中心地位。经秦至汉百余年间的经营开发，特别是都江堰水利工程的建设，使成都平原成为名副其实的天府之国，经济、文化都已发展到相当高的水平。成都在汉代不仅成为巴蜀地区最大的城市，也成为全国五大工商业都市之一，物质文化和精神文化都高度发达。

据《汉书·地理志》记载，元始二年（2），成都县已有76256户，按蜀郡平均每户约4.64人计算，其时成都人口约为35.4万人，约占巴蜀地区人口总数的10%，成为全国范围内仅次于首都长安的第二大都市。东汉年间，蜀郡人口进一步向成都聚集，成都城市人口呈继续发展趋势。顺帝永和五年（140），成都的户数为9.4万余户，约43万余人，户数约占蜀郡的31.2%，人口数约占蜀郡的31.8%。

两汉时期，成都的经济十分繁荣。成都的丝织、布匹、漆器、金银器、铁器、竹木器等手工业生产非常发达。因水陆交通极为便利，成都成为交通枢纽、物资集散地，它不仅是巴蜀地区，也是关中、中原、西北地区同西南地区贸易的中心，同时还是南方丝绸之路的起点，商业十分繁荣。晋人左思在《蜀都赋》中称成都"市廛所会，万商之渊。列隧百重，罗肆巨千。贿货山积，纤丽星繁……伎巧之家，百室离房，机杼相和。贝锦斐成，濯色江波，黄润比筒"。此说虽有文学修辞色彩，然其时成都工商业之盛，可见一斑。成都已成为西南的经济中心和文化教育中心，其城市辐射能力亦大为增强，对于推动成都平原、全蜀乃至整个西南的经济、文化的发展，都起了重要作用。

4. 城市数量较前有所增加，城市建设进一步加强。

两汉时期，巴蜀地区的城市数量较前有所增加。除了经济发展推动城市发展外，政治、军事、文化教育因素也起着重要的推动作用。汉王朝建立初期，秦岭以南仅有巴郡、蜀郡、汉中三郡41县的建制,相当于刘邦受封汉王时的封地。汉高帝年间,分置广汉郡,其后数十年间,巴、蜀、广汉、汉中四郡无大的变化。汉武帝时期,汉王朝在文景之治的基础上,加大对西南地区的经略。建元六年(前135),置犍为郡。元鼎年间,汉王朝取得了对匈奴的决定性胜利,因而可以有余力进一步加大对西南地区的开拓,并在新开拓地区增设新的政区。元封五年(前106),汉武帝在巴蜀故地设置益州,辖巴、蜀、广汉、犍为、牂柯、益州、越巂、沈黎、汶山、汉中、武都等郡。益州初治广汉郡雒县,东汉后期徙治成都。地方行政建制的增加,推动了城市的发展,参见下表①。

表2-2 两汉巴蜀行政建制变化表

高帝五年(前202)	高帝六年(前201)	建元六年(前135)	元鼎年间	元封二年(前109)	备注
蜀郡	蜀郡	蜀郡	汶山郡	蜀郡	元光二年(前133),司马相如出使西南夷,十余县入蜀郡。南越平定置牂柯郡后,设置四个郡:汶山、沈黎、武都、越巂。沈黎只存在14年并入蜀郡,汶山郡只存在45年并入蜀郡。
			蜀郡		
			沈黎郡		
			越巂郡	越巂郡	
			武都郡	武都郡	
	广汉郡	广汉郡	广汉郡	广汉郡	高帝年间分巴蜀置广汉郡。经济发达,人口稠密,具备分郡基础。武帝时派唐蒙开南夷,夜郎等归顺,分置犍为郡。蜀、广汉、犍为号称"三蜀"。
		犍为郡	犍为郡	犍为郡	
			牂柯郡	牂柯郡	汉对匈奴取胜,加强西南夷开发,灭且兰,置牂柯郡。
				益州郡	用兵滇国,开滇池,置益州郡。
巴郡	巴郡	巴郡			

---

① 周振鹤:《西汉政区地理》,人民出版社1987年版,第138~146页。

在西汉巴蜀地方政区的分化过程中，政治军事因素起着主要作用。益州的设置和郡县的增加，除了广汉郡是在高帝时期设置外，其余的都是在汉武帝时期设置，主要是汉武帝用兵西南夷，为了加强对该地区的军事控制。有研究者认为，秦汉时期对巴蜀地区进行郡县分化，分为六郡数十县，在现在的四川和重庆境内共有59个县。汉王朝扩大县的数量，一个直接目的是为了缩小政区范围，以便加强管理、控制和进一步开发。在经济上，新划分的郡县，成为区域新的经济增长点，扩大了城市网络并带动了周边发展[①]。

汉代巴蜀地区的城市建设较前有所发展，特别是城市建筑文化在秦的基础上进一步受到关中文化的影响，一个突出的表现就是各郡县治所都普遍采用关中地区常用的版筑法修筑土城墙。东汉时期，在部分重要城市开始采用泥土夯筑，外层砌砖的新式筑城方法。20世纪80年代，考古工作者在成都平原发掘了东汉雒城遗址，该城的城墙即系泥土分层夯筑，然后在外墙用砖包砌[②]。用砖砌城墙与泥筑城墙相比，显然是一种巨大的进步，使城墙对风雨侵蚀有较好的抵御能力，提高其使用寿命，减轻对城墙维护的负担，同时也加强了城市的防卫功能。但由于生产力发展水平的限制，此种砖城墙的数量还非常少，大部分城市仍然是土筑。

自秦至汉代，巴蜀城市的形态还发生了巨大的变化，即由不规则形向方形或长方形城制演变。此种城市建设文化的形成，亦是受关中城市文化影响的重要结果之一。在先秦时期，巴蜀城市多随山势地形和水势而筑，其城多不规则，但巴蜀地区被纳入秦汉中央王朝的大一统治理之下后，所有新筑的城市均按中央王朝的统一规定来修筑，除成都、临邛、郫、阆中、江州等城市皆按方形修筑外，20世纪发现的东汉严道城的主城也是按正方形修筑的[③]。

二、三国两晋南北朝时期巴蜀城市的兴衰

三国两晋南北朝时期，是中国历史上的一个动荡分裂的时代，其间虽也曾出现过短暂统一，但更多的是战乱和分裂，社会经济遭到严重破坏，城市发展也受

[①] 段渝：《秦汉时代的四川开发与城市体系》，《社会科学研究》2000年第6期。
[②] 沈仲常、陈显丹：《四川广汉发现的东汉雒城遗址》，《中国考古学会第五次年会论文集》，文物出版社1988年版。
[③] 赵殿增、李晓鸥、陈显双：《严道古城的考古发现与研究》，《中国考古学会第五次年会论文集》，文物出版社1988年版。

到极大影响，尤其是黄河流域地区的城市破坏严重，如长安、洛阳、徐州、宛城等历史文化名城均遭到毁灭性的破坏，北方城市开始走向衰落。另一方面随着南方地区经济的发展，北方人口南迁，由此推动南方城市出现新的发展①。

东汉末年，天下大乱，益州牧刘焉、刘璋相继割据，其后刘备在成都建立蜀汉政权。从三国时期一直到隋朝取代北周的近400年间，巴蜀地区先后经历了蜀汉，西晋，成汉，东晋，前秦，谯纵，南朝的宋、齐、梁和北朝的西魏、北周等大大小小十几个政权的统治。其中，时间长者达数十年，短则仅数年。由于政权更迭频繁，政局动荡不安，社会经济的发展受到较大影响，城市也遭到不同程度的破坏。然而另一方面，巴蜀地区由于地理环境较为封闭和险峻，"北据汉中，杜褒斜之附；东守巴郡，拒捍关之口"②，形成相对独立的政治、经济单元。相较于北方地区而言，巴蜀地区所受战乱的破坏程度仍然相对较小，加之各个时期的政权统治者为了巩固和延续其统治，大都采取了一些积极措施，以稳定社会，发展生产。因此，在某些时段巴蜀社会经济也得到了一定程度上的恢复和发展，从而呈现波浪起伏的曲折状态。就其总体而言，巴蜀城市虽然在个别时段呈现出发展态势，但其发展速度与发展水平都受到了较大制约。

（一）社会动乱与战争对城市造成一定程度的破坏和影响

东汉末年，政治腐败，统治者对民众的压迫日益加重，广大人民饥寒交迫，流离失所，生活极其苦痛，最终导致了黄巾起义的爆发。在巴蜀地区，"汉安帝时，巴郡太守连失道"③。桓帝时，巴郡郡守李盛贪财重赋，时人以歌谣讽刺之："狗吠何喧喧，有吏来在门。披衣出门应，府记欲得钱。语穷乞请期，吏怒反见尤。旋步顾家中，家中无可与。思往从邻贷，邻人已言匮。钱钱何难得，令我独憔悴。"④歌谣形象而又深刻地揭露了在官吏横征暴敛之下，巴蜀地区广大民众的痛苦生活。此一时期，巴蜀地区广大的少数民族群众所遭受到的压迫较汉族地区的民众更为严重。汉灵帝时，益州计曹掾程苞向灵帝讲述有关賨人的情况时说："长吏乡亭，更赋至重，仆役过于奴婢，箠楚降于囚房。至乃嫁妻卖子，或自刭割。陈冤州郡，牧守不理；去阙廷遥远，不能自闻。

---

① 何一民：《中国城市史纲》，四川大学出版社1994年版，第63页。
② 《后汉书》卷一三《隗嚣公孙述列传》。
③ （晋）常璩：《华阳国志·巴志》。
④ （晋）常璩：《华阳国志·巴志》。

含怨呼天，叩心穷谷，愁于赋役，困乎刑酷。"①悲惨的生活迫使人民不断起来反抗，据有关研究者统计，从安帝至灵帝的60多年间，见于史书记载的巴蜀各族人民起义即在12次以上②。统治者对这些起义都实行血腥镇压，所派军队往往与起义军发生激烈战争，从而对这些民族地区的社会、经济造成更大的破坏。

从三国到隋朝统一期间，巴蜀地区政权更迭频繁，各割据势力之间的混战连绵不绝，对巴蜀地区的社会经济发展造成了极大的破坏，城市的发展也不可避免地受到了影响。《华阳国志》载："李氏据蜀，兵连战结，三州倾坠，生民歼尽，府庭化为狐狸之窟，城郭蔚为熊罴之宿，宅游雉鹿，田栖虎豹，平原鲜麦黍之苗，千里蔑鸡狗之响，丘城芜邑，莫有名者。嗟乎三州，近为荒裔！桑梓之域，旷为长野。"③东晋荆州刺史殷仲堪也称："巴、宕二郡为群獠所覆，城邑空虚，士庶流亡，要害膏腴皆为獠有……今俘没蛮獠，十不遗二，加逐食鸟散，资生未立。"④西晋后期，成都也未能幸免于难，由于战争的破坏，人口锐减，仅及汉代户口之一半。《华阳国志》载："成都县郡治，有十二乡，五部尉。汉户七万，晋三万七千。"⑤十六国时期，李寿建成汉国，因成都的人口锐减，"以郊甸未实，都邑空虚，乃徙旁郡户三千以上实成都"⑥。永和二年（346），桓温伐成汉，克成都，先焚少城，继而平夷少城北、西、南三垣及少城内屋宇。自此，历时656年的由秦张仪所筑（前310）之少城变为了一片废墟。义熙三年（407），当刘裕准备伐蜀时，国子博士周祗书谏中声称："益土荒残，野无青草，成都之内，殆无孑遗。计得彼利，与今行军之费，不足相补也。"⑦可见在时人眼中，一向富庶的成都已经凋敝到何种程度。由此可见，频繁的战争对这一历史时期的巴蜀城市造成了严重的破坏。

（二）城市出现曲折发展

三国两晋南北朝时期，巴蜀地区的政权更替频繁，由此带来战乱不断和社会动荡不安，对巴蜀城市的发展造成了较大影响。但是另一方面，各个政权的

---

① （晋）常璩：《华阳国志·巴志》。
② 蒙默等：《四川古代史稿》，四川人民出版社1988年版，第71页。
③ （晋）常璩：《华阳国志·序志》。
④ 《晋书》卷八四《殷仲堪传》。
⑤ （晋）常璩：《华阳国志·蜀志》。
⑥ 《晋书》卷一二一《李雄李班李期李寿李势载记》。
⑦ 《宋书》卷四七《刘敬宣传》。

统治者在其政权建立初期，为了巩固和延续其统治，大都采取了一些积极措施以稳定社会，发展生产。因此，巴蜀地区的城市在某些历史时段也得到了一定程度的修复，呈现出曲折发展的态势。

建安十九年（214），刘备取得益州，自领益州牧。建安二十六年（221），刘备在成都称帝，国号汉，史称蜀汉。263年，蜀汉亡于魏。蜀汉政权先后维持近半个世纪。蜀汉时期，特别是诸葛亮主政期间，蜀汉政权一方面致力于南征北伐的军事行动，另一方面也非常重视恢复生产，发展经济。

蜀汉政权在巴蜀地区实行轻徭薄赋、与民休息的政策，大力发展生产。"农业是整个古代世界的决定性的生产部门"①。历代统治者都十分重视发展农业生产，蜀汉统治者也不例外，"务农殖谷，闭关息民"②，大力发展农业生产，为蜀汉社会经济的恢复与发展奠定了物质基础，同时也为这一时期巴蜀城市的重建与发展提供了经济保障。

蜀汉政权还十分重视手工业的发展，尤其是对巴蜀地区重要的传统手工业之一的蜀锦的生产予以高度关注，将其视为蜀汉政府的主要财政来源和对外经济贸易的主要商品。诸葛亮曾言："今民贫国虚，决敌之资，唯仰锦耳。"③蜀汉政权不仅在成都设立锦官，专门管理蜀锦生产，还将蜀锦生产的官办作坊集中起来，四周修筑城墙，称"锦城"，亦称"锦官城"。《益州记》载："锦城在益州南笮桥东流江南岸，蜀时故锦官处也，号锦里，城墉犹在。"④其时，成都的民间织锦业也很兴盛，左思《蜀都赋》中描写三国时期的成都，"阛阓之里，伎巧之家，百室离房，机杼相和"。由于蜀锦精美，产量甚丰，故而畅销吴国、魏国，远近驰名。《丹阳记》称："三国时魏则市于蜀，吴亦资西蜀。"⑤手工业与商业的发展为蜀汉时期城市经济的恢复与发展提供了有利条件。在诸葛亮治理下，巴蜀地区的社会经济有了较大的恢复和发展，到蜀汉亡国之时，国库中尚有"米四十余万斛，金银各二千斤，锦绮彩绢各二十万匹"⑥。晋人袁準在评价诸葛亮治蜀的成就时赞称："亮之治蜀，田畴辟，仓

---

① ［德］恩格斯：《家庭、私有制和国家的起源》，人民出版社1972年版，第146页。
② 《三国志》卷三三《蜀书·后主传》。
③ 《太平御览》卷八一五《布帛部·锦》。
④ （唐）徐坚撰：《初学记》卷二七。
⑤ （唐）徐坚撰：《初学记》卷二七。
⑥ 《三国志》卷三三《蜀书·后主传》。

廪实，器械利，蓄积饶。"①

蜀汉政权在发展经济的基础上，进一步加强地方行政建设，推动城市的发展。蜀汉政权期间，不断地开疆拓土，增设地方行政建制，先后设置了益州、永安都督、江州都督、汉中都督、庲降都督等5个州一级行政建制；州下设郡，先后设立的郡有蜀郡、广汉、梓潼、阴平、南广、汶山、东广汉、江阳、汉嘉、宕渠、巴西、犍为、巴东、建平、固陵、黔安、涪陵、汉中、武都、朱提、越巂、建宁、兴古、永昌、云南、牂柯等26个郡，较西汉在此一地区所设8个郡，增加了18个郡；郡下设县，先后设置的县达169个，比东汉时设置的118个县多51个县。由于军事防卫的需要，不少郡县治所都加强了军事防御设施，增修了城墙等建筑物，由此推动巴蜀地区城市的发展。

曹魏灭蜀国后，在其地设置益州和梁州。成汉政权建立后，巴蜀地区增设州一级地方行政建制，李寿汉兴五年（342），共设8州、37郡。其后因巴蜀地区的政权屡有变动，故而州郡县设置也频繁发生变化。到刘宋时期，巴蜀地区郡县设置十分紊乱，"名号骤易，境土屡分，或一郡一县割成四、五，四、五之中，亟有离合"②。由于西晋末年，战乱造成人口大流动，故而东晋建立后，为加强对流民的管理，在各地相继建立侨州、侨郡和侨县。南北朝时期，各南朝政权也沿袭其做法，巴蜀地区也相继设置有侨州郡县，以致各地郡县"倍多于古，或地无百里，数县并置；或户不满千，二郡分领"③。因而此一时期，尽管州郡县数量增多，但并非所有的郡县都是行政实体，有的州郡县无管辖之民，或无寸土，故这些州郡县有其名而无其实，其行政建制不能与城市相联系。

三国两晋南北朝时期，巴蜀地区动荡不已，城市作为区域的政治经济中心，在战争中常常会成为交战双方争夺的焦点而遭受严重破坏，但同时各个政权统治者在取得政权后，都尤为重视城市的建设与发展，故而在战后城市又往往成为区域内最先恢复和发展的地方。如前所述，长期的战乱使得巴蜀地区的人口大为减少，城邑荒芜。因此，不少政权的统治者采取行政手段，将周边地区的人口直接迁入城市，以填补城市人口的缺失，有时还将一些边缘地区城市的人口迁移到人口锐减的中心地区的城市。例如：蜀汉建兴十四年（236），

---

① 《三国志》卷三三《蜀书·诸葛亮传》。
② 《宋书》卷三五《州郡志》。
③ 《隋书》卷四六《杨尚希传》。

"徙武都氐王苻健及氐民四百余户于广都"。蜀汉延熙十七年（254），"拔狄道、（河间）〔河关〕、临洮三县民，居于绵竹、繁县"①。成汉时期，也曾"徙旁郡民三丁以上者以实成都"②。这种自上而下的人口迁移行动，一方面促进了遭受战乱破坏的城市的恢复与发展，另一方面也推动了人口向部分城市集中，进一步加剧了城市发展的区域不平衡性。

三国两晋南北朝时期，由于长期战乱不断，城市因其所具有的军事防御职能而备受重视，各国都加强了城市的防御设施建设，由此也使部分城市能在一定程度上免去战争的蹂躏。《宋书·张畅传》记载：元嘉二十七年（450），北魏太武帝拓跋焘南侵，至彭城，久攻不下，乃撤离，"遣人语城内：'食尽且去，须麦熟更来'"。彭城太尉义恭大惧，闭门不敢追。此后，"虏期又至，议欲芟麦剪苗，移民堡聚，众论并不同，复更会议。镇军录事参军王孝孙独曰：'虏不能复来，既自可保，如其更至，此议亦不可立。百姓闭在内城，饥馑日久，方春之月，野采自资，一入堡聚，饿死立至。民知必死，何可制邪？虏若必来，芟麦无晚'"③。这则史料形象地说明了城市在战争时期所具有的有效军事防御职能。同时，由于当时城市内部实际上仍存在一定数量的空间可供耕种，能够在战争期间为城市居民提供相应的生活资料和生产保障，因此城市的军事防御功能甚至要比单纯的军事堡垒更强。正是由于城市所具有的这种军事防御职能，三国两晋南北朝时期的巴蜀各个政权统治者都非常重视对城垣等防御设施的修筑，除成都城市多次修筑以外，江州④、资州⑤、平羌⑥等城市也曾修筑。《三国志·蜀书·后主传》载："四年春，都护李严自永安还住江州，筑大城，今巴郡故城是"。

综上所述，三国两晋南北朝时期，巴蜀城市虽然因战乱影响而遭受了破坏，但由于当时各政权的统治者采取了一些有利于城市恢复与发展的积极措施，因此这一时期的巴蜀城市也得到了一定程度的复苏，呈现出断续发展的态势。

---

① 《三国志》卷三三《蜀书·后主传》。
② 《晋书》卷一二一《李雄李班李期李寿李势载记》。
③ 《宋书》卷五九《张畅传》。
④ 《三国志》卷三三《蜀书·后主传》。
⑤ 《资州直隶州志》卷三《城池》。
⑥ 《嘉定府志》卷八《城池》。

第二节 隋唐至明清（鸦片战争前）巴蜀城市的发展变迁

一、隋唐至宋时期巴蜀城市的兴盛

（一）隋唐五代时期巴蜀城市的发展

隋唐时期是中国古代的一个鼎盛时期，城市发展也进入了一个新阶段。巴蜀地区在唐代具有重要的地位，主要表现在以下三个方面：一是巴蜀地区成为唐王朝的大后方，重要的粮仓；二是巴蜀地区成为唐王朝控驭西南的前沿；三是巴蜀地区成为联结东、南、西、北的枢纽[①]。由于巴蜀地区政治、经济与军事地位的提高，唐王朝加强了对该地区的经营，从而推动社会、经济、文化诸领域的长足进步，城市也随之有了较大的发展。

唐代，巴蜀城市的发展主要表现为城市数量增加，城市体系的等级结构变得更为复杂、完善；城市的空间分布虽然存在区域差异，但其分布范围有了一定程度的扩大。唐代，巴蜀地区城市体系的构建，对该地区的城市分布与发展产生了深远的影响。五代时期，巴蜀地区所受战乱破坏轻于中原地区，城市延续了隋唐以来的发展格局，为两宋时期巴蜀城市的全面繁荣奠定了基础。

1. 城市等级体系发生变化，城市数量有所增加

隋文帝开皇九年（589），隋灭陈，结束了中国近400年的分裂割据状态。国家的统一，经济的恢复发展，为城市的复兴和发展创造了有利条件。

东晋南北朝时期，各地滥设州郡县，形成州、郡、县三级行政等级体系紊乱的局面。隋文帝开皇三年（583），罢天下诸郡，以州统县，由此形成州、县二级地方行政建制体系。隋炀帝大业三年（607），又改州为郡，以郡统县，实行郡、县两级地方行政建制体系，并对旧有州县大加省并，巴蜀地区遂改为24郡，174县[②]。唐初，地方行政区划再改为州、县两级。唐太宗贞观元年（627），"又因山河形便，分天下为十道"[③]，巴蜀地区分属剑南道、山南道、江南道。唐玄宗开元二十一年（733），全国分为15道，巴蜀地区分属剑南

---

① 参见蓝勇：《唐代长江上游地域空间的三大地位》，《唐代地域结构与运作空间》，上海辞书出版社2003年版。
② 四川省地方志编纂委员会编纂：《四川省志·地理志》（上），成都地图出版社1996年版，第44页。
③ 《新唐书》卷三七《地理志》。

道、山南西道、山南东道、黔中道。唐肃宗至德二年（764），又分剑南道为东、西两川。由于"道"在唐代主要是监察区域而非行政建制，因此唐代推行的还是以州统县的两级地方行政建制；与此相应，唐代地方城市也分为州、县两级城市等级，州治和县治所在地即为州城和县城，州城在行政级别上高于县城。一般来说，州城都是选择一州之中人口规模最大，经济最富庶的县城为治所；州城不仅是区域内的政治中心，也往往成为该区域的经济中心。

唐代，巴蜀地区的州县建制多次发生变动，屡有增析或省减，故州县数目前后不尽相同。据《新唐书·地理志》中有关记载统计，今巴蜀地区在唐代所设置的州县数目为56州（府）274县。唐玄宗因安史之乱避难到成都后，升益州为成都府。府和州虽为同一行政级别的地方行政建制，但在官员的品秩上府的行政地位略高于州。唐代，巴蜀地区的州、县行政等级体系渐趋完备，州、县两级城市网络也日趋完善。唐代巴蜀地区府州级城市与县级城市的比例大致为1:4，即每一个州级城市周围分布有约4个县级城市，从行政控制的角度看这是比较合理的比例。大部分州级城市都比县级城市规模要大，聚集力和辐射力也要大于县级城市。同时由于成都的地理位置和长期的政治中心地位，巴蜀地区初步形成了以成都为区域中心，以彭州、蜀州、汉州、眉州、邛州、绵州、资州、剑州、阆州、通州等州城为区域次中心，以众多县城为区域再次级中心的"地区性中心城市—州级城市—县级城市"的行政层级城市体系。

唐代巴蜀，"人富粟多"①，农业、手工业和商业日益发达，人口不断增加，政治、军事地位逐步提升。为了加强对巴蜀地区的统治，唐王朝在巴蜀地区增设了更多的地方行政建制，其中剑南西川道新增地方行政建制较多。这与以成都平原为中心的剑南西川道经济发达、交通便利有着密切的关系，而这些新增的地方行政建制的治所，在其后多发展成为城市。相比之下，其他道的城市总量以及新增行政建制数量则远不及剑南西川道地区。就其区域内部而言，各道相比隋唐以前，其行政建制和城市数量仍然有大幅度的增长。以今重庆市所在地区为例，隋唐五代时期先后设置有渝州、合州、昌州、夔州、开州、万州、忠州、涪州、黔州、南州、溱州，各州所置县达28个，为历代置县数量之最。这些州（郡）县治所，大多数都是一定的区域内的政治、经济中心城镇，非农业人口较为密集，工商业较为发达。

---

① 《旧唐书》卷一九〇《列传·文苑中》。

2. 城市空间分布有所变化

综观隋唐时期巴蜀地区城市的空间分布，可知隋唐时期巴蜀地区城市的空间分布在继承前代城市分布格局的基础上又有所发展演变。

首先，随着隋唐时期巴蜀地区城市数量的增加，城市的空间分布范围更加广泛，特别是随着对西南民族地区的不断开发，在一定程度上改变了该地区的城市分布格局。其次，隋唐时期巴蜀地区的城市分布虽已较过往更为广泛，但受历史、地理和社会经济发展等多种因素影响，城市在空间分布上仍然存在不平衡性。从行政区域看，各州的城市分布密度差别较大。唐代巴蜀地区城市分布密度最大的是剑南西川道，在其2795平方公里的辖区面积内，共有州级城市10个，平均每279.5平方公里范围内设置有1个州级城市。而山南东道辖区面积为15452平方公里，却仅设置有4个州级城市，平均每3863平方公里才设置1个州级城市[①]，是剑南西川道的13.8倍。

再从城市的等级规模分布来看，各区域的差别也很大。唐代剑南西川道共有117个县，其中每州平均4.5个县，其中：上县38个，占全道117县的32.48%；中县33个，占全道117县的28.21%；中下和下县46个，占全道117县的39.32%。剑南东川道共有县69个，其中：上县23个，占全道69县的33.33%；中县27个，占全道69县的39.13%；中下及下县19个，占全道69县的27.54%。山南西道有县61个，其中：上县17个，占全道61县的27.87%；中县27个，占全道61县的44.26%；中下及下县17个，占全道61县的27.87%。山南东道有县17个，其中：上县2个，占全道17县的11.76%；中县2个，占全道17县的11.76%；中下及下县13个，占全道17县的76.84%。黔中道有县10个，其中：上县1个，占全道10县的10%；中县缺失；中下及下县9个，占全道10县的90%。从以上统计数据可知，在唐代巴蜀地区剑南东川道、剑南西川道以及山南西道的城市等级体系中，中县以上城市所占比例较高，而在山南东道以及黔中道地区，则是以中下及下县为城市体系的主要组成部分。

总体而言，唐代巴蜀地区的城市主要集中在剑南道，其次是山南道，最后为黔中道；在地域空间上呈现出以成都平原为主，逐渐向盆地及盆周边山区递减的分布特征。

---

① 翁俊雄：《唐朝鼎盛时期政区与人口》，首都师范大学出版社1995年版，第211页。

3. 城市经济蓬勃发展，城市物质文化高度繁荣

隋唐五代时期，巴蜀地区的城市手工业和商业都得到长足的发展。

（1）城市手工业的兴盛

隋唐以前，巴蜀地区的城市手工业虽然已经有了一定程度的发展，但在整个城市经济体系中所占比重有限，在城市经济生活中占据主体地位的仍然是一般性商业活动。隋唐以来，巴蜀地区的城市手工业渐趋兴盛，其生产部门种类和作坊数量都远远超过前代，逐渐成为城市经济不可缺少的重要组成部分。隋唐五代时期巴蜀城市手工业的发展主要集中体现在纺织业、盐业、印刷业和造船业等几个方面。

纺织业是隋唐五代时期巴蜀城市的主要手工业之一。巴蜀地区纺织业历史悠久，隋唐时期得到进一步的发展，成为全国最重要的纺织品生产中心之一，其产品种类繁多，质量上乘。丝织品是隋唐时期巴蜀地区重要的纺织产品之一。据统计，唐代巴蜀地区的丝织品达36种之多，其中绫有8种、罗有6种、绸有3种、纱有3种、绢有3种，此外还有锦、轻容、丝布、丝葛、交梭、绯红、绵、丝、缎、毯等多种类型的丝织品。这些丝织品中不少品种堪称工艺精美，价值连城。据《旧唐书·五行》记载：安乐公主"出降武延秀"时，蜀州献了一条"单丝碧罗笼裙"，该裙"缕金为花鸟，细如丝发，鸟子大如黍米，眼鼻嘴甲俱成，明目者方见之。"①其工艺之精湛可见一斑，体现了唐代巴蜀丝织业的一大进步。此外，马缟在《中华古今注》卷中称："天宝年中，西川贡五色织成背子。玄宗诏曰：观此一服，费用百金。其往金玉珍宝，并不许贡"。晚唐诗人陆龟蒙曾见过一幅蜀锦裙，其"幅长四尺，下广上狭，下阔六寸，上减三寸半，皆周尺，如直。其前则左有鹤二十，势若飞起，率曲折一胫，口衔萐苕辈；右有鹦鹉，耸肩蓓尾，数与鹤相等。二禽大小

蜀锦

---

① 《旧唐书》卷三七《志第十七·五行》。

不类，而隔以花卉；均布无余地，界道四向，五色间杂。道上累细细点缀，其中微云琐结，牙以相带，有若驳霞残红，流烟堕雾。春草夹径，远山截空，坏墙古苔，石泓秋水。印丹浸漏，粉蝶涂染，盘缩环佩，云隐涯岸，浓淡霏拂，霭抑冥密。始如不可辨别，及谛视之，条段斩绝，分画处非绣非绘，缜致柔美，又不可状也。"①这充分反映了当时巴蜀丝织业的高超技术。根据《唐六典》《新唐书·地理志》及《元和郡县志》等书所载各州县上贡资料统计，其时巴蜀地区的丝织品种类有36种，其中充贡者24种；麻织品种类有18种，其中充贡者15种。向朝廷进贡丝织品最多的为益、梓、汉、蜀、绵、彭、阆、果、遂、渠等州，进贡布类最多的是汉、戎、泸、南、溱、涪、黔等州。隋唐时期，巴蜀地区所产多种纺织品被选为贡品，从一个侧面说明它们品质优良。

巴蜀地区生产的纺织品，不仅品种繁多，而且产量甚巨。天宝年间，仅益州每年就交纳罗、紬、绫、绢10万多匹②。中唐以后，"度支每岁于西川织造绫、罗、锦八千一百六十七匹"③。五代时期，巴蜀地区继续保持了在纺织工业上的优势。前蜀亡国时，库存的纹、锦、绫、罗多达50万匹。北宋平蜀后，将府库财帛运至京师，百里不绝。

隋唐五代时期，巴蜀地区的盐业生产也获得了较大发展，盐井的数量增加，分布也更为广泛。巴蜀地区早在秦汉时期就已经开始井盐的开采，但由于巴蜀地区所产井盐生产成本较高，在与海盐的竞争中处于不利境地，因此在唐初发展较为缓慢。安史之乱后，唐王朝为了筹措巨额的军费开支，全面推行食盐管榷政策，划定食盐销售的地界，为巴蜀盐业生产的发展创造了机遇。从此，井盐产地迅速扩大，盐井数量急剧增加。据《通典》记载，玄宗开元二十五年（737），蜀道有"盐井总九十所"④，几乎完全集中在剑南东川道境内。而据《新唐书·食货志》记载，巴蜀地区共有盐井639口，大大超过了玄宗时期的盐井数量。由于盐井数量的增加，其产地分布也有所扩大。其中，"黔州有井四十一。成州、巂州井各一。果、阆、开、通井百二十三，山南西院领之。邛、眉、嘉有井十三，剑南西川院领之。梓、遂、绵、合、昌、渝、泸、

---

① （唐）陆龟蒙：《纪锦裙》，（明）杨慎编：《全蜀艺文志》卷五六。
② 《旧唐书》卷九《玄宗本纪》。
③ 《旧唐书》卷一七下《文宗本纪》。
④ （唐）杜佑：《通典》卷一〇《食货·盐铁》。

资、荣、陵、简有井四百六十，剑南东川院领之"①。盐业的生产规模也有了扩张。唐代末年，荆南节度使成汭攻占夔州，取云安监榷盐，以此"畜兵五万"②。其时云安县盐产量颇丰，榷盐收入即可养兵5万，由此反映出唐代后期巴蜀地区井盐业有了较大发展。

隋唐五代时期，巴蜀地区的造纸业也很发达。唐代益州生产的黄、白麻纸，经久耐用，被朝廷指定为官方用纸。"凡赦书、德音、立后、建储、大诛讨、免三公宰相、命将、日制，并用白麻纸。凡慰军旅，用黄麻纸。凡诸荐告、上表、内道观、叹道文，并用白麻纸。"③此外，宫廷所属集贤院所写御本，也是用益州麻纸书写。《唐六典》载："集贤所写皆御本也，书有四部……分为四库……四库之书，两京各二本，共二万五千九百六十一卷，皆以益州麻纸写。"④此外，益州生产的广都纸也颇为有名，"凡公私簿书、契券、图书之牒，皆取给于是"⑤。为了增加纸张的美观程度，巴蜀造纸业还对纸张进行了染色、印花等加工，出现了许多著名的笺纸佳品，其中以薛涛笺、谢公笺、麻面、屑末、滑石、金花、长麻、鱼子十色笺等最为著名。蜀笺风行全国，尤其是各种彩笺，深受时人喜爱，有"也知价重连城璧，一纸万金犹不惜"⑥之说。

与造纸有关的是印刷业的兴起。唐代文化的繁荣和造纸业的进步，促进了印刷业兴起和发展。唐初雕版印刷术出现并逐渐普及，唐末成都已成为全国最重要的印刷中心之一，刊行了大量的农书、历书、字帖和佛道书籍。《旧五代史》记载："中和三年癸卯夏，銮舆在蜀之三年也。余为中书舍人。旬休，阅书于重城之东南，其书多阴阳杂记、占梦相宅、九宫五纬之流，又有字书小学，率雕版印纸"⑦。可见当时成都书市所出售的书籍，已基本为刻印本。唐代巴蜀地区所刊行的各种书籍不仅行销当地，而且还流传到全国各地乃至于国外。咸通六年（865），日本和尚宗睿带回日本的书籍中就有"西川印子《唐

---

① 《新唐书》卷五四《食货志》。
② 《新唐书》卷一一五《列传》。
③ （唐）李肇：《翰林志》，商务印书馆1927年版。
④ （唐）李林甫：《唐六典》卷九。
⑤ （元）费著：《笺纸谱》，（明）杨慎编：《全蜀艺文志》卷五六。
⑥ （唐）韦庄：《乞彩笺歌》，《全唐诗》卷七〇〇。
⑦ 《旧五代史》卷四三《明宗纪》。

韵》一部五卷、同印子《玉篇》一部三十一卷"①。可见，当时巴蜀地区的印刷业已颇为发达。

（2）城市商业的繁荣

隋唐时期，巴蜀的城市商业日益繁荣，开始逐渐突破坊市制的限制，服务性商业出现了大发展。

城市是商业活动的中心，城市中居民绝大部分是消费性人口，日常所需生活用品，大都要通过商业渠道才能获得。但自秦汉以后，直到唐前期，中国各地的城市都实行严格的坊市制度，即将城市商业贸易的"市"与居民住宅的"坊"严格区分开来，并加以严密的管理控制。坊为居住区，晨开幕闭。市为"买卖之所"，"非州县之所不得置市"。市也实行封闭管理，所有的商品交易只能在市中进行，商店只能在市内开设，市外极少有商业活动。官府不仅对市的交易有空间限制，而且还有时间限制，"市当以午时击鼓二百下而众大会，日入前七刻击钲三百下散"②。

唐代，巴蜀地区的城市也普遍实行坊市制，各州城与县城一般都设有市，市中店铺林立，贸易繁荣。若一座城市中只设置一处市，即多称为某州市或某县市；如果同一座城市中设有多处市，则常在其前面加上方位词以名之，如东市、南市、西市、北市等。成都在唐代以前商业主要集中在城西的少城内，唐代以后随着商业的繁荣，市场增至四个：东市、西市、南市、北市③。《太平广记》也载夔州有"西市"④。《茅亭客话》则载：遂州有"州市"⑤。

自唐中期起，随着商业的繁荣和市场的扩大，原有坊市制度已不能适应城市发展的需要，于是许多城市的市场交易渐渐突破了原有的时间和空间限制，巴蜀城市中市场严格的管理制度逐渐松懈。一方面各城市中的夜市以及与之相关的早市悄然兴起，另一方面各式各样的商肆店铺在居民居住的各坊中渐增，商品交易不再局限于市内进行。此外，还有一些小商贩走街串巷，直接深入居民区进行商业贸易。"锦江夜市连三鼓，石室书斋彻五更"⑥。每年农历九月

---

① 向达：《唐代长安与西域文明》，河北教育出版社2007年版。
② （宋）王溥：《唐会要》卷八六《市》。
③ （宋）黄修复：《茅亭客话》卷四《丁元和》。
④ （宋）李昉：《太平广记》卷三七四《八阵图》。
⑤ （宋）黄修复：《茅亭客话》卷四《丁元和》。
⑥ （宋）祝穆：《方舆胜览》卷五一《成都·夜市三鼓》。

八日晚上开始进行交易，"迭明而散"的梓州药市也是规模很大的夜市。"月晓已闻花市合，江平偏见竹箄多"①，反映的则是专门做早市的成都花市。刘禹锡任夔州刺史时，曾作诗云："日晚上楼招估客，轲峨大舸落帆来"②。司空曙《送夔州班使君》亦云："晓樯争市隘，夜鼓祭神多"③。可见，夔州的夜市是通宵达旦的。

此外，不少城市中的商业活动已逐渐突破旧有市场的限制。唐宪宗时，已有人于汉州街中鬻衣物④。唐末，成都更是"通街有卖绫罗者"⑤。随着城市经济的发展，除了原设市场外，一些新的市场也自发形成，如成都除东、南、西、北四个市场外，又形成了米市、花市、酒市、鱼市、马市、炭市等固定市场；另还出现各种定期举行的集市，"正月灯市，二月花市，三月蚕市，四月锦市，五月扇市，六月香市，七月宝市，八月桂市，九月药市，十月酒市，十一月梅市，十二月桃符市"⑥。著名的梓州药市也是一年一度的定期市场。这些新市和各种定期集市的出现，反映了巴蜀城市商品经济的发展，同时也反映了社会对扩大交换市场的需求增强。

唐朝后期，随着手工业和商业的发展，越来越多的巴蜀城市坊市制度被打破，交易突破了时间和空间的限制，由此促进了城市经济的繁荣。此一时期，巴蜀城市商业发展和商业文化繁荣的另一个主要表现，就是城市服务业的兴起。

首先是餐饮业的发展。随着坊市制的打破，巴蜀城市中出现了大量的酒肆、旅店。成都为隋唐五代时期巴蜀地区最繁华的城市，也是酒肆、酒楼、旅店最兴盛、最密集之地。《北梦琐言》载：唐代成都人陈会"家以当垆为业"，后来考中进士，"李相固言览报状，处分厢界，收下酒旆，阖其户"，但"家人犹拒之"，舍不得撤销酒肆⑦。这说明当时在成都经营酒肆获利丰厚，故做官后仍然舍不得放弃。成都的酒肆还为部分卖艺者提供活动的空间，如《太平广记》载：有善击竹子者，"在成都酒肆中，以手持二竹节相击"，

---

① （唐）萧遘：《成都》，《全唐诗》卷六〇〇。
② （唐）刘禹锡：《堤上行》，《全唐诗》卷三六五。
③ （唐）司空曙：《送菊潭王明府》，《全唐诗》卷二九二，中华书局1992年版。
④ （宋）李昉：《太平广记》卷一四四《吕群》。
⑤ （五代）孙光宪：《北梦琐言》卷四《柳婢讥盖巨源》。
⑥ （清）张澍：《蜀典》卷六，尊经书院，光绪二年（1876）。
⑦ （五代）孙光宪：《北梦琐言》卷三《陈会螳螂赋》。

"以唱歌应和，乞丐于人"，"得钱多饮酒"①。唐代诗人张籍《成都曲》诗云"万里桥边多酒家，游人爱向谁家宿"，不仅描写了唐代成都万里桥一带酒家云集的盛况，也说明当时的部分酒家可以提供住宿。此外，还有部分有钱人将私宅出租以获利，据记载"成都富商有房屋出租"②。由于开设旅馆获利颇丰，以致前蜀后主王衍曾于"通都大邑起邸店以夺民利"③。杜甫经过嘉州时有诗云："今年思我来嘉州，嘉州酒重花绕楼。楼头吃酒楼下卧，长歌短咏迭相酬。"④元和四年（809），元稹以监察御史出使东川（即剑南东川），即深感梓州酒楼饮酒之风盛行，故写诗以证："虚度东川好时节，酒楼元被蜀儿眠。"⑤白居易也有诗云："莫辞数数醉东楼，除醉无因破得愁。唯有绿樽红烛下，暂时不似在忠州。"⑥另有文献记载成都人杨玫"移家彭州，卖酒为业，日益富瞻"⑦。

随着城市商业的繁荣，城市金融业也变得活跃。后蜀时期，成都出现了公开放债的高利贷商人。《蜀梼杌》记载："蜀人质钱取息者，将徙居，必书其门曰：召主收赎"。后蜀的不少贵族官僚也参与其间。宋灭后蜀，宋太祖曾下诏曰："西川民欠伪蜀臣僚私债者，悉令除放"⑧。

综上所述，隋唐时期巴蜀地区的城市商业，在农业和手工业发展的基础上获得长足进步，渐趋繁荣。但是，巴蜀城市工商业的发展是不平衡的，在一些经济发展水平落后的边远山区，城市工商业的发展也受到较大制约，或是"山县早休市"⑨，或是"市井无钱论尺丈"⑩。

（二）宋代巴蜀城市的兴盛

960年，宋朝建立，5年后北宋灭后蜀，将其地纳入宋朝版图。北宋结束了五代十国的分裂割据局面，完成了中原地区与长江流域的统一，由此推动了中国社

---

① （宋）李昉：《太平广记》卷八五《击竹子》。
② （前蜀）杜光庭：《道教灵验记》卷八。
③ 《新五代史》卷六三《前蜀世家》。
④ （唐）杜甫：《狂歌行·赠四兄》，《全唐诗》卷二三四。
⑤ （唐）元稹：《使东川·好时节》，《全唐诗》卷四一二。
⑥ （唐）白居易：《东楼招客夜饮》，《全唐诗》卷四四一。
⑦ （前蜀）杜光庭：《道教灵验记》卷二《青羊肆验》。
⑧ （宋）李焘：《续资治通鉴长编》卷七《太祖乾德四年》。
⑨ （清）仇兆鳌：《杜诗详注》卷一二《倚杖》。
⑩ （唐）元稹：《酬乐天得微之诗知通州事因成四首》，《全唐诗》卷四一六。

会的进步和经济的发展。宋代，随着全国商品经济的发展，巴蜀城市在此一时期出现了长足的发展，主要表现为城市规模体系的扩大和城市商业的繁荣。

1. 城市数量、分布及行政等级有较大的变化

（1）宋代巴蜀城市数量和分布有较大的变化

据《宋史·地理志》记载统计，宋代川峡四路（其范围略超出现今川渝地区的行政区划）共设有64州、208县，成都府路有16州、60县，潼川府路有15州、52县，利州路有17州、58县，夔州路有16州、38县，其中在今川渝境内实为49州、172县[①]。从各路拥有县级城市数量上看，各路城市数量存在差异：成都府路所辖县级城市为第一，利州路为第二，潼川府路为第三，夔州路为第四。成都府路和利州路所辖县级城市数量明显高于夔州路。宋代巴蜀地区州县设置较隋唐五代时期有较大减少，究其原因，应该主要与宋神宗时期全国大规模地省并州县有关。

城市的分布密度也许更能清晰地反映出宋代巴蜀城市的分布状况（见下表）。

表2-3　宋代川峡四路县级城市分布密度表

路名	面积（平方公里）	县数（个）	城市平均覆盖面积（平方公里）	密度次序
成都府路	54818.37	60	913.63	1
潼川府路	55092.83	52	1059.46	2
利州路	79516.07	58	1370.96	3
夔州路	107310.88	38	2823.94	4

资料来源：各路的面积采自梁方仲编著的《中国历代户口、田地、田赋统计》，上海人民出版社1980年版，第164页。各路县数根据《宋史》卷八九《地理志五》统计。由于本表中所采用的各路面积为宋代川峡四路面积，包含了本文所界定的巴蜀地区疆域范围之外的地区，因此在本表的县数统计中也是采用宋代川峡四路范围内所有的县级城市数目。

从上表可见，宋代巴蜀城市分布存在着明显的地区不平衡性。地处川西平原的成都府路是城市分布密度最大，且连续分布最广的地区。地处川中南的潼川府路的城市分布也较为广泛。上述两路面积仅为巴蜀地区总面积的37.04%，然其所有城市数却占宋代巴蜀地区城市总量的53.8%。与之相反，位于川东地

---

① 《宋史》卷八九《地理志五》。

区的夔州路的城市分布密度较低，其面积占巴蜀地区总面积的36.16%，而城市数量却仅占了城市总数的18.27%。以城市的分布而言，成都府路的城市密度几乎为夔州路城市密度的3倍，区域分布不平衡十分明显。

（2）城市行政等级规模也出现新的变化

宋代地方行政区划，实行路、州（府、军、监）、县（监）三级建制。路，是宋代最高一级的地方区划，大体相当于唐代的道，并从唐代的一个虚级向实级方面转变[①]。州、府、军、监为同级行政区划。其中，府多设于政治、经济、军事要地，地位略高于州。军的设置多出于军事或治安目的。监是为管理工矿区而设。军、监都同时要管理本辖区的民政事务。州、府、军、监以下为县。各路级监司所在城市，虽然并不是严格意义上的一级行政建制，但相对于府、州的行政级别要高，其治所一般都选在区域内最重要的城市。各府、州、军、监以及县的治所，也都是各自辖区内的政治、军事中心，往往也具有经济中心和文化中心功能。宋代地方行政建制在唐代基础上得到进一步完善，使得原有的以行政中心为主的城市等级系列得到了进一步调整。

宋太祖乾德三年（965）置西川路，开宝四年（971）分置峡西路，后两路合并为川峡路。宋真宗咸平四年（1001）又改川峡路为益州路（宋仁宗嘉祐四年改为成都府路）、梓州路（徽宗重和元年改为潼川府路）、利州路（南宋时曾数度分为东西两路，皆分而又合）、夔州路，其间设四川制置使，此为四川得名之由来。顾炎武称："唐时剑南一道止分东、西两川而已，至宋则为益州路、梓州路、利州路、夔州路，谓之川峡四路，后遂省文名为四川。"[②] "益州路总益、绵、汉、彭、邛、蜀、嘉、眉、陵、简、黎、雅、维、茂、永康凡十五军州，梓州路总梓、遂、果、资、普、荣、昌、渠、合、戎、泸怀安、广安、富顺凡十四州军监，利州路总利、洋、兴、剑、文、集、壁、巴、蓬、龙、阆、兴元、剑门、三泉、西县凡十五府军县，夔州路总夔、施、忠、万、开、达、渝、黔、涪、云安、梁山、大宁凡十二州军监。"[③]

宋代在巴蜀地区所设置的县数量甚多，但并不是每一个县的治所都成为城市，部分在边远地区的县的治所其规模甚小。据《四川通史》卷四的作者研

[①] 周振鹤：《中国地方行政制度史》，上海人民出版社2005年版，第71～72页。
[②] （清）顾炎武：《日知录》卷三一《四川》。
[③] （宋）李焘：《续资治通鉴长编》卷四八。

究，四川"宋代县治所在地，一般均无城防设施。万户以上的大县才设县令、县丞、主簿、县尉各一人，千户以上的县设县令、主簿、县尉各一人，四百户以上的县，设县令、县尉各一人，再加上几个吏人，不多的居民，'县城'实际上是乡村的一个集镇"。虽然这些县城规模不大，但是也与一般的农村集镇有一定的区别，属于城市体系的重要组成部分。此外，两宋时期，随着城市商品经济的发展，农产品的商品化率也得到提高，农村商品交换日渐活跃，作为农村商品交换中心和商业集市的场镇兴起。《元丰九域志》载，元丰初年，巴蜀地区有52州、175县，共有714镇、30场，其中成都府路有158镇、22场，梓州路有358镇，利州路有119镇、2场，夔州路有79镇、6场。由于场镇经济的发展，宋王朝除在经济较为发达的县城设置商税务外，也在部分商品经济较为发达的场镇设置商税务。如熙宁十年（1077），在巴蜀地区的175个县城中仅设有85个商税务，而在巴蜀地区的场镇则设有商税务达75个①，由此可见宋代巴蜀场镇经济的发展。

2. 随着宋代巴蜀地区社会经济的长足发展，一批商业中心城市得以进一步发展

宋代，巴蜀地区的社会经济有了极大发展。《宋代四川经济述论》的作者通过对宋代巴蜀地区经济发展的考察，认为"就四川历史上经济发展史而论，它不但远胜前代，而且超过了后来的元代和明末清初。因此，可以说宋代的四川是四川历史上经济高度发展的黄金时代"②。随着宋代巴蜀城市商业的发展，涌现出了一批商业中心城市。

在宋代巴蜀城市商业发展中，尤以成都、梓州、绵州、遂州、利州、合州、果州、渝州、夔州等州级城市的经济发展较为突出。

成都府城，为成都府路和成都府的治所。唐代中期，成都被时人称之为"扬一益二"。但到唐中后期，由于扬州遭到战乱破坏，故成都的繁华远超扬州。唐人卢求在《成都记》中说：（成都）"人物繁盛，悉皆土著，江山之秀，罗锦之丽，管弦歌舞之多，伎巧百工之富，其人勇且让，其地腴以善。熟较其要妙，扬不足以侔其半。"宋代，成都工商业更加繁荣，"万井云错，百货川委，高车大马决骤于通逵，娥姌靡曼，裙联袂属；奇物异产，瑰琦错落，

---

① 贾大泉、陈世松主编：《四川通史》卷四，四川人民出版社2010年版，第328页。
② 贾大泉：《宋代四川经济述论》，四川省社会科学院出版社1985年版，第4页。

肆而班布市；黄尘涨天，东西冥冥，穷朝极少，颠迷醉昏"①，为"西南大都会也"②。"成都成为西南地区蜀锦、绢帛、麻布、茶叶、药材、纸张、书籍贸易的最大集散地。蜀中和各地的巨商大贾都集中于成都，大批采购上述商品，运销全国。正是商业贸易的发达，使得成都在宋代成为世界上最早使用纸币的地区。在宋代城市商业普遍发展的背景下，它仍然是全国最重要的商业都会之一。"③

梓州城（今四川梓潼县），为梓州路治所，政和元年（1118），升为潼川府。梓州城的地理位置优越，"江山形胜，水陆之冲，为剑外一都会，与成都相对"④。"自唐为东川节度，名为十邑，与西川等"。潼川府所属各县多为丘陵地带，"壤地瘠薄，民物之产曾不及西川一大县"⑤。但梓州却有着丰富的盐、铜、铁等矿产资源，纺织业也较为发达，故而不仅是食盐供应基地，也是著名的纺织基地，有"机织户数千家"⑥。

绵州城（今四川绵阳市），在成都以北200余里，为川陕交通要道必经之地，"处二蜀之会，人饶地腴，赋货繁茂"⑦。

遂州城（今四川遂宁市），地处涪江中游和川中平原，"平原沃野，贯以涪江，气象宽舒，东蜀都会"⑧。农业和纺织业都很发达，又是巴蜀和全国的甘蔗和糖霜生产基地。因其商业发达，宋代梓州（潼川府）路转运司曾一度设治所于此，主办本路财政事宜。

利州城（今四川广元市），位于嘉陵江上游，又地处川陕交通要道陈仓道，乃咽喉之要路，商业相当发达，宋人称利州"为小益，对成都之为大益也"⑨，是巴蜀北部的经济中心。

合州城（今重庆合川区），为嘉陵江、涪江的汇合之地，"枕二江之口，众水之凑也"，交通极为便利。且合州四周丘陵四合，中为合州平原，农业条

---

① （明）杨慎编：《全蜀艺文志》卷三四。
② （宋）李焘：《续资治通鉴长编》卷三五。
③ 贾大泉、陈世松主编：《四川通史》卷四，四川人民出版社2010年版，第330页。
④ （宋）王象之：《舆地纪胜》卷一五四。
⑤ （宋）王象之：《舆地纪胜》卷一五四。
⑥ （清）徐松辑：《宋会要辑稿·食货》。
⑦ （宋）文同：《丹渊集》卷二三《绵州通判厅伐木堂记》。
⑧ （宋）王象之：《舆地纪胜》卷一五五。
⑨ （宋）王象之：《舆地纪胜》卷一八四。

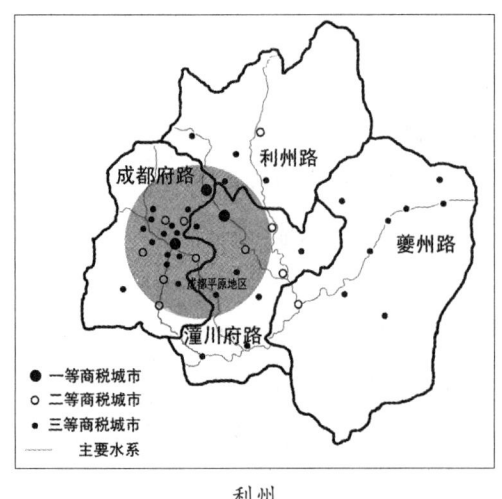

利州

件也较好,时人称其"表之以四山之环合,中之以两溪之襟带,田亩桑麻左右交映,人生其间多秀异,而善以诗书自乐"①。

果州城(今四川南充市),地处嘉陵江中游,"郡当舟车往来之冲","其民喜商贾而怠稼事",商品经济较为发达,"自号小益,不复数潼、遂"②,宋人邵伯温所撰《充城好》诗云:"充城繁盛冠东川",是巴蜀中北部的又一经济中心。

夔州城(今重庆奉节县),为夔州路和治所,宋代亦为川东的水陆交通要道和商贸中心。

渝州(今重庆市)——重庆府城,位于长江、嘉陵江交汇处,为先秦时期巴国都城。宋代,渝州因水上交通的发展,其工商业也有所发展,特别是在南宋末年,成都为蒙军攻陷,四川制置司迁渝州,大批川西的人口也徙至渝州,由此推动了工商业的发展。

此外,岷江、川江、嘉陵江沿岸的一些州级城市的经济功能也有所增强,如岷江与大渡河汇合处的嘉州城,渠江与嘉陵江汇合处的合川,川江之畔的泸州、戎州,茶马商道的集散地雅州等都是商贾辐辏、人口密集的工商业城市。

两宋时期,巴蜀城市的经济功能普遍有所加强,特别是其商业中心城市有较大发展。与隋唐相比,两宋商业中心城市的空间分布出现以下特征③:

第一,重要商业城市主要集中在成都平原及其附近区域。宋代,成都平原形成了以成都府城为中心,彭州、汉州、简州、眉州、嘉州、邛州等州城为次中心的商业城市体系;与成都相近的绵州与梓州也逐渐被纳入成都平原商业城市体系。以成都为中心的商业城市体系在巴蜀城市中有着重要的位置。熙宁十年(1077),成都府路所属各县镇的商税务有58个,占四川各县镇商税务总数

---

① (宋)王象之:《舆地纪胜》卷一五九。
② (宋)王象之:《舆地纪胜》卷一五六。
③ 参见任乃强、任新建:《四川州县建制沿革图说》,巴蜀书社2002年版。

的39%，商税额达33万余贯，占四川县镇商税总额的68%[①]，由此可见成都平原城市商业的繁盛。

成都平原相对发达的城市群的形成，与其所处地区的社会经济发展水平较高是密不可分的。成都平原，自然条件极为优越，有良好的灌溉条件，耕作条件极好，"蜀地险隘，一多晓少衍，侧耕危获，田事孔难。惟成都、彭、汉，平原沃壤，桑麻满野"[②]，农业生产较为发达。这些都为成都平原及其附近区域成为宋代巴蜀地区商业中心城市奠定了基础。

第二，巴蜀地区的重要商业城市大多分布在水陆交通干线。宋代巴蜀地区的交通环境在前代基础上又有了进一步的发展，各州县间除陆路有驿路相通外，水路则沿岷江、嘉陵江、沱江、涪江、长江等江河，形成了密集的水路运输网络，城市与城市之间的联系和辐射带动作用加强，形成了以成都为中心，辐射巴蜀全境的水陆交通网络系统。

宋代，巴蜀地区对外交通路线虽然有多条，但以由岷江、嘉陵江入长江东下的水路和由成都北上至陕西的陆路交通最为重要。

水陆则如欧阳修《峡州至喜亭记》所载："蜀之丝织文之富，衣被于天下，而贡输商旅之往来者，陆辇秦凤，水道岷江，不绝于万里之外。"[③]岷江、长江水系，是当时巴蜀地区的水路交通动脉。早在宋代以前，沿岷江、长江而下的水道，就是巴蜀与东南地区商品流通与人员往来的重要通道。宋代，这条水上交通要道的货物运输较前得到进一步开拓。据宋人所撰《新修江渎庙记》记载，川西商品自成都出发，"顺流而下，委输之利，通西蜀之宝货，转南土之泉谷。建帆高挂则动越万艘，连樯直进则倏逾千里。为富国之资，助经邦之略"[④]。巴蜀地区输送到朝廷的财帛，主要通过岷江、长江水道，再由湖北转运开封。《宋史·食货》记载："川益诸州金帛及租市之布，自剑门列传置，分辇负担至嘉州，水运达荆南，自荆南遣纲吏运送京师。"[⑤]嘉陵江水道，是宋代巴蜀地区通往境外的另一条重要水运交通路线。嘉陵江发源于秦岭山地，由北向南横贯川北地区，流经利州、阆州、果州、合州，至渝州，与长

---

① 贾大泉、陈世松主编：《四川通史》卷四，四川人民出版社2010年版，第327页。
② （唐）魏了翁：《汉州劝农文》，《鹤山集》卷一〇〇。
③ （宋）欧阳修：《欧阳修全集》卷三九。
④ （宋）苏德祥：《新修江渎庙记》，（明）杨慎编：《全蜀艺文志》卷三七。
⑤ 《宋史》卷一七五《食货上》。

江汇合。而发源于岷山南麓的涪江，则流经绵州、梓州、遂州，至合州，与嘉陵江会合，因此可以看作嘉陵江的支流。这样，沿嘉陵江水路，逆江而上可到达陕西的凤州等地，顺流而下则可至荆南。宋代，这条水路曾担负着转运茶纲入秦州，漕运军粮入兴州、凤州和转输马纲至荆南的重任，所谓"商贩溯嘉陵而上，马纲顺流而下"①。这些四通八达的水陆交通要道，相互交汇，构成了宋代巴蜀城市间人流、物流的交通网络。

由成都通往陕西的陆路干线主要有两条：一是从成都出发，经汉州、绵州、剑州、利州至汉中，是为南栈道，又名官道；二是由成都经梓州、阆州、巴州，翻越米仓山而到达汉中的米仓道，从汉中再向北，可远至汴京。宋仁宗天圣六年（1028）九月，"上封者言：'西川往来商旅，有公凭者，则由剑门经过。无者，并自阆州往来。盖自利州入阆州，由葭萌寨，并有私路入川。迄今葭萌寨依剑州置关，委本寨使臣，验认公凭放往来。'从之"②。由此可见，当时这两条陆路均为巴蜀通往陕西的重要交通路线。

宋代，巴蜀地区重要商业城市主要分布于成都平原及其附近地区，以及主要水陆交通干线上。成都府城不仅位于成都平原的中心，具有广阔的经济腹地，而且处于巴蜀地区水路交通网络的核心，具有其他城市不可取代的区位优越性，因此成为巴蜀地区最为重要的经济中心城市。

南宋后期，由于蒙古（元）军队进攻巴蜀，南宋政府为了抗蒙保境，先后将一些州、县治所迁往临江河的山地筑城以守，凭险以拒。咸淳三年（1267）移叙州治于登高山，淳祐三年（1243）移泸州治于神臂山，咸淳二年（1266）移涪州治于三台山，淳祐三年（1243）迁万州治于天生城，淳祐二年（1242）移夔州治于白帝城，咸淳元年（1265）移咸淳府（即忠州）治于皇华城。这些新迁的州、县治地，一般在10年以上，有些长达30多年，但由于这些行政建制仅是战时权宜措施，入元以后，均先后迁回原来治地。

二、元明清时期巴蜀城市的发展变迁

（一）元代巴蜀城市的衰落

元朝是中国历史上第一个由少数民族（蒙古族）建立并统治全国的封建

---

① （清）徐松辑：《宋会要辑稿·兵》。
② （宋）李焘：《续资治通鉴长编》卷一〇六。

王朝。1206年，成吉思汗建立蒙古汗国。1271年，忽必烈改国号为"大元"。1279年，元朝统一全国，其管辖的疆域空前广阔，今天的新疆、西藏、云南、东北、台湾及南海诸岛，都在元朝统治范围内。元朝的统一结束了中国自唐末以来南北长期对峙的局面，建立了中国历史上继秦汉、隋唐之后的又一个大一统帝国。在元朝武力统一中国的过程中，战争异常激烈，元军经常遭到顽强的抵抗，故元军对这些地区的反抗势力进行了残酷的镇压、野蛮的掠夺和疯狂的破坏，从而造成人口大量死亡，由此对经济和社会发展造成了严重损害。城市作为战争双方争夺的焦点，所受破坏尤为显著。元朝统一中国后，也采取了一系列的措施来恢复和发展社会经济，以巩固其统治。但由于元朝实行了民族歧视和民族压迫的残暴统治政策，使得民族矛盾日益异常尖锐，加之其政治腐败，社会矛盾严重，因此始终面临着严重的社会危机，阻碍了社会经济的正常发展，也对城市的发展带来了诸多消极的影响。因此，元代的社会、经济与城市发展始终没能超越宋代。

巴蜀地区是南宋王朝抵抗元军的重要据点，宋元两军长期在巴蜀交战，因而元军在巴蜀建立统治的时间较晚，同时巴蜀地区所遭受战争的破坏也就相对较大，城市也因受战争的影响而出现衰落。自宋理宗端平二年（1235）蒙古大举攻宋，至宋帝昺祥兴二年（1279）巴蜀全境为元军所占，巴蜀地区遭受了长达半个世纪的战争破坏。长期频繁的战争导致人口锐减，社会残破，经济凋敝，文化衰败，城市荒废严重，"昔日通都大邑，今为瓦砾之场；昔之沃壤奥区，今为膏血之野。青烟弥路，白骨成丘，哀恫贯心，疮痍满目"①。

元朝在平定巴蜀的过程中，以及建立统治后，陆续采取了一些恢复和发展社会生产的措施。首先是在各地实行屯田，整治水利，使巴蜀地区凋敝的农业生产得到了一定程度的恢复。宋末元初，由于长期战争带来的破坏，导致巴蜀地区大量田地荒芜，元朝政府即在巴蜀各地荒芜的旷土之上大量增置军民屯田。蒙哥汗二年（1252），汪田哥就已在利州开始了屯田活动②。元世祖中统三年（1262）又再次令汪惟正率青居戍军，"屯田利州"。同年八月，还令刘整在潼川"市牛屯田"③。至元二年（1265），"命四川行院分兵屯田"④，此

---

① （宋）吴昌裔：《论救蜀四事疏》，《宋代蜀文辑存》卷八四。
② 《元史》卷三《宪宗纪》。
③ 《元史》卷五《世祖纪》。
④ 《元史》卷六《世祖纪》。

诏令促成了巴蜀屯田区的迅速发展。元中后期，屯田区已遍及巴蜀各地，共有屯田军民33528户（名），垦田456782亩，分别占全国屯田户数的15.15%和田亩数的2.56%[①]。与历史上巴蜀地区的耕地面积相比较，元代巴蜀地区的土地开垦仍然是十分有限的，其总耕地数远不及两汉，近难攀唐宋[②]。

元代巴蜀地区的手工业生产有了一定的恢复，但无论其规模还是发展水平都已大不如宋代。有关元代巴蜀地区手工业生产情况的资料较为缺乏，这里只能根据部分资料窥其梗概。纺织业是巴蜀地区的传统优势手工。元朝政府对巴蜀地区的纺织业较为重视，在成都设置了绫锦局，大量招募工匠，所产斜纹绫、云凤绫、云纹缎十分有名。元代精美的蜀锦仍然是朝贡之物，中统四年（1263），元世祖赠送给高丽国王的礼品即为"中统五年历并蜀锦一"[③]。此外，元代巴蜀民间纺织业也逐渐恢复生产。《马可·波罗行纪》记载：成都平原"有城村甚众，皆有城垣。其中纺织数种丝绢，居民以耕种为活"。另有"恃商工为生，用某种树皮织布，甚丽，夏季衣之"。"其地产丝及其他商品甚众，赖有此河，运赴上下游各地。"[④]这些零星材料表明，元代巴蜀地区的民间纺织业也具有一定的规模，但无论是官营还是民间纺织业发展都已无法恢复到宋代的繁荣，巴蜀地区失去了全国性的纺织中心的地位。可见，元代巴蜀地区社会经济虽有了一些恢复，但其发展是相当有限的，远未达到宋代的水平。

元代巴蜀地区城市的发展过程与社会经济的发展过程是相一致的。上述元代巴蜀社会经济的发展状况决定了城市发展的状态和特点。

1. 城市数量减少

元朝统一中国后，将今山东、山西和河北等地作为腹里，由中书省直接管辖，另在全国其他地区共设置了11个行中书省（简称"行省"），省下辖路、府、州、县，府、州为同一行政级别，上隶于路，下辖有县，由此形成了省、路、府（州）、县四级制行政建制，同时也形成了省治、路治、府（州）治和县治为主体的城市行政等级体系。省的设立对中国地方行政制度影响甚巨，不仅影响到明清的地方行政建制，而且对民国和中华人民共和国的地方行政建制

---

① 参见吴宏岐、汪新庄：《元代西南地区农牧经济的发展》，《中国历史地理论丛》1993年第4期。
② 参见郭声波：《四川历史农业地理》，四川人民出版社1993年版，第81页。
③ 《元史》卷五《世祖纪》。
④ ［意］马可波罗：《马可·波罗行纪》，商务印书馆1954年版，第440页、第508～509页。

也产生了深远的影响，而行省的设立也由此推动了省会城市的出现。

元代，巴蜀地区的政区建制多有变化，先后建有秦蜀行省、陕西五路西蜀四川行省、四川行省、陕西四川行省、四川行省。而最终定型的四川行省包括了巴蜀地区的主体部分，但部分属于巴蜀文化圈范围的府、州、县则分别隶属于陕西省和云南省。

元代，地方政区之制为"以省统路，以路统府、统州，以府、州统县。其府州有不统于路而直隶于省者，州有不统于路而统辖于府者，县有不统于府、州而统于路者"①，即有所谓直隶府、直隶州和属府、属州之分，直隶府与路居于同等地位②。另外，在少数民族聚居地区，则设置有宣慰司都元帅府及军民府、安抚司、招讨司、长官司等。其军民府，有设于路，则相当于路一级；至于安抚司、招讨司则相当于府、州一级；长官司则相当于县一级③。元代巴蜀地区州县建制变动较大。本书主要以《元史·地理志》所记载至元二十七年（1290）的四川行省行政建制为研究对象，参见下表：

表2-4　元代四川地方行政建制统计表

路名	府州名	辖县数	府州名	辖县数
成都路	成都录事司	9	彭州	2
	安州	1	灌州	2
	威州	1	简州	1
	汉州	3	崇庆州	4
嘉定府路	嘉定府路录事司	4	眉州	2
	邛州	1		
广元路		2	保宁府	3
	剑州	2	龙州	1
	巴州	3		
顺庆路	顺庆路录事司	2	广安府	2
	蓬州	3	渠州	2

---

① 龚煦春撰：《四川郡县志》，成都古籍书店1983年版，第371页。
② 程幸超：《中国地方行政制度史》，四川人民出版社1992年版，第207页。
③ 参见蒲孝荣：《四川政区沿革与治地今释》，四川人民出版社1986年版，第352~353页。

续表

路名	府州名	辖县数	府州名	辖县数
潼川府		4	遂宁州	2
	绵州	2		
永宁路	筠连州	1		
重庆路	重庆路录事司	3	泸州	3
	合州	3	忠州	3
	涪州	1		
绍庆府		2		
怀德府	来宁州		柔远州	
	酉阳州		服州	
夔路	夔路录事司	2	达州	2
	梁山州	1	万州	1
	云阳州		大宁州	
	开州			
叙州路		4	富顺州	
	高州			
马湖路	长宁军①		戎州	
建昌路军民府		1	建安州	
	永宁州		泸州	
	礼州	1	里州	
	阔州		邛部州	
	隆州		姜州	
德昌路	昌州		德州	
	威龙州		普济州	
会川路	武安州		黎溪州	
	永昌		会理州	
	麻龙州			
柏兴府		2		
土蕃等处宣慰司都元帅府	雅州	5	黎州	1
	茂州	2		

资料来源：《元史》卷六〇至六一《地理志》。

① 长宁军后升为州，故此处将其计算在州内。

根据上表统计可知,在元代,四川行省政区辖有11路、4直隶府、1宣慰司都元帅府、1军民府、4录事司、2属府治、56属州、95属县。因路治和府州治与县治同城,故元代四川行省有一级行政区治所城市1个——成都(亦为成都录事司及成都县所在),有二级行政区治所城市16个,有三级行政区治所城市51个,有四级行政区治所65个[①]。从元代四川政区的行政建制数量来看,比宋代是大为减少,除因政区范围缩小有关外,还与长期战乱造成巴蜀地区户口凋零,元王朝对州县的省并有着直接的关系。由于巴蜀地区经过约半个世纪的战乱,人口损失严重,部分地区的人口数量大为减少,经济衰退,故元王朝不得不对巴蜀地区的州、县行政建制进行了大量的调整,因地荒民少而不得不被废、降、并、省的州、县相当普遍。

2. 城市规模等级下降

《元史》卷九一《百官志》详细记载了元朝确定各路府州县等级的户口标准,根据其记载可知,元代的州县等级标准南北不同。北方地区境内户数达1.5万户以上者为上州,6000户以上者为中州,6000户以下者为下州;户数达6000户以上者为上县,2000户以上者为中县,不到2000户者为下县。至元二十年(1283),规定江淮以南地区,5万户以上者为上州,3万户以上者为中州,不到3万户者为下州;3万户以上者为上县,1万户以上者为中县,1万户以下者为下县。根据《元史·地理志》中相关资料统计,元代巴蜀地区所属诸州县等级均为下等,连昔日号称天府之国的富饶的成都平原地区也毫无例外。成都在宋代"为西蜀都会,土地广衍,民物繁庶"[②]。但经宋末元初长期战乱,经济遭到破坏,人口大量减少,到至元二十七年(1290),成都仅有32912户[③],相当于北宋崇宁年间户数的五分之一略强。作为成都路治所的成都县,以及位于成都平原上华阳县、新都县、郫县、温江、双流、新繁等县在元代也都成为下县[④]。元代巴蜀地区人口减少、经济萧条和城市衰落可见一斑。

另外,从录事司的设置也可以看到巴蜀城市的衰落。录事司是为专门管理城市居民而设置的行政建制,始创于金代。元朝继承了金朝管理城市的制度,

---

① 有关省、路、府(州)、县治所请参考蒲孝荣:《四川政区沿革与治地今释》,四川人民出版社1986年版,第354~381页。
② (元)蒲道源:《闲居丛稿》卷一八《送李寿卿之成都路知事序》。
③ 《元史》卷六〇《地理志》。
④ 周振鹤主编:《中国行政区划通史》(元代卷),复旦大学出版社2009年版,第68页。

也设置了录事司。《元史》卷九一《百官志》记载："录事司，秩正八品。凡路、府所治，置一司，以掌城中民户之事。中统二年，诏验民户，定为员数。二千户以上，设录事、司侯、判官各一员；二千户以下，省判官不置。……若城市民少，则不置司，归之倚郭县。"根据此项规定，元代各路、府以及相当于府的直隶州的治所，只要达到一定的人口数量，均会设立录事司，以管理城市中的居民，人口较少的城市则不会设置录事司，而归所在县管理。因此，从这个意义上来讲，录事司的设置与否与城市人口规模有着直接的关系。元代四川行省先后在成都、嘉定、顺庆、潼川、重庆、合州、夔州、大宁等8个城市设置过录事司，仅占全国123个录事司的6.5%。四川行省的录事司设置较少，一个主要原因在于宋元之际战争的严重破坏，不少城市人口大量减少，达不到规定的标准。四川设置的8个录事司，后又有潼川、合州和大宁3处，因人口减少而不得不撤废。这样，元代四川仅有5个城市较为长期稳定地设置了录事司。由此可以判断，元代四川的大多数城市规模都较小。

综上所述，元代巴蜀地区城市的发展受战争破坏、政治动乱、经济衰退的影响，呈现出由盛转衰的趋势。

（二）明代巴蜀城市的发展

元至正二十三年（1363），明玉珍在重庆建立大夏国。明洪武四年（1371），明军出兵四川，将四川纳入明王朝统治的版图。

经过宋元战争和元末战争两次大规模的破坏，四川经济社会的发展受到很大影响。因此明王朝建立后，采取了一系列休养生息政策，并由政府组织移民入川，开垦荒地，兴修水利，完善水利管理，从而促进了农业生产的恢复与发展，而城市也随之也得到恢复与发展。

明代，巴蜀城市的设置与城市等级体系，既承袭元代又有变化。明王朝对元朝的省、路、府（州）、县地方行政建制进行了改革。

明朝建立之初，地方行政改革措施之一，是将其四级管理制度改革为省、府、县三级管理制度。省级行政机构为承宣布政使司，主掌一省的行政与财政。承宣布政使司是由行中书省改名，各承宣布政使司的辖境又与元代行中书省大致一样，所以时人习惯上仍称为省。明代改路为府，府为第二级地方行政管理机构，知府掌一府之行政事务。县为第三级地方行政建制，知县掌一县之行政事务。

明朝建立之初，地方行政改革措施之二，是降州为县、省县并州，如四川的彭州、灌州、资州、汉州、简州、富顺州、万州等均降州为县，其后仅有少数县复为州。

　　明朝建立之初，地方行政改革措施之三，是不以人口数量的多少，而以交赋多少来划分县的等级，交赋10万石以上者为上县，3万~6万石者为中县，3万石以下者为下县，并据此对县建制进行调整。洪武五年（1372）、洪武十年（1377），四川地区相继被裁并的县有罗江、奉节、新繁、双流、金堂、崇宁、德阳、井研等近40县，占全国被裁并县数的一半以上，直到洪武十三年（1380），四川被裁并的部分县才被恢复建制。另外，随着经济的恢复和人口的增加，同时为了使县的分布更加合理，明王朝在四川部分地区也增设了少量县，新增设的县有永川、荣昌、长寿、邻水、乐至等。

　　明代还有一种地方行政区域称为州。州分为两类：一类是直接隶属于布政使司的州，称为直隶州，其行政地位大体上相当于府；另一类隶属于府的州，称为府属州，简称"属州"，其行政地位大体上相当于县。由于州不是自成一级，故明代的地方行政制度是三级管理制[①]。明代形成了以省治、府（直隶州）治、县（属州）治为主体的三级城市行政等级体系，这种城市行政等级体系对清代产生了重要的影响。

　　明朝沿元制，在元四川行省设立四川承宣布政使司，以成都府为治所。根据《明史·地理志》统计，明代四川布政使司（今川渝地区）共领13府、6直隶州、15府辖州、116县，此外还有若干卫所、土官。明代与元代相比，地方城市行政等级体系变化最大的是作为等级体系中县级城市数量增幅较大，而中间层级大幅减少。明代巴蜀地区城市建制的变化是政治、经济发展变化的产物，是与巴蜀地区受宋元战争破坏严重的社会经济的缓慢恢复过程相适应的。城市建制的变动，会对当地社会经济的发展产生相应的影响，相对合理的城市建制更有利于对所辖政区进行有效的管理，促进其属地的经济发展与社会稳定。明代巴蜀城市的设置对后世的影响极大，奠定了清代巴蜀城市的基本格局，其中不少城市的名称一直沿用至今。

　　明代巴蜀城市发展变化的另一个突出表现就是大规模的城市建设。与元王朝不重视城市建设形成对比的是，明王朝建立后十分重视城市建设。巴蜀地区修建城池的活动始于明初，到明中期达到高潮，筑城活动遍及全川。特别值得注意的是明代普遍修筑砖石城，而在中国城市建设史上，砖石城的普遍营建是

[①] 程幸超：《中国地方行政制度史》，四川人民出版社1992年版，第211~212页。

一个重要进步。

明代以前，中国城市多是夯土而建，而土城在坚固耐用和抗洪等方面的能力较差，需要时常维护，如果不常加护理修葺，则会发生坍塌。明朝建立后，明王朝为了加强对各地的统治，一改元王朝只重视都城建设，而不重视地方城市建设的做法，在全国掀起一个筑城高潮。明代在筑城的规模和形制方面更多地强调中国传统方式，形成了中国城池建设史上的回归时代。建筑材料方面，明代开始普遍用砖修筑城垣，使得城市的军事防御设施体系更加坚固与完善。明代前中期，在官方的倡导下四川的府、州、县城普遍修葺，加固或新建城垣。根据清代方志记录，明代四川的府、州、县各级城市修建石城的情况都非常普遍。建筑材料的改进，加强了墙体的坚固性，使城墙在城市军事防御体系上的功能得以进一步凸显。石城的建设，使巴蜀城市的形制进一步完善与成熟，同时城池的防御功能大大增强。石城对为数众多的巴蜀沿江城市而言更具有抗洪防涝意义，砖石城使城市的抗洪防涝能力大大增强，明代以后洪水和雨涝对巴蜀城市造成的损害明显减弱。据嘉庆《四川通志》和天启《成都府志》记载，明代四川百余个州县城都进行过修筑，普遍是在原来城垣基础上加以改建的，在土城外瓮以砖石，如崇州、新都、金堂、荣昌、阆中等州县城都是此时期在原土城外砌筑砖石城；也有部分县城原未建城池，明初新建土城后，在明中期改建为砖石城，如达县、渠县、江油等县城；另外，有不少县城在原址基础上重建石城，如巴县、什邡、绵竹、德阳等县城。成都府城原为砖城，但明代则增加了城墙高度、厚度，疏浚或新建濠池，并加强城墙附属设施配置，如城楼、护堤、瓮城、城垛、雉堞等。经过明代的筑城活动后，一些历代无城的城邑也相继建城，如仁寿县历代无城，正德年间筑石城；灌县在洪武年间仅以树木为栅，至弘治年间始筑石城；各地府州县城普遍焕然一新，"楼阁壮丽，雉堞雄严"，坚固屹然，为天府之胜景。

成都府城，经宋元战争和明夏战争，城垣官署皆倒塌焚毁。洪武四年（1371），明军攻占成都府城后，即着手营建新城。新筑成都府城，"因宋元旧城，而增修之，包砌砖石，基广二丈五尺，高三丈四尺。复修堤岸以为固。内江之水环城南而下。外江之水，环城北而东，至濯锦桥南而合。辟五门，各有楼，楼皆五间。门外又筑新月城，月城两旁辟门。复有楼一间，东西相向。城周回建敌楼一百二十五所。其西南角与东北角建二亭于上，俗传像龟之首尾。城东门龙泉路曰迎晖，南门双流路曰中和，西门郫路曰清远，北门新路曰大安，其小西门曰延秋者，洪武二十九年塞之"①。

重庆府城原为土城垣，明洪武初，指挥戴鼎在旧城址基础上修砌石城，高十丈，周十二里六分，计二千二百六十八丈，环江为池，门十七，九开八闭，俗以为九宫八卦之形，朝天、翠微、通远、金汤、定远、南纪、凤凰、金字、仁和、太平、出奇、大安、临江、洪崖、千斯、福兴、东水②。

夔州府城奉节，"明初树栅为城，成化十年始砌以石，东南四百八十七丈五尺，西北四百八十七丈五尺"③。

嘉定府城乐山，"宋开禧中重筑城，西北倚山，东南临江，江多水患……明正统中障以木栅，成化间魏翰捍以石堤。正德十三年于东南二面掘地甃石，深厚皆八尺，余编柏为栅，证以石始称坚完"④。

茂州，"自汉唐以来并无城垣，宋熙宁间始筑土城，元因之。明洪武初因旧址重修，易以砖石，高三丈六尺，周三里七分"⑤。

绵州城，"宋时推官欧阳观筑土城，明成化初，刺史宁鸿以石包砌，周九里有奇，高一丈八尺，阔一丈一尺，计一千五百余丈。……嘉靖间，兵佣方任复修长堤，以让城屹然"⑥。

合州（今合川）城，建于明成化中，由知州唐珣命令修筑，石城高一丈七尺，周一十六里二分，计二千九百一十六丈，门十二，迎晖、广济、安远、望江、洛阳、演武、修文、观德、阜民、瑞应、会江、迎恩⑦。

顺庆（今南充）城，在明以前原在北津渡，亦仅有土城，明洪武初自迁城于今治，成化初，增扩之甃以砖石，高一丈二尺，周九里七分，计一千八百四十六丈，有城门八座：景和、来薰、阜成、阳复、小东、小南、小北⑧。

叙州（今宜宾），原为土城，明洪武初，增筑外城包砌以砖，高二丈七尺，厚一丈八尺，周六里计一千八十丈，门六，丽阳、合江、建南、七星、文

---

① （明）天启《成都府志》卷三。
② （清）《四川通志》卷四上《城池》，雍正十一年刻本。
③ （清）《夔州府志》卷四《城池》，道光刻本。
④ （清）《嘉定府志》卷八《城池》，同治三年刻本。
⑤ （清）《茂州志》卷二《城池》，道光十一年刻本。
⑥ （清）《绵州志》卷一一《城池》，同治十年刻本。
⑦ （清）《四川通志》卷四上《城池》，雍正十一年刻本。
⑧ （清）《四川通志》卷四上《城池》，雍正十一年刻本。

星、武安，东南以太江马湖二江为天堑，西北凿壕广五丈深一丈五尺①。

保宁府城（今阆中），元末为土城，明洪武四年（1371），"千户滕贵即旧址增拓，内外俱甃以石，高一丈六尺，周九里三分，计一千六百七十四丈，门四"②。

建昌卫城（今西昌），于洪武二十年（1387）建土城，宣德二年（1427），包以砖石，"高三丈，周九里三分，计一千六百七十四丈"，有城门四个，东"安定门"，南"大通门"，西"宁远门"，北"建平门"。

明代中期，巴蜀社会经济逐渐恢复发展，城市亦渐趋繁荣，成都、嘉定、顺庆成为明代巴蜀三大丝织中心；其他各地城市的经济也有所发展，如建昌以出产杉板（亦称建板）而著称，夔州、云阳则为板木商贩云集之所。随着长江航运的开发，沿江的商贸城市也渐趋繁荣，泸州成为商贾辐辏之地，重庆、万县则是巴蜀货物外销的重要口岸。另外，由于汉藏贸易有较大发展，带动了雅安等边贸城市的兴起。

（三）清代城市的兴衰

明末清初，长达数十年的易代战争，给巴蜀城市造成了历史上最大的破坏。城市在长期的战乱中成为各方势力争夺和打击的首要目标，各地城池的基础设施多遭到毁灭性的破坏，部分在明代曾经相当繁华的城市，在清前期的数十年间渺无人烟，城池倾塌，成为野兽出没之地。比如昔日繁华之地盐都富顺县城直到康熙二十年（1681）仍是"内城郭无烟，荆棘之所丛，狐狸豺虎之所游，富顺之学宫其鞠为茂草者盖数十年"③。甚至有县城因长期人少，虎患猖獗。康熙初年，荣昌县知县张懋赏等主仆到县城赴任，"方入城，蒿草满地，不见一人，日未暮，群虎拦至，攫食五人"④。许多城市因城池坍塌，官署湮灭，官员不得不露天而居，或暂居寺庙，或暂居他县。据史籍记载，直到顺治十年（1653），四川"诸州县始仍设正佐官，然城郭不可入，但得其界内有民之所，官就居之"⑤。清初，四川的一些州县由于无民可治，不得不撤销，并入他县。如康熙年间即将安岳县并入乐至县，直到康熙十九年（1680），安

---

① （清）《四川通志》卷四上《城池》，雍正十一年刻本。
② （清）黎学锦、徐双桂等修，史观等纂：《保宁府志》卷七《舆地》，道光元年补刻本。
③ （清）常明、杨芳灿等纂修：《四川通志》卷七八《学校志》，嘉庆二十一年刻本。
④ （清）顾山贞：《客滇述》。
⑤ （清）沈荀蔚：《蜀难叙略》。

岳和乐至两县还共置知县一员，"人稀政简，无可经理"；"知县往来无定所"，皆以寺庙为廨舍，除春秋两祭外，多无事可做。康熙三十年（1691），安岳知县方开始营建衙署。康熙三十一年（1692），安岳城中始有铺肆。据当地亲历者估计，此时安岳县和乐至县"元气犹不过十复其五"①。四川北部的广元县是自陕入川的门户，遭受战争破坏甚为严重，直到康熙二十年（1681）仍然是"县署堂基室址瓦角参差""败馆数椽""旁无完壁"，赴任的县令不得不露天而宿，"环眺市衢豁如也，乃令家人运毁甓塞孔道，昼可拒行人，夜可防虎豹"②。顺治十八年（1661），永川县始委首任知县，但县城已毁，知县不得不侨居县城之南90里的松子溉，直到康熙四年（1665）才迁回原县治办公视事③。

由于巴蜀地区相当部分城市在战争期间多遭屠戮，导致瘟疫流行，城市人口或死亡，或逃散。顺治十年（1653），苍溪县"城不满百家，风鹤之警所在堪虞"④。顺治十二（1655），彭水县城"始有人城居"⑤。顺治十八年（1661），永川县"城郭榛莽，孑遗无几"⑥。康熙七年（1668），"王舟知太平（今万源），其地无城，无署，无民，无赋"⑦。乾隆初年，忠州县城"市廛之民，布散田野"，从而导致"城市萧疏，仅如村落，其十字街一带均属人民住房，南门外河街，米粮而外，惟有布店三间"⑧。

天府之国的成都平原各县城也因战争破坏十分严重，"榛莽千里，野火转□于阛阓"⑨。成都东面的简阳县在明代是"烟火百余里，庐舍数万家，鱼盐市舶之饶不可胜算"，经过明清战争，"生灵百不余一，萃一邑之户口不敌繁治一望族。官斯土者，父老子弟皆可目睹而心识也"⑩。康熙十一年（1672），

---

① （清）《乐至县志》卷一，雍正十三年刻本；《安岳县志》卷八，乾隆五十一年刻本。
② （清）《四川通志》《附录·艺文》，嘉庆二十一年刻本。
③ （清）《永川县志》卷八，光绪二十年刻本。
④ （清）《苍溪县志》卷一〇《艺文志》上《李受馨墓表》。
⑤ （清）王麟飞等修：《同治酉阳州志》卷末，同治三年刻本。
⑥ （清）《四川通志》卷一一六《职官志》，嘉庆二十一年刊印。
⑦ （清）王荣编纂：《太平县志》卷九，光绪十九年刻本。
⑧ （清）熊履青主撰：《忠州志》卷一《崇俭条约》。
⑨ （清）蔡毓荣、张德地等修，钱受祺等纂：《四川总志》卷三六《艺文·碑记》，康熙十二年刊本。
⑩ （清）蔡毓荣、张德地等修，钱受祺等纂：《四川总志》卷三六《艺文·碑记》，康熙十二年刊本。

成都北部的汉州仍然是"城堞室庐，鞠为茂草"，成都南面的双流县城依然是"颓墉废垩，虎迹纵横"①。康熙三年（1664），成都西面的温江县城"亦鞠为焦土"，县署毁圮"于蔓草荒烟中"②。康熙二十二年（1683），与成都相邻的新都县城也仅有"茅屋数十家，余皆茂草，虎迹纵横"③。

清初，清统治者面对巴蜀地区的残破景象，制定"安民为先""裕民为上""便民为要"的治蜀方略，采取了鼓励垦荒、推广屯田、大量移民、减免税赋等一系列休养生息的积极政策，以恢复社会生产力。康熙十二年（1673），吴三桂等三藩发生叛乱，巴蜀全境再度兵戈四起，使得刚刚起步的巴蜀地区社会经济的恢复进程再度受阻。康熙二十年（1681），三藩之乱平息以后，巴蜀地区的社会经济才真正进入持续稳定的恢复和发展阶段。清朝建立以来，清统治者一直就致力于经营边疆民族地区，雍正年间为了加强对西南民族地区的控制，进行了大规模的改土归流，并不断扩大四川的行政区划。嘉道年间，四川省的行政区划在川西、川西南、川西北的民族地区都有所扩大。改土归流和政区的改变，使巴蜀少数民族地区的社会经济有了显著发展，打箭炉、松潘、泸定、巴塘、凉山、酉阳、秀山、黔江等民族地区的城市都出现了不同程度的发展。

清朝在四川的统治巩固以后，立即着手展开了城池的修缮和建设的活动，随着社会生产的恢复，在乾隆年间掀起了城市建设的高潮。清代城市重建历经顺治、康熙、雍正、乾隆、嘉庆数朝，共重建城市108个④，参见下表。

表2-5　清代四川县级城市城垣重建（修）数量统计表

时期	顺治	康熙	雍正	乾隆	嘉庆
城市数量（个）	2	34	8	54	10

资料来源：据《嘉庆重修一统志·城池》所载四川城市修葺、重建的相关资料进行统计。

清代巴蜀城市重建，在城市形态、规制和布局等方面都基本上是按照明代

---

① （清）王士禛：《蜀道驿程记》，光绪六年刻本。
② 张骥修：《温江县志》卷一《建制》。
③ （清）方象瑛：《使蜀日记》，道光十三年刻本。
④ 范瑛：《清代四川城市发展与空间形制研究》，四川大学2009年博士论文，第144页。

旧式，只是在小范围内作一些因地制宜的调整。地方官员也可以根据城市的实际需要而调整城市规模。如巴州城在明代"高一丈二尺，周四里，计七百二十丈"。到了嘉庆十三年（1808），巴州知州李天培在明城旧址包砌石城，城垣增高至一丈五尺，厚一丈，但城垣周长则缩小至二里五分①。明代，巴蜀地区各府州县普遍修筑砖石城，清代城市重建在明代基础上进一步广泛使用砖包砌城的筑城方法。至清中期，巴蜀各地府州县的城垣基本上都为外砖内土结构。据统计，清代四川137个有城池的城市，除去筑城材料情况不明的外，共有砖石城129个，占城池总数的94.16%②。

清代巴蜀地区的行政体制沿明制仍实行省、府、县三级管理制度，行省为一级行政单位，府（直隶州、直隶厅）为二级行政单位，县（散州、散厅）为三级行政单位，故而形成省会、府、县的城市行政等级体系。但由于明末清初战争的影响，巴蜀地区各地人口大量减少，土地严重抛荒，因而清政府不得不对部分州县进行省并，参见下表。

表2-6 清代初年巴蜀地区裁并城市一览表

城市名称	裁并时间	复置时间
华阳县	康熙九年（1670）裁入成都县。	雍正五年十一月戊辰（1727年12月28日）复置。
双流县	康熙元年（1662）裁入新津县。	雍正七年十月己酉（1729年11月28日）复置。
崇宁县	康熙七年九月丁未（1668年10月16日）裁入郫县。	雍正七年十月己酉（1729年11月28日）复置。
彭县	康熙七年九月丁未（1668年10月16日）裁入新繁县。	雍正七年十月己酉（1729年11月28日）复置。
罗江县	顺治十六年（1659）裁入德阳县。	雍正七年十月己酉（1729年11月28日）复置。乾隆三十五年闰五月甲子（1770年7月11日）裁。嘉庆六年十一月己亥（1801年12月31日）复置。

---

① （清）朱锡谷、陈一津等纂：《巴州志》卷二《建制志上·城池》，道光十三年刻本。
② 范瑛：《清代四川城市发展与空间形制研究》，四川大学2009年博士论文，第152页。

续表

城市名称	裁并时间	复置时间
威州	雍正五年十一月戊辰（1727年12月28日）裁入保县。	
彰明县	顺治十六年（1659）裁入绵州。	
江油县	顺治十年（1653）裁入平武县。	康熙元年四月乙巳（1662年5月19日）复置
璧山县	康熙元年（1662）裁入永川县。	雍正七年十月己酉（1729年11月28日）复置。
大足县	康熙元年（1662）裁入荣昌县。	雍正七年十月己酉（1729年11月28日）复置。
铜梁县	康熙元年（1662）裁入合州。	康熙五十九年六月丙申（1720年7月5日）复置。
定远县	康熙元年（1662）裁入合州。	雍正七年十月己酉（1729年11月28日）复置。
安居县	康熙元年（1662）裁入合州。	
武隆县	康熙七年九月丁未（1668年10月16日）裁入涪州。	
大宁县	康熙七年九月丁未（1668年10月16日）裁入奉节县。	雍正七年十月己酉（1729年11月28日）复置。
新宁县	康熙七年九月丁未（1668年10月16日）裁入梁山县。	雍正七年十月己酉（1729年11月28日）复置。
大昌县	康熙九年（1670）裁入巫山县。	
岳池县	康熙七年九月丁未（1668年10月16日）裁入广安州。	康熙五十九年六月丙申（1720年7月5日）复置。
射洪县	顺治十年（1653）裁入潼川直隶州。	康熙元年（1662）复置。
遂宁县	顺治十年（1653）裁入蓬溪县。	顺治十七年十一月辛巳（1660年12月31日）复置。
安岳县	康熙元年（1662）裁入蓬溪县。	雍正七年十月己酉（1729年11月28日）复置。
威远县	康熙六年（1667）裁入荣县。	雍正七年十月己酉（1729年11月28日）复置。
彭山县	康熙元年（1662）裁入眉州。	雍正七年十月己酉（1729年11月28日）复置。
青神县	康熙六年（1667）裁入眉州。	雍正七年十月己酉（1729年11月28日）复置。

资料来源：根据牛平汉主编的《清代政区沿革综表》（中国地图出版社1990年版）整理。

从上表可知，清初巴蜀地区被裁并的县级行政单位数量颇为可观，这些原来的县治所在也因此而失去城市地位。明末，巴蜀地区大致设有116县，这样清初巴蜀地区被裁并的县级城市就占了原有总数的六分之一强，裁并力度可谓不小。虽然清初巴蜀地区被裁并的县级行政单位数量还是要少于明初，但是明初巴蜀地区被裁并的县大多数仅数年就恢复了建制，而清初巴蜀地区被裁并的县一般是在康熙末年或雍正初年才得以陆续恢复建制，相距时间长达半个世纪之久。这与清初巴蜀地区社会经济恢复较明初更慢有着密切的关系。清初，清王朝虽然针对巴蜀地区的极度荒芜与凋敝，采取了若干休养生息、与民谋利的政策措施，也起到了相当的效果，但是由于明末清初巴蜀地区遭受的破坏太严重，特别是在社会经济刚有所恢复的时候，康熙十二年（1673）又爆发了三藩之乱，巴蜀全境再度兵戈四起，使得社会经济的恢复进程又受到破坏与阻碍。直到康熙二十年（1681）三藩之乱平息以后，巴蜀地区的社会经济才真正进入持续稳定的发展阶段，这在清初巴蜀地区人口数量的变化中体现得最为明显。

表2-7 清前期巴蜀地区人口统计表

年代	册载人丁数	估算人口数	修订数	
			户数（万）	人口数（万）
顺治十八年（1661）	16096丁	80480	10.0	50.0
康熙九年（1670）	25660丁	128300	12.7	63.3
康熙二十四年（1685）	18509丁	92545	19.7	98.7
雍正二年（1724）	409311丁	2046555	59.7	298.3
雍正六年（1728）	505413丁	2527065	67.1	335.7

资料来源：根据王笛的《清代四川人口、耕地及粮食问题》（上）（《四川大学学报》1989年第3期）中的相关统计整理。

从上表中可以看出，顺康年间，巴蜀地区人口一直在缓慢恢复的过程中，到雍正初年巴蜀地区的人口才出现了猛烈增长。随着人口的增加，巴蜀地区的耕地面积也迅速扩大。顺治十八年（1661）巴蜀地区所有耕地数为1188350亩，康熙十年（1671）为1539338亩，康熙二十四年（1685）为1726118亩，康熙六十一年（1722）增至20544285亩，雍正二年（1724）为21503313亩，雍正五年（1727）则为22323138亩①，约为顺治十八年的18.78倍。此外，巴蜀地区从康熙末年开始逐渐向外埠输出粮食。雍正四年（1726），浙江地方政府一次性地从巴蜀地区采买粮食10万余石②。人口数量和耕地面积的大幅度增长以及开始对外大量输出粮食，这些都充分说明从康熙末年起，巴蜀地区的社会经济恢复已颇见成效，因此在清初被裁并的县级行政单位和县城绝大部分也在此一时期得以陆续复置。其中，雍正七年（1729）一次就复设了14县。据《清实录》记载："四川巡抚宪德疏言，川省州县，先因地广人稀，政事简少，将双流等县裁并。今生聚日繁，应复设县治，照旧分理。成都府复设双流县、崇宁县、彭县，绵州复设彰明县、罗江县，重庆府复设大足县、璧山县、定远县，夔州府复设大宁县、新宁县，潼川州复设安岳县，眉州复设彭山县、青神县，嘉定州复设威宁县。各设知县一员，典史一员。"③这段史料明确指出，清初巴蜀地区州县城市裁并的原因在于"地广人稀，政事简少"，而其复设则缘于"生聚日繁"。

雍正、乾隆年间，巴蜀地区的人口迅速增加，经济得到恢复，城市也在明代的基础上有所发展与变迁。根据嘉庆《四川通志》统计，嘉庆年间巴蜀地区共有12个府、8个直隶州、6个直隶厅、128个县（散州、散厅），共有省会城市1个、府级（直隶州、直隶厅）城市25个、县级（散州、散厅）城市116个（减去府、县同城数）。与明代相比较，清代巴蜀地区的县级城市数目变化不大，而府级城市数量却有较大幅度的增加，主要表现为直隶州、直隶厅城市数量的增加。

清代西部民族地区城市不断增加，巴蜀城市分布格局也更趋合理化。这缘于清王朝对川西少数民族地区控制的加强，清代巴蜀地区又陆续新增设了一些城市。

表2-8　清代前中期（1840年前）巴蜀地区新增设城市表

名称	建制年代
杂谷厅	乾隆十七年（1752）由杂谷安抚司改。
懋功厅	乾隆四十一年（1776）于小金川土司地置美诺直隶厅。四十八年（1783）改名为懋功厅。

---

① 参见鲁子建：《清代四川财政史料》，四川省社会科学院出版社1984年版，第755页。
② 《雍正朱批谕旨》，雍正五年五月十一日《李卫奏折》。
③ 《清实录》卷八九。

续表

名称	建制年代
阿尔古直隶州	乾隆四十一年（1776）于大金川土司地置，四十四年十月甲寅（1779年11月11日）裁入懋功厅。
酉阳州	雍正十一年十月乙卯（1733年11月13日）置黔彭直隶厅。乾隆元年（1736）裁黔彭厅，于原厅辖地酉阳县置酉阳直隶州。
石砫厅	乾隆二十二年（1757）于石砫宣慰司地置石砫厅。乾隆二十七年九月壬戌（1762年10月19日）升为直隶厅。
松潘厅	雍正九年十二月癸丑（1732年1月21日）裁卫置厅，乾隆二十五年十二月己丑（1761年1月24日）升为直隶厅。
江北厅	乾隆十九年闰四月初四日（1754年5月25日）分巴县江北镇置。
马边厅	乾隆二十九年九月壬戌（1764年10月8日）于马边营地置。
西昌县	雍正六年二月壬午（1728年3月11日）裁建昌卫置县。宁远府府治。
盐源县	雍正六年二月壬午（1728年3月11日）裁卫置县。
冕宁县	雍正六年二月壬午（1728年3月11日）裁卫置县。
越巂厅	乾隆二十六年五月癸酉（1761年6月17日）裁卫置厅，属府。
清溪县	雍正七年十二月乙卯（1730年2月2日）裁所置县。
天全州	雍正七年四月辛巳（1729年5月4日）裁司置州。
打箭炉厅	雍正十一年十月乙卯（1733年11月13日）置厅。
城口厅	道光元年十月戊子（1821年11月5日）置厅。

资料来源：根据嘉庆《四川通志》《清代政区沿革综表》《四川政区沿革与治地今释》中相关资料整理。

从上表可知，清代前中期（1644~1840）巴蜀地区建制城市的增置主要集中于雍正、乾隆时期，且新增置的城市基本分布于西部少数民族地区，是改土归流的产物。清初，巴蜀民族地区的统治仍然以土司制度为主，然而土司制度作为一种落后的政治经济制度，已不能适应社会经济发展的需要，受其压迫剥削的广大土民不断掀起反抗斗争；同时，随着土司与清王朝矛盾的日益尖锐，严重影响了清王朝对该地区的统治，因此推行改土归流势在必行。清代巴蜀地区的改土归流，主要集中在雍正、乾隆、嘉庆、道光时期，尤以雍正、乾隆两朝为高潮期。清王朝通过武力或其他手段逐渐在巴蜀西北部大部分民族地区取消了土司世袭制度，设立府、厅、州、县建制，并派遣流官进行管理。上表中所列行政区划的设立就体现了清代巴蜀地区改土归流的进程。这些城市的设立，有利于加强清王朝对改土归流地区的直接控制，带动了当地社会经济的发展，促进了少数民族地区文化教育的进步，同时也对清代巴蜀地区城市分布格局的更趋合理化产生了积极的影响。

随着巴蜀城市等级体系日趋完善，府级（直隶州、直隶厅）城市的数量亦相应增加，参见下表。

表2-9　清代前中期（1644~1840）巴蜀地区府级（直隶州、直隶厅）城市表

类别	城市	建制年代
府	成都	因明制
	重庆	因明制
	保宁	因明制
	顺庆	因明制
	叙州	因明制
	夔州	因明制
	龙安	因明制
	宁远	原为建昌卫，雍正六年（1728）改卫为府。
	雅州	原为雅州直隶州，雍正七年四月辛巳（1729年5月4日）升为府。
	嘉定	原为嘉定直隶州，雍正十二年十一月癸巳（1734年12月16日）升为府。
	潼川	原为潼川直隶州，雍正十二年十一月癸巳（1734年12月16日）升为府。
	绥定	原为达州，雍正六年十一月庚午（1729年12月24日）升达州直隶州。嘉庆六年十一月己亥（1801年12月31日）升为府，改名为绥定府。
直隶州	眉州	因明制
	邛州	因明制
	泸州	因明制
	资州	原为资县，雍正五年十一月戊辰（1727年12月28日）升直隶州。
	绵州	雍正五年十一月戊辰（1727年12月28日）升直隶州。
	茂州	雍正五年十一月戊辰（1727年12月28日）升直隶州。
	忠州	雍正十一年十月乙卯（1733年11月13日）升为直隶州。
	酉阳	雍正十一年十月乙卯（1733年11月13日）置黔彭直隶厅。乾隆元年（1736）裁黔彭厅，于原厅辖地酉阳置酉阳直隶州。
直隶厅	叙永	雍正八年（1730）置叙永厅，乾隆元年（1736）升为直隶厅。
	松潘	雍正九年十二月癸丑（1732年1月21日）裁卫置厅，乾隆二十五年十二月己丑（1761年1月24日）升为直隶厅。
	石砫	乾隆二十二年（1757）于石砫宣慰司地置石砫厅，乾隆二十七年（1762）升为直隶厅。
	杂谷	乾隆十七年（1752）由杂谷安抚司改，乾隆二十五年（1760）升为直隶厅。
	懋功	乾隆四十一年（1776）于小金川土司地置美诺直隶厅。乾隆四十八年（1783）改名为懋功厅。
	太平	原为太平县，嘉庆六年十一月己亥（1801年12月31日）升直隶厅。

资料来源：根据嘉庆《四川通志》《清代政区沿革综表》《四川政区沿革与治地今释》相关资料整理。

从上表统计可知，清代巴蜀地区的府级（直隶州、直隶厅）城市有13个在明代已经是二级行政区划治所城市，其中有部分在清代由直隶州治所升为府治，直隶州升为府主要是"为了加强权威以利于统治"①，其行政等级并未发生实质性的改变，但府的地位要略高于直隶州，在通过行政力量聚集资源、促进城市发展等方面也起着一定的作用。

清代巴蜀地区新增加了13个府级（直隶州、直隶厅）城市：宁远府、绥定府、资州直隶州、绵州直隶州、茂州直隶州、忠州直隶州、酉阳直隶州、叙永直隶厅、松潘直隶厅、石砫直隶厅、杂谷直隶厅、懋功直隶厅、太平直隶厅，其中有6个是由明代原有的府辖州县城市升级而成，其余7个则是清代以来新设置，且全部集中于西部少数民族地区。新增置的府级（直隶州、直隶厅）城市总体而言是为了适应当地社会经济发展的需要，并以加强清王朝在该地区的政治统治为重要目的。对于其中新设置于少数民族地区的7个城市，前文中已有所论述，此处不再赘述。这些在民族地区设立的府级（直隶州、直隶厅）城市，大都属县不多，甚至有些并无属县，说明影响其设置的主要因素还是在于政治军事地位的重要性。下面主要就其中6个由明代原有的府辖州县城市升级而来的城市作一些探讨。

清中叶以后，巴蜀地区的社会经济得到了较好的恢复，其发展水平与人口数量都大大超过了明代，地方政务纷繁程度也远胜于前。另外，清初巴蜀地区的行政区划主要因循明制，而如前文所述，明代曾对巴蜀地区的部分城市进行过省并与降级调整，部分府级行政区辖地过广，也影响了朝廷和省级政府对地方政务的有效管理，因此增设府级行政区成为必要。在清代四川省的府级行政区调整过程中，新设府级区划主要有三种形式，一是因明制而增设，二是改土归流后在民族地区设立，三是从直隶州升级而来。直隶州（厅）在清代巴蜀地区府级行政区划中占据了重要的地位，而它们的设立又大多是在雍正时期②。在直隶州的设置与调整中，一般要考虑城市之间空间距离是否具有合理性，是否能够对其所辖之县级政区进行有效的管理和控制。下面以成都府辖区的区划调整为例来分析。清初，成都府曾下辖25个州县，因"幅员辽阔，难以兼顾"，故四川巡抚法敏建议"应设直隶州分管"。雍正五年（1727），四川巡

---

① ［日］真水康树：《雍正年间的直隶州政策》，《历史档案》1995年第3期。
② 林涓：《清代统县政区的改革——以直隶州为中心》，《中国历史地理论丛》2000年第4期，第99页。

抚马会伯也上奏，建议改茂州为直隶州①。雍正六年（1728），清政府即根据四川地方官员的建议，"升绵、茂二州及资县并为直隶州，以德阳、绵竹、安隶绵，汶川、保隶茂，资阳、仁寿、井研隶资，又省威入保"②。成都府辖区缩减为3州、13县，政区范围的缩小有利于朝廷政令的快捷下达，以及进一步强化对县以下地方的控制。雍正六年八月，川陕总督岳钟琪奏称：从成都至夔州府，路程达2000多里，再由夔州至达州东乡、太平等地，路途过远，地方公务颇受影响，远不若从达州直抵成都仅1500里路途之为便捷。因此，他请求朝廷将达州改为直隶州，而以东乡、太平二县属之管辖，从而可使"一切事件皆无迟误"③。他的这一建议得到了清廷的重视，当年达州就被升为直隶州④。清代巴蜀地区府级行政区划的调整并非随意进行，而是充分考虑了行政区域的大小以及辖区内城市间地理距离的远近，以及加强朝廷对地方基层的控制、减轻地方行政负担等因素。分布更加合理的府级行政区体系的形成，有利于清廷和省级政府实现对地方的有效统治和管理，也有利于减轻所属地区的行政负担，促进地区社会经济的发展。清代巴蜀地区府级（直隶州、直隶厅）城市的增加，使城市行政等级体系进一步完善，同时府级城市的空间分布也较前合理，并对民国时期，乃至当今巴蜀地区的行政区划和大中城市的发展都产生了深远的影响。

---

① 雍正五年四月十八日《四川巡抚马会伯奏复成都府分设直隶州缘由折》，中国第一历史档案馆编：《雍正朝汉文朱批奏折汇编》第9册，江苏古籍出版社1991年版，第508页。
② 《清史稿》卷六九《地理志》。
③ 雍正六年八月一十五日《川陕总督岳钟琪奏复宜将四川达州改为直隶州折》，中国第一历史档案馆编：《雍正朝汉文朱批奏折汇编》第13册，江苏古籍出版社1991年版，第286页。
④ 《清史稿》卷六九《地理志》。

第三章 近现代巴蜀城市的发展

1840年，中英鸦片战争爆发。因此次战争所签订的中英《南京条约》，以及其后西方列强与中国所签订的一系列不平等条约，使中国的主权遭到严重的破坏，中国从一个独立自主的封建国家，逐渐变成半殖民地半封建国家，中国的国门逐渐被打开。在西方资本主义的冲击下，中国传统的自给自足的封建经济开始解体，逐渐成为资本主义世界的商品推销市场和原料供给地。以机器生产为主体的工业化也开始启动，成为推动城市发展新的主要力量；城市的功能和结构由此发生改变，城市现代化兴起，成为发展的新趋势。19世纪中叶至20世纪中叶，巴蜀地区的城市除重庆、万县等少数城市成为开埠通商口岸外，其余城市均因僻居西南内地，与世界和中国的新经济中心联系薄弱，因而经济变动也较为缓慢，工业化起步较晚，发展水平也较低。这种状况深深影响了近现代巴蜀城市的发展。

第一节　近现代巴蜀城市的发展

一、城市发展历程与特点

从19世纪中叶至20世纪中叶，巴蜀城市的发展波澜起伏，复杂曲折。总体考察此一时期巴蜀城市的发展，可分为四个阶段。

第一阶段为19世纪中叶至辛亥革命。此一阶段巴蜀地区的城市相比沿海沿江的城市发展较为缓慢，城市转型滞后。19世纪末20世纪初，随着重庆开埠和清政府推行新政发展，重庆、成都等重要城市才开始出现早期现代化转型；此外，个别重要的交通或商贸城市也出现一定的发展变化，但大部分城市仍然沿着传统的轨迹在发展，只是在清末新政时期在部分领域有一定程度的变化发展。

第二阶段从民国建立到1937年。此一阶段巴蜀地区的城市出现全面转型，但由于长期的军阀混战，导致城市发展极不平衡，除部分中心城市有较大的发展外，大部分中小城市都因战乱而发展停滞，甚至衰退。

第三阶段从1937年到1945年抗战结束。此一阶段由于东、中部大批政府机构、工厂企业、学校及各类事业单位向以四川为主的大后方迁移，同时大量的难民也涌向后方，从而推动了巴蜀地区城市的快速发展。尤其是国民政府迁驻重庆使其成为战时中国政治、军事、经济中心，由此重庆得到跨越式大发展，成都以及相当部分巴蜀城市在抗战期间也出现较大发展。

第四阶段，从抗战胜利到巴蜀地区解放。此一阶段因国民党发动内战，巴蜀地区深受影响，城市也经历了由盛而衰的变化。

（一）19世纪中叶至辛亥革命巴蜀城市的发展演变

近代以后，世界由内陆经济步入海洋经济，西方资本主义国家以武力强迫各落后国家按照资本主义的面貌来改造自己。19世纪中叶，由于欧美等国家对中国的侵略不断加深，中国的社会、经济形态开始发生剧烈的变革，中国从一个独立的封建国家逐渐变为半殖民地半封建国家，与此同时也开始了畸形的早期现代化进程。

鸦片战争后，中国部分沿海沿江城市如上海、广州、天津、南京、汉口等成为约开商埠。由于开埠通商，现代工业、商业、金融等新的经济在这些城市出现，为城市发展带来了巨大的动力，经济结构和社会结构也逐渐发生变化，由此推动这些城市的现代化转型。在不到半个世纪的时间内，上海、广州、天津、南京、汉口等发展成为大城市或特大城市，成为全国性或区域性的经济中心，其中上海的发展尤其突出。咸丰初年，上海县城内有1.2万余户、人口3.6万余人。太平军占领南京以后，长江下游大量难民麇集于上海，故而上海城市人口最多时达100万人以上[1]。甲午战后，由于清廷允许外国人在沪投资设厂，租界之内，甲第连云，工厂毗连，因商而兴的上海则因工业日渐发达而获得新的发展动力，城市居民大增。光绪二十六年（1900），公共租界之华人增至34.52万人[2]；宣统二年（1910），公共租界的华人更增至48.8万人[3]。工业发展亦使上海老城区及闸北人口迅猛增加[4]。宣统元年（1909），上海城厢内外总工程局管辖城区计有正户28072户、附户11800户，共39872户，男136714口、

---

[1] ［英］裘昔司：《上海通商史》，商务印书馆1915年版，第82页。
[2] 《上海海关十年报告》，徐雪筠等译编：《上海近代社会经济发展概况（1882-1931）》，上海社会科学院出版社1985年版，第74页。
[3] 上海通社编：《上海研究资料》，上海书店1984年版，第138~139页。
[4] 杨逸纂：《上海市自治志（一）·大事记·甲编·上海城厢内外总工程局大事记》，1915年，第172页。

女77862口，统共214576口①。宣统二年（1910），上海县城内外人口数为21.5万余人，闸北为23万余人，周边13镇及浦东7镇人口为35.5万余人。宣统三年（1911），上海华界、租界全部居民数达125万人左右，为中国人口规模最大的城市②。天津是京师对外连接的重要海港门户，也是较早开埠的通商城市，同治、光绪年间逐渐成长为全国性工商业中心。天津人口随着经济的发展迅猛增加，光绪三十二年（1906），天津城区人口增加为74340户、424556人③。武汉三镇，地处九省通衢之地，是连接多地的中转城市，商业贸易极为发达，外来人口众多。第二次鸦片战争后，武汉三镇城市迅速发展，城市人口有了长足的增长。到了清末，城市人口数量大概在80万人，其中汉口人口即达60万人之多④。

相比沿海沿江的重要开埠通商城市，地处内陆的巴蜀城市在19世纪中后期发展则滞后。重庆在开埠前虽然是四川对外的门户，但巴蜀地区封闭的经济态势使其城市发展受到限制，城市转型相对滞后，呈现出相对衰落的状态。据统计，到1875年，整个巴蜀地区经重庆进口的洋货总值，仅为15.6万两⑤。巴蜀地区如此庞大的市场，仅拥有微不足道的资本份额，足以显示出整体发展滞后的状况。

1891年3月，重庆正式开埠，巴蜀地区的封闭状态被打破。此后，川江航运也逐渐由单一的木帆船运输进入木帆船与机动船并行的新时期。重庆开埠通商和川江轮船航运的开辟，给巴蜀地区的社会经济以直接的推动和深远的影响，巴蜀城市开始与中国的重要经济中心城市和世界中心城市发生现代经济联系。

外部经济力量的渗入，使巴蜀地区的交通运输领域发生了较为深刻的变化。1880年代，从宜昌至重庆的川江航线上，约有民船6000～7000只。1890年代以后，常年在这段航线上航行的民船已增加到11000～13000只，到20世纪

---

① 杨逸纂：《上海市自治志（一）·大事记·甲编·上海城厢内外总工程局大事记》，1915年，第172页。
② 《上海海关十年报告》，徐雪筠等译编：《上海近代社会经济发展概况（1882～1931）》，上海社会科学院出版社1985年版，第146页。
③ 《二十世纪初的天津概况》（天津史志丛刊），天津地方史志编委会总编室，1986年编印。
④ 皮明庥：《近代武汉城市史》，中国社会科学出版社1993年版，第117页；曹树基：《中国人口史》，复旦大学出版社2000年版，第827页。
⑤ 聂宝璋：《中国买办资产阶级的发生》，中国社会科学出版社1979年版，第133页。

初,更增加到14000~25000只,每年的运输量在40万吨到50万吨之间①。宣统年间,川江上已是"民船纤夫,海关估计者约二百万众"②。民船运输业的发展,对于辛亥革命前后巴蜀商品经济的发展与市场的扩大起到了积极作用。但民船运输业的木船与近代交通工具的轮船相比,无论是在运输时间,还是在载货量及运费上都相差甚远。19世纪末20世纪初,轮船运输也开始在川江兴起,虽然规模不大,但却标志着新的航运时代即将来临。

近代以来,巴蜀城市的商业、金融业因与外部经济的联系加强而得到较大发展。重庆布匹业在咸丰、同治年间只有10多家字号,资本多在2000两银左右。到光绪初年,发展到30家左右,资本额一般增长至3000两左右,某些大商号资本已达万两左右。重庆开埠后,由于对外贸易的增加,重庆的布业大商号发展到60余家,一般商号的资本额也增至6000两左右。光绪、宣统年间,布业商号增至90余家,大中商号的资本额多达万两以上③。山货业的发展也较为迅速。重庆开埠前,山货仅由药材字号附带经营,并未单独成帮。重庆开埠后,在帝国主义洋行的直接掠夺下,山货出口激增。"到清末民初时……本市专营山货的字号亦发展到十余家,中路商二、三十家,行栈十余家,连同洗房全业共一百家"④,成为重庆商业行业中一个重要的行业。特别值得注意的是,在光绪、宣统之际,重庆出现一批积资巨万的大富商。他们经营洋货进口和土货出口,兼营钱庄业务,拥有雄厚的周转资金和广泛的业务联系,在重庆商界乃至巴蜀商界都有举足轻重的影响。如重庆最早的百万富翁刘继陶的儿子刘象曦经营的德厚荣商号,经常拥有五六十万两银作周转资金,不仅在巴蜀商界中拥有巨大势力,而且在汉口设有总号,在长沙设有分庄⑤。另一巨商杨文光,在清末民初,逐渐形成家族财团。其子杨粲三所经营的"聚兴诚"商号,不仅在省内万县、自流井、潼州等城市设有分号,并在上海、汉口、宜昌、沙市也都设有分号。到民国初年,其兼营的存、放、汇兑业务的总金额,每年已超过920万两⑥。

---

① 据《重庆海关1892—1901年十年报告》、《近代川江航运简史》等有关资料综合核算。
② 邓少琴:《近代川江航运简史》,重庆地方史资料组,第122页。
③ 《重庆工商史料》第一辑,重庆出版社1982年版,第191~195页。
④ 《重庆工商史料》第一辑,重庆出版社1982年版,第24页。
⑤ 《重庆工商史料》第五辑,重庆出版社1982年版,第83~84页。
⑥ 《重庆工商史料》第三辑,重庆出版社1982年版,第65~67页。

在商业发展的同时，具有一定近代意义的金融业也发展起来了。如重庆在嘉庆年间就出现票号，但以办理清政府及其地方官吏的公私汇款为主，仅同某些大字号商家有一些业务往来，一般中小商户则很难向其活动资金。光绪初年，重庆始出现钱庄，开始仅"兑换制钱，改铸生银，兼营小款存放业务，范围异常狭隘"。光绪二十年（1894）后"四川商业勃兴，钱业也随之扩大"。宣统时，四川成立钱帮公所，规模始备，"全川金融赖以调剂，省外汇兑藉资周转"①。辛亥革命前，重庆钱庄约30～40家，贷给商帮者年达1500万两，其中仅贷给林木帮即达300万两②，对进出口贸易的发展起了较大推动作用。万县钱庄业产生于光绪初年，初仅五六家，以兑银钱为业；光绪二十一年（1895），始经营放款；光绪二十三年（1897），又兼营申、汉汇票。1914年，万县已有钱庄13家。自流井的钱庄，虽远肇于雍正、乾隆之际，然而仅有数家，但到光宣年间也发展到20余家③。

最能反映商品经济发展和市场扩大的是商品流通量。自重庆开埠后，四川对外贸易数值有较大的增长，参见下表。

表3-1　1892～1911年四川进出口贸易总值增长表　（单位：海关两）

年份	进出口贸易总值	指数
1892	9,245,737	28.61
1896	13,131,569	40.64
1901	24,269,372	75.11
1906	29,006,614	89.77
1910	32,311,643	100
1911	29,141,250	90.19

资料来源：根据甘祠森《最近四十五年来四川进出口贸易统计》中的有关资料计算。

---

① 张肖梅：《四川经济参考资料》，中国国民经济研究所1939年，第48页。
② 《重庆工商史料》第五辑，重庆出版社1982年版，第122～123页。
③ 张肖梅：《四川经济参考资料》，中国国民经济研究所1939年，第48～50页。

上表反映了重庆开埠后巴蜀地区对外贸易的迅速增长趋势，从开埠前微不足道的15.6万两贸易额，增长到清末的3000万两左右，足以说明清末民初巴蜀城市的贸易发展状况。在清末民初这个转型时期，伴随着以重庆为枢纽的航运交通中心的形成，巴蜀地区对外贸易量大大增长。重庆成为西南地区的贸易中心，更加刺激了以重庆为中心的巴蜀城市商业的发展。

晚清以后，重庆城市的发展对巴蜀地区城市转型起着重要的作用。首先，从重庆城市的成长过程看，其特点是起步虽晚但发展甚快。重庆开埠虽然比沿海和沿长江中下游地区晚了20年，但却能在10余年间从一个封闭的山城一跃成为西南第一大新兴城市，并呈现出一种突变型的发展态势。其次，从重庆城市的地理环境看，重庆处于中国东西部的接合点，外联江海，内接腹地，又是巴蜀与外部联系的重要枢纽，由此奠定了重庆在四川全省城市中的重要经济地位——四川的商贸中心、金融中心和工业基地，长江上游最大的洋货分销中心和土货购运中心。最后，从重庆城市的成长动力看，重庆在近代的发展是内因和外力综合作用的结果，而外力起了主要作用。中国沿海沿江城市早期现代化发展模式基本上是由于城市外部力量的作用，一般是从商贸开始而不是从工业化开始。

重庆早期现代化的发展，首先使城市功能发生变化，然后导致城市结构变动。但是，深处腹地的重庆，其外力并非单纯仅指西方资本主义势力，还包括沐浴西风较早的华东各省民族资本主义力量，在两种力量共同作用下，推动了近代重庆的发展。重庆跳跃式、突变式的发展，也使得巴蜀地区政治经济发展更加不平衡。尽管重庆有着相当强的辐射能力，但其他地区的缓慢发展却与之形成鲜明的对比，这是近代中国社会政治经济发展不平衡的特点在巴蜀地区的具体体现，是近代中国社会变迁的缩影。

重庆在成为长江上游重要的商业和货物集散中心的同时，也引导着作为传统政治中心的成都等其他巴蜀城市走上了向近代新型经济中心城市转型的道路。

作为历史上蜀地商业中心城市的成都，虽然未成为开埠通商城市，但通过重庆等国内开埠城市，也与世界经济发生了一定的联系，城市经济结构也发生了一定的变化。据官方注册统计，1909年成都有公司2家、商帮51家、商号4460家，资本共银293.4万两、钱1770千文[①]。

清末，除重庆、成都两大城市外，巴蜀地区一批处于水路交通交汇处或

---

① 《四川官报》，宣统二年（1910），第四册《新闻》。

陆路交通枢纽的府州县城市，亦出现一定程度的发展。如地处重庆、宜昌之中的长江沿岸城市万县，为四川中部大路之起点。此路由万县经梁山、大竹、渠县，到南充，再经太和镇、观音桥翻龙尔山脉至赵家渡，直至成都；此外，万县尚有陆路取道梁平、垫江、长寿，以达重庆；万县还可沿水陆两路下行，取道长江三峡，或经陆路取道利川、施南，以达宜昌。万县城的航运条件也比较优越，其城外的港口正当江曲之嘴，适宜船只停泊。正是优越的地理位置和较为便利的水陆交通，使万县具备了成为地方性经济中心的先天条件。在重庆开埠之初，重庆海关税务司英人霍伯森就曾向总税务司报告说："重庆外，川东的重要商业城市首数万县。万县除了本地相当大的商业可以自豪外，县城控制着大江和通到四川西部的各种重要陆路"[①]。此一报告引起英国政府的高度重视，1902年，英国政府在《中英续议通商行船条约》中就强迫清政府增开万县为通商口岸，将万县划归重庆海关管辖。此后，"万县商务日渐发达"，"组织商号者，日渐增多，市场贸易，日趋繁荣"[②]。

居嘉陵江流域中游，为水陆要冲之地的南充城，在雍正、乾隆时期，"犹甚寂落，除院试及红花市期外，土产不能常售"。然而，"迄清末世，渐臻繁盛，工商勃兴，人物荟集，华屋栉比，珍货云屯，内外城间已无隙地"[③]。

位于渠河西岸，交通便利的广安州城，在光绪年间"铺户民居三千余，街通十八，鱼盐、珠翠、棉布、锦币（帛）、米谷珍错，百货毕集，人称小渝城焉"[④]。

又如位于川南沱江与长江汇合之处的泸州，在清末，自流井、犍为等地所产之盐，沱江沿岸所产之糖，皆集于该地，东销渝万，南入滇黔，"其地交易之巨，在四川省中除重庆外，无能及之者"[⑤]。

这些城市商业的繁荣，很大程度上是由于外国商品倾销和土产出口的刺激。例如，蓬溪县城在咸丰、同治年间"仅有货担逢集期来城设摊贸易"；光绪初年，"始有绸缎铺，仅铺一二家"；清末民初，"多至十数家，不特绸缎畅销，并争购舶来品之毛织物，饮食衣服两端，已将从前俭朴遗风，渐就荡

---

① 王绍荃：《四川内河航运史》，四川人民出版社1989年版，第125页。
② 邓少琴：《近代川江航运简史》，重庆地方史资料组1982年，第109页。
③ 《南充县志》卷一，民国18年影印本。
④ 《广安州新志》卷九，民国16年。
⑤ 参见金沙译：《四川贸易谭》，《四川》杂志第1号，第82页。

然"①。成都之西的灌县城为川西通往川边少数民族地区的门户，清末民初成为岷江上游山货集散地，于是"城内外崖肆罗列，有银号数家，东街尤百货骄闻，商贾集集，以贩运药材、羊毛者特多，行销渝、宜、汉、泸，岁约十万元"②。

此一时期，巴蜀地区县城以下的市镇也有发展。如温江县的赵家镇，为川西商业重镇，清末时"坐而贾者千余家，待而沽者不胜计，河下船筏辐辏，状如梭织，其往来负贩运角逐之人，络绎不绝"③。随着市镇等基层市场交易活跃，一些小场镇发展为较大的场镇。如云阳县八间铺，道光初年始设，到清末民初"渐致百货增拓，贾区裹广，遂为县南剧镇"④。

19世纪后期至20世纪初，巴蜀地区的城市逐渐被纳入世界资本主义市场体系中，其城市经济功能有所增强，经济结构和社会结构也开始发生变化，由此推动了城市功能的转型。但巴蜀城市的转型与沿海和沿江（中下游）地区的城市相比，起步较晚，整体发展较为落后。

近代以来，西方资本主义文明首先到达的地方是中国的沿海地区和长江中下游地区。这些地区的部分重要城市因得资本主义风气之先，于19世纪70年代逐渐走上早期现代化的转型道路。巴蜀地区由于地处内陆，因而西方资产阶级虽欲开辟以巴蜀地区为主的长江上游广大市场，但因交通不便等原因，直至19世纪末，巴蜀的门户才为西方列强通过不平等条约打开。在外国资本主义和中国刚兴起的民族资本主义双重影响下，巴蜀地区的城市才开始艰难地迈入了早期现代化门槛，时间上比沿海和沿长江中下游地区晚了至少20年。由于转型滞后，巴蜀地区的城市发展也长期处于滞后状态。

城市规模的变化，从一个侧面反映了城市的发展演变。城市的规模，可以从其城市建成区的面积大小、城市人口和城市经济来考察。但世界各国学术界在研究城市体系的规模结构时，几乎都是从人口的角度加以分析的。民国时期巴蜀地区的城市规模主要以中小城市为主，参见下表。

---

① 伍彝章等修：《蓬溪近志》卷七，民国24年刻本。
② 《灌县志》卷四，民国22年铅印本。
③ 《温江乡土志》，宣统元年。
④ 《云阳县志》卷二五。

表3-2　民国时期巴蜀地区建制城市人口规模变化统计表

城市名称	年份	城市人口	规模等级
成都市	1911~1943年	30万~50万	中等城市
	1944~1949年	50万~100万	大城市
重庆市	1929~1940年	20万~50万	中等城市
	1941~1943年	50万~100万	大城市
	1943~1947年	100万以上	特大城市
	1947~1949年	100万以上	特大城市
自贡市	1939~1949年	有统计的资料表明20万左右	中等城市

资料来源：根据李世平、程贤敏《四川近代人口》中的相关数据整理。

表3-3　民国时期巴蜀地区部分城市人口统计简表

县份	调查年份	城区人口数（人）	县份	调查年份	城区人口数（人）
乐山	1922年	32,989	万县	1937年	11,2626
合川	1922年	55,623	广元	1947年	23,640
江北县	1934年	49,624	泸县	1949年	126,607
泸县	1903年	51,425	犍为县	1934年	9,802
	1930年	73,515	彭县	1942年	42,785
涪陵	1932年	39,662	双流县	1942年	31,839
宜宾县	1934年	40,846	崇宁县	1942年	13,535
什邡	1934年	13,914	汶川县	1941年	7,359
丰都	1927年	21,180	遂宁	1947年	30,054
	1933年	10,178	富顺	1949年	18,423
南充	1949年	60,380	阆中	1949年	19,271

资料来源：根据《四川近代人口》，民国《乐山县志》《合川县志》，新修《富顺县志》《阆中县志》《南充县志》，1932年《涪陵县户口统计报告书》，《万县商业志》等资料整理。

由上述两表可以看出，除成都、重庆两个市建制的城市从中等城市发展为大城市甚至是特大城市外，其余各城市几乎都为中小城市。如此状况远远落后于东南沿海地区城市的发展。据统计，1893年时，长江上游巴蜀地区5万~20万人口的小城市有6个，平均每7.07万平方公里1个，而同期长江下游也有6个，平均每2.41万平方公里1个，东南沿海有4个，平均每4.77万平方公里1个。到1933年后，长江上游巴蜀地区人口在5万～20万的小城市发展为14个，平均每3.03万平方公里1个，同期长江下游地区有小城市29个，平均每0.66万平方公里1个，东南沿海地区有13个，平均每1.47万平方公里1个。可见，在1893年至1933年间，长江上游巴蜀地区5万人口以下的小城市的成长是相当缓慢的，巴蜀地区的一些重要城市如内江、富顺、江津、广元、绵阳、阆中等城市均不足5万人，与长江下游及东南沿海地区的差距越来越大。而实际上，连成都、重庆这两大城市在全国的等级排名甚至也在10名以后。

高山峡谷的地形地貌造成了巴蜀对外交通极不发达，对外联系十分困难。巴蜀僻处西南，三面环山，一面背靠高原，唯一与外界联系较为便利的是长江航道，但长江航运在三峡段依然风险很大。因此，巴蜀与外界大规模的商品流通难以进行，商贸联系网络不发达，自给自足的自然经济因环境封闭而更显生命力顽强，对资本主义经济的抗御能力也就格外强大。这种情况决定了巴蜀社会经济的积累能力甚弱，资本原始积累严重不足，发展资本主义经济的土壤十分贫瘠。从现代化程度来看，巴蜀早期的近代产业绝大多数是传统轻工业和农产品加工业，较少机器制造业。在这些产业部门中真正使用现代机器的企业为数甚少。1891～1911年，巴蜀仅进口了价值21万海关两的机器设备；同期巴蜀城市有资本可查的厂矿（除川汉铁路公司）仅38家，其平均资本额均不足10万两[1]。据1912年统计，全川113家新式企业中，有工人500人以上的企业仅占全部新式企业的5%，至于机械和动力设备则更为落后[2]。

（二）从民国建立到1937年巴蜀城市的发展演变

巴蜀城市在经过清末民初的转型和发展之后，步入了一个早期现代化缓慢并持续发展的阶段。无论是以近代工业为中心的新型经济，还是在城市人口数量与结构上，巴蜀城市在此期间均得到了一定程度的发展。这个时期的巴蜀城市呈现出以下几个特点：

第一，巴蜀城市的近代工业得以缓慢发展。

1937年前巴蜀城市的近代工业，虽然遭受10余年军阀混战所造成的祸害和军阀官僚资本的垄断掠夺，但在某些有利条件的促成下，各类工业仍然获得了

---

[1] 隗瀛涛：《四川近代史稿》，四川人民出版社1990年版，第251～252页。
[2] 农商部总务厅统计科编纂：《中华民国元年第一次农商统计表》，上海中华书局1914年版。

不同程度的发展。尤其是重庆开埠后，进出口贸易的迅速发展，以及轮船等近代新式交通工具的引进，带动了巴蜀城市商品经济发生了突破性的变化，使地方经济与世界市场联系了起来，刺激和促进了巴蜀城市近代工业的兴起和发展。

首先，巴蜀城市的传统优势工业有了大幅度的发展。据不完全统计，1918年有一定规模的丝织业企业只有13家，但到1937年则增至57家，净增44家；1918年，采用蒸汽汲卤机车的井盐业企业仅为38家，而到1937年则增至99家；1918年，仅有制革企业4家，至1937年则达39家；1937年有印刷企业34家，均为1918年以后开办；同年有陶瓷企业13家，也均为1918年以后开办。

其次，近代新式工业在巴蜀部分城市有了较大的发展。如1920年代初，巴蜀地区有近代棉织企业127家，开办于1918年以后的就有102家；火柴企业30家，开办于1918年以后的就有18家；食品、自来水企业29家，开办于1918年以后的就有28家；日用化工企业28家，均为1918年以后开办；玻璃企业26家，开办于1918年以后的就有22家。在新式工业数量扩大的同时，其企业资本和生产技术均有了大幅增长。

此一时期各类近代新式企业的资本额也较过去大为增长，一般中小企业资本额稳定在数千元以上，拥资数万元到数十万元的大企业比过去有所增加。如丝织业，资本额在5万元以上的企业，达到12家，占企业总数的23%；棉织业中，资本额在5万元以上的企业18家，占企业总数的14%；印刷业中，资本额在5万元以上的企业11家，在企业总数中占32%[①]。

从生产技术上看，各近代新式企业均有不同程度的进步，机器的使用较过去更加广泛，机器生产企业有较大增加。1921年统计，缫丝业在过去的10年中有很大的发展，仅蒸汽缫丝数量增加一倍，重庆有10家缫丝厂，雇佣工人达3000余人，这些工厂的设备全属现代机器装备。"成都的一些丝织厂也兴行机器织造丝料匹头，改进甚大。"[②]但值得注意的是，此一时期四川省城市的缫丝业仍然保留了大量手摇丝车，全省约有手摇丝车2万部之多[③]，主要分布在一些偏僻地区的城市。巴蜀造纸业，除乐山的嘉乐纸厂等企业采用了较为先进的

---

① 张学君、张莉红：《四川近代工业史》，四川人民出版社1990年版，第296页。
② 《重庆海关1912—1921年十年调查报告》，《四川文史资料选辑》第十二辑。
③ 彭泽益：《中国近代手工业史资料》第三卷，生活·读书·新知三联书店1957年版，第16页。

生产设备外，各地纸厂均仍旧采用传统生产工艺造纸。如"广安纸料，索为土产大宗，每年至少有五十余万之收益，惜乎制造概采旧法，未求改良"[①]。夹江县年产纸数量6000～7000吨，日产20吨，居巴蜀之首，但其造纸办法，仍为手工工艺[②]。巴蜀城市的大多数企业仍然停留在手工操作水平，只有少部分企业采用了机器生产。

从近代新式工业企业的地区分布来看，20世纪初巴蜀地区的新式企业主要集中于近代新兴的商贸中心城市重庆和传统的工商业中心城市成都，自贡、乐山、泸州、南充等中等城市仅有少量的近代工业企业。但到20世纪20～30年代中期，除上述大中城市的新式工业有长足进步外，工矿企业开始由点向面，从成渝两大城市向各中小城市延展，特别是棉纺染织、火柴和电力企业在各地城市发展最为显著，参见以下各表。

表3-4　1937年前巴蜀地区棉纺、染织工厂概况表

地点	棉纺、染织工厂	规模（工人数）	地点	棉纺、染织工厂	规模（工人数）
重庆	28	5～728	成都	8	20～150
璧山	11	17～98	高县	2	34～74
南充	1	124	崇庆	1	36
合江	2	17～32	富顺	1	112
内江	8	5～32	岳池	1	24
宜宾	2	34～155	射洪	1	57
资中	1	85	开江	1	25
涪陵	1	17	蓬安	1	59
江北	4	16～70	万县	1	38
简阳	3	30～120	灌县	1	25
梁山	1	198	云阳	1	34
西充	1	25	遂宁	1	58

---

① 《四川月报》第十卷，第二期，1937年，第148页。
② 中国农业银行经济研究处：《夹江纸业调查报告·四川手工业纸业调查报告》，1943年。

续表

地点	棉纺、染织工厂	规模（工人数）	地点	棉纺、染织工厂	规模（工人数）
邻水	1	56	江津	1	82
德阳	1	50	乐山	2	20～59
广安	4	30～116	丰都	2	8～122
金堂	1	24	洪雅	1	26
开县	2	100	渠县	1	80
广汉	2	30	忠县	1	16
荣昌	3	38～61	长宁	1	36
大竹	1	35	阆中	2	1、2
安县	1	62	铜梁	2	24～50

资料来源：《四川月报》第六卷第一期、《华西日报》民国24年（1935）2月16日和《四川省概况》《四川工厂调查录》《棉纺织工厂一览表》《峡区事业纪要》。

表3-5 巴蜀城市拥有火柴厂情况表

地点	火柴厂数量（间）	规模（箱）
重庆	2	年产：1000～3000箱
合川	4	日产：11～19箱
泸县	1	年产：1400箱
成都	2	年产：1000箱
渠县	1	年产：600箱
遂宁	1	未有记载
乐山	2	月产：100箱
广元	1	年产：800箱
涪陵	1	年产：15000箱
万县	1	年产：54000箱
资中	1	年产：600箱

资料来源：《四川省概况》《四川工厂调查录》《四川考查经过》及《工商半月刊》三卷、《四川月报》1936年。

表3-6　巴蜀城市拥有电力企业情况表

地点	数量	企业名称	地点	数量	企业名称
重庆（包含巴县）	7	烛川电灯公司	合川	3	民生水电厂
		中国建设工程公司中建电机制造厂			民生实业公司合川电厂
		电声制造厂重庆分厂			民生实业公司合川电灯厂
		北碚民生公司三峡染织厂电灯部	荣昌	2	光明电灯公司
					光明电气股份有限公司
		重庆合生工业公司	长寿	1	恒新电力公司
		重庆电力股份有限公司	丰都	1	丰都县救济院儿童教养所工厂
		富源水电厂（巴县）			
富顺	2	富顺自流井泰丰电灯厂	内江	2	中国兴业公司电气部内江华明电厂
		富顺自流井明星电灯公司			光明电厂
金堂	1	玉虹桥水力发电厂	安县	1	安县水力电厂
奉节	2	奉节电灯公司	资中	2	资中裕丰电厂
		明明电灯公司			裕丰电灯厂
万县	1	万县水电厂	成都	1	启明电灯公司
泸县	1	济和水力发电厂	宜宾	1	宜华电气公司
涪陵	1	兴记电灯公司	新都	1	新都县政府电灯管理处
乐山	1	嘉裕电气公司	南充	1	南充县电灯公司
江津	1	大明电灯公司	江安	1	江华电灯厂
綦江	1	启明电力公司	绵竹	1	光明电气公司
崇庆	1	复兴电灯公司	璧山	1	兴记电灯厂
广汉	1	广汉电灯公司	温江	1	耀明电灯厂
开县	1	明星电灯公司	合江	1	通明电灯公司
岳池	1	光明电灯管理处	铜梁	1	光明电厂
灌县	1	明明电灯公司	华阳	1	中和场电灯公司

续表

地点	数量	企业名称	地点	数量	企业名称
遂宁	1	遂宁电灯公司	射洪	1	太和镇电灯公司
筠连	1	筠连电灯公司	邻水	1	邻水电气公司
南川	1	明明电气公司	眉山	1	眉山电灯公司
万县	1	万县水力发电厂	绵阳	1	绵阳电灯公司
乐至	1	光华电灯厂	永川	1	永川电灯公司
彭县	1	启明电气公司彭县分厂	荣县	1	容光电器实业公司

资料来源：《四川工厂调查录》《四川省电工矿业》《四川省概况》《民生实业公司十一周年纪念刊》及《四川文史资料选辑》第25辑、《四川文史资料选辑》第4辑、《重庆工商史料》第2辑、《现代中国实业志》。

从以上各表可见，棉纺织工业除重庆、成都有一定程度的发展外，扩展到全川38个中小城市。火柴企业扩展到渠县、合川、遂宁、合江、广元、涪陵、万县、资中、永川等县城。电力工业也扩展至巴蜀数十县城。

综上所述，抗日战争爆发前，巴蜀城市的近代工业有了较大发展，企业的数量较过去有大幅度增加，分布地区更为广泛，资本额有很大增长，机器工业在企业中的比例有一定程度的上升。其中，特别是电力工业，无论是企业总量，还是分布范围，都是巴蜀近代工业中很有活力的产业部门。

第二，巴蜀城市人口数量增加，城市人口结构发生变化。

20世纪初，随着近代资本主义在巴蜀地区的进一步发展，巴蜀城市人口数量急剧增加，人口结构也开始发生变化，出现了以新式工商业、服务业人口为主导的趋势。

就重庆而言，在川江航运贸易的刺激下，近代重庆城市经济全面向资本主义经济发展，商业、金融、交通、工业等都有不同程度的资本主义化。于是，在重庆逐渐成为巴蜀地区新兴经济中心的同时，城市人口随之逐渐聚集，城市的社会结构也开始发生变化。1927～1936年，重庆城市人口从20余万增加到47.1万，参见下表。

表3-7　1927—1936年前10年重庆人口统计表

年度	人口数（人）	年度	人口数（人）
1927年	208 294	1932年	268 992
1928年	238 423	1933年	280 449
1929年	238 017	1934年	369 396
1930年	253 899	1935年	379 058
1931年	256 596	1936年	471 018

资料来源：傅润华、汤约生主编《陪都工商年鉴》第1编《陪都概况》（文信书局1945）。

在重庆城市人口急剧增加的同时，其城市人口结构也发生了变化，商人成为社会的中坚力量。以同业公会、商会为例，1901年重庆城内分布有12家主要的同业公会：八省公所、买帮公所、行帮公所、盐帮公所、同庆公所、纸帮公所、酒帮公所、糖帮公所、绸帮公所、书帮公所、河南公所、扣帮公所。1930年正式批准注册的同业公会为24家，1935年发展到51家，1936年为54家，1937年为72家。此外，还有8家会馆：江西、福建、陕西、山西、湖南、湖北、广东、浙江会馆。这些会馆既是地域性组织，又是同业性组织，发挥着工商行会的作用[①]。此外，商会组织也在扩大，辛亥革命以前，重庆商务总会之下有各类商务公会10家，入会商号4700多家。尽管这些行会、公所以及会馆不能具体地反映工商人口比重，但某行会、公所、会馆都是集中了大部分从事某种商业活动的商人的组织。若是某种行业或者商业的从业人员不多，也就没有必要或者不可能建立起一个组织。因此这些行会、公所、会馆的建立反映出从事某种商业行业的人数不断增多，已经具备了建立一个组织的必要性，并通过该组织来规范、约束从业人员的行动，协调同行利益。如重庆布帮成立商会是因为"人众事繁，急宜兴设商会以结团体"，并"拟定规则，呈局核定，并谕各贩商，向总董处报名"，当时报名入会者便有600余家[②]。所以，众多的商人同业组织的设立在一定程度上能够反映出重庆商业人口比重及其发展的趋势。

成都在历史上既是巴蜀地区的政治中心，也是经济中心。近代以后，成

[①] 隗瀛涛主编：《重庆城市研究》，四川大学出版社1989年版，第337页。
[②] 《广益丛报》第六年第十五期《纪闻》。

都的新式工商业虽然落后于重庆，但相比省内其他城市仍然发展较快。1917~1933年，四川在军阀割据下实施防区制，连年的军阀混战对成都的工商业造成巨大的破坏。随着川政统一，防区制撤销，大规模军事行动结束，四川局势也渐趋稳定，成都城市经济日渐复

民国时期成都老城概貌

苏，成都人口则以较快的速度增长。此一时期，成都城市人口突破了40万人，比1926年人口37万人净增7万多人，年平均人口增长率为25.4‰，比民国前期年平均人口增长率高21个千分点。由此可见，20世纪20年代末至20世纪30年代初，是成都人口增长的一个高峰期，这标志着成都城市人口发展进入一个新的发展阶段[①]。

与此同时，另一个伴随成都早期现代化变动的便是城市人口职业结构的变化。民国以后，近代工业企业、公司、学校、医院、报馆、邮局、电报局等部门大量出现，城市人口亦突破了原有以农业部门为主的结构，新兴产业部门、服务部门成为城市人口结构的主体。这一点，我们可以从对1916年和1938年成都城市人口构成的比较中清晰得知，参见下表。

表3-8　1916年成都人口结构简表

部门	分支部门	人数	百分比（%）
农业	农林业	345,501	47.34
	渔业	625	0.09
工业	工厂、手工业	84,998	11.65

---

① 何一民主编：《变革与发展——中国内陆城市成都现代化研究》，四川大学出版社2002年版，第576页。

续表

部门	分支部门	人数	百分比（%）
商业	批发商、零售商	89,333	12.24
服务业、金融业	银行、钱庄等		
	饭店、旅馆		
文化教育	学校、报馆、医馆	2,322	0.32
政府社团	政府、社团等	1,098	0.15
其他	运输装卸	205,875	28.21
	杂业、妓女等		
合计		729,752	100

资料来源：《四川省内务统计报告书》，1916年度。

表3-9　1938年成都城市人口结构简表

部门	人数	百分比（%）
农业渔业生产部门	1,982	0.69
工矿业生产部门	58,624	20.52
商业金融业服务业	80,466	28.17
交通运输部门	26,439	9.25
文化教育卫生部门	15,634	5.47
党政军机关	12,440	4.36
人事服务部门	90,063	31.53
合计	285,648	100

资料来源：《四川统计月刊》1939年第一卷第二期。

由上两表可以看出，到20世纪30年代，随着军阀混战的结束，成都工业、商业、金融业等行业得到较快发展，故在这些部门从事劳动的人口也急剧增多，甚至成为成都城市人口职业结构的主体。另外据1934年的有关调查，成都的金玉珠宝店有342家，银行有38家，绸缎布匹铺有1714家，杂货店有2705家，钱庄有546家，杂粮店有1031家，茶社有748家，零售商店有612家，旅馆有451

家①。以上各行业均较清末民初有较大的增加，因此这些部门所需劳动人口也较前增多。1938年，成都城市人口中的28.17%从事以上有关部门劳动，绝对人口数达80466人。

除成都、重庆外，巴蜀其他城市人口也有相应的增长。比如万县，是自重庆开埠通商后被英国强迫开放的另一个通商口岸，万县开埠后城市人口增长也较快。万县开埠之初，城市人口只有3万~4万人，到1937年，万县城市人口已增加到112626人②，净增人口7万~8万人。1914年，南充城市人口总数为792697人，1937年增至902790人，比1914年增加了34%③。

此一时期一个值得关注的现象是川北城市相对衰落。由于川江航运的繁荣，四川对外贸易路线改变，原为四川对外陆路交通运输线路上的重要城市广元、绵阳、德阳等，在此一时期大大落后于长江沿岸的万县、泸州、宜宾、合川等城市。此一时期川北城市工业发展极为缓慢，从上文巴蜀城市近代工业简表中可以看到，即便是分布最广的火柴、电力和棉纺织工厂，广元、绵阳、德阳均仅有1家。1914年，绵阳城市人口为20941人，广元城市人口为4500人，罗江和梓潼县城市人口仅3500人；而同期的沿江城市泸州有5万人，合川有47000人，宜宾有42500人。

（三）抗战时期巴蜀城市的快速发展

抗日战争是一场全民族的战争，任何阶层的任何人都难逃战争对其命运的强制安排，中国东部众多的人口被战火逼离家园，或跟随机关、厂矿、学校集体迁徙，或作为个体难民而踏上艰苦漫长的内迁之路。1937年，国民政府西迁重庆，巴蜀成为抗日的大后方，大批工厂及技术人员的内迁，推动了巴蜀城市工业迅速崛起，成为战时中国大后方最重要的工业基地。抗战时期，由于大量东部沦陷区的人民来到巴蜀地区，主要是各大中小城市，而各城市也尽可能地为他们提供了临时安身的栖息之地，并为众多的人口提供了生存手段，故而使巴蜀城市人口出现快速增长。1937年7月，成都城市人口约为52万人④，重庆城市人口约为47万人⑤。其后，随着抗战不断深入，外省移民大量向巴蜀地区迁

---

① 四川省会公安局编：《四川省会公安局工作年报》，1934年。
② 吴士国主编：《万县商业志（1911—1988）》，1990年，第120页。
③ 《南充县志》，四川人民出版社1993年版，第104页。
④ 《警察旬报》（成都）第十六期，1937年9月30日。
⑤ 四川省政府编：《四川统计月刊》第一卷第一期。

人,人口向城市聚集的趋势不断加强。1946年,重庆城市人口达124万多人[①],为战前人口的2.63倍,开创了西南地区城市发展史上的新纪录。1946年成都人口为76万多人,为战前人口的1.4倍[②]。

如果说重庆的开埠通商是巴蜀城市兴起的契机的话,那么抗日战争的爆发,政府机构、工矿企业、大批人才等的内迁,则是巴蜀城市发展的重大契机。在这一时期,不仅重庆、成都两座大城市得到超常发展,而且巴蜀地区几乎所有的城市都得到了长足的发展。

第一,重庆作为陪都,在抗战期间得到了最为迅猛的发展。

重庆地处长江和嘉陵江的交汇处,1891年开埠后得到迅速发展。1927年正式设市,市政建设和城市经济均有一定发展。市政建设方面,1929~1937年,修建了中干道和南区干道,开辟了新市区;到1937年前夕,重庆有建成区12平方公里。对外交通方面,到1935年先后修筑了朝天门、嘉陵、江北、千厮门、太平门、飞机坝、金紫门、储奇门等轮船码头;1926年民生轮船公司创办;20世纪30年代建成了成渝、川陕等公路;从1931年起相继建设了广洋坝、珊瑚坝、九龙坡三个飞机场。通信方面,建设了长途电话和无线电报网,等等。这些都为重庆向近代化发展创造了有利条件。从20世纪20年代到20世纪30年代初期,重庆的新式工业也有较大发展,新建纺织厂15家(多为手工作坊,超百人的有2家),新建面粉厂3家,1934年建成发电厂并兴建炼钢厂;1935年,上海天厨味精厂、天原电化厂、天利氯气厂迁来重庆江北;同年3月,中央银行在重庆设分行;1937年建成水泥厂。这一时期重庆的经济、文化都有了一定程度的增长,为抗战时期成为"陪都"并快速发展奠定了基础。

为了坚持抗战,中国社会的重心迅速西移。1937年11月20日,在日军占领上海并向南京推进时,国民政府宣布迁都重庆,继续抗战。同年11月底,国民政府的大部分机关迁至重庆,一部分迁至武汉、长沙,重庆成为战时首都。同时,东部的大批工厂企业纷纷西迁。中国工业战前大多集中在东南沿海以及沿江地区,这些地区大中城市的部分工厂、企业、设备和技术人员在沦陷前紧急内迁。这次工厂企业内迁,历时3年。到1940年内迁厂矿告一段落时,由战区各地迁往大后方的民营厂矿共452家,物资储备12万吨,迁川工厂中"90%以上

---

① 重庆陪都建设计划委员会:《陪都十年建设计划草案》,1946年,第10页。
② 四川省政府编:《四川统计月报》第四卷,1948年。

均在川东、靠近重庆巴县一带"①。此外，还有一大批重要的国营厂矿企业迁至重庆，这些国营或民营企业一般具有生产规模大、资金雄厚、设备先进、技术力量强等特点。这些工矿企业的内迁，向重庆移植了数万吨的新式机器、数千名熟练工人和数以千万计的工业资本，更主要的是给重庆带来了沿海地区数十年积累起来的丰富而先进的经验和技术。与此同时，大批党政军机关、学校与团体、难民的涌入，使重庆市场的需求量迅速膨胀。1941年~1943年，重庆各地掀起了一股工业建设热潮，在大轰炸最为频繁、残酷的1939~1941年，重庆开工的工厂为528家，为战前45家的11.73倍，而在空袭减少的1942~1943年两年间，重庆已登记的工厂总数达到1694家，资本2726338千元，工人106510名，分别占战时全后方工厂总数的28.3%，资本总额的32.1%，工人总数的26.9%②。

抗战时期重庆工业的发展，不仅表现为工厂数量的增加，同时也表现为工业结构的变化。在战前，重庆的工业除重庆炼钢厂、四川水泥厂等具有重工业性质外，其余都是一些轻工业部门，如制革、纺织、肥皂、火柴、面粉业等等。抗战期间，一大批重要的国防兵工企业纷纷迁至重庆，很快在重庆及周边地区建成了以兵工、机械、钢铁、煤炭、化工、电器等重化工业为主体的工业体系；加上各类新兴工厂的建立，使重庆成了战时中国工业部门最齐全、工业种类最多、工业规模最大的综合性工业基地，彻底改变了战前重庆以轻工业为主体的工业结构。1945年，重庆带有重工业性质的工厂占工厂总数的41.3%，占资产总额的45.7%③。

抗战期间，重庆的金融业、商业得到了长足发展。重庆一直是长江上游最大的商埠，是整个大西南的贸易总枢纽，对周边城镇具有较大的经济辐射作用。抗战期间随着大量机构、工矿企业等迁入，人口剧增，各种社会游资相应增多，对各类商品的需求量也逐渐增加，进而促进了金融业、商业的发展。此时，重庆成为大西南的商业和金融中心。

抗战期间，重庆商业从业人口大幅度增加。据统计，1939年同业公会数仅

---

① 周开庆：《四川与对日抗战》，（台湾）商务印书馆1987年版，第52页。
② 吴俊升：《战时中国教育》，薛光前编著：《八年对日抗战中之国民政府》，（台湾）商务印书馆1982年版，第113页。
③ 唐润明：《试论国民政府迁都对重庆的影响》，《重庆师范大学学报》（哲学社会科学版）1991年第4期。

39个，1943年增至116个，1945年加入重庆商会同业公会的商号达到27481家[①]。同年底，重庆市从事商业的人数达到234278人，而同期从事工矿企业（兵工除外）的人数为172877人[②]。

重庆在抗战期间还形成了比较完善、规范、门类齐全的商业体系，加强了国内、国际商品经济的流通，进一步增强了城市的经济功能。

抗战期间，中央银行、中国银行、交通银行、农民银行迁至重庆，带动了重庆金融业的空前发展，奠定了重庆成为大后方金融中心的地位。战时重庆城市银行、钱庄猛增，除了中央银行、农民银行在重庆的分行以及聚兴诚等15家银行以外，又增加了大量内迁的银行和钱庄，到1942年达到了53家之多。如此多的国家银行、地方银行、商业银行聚集重庆，在重庆是史无前例的，不仅为重庆的工业化、近代化提供了雄厚的经济基础，而且也对巴蜀地区城市的发展提供了经济支撑。

抗战时期，重庆城市的文化地位和作用也发生了巨大变化。在国民政府的组织下，一些国立、省立和私立院校纷纷内迁，从而形成了我国文化教育史上第一次自东向西的大迁徙。据统计，战前专科以上学校全国共108所，因抗战期间迁入重庆的有31所（包括璧山3所、巴县1所、江津2所），占全国高校的28.7%。由于东部迁渝高校的推动，重庆中等、初等教育事业也得到迅速发展。1944年，重庆的中等（中学、师范、职业学校）学校增加到72所，学生为25449人，为战前的3.6倍[③]；1940年，重庆的国民教育（中心国民学校、保国民学校、小学）学校只有42所，1945年则增至294所，5年间增加7倍多[④]。抗战期间，重庆的职业教育机构也比抗战前增加3倍多[⑤]。抗战时期，重庆的其他文化事业也发展得很快。据不完全统计，抗战期间，在重庆先后出版的报纸有113种、杂志有604种，先后设立通信社36家，各种文化活动如讲演会、招待会、座谈会、展览会也频频举行。

抗战时期，重庆城市的发展，还表现为城市规模的扩大。1939年日本开始

---

① 参见傅润华等：《陪都工商年鉴》，文信书局1945年版。
② 重庆陪都十年建设计划委员会：《陪都十年建设计划草案》，1946年，第48~49页。
③ 教育部教育年鉴编纂委员会编：《第二次中国教育年鉴》，商务印书馆1948年版，第1230页。
④ 国民政府行政院编辑：《国民政府年鉴（第二回）·地方之部·重庆市》，1944年10月初版。
⑤ 教育部教育年鉴编纂委员会编：《第二次中国教育年鉴》第二编，商务印书馆1948年版。

对重庆进行大轰炸，日机主要锁定繁华市区进行轰炸，其次把远郊也列为轰炸的目标。直到1943年8月23日日机才基本上停止了对重庆的轰炸，5年的轰炸使繁华的重庆中心城区大半化为废墟。同一时期，国民政府颁布了一系列疏散政策和办法，分批有计划有组织地向郊外进行疏散，并开展城市重建工作。1939年国民政府拟定了《重庆市建设方案》，由此开始了战时城市建设。为了尽量避免日机的轰炸，减少损失，市政府动员全市机关、学校、商店限期疏散，命令中央、中国、交通、农民四大银行沿川黔、成渝公路两侧修建平民住宅，并划定江北、巴县、璧山、合川、綦江等县为疏散区，要求各党政机关陆续迁至郊区和迁建区办公，部分厂矿企业也在迁建区设分厂，从而使重庆城市范围扩大到西至沙坪坝、东至唐家沱、南到大渡口。1940年，重庆城市的辖区面积由20世纪30年代初的93平方公里增加到300平方公里①，进一步促进了郊区的城市化，扩大了城市规模，从而形成了以重庆市区为中心，包括若干卫星城市的川东城市体系。

抗日战争特殊的历史条件，为重庆城市近代化的完成提供了契机。东部党政机构、工厂、学校等大规模内迁，为重庆注入了城市近代化的因子，使重庆成为名副其实的大后方的政治、经济、军事、文化中心，最终完成了城市近代化。

第二，成都作为四川省会，同样也深得内迁之益，出现了快速的发展。

抗战时期，成都和重庆的发展有很多类似的地方。由于成都是四川省会，虽然比不上重庆作为陪都成为战时中国的政治、经济、文化、军事中心，但由于成都自身的优越条件，也成为抗战内迁的重要城市之一，因而也在外部力量的推动下得到较大发展。抗战初期，成都市区的人口由于日军的轰炸有所减少，但随着东部地区大批机关、工厂、难民内迁入川后，成都城市人口开始急剧增长。1939年成都城市人口为303104人，1940年则增加至462150人②。从内迁工业来看，1937年底，东部省区陆续迁到成都的工厂有数十家，并相继成立了50家工业合作社，其中最具影响力的是轻工纺织企业，仅5个新建的纺织厂，每年为西南各省提供棉布近百万米，保证了战时人民和军队的需要③。总体来说，成都在抗战时期企业的总数和近代化程度高于历史上任何一个时期，进步

---

① 周勇：《重庆：一个内陆城市的崛起》，重庆出版社1989年版，第363页。
② 乔希曾等：《成都市政沿革概要》，《成都文史资料选辑》第五辑，第12页。
③ 参见张学君等主编：《成都城市史》，成都出版社1993年版。

十分明显。商业方面也有较大变化。抗战时期，作为后方重镇的成都，城市商业进入兴盛期，与抗战前相比，净增了15167家商店，增加幅度最大的是生活消费品和服务业，这是城市人口急剧膨胀的结果。

第三，巴蜀其他城市在抗战期间都有相当大的发展。

除战时陪都重庆和四川省会成都受益于抗战内迁得到较大发展外，巴蜀其他城市同样也因东部人口内迁得到新的发展机遇。

从1937年底到1940年底，沿海沿江共有245个民营厂矿内迁四川，大大增强了四川近代工业的力量，并在四川形成了5个工业区——酉阳龙潭镇的汽车修理、装配与炼油工业区，万县、长寿、涪陵一带的水电、棉油工业区，沱江及岷江流域的泸县、内江、五通桥、乐山、自流井等地的发电、酒精、制盐、制碱、造纸、炼油、炼焦工业区，威远地区的煤炭和钢铁工业区；另外，以重庆为中心，沿长江东起长寿，西至江津，北起合川，南达綦江的范围内，建立起门类较齐全的综合工业区。1942年，四川全省合乎《工厂法》标准的厂矿已达到1654家，占国统区工厂总数的44.01%，资本总额的52.3%，工人占全国工人数的44%，同1937年相比，5年间四川厂矿和工人数增加了约15倍，而资本额则增加了526倍[①]。

此一时期巴蜀地区其他城市也都有相当程度的发展。比如抗战前以广元为代表的川北城市长期处于衰落状态，生产落后，工商业不发达，多数人经济收入低下，购买力很差，广元城内虽有人称"八大家族"的商号，堪称大户，但实际上大都资金短缺，商品稀少。抗战给川北城市发展带来新的机遇。长江航运因下游被日军占领而中断，国民政府遂以开辟巴蜀北线交通为重点。广元因地处川、陕、甘三省交通要冲，故成为川陕交通枢纽。随着川陕公路开通，汽车运输成为军需商运的主要交通工具，其时大后方汽车运输管理划分为西北、西南两大片区，西北、西南运输公司都以广元为交接点，广元以北属西北运输公司管辖范围，广元以南属西南运输公司管辖范围。因战争的需要，广元的水陆运输变得十分兴盛，每天车船川流不息。抗战期间，一批东部工厂迁至广元，如大华纱厂、陇海机器厂、西北制造厂、雍兴酒精厂、蒸米厂、饼干厂等。重要的交通运输地位还使广元成为国民政府战略物资的重要储运中心。其

---

① 谭晓钟、邹一清、段渝：《强国兴川之梦：四川经济一百年（1901—2000）》，《中华文化论坛》2001年第3期。

时，西北、西南两大区域的商品和战略物资分别由川陕公路与嘉陵江汇集广元，储运分销。每天，各种战略物资和民生物资源源不断地通过汽车、骡马车和木船运达广元，进行南北转运。国民政府经济部农本局"福生广庄"从西北运来大量棉花储存广元，然后分运各地；资源委员会在广元设立办事处，负责从南向北转运外贸钨砂、砖茶。在广元集散的大宗商品主要有棉花、药材、土畜产品、日用品等。在此期间，广元的市行、货栈发展到10多家，专门经营为客代买代卖，代储代运；客栈和旅店则遍布全城。汽车运输公司停车场、骡马大车店从北门沿公路至"白家井"分布公路两边，规模最大的有裕泰丰汽车运输公司、惠民运输公司、良友商行等。省内外常驻广元的大客商有西秦帮（西北客商）、成都帮、重庆帮、赵镇帮、遂宁帮、保帮（阆中）、顺帮（南充）等，可谓万商云集，百业兴旺。工商业的发展促使金融业也出现大发展，抗战期间广元的银行、钱庄达14家之多，除银行、钱庄办理存放汇兑外，成都、重庆、顺庆、保宁等地城市"字号""庄客"也纷纷在广元开售汇票，自办汇兑。广元成为全国闻名的商埠，被誉为"小重庆"，与成都、重庆、万县并列为川中四大商埠[①]。

抗战时期，乐山也发展成为一个重要的工商业城市。《川南工商》载：乐山"居青衣江大渡河之总汇，当成都宜宾之中区，川中、乐西两公路次第完成，通车已久，出产以丝蜡为大宗，商之公司，工之场厂，咸萃于斯，贸易最为兴盛。省政府特定乐山为工业据点之一"。"岷江青衣江流域上下游的许多货物以此为集散地，著名的如峨眉之蜡、丝、黄连，雅安、洪雅之木、药材，新津、崇庆一带之油、麻、米，江津、犍为之酒，宜宾、南溪之糖，商业繁荣，实不在宜泸之下。七七事变之后，新兴的和迁来的许多工厂，已经把乐山变成了工业区。除原有的成嘉公路之外，川西、川中两公路，又先后完成。丝厂、绸厂共61家，多于抗战以前。出口亦较过去进步。嘉乐、正中两纸厂的出品，代替了外国纸，解决了纸荒的问题。焦油、干馏、水泥、织毛、制革、纯碱、瓷器各种有关国防民生的工业，生产日增或方兴未艾"[②]。抗战期间，乐山的文化教育也有长足发展。其间，国立武汉大学、国立中央技艺专科学校、江苏省立蚕丝专科学校（内附江苏省立蚕丝女子职业学校）先后迁至乐山城

---

① 蒲子问：《广元市场盛衰记》，《广元文史资料》第五辑，1992年。
② 乐山市档案馆藏：《川南工商》，1944年6月21日，特刊。

区。随后,四川省立乐山师范学校成立。这些对乐山教育和科技文化的发展有巨大的促进作用,对乐山城市近代化的进程产生了深远的影响。尤其是武汉大学的迁入促进了嘉州古城在文化、教育和科技方面的发展。

(四)解放战争时期巴蜀城市的衰落

巴蜀城市因抗战内迁而得到飞跃发展,但也同样因为抗战结束后政府机构、工矿企业、教育机构等回迁,特别是国内战争的爆发而受到严重影响出现衰落。

此一时期,巴蜀城市的衰落主要表现为城市经济的大幅下滑。如川北城市广元在抗战结束后,市场由盛转衰,货币贬值,一夜之间20元法币只能换1元"金元券",各类商号、企业纷纷倒闭,内迁公私厂矿、商人团体相继返回原籍,支援抗战的物资终止运输,商家、住户日渐减少,一些重要的企业也因为业务萧条、股东意见不合等原因而出现或迁或散的结局。不少抗战时期兴起的行栈,因老板和主要的经营者大多数不是广元当地人,故随着战争风云再起而多各回原籍,如广义生、华迈、新昌样、万源、广沥昌、复兴、群益、荣盛益等行栈先后散伙。特别是国民党挑起全面内战,广元军政当局也到处拉丁、派款,导致人心惶惶,商家更是无心经营。至解放前夕,广元已是一片萧条景象,全城仅存福昌隆、裕通、元丰3家行栈,全县工农业总产值也只有6340万元,人均160元[①]。

从史料记载来看,重庆的经济在1943年就呈现萎缩的趋势,衰退的信号就是民营工矿业产值和效益的滑坡。1943年末,重庆地区内324家大小机器厂,停工的有75家;18家铁厂有14家停炉,4家钢厂有1家停产,其余3家勉强维持生产[②]。原来多达37家的酒精厂,也停业2家,时开时停有1家,出卖或放弃牌照者的酒精厂占总厂数的三分之一[③]。嘉陵江煤业企业原有300多家,1943年底尚存186家,但其中有44家也停业,110家减产,能维持现状者仅36家,全区煤产量由每月8.4万吨降为7.56万吨,每月每吨折本8.24万元[④]。1944年,大后方工业总产值从上年的14.757亿元下降到了13.726亿元,增长指数为抗战以来第一次

---

① 蒲子问:《广元市场盛衰记》,《广元文史资料》第五辑,1992年。
② 《半年来空前的困难,机器业请求救济》,《新华日报》1943年12月9日。
③ 《工矿和工贷》,《新华日报》1943年11月16日。
④ 卓芬:《每况愈下的重工业的支柱——煤》,《新华日报》1944年2月11日。

出现负增长，达-10.8%①。据1946年初统计，重庆的内迁工厂中，有122家停业和东迁，其中以机器制造业为主，达98家；另有化学工业3家、纺织工业1家、电器制造业15家、钢铁业3家，其他企业2家。1946年下半年有"大批工业设备，从重庆运到下游的汉口、上海和沿海地区"。②

抗战结束后，内迁成都的大部分工矿企业、政府和学校等机构陆续返迁，城市人口减少，资金抽走，市场狭小，工业衰落之势无法阻挡。到1944年，成都市全年倒闭商号"三百余家"，其中以呢绒、丝绸、布及百货等业为甚，计占80%以上；此外，皮革企业歇业的也不少，"这一切都表示着商业衰落的深化"③。1945年抗战胜利后，内迁工厂准备返迁，成都物价狂跌，"对商业市场影响极大，各业均债台高筑，无力偿还负债，多有歇业之势，金银、匹头、百货等业损失尤其严重"④。最繁华的春熙路各大商家，都沿街摆摊，昼夜削价拍卖商品，归还借款，市场一片卖声，买主寥寥无几⑤。成都市商业进入全面萧条期。解放战争爆发后，由于国民党政府滥发纸币，很快造成通货急剧膨胀，市面游资充斥，物价大幅度上涨⑥。成都市因连日米价节节上涨，以致爆发群众聚集抢米事件⑦。到1946年6月底，全市原有之造纸、化学、染织、机械等80余家工厂中，已有18家倒闭，其余有三分之一歇业。战时纸烟业一度兴盛，工厂达到327家，倚之为生者约10余万人，1946年4月倒闭者达230家，失业者达7000之多，全市工商税仅达到预算的40%⑧。

1948年，《西方日报》报道："本市大小工厂117家，改革币制受到极大的损失，成品照限价出售，原料猛涨，无法买进，不得不采取减产、裁员两项紧急措施，'八一九'以来，平均减产三分之二，裁员三分之一。虽然如此，

---

① 郑友揆：《中国的对外贸易和工业发展（1840—1948）》，上海社会科学院出版社1984年版，第140页。
② 周勇、刘景修译编：《近代重庆经济与社会发展（1876—1949）》，四川大学出版社1987年版。
③ 刘吉丙：《三十三年四川之商业》，《四川经济季刊》第二卷第二期，1945年4月1日。
④ 《蓉市物价狂跌各业损失严重》，《黄埔日报》1945年9月12日。
⑤ 《民国时代成都金融实况概述》（中），成都市政协文史资料委员会编：《成都文史资料》，1988年。
⑥ 《民国时期成都金融实况概述》（下），成都市政协文史资料委员会编：《成都文史资料》，1989年。
⑦ 《蓉市千人抢米》，《建设日报》1947年5月6日。
⑧ 《成都市工厂经营状况》，《新华日报》1946年6月29日。

到现在仍是度日如年"①。成都市商业的发展并不以产业为基础，物价暴涨的趋势不能继续。随着商业投机对象的转移，物资来源的进一步减少，社会一般购买力后续愈趋低落，遂促使成都商业一蹶不振而走下坡路了。成都出现如此衰落的情形，甚至还出现了饥荒的状况。据报道，1948年4月，成都市饥民，手执红旗，上面写着"米价高涨，贫民无食"，到四川省政府请愿，要求救济，而且在成都县境和温江县境都发生了抢米风潮②。1949年，成都市干菜业的状况颇能说明各业的凋敝。《工商导报》的记者仲麟描述道：由于沿海城市与内地交通的中断，繁重的税捐，干菜业每家会员除了按月要缴纳几十元的营业税外，每半年还得缴纳所得税一次，"税额高的多达七百元"，导致干菜业商家相继关门倒闭，"剩下来的几家同业都只有苟延残喘了"，"在交通中断，税捐繁重，道德沦丧的今天，倒几家商店，似已司空见惯了，干菜业的困厄，不正是眼前工商业极度凋敝的缩影么。"③

乐山在抗战时期有印刷厂21家，至1949年只剩14家。乐山嘉乐纸厂曾为四川最大的造纸厂，1944年产量达32000余令，产品行销西南、西北各省，但1946年以后，由于大量学校、机关外迁，产品销路减少，产量急剧下降，处于勉力维持的状态④。

万县在抗战时期亦为巴蜀的一个重要工商业城市，但随着抗战结束和解放战争的爆发，万县城市日渐萧条，工商业经营遭到破坏，全市工业总产值至新中国成立前仅617万元。川北城市绵阳和德阳在抗战时期发展本就不显著，随着战争的再起，经济发展更是受到极大影响。1949年，绵阳的工农业总产值为3192万元，其中工业总产值为408万元，只有农业产值的11.6%，人均工农业产值仅85元⑤。德阳的情况更差，1949年全县的工业总产值只有511万元，其中手工业总产值436万元，占到85.2%，人均工农业产值只有40元⑥。

伴随城市经济衰落的同时，是城市人口的剧减。抗战结束后，大批入川人口开始返乡，仅1946年的头10个月就有50万人离开重庆。万县城市人口下

---

① 《本市大小工厂减产》，《西方日报》1949年1月24日。
② 《春荒袭击着四川》，《工商天地》第二卷第七期，1948年4月。
③ 仲麟：《干菜业风雨飘摇》，《工商导报》1949年10月28日。
④ 乐山市中区区志办编印：《乐山市志资料》，总第9～10期合刊本。
⑤ 《绵阳市志》，四川辞书出版社1999年版，第2、3页。
⑥ 唐超：《城市工业的发展和现状》，《德阳市中区文史资料选辑》第五辑。

降至10万人以下，城市发展几陷于停滞。另一方面，抗战期间迁移到巴蜀的工商企业、学校、机关陆续迁移回原籍，滞川人口也随之回流，成都人口由1946～1947年的72万余人锐减至1949年的60余万人。

二、城市文化的变迁

（一）城市教育文化的变迁

1895年，甲午战争以中日签订不平等的《马关条约》而结束。不少中国人如梦初醒，开始认识到中国的落后和世界的变化，要求改革的呼声兴起，在此背景下戊戌变法运动蓬勃展开。巴蜀地区虽然较为封闭，信息迟滞，但有识之士因之而觉醒，开始反思中国落后的原因，审视传统教育的弊端和重新评价西学的影响，要求进行改革，特别是进行教育改革，兴办学堂，培养新式人才。"自甲午一役，丧失割地，创巨痛深，士大夫始知人才消乏，而教育之宜亟也。于是科学思想一变而为学校思想。然犹兼营并骛，故教育影响尚微。"[1]1896年，四川总督鹿传霖在各方面力量的推动下于成都创办了巴蜀地区第一所新式学堂——"中西学堂"[2]。这打破了传统教育一统天下的局面，预示着20世纪巴蜀地区城市文化教育发展的新方向。

辛亥秋保路死事纪念碑（局部）

1901年8月29日，清廷发布上谕，宣布从次年开始改革科举制度，废除八股，改试策论。四川当局也迅速作出反应，川督奎俊称"现在时事日艰，自以培植人才是急，且川省风气未开，尤当藉此消拘墟，以通中外之情"[3]。为了发展新式教育，培养人才，1901年，川省选派首批官费留日学生22人，由候补知府李之元率领赴日，"入其国家工业堂肄业"，掀起巴蜀地区公派留学的热潮。据《成都通览》记载，到1909年，成都

---

[1] 《四川教育官报》，1909年，第一册，《论说》，第1页。
[2] 《前督部堂奎奏奖学堂教习所》，《四川学报》，1905年，第六册。
[3] 《前警部奎奏派学生赴日本肄业片》，《四川学报》，1905年，第二册。

留日学生共311名，宣统元年（1909）以前已完成学业和因事回国留学生共计152名，尚未回国的留学生人数为159人①。1902年5月，川督奎俊、四川学政吴郁生又联名上奏，筹办四川省城大学堂。1902年秋，岑春煊任川督，他认为"人才者，国家之元气，学校者，教育之根源。"故"公莅任后，首先注重学务"并采取了一些兴学措施：（1）设置学务处，派专员督办全川学堂事宜；（2）筹措办学经费；（3）推行新学制。

《钦定学堂章程》颁布后，川督岑春煊即按此章程对四川学务进行整顿。尽管岑春煊重视发展新教育，但是收效甚微，"急之则粉饰，缓之则宕延，徒有虚名，毫无实际"②。

1903年，锡良接任四川总督，他不仅把兴学看成是培养外文翻译人才和军事技术人才的工具，而且也认为"教育是陶铸国民之基"，具有开通民智、改革国家之功能③，故先后采取了一系列措施来推动新式教育的发展，如加强对学务的管理、设立新式教育机构、派留学以造就师资等。不久，清廷颁布《奏定学堂章程》，锡良立即根据新章，在全川推行新学制，发展新式教育，"改蒙学并为初等、高等两小学，而官办中学及高等小学、模范所系，并令照章兴设"④。科举制的废除和新学制的颁布，标志着旧教育制度的崩溃和新教育制度的建立，中国的教育进入新的发展阶段，巴蜀地区的新教育也由此获得长足进步。清末巴蜀地区的新式教育发展较快，具有多层次、多系列同步发展的特点，初等教育、中等教育、高等教育同步发展，普通教育、师范教育、实业教育、专科教育同步发展。这使巴蜀地区的新式教育出现蓬勃兴盛的局面，形成一个较为完整的新式教育体系，尤其是成都、重庆等重要城市成为新式教育的中心和新式人才聚集的基地。

1911年6月，成都爆发保路运动，随后迅速波及全川，点燃了辛亥革命的导火线。同年11月，成都独立，以尹昌衡为首的四川军政府，力图按照西方资产阶级模式来改造四川。他们十分重视新教育的功能，认为"人民程度视文化为等差，政治修明以育才为要义"，如不对民众"灌以文明之智识，内何足以参

---

① （清）傅崇榘：《成都通览》上册，巴蜀书社1987年版，第140~151页。
② 《总督部堂通饬各属照章程赶办学堂札》（光绪二十九年十月），《四川学报》，1906年，第三册。
③ 《锡良遗稿》第一册，中华书局1959年版，第520页。
④ 《锡良遗稿》第一册，中华书局1959年版，第520页。

议政治，外何足与世界竞争"①。"当此共和初成，教育最紧要，学务凋残至此极，若不极力挽回，前途何堪设想"，"故自民国肇兴，首即注重些点"②。因此，四川新政权从1912年春起，为恢复和发展新式教育，采取了一系列措施。

第一，改革教育行政机构，成立教育司。教育司设司长1人，次长1人，省视学8人；下设7科：会计科、图书科、总务科、专门科、实业科、社会教育科、教育科。1913年又增设教育股、语文股、数理股、博物股、美育股、史地股，从而形成分工较细、职能较全，具有近代性质的教育行政组织系统。

1927年成都华西坝钟楼

第二，采用民主的办法选举视学、校长。

第三，改革教育宗旨，改革教科书，施行新学制，明令各校废除忠君、尊孔旧教育宗旨，提倡国民教育，遵照南京临时政府的指令，颁布《普通教育暂行课程标准》，逐渐实现了对学校课程和教科书的改革。

第四，规定女子有同男子一样接受教育的权利。

20世纪20年代末到30年代初，巴蜀地区尽管处于军阀混战状态，但各大中小城市的新式教育仍然得到较快发展。此一时期，一方面受军阀混战的影响，社会经济遭到严重破坏，但另一方面社会亟须重建，社会经济的重建和发展则需要大批的各式人才，于是发展新式教育，尤其是发展中等以上的各种类型的教育成为十分迫切的社会需要。成都、重庆等城市相对较为安定，所受军阀混战影响较小，故而巴蜀各地大量学子纷纷到成、渝等城市求学，但这些城市中的公办中等学校数量有限，难以尽数接纳，故而私立中等学校如雨后春笋般涌现，成为这一时期巴蜀城市学校教育发展的一大特色。此一时期，教育还有一个突出的现象就是受到各种政潮的牵制，并受军人政治的影响。军阀混战时期，军阀把持一切，教育也不例外。各路军阀争相抢夺成都的控制权，成都的

---

① 《四川都督府政报汇编》，第66~67页。
② 参见《四川教育司文牍月刊》第四册，1913年。

统治者不断调换，导致教育当局和校长都以驻军长官的变换而变换，以驻军长官进退为进退。

1937年，全民族抗战开始，许多沦陷区的学校被迫往内地迁移。四川省成为抗战大后方。为了适应抗战的需要，四川当局对发展教育提出了三大目标：（1）谋原有基础之坚实；（2）培养民族精神，实施国防教育；（3）实施生产教育①。为实现以上目标，四川省当局实施了若干措施。

随着抗日战争的深入，外省迁移人口增多，重庆、成都等巴蜀主要城市的人口也不断增多，城市的地位变得十分重要，城市的政治、经济、文化教育功能进一步扩大。四川省当局及成都、重庆等城市的各界民众对迁川学校和学生给予种种帮助，从人力、物力、财力、舆论诸方面支持教育事业，使青年学生和教师的生活得以保障，让他们能继续学习和从事教育工作。抗战时期，办学条件十分艰苦，但在国家面临生死存亡的关头，各地学校广大师生的爱国主义精神得到高度发扬，坚持"抗战必胜"的信念，为争取民族解放，捍卫和发展祖国文化而奋斗。因此，抗战时期巴蜀各城市的各级教育得到空前的发展和繁荣。重庆的沙坪坝、成都的华西坝被称为"学校城"，成、渝两城成为战时中国后方的两个重要教育基地，为保存中国文化，培养抗战建国人才，争取抗战胜利和推动中国现代化的发展做出了重大的贡献。

社会教育作为学校教育之外的教育活动，是现代化的产物，也是城市教育的一大特色。它是适应城市劳动青年要求，利用业余时间接受教育的需要而产生的。"民国成立，于学校教育以外，加入社会教育。"②1912年，四川教育司成立，即专设社会教育科，下设宗教礼俗课、科学美术课、通俗教育课。四川教育司采取了几项措施发展以成都城市为中心的社会教育：

一是推广半日学校和夜课学校，主要招收年长失学、赤贫儿童③。

二是改良戏剧，成立戏剧改良会。"提学使、警察局、商务局又提倡商会所设之戏曲改良会，排演新戏以感染愚顽，成都之戏剧，遂一大变。"④

三是增设社会文化教育机构，如增设阅报室、成立图书馆等。

五四运动以后，国人日渐觉醒，越来越多的人认识到中国的问题与教育有

---

① 《四川省政府二十五年度教育实施纲要》，《四川教育》1937年创刊号。
② 舒新城：《中国近代教育史资料》上册，人民教育出版社1981年版，第230页。
③ 舒新城：《中国近代教育史资料》上册，人民教育出版社1981年版，第230页。
④ 参见（清）傅崇榘：《成都通览》。

着莫大的关系，故而推动四川平民教育运动。1924年3月16日，中华平民教育促进会四川分会成立，选举杨伯钦为会长。该会以实施平民教育，由近及远，使平民均拥有国民常识、世界眼光及人生真义为宗旨。该会成立即采取积极措施，推行平民教育，如成立平民读书处等。由民间发起的平民教育在社会上引起较大反响，对政府当局产生了一定刺激作用。部分官员也开始用行政力量来推动社会教育。成都市政公所为推动市政教育、促进城市文化发展，命各街区设立阅报社。市政公所还设立了通俗演讲所、通俗图书馆、陈列馆等社会教育机关。但是由于军阀割据混战，成都的社会教育发展困难重重。

1933年，四川军阀混战结束，川政统一。四川省当局开始积极推行社会教育，并以成都为民众教育实验区，一方面实施民众教育，一方面培养干部人才。

抗战时期成都成为战时大后方一个重要的文化教育中心，亡国的危机使社会各阶层的有识之士对发展社会教育更加重视。"我国自发动全面抗战以后，全国上下即深知要支持长期抗战，争取最后胜利，非动员全国民众一致努力不可，但要民众全体动员，参加抗战工作，又非特别注意民众教育不可。"[①]1938年，成都市按照国民政府的规定，积极推行战时民众教育，成立战时民教推行委员会，下设普及教育委员会、保教董事会。抗战前期，成都民教工作有一定程度的发展。1940年，成都市实行教育改革，推行政教合一的保教制度，设置镇保学校，将成人教育纳入国民教育体系之中，进一步向经常化、正规化发展。

抗战时期，成都的社会教育较战前范围更广泛、深入。除学校教育外，还开展了普及科学教育，扩建充实图书馆、博物馆，发展体育教育、电化教育、卫生教育等活动。

新式教育体系的建立，教育向大众化、普及化方向发展，逐渐改变了巴蜀各大中小城市居民的传统价值观念和行为取向，给城市带来了一种新的文化气息；新的社会风气逐渐形成，巴蜀城市封闭、保守的格局被逐步打破，市民文化素质也得到提高。

（二）大众传媒与新式通信的兴起

近代以来，大众传媒工具——各类新式报刊在中国沿海通商口岸城市兴起后，相继传入巴蜀地区。报刊的发展使新思想、新观念的广泛传播成为可能，

---

① 薛钟泰：《四川战时民教的回顾与前瞻》，《教与学月刊》第四卷，第11期。

并对新式消费生活起到催化、传播作用。20世纪30年代，报刊等大众传媒在巴蜀各地城市居民生活中的影响越来越广泛，它以特殊的方式制造舆论并引导舆论，对市民生活方式、思想观念转变起着推波助澜的作用。报刊成为抨击封建专制统治，宣传资产阶级政治、经济、文化主张，传播新思想、新文化的阵地，"带来了城市人口的习俗、情感和品格的变化"[①]。

抗战时期，成都文化界人士充分利用自身的优势，创办了种类繁多的刊物，刊物发行也得到很大的发展。据不完全统计，在抗战期间，成都出版的刊物总数在400种以上，有国民党驻蓉单位创办的刊物，如《黄埔周刊》《黄埔季刊》《广播周刊》等；有四川省政府各厅局办的刊物，如《新四川月刊》《县政月刊》《政教旬刊》《建设周刊》《四川建设》《四川统计》《四川教育》《四川学生》《国民教育》《国民教育指导月刊》《四川国民教育月刊》《新教育旬刊》等；有成都市政府的刊物，如《成都市月刊》《成都市政府周报》《成都市政府月刊》等；还有政治上依附于国民党的刊物，如《抗战与文化》《民间意识》《今日公论》《革命呼声》等；进步文艺刊物有20多种[②]，如《大声周刊》《星芒周报》《救亡周报》《星芒救亡联合周报》《抗战星期刊》《战时学生旬刊》《统一抗战》《金箭》《抗日周刊》《金沙》《大学》《文艺创作》《大义周刊》《战旗旬刊》《火炬半月刊》《笔阵》《戏剧战线》《挥戈文艺》等。这些刊物与共产党领导和影响下的报纸相结合，成为抗日救亡文化运动中的生力军、突击队和轻骑兵，对推动成都民众参加抗战起了重要作用。

报纸业方面，成都作为四川的省会和政治、文化中心，报业历来居四川之首。抗战时期，成都人民抗日热情高涨，各类抗日报纸蓬勃兴盛。当时仅次于陪都重庆，有近50家报纸。

书籍出版事业方面，抗战期间东部沿海的出版社大部分迁往后方，成都的出版业相应有了新的发展。商务印书馆、中华书局及开明书店在成都都设有分店，中共地下党及进步人士也积极开设进步发行机构，如《新华日报》成都营业处、生活书店、读书生活出版社、新知书店及联营书店等，这些书店都集中在祠堂街和陕西街一带，大都出版发行抗战进步书刊、宣传中共抗战方针

---

① [美]R.E.帕克等：《城市社会学》，宋俊岭等译，华夏出版社1987年版，第23页。
② 阙孔壁：《抗战时期成都地区的进步文艺刊物》，《抗战文艺研究》1986年第2期。

等革命思想。据不完全统计，从1937年至1945年，成都共开办此类进步书店30家，数量十分可观。与此同时，中间势力的出版企业也焕发了勃勃生机，遍地开花。据不完全统计，从1937年至1949年的12年里，在祠堂街及其紧邻的牌坊巷、半边桥街、陕西街、西御街一带，先后有120家新书店开业，形成了名噪一时的成都第三条文化街①。据国民政府发布了对全国十三个区出版图书的统计数字看，成都占全国比重为12.1%②，仅次于重庆、桂林，居全国第三位。抗战期间出现的出版业大发展，使成都一跃成为全国出版业的中心之一。

新式通信方式，如现代邮政和电话、电报的兴起，也对巴蜀城市文化与市民生活产生了重要的影响。近代以前，巴蜀地区对外交通极为不便，邮政通信主要依靠驿站和民信局。驿站以传递官府文书为主，以马作为传递工具；民信局则担负着传递民间私人信件的任务。1901年，英国人纽满奉海关总税务司赫德之命，在成都小十字街创办邮局，为川西近代邮政之始。到1909年，成都邮局初具规模，陆续增办了汇兑、保价信函和代收货价等业务。1910年，成都邮政分局扩大改组为总局后称四川邮务管理局，统管全省邮政业务。当时全年收寄普通、挂号、快递邮件的总数达到241704300件，包裹总件数达359400件，总重量达2399700公斤，开发汇票总金额达4173723元，兑付汇票总金额达3690509元③。同时，邮政局、所、信柜、邮站、邮路等也大量增加。"四川文明之进步，邮局实促助之"④。

巴蜀的电话事业兴于清末。19世纪电报、电话的发明和广泛使用，对人类产生了巨大的影响，使人类期待已久的远距离快速通信由梦想变成现实，有力地推动了工业革命的发展和人类生活的变革，并成为其后信息革命的先声。19世纪60年代，丹麦大北电报公司将电报水线敷设到中国海岸，其后又在上海、广州、香港等城市间架设电杆、敷设电报线。19世纪80年代，成都的电报业发轫。宣统二年（1910），川督赵尔丰以"省会城厢内外，幅员辽阔，居民众多，加之机关林立，商贾云集，尤非速为安设电话，不足以灵通消息，便利市民，于是由赵督令委沈燕诒为局长，会同周技师经营创设事务所，于宣统三年

---

① 成都市地方志编纂委员会：《成都市志·图书出版志》，四川辞书出版社1998年版，第3页。
② 项英杰：《出版业之发展及均衡分布论》，《出版界》第一卷，第四期，1944年5月。
③ 参见成都市邮电志编辑室：《我市第一个邮局的诞生和发展》，《成都志通讯》1990年第1期。
④ 参见（清）傅崇榘：《成都通览》。

成立成都电话局,此为本市电话事业之发轫"①。因电话通信成本高,使用费用远高于信件邮费,加之电话接线生使用巴蜀方言,与外省语言隔阂,因而大部分市民的通信方式还是依靠邮政,电话仍是少数人问津的奢侈品。民

民国时期成都的交通警察

国以后,电话逐渐开始普及,广泛用于军事和商业、新闻传媒。1915年,四川当局架设成都至汉中的线路,从而使成都与西安可直接相联系。同时重庆经綦江的电报线也延伸至贵阳,泸州至叙府的电报也延伸至云南昭通,成都与西南其他省区的联系进一步加强。四川省内的电报网也有所发展,形成了以成都和重庆为轴心的电报通信网络②。1917年以来,四川战祸频仍,政治失其常轨,逐渐形成军阀割据的局面,电政系统也发生紊乱,"各防区以内,电局依附驻军,自为风气,各不相谋,驯至线路窳败,业务颇废,几于不可收拾。"③四川省内的电报通信被分割成若干条块,成都至康定、成都至广元、成都至重庆的电报线路先后被迫中断,四川对外的省际通路也仅剩下汉口至重庆这条线路还能勉强维持。

(三)衣食住行等物质文化的变迁

近代以来,巴蜀城市文化也发生变化,特别是民国建立后,更是变化甚巨,"变俗之大者,莫大于殊徽号,易服色冠履间"④。服饰文化的变化是近代巴蜀城市社会习俗演变最为显著的方面。清代,清廷对各类人等的服饰有严格的等级规定,分官场服饰和民间服饰两种,服饰皆视经济地位、阶级地位、时令而有差异。19世纪末20世纪初,伴随洋货输入,"天赋人权、男女平等"学说,经"太平洋汩汩而来"⑤,极大地刺激了人们传统的生活观。尤其是辛

---

① 亚特:《铸造国民之母》,《妇女世界》1904年第7期。
② 《四川省志·邮电通讯志》,四川辞书出版社1993年版,第94页。
③ 《交通职工》第三卷第四期,1935年。
④ 《巴县志》,民国年刻本。
⑤ 亚特:《铸造国民之母》,《妇女世界》1904年第7期。

亥革命以后，人们观念为之一新，随着清代官服被废除，在服饰领域等级消费观念被人们抛弃，新的、自由的服饰理念在巴蜀各地城市兴起。男子剪辫，女子剪发、放足，使服饰出现多样性和多变性特点。民国初期，巴蜀各类城市一般男子仍然穿着长衫，但穿马褂者已逐渐减少，知识阶层和公务人员中开始流行穿中山装，成都附近的新繁县城"服公务者多用西装、中山装，年老者犹用中国式之服"[1]。女性的服饰也开始发生变化，如民国初年安县县城的妇女"衣服则好各种异色，现时有短裙，衣不逾腰者；有旗袍，长必至脚者，无一定式也"[2]。

重庆是开埠城市，故在四川开风气之先。民国时期，西装和中山装是"今士大夫、学生、工人及公家服务四十五岁以下者"的时尚衣服[3]。服饰已不再是社会等级的标志，而是社会职业和不同年龄者的象征。一些专门服饰如学生装、警察制服，以及旅馆、客店、浴室、理发店、茶社、戏影院、餐饭馆等行业的工作服饰也在各城市逐渐兴起。20世纪30年代，成都的高中男生服饰以麻色制服、黑色制服（夏季套白帽套）为主，腰扎皮带，裹黑色绑腿；女生冬季为蓝色或麻色短旗袍，夏季白制服配青裙、青长袜、青绊鞋，均佩校徽。1932年，四川大学规定学生的春季服饰为白色制服[4]。警察服饰则仿照欧美警察的式样，四个口袋，警笛插于左上袋，右角袋盖下，警笛绳端系于第二纽扣上并穿过扣洞绳端内藏[5]。工作制服的兴起，是近代巴蜀地区服饰向多样化发展的又一标志。

清代，一般男性市民"率冠毡帽，年老者喜戴小帽（即瓜皮帽）"。民国建立后，西式服装流行，"冠履衣饰，大为改张。于是男则冠遮阳帽及博士帽，小帽虽间有戴之者，而毡帽则罕见矣"[6]。重庆"冠服未改之前，前清冠式种种，今所存者小帽耳，式如瓜皮，或以纱或丝或绒。妇女冠履亦种种，今几变尽矣"[7]。民初，成都男性的帽子有各种冬帽、凉帽、小帽、杂式帽，帽子样式年年变更，不断翻新，"大帽多照京都新式，小帽多照苏杭新式"[8]。帽的

---

[1] 《新繁县志》，民国36年铅印本。
[2] 《安县志》，民国27年石印本。
[3] 《巴县志》，民国28年刻本。
[4] 《新新新闻》，民国21年3月1号。
[5] 成都市档案馆藏资料，93全宗2目录1508案卷。
[6] 《渠县志》，民国21年铅印本。
[7] 《巴县志》，民国28年刻本。
[8] 参见（清）傅崇榘：《成都通览》。

质地有丝、绒、绸、缎、呢、皮几种。上层人士多戴西式毡帽、呢帽和皮帽，中下层则多戴草帽。

清末民初，随着妇女放足，鞋子的式样也多了起来，"女靴女鞋，五色缤纷，罗列街市，与男鞋争消场矣"①。鞋有各式棉鞋、布鞋、绣花鞋以及靴鞋等；靴又有彩靴、素靴、绣花靴、朝靴、快靴之分。"近年大脚风行，鞋铺添出一种特别生意，专售放脚后所穿之靴鞋，蛮靴样小，颇觉可人"②。也有个别妇女，"本大足也，一经解释即天然之足色，乃偏自嫌足大，必多方掩饰，或大鞋留尖绣花"③，而"洋式皮靴，学生多用之"④。

19世纪末至20世纪，崇洋成为巴蜀百姓消费生活的一大潮流。只要是洋人的东西就觉得是摩登的。以妇女发饰为例：清代中期，巴蜀女性在发饰上较为讲究，小女孩多梳双辫，未婚女性梳长辫，扎红头绳，已婚妇女则挽发髻于脑后，别以金、银、玉、骨、竹、木等簪子，发饰较为简单，装饰品也逐渐减少。20世纪20~40年代，受电影明星烫发影响，巴蜀各城市的妇女开始喜欢烫发，以头发卷曲为时髦。新繁县城"近年妇女剪发、烫发，又效而成俗矣"⑤；巴县妇女也是"不惜重金烫发，矫揉旋卷以趋势时髦"⑥。从西方传入的化妆品、佩饰等也开始被巴蜀民众认识和使用。有人描述当时令人眼花缭乱的发型和佩饰时说："卷发如蚕，骄须作勾，手岂柔荑，必须金约，目非短视，亦用玻嵌，凿齿镶金，泽肌润玉，风尚所趋，贤者不免。舶来之品，光怪陆离，类多淫奇，无关实用。尤可异者，凤头莲瓣，亦列五都。女习日非，女红日坠，不仅广眉懒髻，垢面垂发，争为鬼饰，竞作服妖"⑦。

近代以来，巴蜀城市饮食文化也发生较大变化。一方面崇尚奢华的社会习俗继续保留并愈演愈烈，大宁县城民众日常所食不过"家常菜蔬，极丰不过鸡豚。惟俗尚宴会，喜延宾客，每召庖人治肴馔，辄用珍错。遇老幼生辰，戚友皆往贺祝，多留酒食，即家不饶裕者，亦勉强为之，盖习气然也"⑧。名

---

① 参见（清）傅崇榘：《成都通览》。
② 参见（清）傅崇榘：《成都通览》。
③ 参见（清）傅崇榘：《成都通览》。
④ 参见（清）傅崇榘：《成都通览》。
⑤ 《新繁县志》，民国36年铅印本。
⑥ 《巴县志》，民国28年刻本。
⑦ 《大宁县志》，民国13年刻本。
⑧ 《大宁县志》，民国13年刻本。

山县城"筵席旧颇简略，近时风尚豪侈，陆毛海错视为故常，君子不无象箸玉杯之感焉"①。清代中前期，巴蜀地待客多谓"九斗碗"，自"咸丰末，始有海参席，光绪中忽有鱼翅席，近又烧鸡、炙鸭、炮鱼、烩羊，挟妓征歌，当筵侑曲，是曰宦式浸淫，于乡亦夸多斗糜，力备山海之珍矣"②。"近则习为奢侈"，"有因事宴集，辄于餐馆中行之"③。

民国建立后，巴蜀地区政治动荡，军阀割据，人口增多，但川菜的发展并未受到限制，反而进入一个新的发展时期。近代川菜发展大致经历了以下几个阶段：清末民初，是现代川菜口味基本形成时期。清末士绅讲求革新，崇尚新学，川菜也获得大发展，兼纳百味，走向精细化、多样化，以麻辣见长的口味基本形成。防区制时代，川菜获得进一步发展。特别是防区制下的成都因成为各路军阀争相抢夺的城市，各军阀轮番进入成都，并从下江和川东等城市引进大量菜肴品种，使成都的川菜有机会兼收并蓄，花样翻新。抗战时期，现代川菜逐渐成熟。此一时期，由于大量外省籍人士来川，带来各省的菜肴烹制技术和方法，包括西式的油炸、生菜做法等，由此对川菜产生一定影响，推动了川菜的发展。

与饮食习俗发生急剧变化相比，近代巴蜀城市的居住变化虽然不明显，但在西方建筑文化的冲击下也有较大的改变，不仅部分城市出现了越来越多的西式建筑，而且居住环境也有所改变。不仅成都、重庆等大城市发生变化，一些小城市也有所变化。如名山县城旧式住房多为低矮的平房，但是"自变法后，观听一新，秀俊子弟留学通都大邑，负瀛海者日益众，于是层楼杰阁略相规仿"④。成都的传统民居分为数类，主要有官吏豪绅的府第、小康人家的宅院、一般市民的临街住宅，以及贫民的棚户等，各类住宅的功能和布局差距极大。官吏豪绅府第是清代成都最上层人士居住的住房，布局最为讲究。清末成都著名的府第有东珠市街的"李府"、方正街"大夫第"、忠烈祠北街"可园"、前卫街和崇庆县"杨遇春宫保府"以及暑袜街岳钟琪府第等。民国时期，府第演变成公馆，成为巴蜀各城市官员、豪绅的居所，公馆与北方的四合院大致相似，砖木结构，大门外左右八字墙，墙为灰白色，以墨画线作砖行。

---

① 《名山县新志》，民国19年刻本。
② 《广安州新志》，民国16年重印本。
③ 《新繁县志》，民国36年铅印本。
④ 《名山县新志》，民国19年刻本。

民国时期的华西协合医院的建筑

民国建立,成为巴蜀城市传统建筑发生转型的重要契机。民国建立后,西方建筑文化对中国城市建设产生了直接的巨大影响,在外国建筑师和规划师以及受西方建筑规划培养的中国建筑师和规划师的直接作用下,巴蜀各地城市出现了大量新式建筑:银行、学校、教堂、工厂、戏院等,公馆建筑也开始将传统的四合院与西式门面结合,特别是临街立面出现了中西合璧的独特风貌[①]。公馆逐渐接受西方的物质文明,在布局摆设和生活习气上向西方生活方式靠拢;公馆建筑也融合了一些西洋建筑的特点,纯中式的公馆向中西合璧式公馆演进;公馆的功能增加,作为旧式官僚身份地位象征的标志逐渐降低。新的技术和观念在结合本地气候、地理材料的条件下使公馆建筑在功能和形式上有了较大的发展,如刘文辉公馆、李家钰公馆、刘湘公馆等。民国时期,成都军阀林立,公馆成为各派军阀头目抢占的场所。保安处长刘兆藜占了"李公馆",军阀王瓒绪则买下了"唐公馆"。公馆成为旧的世家大族衰落和军阀兴盛的历史证据,记述着社会的变化。

巴蜀各地城市普通人家的住宅可以分为两类,一是稍微殷实的小康之家,多居住在宅院里,宅院多为二进式四合院;二是临街的居民大多居住在连排式、家连店、连家坊的砖木结构的房屋,也有把四合院临街大门及侧门修改成铺面的,或建成双挑两层小楼,形成前店后居、前店后坊的布局。民国时期,西洋建筑风格传入巴蜀,部分城市的普通居民的居住状况有了一些新的变化。采用西方设计手法,兴建了砖木结构平房和楼房住宅。如1914年华西协合大学的教职员的住所,就采用了新式的建筑方法修成楼房住宅。此类住宅,体形错落,四周花木掩映,引人注目,时人称"花园洋房"。

巴蜀城市中下层民众的住房最为简陋,除在建筑用料上采用砖木结构外,在建筑风格上则变化较小,传统民居仍然在近代巴蜀城市居民的住房结构中占绝大部分。部分城市贫民"住的房屋,土筑草盖,牛马同居,并且有树枝蓑草

---

① 庞启航、陈颖:《成都近代公馆初探》,《四川建筑》第二十八卷,第四期,2008年8月。

结成的房子"①。

近代以来，城市交通工具也发生一定变化，巴蜀城市的水上交通工具主要是木船，如四舱大小裢子船、大小南河船、五板船及各式筏子等。水上航线不同，船的种类也不同，船价也因此而不同。清代，从成都到重庆，裢子船价约60两至100两，南河船则30至40两，五板船20两，麻阳船80至90两。20世纪初，成都著名的码头有东门外大码头渡船、东门外望江楼渡船、漏贯子渡船、银家场渡船、安顺桥渡船等。长江、嘉陵江等河流沿岸城市的水上交通运输主要依靠各类木船。

清末民初，巴蜀各地城市的陆上交通工具主要有轿子、人力车、鸡公车（独轮车）。人力车于光绪二十五年（1899）传入成都，但因街道狭窄，路面坎坷，一直未发展起来，其他中小城市则几乎无人力车。鸡公车主要用于城外交通，进城则只许在街心石槽行驶，因而数量极少。除此之外，城市内部的交

1923年成都街头的独轮车（鸡公车）

通工具主要是人力扛抬的轿子，轿子有官轿、花轿和街轿三类；轿子盛行于清末民初，是步行时代城市的主要交通工具。民国以后，随着城市街道的建设和拓宽，人力车开始大规模发展起来，逐渐取代轿子成为城市居民的主要交通工具。但在一些小城市，由于城区半径小，活动范围有限，故而人力车很难发展，轿子仍然较长时期地保留。

20世纪20年代，全机械的交通工具——汽车开始引入巴蜀。1925年，成都长途汽车公司从上海购回福特和奥斯汀汽车9辆，使成都的交通出现了新的变化。1926年2月，成都已有汽车公司华达、达济、飞越、永安、肇成、东来等6家②。此外，官员、军队和工商业企业拥有相当数量的汽车。1926年11月统计，成都有私人汽车30辆，营业汽车15辆③。汽车作为一种昂贵的交通工具，其发展速

---

① 五木：《四川人之生活程度》，《鹃声》1905年第1期。
② 成都市政公所编：《成都市市政年鉴》，1928年印，第321页。
③ 《民间意识》第4年，第22～24期（94～96号），第177页。

度明显低于同期的人力车和自行车，在城市公共交通竞争中处于劣势。

除此之外，民国时期巴蜀各城市的交通工具还有板车、马车等，但它们大多作货运使用，不是城市居民日常使用的交通工具。

（四）休闲娱乐文化的变迁

"好游乐"是巴蜀民俗的传统特点。随着近代公共娱乐设施的出现和近代文化教育的发展，以及西方的文化冲击，巴蜀部分地方城市的现代娱乐方式日渐发展起来。

清代中期，巴蜀城市居民的娱乐方式主要集中在各种节庆和宗教节日的群体娱乐形式中，如看戏、逛庙会、灯会、花会等。传统娱乐形式重文，内容上重教化，风格上主静，无论游戏型、文化型的娱乐方式，还是节日型和锻炼型的娱乐，其文、静、教化的特征都非常突出。重庆作为开埠通商城市，最先受到外来风气影响，清代就多引进各种新式娱乐方式，"娱乐游戏之渐沿欧风者，蹴鞠、台球、网球、足球、弹子、游泳之戏，方法之属于动者也，足以练体健身，惟跳舞开场则奉令禁止"①。民国以后，西方现代娱乐方式在巴蜀主要城市较为广泛地传播，如跳舞、赛马、听音乐会、参观画展、打台球、打扑克、看电影等；同时传统娱乐形式在城市里改良，如川剧、曲艺等；此外，由于城市文化的发展出现了新的娱乐生活方式，如阅报、逛公园等。从总的趋势上看，巴蜀城市的现代娱乐大体表现为两个方面：一是文化娱乐的发展，二是休闲娱乐的发展。除成都、重庆等大城市外，在一般中小城市也较为流行，甚至地处边远地区的城市也多受影响。如叙永县城在民国初年兴设"公园、电影院、阅报室、图书馆"等；新繁县城"男妇老幼几无不工习"扑克牌等类游戏，亦有不少人使用"留影机"（照相机），保留生活的瞬间，从而使生活更加丰富多彩。

体育运动也是近代以后巴蜀城市中普遍兴起的一项休闲娱乐活动。"体育"娱乐活动最早出现在新式学堂的"游戏""技艺"等课程里。学校的新式体育娱乐活动很快引起了社会各界的广泛关注。1925～1926年，成都先后举行了全市的体育表演会、幼稚生联合游艺会、器械操表演会、自由竞走会、越野赛跑、田径比赛等。参加人员以"学生为最多，工人次之，士兵又次之"，其

---

① 何一民主编：《变革与发展：中国内陆城市成都现代化研究》，四川大学出版社2002年版，第894页。

以年龄以"十余岁之青年最多,二十余岁者次之"[①]。抗战时期,大批机关、工厂、学校迁往巴蜀,推动了巴蜀各地城市体育事业的新发展,极大地丰富了城市居民的休闲娱乐生活。体育娱乐活动成为近代以来城市居民良好的娱乐活动,最好的消遣方法,构成了城市居民现代娱乐生活的重要组成部分。

近代百余年间,巴蜀社会长期政治动荡,科学文化事业相对落后,因而使得新式娱乐活动不可能得到充分迅速的发展,故传统的娱乐生活方式在城市居民的生活中仍然占据着相当的位置。如20世纪中期,看电影、听音乐、游公园、阅览书报等新式娱乐活动虽然已成为巴蜀城市居民日常生活中的重要内容,但传统的看西洋镜、耍把戏、玩魔术等娱乐方式在下层民众中仍有相当的市场。

第二节　现代巴蜀城市的发展

一、巴蜀城市的曲折发展

从1949年四川解放到1978年十一届三中全会召开的近30年间,巴蜀城市进入一个新的发展阶段,但由于各种政治运动的影响,城市发展呈艰难曲折的状态。

新中国的成立,为巴蜀城市的发展带来了新的发展机遇。新中国成立前,巴蜀城市受到战争的严重影响,城市经济濒临崩溃。四川解放初期,共产党和各级政府采取大量措施来恢复经济、发展生产,重建城市社会秩序,各级城市逐步从战争的创伤中恢复过来。自1952年成渝铁路通车以来,宝成、川黔、成昆、襄黔铁路等交通主干道相继建成通车,打通了巴蜀地区向北、向南、向东的出省通道,长期制约巴蜀地区发展的"蜀道难"得到初步改善。与此同时,"一五"计划的实施,国家计划下的工业布点向四川倾斜,由此促进了巴蜀一批新兴工业城市的发展。

(一)新中国成立后巴蜀城市数量与规模的新变化

新中国成立后,巴蜀地区的城市政区发生新的变化。1950年,根据中共中央的决定设立西南军政委员会,驻重庆市,管辖四川、西康、云南、贵州四省及西藏。同时,又将四川省划分为川西、川东、川北、川南四个行署区,每一

---

① 成都市政公所编:《成都市市政年鉴》,1928年印,第425页。

行署区设立行政公署，分别管辖若干县市，参见下表。

表3-10　1950年四川政区表

行署	驻地	专区名	辖县（市、设治局）
川西行署区	成都市	温江专区	温江 成都 华阳 新都 郫县 双流 崇宁 新繁 崇庆 彭县 灌县 新津
		眉山专区	眉山 彭山 邛崃 蒲江 大邑 名山 青神 洪雅 丹棱 夹江
		绵阳专区	绵阳 绵竹 广汉 安县 德阳 什邡 金堂 梓潼 罗江 彰明
		茂县专区	茂县 汶川 理县 懋功 靖化 松潘
川北行署区	南充市	南充专区	南充 仪陇 南部 西充 营山 蓬安 岳池 武胜
		遂宁专区	遂宁 安岳 中江 三台 潼南 蓬溪 射洪 乐至 盐亭
		达县专区	达县 巴中 开县 宣汉 万源 通江 南江 平昌
		剑阁专区	剑阁 苍溪 广元 旺苍 江油 阆中 昭化 青川 平武 北川
川东行署	北碚市	璧山专区	璧山 巴县 永川 江津 綦江 铜梁 大足 合川 江北
		大竹专区	大竹 渠县 广安 梁山 垫江 邻水
		万县专区	万县 奉节 开县 忠县 巫山 巫溪 云阳 城口
		涪陵专区	涪陵 丰都 南川 长寿 彭水 武隆 石柱
		酉阳专区	酉阳 秀山 黔江
川南行署区	泸州市	泸州专区	自贡市（直隶行署区）泸县 隆昌 富顺 合江 纳溪 叙永 古蔺 古宋
		内江专区	内江 资中 资阳 荣县 仁寿 简阳 威远 井研
		乐山专区	乐山 犍为 峨眉 沐川 屏山 雷波 马边 峨边
		宜宾专区	宜宾 南溪 庆符 江安 兴文 珙县 高县 筠连 长宁 沐爱
西康省	雅安市	康定专区	康定 甘孜 炉霍 道孚 瞻化 雅江 稻城 理化 定乡 得荣 义敦 巴安 丹巴 乾宁 九龙 泸定 金汤
		雅安专区	雅安 汉源 荥经 天全 芦山 宝兴
		西昌专区	西昌 冕宁 越嶲 昭觉 宁南 德昌 会理 盐源 盐边 宁东 普格 泸宁
		昌都专区	昌都 白玉 德格 邓柯 石渠 同普 武成 贡县 察雅 宁静 盐井 科麦 察隅 恩达 硕督 嘉黎 太昭 泸渡

从上表可以看到，新中国成立初期划分的行政区划，仍然是一种以城市为中心的区域发展格局。

1952年9月1日，中共中央和政务院为了加强对西南各省的统一领导和有计划地进行经济建设，决定撤销西南军政委员会和四川省下属的四个行署区，改为实行以省辖市及专区。1953年3月，重庆市改为中央直辖市，撤销北碚市，并入重庆市。1953年底，四川省辖2个地级市（成都、自贡）、7个县级市（合川市、内江市、宜宾市、泸州市、五通桥市、万县市、南充市）。1954年2月，中共中央撤销了中共中央西南局。同年6月，重庆改为四川省直辖市。1955年10月，中共中央又撤销西康省，将原西康省金沙江以西的昌都地区各县划归西藏管辖，金沙江以东的各县并入四川省。1957年，撤销合川市，改为合川县。1959年3月，撤销雅安、五通桥两市。1964年底，四川省辖地级市3个、县级市5个。1965年4月，设立渡口市（攀枝花），为省直辖地级市。1976年设立绵阳、达县2市（县级），分别归所在地区管辖[①]。此一时期，巴蜀地区的建制城市数量较少，由于实行计划经济，因而县域经济的发展受到制约，县城发展缓慢。

新中国成立后，巴蜀地区建制城市的数量相较民国时期有一定程度的增长，但总体上仍然数量不多，此一时期巴蜀城市的发展主要表现在城市规模的扩大方面。由于工业化和城市的推动，各建制城市都有较大扩展。

1949年，成都解放时，城区面积为18平方公里。1954年，成都市制定了城市建设总体规划，该规划制定15年内成都城市规模人口为85万人，用地面积达80平方公里。"一五"期间，成都城市建设基本上是按此规划进行的。1958年，成都市对城市总体规划做了修改，主要是扩大城市规模，开辟了近郊的几个工业区。1963年，进入国民经济调整时期，成都市第二次对城市总体规划做了修改，压缩城市人口规模和用地面积，取消了西北郊和西南郊的工业区[②]。

1932年，重庆城区面积为47平方公里，1970年扩大为328平方公里。

1949年，自贡城市建成区面积为3.1平方公里，城市人均居住面积1平方米。1958年，自贡城市居民人均居住面积增加至4.5平方米；到20世纪70年代中后期，自贡城区面积增加到26.6平方公里，比1949年城市建成区面积扩大了

---

① 参见寿孝鹤等主编：《中国省市自治区资料手册》，社会科学文献出版社1900年版。
② 《当代中国》丛书编辑部：《当代中国的四川》（下），中国社会科学出版社1990年版。

8倍多①。

内江在新中国成立初期，县城面积不足2平方公里，有街道18条、巷道35条，建筑总面积仅77.1万平方米，全城仅中国银行、建设银行的两幢建筑为四层，其余建筑均低矮陈旧，既无现代公共交通，也无公共园林。1958年，内江为适应城市建设大发展的需要，进行了第一次城市规划，初步制定了城市建设发展的基本目标，决定城市建设以改造旧城为主，逐步向郊外延伸，兴建新区。在建设新区的同时，注意了房屋住宅、市政道路、商业文化设施、公共事业相互间的配套关系。城市建设朝着有序、协调的方向发展。20世纪60年代后期，一批省属厂和建筑安装单位迁来内江，带来新的建筑施工技术，故进入70年代后城市建设有所发展，新建房屋由过去的二、三层发展到四至六层，公共交通增至十条线路，环境卫生设施有所更新。20世纪70年代末至80年代初，内江城市建成区面积为8.27平方公里，占全市总面积的6.68%，相当于设市初的4倍，城市人均占地53.7平方米②。

宜宾市在解放后，随着经济建设的迅速发展，城市建设步伐也在逐步加快，旧城改造成绩突出，大大改善了城市居民的居住条件和生活环境。1950年规划动工修建了近4.7万平方米的人民广场。1956年，宜宾市政府制定了第一次城市建设规划，规划建设以大观楼为中心的主城区。1959年，宜宾市的城市规划列入四川省城市建设计划③。宜宾市经过新中国成立后30余年的发展，至改革开放初期，已经形成五大城区组团：其中市中区面积为2.63平方公里，人口9.76万，是政治、经济中心；南岸区位于长江、金沙江南岸，宜珙铁路线以北，建成面积1.15平方公里，人口1万人，是大型工业建设项目区和水陆联运码头；旧州区位于岷江北岸，建成区面积1.8平方公里，人口2.3万人，是机械、酿酒工业区；白沙区位于长江北岸，建成区面积0.9平方公里，人口2.16万，是电力、造纸、化工为主的工业区；天池区建成区面积1.8平方公里，人口2.37万人，是科研文教区④。

新中国成立后，由于战争结束，工业化、城市化出现加快发展的态势，各地区的城市人口呈现稳步增长的态势，详见下表。

---

① 参见自贡市地方志编纂委员会编纂：《自贡市志》（上），方志出版社1997年版。
② 参见内江市市中区编史修志办公室编：《内江市志》，巴蜀书社1987年版，第111~112页。
③ 四川省统计局编：《四川地县经济1978—1987》，西南财经大学出版社1988年版，第383页。
④ 宜宾市地方志编纂委员会编纂：《宜宾市志》，新华出版社1992年版，第483~484页。

表3-11　新中国成立前后四川主要城市的人口变化表

城市	城市人口数（万人）						
	1943年	1949年	1953年	1957年	1965年	1970年	1975年
成都	44.1	61	58	94.6	116.2	115.5	118.3
重庆	92.3	78.7	124.8	161.3	168.9	165.6	165.5
自贡	21.5	15.9	15.3	21.2	24.5	27.7	28.6
万县	11.3（1931）		8.9	10.5	9.7	10	10.7
内江			7.2	10.1	12	13.6	14.1
泸州		12.66	11.7	14.9	17.2	17	18.5
宜宾	4.08（1934）		8.54	13.5	13.7	15.3	16
南充		6.04	7.92	11.4	11.8	12.4	12.3
绵阳		7	4	7.16	9.44		

资料来源：民国时期资料来自于李世平、程贤敏等主编的《近代四川人口》；解放后的数据来自《四川省志·城建环保志》附表。

表3-12　1949~1978年巴蜀三大城市的规模变化表

城市名称	城市人口	规模等级（民国）→规模等级（新中国成立后）
成都	100万以上	中等城市→大城市→特大城市
重庆	100万以上	大城市→特大城市→大城市→特大城市
自贡	20万~50万	中等城市→小城市→中等城市

从上述两表可以看到，新中国成立后的20多年间，巴蜀城市人口呈稳步增长的态势，随着城市人口的增长，城市规模等级也发生了较大的变化。1953年，巴蜀地区仅有重庆市人口超百万人，为特大城市；另外，成都作为四川省的省会，城市人口也仅58万人，从而形成了成都、重庆双中心区域城市体系；巴蜀地区一直缺乏中等规模的城市，除成渝两城市外，其余各城市均为小城市。直到"文化大革命"结束时，巴蜀地区的城市规模结构才发生一定的变化，即特大城市增加为两个，这对改革开放以后巴蜀区域经济的发展奠定了重要的基础。

此一时期巴蜀城市人口规模的变化受到政治运动的严重影响。1949~1960年的11年间，巴蜀地区城镇人口净增597.9万人，每年平均增加54.3万人，年递增率达11.8%。1960年城市化水平达到12.7%。然而1961~1977年的16年间，城镇人口仅净增131万，平均每年只增加8万余人，年平均递增率为0.1%。在这16年间，其中有6年巴蜀城镇人口数量比上年都有所减少，主要与三年自然灾害期间大量进城工作的农村人口被压缩返乡，以及"文化大革命"期间城市知识青年上山下乡有着直接的关系。

（二）新中国成立至"文化大革命"巴蜀城市的发展与特点

新中国成立后的数年间，由于党中央采取了正确的方针政策，使国民经济很快得到恢复，并开始了第一个五年计划，工业化、城市化进入一个新的发展阶段，巴蜀城市也出现快速发展。但随之而来的"大跃进""文化大革命"等政治运动，对中国经济造成了巨大的影响，巴蜀城市的发展也呈现曲折发展态势。

1. 新中国成立初期巴蜀城市的稳步发展

首先，城市经济得到恢复发展。四川解放初期，经过剿匪、清匪反霸、减租退押和镇压反革命、土地改革等一系列群众运动，并在城市中配合采取制止通货膨胀、建立国营经济、扶持私营工商业、修公路等多项有利经济发展的措施，经过多方面的努力，四川的国民经济得以快速恢复。

1953年，国家实施"一五"计划，由于对西部地区采取倾斜政策，四川的城市工业得到迅速发展。"一五"计划时期国家重点建设的156个项目和694个限额以上项目，分别有6个和16个布置在四川的几个重要城市，在此期间，国家对四川基本建设的投资共18.24亿元，占全省基建投资总额的68.1%[①]。新中国成立前，四川的工业主要集中在长江、嘉陵江、岷江、涪江沿岸的主要城市，特别是集中在重庆和成都两个最主要的城市。1942年，重庆拥有全川工厂总数的63.7%，南充、三台、遂宁、乐山有部分棉毛纺织企业，自贡、五通桥有部分化学工业及井盐企业，内江、资中建有部分半机械制糖和造纸企业，宜宾有少量的造纸企业，江北、南川、犍为、乐山、威远等有一些近代采煤企业，綦江、威远、彭水则创办有近代铁矿采掘企业，盆地西北的广大地区工业甚少，仅成都有10余家纺织、造纸、电线、机械修理、面粉等中小型企业。新中国成

---

① 邓力群等主编：《当代中国的四川》（上），中国社会科学出版社1990年版，第69页。

立后，四川工业布局开始向川西平原和川西南资源地区推进，但工业布局的重点仍然在成都、重庆两大城市。重庆市主要是对重庆钢铁公司、重庆水泥厂、綦江齿轮厂，以及一批纺织工业企业进行改造扩建，同时新建了重庆机床厂、南桐工业区等。全国156项重点工程中电子工业项目共9个，其中有4个项目安排在成都。此外，成都兴建的大型项目还有：全国三大工具厂之一的成都量具刃具厂、以生产化肥为主的四川化工厂，以及成都机车车辆厂、成都木材综合加工厂、四川制药厂等骨干企业和其他一些国防工业企业[①]。通过"一五"计划时期的大规模建设，成都、重庆等城市分别成为综合性的工业基地。

其次，巴蜀地区大力进行交通建设，促进了城市之间、城市与乡村之间的互动，并推动了城市的发展。

1952年，成渝铁路通车，开辟了巴蜀交通历史的新纪元。其后，宝成铁路、川黔铁路等交通主干道相继建成通车，打通了四川向北、向南、向东的出省通道，"蜀道之难难于上青天"的状况开始改变。1954年，川藏公路建成，为四川西部的甘孜地区社会经济发展创造了有利条件。从成都通往阿坝地区的成阿公路，从宜宾通向西昌的宜西公路，也在"一五"时期建成。这两条公路的建成，对阿坝藏族羌族地区和凉山彝族地区的开发与建设极为有利。水运方面，从1953年起，川江航道工人分期分批整治险滩，炸除礁石，使航道条件逐年改善，为运输船舶扩大拖载量和日夜航行创造了条件[②]。

随着新中国的成立，经济的复苏和社会秩序的稳定，大规模的旧城改造和建设也相继兴起，从而使巴蜀城市旧貌换新颜。

20世纪50年代初，四川各地城市结合重点项目建设对旧城进行了改造。如成都市解放的时候，市区仅有街灯800盏，街道大部分是泥结碎石路面，市区房屋建筑面积只有640万平方米，众多贫民搭棚居住。解放后，成都进行了人民南路、人民北路、新华书店、百货大楼的建设，同时结合棚户区的拆迁安置，建设一些居民区，如成都新一村、新二村、工人村等。重庆市进行了学田湾人民大礼堂的建设。南充则进行了人民路建设。

这一时期，四川城市化水平也随着工业化的推进而不断提高。从1949年到1960年，四川的城市化水平提高了8.4个百分点，城镇人口由246万人增加到

---

① 《四川省志·综合管理志》，方志出版社2000年版，第182页。
② 《四川省志·城建环保志》，世界知识出版社1999年版，第56页。

843.9万人,年平均增加54.3万人,年递增率达11.8%[①]。

2. "大跃进"时期巴蜀城市的曲折发展

"大跃进"时期,巴蜀城市同国内其他城市一样,进入了曲折发展阶段。突出表现为城市经济建设因短期的冒进而最终严重受挫,同时"城市化"进程也因人为的加速而最终受阻后退。

1958年至1960年间,中国共产党在全国范围内开始的"大跃进"和"公社化"运动,是在中共八届三中全会及其以后不断地错误批判1956年反冒进的基础上发动起来的,是"左"倾冒进的产物。

1958年5月,中共八大二次会议,正式通过了"鼓足干劲、力争上游、多快好省地建设社会主义"的总路线。从中共高层的主观意图来讲,制定总路线的出发点是要尽快地改变我国经济文化落后的状况,但中共中央高层领导人对社会主义经济发展规律和中国经济的基本情况认识不够,忽视了中国当时的国情,忽视了客观经济规律,忽略了当时中国基本国力还很薄弱的国情。"一五"计划期间取得的成就,使他们在胜利面前滋长了骄傲自满的情绪,急于求成,夸大主观意志和主观努力的作用,因而轻率地提出总路线,并急于求成地发动了"大跃进"运动。"大跃进"运动就是要在生产发展上追求高速度,以实现工农业生产高指标为目标。全国各地、各行业都普遍强行要求工农业主要产品的产量成倍、几倍,甚至几十倍地增长。"大跃进"运动在建设上追求大规模,提出了名目繁多的全党全民"大办""特办"等口号,如全党全民大炼钢铁、大办铁路、大办万头猪场、大办万鸡山等。由于各地制定的各种不切实际的目标和口号,推动基本建设投资急剧膨胀,3年期间基建投资总额高达1006亿元,几乎比"一五"计划时期基本建设总投资高出1倍。不切实际的高指标,必然导致瞎指挥盛行,浮夸风泛滥,其结果就是经济发展严重受挫,带来一场空前的经济灾难,造成大批人口非正常死亡。

"大跃进"和"公社化"运动使四川城乡建设遭到严重挫折。到1960年底,"大跃进"期间积累的种种问题,已经极端尖锐。1960年,冶金工业和机械工业总产值较1957年分别增长2.8倍和2.6倍,食品工业则下降12.5%,日用生活必需品如灯泡、肥皂、火柴、保温瓶等的产量都大幅度下降。"大跃进"运动的3年期间,各类企业都盲目追求产值,计划与市场脱节,设备超负荷运

---

① 刘洪康主编:《中国人口》(四川分册),中国财政经济出版社1988年版,第199页。

转，管理制度废弛，加之大批小企业设备陈旧、工艺落后，造成大量工业产品的品质下降，产品滞销积压，之后不得不降价销售或报废处理，其造成的损失占3年积累资金的59%、财政收入的56.8%。同时，市场供应极度紧张，1961年市场零售物价上涨23.7%，上涨幅度为四川解放以后10余年间最大值。而唯一能够支持工业经济摆脱困难的农业经济，也陷入难以摆脱的困境。1958年，成都的"大跃进"运动全面展开。3年的"大跃进"给成都市国民经济带来许多问题和困难，大办钢铁损失上亿元，人民的吃、穿、用品奇缺，生活水平大幅下降，工业需要的原料、材料、燃料也十分紧张，工厂常常停工待料，部分企业发生亏损，农业也大幅度减产[1]。重庆推行"以钢为纲，全面跃进"的结果是国民经济全面倒退。1962年与1957年相比，工业总产值由16.62亿元下降到15.45亿元，下降7%。其中，轻工业产值由9.29亿元下降到7.57亿元，下降18.5%[2]。

1959年起的连续3年间，四川农业遇到了比较严重的自然灾害，在人为因素的共同作用下，受灾面积最大时达到80个县，连续受灾时间最长约5个月。1961年，四川工业生产全面下降，工业总产值从上年的96.2亿元猛跌至52.37亿元。从1961年下半年起，四川开始局部经济调整。1963年8月，四川的经济才开始全面好转[3]。

在"大跃进"运动的影响下，中国的城市化也一度出现了"大跃进"。各地城市政府受到大干、快干口号的影响，急于改变城市面貌，不顾城市自身的财力，也不考虑城市的承载能力，加快推进城市化的高速发展。一些城市出现大拆大迁现象，后因经费困难，长期建不起来，如德阳、绵阳、江油等城市在此一时期的城市建设超负荷运行。另外，在"大跃进"运动中，一些城市大办街道工业，但这些街道工业基本上是利用旧有房屋因陋就简办起来的，工业生产与居民生活混杂，给城市环境增添了若干问题[4]。成都市在"大跃进"时期，受"左"的指导思想影响特别严重，城市建设热衷于追求高速度、高指标。1958年，成都市对城市总体规划作了修改，主要是扩大城市规模，开辟了近郊几个工业区，并强求"对称、笔直"的道路系统。不少新项目强行上马，

---

[1] 杨超等主编：《当代中国的四川》（上），中国社会科学出版社1990年版，第14页。
[2] 杨超等主编：《当代中国的四川》（上），中国社会科学出版社1990年版，第58页。
[3] 杨超等主编：《当代中国的四川》（上），中国社会科学出版社1990年版，第102页。
[4] 《四川省志·城建环保志》，世界知识出版社1999年版，第56页。

"边设计、边准备、边施工"，"边基建、边试制、边生产"。由于发展目标不断升级，计划一再被冲破，施工程序也被打乱，因而不少工程质量得不到保证；此一时期的基本建设战线越拉越长，投资失控，交通运输、材料供应和劳动力安排都异常紧张，技术准备异常不足。在"先生产、后生活"的口号下，四川省和成都市把资金集中用于扩大生产设施方面，城市基本设施被迫让路。另一方面，城市人口随着工业跃进激增。1959年，成都城市人口超过总体规划的远期规模而达到90余万人，次年迅速突破100万人大关，3年净增加了30万人，城市的基础设施远远落后于人口增长的速度，无法满足城市居民的基本生活需要。重庆市在"大跃进"运动中也步成都的后尘，城市人口急剧增长。1960年底，重庆全市工业、基本建设和交通运输系统的职工比1957年底增加了34.4万人。这不仅造成了城市供应的紧张，而且减少了农村劳动力，大大加重了农村对城市的负担。同时，基本建设战线又拉得太长，物资供不应求，物价高涨，严重影响了城乡人民生活。1961年，据重庆市统计局调查，职工家庭实际收入为每人每月15.86元，但实际支出为每人每月16.48元，出现入不敷出的现象。

3．三线建设时期，巴蜀城市工业出现快速发展，由此推动城市的建设

20世纪60年代中期，中国面临的国际环境极为险恶，为了应付可能到来的战争，毛泽东做出了一个重大战略决策，就是搞三线建设。三线建设，一方面使中国有一个相对安全的战略后方，另一方面也要形成中国的威慑力。从1964年开始，中国政府在中西部地区的13个省、自治区进行了一场以战备为指导思想的大规模国防、科技、工业和交通基本设施建设。三线建设是中国历史上又一次大规模的工业迁移过程，其规模和影响可与抗战时期沿海工业内迁相提并论。出于应对战争的需要，三线建设所建工厂选址原则为"山、散、洞"，因而相当部分工厂企业的建设地点都太过偏僻，这种建设方式对企业的建设和发展造成了严重的浪费，并制约着这些企业的发展。但是三线建设也成为中西部地区工业化的重要助推器。四川从1965年开始开展大规模的三线建设。据统计，三线建设头3年，四川基本建设投资总额共71.15亿元，其中国家预算内投资即达66.7亿元，占总额的93.7%，占全国基本建设国家预算内投资总额的14%。随着三线建设的全面铺开，重庆建设了常规兵器工业基地，包括五机部新建和迁建的56个项目，还包括常规兵器工业配套所需要的国防化学工业项目的建设。成都新上了无缝钢管厂、四川第一棉纺织印染厂等骨干项目。在宝成线上，安排建设了以德阳第二重型机器厂为主的德阳工业区；在绵阳，安排建

设了一大批电子工业；在江油安排建设了长城钢厂、江油水泥厂、江油矿山机械厂等大型企业；新建了包括青川、旺苍在内以电子工业为主的广元工业基地。成渝交通线上的重要城市内江，新建了内江机床厂、内江锻压设备厂、内江棉纺厂等大中型企业；简阳、资阳新建了四川手扶拖拉机厂、资阳内燃机厂等骨干企业；大足新建了四川重型汽车厂；川南重镇泸州、自贡建设了泸州天然气化工厂、自贡鸿鹤化工总厂、邓关盐厂等企业，开始形成川南工业区。另外，还在省内一些重要城市新建了峨眉水泥厂、峨眉铁合金厂、眉山车辆厂、东风电机厂、长江起重机厂、长江挖掘机厂等一批重点骨干企业。自贡市随着东方锅炉厂、硬质合金厂、高压阀门厂、东新电碳厂、长征机床厂等一批大中型企业的建设，摆脱了单纯以制盐为主的产业结构，成为四川当时规模仅次于重庆、成都两市的又一个工业中心。特别值得一提的是，随着攀钢、攀矿和与之相配套的一批工业企业的建设，一个新兴的钢铁工业城市——渡口市（1987年更名为攀枝花市）出现在金沙江畔。此外，在三线建设时期，一大批军工企业、造船工业在涪陵、万县、雅安、乐山、南充、达县、西昌等地建立，新建了华蓥（后改市）、白沙、金口河三个工农区和一批小城镇[①]。

三线建设，从根本上改变了巴蜀城市工业基础薄弱的情况，为城市的发展带来了新的动力。从广元到绵阳一线的核工业、电子工业、冶金工业、电力工业等大中型企业和重要的研究院所，大多是三线建设时期布点建设的；乐山、宜宾、雅安和南充等市地的产业形成和经济基础的建设无一例外地得益于三线建设[②]。地处少数民族地区的西昌以"中国航天城"而闻名中外，德阳、广元、自贡、乐山等城市也由于三线企业的建立而经济实力大大增强，参见下表。

表3-13　1952~1975年四川部分城市第二产业增加值指数　（1952年=100，单位：%）

市地州	1952年	1957年	1962年	1965年	1970年	1975年
攀枝花	100.0	182.9	191.5	5215.2	26018.0	35142.3
绵阳	100.0	164.7	143.8	178.8	269.5	690.1
德阳	100.0	160.4	81.8	231.1	547.9	877.1

---

① 《四川省志·综合管理志》，方志出版社2000年版，第183页。
② 辛文：《三线建设与四川产业基地的形成》，章玉钧总主编：《共和国五十年四川文史书系·三线建设铸丰碑》，四川人民出版社1999年版，第79页。

续表

市地州	1952年	1957年	1962年	1965年	1970年	1975年
广元	100.0	192.9	183.5	280.9	495.4	732.4
乐山	100.0	236.0	149.9	264.4	665.1	1459.6

资料来源：四川省统计局等编《四川五十年》，中国统计出版社1999年版。

三线建设时期，四川的工业化水平虽然有较大的发展，但城市化水平却停滞不前，滞后于工业化。分析原因主要有以下三个方面：一是大多数城市重视发展重工业，忽视发展能够吸纳较多劳动力的轻工业和第三产业，而"超前发展"资本密集型的重工业在吸纳一般劳动力方面的能力较弱；这些重工业企业的工人大多是从外省调来的，虽然对提高四川的城市化总体水平起到一定作用，但对四川农村人口城市化却贡献不大。二是三线企业的选址因为备战的需要多数都不在城市，而是执行"靠山、分散、隐蔽"的方针，选址在与城市相距较远的山区，因而企业与城市分离发展，故这些大型企业对四川城市化的拉动作用也就相对有限。三是三线企业在生产上"小而全"，在生活上"小社会"；各企业形成相对独立、封闭性极强的小社会，企业职工与外部社会极少交流，"造成人际关系亲缘化"[①]，进而阻碍了城市化的发展。

渡口市是三线建设的产物，也是受三线建设影响最大的城市之一，同时也是这个时期少有的城市化发展迅猛的城市。1965年渡口市开始建设之前，当地曾是不毛之地。1965年，从全国各地而来的4万多名建设者汇聚金沙江畔开始建设渡口新城，从而使渡口市的非农业人口的比重迅速攀升至34.52%。1965～1978年，渡口市的行政区划不断扩大，人口总数由1965年的8万人一跃至1978年的40多万人，但非农业人口却占总人口的45.99%[②]。同一时期，四川的重要工业城市绵阳、德阳和乐山城市等城市人口仅10万～20万人，由此可见渡口市的嵌入式城市化十分明显。

三线建设时期，巴蜀地区交通条件得到相当程度的改善，城市发展具备了更好的外部条件。从1966年到1978年，重庆的交通运输条件有了很大改善。除航空和公路外，先后还建设了三条铁路干线，成为西南地区铁路运输的重点枢

---

① 祝慈寿：《中国现代工业史》，重庆出版社1990年版，第476页。
② 《攀枝花市志》，四川科学技术出版社1994年版，第129页。

纽。德阳作为重工业装备城市和宝成线上的重要车站，铁路运输和公路运输在这一时期也发展很快。1966年，德阳购得第一辆解放型客车，结束了境内只有过境客运汽车，无专门营运车站的历史，此后德阳的公路汽车营运线路和客运量不断增加（参见下表）。1966年乐山王浩儿大件码头的兴建，和1970年成昆铁路建成通车，使乐山地区的交通条件得到较大的改善，特别是公路交通运输发展较快，1960年乐山地区的公路通车里程为1776公里，货运周转量为7138万吨公里；到1976年，通车里程达4200公里，货运周转量上升到10227.98公里[①]。

表3-14　20世纪60～70年代德阳汽车客运情况表

年份	车辆合计（座辆）	客运量（万人次）	周转量（万人公里）
1965	—	6.1	12.1
1973	96/4	18.46	334
1978	544/8	61.9	1320.4

资料来源：《德阳县志》，四川人民出版社1994年版。

三线建设开始不久，"文化大革命"爆发，巴蜀地区大部分城市在经济发展、城市化水平、城市建设上均出现了严重的倒退。

"文化大革命"给中国带来了巨大的灾难，巴蜀地区是"文化大革命"动乱较为突出的地区，长时期的武斗，使已经全面开展的三线建设基本陷于停顿，不少国家重点建设项目因此而拖延了工期，损失了大量的资金和宝贵的时间。1967年下半年，成昆铁路沿线工地发生武斗，工程基本陷于停顿状态。成昆铁路建设延误2年，损失资金7.3亿元。西南地区当时兴建的最大的发电厂——宜宾火力发电厂在发生武斗后，工地指挥机构完全瘫痪，整个工程延误了3年。三线建设重点项目长城钢厂，由于部分人"造反"，使生产瘫痪，成为四川当时有名的"老大难"单位之一。四川的工业总产值从1967年的71.34亿元下降为1968年的44.88亿元，下降37.1%，比"文革"开始的1966年则下降48.3%[②]。

[①]　《乐山市志》，四川辞书出版社1989年版，第12页。
[②]　《当代中国的四川》（上），中国社会科学出版社1990年版，第156页。

"文化大革命"期间,由于无政府主义大肆泛滥,城市建设受到很大的冲击,在大、小三线建设中,资源分散的观念占主导地位,发展城市特别是发展大城市的主张受到批判,因而巴蜀地区的城市发展甚慢,不少城市只能在旧城的基础上加大建筑密度。总体说来,巴蜀地区城市面貌变化不大。此一时期,由于极左路线的影响,大批官员、职工和学生被下放到农村,出现了逆城市化现象,城市人口数量减少,城市水平不增反降。1977年,四川全省城镇人口为790.3万人,仅比1961年777.2万人净增加13.1万人,年平均增长0.82万人;城市人口增长低于城市人口的自然增长率,表明此一时期出现了逆城市化现象,城市化水平从1960年的12.7%降至8.2%。

二、巴蜀城市的快速发展

1978年,中共十一届三中全会的召开,犹如滚滚而来的隆隆春雷,结束了"文革"梦魇,巴蜀城市迎来了经济建设、文教振兴的春天。1978年至2006年的28年间,巴蜀城市在城市基础设施建设、管理制度改革、生态环境建设上取得了很大的成绩,城市化水平由1978年的8.4%稳步提高到2006年的34.3%。与此同时,川西高原城市也获得了快速的发展。

(一)改革开放后巴蜀城市的规模变化与空间分布

改革开放以后,经济建设成为工作的重点,改革的重点逐渐从农村转移到城市,城市成为发展经济的中心。加强城市建设,推进城市化成为新的发展趋势。1979年7月,四川设立西昌市,同年11月设立乐山市,两市均属于县级市,由所在自治州、地区管辖。1983年3月,升泸州市为地级市;是年8月,设德阳市(地级);同年9月,增设涪陵、雅安二市(县级)。1983年底,四川省共有建制城市16个,其中有6个地级市、10个县级市。1985年2月,撤销华蓥工农区,设立华蓥市(县级),升绵阳市为地级市,设广元、遂宁二市(地级),升内江、乐山二市为地级市[①]。到1985年12月31日止,四川省有成都、重庆、自贡、渡口、泸州、德阳、遂宁、广元、绵阳、内江、乐山等11个省辖城市,雅安、宜宾、南充、达县、涪陵、万县等6个专区,阿坝、甘孜、凉山3个民族自治州,8个县级市,174个县(包括9个自治县),1个工农区,31个市辖区

---

① 《四川省志·地理志》,成都地图出版社1996年版,第87页。

（县级）①。1997年，重庆市被列为中央直辖市，不再隶属四川省。

1999年，眉山地区、雅安地区、巴中专区、资阳地区相继改为地级市。2000年，四川省所辖的其他专区都相继改设为地级市。

改革开放之初，巴蜀地区的城镇规模结构不甚合理，100万人口以上特大城市仅有成都和重庆两个，两市共有城镇人口367万人（指城镇非农业人口，下同），占全省城镇非农业人口的31.5%；20万～50万人中等城市6个，城镇人口175.5万人，占全省城镇非农业人口15.1%；10万～20万人小城市9个，城镇人口136.6万人，占全省城镇非农业人口11.7%；其余689个小城镇（包括雅安市和华蓥市）的人口规模均小于10万人，共有城镇人口484.9万人，占全省城镇非农业人口41.7%。从上述城镇规模结构来看，由于缺乏50万～100万人大城市，特大城市的地位显得十分突出。成都和重庆两个特大城市的城镇人口占了全省城镇总人口的1/3，大大高于全国的平均比重，从而形成两城独大的现象。中等城市数量太少，成为巴蜀城镇规模结构的薄弱环节。20世纪80年代中期，全国平均1亿人拥有7个中等城市，辽宁为16个，而四川只有6个，低于全国平均水平。其次，中等城市规模也偏小。全省6个中等城市平均规模为29.3万人，这个人口统计数据实际还包括了部分农村地区小城镇人口在内②。改革开放以来，随着城市的发展，城市结构的不合理更加突出。1994年，四川仍然只有成都和重庆两个100万人以上的特大城市，两市城镇总人口为409万人，占全省城镇非农业人口的52.4%；20万～50万人的中等城市虽然增加到9个，但9个城市的城镇总人口仅272.62万人，占全省城镇非农业人口的34.95%；10万～20万人的小城市有6个，其城镇总人口仅98.43万人，占全省城镇非农业人口的12.62%。进入21世纪后，城市化进程进一步加速，每一个城市的规模都得到不同程度的扩大，四川城市结构正逐步合理化。2006年，四川城市规模结构不合理的状况已得到较大程度的改变，初步形成了特大城市、大城市、中等城市、小城市和小城镇协调发展的新局面。四川省除成都市为特大城市外，南充、绵阳、自贡、攀枝花、泸州、宜宾、乐山等城市相继进入大城市的行列，参见下表。

---

① 《四川省志·地理志》，成都地图出版社1996年版，第9页。
② 黄炳康、傅绶宁主编：《四川省经济区划》，四川科学技术出版社1989年版，第35页。

表3-15 1992~2006年四川部分城市人口规模变化简表

城市名称	1992年（市辖区）		2006年（市辖区）	
	年末总人口（万人）	非农业人口（万人）	年末总人口（万人）	非农业人口（万人）
成都市	288.3	178.3	497.2	380.3
自贡市	99.7	40.8	147.7	60.4
攀枝花市	57.6	43.2	68.3	53.2
泸州市	40.6	27.2	142.3	45.0
德阳市	78.5	19.8	64.2	30.8
绵阳市	92.3	29.6	116.3	61.2
广元市	81.5	20.4	91.2	30.9
遂宁市	130.2	15.7	146.4	36.0
内江市	131.7	27.3	139.6	34.4
乐山市	108.8	35.9	114.6	45.0
宜宾市	69.6	24.9	78.5	35.0
南充市	27.9	19.2	190.05	58.0
雅安市	30.27	10.6	34.83	14.5

资料来源：《中国城市统计年鉴》，中国统计出版社2007年版。

改革开放后，巴蜀地区的城市化水平比改革开放以前有很大的提高。1985年四川全省人口为10187.5万人，城镇人口仅1164.1万人，占全省总人口的11.4%，城市化水平低于1960年的12.2%，仅比1952年全省城市化水平的8%增长了3.4个百分点。四川城镇人口构成中，大中城市人口多，小城镇人口少。1982年全省13个城市的人口总量为988.04万人，其余中小城市和小城镇的人口总数为435.27万人，大中城市人口与小城镇人口之比为69.4∶30.6，接近全国1982年第三次人口普查的平均水平（70.4∶29.6）[1]。总的来说，四川城市呈现出数量少、规模小、分布不合理、城市化水平低等特点。1989年，全省有建制城市23个，少于山东（32个）、湖北（29个）、河南（25个）、湖南（25

---

[1] 吴忠观：《关于四川人口城市化问题》，《吴忠观文集》，西南财经大学出版社2004年版。

个）、黑龙江（25个）等省。四川省的城市近50%分布在川西地区，22.7%分布在川北，13%分布在川东，17%分布在川南，少数民族地区的城镇除西昌外，都是县级建制，无市级建制。四川城市非农业人口占总人口的7.5%，远远低于全国的12.9%。四川城市建成区面积只占全省土地面积的3.65%，小于内蒙古、河北、辽宁、吉林、黑龙江、江苏、山东、河南、湖北、湖南、广东等省区的城市建成区规模[1]。20世纪90年代，城市的非农业人口和建成区面积都有所增加，城市化步伐依然缓慢。

1999年，全国建制城市总数达到667个，四川有建制城市31个，占城市总数的4.65%；全国有200万人以上人口的超大城市13个，四川仅有成都市1个（1997年重庆脱离四川，成为直辖市）；全国有100万～200万人口城市24个，四川为0；全国有50万～100万人口城市49个，四川也为0；全国有20万～50万人口城市216个，四川有13个，占该等级城市总数的6.02%；全国有20万人口城市365个，四川有17个，占该等级城市总数的4.66%[2]。以上数据表明，四川的城市规模等级结构极不合理，缺少50万人以上的大城市，50万人以下的中小城市数量也较少，发展缓慢。

据四川省统计局提供的资料，1999年底，四川省共有14个地级市、4个地区、3个民族自治州，有180个县级行政区，其中包括市辖区36个、县级市17个、县124个、民族自治县3个。人口城市化率最高的攀枝花市的城镇人口达76万人，占全市总人口101万的75%。超大城市成都市的城镇人口达467万人，占总人口997万的46.9%。其他人口城市化率超过30%的城市只有乐山市和自贡市，分别为32.8%和31.4%。而1978～1998年，全国的城市化水平由18.4%上升到30.4%，提高了12个百分点，四川大部分城市在全国平均水平之下[3]。

进入21世纪后，四川开始实施第十个五年计划，进入全面建设小康社会，加快推进现代化建设第三步战略，努力实现追赶型、跨越式发展的新阶段。四川从实际出发，坚持走多样化的城市化道路，提升特大城市的现代化建设水平，加快培育发展大城市，积极发展中小城市，大力发展小城镇，全面提高城市和城镇的整体素质，积极稳妥地加快城市化进程。当第十个五年计划顺利完

---

[1] 石占奎：《加快四川城市建设的思路》，《四川社联通讯》1991年第4期。
[2] 参见《中国城市统计年鉴（2000）》，中国统计出版社2000年版。
[3] 赵曦：《四川经济跨越式发展研究》，西南财经大学出版社2003年版，第159页。

成之时，四川城市化进程取得了巨大的进步，城市化水平也上到一个新的台阶。按常住人口计算，2006年四川省城市化率达到34.3%，全省18个地级市、3个自治州当中有11个地级市城市化率超过30%，其中成都市城市化率最高，达到61.5%，非农人口增加到571.5万人①。

改革开放以来，四川的城镇数量和规模也有很大的发展，但由于自然地理条件和经济发展水平的不均衡，导致城镇发展的不均衡。1985年，全省共有大小建制城市和建制城镇706个，其中建制市19个，建制镇687个，城镇平均密度为1.24个/千平方公里，每10万人拥有0.7个城镇，但在空间分布上仍然表现为不均衡性。四川盆地内城镇高度集中，在占全省30%面积的土地上集中了70%以上的城镇。在盆地内，又以成都平原的城镇最为密集，是全国五大城镇密集区之一，其密度仅次于长江三角洲，高于珠江三角洲、辽南地区、京津唐地区。成都平原之外围的盆周山地，城镇分布与成都平原形成明显差异。盆周山地面积约占全省的20%，城镇数量仅占15%，平均城镇密度仅为盆地的一半。四川西部的高原地区主要是甘孜、阿坝、凉山三州，基本上属于城镇稀少区域。三州面积占全省的52.9%，而大小城镇仅55个，城镇密度仅为0.18个/千平方公里，仅相当于全省平均值的七分之一。

巴蜀城镇主要沿江河分布，是城镇分布不均衡性的另一种表现。巴蜀境内江河纵横，共有大小河流1300余条，其中通航者有90多条。当代巴蜀的城镇绝大多数是在历史进程中所形成的老城镇基础上发展起来的。在农业时代，江河是最重要的交通运输通道，沿江河建城有利于物资交流和生产、生活用水；同时江河两岸，地势平坦，水源丰富，是城镇发展的最佳区位。因此巴蜀主要城镇都靠近江河，四川全省176个县城，有169个沿江河分布；19个设市的地级城市，有16个位于长江及其支流上②。

（二）改革开放以来巴蜀城市的发展

改革开放以后，巴蜀城市进入了全面发展的新时期。无论在经济建设、城市面貌还是城市化水平上，都取得了很大成绩。此外，少数民族地区的城市亦在改革开放的大潮中实现了跨越式发展。1978～2000年的22年里，四川经济全面发展，四川城市在城市基础设施建设、城市管理制度改革、城市生态环境

---

① 《四川统计年鉴（2007）》，中国统计出版社2007年版。
② 黄炳康、傅缓宁主编：《四川省经济区划》，四川科学技术出版社1989年版，第35页。

建设上取得了很大成绩，城市化水平也从1978年的8.4%稳步提高到2006年的34.3%[①]。尽管四川城市与广东、江苏等东部发达省区的发展存在着一定的差距，但从纵向看，四川城市还是获得了快速的发展，并出现了区域城市之间的功能分工与协调，从而推动了以成都为中心、贯穿南北的经济带的出现。

1. 城市经济的发展

改革开放以后，尤其是1984年以来，四川按照中央的部署决定加快城市改革的步伐，实行市带县的新体制，推广重庆市的经验，发挥中心城市作用，实行城乡统一规划，互相结合，共同发展。经过10多年城市改革，各城市的经济呈现较快增长的趋势，参见下表。

表3-17　改革开放以来四川部分城市及重庆市国内生产总值统计表（单位：亿元）

地区	1985年	1988年	1990年	1994年	1996年	1999年	2003年	2006年
成都市	86.4945	148.8492	175.8218	558.35	869.34	1190.03	1870.80	2750.48
重庆市	105.5387	170.2283	206.7314	543.24	857.11	1479.71	2250.56	3491.57
自贡市	18.1026	26.7104	33.6803	78.54	112.82	142.39	202.78	320.00
攀枝花市	11.7717	19.1787	21.4388	69.68	86.85	108.31	164.26	290.07
泸州市	22.309	31.1205	36.1530	81.24	125.8	162.10	216.39	331.12
德阳市	21.9943	38.6874	50.3654	140.82	193.65	243.45	355.37	539.20
绵阳市	25.7800	43.2972	57.0570	163.91	240.23	310.52	396.57	560.84
广元市	13.5078	19.8301	25.1415	63.14	81.39	84.97	104.07	166.48
遂宁市	12.9152	21.1899	26.9134	65.12	100.28	110.75	159.18	240.94
内江市	35.2627	50.2899	64.4434	161.94	224.5	133.12	200.31	301.29
乐山市	34.0724	53.8450	67.3275	154.59	200.13	135.03	215.56	366.44
万县市	24.7592	35.2744	45.3748	114.21				

资料来源：四川省统计局编《四川统计年鉴》，中国统计出版社1986年版、1989年版、1991年版、1993年版、1995年版、1997年版、2000年版、2004年版、2007年版。

---

① 根据《四川统计年鉴（2007）》所载数据计算。

由上表分析看，1994年以后巴蜀城市的国民生产总值有了大幅度的提高。改革开放以来，四川顺应时代发展的趋势，开始对国民经济进行调整。在工业生产建设方面，调整了投资结构，一方面大大增加技术改造资金，加强国营企业的技术改造工作，着重从内涵扩大再生产能力；另一方面，从政策、资金、物资等各个方面大力支持城乡集体工业的发展，由此推动了遍布农村的乡镇企业较快地发展。1985年，成都市有工业企业6191个、工业职工63.77万人。其中99个大中型骨干企业，不仅规模较大，而且门类齐全。1985年重庆市社会总产值达到222.44亿元，工业总产值达到132.14亿元，国民收入达到91亿元。按可比价格计算，工业总产值和国民收入分别比1980年增长了72%和67%。到1990年，四川工业偏重于重庆等少数城市的状况已基本得到改善。1982年，全省18个城市，只有7个城市工业总产值在1亿元以上，占地面积甚大的甘孜、阿坝州由于多方面的原因，工业发展长期滞后，工业总产值仅113万元和52万元。而到1990年，全省21个城市中除黔江地区和阿坝、甘孜两个自治州外，其余城市工业总产值均已超过10亿元，其中超过50亿元的有重庆（310.6亿元）、成都（251.11亿元）、德阳（78.63亿元）、乐山（69.24亿元）、内江（59.39亿元）、绵阳（58.22亿元）6个市。1990年，全省200多个县（县级市、区）都有工业，其中工业产值达5亿元以上的县（市）有54个。重庆的工业总产值占全省工业总产值的比重由1982年的30.72%，下降到1990年的25%。四川逐渐形成一个以铁路、公路、水路沿线城市为主体，大中小城市相结合，点面相结合，各具特点的工业网络布局。1989年，成都工业收入为6.53亿元，1994年增长为24.65亿元，1997年增长为45.64亿元，从1989年到1997年，增长速度近6倍。中等城市绵阳，在1990年代初，电子工业仅粗具规模，由于先后被列为全国"军转民"和"科技兴市"的试点城市，市内14家军工企业借助高新技术开发高技术产品，1997年实现民品产值207亿元、税利39亿元，人均产值、税利居全国36个电子工业城市之首。2006年，成都市的国内生产总值达到2750.48亿元，在四川各城市中名列第一位。

表3-18 2006年四川主要城市经济指标比较表（单位：亿元）

城市	国内生产总值		第三产业增加值		财政收入		社会消费品零售总额	
	2006年	位次	2006年	位次	2006年	位次	2006年	位次
成都	2750.48	1	1343.7	1	186.7	1	1155.3	1
绵阳	560.8	2	199.3	2	23.8	2	207.6	2
德阳	539.2	3	147.0	3	21.7	4	164.6	3
自贡	320.0	8	114.5	7	10.0	9	121.1	8
宜宾	428.0	4	125.3	5	18.7	5	149.8	5
内江	301.3	9	94.8	9	8.9	10	98.0	10
攀枝花	290.1	10	72.5	11	22.5	3	71.0	12
南充	396.5	5	131.4	4	11.2	8	164.5	4
遂宁	240.9	11	74.5	10	6.3	11	100.2	9
乐山	366.4	6	102.1	8	17.3	6	138.1	6
广元	166.5	12	63.1	12	5.1	12	72.9	11
泸州	331.1	7	117.1	6	14.0	7	126.3	7

资料来源：《中国城市统计年鉴（2007）》，中国统计出版社2007年版。

表3-19 2006年四川12个地级市乡镇企业主要经济指标

地区	企业个数（万个）	从业人员（万人）	总产值（亿元）	净利润（亿元）
自贡	5.92	26.32	267.60	8.27
攀枝花	2.75	13.38	205.76	11.10
泸州	8.85	35.54	314.77	11.46
德阳	8.36	53.73	578.83	20.80
绵阳	10.32	42.28	439.34	15.15
广元	7.77	22.24	100.89	4.04
遂宁	8.37	28.00	279.54	11.54

续表

地区	企业个数（万个）	从业人员（万人）	总产值（亿元）	净利润（亿元）
内江	5.42	28.26	260.97	9.21
乐山	6.32	34.84	345.04	12.18
南充	10.83	52.51	392.10	10.76
宜宾	7.04	33.58	279.25	11.20
广安	6.67	26.52	252.12	9.64

资料来源：《四川统计年鉴（2007）》，中国统计出版社2007年版。

改革开放以后，巴蜀城市经济得到前所未有的发展，但从横向比较看，与全国其他省区的重要城市还有很大差距。1989年，四川的23个城市市区工业总产值只占全国工业总产值的4.3%，低于辽宁、上海、江苏、浙江、山东、湖北、广东等省市。全部独立核算工业企业的利税总额只占全国城市独立核算工业企业利税总额的7.6%。1989年全部独立核算工业企业的经济效益，四川大部分城市都低于全国城市的平均水平。1990年，按1980年不变价格计算，四川工业总产值排名第7，普遍低于沿海发达地区。从产业结构来看，重工业的产值仍高于轻工业130亿元左右，而上海、江苏、浙江等发达地区的轻工业总产值都远远高于重工业。1996年下半年到1998年，由于受产业结构不合理、市场需求不足等因素影响，一部分工业企业效益下滑，举步维艰。虽然1997年四川工业生产增长13.5%，乡及乡以上独立核算工业企业销售收入较上年增长13.2%，名列全国前茅，但多数国有企业经营状况不容乐观，总体效益水平较低。1997年，全省1.5万个乡及乡以上独立核算工业企业中亏损企业达5200个，亏损面由上年同期的32%扩大到34%，其中国有企业亏损面更达到52%，国有重工业和中小企业形势最为严峻。企业效益的下滑导致了下岗职工增多，部分职工生活困难。据统计，1997年全省下岗职工61.4万人，城镇人口调查失业率达6.24%，社会就业压力加大，对社会稳定十分不利。

四川城市经济相对滞后于东部沿海省区，除了历史的原因外，也有现实的原因。从20世纪60年代开始，国家在四川投资的三线工业，大都分布在山区，集中在城市的很少；四川地处内陆，利用外资也较少，产业结构、投资结构不合理，这都是直接影响四川城市经济发展的因素。

2. 改革开放以来川渝中等城市的发展

改革开放以来，川渝中等城市无论是经济实力，还是城市化水平都获得了很大的提高。这些城市发展所取得的新成就，都是与各个城市根据自身的特殊情况，确定不同的发展道路和发展方向分不开的。

绵阳自古有"蜀道明珠""富乐之乡"之美誉。位于四川盆地西北部，距成都90公里。改革开放以来，绵阳的工业出现跨越式大发展，在重庆成为直辖市后，绵阳成为四川的第二大城市。三线建设时期，国家在绵阳建成的涪江机器厂、长虹机器厂、华丰无线电器材厂等均是实力强、技术水平高的电子工业企业。尽管这些电子企业同其他三线企业一样，具有许多体制上和机制上的缺陷，但它们却有着很好的发展环境和雄厚的技术力量。改革开放以来，在旺盛的市场需求的刺激下和技术创新的推动下，绵阳的电子工业企业购销两旺、利润丰厚，不但顺利地实现了"军转民"，并在国内市场上站稳了脚跟，也在不断发展壮大。长虹厂已发展成职工上万人、产值上百亿的以家电、重要电子元器件为主的在国内有重大影响的国有大型企业集团。"华丰""灵通"所生产的电子接插件、磁性材料、医疗仪器等电子产品，在全国也有一定的地位和影响。2000年，绵阳的电子信息产业总产值达到了315.35亿元，比此前排名第三的德阳市同年国内生产总值多47.7亿元，成为绵阳第一大支柱产业[①]，绵阳也因此成为闻名遐迩的"西部电子城"。进入21世纪后，绵阳的高科技电子产业进一步发展，电子产业的发展也推动着整个城市经济的发展。2006年，绵阳市地区生产总值达到560.8亿元，位居四川省第二位，同比上年增长13.9%[②]。

1992年11月，绵阳高新技术产业开发区被国务院批准为国家级高新技术开发区。这极大地推动了绵阳的高新技术产业的发展。据统计，2000年，绵阳高新区实现国内生产总值43.85亿元，比1999年增长9.6%；出口创汇3300万美元，比1999年增长83.3%。绵阳高新区2000年全年新引进企业127家，协议引资75.2亿元，实际到位资金21.56亿元；区内的信息产业、生物工程产业、新材料产业已形成一定的规模[③]。绵阳科技对经济的贡献率达45%左右[④]。以电子工业为基

---

① 绵阳市统计局编：《绵阳年鉴（2001）》，四川科学技术出版社2001年，第66页。
② 参见《中国城市统计年鉴（2007）》，中国统计出版社2007年版。
③ 绵阳市统计局编：《绵阳年鉴（2001）》，四川科学技术出版社2001年版，第88页。
④ 杨海清：《联系新实际，着眼新实践——四川省绵阳市对有中国特色社会主义道路的探索》，《理论与改革》1999年第1期。

础的新兴工业的发展，促进了绵阳城市的快速发展。1978年后，绵阳不但相继完成了"一横一竖一个圈"的城市规划（即临园干道、长虹大道和一环路），而且成绵高速公路和绵江、绵梓、绵三一级公路也相继建成通车，投资5亿元的绵阳南郊机场也建成通航。在通信方面，绵阳的发展尤其迅速。1998年，绵阳完成邮电业务总量5亿元，比1978年增长108倍，20年间年平均递增速度达到28%。2000年，绵阳市电信分公司已发展到拥有长途交换机容量1万路端，总容量46万门，该公司的全员劳动生产率达到32.6万元/人[1]。同时，绵阳也注重城市环境的建设。到1998年，绵阳城区的人均公共绿地面积达到5.1平方米，绿地覆盖率达到38.3%，绵阳也因此成为全国宣传的10个文明城市之一和全国绿化"十佳城市"[2]。2000年，绵阳还荣获"联合国2000年改善居住环境最佳范例"称号。2006年，绵阳绿地面积达到562公顷，人均绿地面积29.65平方米，建成区绿化覆盖率32.86%，城市绿化水平位居全省地级市前列[3]。可以说，优美的城市环境、方便畅通的通信条件和发达的交通，不仅大大改善了绵阳的投资环境，还使绵阳的城市聚集力和辐射力更强，城市功能也日益完善。

德阳有着突出的区位优势，它位于成都和绵阳两大城市之间，有宝成铁路、成绵高速公路等现代交通线相连接。因此，德阳可以很好地依托成都和绵阳而获得发展。改革开放以来，德阳充分利用交通优势，使乡镇企业能够得到比四川其他地区的乡镇企业更新的信息、更多的资金、更好的技术和更广阔的市场，因而德阳的乡镇企业自改革开放以来就一直保持着良好的发展势头。1978年，德阳乡镇工业总产值为2330万元，劳动生产率为2919元/人；1980年，德阳乡镇工业总产值就达到6013万元，劳动生产率提高到4295元/人。1983年德阳建市后，市政府把发展乡镇企业作为振兴德阳经济、转移农村剩余劳动力的重大措施来抓。德阳市政府利用德阳的农业优势，充分运用本地资源，借鉴苏南经验，把发展乡镇企业与发展农业结合起来，走工农互补的发展道路。这项措施收到了明显的效果。1986年，德阳建市仅3年，乡镇企业工业总产值增加到17.94亿元，翻了两番。乡镇企业的蓬勃发展促进了德阳全域经济的快速增长。1985年，德阳的工农业生产总产值为23.43亿元，工农业产值各占一半左

---

[1] 绵阳市统计局编：《绵阳年鉴（2001）》，四川科学技术出版社2001年版，第144页。
[2] 四川省统计局等编：《四川五十年》，中国统计出版社1999年版，第418页。
[3] 《中国城市统计年鉴（2007）》，中国统计出版社2007版。

右①。到1991年时，德阳的工农业生产总产值达138.79亿元，其中工业产值为100.71亿元②，已大大超过了农业总产值。1997年，德阳的第三产业产值首次超过了第二产业，实现了产业结构的第二次升级。1998年，德阳城市建成区面积达39平方公里，比1983年建市时扩大了近5倍③。2006年，德阳的国内生产总值达到539.2亿元，已大大超过自贡、攀枝花、泸州、乐山等城市，其经济实力位居四川城市第3位④。

攀枝花市是一座年轻的城市，具有资源开发型城市、工业城市、移民城市、山地城市的典型特征。三线建设时期，国家在攀枝花市（渡口市）投入了大量的人力、物力、财力，攀枝花市（渡口市）也因此得到了飞速的发展。党的十一届三中全会后，国家进行经济调整，对攀枝花的投入明显减少，但在发展惯性的作用下，攀枝花经济继续稳步增长。据统计，攀枝花1987年比1978年的国民生产总值增长208.90%，国民收入增长173.55%，工农业总产值增长61.57%，农业总产值增长46.05%，地方工业总产值增长157%，社会商品零售总额增长220.30%，财政收入则增长201.24%，城镇居民人均生活收入增长145%（扣除物价上涨因素之后增长47.48%），农民人均纯收入增长341%⑤。1995年，攀枝花的国内生产总值达到83亿元，工农业总产值达到82.1亿元，其中工业总产值72.2亿元，农业总产值9.9亿元；钢铁工业、钒钛工业、能源工业的主导地位进一步加强，食品工业、建材工业、化学工业等已具备一定的规模和水平；城市基础设施特别是交通通信状况得到很大改善，城市格局已具雏形⑥。20世纪以来，攀枝花的各项建设又取得了新的进展。据统计，2006年攀枝花的地区生产总值为290亿元，较上年增长14.74%。其中，第一产业增加值为13.01亿元，第二产业增加值为204.59亿元，第三产业增加值为72.47亿元。人均地区生产总值创纪录地达到25539元，超过成都，位居全省第一。粮食总产量为22.33万吨，肉类、蔬菜、水果、禽蛋、牛奶和水产品等均有不同幅度的增产⑦。

---

① 《工业新城德阳》，四川人民出版社1988年，第41页。
② 四川省统计局编：《四川统计年鉴（1992）》，中国统计出版社1992年版。
③ 四川省统计局等编：《四川五十年》，中国统计出版社1999年版，第412页。
④ 《中国城市统计年鉴（2001）》，中国统计出版社2001年版。
⑤ 谭辉章主编：《攀枝花改革十年》，四川人民出版社1989年版，第7页。
⑥ 引自辛文主编：《关于四川经济发展中几个问题的研究报告》，四川人民出版社1997年版，第107页。
⑦ 参见《四川统计年鉴（2007）》，中国统计出版社2007年版。

经济的发展使攀枝花城市建设发生了深刻变化。1998年末，攀枝花市的公路总长度达2500公里，运输网密度为336米/平方公里；全市共有桥梁190余座，总长达8000多米，而且桥梁种类众多，独具特色，被誉为"桥梁博物馆"[①]。2000年，攀枝花的邮电业务总量为4.37亿元，增长59.5%；城市电话用户14.07万户，增长33.4%；移动电话7.97万户，增长53.5%。全市更新改造投资完成6.37亿元，增长65%；房地产开发建设完成投资3.22亿元，增长83.8亿元；城镇住宅竣工面积87.96万平方米，增长7.5%。工业废水排放量2845万吨，减少11%；工业固体废物综合利用率19%，废气处理率83%[②]。攀枝花的发展为进一步开发和利用攀西地区丰富的矿产资源打下了坚实的基础。

乐山市地处岷江、青衣江、大渡河三江交汇处，北连眉山市、东邻自贡市、南接宜宾市、西靠凉山彝族自治州和雅安市，是一个旅游资源极其丰富的城市。四川有国家级风景名胜区10处，乐山就占2处；四川国家级重点文物保护单位有33个，乐山有4个。此外，乐山还有国家级和省级森林公园各1个、国家级和省级自然保护区各1个、省级风景名胜区4处、省级重点文物保护单位15个、各类博物馆4个。其中，乐山大佛和峨眉山风景区还在1996年列入世界文化和自然遗产名录[③]，被评选为"中国最令人向往的地方"，每年都吸引着来自五湖四海的国内外游客。

改革开放以来，乐山依托旅游资源优势，依靠改革开放政策所带来的有利条件，得到了长足发展。从1979年到1993年，在国家、省、市各级政府和有关部门的重视下，乐山旅游已形成规模。据统计，14年来乐山已接待70多个国家和地区的海外旅游者近30万人次，国内旅游者5400多万人次，旅游外汇收入达3072万外汇人民币，回笼货币11.5亿元，接待海外游客人次和外汇收入分别增长了26倍和46.3倍；国内游客人次和回笼货币也分别增长了3.7倍和22倍，无论经济效益还是社会效益都取得十分显著的成效[④]。1993年以后，随着交通、食宿、接待等服务设施的完善和旅游服务质量的提高，乐山迎来了大量中外游客。1998年，乐山共接待外国游客3万人，创汇389万美元；接待国内游客298万

---

① 四川统计局等主编：《四川五十年》，中国统计出版社1999年版，第398页。
② 《四川年鉴（2001）》，四川年鉴社2001年版，第278页。
③ 唐长寿：《寻找乐山文化旅游的两大亮点》，《乐山旅游》2002年第3期。
④ 李吉荣主编：《乐山走向世界》，成都科技大学出版社1994年版，第73页。

人次，直接营业收入2亿元①。2000年，乐山在第二批全国优秀旅游城市创建活动中，旅游综合得分列地级市中的第2位②。

乐山市在大力发展旅游业的同时，也积极推进"工业强市"战略。从1979年起，乐山市相继在企业中实行扩大企业经营自主权、厂长（经理）负责制、招标投标制、租赁承包制等改革，促进了工业企业整体素质的提高。峨眉水泥厂、峨眉山半导体材料厂、丹棱齿轮厂、川南减震器股份公司、峨眉铁合金集团等企业集团的产品在国内外都有一定的地位和影响③。1998年末，乐山的外商独资企业发展到13个，合资企业129个；全市的三资企业实现利税总额11503万元，实现进出口总额13100万美元，其中出口创汇11244万美元，进口总额1856万美元④。2000年以后，1000多吨多晶硅、200万吨/年漂白竹浆、乐山菲尼克斯四期工程、12万吨/年黄磷、和邦硅业100吨单晶硅片、沙湾10万吨电解铝、金顶2000T/a熟料生产线、三九长药利福喷汀工程等一大批工程项目相继在乐山开工建设，使乐山的电子、医药、建筑装饰材料三大优势产业进一步壮大⑤。2006年，乐山市工业总产值达到422.1亿元，相比1995年增长196.1%，第二产业产值在国内生产总值中所占的比例由1994年的40.5%上升到54.68%，第一产业由34.7%下降到17.45%⑥。

改革开放以来，乐山对旧城改造的力度也在不断加大，特别是进入20世纪90年代，乐山全面启动了以改造城市旧街道、辟建新区干道骨架、顺畅城市交通为中心的城市建设。人民路、海棠路、嘉州大道、油榨路、彭山路、龙游路、较场坝街等城市干道相继扩建新建，柏杨新区、竹公溪新区、石雁儿小区、任家坝小区等城市新区陆续建成。此外，占地12公顷、设施先进的乐山体育中心于1994年交付使用，气势恢宏的乐山新世纪广场一期工程于1998年末竣工⑦。旧城区的改造使城市绿化水平也得到很大的提高。到2006年，乐山市绿

---

① 四川统计局等主编：《四川五十年》，中国统计出版社1999年版，第439页。
② 《四川年鉴（2001）》，四川年鉴社2001年版，第160页。
③ 辛文主编：《关于四川经济发展中几个问题的研究报告》，四川人民出版社1997年版，第179页。
④ 《四川年鉴（2001）》，四川年鉴社2001年版，第437页。
⑤ 蔡昌庆：《推进"工业强市"战略 实现乐山工业经济新跨越》，《市场经济研究》2002年第3期。
⑥ 《中国城市统计年鉴（2007）》，中国统计出版社2007年版。
⑦ 四川统计局等主编：《四川五十年》，中国统计出版社1999年版，第438页。

地面积从1992年的689公顷增加到1570公顷，人均绿地面积也达到13.7平方米，绿化覆盖率提高到33.61%①，乐山城区面貌焕然一新。

广元市，古称利州，地处四川盆周北部山区、嘉陵江上游、川陕甘三省接合部。改革开放以来，广元的工业、农业、商业都有较大的发展。广元的电子工业、食品工业、建材工业、纺织工业、能源工业、有色金属工业已形成一定的规模。1998年，广元8家大中型电子工业企业的年产值近2亿元，产品包括雷达、指挥仪、电子专用车辆、电子元器件、电线电缆等35个系列200多个品种的军事和民用电子装备；食品工业的产值为4亿元，其中粮食、肉类加工业在省内外占有一席之地；有色金属工业的产值为4亿元，其中黄金产量占全省产量的一半，电解铝的生产能力为3万吨，电解铜的生产能力为1万吨②。1998年，广元的农田水利化程度达到43.6%，年末拥有农机总动力70.5万千瓦，全年化肥施用量（折纯量）8.7万吨，农村用电总量1.2亿千瓦时，农业生产条件比改革开放之初有了显著的改善。这一年，广元全市的粮食产量为136.4万吨，油料总产量为6.23万吨，猪牛羊肉总产量为21.8万吨，水果产量为12.6万吨，分别比1978年增长0.5倍、1.8倍、4.5倍、14.8倍。农业总产值为34.5亿元，比1978年提高2.4倍③。广元建市后坚持实施"以商兴市"的发展战略。经过多年建设，广元已成为川北、陕南、甘南的物资集散中心，商业辐射面达16个市、地。其中，浙江义乌"中国小商品城——广元分市场"、温州商城、城南商品批发市场等对周围的影响尤为突出。1998年，广元全市拥有二级商业批发企业16个，川、陕、甘各类物资集散中心8个，市属以上物资中转站（库）10余个，商业零售点5万个，从业人员近8万人。全年实现社会商品零售总额39亿元，较1978年增加18.5倍，年平均增长16%。1998年，全市出口商品总值达到1.7亿元，出口创汇501万美元④。工业、农业、商业的发展，推动了广元城市建设步伐的加快。2000年，广元城市基础设施建设方面共投资5703.7万元，完成旧城改造5.8万平方米，改造和硬化城市道路3358米，城市亮化、绿化、河堤、安居工程建设取得突破性进展⑤。到2006年，广元市绿地面积达到1130公顷，人均绿地12.39平

---

① 《中国城市统计年鉴（2007）》，中国统计出版社2007年版。
② 四川统计局等主编：《四川五十年》，中国统计出版社1999年版，第423页。
③ 刘江主编：《中国区域发展回顾与展望（四川省卷）》，中国物价出版社1999年版，第299页。
④ 刘江主编：《中国区域发展回顾与展望（四川省卷）》，中国物价出版社1999年版，第301页。
⑤ 《四川年鉴（2001）》，四川年鉴社2001年版，第300页。

方米①。不过，由于广元地处山区，远离大城市，原有的工农业基础薄弱，所以同绵阳、德阳、乐山等城市相比，广元的发展显得较为缓慢。

内江市，又名甜城，位于四川东南部沱江之滨。内江市东连重庆，西接成都、资阳，南扼自贡、宜宾、泸州，北通遂宁、南充，成渝铁路、内昆铁路在这里接轨，成渝高速公路、内宜高速公路在这里汇合，公路密度高于全国、全省平均水平，通车里程达3149公里，是川东南乃至西南各省交通的重要交汇点，有"川中枢纽""川南咽喉"之称，是川东重镇，也是四川省规划建设的8个大城市之一。改革开放为内江的城市发展带来了新的活力，在市场经济这一新的外部环境下，内江的经济开始飞速增长，以工业为中心的第二产业逐步成为内江经济的主导，第三产业也发展迅猛，城市面貌日新月异。

在"八五"计划期间，内江市国内生产总值年均增长9.37%，其中第一产业增长1.36%，第二产业增长20.63%，第三产业增长9.53%。1996年，内江市国内生产总值224.5亿元，工农业总产值300.3亿元，财政总收入15.7亿元，全社会固定资产投资35.5亿元。内江的工业逐步形成了以机械、冶金建材、纺织丝绸、医药化工和食品五大产业为支柱，集30多个行业，具有一定规模的综合性工业体系②。1998年，全市国内生产总值126亿元，比1952年增加124亿元，年均递增6.7%；比1978年增加119亿元，年均递增7.9%。其中，第一产业增加值33亿元，比1952年增加32亿元，年均递增3.8%，比1978年增加30亿元，年均递增4.0%；第二产业增加值49亿元，比1952年增加48亿元，年均递增11.1%，比1978年增加47亿元，年均递增10.1%；第三产业增加值44亿元，比1978年增加42亿元，年均递增9.6%。2000年国内生产总值在全省排第10位。同期比较，改革开放后内江的经济发展速度明显快于改革开放前。随着经济实力的逐步增强和社会财富的积累，内江的国民经济的主要比例关系也发生了重大的变化，并逐渐趋向于合理化。全市2006年按现价计算的国内生产总值的比重结构为：第一产业17.44%、第二产业46.95%、第三产业35.61%③，形成了"二、三、一"的产业结构模式，并且轻重工业日趋协调。

改革开放后，内江的城市面貌变化较大，旧城改造和新区开发齐头并进，

---

① 参见《中国城市统计年鉴（2007）》，中国统计出版社2007年版。
② 四川省人民政府办公厅编：《迈向21世纪的四川城市》，四川人民出版社1998年版，第91页。
③ 参见《中国城市统计年鉴（2007）》，中国统计出版社2007年版。

建成区面积不断扩大。2006年末，内江城区面积达到29.5平方公里，比1986年增加了17.5平方公里。城区进出道路和主要街道全部实现了硬化。城区明亮整洁的主街大道，方便畅通的市区交通，使城区面貌为之焕然一新。城市道路长度163公里，比1986年增加了44公里；绿化覆盖面积525公顷，增加297公顷；公共绿地面积115公顷，增加81公顷。2006年，全市城乡社会固定资产投资92.1亿元，比1995年增加73.9亿元，增长4倍。

自贡市，位于四川省南部，是全国闻名的盐之都、龙之乡、灯之城。自贡具有2000年的盐业历史，为四川省最早的省辖市和工业重镇之一。从清朝中叶以来，自贡一直是中国井盐生产的中心。改革开放以来，自贡城市发生了巨大变化。2006年，自贡城市化水平为36.6%。2006年，国内生产总值达320亿元，比1978年增加295亿元，增长11.5倍，年平均增长10%以上。第一、二、三产业比重为18.12∶46.11∶35.77，第二、三产业发展迅速①。近年来，自贡已发展成为一个拥有国家新材料产业化基地和一批全国知名企业及科研院所，并以机械、化工、盐业、纺织、轻工、食品、灯饰、新型建材等为支柱产业的工业城市。工业不仅是全市经济的支柱，而且在川南和全省经济中居于比较重要的位置。1998年，自贡的工业总产值136亿元，比1978年增长10.8倍，年均增长13.3%。其中，轻工业增长14.5%，重工业增长15.4%，全市有3家大型上市公司，工业在工农业总产值中的比重由1949年的25.1%上升到72.7%。"十五"期间，自贡市紧紧抓住国家实施西部大开发战略的大好机遇，全力推进经济结构战略性调整，大力实施"三大改造""五大工程"，全市经济快速增长，结构调整成效显著。2006年，全市国内生产总值达320亿元，比1998年增长134.9%，人均国内生总值达11380元，三大产业比重更加合理，依次为18.12∶46.11∶35.77②。

1998年，自贡城市建成区面积已由解放初期的3平方公里扩大到37平方公里，扩大了11.3倍。1997年，全市共有各类住宅建筑面积达729万平方米，比1949年增加了608.8万平方米，全市人均住房居住面积由1978年的3.07平方米提高到1997年的8.32平方米，增长了1.71倍。1997年，城市道路总长已达305公

---

① 参见《中国城市统计年鉴（2007）》，中国统计出版社2007年版。
② 参见《中国城市统计年鉴（2007）》，中国统计出版社2007年版。

里，面积为274.44万平方米①，内宜高速公路自贡段的建成通车，结束了自贡无高速公路的历史。进入21世纪，自贡加快了城市发展步伐。特别是"十五"期间，自贡确立了以加强城市基础设施建设，加快构建起与现代化大城市相适应的基础设施框架，进一步畅通出口通道，加快城市管网的建设和改造，加强城市生态建设和人居环境建设，增强城市功能为目的的城市建设战略目标，对自贡城市进行跨越式发展。2006年，自贡城市建成区面积已达到44.3平方公里，相比1998年增加7.3平方公里，市区道路总长457公里，比1997年增加50%，总面积达到537万平方米，是1997年的1.96倍，全社会固定资产投资总额74.8亿，同比去年增长27.5%。经过"十五"自贡城市绿化水平也得到显著提升，城市环境更加优美，2006年，自贡建成区绿化面积达1768公顷，比1998年增长150%，建成区绿化覆盖率由1998年的20.6%增加到40.2%②。近年来，自贡新增加了汇东开发新区、贡井工业开发区和沿滩开发区，使城市功能分区日臻完善。

宜宾市，位于四川省中南部，因金沙江、岷江在此汇合，长江至此始称"长江"，故宜宾也被称为"万里长江第一城"。改革开放后，宜宾经济的发展速度明显提高。1985年，宜宾的社会总产值达到31.73亿元，国民收入达到16.24亿元，工农业总产值达22.576亿元；工业经济中，全区有38个工业门类、1831个企业（其中大型企业12个、中型企业8个），其产值结构为轻工业占48.5%、重工业占51.5%，工业产值中能源、原材料工业与加工业之比为47：53，名特优产品有100多种③。2000年，宜宾的国内生产总值达200.65亿元，三次产业结构调整为26.9：41.3：31.8，经济发展水平仅次于成德绵经济带④。1998年，全市共有工业企业21609家，创造工业总产值164亿元，比1949年增长142.7倍，年均增长10.6%。2006年，宜宾国内生产总值达428亿元，是1998年的2.54倍，第二产业占51.17%，社会消费品零售总额为149.8亿元，比1998年增长161.4%⑤。宜宾有全国最大的白酒酿造基地、西南最大的造纸中心、大型的火电企业和化工企业。

---

① 章玉钧总主编：《共和国五十年四川文史书系·城市建设展新姿》，四川人民出版社1999年版，第185~192页。
② 《四川统计年鉴（2007）》，中国统计出版社2007年版。
③ 四川省人民政府办公厅编：《迈向21世纪的四川城市》，四川人民出版社1998年版，第103页。
④ 四川大学经济学院：《建设长江上游经济带，推进西部大开发》研究报告，第78页。
⑤ 《四川统计年鉴（2007）》，中国统计出版社2007年版。

1998年，宜宾的城市建成区面积由1949年的2平方公里增至19平方公里，全市建筑竣工面积2556万平方米，人均居住面积为8平方米。市区已建成3座水厂，自来水普及率达88.5%，城镇道路有254公里。2006年，宜宾城市建成区面积达35.24平方公里，燃气普及率74.53%，境内铁路达324公里，仅次于达州市，位于四川地级市中第二[①]。宜宾的交通运输形成了铁路、水运、航空齐备的交通运输网络。

泸州市，位于四川省东南部，川渝黔滇接合部，地处四川盆地南缘与云贵高原的过渡地带，东邻重庆市，南界贵州省、云南省，西连宜宾市，北接自贡市、内江市，距省会成都市267公里。改革开放以来，泸州经济社会事业和城市建设取得了日新月异的发展。1998年，泸州全市国内生产总值达到155亿元，工农业总产值172亿元，比1949年增长17倍；农林牧副渔总产值达到69亿元，比1949年增长51倍，年平均增长3.7%，比1978年增长161.3%，年平均增长4.9%。其中，农业总产值37亿元，比1949年增长4.9倍；林业产值2亿元，增长8.7倍；牧业产值29亿元，增长34.5倍；渔业产值1亿元，增长97.8倍[②]。2006年，泸州市国内生产总值达到331.1亿元，第一、二、三产业比重为22.89∶41.74∶35.37[③]，形成了一个以农业为基础，以化工、机械、酿酒为主导，城市基础设施较为齐全的中等城市[④]。重庆改为直辖市后，泸州成了四川省第一个长江水陆联运港，最便捷的通江达海的出海口岸和南通门户，具有省内其他城市不具有的区位地理优势，从而加快了泸州工业化、城市化的进程。这不仅对改善城市区域布局结构有重要意义，而且对培育新的经济增长点，促进川南及川滇黔渝毗邻地区的开发也具有不可替代的作用。

南充市，地处川东北交通要冲之地，居于"西通蜀都、东向鄂楚、北引三秦、南联重庆"的特殊地理位置，与重庆和成都构成一个独特的等腰三角经济发展区域，是成渝南"2小时经济圈"的重要节点，辐射广元、巴中、广安、达州、遂宁等城市。改革开放以来，南充被四川省政府确定为以发展轻化工和商贸为主的川东北中心城市，经济建设取得了显著的成就，城市功能不断完善。

[①] 《四川统计年鉴（2007）》，中国统计出版社2007年版。
[②] 四川省统计局编：《四川五十年》，中国统计出版社1998年版，第403~405页。
[③] 参见《四川统计年鉴（2007）》，中国统计出版社2007年版。
[④] 辛文主编：《关于四川经济发展中几个问题的研究报告》，四川人民出版社1997年版，第156页。

南充经济一直保持着较高的增长速度，一批农业、水利、交通、能源、通信、原材料等方面的重点项目陆续竣工投产，"瓶颈"制约得以缓解，薄弱环节得到加强；经济发展形成了以开发性农业、商品农业为基础，机械、化工、食品、服装为支柱，医药、电子、高新技术产业为新的经济增长点，工、商、运、建、服务业协调发展的格局。1979~1998年，南充的国内生产总值年平均增长速度为7.5%。"九五"期间，南充确立了"工业兴市、工业富民"的战略目标，区域经济进入了加速工业化阶段，产业结构出现了明显的变化。这一过程既遵循了其他地区工业化时期产业结构演变的一般规律，又具有南充的自身特点。1998年，全市实现国内生产总值147亿元，在1978年的基础上翻了两番，比1952年增长了近20倍。其中，第一产业增加值59亿元，第二产业增加值36亿元，第三产业增加值52亿元，分别比1978年增长了1.5倍、5.7倍和5.8倍，三次产业结构由1978年的48：26.5：25.5演变为1998年的41.1：23.9：35[①]。进入21世纪后，南充经济又上到一个新的台阶。2006年，全市国内生产总值达396.4亿元，在1998年的基础上增加了1.7倍，工业生产总值达344亿元，比1999年增加了209%。[②]

1978~1998年的20年间，南充的固定资产投资累计达到153亿元，升钟水库、达成铁路南充段、成南高速公路、南部嘉陵江大桥、赛丽斯商城、南充百货大楼、西山运动场、南充二水厂等一批重点项目相继投入使用，并开始发挥多重效益。公路通车里程由1978年的5903公里增加到1998年的14710公里，等级路面达到2364公里，实现了乡乡通公路。1998年，全市的城市干道总长度219公里，干道面积347万平方米；住宅建筑面积423万平方米，人均居住8.3平方米；绿化覆盖面积126公顷，人均绿地面积4平方米，自来水厂25个，日供水量34万吨，建成公园20多个，城市化水平达到18.5%。当改革开放进一步深入，南充的城市建设在其工业化进程的强力推动下，取得了巨大的成就。2006年，城市建成区面积达57.44平方公里，在四川地级市中仅次于成都市和绵阳市，城市道路总长396公里，相比1998年增加80.8%，面积达937万平方米，是1998年的2.7倍，全社会固定投资达167.2亿，是1998年的5倍。南充坚持改革开放搞活的城

---

① 何清君：《南充经济增长分析与"十五"时期趋势展望》，《市场与发展》2000年第12期，第31页。
② 参见《四川统计年鉴（2007）》，中国统计出版社2007年版。

市发展理念,加大城市基础设施建设,使城市功能日臻完善,成为具有一定功能分区结构的现代大都市。

遂宁市,位于四川盆地中部腹心地带,居涪江中游,东邻重庆、广安、南充,西连成都,南接内江、资阳,北靠德阳、绵阳,距成都、重庆均为146公里左右,呈等距三角形。改革开放以来,遂宁通过逐步调整农业内部结构,农村经济发生了巨大变化。1998年,全市农林牧副渔总产值达到65亿元,比1949年增长5.3倍,年均增长3.8%。遂宁工业经济也有大的发展,1998年,遂宁共有工业企业15518个,全年实现工业总产值94亿元,比1949年增长176倍,年均增长11.1%;比1978年增长15.1倍,年均增长14.9%,高于改革开放前30年平均增长8.5%的速度。其中,轻工业产值69亿元,比1949年增长441.5倍,年均增长13.2%;比1978年增长14.3倍,年均增长14.6%。重工业产值25亿元,比1949年增长1779.3倍,年均增长16.5%;比1978年增长13.4倍,年均增长14.3%[①]。"十五"期间,遂宁工业化速度进一步加快。2006年,工业总产值达173.5亿元,比1997年增加90.7%,工业在国内生产总值中所占的比重也由1997年的30.46%上升到39.65%。工业化的加速也推动了城市化的进程,2006年遂宁市非农人口达到74.3万人,相比1997年的48.7万人,增加25.6万人。

达州市,地处四川东部,有比较丰富的自然资源,是川东北重镇。达州因位于川、渝、陕、鄂的接合部,与陕南接壤,和鄂西北相望,属于重庆经济区辐射范围,有襄渝铁路、汉渝公路、川鄂公路和渠江航道等与全国各地相通,是四川经济北进中原、东西交往的一个前沿阵地。

改革开放以来,达州进入历史上发展最快的时期,从纵向比较来看,2006年比1978年的GDP增长335亿元,增长5.1倍;从产业结构的变动趋势来看,三次产业结构比由1952年的76.7∶8.4∶14.9变为2006年的31.4∶37.4∶31.2。其中,第一产业下降了45.3个百分点,第二、三产业分别上升了29和16.3个百分点[②],全市通过大力发展第二、三产业,扭转了过去产业结构严重失衡的局面。

改革开放后,达州的工业经济成为城市高速发展的主要推动力,1998年全

[①] 四川省统计局编:《四川五十年》,中国统计出版社1999年版,第427页。
[②] 参见《中国城市统计年鉴(2007)》,中国统计出版社2007年版。

区工业总产值达到186亿元，比1952年增长137.1倍，年均增长11.3%，工业生产能力大大增强。工业经济粗具实力，初步建成以轻化工、食品、冶金、建筑材料、机械为支柱产业的工业体系。1998年，工、农业总产值的构成比为61.9∶38.1，工业比重较1952年提高了41.7个百分点[1]。工业对国民经济的贡献率显著提高，对GDP的贡献率已达35%左右，对全市经济发展起着举足轻重的作用。"十五期间"，达州市工业进一步发展，2006年工业总产值达到239.5亿元，比1998年增加53.5亿元。

万州区，位于四川盆地东部，濒临长江三峡，扼川江咽喉，有"川东门户"之称，水路上距重庆市区327公里，下距湖北省宜昌市321公里，为川东水陆要冲，跨大巴山、巫山、七曜山和盆东平行岭谷区，地处三峡工程库区腹地，举世闻名的大、小三峡均在其中。地处重庆东部，为三峡工程库区的腹地，重庆经济区的重要组成部分。万州原为四川省的万县市，1997年，重庆成为直辖市后，改为重庆所属的万州区。万州地域辽阔，人口众多，资源丰富，但由于交通等多种原因，其经济发展水平长期处于滞后状态，是全国18个成片贫困山区之一；三峡工程开建后，又成为三峡工程淹没损失最大、移民搬迁任务最重的地区[2]。重庆成为直辖市后，万州区经济有了较大幅度的增长，"八五"期间年均增长11.6%，工业总产值53亿元，比1949年的7157万元增长74倍，比1978年增长11.5倍；农业总产值95.5亿元，比1949年的5亿元增长19.1倍，比1978年增长8.2倍；财政收入11.3亿元，比1978年的8687万元增长13倍，年均增长13.7%。同时，通过大力发展地方工业和商贸服务业，万州的第二、三产业在国民经济中的比重不断提高。1998年，第一、二、三产业的比重为33.6∶35.4∶31[3]，工业经济基本形成了以食品、机械、日用轻工、建材、制盐、制药工业为重点的加工工业体系。"十五"期间，万州区社会经济发展取得了很大的进步，经济实力明显增强。以交通为重点的基础设施得到显著的改善，万州机场、达成铁路、万梁高速公路相继竣工投入使用，宜万铁路、南

---

[1] 四川省统计局编：《四川五十年》，中国统计出版社1999年版，第462~463页。
[2] 李炯光：《关于把万县建设成为重庆第二大都市的一些思考》，《三峡学刊》1997年第4期，第27页。
[3] 刘江主编：《中国地区发展回顾与展望（重庆卷）》，中国物价出版社1999年版，第116页。

北滨江路等一批重大项目顺利开工建设；旧城改造，江南新区拓展快速推进，城市功能渐趋完善。2006年，据初步核算，万州区全年国内生产总值达152.3亿元，同比增长14%。生产总值中，第一产业实现增加值19.1亿元，同比下降3%；第二产业实现增加值61.4亿元，同比增长16.4%，其中实现工业增加值42.2亿元，增长25.3%；第三产业实现增加值71.8亿元，增长16.3%。三次产业结构由2005年的12.3：42.5：45.2调整为12.5：40.3：47.2，三大产业结构进一步合理①。

涪陵区，枕长江、乌江，历史上一直就是乌江流域物资集散地，有渝东南门户之称，是闻名遐迩的中国"榨菜之乡"。涪陵原为四川省的涪陵市，重庆成为直辖市后改为涪陵区。

由于涪陵有得天独厚的地理优势，改革开放以来逐渐形成了极具发展后劲与扩张能力的工业基础，成为渝东地区重要的经济增长中心。在重庆市大城市带大农村的发展战略中，涪陵区是其核心传递层中一个重要的发展极，同时也是重庆重点经济开发区——三峡经济区中的一个重要中心。涪陵区的经济扩张必将带动周边县、市的发展，形成一个新兴的渝东经济圈。

1998年，涪陵区工农业总产值55.1亿元，分别比1950年和1978年增长26.6倍和9.6倍；人均工农业产值5016元，同期分别增长16.6倍和8.1倍；1998年地方财政收入3.9亿元，分别比1950年和1978年增长97倍和16倍；人均财政收入355元，同期分别增长61倍和13.6倍；国内生产总值由1978年的1.8亿元提高到1998年的58.5亿元，增长31.5倍；人均国内生产总值同期由191元提高到5372元，增长26.9倍。三次产业结构由1978年的55.6：26.3：18.1演变为1998年的15.7：46.7：37.6②。第一产业下降了近40个百分点，第二产业上升了20个百分点，第三产业亦上升了20个百分点，产业结构逐渐得到优化。

改革开放以来，涪陵通过不断加大城市基础设施的建设，城市综合功能得以迅速提高。城市化水平由1978年的12.3%提高到1998年的21.7%；建成区面积1998年末为13.6平方公里，比1978年增加7.6平方公里；人口发展到23.3万人，比1978年增长3.7倍；绿化面积168公顷，绿化率为12.5%；城市桥梁11座；环

---

① 资料来源：《2006年重庆市万州区国民经济和社会发展统计公报》。
② 刘江主编：《中国地区发展回顾与展望（重庆卷）》，中国物价出版社1999年版，第131页。

卫、公交、市场、交通等其他设施也不断加强。1998年，陆上公路里程为1625公里，比1978年净增385公里，公路密度由1978年的0.42公里/平方公里提高到1998年的1.81公里/平方公里[①]。随着涪陵体育馆、涪陵广场等一批城市基地工程投入使用，涪陵的城市功能大大增强。以涪陵为中心，包括南川、武隆、丰都、垫江等中小城市及90多个建制镇在内的涪陵城镇群正在形成。"十五"期间，涪陵区进一步确立了"加快工业化，建设大城市，全面奔小康"的发展路子，全区综合经济实力迈上了一个新台阶，经济社会各个领域都取得了长足的进步。2005年，全区国内生产总值达到135.08亿元，5年年均增长12.6%，按常住人口计算，人均GDP达到13431元。规模以上工业企业产值126.45亿元，年均增长16.8%；固定资产投资累计完成221亿元，比"九五"时期翻一番多；社会消费品零售总额40.27亿元，年均增长15.4%；地方财政收入6.79亿元，年均增长12.4%[②]。

（三）重庆直辖后的迅速发展

重庆，位于长江与嘉陵江交汇处，有着十分明显的区位优势，明清时期就是西南名城，为川东水陆要冲，东下荆楚，西进成都，南走滇黔，北上汉中，扼控西南。近代以后，随着开埠通，商重庆发展成为长江上游经济中心，西南地区的综合交通枢纽，长江上游主枢纽港。改革开放以来，重庆拥有较强的综合实力，在政治、经济、金融、工业、商业、历史、文化、科技、教育、医疗、交通等各方面都有优势。1997年，中央为了推动西部地区改革开放的进一步发展和实施长江经济带开发战略以及三峡工程建设，决定通过设立重庆直辖市来带动区域经济社会的发展，进而实现区域协调发展。

自重庆设立直辖市起，便肩负着"努力把重庆建设成为长江上游的经济中心""完成百万三峡移民""探索特大城市带动大农村经济发展的新路子"等三大历史使命[③]。时代赋予重庆重任的同时，也给重庆带来了巨大的历史性发展机遇。重庆直辖市的设立，直接提高了重庆在国家行政管理体系中的地位和在国家宏观经济调控体系中的层次，给了重庆一系列有利于发展资金市场、资

---

① 刘江主编：《中国地区发展回顾与展望（重庆卷）》，中国物价出版社1999年版，第138~141页。
② 资料来源于《2005年重庆市万州区国民经济和社会发展统计公报》。
③ 《重庆》课题组著：《重庆》，当代中国出版社2008年版，第226页。

源市场、人才市场、信息市场等方面的优惠政策，将重庆推上了一个崭新的发展平台。行政体制的变化，使重庆拥有了中央直辖市的种种权益和沿海城市才享有的经济优惠政策。重庆能够根据自身实际，适时采取和调整相应的对策和措施，营造更为宽松、宜于经济社会发展的人文环境和政策环境，从而更有利于发挥重庆中西部地区桥梁和纽带的作用，最终实现跨越式发展。

重庆直辖市由原四川省东部的重庆市、万县市、涪陵市和黔江地区等组成，下辖43个区市县，总面积8.24万平方公里，1995年末总人口3001.78万人，其中非农业人口559.43万人，占总人口18.63%。1996年，以上各地区总计实现国内生产总值1175亿元，实现社会消费品零售总额449亿元，外贸进出口总额达14.1亿美元，地方财政预算内收入达54.8亿元。重庆直辖前是我国六大老工业基地之一，工业资产达700多亿元，工业门类比较齐全，已形成汽车摩托车、冶金、化工三大支柱产业。1997年，重庆成为直辖市后，经历了1998年亚洲金融危机，经济受到一定影响。但从1999年开始，重庆经济进入新一轮经济增长周期，经济总量不断扩大，经济综合实力不断增强。1997～2006年，重庆经济年均增长10.2%，并在2006年达到峰值，增长12.2%。2006年，全市人均GDP升至12437元，是1996年的3倍[①]。

重庆成为直辖市后，随着行政地位的提高，给发展带来了新的动力和新的机遇。直辖市行政管理体制的形成，使重庆在成为直辖市的10年间，先后解决了三峡工程百万移民、老工业基地改造、农村扶贫与开发、生态环境保护与建设等四大难题，国有企业改革也实现了重大突破，基础设施瓶颈制约逐步缓解，城乡面貌发生了深刻变化，人民生活水平明显提高，各项社会事业全面发展。

1. 城市竞争力快速增强

重庆直辖后，不仅经济增长较快，文化教育也有巨大的变化，城市综合竞争力快速提升，城市对外开放度、城市基础设施建设、地方政府作用、人力和科技竞争力等方面都有明显的增长，民众的生活水平也有较大的改变，参见下表。

---

① 《直辖十年铸辉煌》，重庆统计政府公众信息网。

表3-20　1993~2002年重庆市城市竞争力得分表

年份	综合经济实力Y1	对外开放程度Y2	基础设施建设Y3	地方政府作用Y4	人力和科技竞争力Y5	生活水平Y6	环境质量Y7	总分
1993	6.656	0.855	3.500	3.228	7.401	2.970	0.551	23.64
1994	8.894	0.252	4.568	2.615	9.096	4.172	0.501	28.57
1995	12.412	1.049	5.369	4.603	9.349	4.957	0.546	36.52
1996	14.513	1.789	9.726	5.298	13.315	7.106	−0.148	50.92
1997	16.481	2.268	13.731	7.496	21.015	9.422	−0.630	69.69
1998	18.498	2.296	17.721	8.740	21.988	13.154	−0.138	81.00
1999	19.922	4.053	21.186	10.051	26.302	16.853	−0.394	96.89
2000	21.689	6.525	26.422	12.155	29.353	23.428	−0.582	117.85
2001	24.213	7.854	27.879	15.115	30.802	31.105	−1.422	135.64
2002	27.716	9.470	32.256	19.834	34.154	42.438	−0.942	163.50

资料来源：唐磊、曾国平《重庆直辖前后城市竞争力的比较分析》，《重庆工商大学学报（西部论坛）》2004年6月。

重庆直辖后仅用了10年时间便改变了以往"面积大、经济总量小、历史包袱重、百万移民难"的窘迫局面，奇迹般地崛起，经济总量显著增大，经济综合实力不断增强。据统计，2006年重庆国内生产总值达到3486.2亿元，是1996年的2.96倍，年均增长率达到11.5%；人均国内生产总值12437亿元，是1996年的3倍；地方财政收入达到529.3亿元，年均增长25.4%，是1996年的9.6倍；全社会固定资产投资2451.8亿元，是1996年的7.65倍，年均增长22.6%；社会消费品零售总额1403.6亿元，是1996年的3.15倍；年末金融机构本外币存贷款余额分别达到5587.5亿元和4443.8亿元，分别是1996年的6.6倍和4.86倍；人民生活水平也得到了显著改善，城市居民人均可支配收入11570元，是1996年的2.3倍；农村居民人均纯收入2874元，是1996年的1.94倍。城乡居民的居住条件显著改善[①]。

与此同时，重庆开放式经济"新高地"正在悄然崛起。重庆直辖后，一年一度的"中国重庆投资贸易洽谈会"和"三峡国际旅游节"，从区域性活动逐

---

① 《重庆》课题组：《重庆》，当代中国出版社2008年版，第250页。

渐演变成集经贸洽谈、招商引资、旅游文化为一体的国际化盛会。此外，亚洲议会和平协会第三届年会、全球著名的《商业周刊》"CEO真知灼见论坛"、亚太城市市长峰会以及亚洲足球杯、20国集团财长和央行首脑会、世界银行信息年会等陆续在重庆举行，使重庆开始靓丽地出现在国际舞台上。直辖10余年来，重庆人以"冲出夔门天地宽"的豪气，积极融入国际经济大舞台，主动承接国内外产业转移。重庆先后与180多个国家和地区建立了经贸合作关系，引进外资企业4179家，外商直接投资项目2006个，2006年进出口总额比1996年增长了2.4倍。福特、ABB、拉法基、法国水务、家乐福、麦德龙、IBM等70余家世界500强企业抢滩落户重庆，加快了重庆开放型经济高地的建设速度。

2. 城市化水平不断提高

重庆直辖以后，辖区面积扩大到8.2万平方公里，下辖43个区县（市），总人口达到3042.92万人，成为中国人口最多的大城市加大农村的特大城市。随着西部大开发的进一步推进和三峡百万移民工程的实施，重庆的城市化水平迅速提高，城镇化进程、城乡人口结构、人口素质等都得到进一步的改善。

从城镇化进程来看，随着经济的快速发展和城镇化战略的实施，城市的功能不断完善，人口的空间分布也逐渐向城镇聚集，重庆市城镇化水平逐年稳步提高，参见下表。

表3-21　1996～2005年重庆市城镇化进程简表

年份	城镇化率（%）	年份	城镇化率（%）
1996	26.5	2001	34.7
1997	28.0	2002	39.9
1998	29.6	2003	41.9
1999	31.3	2004	43.5
2000	33.1	2005	45.2

资料来源：《重庆》，当代中国出版社2008年版，第356页。

从1996年到2006年，全国城镇化率增长了13.4个百分点，同期重庆市增长了17.2个百分点，增速比全国平均水平快3.8个百分点。重庆在成为直辖市前，城镇化水平一直低于全国平均水平，1996年低于全国平均水平1个百分点，1997年低0.9个百分点，到2001年低0.3个百分点，差距在逐渐缩小；2002年，重庆市城镇化率超过全国平均水平0.9个百分点,到2006年已高出全国平均水平2.8个百分点。此一时期重庆城镇化的快速推进,并不是"大跃进"式的盲目冒进,主要是在经济高速增长的需求拉动和市场机制的作用下形成的,因而是一种稳步有序的快速提升,是与经济发展和工业化进程基本相适应的。

重庆城市人口素质在直辖后也有了明显的提升。根据2000年第五次全国人口普查统计,重庆全市6岁和6岁以上的人口共2825.4万人,其中研究生1.4万人、本科30.0万人、专科55.5万人、中专72.6万人、高中189.8万人、初中899.3万人、小学1323万人、文盲和半文盲254.7万人,所占比重分别为0.05%、1.06%、1.96%、2.57%、6.72%、31.83%、46.83%、9.01%。而根据2005年11月抽样调查数据显示,2005年在重庆全市常住人口中,具有大专及以上文化程度的人口为120.31万人,占4.3%,比2000年提高了1.1个百分点;高中文化程度人口为268.61万人,占9.6%,较2000年提高了0.8个百分点;初中文化程度人口为845万人,比2000年提高了3个百分点。

为了促进重庆人口变化和城市建设的可持续发展,重庆各级政府正在以科学发展观为指引,抓住发展机遇,加快发展步伐,进一步深化和推动区域、城乡人口的均衡发展,走出一条节约型、效益型的城市化道路。为了推动城市化的进一步发展,重庆提出了"一超"(主城区)为恒星、"六大"(六个大城市)为行星、"多中小"(多个中小城市)和"众镇"(众多的小城镇)的城镇发展战略,此战略具有科学性,是一个符合重庆市情的城镇化发展战略。

3. 城市基础设施建设大发展,城市面貌发生巨大变化

重庆成为直辖市以后,制定了《重庆市国民经济和社会发展"九五"计划和2010年远景目标纲要》,成为新时期组织和动员重庆人民推进改革开放和现代化建设的行动纲领,引导全市人民致力于交通、能源、市政设施及邮电通信等基础设施建设。

重庆直辖后为打破资金短缺对城市建设的制约,市委、市政府加快了投融资体制改革和机制创新的探索,并筹建以国资委直属的8大建设集团为主体投融资机构,实行投融资改革,从而使重庆在直辖后的10年中达到重庆历史上基础设施建设投资的最大规模。1997~2005年,重庆全市基本建设投资总额达到3577.5亿元,年均增长率达到27.8%,其中1997~2001年,5年累计基本建设投资1110亿元,2002~2005年,累计投资2467.5亿元,是前5年投资的2.22倍。1997~2005年,交通运输业的累计基本建设投资更是达到了1094.8亿元,占基

本建设投资总额的30.6%。交通运输业对国民经济发展的支撑作用也越来越明显。重庆初步形成了"一环六射"高速公路主骨架网络，基本实现了"1小时主城，8小时重庆"交通通达要求。"三中心两枢纽一基地"的建设也初具规模，城市综合功能日益完善。

2006年末，重庆全市铁路营运里程达1109公里，公路通车里程达37168公里（其中高速公路778公里），港口货物吞吐能力达到5420.43万吨，邮电业务总量达到276.18亿元，电话普及率达63.75部/百人（比1996年提高55.7部/百人），移动电话用户数达到1064.6万户，互联网用户达到140.6万户。在解决城市道路交通的同时，综合整治了沿江地质灾害、防洪护岸、航道泊位、沿江垃圾和排污口等，极大地改善了城市面貌和形象。通过大力实施"山水园林城市工程""青山绿水工程"，推进"蓝天、碧水、绿地、宁静"行动，城市大气和噪音污染得到明显控制；一批污水处理厂、垃圾处理场建成并投入运行，库区水质保持在Ⅱ、Ⅲ类标准，地质灾害防治、天然林保护和退耕还林还草初见成效，生态环境得到有效改善。2006年，重庆市的森林覆盖率达到32%，比1996年提高9.51个百分点。主城区绿地率已达31.3%，绿化覆盖率达36.8%，人均公共绿地面积8.83平方米，基本达到国家园林城市标准[①]。

4.人民生活水平不断提高，社会事业全面进步

重庆直辖后，通过10年的改革发展，城乡居民收入稳步提高，住房条件逐步改善。1997年，重庆城市居民人均可支配收入为5323元，2006年重庆城市居民人均可支配收入已突破万元大关，达11570元，比1996年增加6547元，是1997年的2.2倍。2006年，重庆市农村居民人均纯收入达到2874元，比1996年增加1395元。城乡居民恩格尔系数分别为36.3%、52.2%，比直辖之初分别下降了13.9个百分点和11个百分点。城乡居民人均住房面积分别为24.5平方米和34.3平方米，城乡居民生活质量明显改善。随着收入水平的提高，居民的消费意识普遍增强，八大类商品支出呈大幅增长态势。2006年，重庆市城市居民食品、衣着、家庭设备用品及服务、医疗保健、交通和通信、教育文化娱乐服务、居住、杂项商品和服务的支出分别比1997年增长了48.7%、76.2%、29.7%、330%、240%、130%、220%、21.7%。

重庆成为直辖市后，加大了文化设施的投入力度，用"硬指标"打造"软

---

① 《重庆》课题组：《重庆》，当代中国出版社2008年版，第250页。

实力"。重庆相继建成了奥体中心、国际会展中心、三峡博物馆、湖广会馆、规划展览馆等标志性文化体育设施，公共服务水平不断提高。2003年，重庆市政府批准在沙坪坝区西部虎溪镇和陈家桥镇建设重庆大学城，占地20平方公里，其生态环境优美，文化氛围浓郁，综合配套完善，有15所高校先后入驻，成为西部地区的高级人才培训中心、科学研究与创新中心、国际科技教育交流中心，这对于重庆扩大高等教育规模，提高人才培养质量和早日建成长江上游的教育中心和西部教育高地具有重要意义。2006年，重庆市有公共图书馆43个，总藏书量达792万册（件）；出版各类图书3110种，11369万册（张）；电视综合人口覆盖率达到96.0%[1]。

---

[1] 《直辖十年铸辉煌》，重庆统计政府公众信息网。

第四章

巴蜀城市空间结构与景观文化

城市空间结构是指城市中各种要素的空间位置关系及其演变的特征,是城市发展程度、发展阶段的空间反映。城市内部各项要素和诸多功能活动依据一定的空间秩序有规律地联系在一起,从而形成一定的空间结构。城市空间结构形态与人类生存密切相关,是各种人类活动与功能组织在城市地域上的空间投影,因而也是城市文化的重要组成部分。

在历史的长河中,巴蜀城市空间布局经历了漫长的演变过程,跨越了古代、近代、现代三大历史时段,在不同历史时期,受不同因素的作用影响,其城市空间布局呈现不同的时代特征。

第一节 古代巴蜀城市形态与空间

一、选址与城市形态

选址是城市兴起发展的地理基础。在生产力水平低下的早期农业社会,为了便于生产劳作和各种生活需要,城市一般选择在濒水地区兴建,这是中国乃至整个世界范围内的普遍规律,巴蜀地区的早期城市同样如此。据统计,四川省有县以上的城镇共有196个,其中174个位于江河岸畔,占总数的89%,而位于大江大河岸旁的城市达83个,占总数的42%以上[①]。

城市形态是由结构(要素的空间布置)、形态(城市的外部轮廓)和相互关系(要素之间的相互作用和组织)所组成的一个空间系统[②]。它是城市发展程度、阶段与过程的空间反映,也是城市建设和发展的物质文化基础。影响城市形态的因素很多,其中一个重要因素即城市的地理位置与城市的形态有着十分密切的关系,因而考察城市的地理位置特征成为研究城市形态的一个重要方面。

---

① 郭涛:《四川城市水灾史稿》,巴蜀书社1989年版,第3页。
② 参见武进:《中国城市形态》,江苏科学技术出版社1990年版。

（一）古代巴蜀城市的地理位置特征与城市形态

城市形态与城市所在的地理环境条件密不可分。古代巴蜀城市的城址往往经过多次选择而最终确定，最佳的城市位置往往是丘陵中的盆地中心、河边台地及河谷平原。四川盆地具有特殊的地形，总体而言，平原少，山地、丘陵、高原多，这对巴蜀地区城市城址的选择具有极大的制约性。巴蜀地区大多数城市分布在丘陵地带，尤以河边台地最为普遍。

城市的位置，除了受地形制约以外，还同交通路线、水路航程、太阳光线，以及民族迁移路线有关。巴蜀地区沿江城市的分布，具有独有的特征：长江三峡一带，除了巴东以外，其他如巫山、奉节、云阳等城市全在长江北岸，这显然和长江北岸地区有较多的太阳光照射有关。四川的岷江，从新津以下，经彭山、眉山、青神、乐山直到犍为，所有州县城池都建在岷江西岸；沱江沿岸的简阳、资中、内江，以及涪江沿岸的绵阳、三台、射洪、遂宁、潼南等县，县城也建在西岸[①]。

一般而言，河流沿岸城市往往分布在河流自然冲积而形成的凸岸，因为河流往往会在凸岸不断堆积而在对面的凹岸不断冲蚀。四川沿河临江的城市多位于河流的凸岸，例如阆中、江津、富顺、荣昌、巴州、庆符、名山、昭化、南江、内江、东乡、定远、梓潼等城市均选址于河流的凸岸。这些城市往往随冲积地形而呈圆形或局部近似圆形的形态，典型的如富顺、定远、名山县城，然而也有的地区由于地势崎岖，城池呈不规则形态。

中国人的先祖们在城市选址等方面总结了很多很好的经验，如《管子》所云："高毋近旱而水用足，低毋近水而沟防省"。沿江城市地势以高低适宜为佳，因为这样可以减少水患的威胁。根据城址高下和水情的不同，城市离水的远近也不同。城址地势较高，即使近水也无妨，如乐山、重庆、雅安、万州等沿江城市，其所依傍河流水位变化较大，但这些城市所在位置皆在江岸的高地，因而即使临近江岸，也不惧江河洪水的威胁。部分城市虽然也位于江河岸畔，但因水情稳定，城址也不一定选择在高地，如成都平原城市多为此种类型。如果江河水势较大，常有洪水之虞，江岸地势偏低，其城址则需要远离主河道，如青神县城等。总的说来，城址的高下、临水的远近，应当是"远不欲

---

① 陈正祥：《中国文化地理》，三联书店香港分店1983年版，第81页。

小，近不欲割，大不欲荡，高不欲跌，低不欲扑"①。

巴蜀地区多山水，不少山地城市选址往往要避开山势突兀逼压的地方，而多选择山势平缓的地方，这就是中国传统环境学说风水术中"离杖""逆杖"之法。四川一些重要的军事城市，最初选址于地势高临、形势险峻的山顶，之后随着经济的发展和居民的增多，才逐渐向地势较低的山麓迁移。如雅安县城最初建址于苍坪山顶，后因人口增多，经济发展，遂将城址迁至山麓；在城市选址上也十分考究，新县城避开了来势峻急的龙岗山，而以较为平缓的苍坪山为主山侧向选址，既便于经济的发展和生活居住，同时也有利于避免山洪的危害。夔州府治奉节县原在白帝—赤岬山顶，突入江中，形势险要，利于防守；宋代始迁至卧龙山腰，以卧龙山为屏障，城跨山之半腰，前以岷江瞿塘为天堑。迁治之后的奉节县城由于地势较为低平，城市形态更加接近方正规矩，也更有利于经济的发展和人口居住。

沿江城市常常面临洪水的威胁，尤其是地势较低的城市，即使位于凸岸，如果地势低平，侧面河水的威胁也很大，因河流改道而冲毁城市的情况也时有发生。保宁府城阆中在汉代就因西北角受到洪水袭击而在隋唐时沦为河滩，城址不得不向东南迁移。绵州位于绵山之阳，涪江凸岸，但江势宽平水浅，一遇洪水季节常受水患，如康熙三十一年（1692），"涪归安昌河，突直冲城，而过东北二门，割为水国，西南仅存樊圃"②。嘉定府城乐山也多次受到江水袭击，"西北倚山，东南临江，江多水患"③。所以沿江城市常常采取修堤筑坝的方法以护卫城市，特别是在水患严重的地区，修堤筑坝是强有力的护城手段。沿江城市往往采用城墙与堤坝结合的方式，以城逼水，由此构成了城市外部形态一道独特的风景线。

因为频繁面临水患，沿江城市的城垣和堤坝等屡遭威胁和破坏，但在城市建设方面这类城市也有先天的便利，即容易引水成濠，或直接以江为池。四川有多个沿江城市将江河作为自然城濠，或挖人工水路从江河引水入城濠。根据清代四川各地方志记载，四川城市建城濠有多种情况，分别有一面、两面、三面、四面建濠，其中最多以两面、三面建濠为主。

---

① 缪希雍：《葬经翼·二十四问》。
② 董贻清修，伍肇龄、何天祥纂：《绵州志》卷一一《城池》，同治十二年刻本。
③ 文良、朱庆镛等修，陈尧采等纂：《嘉定府志》卷八《城池》，同治三年刻本，第2页。

(二)古代巴蜀城市形态类型与分布特征

古代巴蜀城市的形态是在四川盆地这一特殊的地理环境与地形条件下,在耕作制度、城市功能、政治因素和地方文化等因素的共同作用下,在长期的历史变迁中逐渐形成的。城池的形状,一经确定就不容易改变,历代虽然经由多次重建与修缮,城池在形制上却具有很强的历史延续性。清代四川城市普遍得到了重建和修葺,并在形制上沿用明制,全面继承了古代巴蜀城市空间建设和发展的成果并有所发展,能够代表传统时代城市空间形制的特征,故本部分以清代这一时段为例来分析古代巴蜀城市的空间形态特征。

中国城市绝大部分有城墙,长期以来城墙以内就是城市建成区;虽然也有部分城市在发展过程中逐渐突破城墙的范围,在关厢或城门外的区域形成新的市街,但总的说来,古代中国城市的形状基本上都受到城墙形态的影响和制约。根据对清代四川建制城市(包括各府、州、县)城池图所作的统计和分析,清代四川的城池形状大致可以分为矩形、圆形和不规则形三类。三类城市中以不规则形城市最多,共计88个,占所统计城市总数的67%;矩形及近似矩形城市较少共27个,占21%;圆形及近似圆形城市最少,只有16个,占12%[①]。尽管城市的形状千变万化,成因复杂,其中不乏个别的偶然性因素,但是仔细分析城市形状与其所处的地理位置、城市沿革以及城市规模等方面的关系,仍然可以看出一些规律。

1. 矩形城市

古代中国的城市大多数都以方形或矩形城市为主,包括近似方形和矩形的城市,其中包括圆角矩形的城市。巴蜀地区作为中国的重要组成部分,其城市的形态与其他区域的城市也有共同的特征。根据对能查阅的清代四川方志所记载的城市图形进行分析,清代四川的矩形城市及近似矩形城市共有27个,占全部可查阅城市总数的21.05%。其中:矩形城市有14个,分别为成都、新津、金堂、彭县、简州、崇庆州、什邡、城口厅、广元、宜宾、冕宁、会理州、茂州、汶川等;近似矩形城市有10个,分别为双流、新都、灌县、汉州、大足、南部、屏山、石泉、雅安、江安等;圆角矩形城市有3个,分别为郫县、阆中、大邑等。

根据现有的资料来看,清代四川没有发现正方形的城市。泸州城在嘉庆

---

① 范瑛:《清代四川城市发展与空间形制研究》,四川大学2009年博士论文,第183页。

《直隶泸州志》中被画成正方形，但与实际的形态有相当大的差别，民国《泸县志》以现代绘地图的方法所绘出来的泸县城，则呈现沿沱江与长江交汇之处的不规则形状。另外，宁远府《冕宁县志》的舆图虽显示为近方形，但因没有其图片或文字材料证明该城的具体形状，故计入近似矩形一类。

对清代和民国的四川地方志的有关舆图进行考察，但凡形状方正齐整的城市大多为矩形，往往坐落在平原和范围较大的河边冲积台地，也包括民族地区一些政治军事功能突出的城市，如茂州、雅州、会理州、冕宁县等。这些地方往往是少数民族和汉族物资文化交流的中心，但长期以来受到汉族文化的影响，城市形制也不例外。例如茂州等县城尽管地处少数民族聚居区域，但由于建制悠久，深受汉族文化影响，城市形制也体现出典型的中原文化特征；城市呈矩形的外部形态，城开四门，街道布局呈较为规矩的方格网状结构，城市中心建有钟鼓楼。

巴蜀地区的矩形城市的地理分布以地形较为平坦的成都平原为中心，27个矩形城市中，有19个位于成都平原，占70%。其中，有12个矩形城市都分布在成都府城周边，即成都府属15个城市有80%为矩形城市。由此可见，成都平原的地形条件对于城市形态有重要影响。其他矩形城市的分布也具有明显的区域性特征，主要分布在川北保宁府、川南叙州府和川西与少数民族地区交界的地带。川北与川西地区的矩形城池显然与城市的政治军事功能有关。这些地方位于交通要道或处于民族交界的敏感地带，古来战事频繁，城市多数由早期军事据点发展而来，故方正的矩形形态一直延续下来。而川南的几个为数有限的方形城市则位于经济落后的地区，土地贫瘠人口稀少，城市规模小，用地要求少，因而更容易成为方正的矩形形态，如叙州高县和屏山县的城垣周长均为2里。

2. 圆形城市

在中国历史上，矩形城市居多，正方形的城市也占一定数量，但唯独圆形的城市较少。圆形城市的构建可能与古老的圆形房子有关，也可能与天圆地方的学说有关[①]。从全国城市的分布看，圆形的城市多在南方，北方甚少，其构建多是时人为了充分利用有利地形、因地制宜选址建城的结果。因为南方河流众多，水网密布，河流多弯曲，城市形状受河流的制约而呈现圆润的形状。清代城市中圆形城市集中于安徽、广西等省份，其代表为安徽的徽州府、宁国

---

① 马正林：《中国城市历史地理》，山东教育出版社1999年版，第124页。

府,广西的柳州府、思恩府,浙江嘉定府、江苏松江府等①。不过从总体数量上来看,圆形的城市终究居于少数,这同古代中国筑城的建筑技术修筑圆形城墙比较困难有关。

清代四川的圆形或近似圆形的城市共有16个,占城市总数的12.03%。其中比较齐整的圆形、椭圆形城市有5个,分别为温江、隆昌、名山、荥经、丹棱等;近似圆形的城市有11个,分别为雷波厅、江油、彰明、盐源、东乡、眉州、彭县、青神、绵竹、涪州、洪雅等。除了川南叙州府、西南宁远府、川北龙安府有零星分布外,圆形城市主要集中分布在眉州、雅州一带的川西平原南部岷江、雅砻江流域,其成因主要与城市位于河流凸岸的地形有关,典型者如富顺、定远、名山等县城。

3. 不规则形城市

不规则形城市指城市的形状既非矩形,也非圆形,其形状带有随意性,往往沿河发展或受山地地形的制约,因地制宜,呈现不规则的形状。清代这类城市在南方分布较广,尤其是江南地区,多位于河流沿岸或交汇处,如江宁、杭州、广州、福州、桂林、贵阳、安庆、南昌、长沙、武昌等②。这些城市的外形多由河流与周围地形决定,其形状与河流和地形的走势一致,产生自然的弯曲轮廓。

清代四川不规则形的城市数量最多,共计88个,占城市总数的66.17%,广泛分布于四川各地,尤其是丘陵和山地地区。顺庆府、潼川府、夔州府和直隶忠州所属府、州、县城全部都是不规则形城市;嘉定府所属8个城市中除了洪雅近似椭圆形外,其余各县城全都是不规则形;重庆府所属15个县城有12个为不规则形城市,占总数的80%。值得一提的是,位于成都平原的新繁县城,也是典型的不规则形城市③。此外,松潘古城也背山面水而呈不规则形状。

巴蜀地区不规则形城市形态的城市多位于两江交汇后的台地,沿江自然伸展,受江岸不规则形状的影响甚大。由于江水往往挟带大量泥沙奔流而下,一旦水势趋于平缓泥沙便沉积下来,所以往往在两江交汇之后的内角就会淤积

---

① 韩东洙:《清代府城的城制与营建活动之研究:以省城分析为主》,台湾大学建筑与城乡研究所1994年硕士论文,第44页。
② 韩东洙:《清代府城的城制与营建活动之研究:以省城分析为主》,台湾大学建筑与城乡研究所1994年硕士论文,第43页。
③ 范瑛:《清代四川城市发展与空间形制研究》,四川大学2009年博士论文,第183~186页。

大量的泥沙，久而久之便形成冲积台地。除成都平原和个别的小块平地外，四川沿江中小城市均地处丘陵地带，因此背山临江的小块台地便成为建设城市的理想选择地。在此处建城，既便于军事防卫，又便于商业贸易，同时生产和生活用水均较为便利。四川地处两江交汇处的城市很多，如乐山、泸州、剑州、绵州、犍为、三台、涪州、合川、合江、南溪、夹江、中江、资州、南充、纳溪、马边厅、高县、荣县、洪雅、清溪、芦山等。

四川很多城市背山面水，坐落在山间峡谷和河边台地形成的小块平地上，其城市形态大体上尚算规整，只有在受到山地地形影响的一侧形成特别突出的不规则形态，如綦江城的东北部、昭化城的东北部、通江城的西北部、南江城的北部、芦山城的东北部、峨边厅城的西北部、安岳城的北部、黔江城的北部、太平厅城的北部等。这些城市平面图上特别凸出的部分总是位于山地的一侧。

巴蜀地区有相当部分城市是因受山地地形制约而呈现出不规则状态，如荣昌、顺庆府仪陇、广安州、岳池、万县、资州、德阳、井研、大宁、垫江等都是不规则形城市。这类城市所处位置的地理条件不好，周围多山。这些城市在规模较小的时候可能也较规整，但当城市规模扩大时，城市不得不在山地的狭窄空间中伸展扩张，如荣昌城周五里五分，广安州城周六里，万县城周五里，资州城周五里二分，德阳城周七里三分，垫江城周五里五分。由于城市规模相对较大，故城市的形态就不可能保持规整；部分城市因发展的需要，甚至不得不将全部或部分城池建在山上，典型的例子如开县、岳池、西充、邻水等。

值得一提的是，古代巴蜀地区有个别建制城市一直没有建城垣。这些未建城垣的城市多是因为地形关系，或背山临水，或四面皆山，一来关隘天成，二来建城不便，所以没有修筑城墙，如仁寿县城四面皆山，历代无城，清代在四方建四石坊以象征四门。其他没有建城的建制城市还有酉阳直隶州城、石砫直隶厅城、懋功直隶厅城和打箭炉厅城等[1]。

清代中后期，巴蜀地区相当部分城市因工商业的发展，人口的增加，城市建成区开始超越城墙的范围向外扩张，在城外关厢或沿道路、码头等形成条状或块状的商业区、居住区，故城市形态各异。这些城市多为沿江或贸易发达的城市，聚集的区域往往是交通发达、贸易繁荣的关厢地带或江河沿岸。如成都

---

[1] 范瑛：《清代四川城市发展与空间形制研究》，四川大学2009年博士论文，第194页。

东门外码头地区商业繁盛,其聚集的人口甚多;保宁府城外东南沿江岸一带为时人认为是聚气生财的上佳方位,故商人辐辏,店铺林立,城内外连成一片,极为繁荣;宜宾城外东南一带沿江地带也因水陆交通便利,商业繁荣,发展成为重要的商业街区,各类商铺沿江五门扩展至江岸。

二、城市政治空间

秦统一中国后,建立了中央集权的大一统,皇权具有至高无上的地位,并蒙上了浓重的神秘主义色彩,形成了"君权神授"理论,在中国文化中确立了天、道、圣、王四者合一的政治传统,君主的权威和地位的崇高性无可替代。"君权至上"观念渗透了社会生活的方方面面,反映在城市建筑空间布局上,便是政治行政空间的居中分布①。所谓"中也者,天下之大本也"②。受儒家礼教思想的影响,中国人在城市的规划选址时,形成了一种"居中为尊"的思想,所谓"王者必居天下之中,礼也"。按照这一理念,古之王者择天下之中而立国,择国之中而立宫,择宫之中而立庙,政治机构被认为只有安放在城市的中心位置,才能最贴切地体现出它的尊贵性,才能涵盖周围,辐射四方。因此,传统的风水理论中就有"京都以朝殿为正穴,州郡以公厅为正穴"之说。当然,这里所说的"中"未必一定都是城市的几何中心,但却往往是城市的形势要地,如城市中能够居高临下控制全城,并避免内涝的高地或要地。素称中国"风水之城"的阆中城,在唐宋以降,其历代刺史署、知府署等均按风水格局相沿不辍地建筑在阆中城内西大街张桓侯祠西边的高地上。

宗庙,是历朝统治者供奉祖先的庙宇,是统治阶级神权的象征;宫室,是最高统治者居住、生活和进行政治活动的场所,是封建皇权的象征;二者结合,共同构筑起至高无上的君权空间体系,并成为都城政治空间的主体和中心。这不仅从历朝都城的宫殿位置中能得到印证,还可以从若干个都城的考古发掘中找到很多宫室、祭祀遗址都位于城市重要位置作为有力的证据。而各级地方城市的规划布局在一定程度上是都城的翻版,往往以都城为参照,深受皇权政治的影响;地方城市除建有防御所需的城墙外,特别重视各级官署衙门的

---

① 政治行政空间在都城中主要是指宗庙、宫室等机构所占据的空间,在地方城市中则为各级官署府衙所在。
② (宋)朱熹注:《中庸章句》。

选址和建设。一般说来，历代重要的衙署都位于城市的中心位置或重要位置，衙署主体建筑多坐北朝南，中轴对称，主从有序。正如英国著名哲学家伯特兰·罗素所说，建筑从最早的时代起，就有两个目的，一方面，纯粹是功利主义，即御寒暑、避风雨；另一方面，是政治性的，即借沉沉巨石所表达出来的荣耀，给人一种想象。天神的庙宇和帝王的宫殿，设计得要激起对天上的权力和对他们地上宠儿们的敬畏[①]。在中国，衙署是古代各级地方官吏办公之主要场所，也是封建皇权统治的权力象征，因而衙署的修建要让人们对皇权产生敬畏。古代巴蜀城市的政治空间格局亦大抵如此，下面以清代为例进行分析。

据清代巴蜀各府州县地方志所载舆图和相关资料显示，清代巴蜀地区各级城市中不同功能的衙署在城市中的分布情况具有共性，但也有区别。通常不同级别的机构，如道署、府署和县署在空间上均分别位于不同城市区位，而同一级别的衙署则因功能不同而集中布置或分散布置。一般说来，军事机构、捕厅、防汛署等与社会治安相关的衙署，在空间分布上相对独立，且多位于较为临近城门的地方，而其他衙署则采取集中布置原则，多集中分布在城市中心位置，以提升行政效率及行使互相监督的功能。由于府城和县城的行政机构设置不同，衙署在府城和县城中的空间分布有很大不同。

在府级城市中，道署、府署和县署同在一城，占据了大量的城市空间。由于衙署数量较多，因而其区位的优劣一般是与行政级别的高低成正比，道署和府署占据着比县署更好的区位。例如保宁府城道署位于城市中心略偏北，地理位置居中，交通便捷，地势较高；府署在府城西部偏北，相对而言也是府城的重要位置，交通便利；县署则在西部偏南，略逊于道、府署的位置，但仍然是府城上风上水之处。又如宁远府总镇府在府城中部略偏西北，知府署在中部偏东，县署则在西南，都是居于府城的最佳位置，只是略有差异而已。在空间地形限制较大的山地府城，由于府署占据了最优越的位置，往往县署只能偏居一隅，如顺庆府署在府城之北，故而县署只能在城东南隅修建。龙安府署在府城北，也占据了府城最好的高地，故县署则只能屈居城西北隅地势相对较低的区位。夔州府署设在府城中心，故而县署则在城西南隅。

根据清代地方志所载，巴蜀地区有舆图和文字明确记载的110多个县级城市中，重要衙署位于城市中心位置的有71个，约占2/3；位于城市西部的有16个，

---

① 参见［英］伯特兰·罗素：《为悠闲颂》，《罗素文集》，改革出版社1996年版。

位于城市北部的有14个，位于城市东部的有11个，位于城市南部的仅有2个（通江和蓬州）。在71个重要衙署位于中心区位的城市中，有19个城市的衙署是位于城市的地理几何中心，而大部分衙署都略微偏离城市地理几何中心，居于相对中心区位[①]。

由于巴蜀地区多山，因而有部分山地城市的衙署位置选择并不是以居于城市中心为要，而往往选择地势较高处，如永川、南江、岳池、仪陇、松潘、名山、重庆等城市的重要衙署均位于城区地势较高之处。在丘陵地区，有的城市衙署选址也会充分考虑扩张性和舒适性，如西充县的县署、典史署、试院、汛署、长平仓等，均集中分布在城内位置最为平坦的县城西部，而位于城市中心且地势较高的山地则以文化空间为主，修建有城隍庙、文昌宫和三义祠等。

一般说来，巴蜀地区大多数城市的重要衙署都位于城市中心区位和城市的要地，但也有少量城市例外。如德阳县署等机构就在城北靠近城门附近；丹棱县署位于城市北部偏西，也邻近城门；通江县署在城南门附近；大竹县署在城西北一隅。可见，衙署在城中的具体位置不能一概而论，选择位置的原因是多方面的，可能与城市的地形有关，也可能与风水理念有关，需要作具体分析。

就具体城市实例来看，成都和重庆的情况便大相径庭。成都作为四川省的省会，城市内部聚集的衙署甚多，重要衙署主要有：八旗成都将军署（满城内）、八旗成都副都统署（满城内）、总督署（府城中心偏东督院街）、提督署（府城中心偏东提督街）、学院署（府城中偏东）、布政使司署（府城中偏东）、按察司署（府城中偏东）、盐茶道署（府城中偏南）、成绵龙茂道署（府城中偏东）、成都府署（府城中偏北正府街）、成都督捕府通判署（府城中偏北）[②]。从地图上看，成都的政治机构主要集中分布在府城中心地区。而巴蜀地区另一个重要城市——重庆，其府城的政治空间布局则较大地受到了地形的限制。由于重庆是山城，衙署很难选择在城市中心位置，故而选择居于城市的核心区域，如重庆府署、重庆镇署、巴县署、县学署、川东道署、右营都司署等在下半城沿江地带的南纪门至东水门沿线分布，尤以太平门为各衙署集中分布之区。

[①] 范瑛：《清代四川城市发展与空间形制研究》，四川大学2009年博士论文，第239页。
[②] （清）李玉宣等修，衷兴鉴等纂：《成都县志·舆地志第二·官署》，同治十二年刻本。

三、城市经济空间

经济空间是传统城市空间构成的最为重要的组成部分之一，也是最富于变化和充满活力的城市空间。

成都地区的商品交换出现较早，形成了早期的经济空间。据《茅亭客话》记载："蜀有蚕市，每年正月至三月，州县及属县循十五处。耆旧相传：古蚕丛氏为蜀主，民无定居，随蚕丛所在致市居，此其遗风也"[1]。以上引文反映了远在上古时期蜀地已出现了商品交换，在部落首领居住地产生了临时性的集市。社会经济的发展带来农业与手工业的分工、手工业与商业的分工，商业活动日益增多，作为相对固定的商品交换场所的真正意义上的"市"始得以形成。由于上古时期人们相互之间可供交换的商品十分有限，因而此一时期的"市"多带临时性质，并没有固定的场所。

在中国城市形成的早期阶段，"城"与"市"是既相互联系，又各自具有独立性的两个概念。早期的"城"更多带有政治性与军事性，它是一定区域内的政治、军事、文化中心，统治阶级在"城"修筑起象征王权的宫室、宗庙等建筑，统治者居于宫室中，从事政治、军事等活动。但为了满足"城"内统治阶级及其他各阶层的日常生活需求，建立"市"成为"城"的一种需要，更需要促进"市"的发展。

先秦时期的巴蜀城市一般都以政治、军事功能为主，但也具有一定的经济功能，除成都有"市"外，江州也有市。《华阳国志》载：巴国都城江州"又立市于龟亭北岸，今新市里是也"[2]。又如《水经·江水注》载："江水又东，左径新市里南。常璩曰：巴旧立市于江上，今新市里是也。"

先秦时期，随着社会生产的发展与人口的聚集，促进了手工业与商业的发展。工商业对于国家强盛和城市发展的重要作用开始为统治者所重视，因而在一些城市中不仅建有宫殿、宗庙、衙署等政治、军事性建筑，而且开始允许在城厢设"市"贸易，于是"市"与"城"相结合。周代，市有大市、朝市、夕市之分。《周礼·地官》曰："大市，日昃而市，百族为主；朝市，朝时而市，商贾为主；夕市，夕时而市，贩夫贩妇为主。凡市入，则胥执鞭度守

---

[1] （宋）黄休复：《茅亭客话·鬻龙骨》，1912年刻本。
[2] （晋）常璩：《华阳国志·巴志》。

门。市之群吏,平肆展成,奠贾上旌于思次,以令市,市师莅焉"①。所谓"市师",即"司市"。"司市,掌市之治教、政刑、量度、禁令。以次叙分地而经市"②。由上可见,在周代,"市"已被纳入到城市管理体系之中,政府在"市"设置管理官员,负责监督商贩货物的出入城门,摊肆货店的整顿排列等。

汉代以降,从都城到县城,各级城市开始形成"坊市制"。"坊市制"是中国古代所特有的一种城市空间布局形态,即城市内部被划分为若干个小型的矩形区域,四周圈以围墙限定,这就是"坊",其中居住区称"里坊"。唐以前,中国城市内部实行的都是封闭的坊市制。为了保证统治者的安全,继而加强统治者对城市的控制,坊往往制定有严格的管理制度,各坊设坊门,定时启闭,朝开晚闭。市场被强行限定在一定区域内,城市工商业的发展障碍重重。唐前期,商业受坊市制的束缚,商店只能在市内开设,居民坊内很少有商业活动。市的交易也有定时,"凡市,以日午击鼓三百声而众以会,日入前七刻击钲三百声而众以散"③。

从汉到唐,巴蜀地区各大小城市均按相关规定在城内分别设立坊、市,规模小的城市一般只有一个市,这个市通常就以城市之名作为市名,例如利州的市就称为"利州市";如果一个城市内有多个市,一般则按市的位置,或称东市、西市,或称南市、北市。在这些称作"市"的商业区内,没有固定的店铺,通常叫作"肆"。由于巴蜀各城市之间的商业状况存在很大差异,所以"市"的构成也不尽同。在一些经济落后、商业不发达的地区,城市甚至没有固定的商业区,所谓"市",只是在城内或城外定期举行的集市贸易,这种"市"在南北朝时期较为普遍。

唐代中后期,巴蜀地区的部分城市也与中原的城市一样相继出现了夜市和临街设店、坊内设店的现象。宋朝建立,没有经过大规模的政权替代战争,因而城乡经济都得到较快发展,尤其是城市中的商品经济出现繁荣的局面,工商业的繁荣导致城市内部空间布局发生历史性的转折。乾德三年(965),宋太祖诏令开封府三鼓以后夜市不禁,百姓可在三更前在外行走。这标志着坊市制最终被彻底地废除,阻碍商品交换和限制生活自由的坊墙纷纷被推倒或拆除,夜

---

① 崔高维校点:《周礼·地官》,辽宁教育出版社2000年版,第25页。
② 崔高维校点:《周礼·地官》,辽宁教育出版社2000年版,第25页。
③ (唐)张说、张九龄等编纂:《唐六典》卷二〇《京都诸市令》。

市和临街设店取得合法的地位；商业的发展不再受到"市"的束缚，城市俨然成为一个扩大化的"市场"，商店、作坊和住宅区混合的开放街道开始在城中出现，城内的主要街道到处设有各式商店；工商业突破了坊市制的严格规定，各类工商店铺开始分布在城市的大街小巷，一条条繁华的商业街市相继产生。

成都自古就是一座商业发达的城市。晋初，左思在《蜀都赋》中对成都商业之繁荣极为称赞："金城石郭，兼市中区。既丽且崇，实号成都……市廛所会，万商之渊。列隧百重，罗肆巨千，贿货山积，纤丽星繁。"但受坊市制的束缚，市场交易高度集中，隋代成都城内的市场只有一个。唐代，高骈在成都修建罗城，两城制度逐渐趋于成熟，城市的经济性空间得到较大发展，空间布局由坊市制向自由集市转变。据记载，这一时期成都城内形成了五大市场：东市、南市、新南市、西市和北市。此外，城市内部还出现了专业性市场和季节性市场，这类市场往往选择一定时期在某些固定地点举行，带有专业性和时间性，如正月的灯市、二月的花市、三月的蚕市、四月的锦市、五月的扇市、六月的香市、七月的宝市、八月的桂市、九月的药市、十月的酒市、十一月的梅市、十二月的桃符市等。到了宋代，成都城内的常年性市场新增加旧州市、大西市、新北市和大东市；此外，还出现了若干工商业繁荣的街市。除成都外，巴蜀其他城市也都随着坊市制的打破，迅速地发展起经济性空间，大小沿街商业店铺迅速发展，特别是府州级城市更是商业店铺林立。明代以来，由于商品种类的进一步细化，强化了城市内部专业市场的功能分区，不少城市形成了专业市场，如成都城内相继新增皮革、纱帽、玉器、钱纸、骡马、银器、珠宝等街市。清代成都商业街道的业态布局更为分明：棉絮店铺多散处于南门三巷子、红照壁三桥及东门一巷子、二巷子等处；针黹铺群居于总府街及新街；苏广洋货铺多位于东大街、西大街、科甲巷、总府街一带，著名的商铺有仁祥号（科甲巷）、公泰字号（西东大街）、光裕厚号（总府街）、马裕隆号（西东大街）、正大裕号（暑袜街）、章洪源号（东大街）、大有征号（总府街）、元利生号（西东大街）；京货铺主要集中在华兴街、东大街；南货铺则分布在冻青树街、华兴街；云南货铺在东大街；旧衣铺在会府西街、鼓楼南街、水花街、红照壁、三桥、西御街、东华门；新衣铺在水花街、总府街；皮衣大货铺在鼓楼南街、总府街、水花街；琉璃灯铺在科甲巷；下江绸缎铺在东大街；扇

1920年的成都东大街

子铺在东大街、总府街；香粉铺在东大街、总府街①。其中，交通便捷的东大街、总府路、科甲巷成为成都的商业中心所在，街区售卖的大多为日常所需的各式生活用品，如东大街主要有京货、苏广洋货、云南货、帽铺、下江绸缎、湖绉绸缎洋布、草纸、珠子、扇子、香粉、耳扫耳瓢、竹挑箱、绸子、碗、柴、猪肉、赤金等商铺；总府街主要有苏广洋货、新衣、皮衣大货、包包针箐、扇子、香粉、广锁、风帽、寿屏、做屏帐对联等铺；科甲巷主要有苏广洋货、小儿靴鞋、琉璃灯、捏像、雕塑神像、眼镜、花翎、刀剪、丝绵绶带、广锁、木匣灯笼镜箱等铺②。

清代成都的夜市亦十分繁荣，特别是清后期，每天傍晚，自东门城守衙门起，至市中心盐市口止，百物萃集，游人众多。城守署至臬台署走马路口，售饮食者为多；由臬署起至新街口，售寻常书画铜器者为多；新街口至鱼市口，售古董玩器铜器及鲜花者为多；鱼市口至盐市口，售鲜花、旧书、玩具、洋货杂器、冠帽、铜首饰者为多。黄昏时起，二更后散。近日且推出歧路，推及走马街、青石桥、东御街口。夜市均地摊，雨天稍冷淡③。

川东地区的经济中心城市——重庆，在明清时期因川江航运的兴起，城市内部的经济空间也发生了很大的变化。乾隆《巴县志》载："渝州……三江总汇，水陆冲衢，商贾云集，百物萃聚……或贩自剑南、川西、藏卫之地，或运自滇、黔、秦、楚、吴、越、闽、豫、两粤间，水牵运转，万里贸迁。"④"商贾之往来，货泉之流行，沿溯而上者，又不知几。"⑤重庆下半

---

① （清）傅崇榘：《成都通览》，成都时代出版社2006年版，第365页。
② （清）傅崇榘：《成都通览》，成都时代出版社2006年版，第484～486页。
③ （清）傅崇榘：《成都通览》，成都时代出版社2006年版，第131页。
④ （清）王尔鉴修，王世沿等纂：乾隆《巴县志》卷三《盐法》，嘉庆二十五年刻本。
⑤ （清）冉木：《心舟亭记》，《重庆府志》卷一《舆地志》，道光二十三年刻本。

城长江沿岸一带凭借滨江的优越地理位置逐渐发展成为重庆城市最为繁荣的商业聚集带,"计城关大小街巷二百四十余道,酒楼茶舍与市廛铺房鳞次绣错,攘攘者肩摩踵接"①。其中,太平门城外是木料集散地,储奇门、南纪门是药材集散地,千厮门是棉花集散地,较场口、千厮门、水巷子等地是最热闹的夏布市场。今天从船工吟唱的重庆老城号子中,我们还可发现其时重庆街道商业的分区信息:"新街口卖衣线、头绳,米花街卖布匹,大梁子卖冬帽衣衾"。"较场坝地方宽多少美景,谈生意讲买卖赚金赚银。'学堂湾''九眼桥'使人不信,桥头上卖绸缎又卖绉绫。'到门坎'卖瓜帽还卖铅粉。'双火墙'卖毡帽又卖毡缨。'陕西街'上中下繁华得很。'朝天门'开字号兑换金银。'过街楼'卖蒸笼又炰又滚。'木匠街'卖铜器又卖冬笋。'新街口'卖衣线又卖头绳。'大梁子'卖冬帽又卖衣衾。'神仙口'卖首饰又包赤金。'米花街'布匹打成捆捆。'东岳庙'织绫子机声阵阵。"②

清代,商业和手工业的业态分布常常对城市街道的命名文化产生了重要的影响。清初,随着巴蜀地区城市商业和手工业的恢复与发展,一些街道成为同行业的手工业者和店铺的集中点,故而这些街道多以商业或手工业命名。如骡马市场及羊市所在地则称骡马市街、羊市街,集中卖袜子的店铺的街道则称暑袜街,以制造线香作坊为主的则为线香街,纱帽街则因制作戏剧服装、纱帽的店铺较多而命名,皮房街因皮革制品作坊得名,与之相关还有棉花街、灯笼街、玉石街、金丝街、银丝街、石灰街、簸箕街、浆洗街、肥猪市街、珠宝街、丝绵街、斧头巷、罐窑街等,由此也反映了清代城市经济空间的变化与发展。

四、居住空间与建筑文化

居住空间是指人们寝居及家庭日常活动展开的场所。人是城市的主体,因而城市的一个重要功能就是居住功能。但不同时代、不同社会阶层的人,其居住空间是有差别的,特别是统治者与普通城市居民的居住空间有很大差别。这种差别不仅体现在空间规模方面,也表现为空间的位置和空间的内容等方面。夏商周时期,随着奴隶制国家的出现,社会矛盾不断激化,城市规划、分区布局的阶级性差别开始出现。统治阶层出于维护安全的需要,同时也为了显示权

---

① (清)王尔鉴修,王世沿等纂:乾隆《巴县志》卷二《坊厢》,嘉庆二十五年刻本。
② 邓晓:《老重庆的城门与码头文化》,《重庆师范大学学报》2005年第1期。

威，在城市中实行严格的居住分区，将统治者的居住空间与一般平民及奴隶的居住空间划分开来，统治阶级居于城中，普通平民百姓则居住在城外，未经允许不得擅自进入宫室区。随着城市规模的扩大，在长期的争战中，统治阶级日渐意识到保障城民安全与维护政权稳定的重要关联，即所谓"筑城以卫君，筑郭以卫民"，居民聚居区开始由城外转入城内，成为城市内部空间的重要部分。

春秋战国时期，城市的居住规划是按照城内居民的从业性质进行划分的。《管子·大匡》中明确提出了三大归类标准，即"仕者近宫""不仕与耕者近门""工贾近市"。在当时的统治者看来，国之四民是不可杂处的，"杂处则其言咙，其事乱"。因此，"圣王之处士必于闲燕，处农必就田壄，处工必就官府，处商必就市井"①。秦统一全国后，建立了大一统的中央集权制，皇权拥有至高无上的地位。官与民，不同阶级之间的居住空间差别和空间区别进一步固化，先秦时期就已经出现的坊市制，在秦汉以后也成为城市居住空间分布的一种固定模式。虽然在宋以后，坊市制被打破，城市空间分布发生一定的变化，但不同社会群体的居住空间也是按一定规则分布的。巴蜀地区虽然是较为边缘的区域，但在中央集权的管制下，城市的居住空间分布也与中原地区基本一致，城市居民的居住空间按不同群体也分为若干类型。

（一）衙署——官与僚的居住空间

民非政不治，政非官不举，官非署不立。按照传统的"前朝后寝"的建筑布局方式及森严的等级制度，中国古代统治者们的居住地往往与政治机构密切相连，各级衙署一般是按"前衙后邸"的格局修建，衙署"内置官舍，一如古前堂后寝之状，体制或有繁简，区布之法固无异也"②。按照法律规定，地方官员为了与城内的平民相隔离，必须居于衙门之内，而不得在城中的其他地方另置住所。因此，"凡治必有公署，以崇陛辨其分也；必有官廊，以退食节其劳也，举天下郡县皆然"③。

衙门建筑一般由多进四合院院落组成，这些院落按照传统的南北轴线呈对称布局方式分布，中轴线从南到北依次为大门、大堂、二堂和三堂，其中，大堂、二堂为治事之堂，二堂后则多为宴息之所，即官吏及其家人的日常生活居

---

① （春秋）管仲：《管子·小匡》。
② 刘敦桢：《大壮室笔记·两汉官署》，《刘敦桢建筑史论著选集：1927~1997》，中国建筑工业出版社1997年版，第5页。
③ （明）沈榜：《宛署杂记》。

住地。

(二)厢坊——普通市民的居住空间

"坊"是城市普通居民的居住空间。秦汉以后,坊市制的兴起,带来了城市规划的大变革。自此,市民居住空间有了严格的区域划分。城市被分割为一个个矩形的"坊",市民被强制性隔离在固定的坊内,每坊由政府指定专人进行管制。每一个坊都设有坊门,坊内居民均从坊门出入,严禁私自向坊外街道开门,夜间实行宵禁,街鼓一响,坊门关闭,军卒在街上巡行,普通人不得出坊门之外,人们的活动空间、时间受到很大的限制。这一局面一直延续到了宋初,随着商品经济的发展,坊市制崩溃,城内居民活动的时空限制才得以被打破。尽管如此,"坊"仍然作为城市内部居住空间的分区形式得以延续。据乾隆《巴县志》载:康熙四十六年(1707),重庆全城共编有二十九坊,分别是太平、宣化、巴字、东水、翠微、朝天、金沙、西水、千厮、治平、崇因、华光、洪崖、临江、定远、杨柳、神仙、渝中、莲花、通远、金汤、双烈、太善、南纪、凤凰、灵璧、金紫、储奇、人和[①]。城市经济的发展必然吸引相关从业人员的聚集,从而带来城市居住空间的变化。明代,随着长江水运的发展,重庆城市的居住区开始突破城墙的限制,长江和嘉陵江沿岸逐渐兴起一些新的街市,形成了内江厢和外江厢。清朝中期,明代的内、外江厢则演变为附廓十五厢,即太平厢、太安厢、东水厢、丰碑厢、朝天厢、西水厢、千厮厢、洪崖厢、临江厢、定远厢、望江厢、南纪厢、金紫厢、储奇厢、人和厢。这些附廓厢的人口密集,如定远厢在乾隆三十八年(1773),共有300户,其中从事工商业的有208户,占总数的69.3%[②]。

清代巴蜀城市普通居民的住宅主要分为民居房和商住两用房。民居建筑多建于小街里巷,在里巷两侧建造大小不等的院落。市民以各自家庭传统和人口结构及其社会地位、经济状况,建成穿斗木结构的三合院、四合院或串联式的多层次庭院,以后又逐渐发展成砖木、砖混结构的独家小庭院。每个院落的出口建立垂花大门,门外两侧建八字围墙,墙内留空地设小园,种花植树。三合院或四合院大多沿纵深排列,以主体建筑为核心形成严谨的空间流线布局,从头道门、前庭、堂屋直到后门,逐次推进,呈现由宽敞到紧凑,由大到小的规

---

① (清)王尔鉴修,王世沿等纂:乾隆《巴县志》卷二《坊厢》,嘉庆二十五年刻本,第21页。
② 转引自隗瀛涛主编:《重庆城市研究》,四川大学出版社1989年版,第7页。

律和特点。处于这条主线上的每一部分都有自己适当的称谓，即一道龙门、二道龙门、厢房、正厅房、祖堂、后房、花园等，它们依次相连，进入一个空间区域之后又立即与下一个空间区域相连接，轴线排列，井然有序。堂屋和主庭院在一户民居中占有重要地位，整个院落正是以此二者组成严谨方正的格局。堂屋位于宅院正中央，其余的建筑围绕堂屋前后左右分布，前边是对外活动的空间，后面则是内宅私密空间。庭院是家庭公共活动的中心，其余的单体建筑或天井也均是围绕这个主庭院展开而形成若干不同使用功能、不同私密程度、不同使用等级的场所。民居建筑结构均为穿斗木柱排架，围护结构一般为竹编壁粉灰或木板墙，门窗位置及大小不受限制。平面组合灵活，主要根据家庭上下有别，内外有别，生活设施隐蔽方便，用水便利，满足通风采光，庭园绿化等要求而设置。

　　清代巴蜀城市民居不论是公馆府第、绅商宅第还是铺户杂院，基本上都是围合或者力求做到四周围合，围墙的观念影响很深。当然不可否认，正是这种与外界相隔离的内聚院落小环境的形成，才保持了住宅所特别要求的私密性和家庭伦理秩序的要求。在这个围合体中，又以墙、走廊、门洞、檐廊等小建筑形式把独立的单个建筑联结起来，使住宅成为一个整体，蕴含团结兴旺之意。相对于外围围合而言，庭院内部空间显得十分开敞。为了排除湿润、闷热等气候影响因素，也便于通风，院落和天井一般都有通廊或者开敞的过厅、穿堂等加以联系，使内部居家环境显得通透。正厅、中堂或祖堂也常用敞口厅的处理方式，不设任何门窗或隔断，室内空间与天井庭院空间完全连成一片，天井前方的过门设置花窗照壁，有利于空气流通，改善了小天井的封闭环境。还有的民居在屋后与围墙之间留出一米左右宽度的抽风天井或抽风口以达到除湿的效果。一些临街店铺住宅占地面积虽然有限，但是仍设置微小天井以争取穿堂风。

　　清代巴蜀民居重视人与自然的融合，特别重视宅内天井和庭院的美化设计。宽敞的庭院常栽植藤蔓植物，搭成凉亭或者花架，或栽种石榴、梧桐、梅花、芭蕉等植物，既美观又形成高大的乘凉空间；另外，在园内多垒筑花台，培植各种名花异草；也有人在园内安置石缸或筑小池养鱼，中间垒假石山；部分富户还单独设置有后花园，修建亭台楼阁，小桥流水。对于一般人家来讲，庭院空间相对较小，但人们还是重视环境美化和绿化，以小盆栽花植竹，既美化住宅环境，同时又丰富了宅院空间层次，增强了艺术审美价值。

　　商住两用的建筑即店铺兼民居，多建于闹市街道两旁，为一至二层穿斗结构或砖木结构的店铺，形成以商贸活动为特征的前店营业、后店作坊、楼上住家、三位一体的传统建筑。店的外沿一般设置柜台，以展示商品，外面设活动木板，或称铺板，拼排装置，早启晚闭，较为方便。为防避雨水，都将楼层向外排出1米宽，楼上每个开间设垂花立柱，上承屋面挑出的屋檐，柱间或建挂落及飞来椅或作木格花窗。这两大类建筑在今天巴蜀部分城镇仍可见到。

（三）两个代表城市的建筑文化

成都和重庆的建筑文化分别代表了巴蜀地区平原城市和山地城市两种类型。

1. 成都的建筑文化

成都的传统式建筑主要分为宫殿衙署、庙宇宫观、会馆、民居房屋等几类，主要有皇城的城门楼、明远楼，杜甫草堂，武侯祠，望江楼，文殊院，大慈寺，青羊宫，昭觉寺，鼓楼街清真寺等。这类建筑普遍采用木构架体系，以抬梁式结构为主，即用立柱和横梁组成构架，以数层重叠的梁架，逐层缩小，逐级加高，直到最上层的梁上立脊瓜柱。各层梁头上和脊瓜柱上承托檩条，在檩条间密排椽子，构成屋架，上盖琉璃瓦、筒瓦或青瓦。由于建筑物的全部重量由构架承受，墙壁只起维护和隔断作用，而非承重结构，因此开设门窗或分隔室内空间，有着很大的灵活性，可以满足不同的用途和要求。平面布置则按传统习惯以"间"为单位，构成单座建筑，再以单座建筑组成庭院，进而以庭园为单位，构成各种形式的建筑群。布局手法上多采用均衡对称方式，以纵轴为主，横轴为辅。

成都公共建筑的风格为庄严典雅、朴实无华。这些古建筑的屋面基本上

民国初年成都皇城明远楼

民国初年成都鼓楼街

不采用琉璃瓦，一般为青仰瓦粉灰筒形埂，瓦当设有沟滴，其檐口构件如枋、檩、吊柱、柱顶斜撑、月梁、托脚、花牙子、挂落等装饰，多石雕或木雕，一般无彩画。雕工有浮雕、透雕和镂雕等多种形式；纹样则有草木、花卉、动物、几何纹样等；墙体则多灰色、白褐色；梁柱多涂黑色、褐色。整个建筑给人以古朴轩昂、淡雅清丽的感觉。

成都平原城市的传统建筑群体平缓舒坦，空间开阔，个体建筑轻巧灵活、千姿百态。这些建筑的色彩大多为灰瓦、灰墙、白墙或褐色墙，黑柱或褐色柱；其建筑结构多为木穿斗结构，斜坡屋顶，小青瓦屋面，薄封檐，明显地受到江南建筑风格和北方建筑风格的影响，兼具江南建筑的轻巧精致和北方建筑的古朴简练，从而形成了开敞通透、轻巧秀丽、古朴简练的风格。

（1）开敞自由的布局

成都位于四川盆地中心地带，日照少，湿度大，夏季闷热，因而居家需要良好的通风。成都城市道路网由正南北向西偏转29°，即是考虑平行于夏季主导风向，有利于整个城市通风。传统建筑无论是民居还是商业用房都十分重视通风。如四合院式民居，除以院子作为通风采光外，常在屋后留有1米左右的抽风天井；铺面住房也是设有或大或小的天井，形成良好的穿堂风。一些古老的商店，凡进深较大者，多在中部设有通风采光的小天井，如东大街的"华华茶厅"，有三厅四院，既有深不可测之感，更有清风徐来之爽快。

民居住宅布局灵活自由，有四合院、三合院、二合院等多种组合，入口处有正入口、偏入口、旁入口等多种形式，入口处处理手法有平入口、斜入口等。许多建筑注意与自然环境相结合。民国成都的生活区街道一般不宽，两侧均以平房为主，有着亲切适宜的尺度。院落入口后的各种门楼，高低错落，大小不一，配以不高的院墙，进退曲折。高出围墙的高高低低的青瓦屋面，由于朝向而有较大的一致性，间或露出山墙，统一中有变化，给人以优美的韵律感[①]。

（2）轻巧灵活的结构和丰富多变的造型

成都的传统建筑普遍采用穿斗木结构，墙壁只起一种围护作用。一般建筑的梁柱断面都比较小，有体轻之感；外墙多采用竹编敷以草泥，外涂以白粉，故墙体轻而薄；重要建筑的翼角高高翘起，展翅欲飞。房间布置，门窗洞口开设，都非常灵活，可以适应多种功能的需要与变化。房屋的衔接穿插也随意自

---

① 《成都宽巷子传统民居保护区规划简介》，《城市科学与城乡规划》1988年第2期。

如，使建筑造型非常丰富。在建筑的开间进深、屋高的尺度及柱梁枋檩的用料尺寸方面，与公共建筑相比，显得更亲切、轻巧。这一切构成了成都传统建筑的轻而不透、巧而不瘦的特征。轻而不透，使民居建筑平面布局及空间处理有一种含蓄感，如民居入口上常设有屏门，不能一眼看穿；巧而不瘦，使民居建筑造型有别于岭南建筑的纤细感[①]。

（3）朴素淡雅的建筑色彩

成都气候温和，四季常青，自然色彩十分丰富，建筑色彩受其影响则以朴素的特征与环境相协调。成都民居多为黑色（或棕色）的梁柱，配以竹编白粉墙（或灰色砖墙），小青瓦屋面（或青灰色盖筒瓦屋面），棕色门窗，构成了朴素色彩的基调，在庭院内四季鲜花和常青不败的绿树掩映下，使人更加感到淡雅、朴素。

一些重要的大型建筑的构件，如屋脊、翼角、撑拱、吊柱、垂花、月梁、棂格门窗等，均施以精巧雕饰，使构件功能与工艺技巧取得较为完美的结合。

成都城市民间传统建筑大体上可分为居住型和商业营业型房两大类。居住型房以院落为主，也辅以铺面，而商业营业型房则以铺面为主。据载："省城内南北多公馆，东多铺户，西多陋室。院落多建于小街里巷。院落从建筑形式上可分为四合院、三合院，或串联式的多层庭院。而从居住者来看则又分为公馆和杂院两种，整院之宅，俗呼公馆，一般为一家人居住，但也有少数公馆中有正房、厢房各住一家人，然而不如杂院住家复杂。至于多数人家同门分住一院则称杂院，又称'十家院'。"[②]

公馆构造的共同特点为大门外左右八形围墙，墙体多为灰白色，以墨线画作方砖形。大门对面，如有空地而属于房主所有，则多筑有照墙，但照墙一般不像官衙照墙那样用彩绘。大门左右有贴桃符的门枋，也有木制门联；门上多绘神荼、郁垒像，金碧灿然。大门内数步即门，左边为侧门，右边为司阍室，中门常闭，非过车马及送迎不启，平常出入皆由侧门。中门内为天井和小园，园内栽花植木。天井上进为大厅，宽者三间，狭者一间，虚其外面。后设门六扇或四扇，也有侧门，其中门也非肩舆出入不启。厅下左、右为厢房，宽者各

---

① 王寿龄：《试论名城成都的城市及建筑特色》，《成都城市研究》，四川大学出版社1989年版，第434页。
② 参见周洵：《芙蓉话旧录》，四川人民出版社1987年版。

三间，窄者一二间，以住仆役。厅上左右室，则为客堂。大厅后复一天井，上为正房，最多者七间，次或五间、三间，皆内室。正房后，宽者尚有围房一进，规模与正院略同而稍简狭。再后则为庖厨。如再有空地，则修建亭园。公馆最大者，大厅左右还有独院，另为正厢，只是无大厅。公馆小者则无围房，再小者则无大厅[1]。公馆建筑结构均为穿斗木柱排架，围护结构一般为竹编壁粉灰墙或木板墙，门窗位置大小不受限制。

成都的院落一般不大，宽20米左右，深20米左右，二进或三进的布局。由前到后，按接客、居住、生活杂用的平面功能，组成室内外空间交替的多层次的空间序列。庭院天井，有宽深大小、方正偏平不同，丰富多样，又通过深檐宽廊提供室内外空间的过渡。成都的庭院也十分有特色，比较注意满足用水方便、通风采光、庭园绿化等要求。不高的围墙配以树木花草，花木高伸出墙头，出入庭院，不仅使人感到空间环境亲切宜人，洋溢着庭院幽深、清新宁静的生活情趣，而且突破了四合院的固有格局，使院落之间和院落与街道之间，既适当分隔，又不至于壅塞[2]。大杂院则是随着人口的增加而形成的群居空间，一般是院落大门以内，三面皆一式房屋，比户而居，也有的杂院有曲折达一二进者。

当街的铺面多为商店式建筑，沿街并排而建，多为两层，有三间、双间、单间之分，铺后也有房屋可居家者。铺面上层多有楼，后面无房屋者则住家楼上。铺面为店铺，店面色调素雅，简洁自然；店的外沿多设柜台，以展示商品，外面设活动木板（即铺板）拼排装置，早启晚闭，用代墙壁，甚为方便。楼上每个开间设垂花立柱，上承屋面挑出的屋檐，柱间或建挂落及飞来椅，或作木格花窗，楼室湫隘，仅开一窗，室内一般较暗，不似西式建筑之轩朗[3]。成都平原各大小城市的店铺建筑均为开敞式，但街景丰富多变，建筑灵活轻巧，市招飘扬，人群熙攘，摩肩接踵，一派热闹兴旺、繁荣昌盛的景象[4]。

成都的传统建筑多就地取材，建筑材料有木材、砖、瓦、石、石灰、土饼砖等。木材多取于岷江上游，岷江上游森林茂密，每到夏秋涨水季节，大量的原木就顺江漂流而下。成都制造砖瓦的历史悠久，规模也较大，到晚清时主要的大型砖厂有头瓦窑、二瓦窑、三瓦窑等。随着清末建筑工程日益增

---

[1] 参见周洵：《芙蓉话旧录》，四川人民出版社1987年版。
[2] 《成都宽巷子传统民居保护区规划简介》，《城市科学与城乡规划》1988年第2期。
[3] 参见周洵：《芙蓉话旧录》，四川人民出版社1987年版。
[4] （清）傅崇榘：《成都通览》上册，巴蜀书社1987年版，第303页。

加，"业此者应接不暇，又不知改良法，专用土法烧造，故人工日贵，烧料日昂，而出品日浅也。烧料用谷草及柴。近年有造砖公司运有机器到川，亦在东门外开设"①。砖的种类有条砖、方砖、砣子砖、大方砖、二层砖、三层砖等名目。瓦的种类有片瓦、京瓦、猫头瓦、沟头瓦；此外，还有院子瓦、筒瓦、枧槽瓦、亮瓦等。成都向不产石，河内只产小石子。造园林石山之石，来自灌县。做石板、石条之石来自五十里之东路龙泉驿，水路亦有运来者，则来自半边街、古佛洞等处。石灰来自西路各县，每包约1200文，如零买则每斗一百三四十文。土饼砖即黄土砖，未经火烧者，可作炉灶之用②。

2. 重庆的建筑文化

重庆城市依山傍水，地势险要，重屋累居，坡多巷多，城市建筑尤以"吊脚楼"和棚户区为两大特色。城内多陡坡、峭壁、悬崖，"吊脚楼"遍布大街小巷，分为陡坡附崖式与中坡分台式两类，尤以陡坡附崖式最具特色，又分为下落实和上爬式，或上爬下落兼而有之，有的一面或几面出挑，以增加居住活动面积。各层之间以内外梯道相连，悬收自如，阳台凹廊里出外进，屋檐挑檐相互参差，用穿斗结构和竹木捆绑方式，廉价实用。"吊脚楼"主要分布在上下半城之间的过渡区域、码头与下半城之间的沿江坡地等坡陡崖深地区，如临江门、千厮门、南纪门、望龙门、十八梯、燕子岩一带，多为社会下层居所，临街面多作店铺，依山或临水面用于居住。此外，重庆因依山为城，濒江人家编竹为屋，架木为砦，依江水涨退而迁，逐渐形成沿江棚户区。棚户除做居所外，兼营小本商业及手工业，以朝天门、海棠溪、珊瑚坝等处为多。每年秋后水浅，沿江棚户常增至万户左右，栉比而居；待夏季水涨，则迁至岸上路旁作短期席棚居住。竹类席棚不避风雨，卫生条件恶劣。此外，山城民居尚有木壁砖墙屋、普通木架屋，另有居住于停泊在渡口破旧船只的水上户。

重庆的富户也甚为讲究，一般居所为多个四合院组成的院落群体，房屋多达数十间，甚至上百间，建筑形态气派、装饰考究。普通民居多临街而建，或土木，或穿斗结构，多为瓦房，一楼一底，前后二至四间，中有天井，一般多为前店后宅，兼作工场、居家两用。

清代重庆大建会馆。乾隆年间建湖广、江南、陕西、浙江、福建会馆，后

---

① （清）傅崇榘：《成都通览》上册，巴蜀书社1987年版，第244~245页。
② （清）傅崇榘：《成都通览》上册，巴蜀书社1987年版，第244~245页。

陆续建有江西、山西、广东会馆和云贵公所等。会馆坐落在繁华的下半城，多为庙宇式建筑，规模宏大，气派讲究。

清末新政时期，由于西方文化影响力的渗入，崇洋成为一种时尚。许多店铺和住宅的主人为了满足巴蜀城市人趋时好新的禀性，其建筑门面也多模仿西洋建筑形式进行装修。如成都的一些街道"铺面近多改良形式。东大街、城守街、学道街、青石桥、总府街等处之铺面"，多改装为洋式门面，当时所谓的"洋式门面"多半都带有巴洛克建筑的装饰。这些洋式门面的形象有些只是"房檐口升上去，就原有砖柱改建夹壁水泥，建西式牌坊门面"[①]。

清末民初，处于内地的地理位置使巴蜀城市在近代既没有遭受到帝国主义的直接军事侵略，也没有成为通商口岸，因此，城市住宅文化方面所受西方文化影响为非强制性。巴蜀城市传统文化历史悠久，始终保持着顽强的生命力；而从沿海登陆经过辽阔的中国领土深入西南腹地的西方文化，其进攻势头已被弱化，不能不对巴蜀城市地区的传统文化产生某种程度的尊重。两者由冲突而兼容并蓄，产生某种微妙的平衡，这种状况是产生"杂交文化"的必要条件，因此巴蜀城市近代建筑的形式就是某种程度上的中西合璧、川洋结合。

民国时期，巴蜀城市的新式建筑数量不多，没有高层建筑，一般为二三层楼。民国初期的新式建筑多直接采用西方建筑的形制，后受蜀文化的影响，对中西建筑形式兼收并蓄，从而出现中西合璧、川洋结合的多种建筑形式，这使成都城市面貌发生了较大的变化。虽然从城市建筑整体来看，还基本上保持着传统的形式，但是新的建筑方法、技术和材料已开始大量引进，预示着巴蜀城市现代建筑发展的新方向。

第二节　日趋开放的近代城市空间

一、经济空间布局的演变与提升

近代以来，以西方为"范式"的现代化成为世界发展的潮流，中国城市在外力的冲击下被迫开始了由传统向现代的艰难转型。在这一进程中，城市结构与功能发生巨大变化，巴蜀城市内部空间布局出现了相应的变化，具体表现

[①]（清）傅崇榘：《成都通览》上册，巴蜀书社1987年版，第303页。

为：(1)城市原有商业空间布局发生变化，新的商业中心出现；(2)城市的经济功能渐增，城市内部近代工业空间布局形态出现；(3)近代市政起步，城市交通枢纽空间逐渐形成；(4)城市公共空间扩大与发展；(5)城市新的文教区形成。

近代以降，西方经济触角的侵入，从客观上刺激并带动了巴蜀城市商品经济的飞跃性发展。经济空间在城市整体空间布局中的地位得到提升并获得进一步的扩展，成为城市空间布局中十分重要的组成部分。

(一)开埠通商与重庆城市经济空间的扩展

鸦片战争后，随着中国的大门被打开，帝国主义的侵略目光尤其集中于中国内地的江河口岸城市。巴蜀重地重庆凭借长江、嘉陵江两江汇流的优越区位条件及明清以来形成的商业中心的特殊地位，成为以英国为首的帝国主义竞相觊觎的对象。他们认识到："重庆的贸易相当著名"，"地处长江上游的分岔口，位置十分有利"，为"四川之咽喉"[①]，因此，在他们看来重庆是西方国家将侵略触角伸向中国西部的重要跳板。因此《中英烟台条约》强行规定英国可派员"驻寓"重庆，查看川省英商事宜。1890年，《中英烟台续增专条》进一步规定"重庆即准作通商口岸"。1891年3月，重庆正式开埠。

开埠通商是重庆城市发展史上的一个重大事件，为重庆由传统工商业城市向近代新型工商业城市转型注入了强效催化剂。重庆开埠后的几十年间，城市经济有很大发展，其中尤以商业、金融、交通运输和工业等主体行业的发展最为突出；同时随着商业、金融业的进一步发展，重庆城市功能的演变带来了城市内部空间结构的变化，重庆下半城因近代商业和金融的迅速崛起，形成了辐射西南的商业金融中心。

1. 码头经济的繁荣与空间扩展

对外贸易带来重庆码头经济的发展，外商争相在朝天门码头与太平门码头之间的港区一带设立洋行、公司、药房、酒店等机构。同时，沿江主要码头也成为各类农副产品交易的集散地，形成了一批专业性的沿江市场。如储奇门一带是山货、药材业及其字号的集中地，金紫门江边是柑橘船集中地，南纪门是屠宰业集中地，千厮门是牛羊皮市场。据有关资料记载，重庆开埠后老城区的10个码头有工人近万人，南纪门有700多人，分别从事上货、运煤、装肉赶猪和

---

① 周勇、刘景修译编：《近代重庆经济与社会发展》，四川大学出版社1987年版，第4页。

运送牛肉4类工作;太平门码头有400多人,主要从事上货、下货、运炭、运炭过档、运肉5类工作;储奇门码头亦有400余人,以从事上货、下货、运煤、运木、板车、运米、搬运行李等7项工作为主;望龙门码头则有200余人,专事运输、提装2项事务;金紫门码头约400人,负责运转、运竹、上货、运炭、运甘蔗、柴火共6项活路;临江门码头1100余人,分为上货、砖瓦、柴炭、石灰、运肉、运煤6项;朝天门码头1100人,工作按货源分为14项,有运糖、运肉、拨船、领滩、柴炭、运米、下货、提装、上货、行李过档、木船过档、嘉陵上货、嘉陵木船过档、嘉陵行李过档等;千厮门码头加上驳船工等有约1700人,东水门码头约1000人[1]。由于码头经济的繁荣和人员的增加,重庆各码头的空间也迅速扩张,成为重庆城市一个非常重要的经济空间。

2. 商业的繁兴与商业空间的扩展

重庆由于开埠通商,推动了城市商业的繁荣,并带动周边地区商业的发展和农产品的商品化。1908年,清政府在渝中区菜园坝举办了川东地区第一次商业展览会。此次展览会虽然为临时性的,但其影响甚大,并推动了商业空间的扩展。1915年,重庆总商会集资在中大街、西大街、西二街、西三街、西四街开辟商业场,商业场为固定的大型商业空间,场内设店铺203家。1927年2月9日,商业场内创办夜市,从而使商业空间在时间上延伸,商业贸易更趋繁荣[2]。据资料显示,20世纪20年代至30年代,重庆百货业的经营者多集中于下半城林森路(今解放东路)的一、二、三牌坊一带,商品种类繁多,主要有棉绒、化妆品、胶质品、全瓷搪瓷品、皮革品、鞋帽、戏剧用品、卫生用品、儿童用品、玻璃器皿、装饰品、针扣类、毛绒品等。据1936年统计,该区域内百货业店铺就有998家之多[3]。"小什字以下街道,为下半城繁盛最有希望之地。其次为商业场、新丰街、鱼市口、三牌坊、白象街、县庙街、第一模范市场(道门口)等处,亦皆相当繁盛。"[4]

---

[1] 中国政协重庆市委员会:《重庆文史资料》第2辑,重庆出版社1999年版,第28~29页。
[2] 谢向全:《重庆母城——渝中区市场沿袭变迁》,《重庆渝中区文史资料》第8辑,1996年,第52页。
[3] 重庆市渝中区人民政府地方志编纂委员会:《重庆市市中区志》,重庆出版社1997年版,第190页。
[4] 杨世才编:《重庆指南》,巴蜀印刷社1938年版,第5页。

3. 金融机构的聚集与金融空间的扩展

金融历来被视为经济的换血机器，金融市场能有效地从社会各个角落中吸收游资和闲散资金，并通过资金的流转为企业的更新发展注入新鲜的血液。重庆开埠以来，下半城商业贸易的繁荣吸引了大批金融机构的入驻。据民国时期的重庆银行统计，当时重庆的14家银行中，13家位于下半城区域内，占总数的近93%；其中，陕西街4家，打铜街3家，新街口2家，第一模范市场、县庙街、道门口、新丰街各1家。

表4-1 民国时期重庆银行分布表

名称	资本总额（万元）	行址	开设年月	附注
中央	2000	第一模范市场	民国24年（1935）	此5家在渝为分行
中国	2500	小梁子	民国4年（1915）	
农民	1000	县庙街	民国25年（1936）	
金城	1000	陕西街	民国25年（1936）	
江海	100	道门口	民国23年6月（1934年6月）	
省银行	200	陕西街	民国23年1月（1934年1月）	此3家总行在渝
聚兴诚	200	新丰街	民国4年（1915）	
美丰	300	新街口	民国11年（1922）	
川盐	200	新街口	民国19年（1930）	此6家总行在渝
川康	100	打铜街	民国19年（1930）	
建设	100	陕西街	民国23年8月（1934年8月）	
重庆	100	打铜街	民国19年（1930）	
商业	100	打铜街	民国21年1月（1932年1月）	
平民	50	陕西街	民国17年（1928）	

资料来源：朱之洪等修、向楚等纂《巴县志》卷一三《商业》，1939年刻本。

从重庆开埠通商至20世纪40年代，重庆下半城不仅成为重庆的主要经济空间，也充当了西南经济中心的重要角色。

随着重庆开埠通商，重庆城区经济的发展和城市空间进一步向南岸扩展，南岸城区功能日趋多样化，并与府城、江北厅并列为重庆三大城市空间区域。清时期，重庆城市空间和三大板块格局开始出现雏形，除主城区的重庆府城（地处巴县）外，北有江北厅城，南有长江南岸。但长江南岸的南坪场、海棠溪、龙门浩等地开发程度远远落后于重庆府城和江北厅城。随后重庆海关的设立以及王家沱日本租界区的设立，为南岸城区发展提供了契机。

1891年3月1日，重庆海关"租寓开关"，颁布《重庆新关试办章程》，开关征税，重庆正式开埠。重庆海关的地理范围，上起南岸黄桷渡土地庙和北岸的城墙西端，下至南岸窍角沱铁厂和北岸的安溪石桥，全长4.6公里。英国通过海关攫取了重庆的港口管理权，进一步加剧了对洋货的倾销及对原料的掠夺，并设置11处专门的轮船泊位以便商品原料等的进出口。在指定的11处轮船泊位中，有8处位于南岸，分别是窍角沱、王家沱、施家河、狮子山、羊角滩、龙门浩、盐店湾和黄桷渡。随着外国资本主义不断深入，外国洋行、工厂、货栈等逐渐在南岸一带争相开办，南岸区域经济呈现一派繁荣的新景象。

南岸的发展也与日本租界的设立有着直接的关系。1891年重庆开埠，"署川东道张华奎报重庆关开关，旋与税务司勘定南岸王家沱为商埠地址"[1]。由于南岸王家沱位置优越，因而为日本人窥视。1901年，日本强租南岸王家沱设立专管租界，占地面积达466550平方米[2]，王家沱租界俨然成为"一个四川内地的小日本国"[3]，租界内开设了有邻公司、大阪洋行、又新丝厂、武林洋行、日清公司等，大批日本军舰、商轮、挂船停泊在王家沱江面，大量日货涌入重庆。

20世纪30年代中期，南岸地区的弹子石、玄坛庙、龙门浩、海棠溪、玛瑙溪、南坪、苏家坝（铜圆局）及王家沱一带已经工厂、店铺林立，置为市属第6区，人口已达12356户、64512口[4]。

---

[1] 朱之洪等修，向楚等纂：《巴县志》卷一六《交涉》，1939年刻本。
[2] 王铁崖编：《中外旧约章汇编》第二册，生活·读书·新知三联书店1959年版，第115页。
[3] 《新蜀报》1931年10月21日。
[4] 隗瀛涛主编：《近代重庆城市史》，四川大学出版社1991年版，第467页。

表4-2 民国时期驻南岸的外国机构一览表

类型	机构名称	地址
使领馆	英国领事馆	普善巷六号
	印度驻华专员公署	汪山
	荷兰大使馆	汪家花园
	新西兰大使馆	汪家花园
	比利时大使馆	枣子湾
	英国大使馆陆军武官处	瓦厂湾
军事组织	朝鲜光复军	弹子石大佛段
	日本海军俱乐部	弹子石王家沱
洋行企业	美孚公司（美）	龙门浩
	德士古公司（美）	龙门浩
	太古公司（英）	龙门浩
	亚细亚公司（英）	普善巷
	颐中烟草公司（英）	龙门浩新码头
	卜内门洋行（英）	下龙门浩周家湾
	隆茂洋行（英）	龙门浩
	德孚洋行（法）	龙门浩
	吉利洋行（法）	弹子石王家沱
	高桥洋行（日）	弹子石王家沱
	太和洋行（日）	弹子石王家沱
	森林洋行（日）	弹子石王家沱
	德昌洋行（瑞士）	上新街新码头
	又新纱厂（日）	弹子石二佛岩
	步来面粉厂（中日合办）	弹子石王家沱
	友邻火柴厂（日）	弹子石
	三合公司（日）	弹子石
	始新酱油厂（日）	弹子石
	利昌公司（日）	弹子石

续表

类型	机构名称	地址
医院	仁济医院（加拿大）	玄坛庙
学校	文德女中（英）	弹子石
	广益中学（英，后为中国人所办的私立学校）	黄桷垭
	精益中学（英）	弹子石
	辅仁中修院（法）	慈母山
	培英小学（法）	民生村
	黄山福育村（美）	黄山
宗教团体	通圣会（美）	咨善巷
	中华循理会（美）	马鞍山
	浸信会（美）	海棠溪团山堡
	合一会（加拿大）	玄坛庙
	一德堂（英）	弹子石龙井湾
	若瑟堂（法）	民生村
	渝南天主教堂（法）	弹子石王家沱
	天主教堂（法）	慈母山
	灵修神学院（美）	黄桷垭文峰段
其他社团组织	公谊服务队（国际）	海棠溪四公里半
	公谊救护队（英）	土庙子
	中华国际救济委员会华西医药库（国际）	海棠溪遵义段

资料来源：《重庆南岸文史资料》第10辑《解放前驻南岸的外国机构》一文，中共重庆市委机关印刷厂1995年，第187~189页。

（二）城市新的经济空间——城市商业中心的开辟

近代以来，城市商业的繁荣推动了城市经济空间的内移，从而形成了新的商业中心，如北京的王府井大街、上海的南京路等。巴蜀地区以省会成都为典型，也形成了新的商业中心——春熙路，从而改变了历史上的城市商业空间布局，形成了以春熙路为重心，连接东大街、总府街、提督街、顺城街、盐市口的矩形商业街区格局，面积约20公顷，成为近代巴蜀地区城市经济布局发展的一大亮点，并为城市商业发展注入了新的活力。

春熙路原是连接东门码头、东大街与商业场的一条极为狭窄的小街。随着东大街和商业场经济的繁荣，这条小街已经无法适应发展需要。1924年，成都市政公所决定拓宽该街，将其建成为一条商业街市。工程历经半年竣工，新建道路总长度为837米多，路面宽约13.3米，分为东、西、南、北四段，命名为"春熙路"。"春熙"之名取自老子《道德经》"众人熙熙，如享太牢，如春登台"，寓意春风和煦，百姓熙来攘往，盛世升平的景象。

春熙路建成后，成都市政公所统一在街道两侧建筑一楼一底开敞式铺面结构房屋，招揽各式商家入

春熙路路口的路牌

驻。春熙路先后建立了139家商店，其经营业务多样，门类齐全，成为成都新兴的繁华商贸区。这里是钟表业（及时、亨得利、亨达利、协和、时昌），金号银楼（天成亨、天长亨、天宝、物华、新凤祥、宝成），影剧院（青年会、三益公、新明、春熙大舞台），百货、绸缎疋头铺的集中地，也是报馆（《中央日报》《新新新闻》《复兴日报》《新中国日报》《新民报》《华西日报》《兴中日报》）的发行处，还有看相、算命的也在这里凑热闹[①]。此外，这里还开设有商务印书馆、中华书局、世界书局、正中书局、新中国书局、广益书局等书店机构。

抗战时期，随着成都市内交通干道的兴建，盐市口商业经济空间兴起，并最终形成了以春熙路为重心，连接东大街、总府街、提督街、顺城街、盐市口的矩形商业街区格局。

---

① 《老成都的专业一条街》，成都市群众艺术馆编：《成都掌故》第二集，四川大学出版社1998年版，第222页。

二、现代工业空间形态的出现与发展

工业空间布局形态是伴随近代工业社会而生成的新兴空间形态。中国的工业化进程始于鸦片战争之后,是在西方列强经济侵略的刺激下产生并发展的。因此,中国的工业化进程带有一个显著特点,即工业空间首先出现在沿海沿江各开埠通商城市,其次是区域政治中心——各省会城市。重庆因为是巴蜀地区第一对外开埠通商城市,因而成为巴蜀地区最早发展近代工业的城市,而省会成都则紧跟其后;其余中小城市则因深处西部内陆地区,交通不便,与外界交往甚少,故鲜受工业化的影响,城镇经济空间构成仍以传统的商品经济空间为主导。

（一）近代重庆城市工业空间的形成与变迁

1. 抗战前期重庆工业空间的初步形成

近代重庆城市工业空间布局的发展可分为两大重要时期:一是开埠通商至抗战前夕的萌芽诞生期;二是抗战大后方建设时期。沿海沿江工厂企业的大规模内迁为重庆工业发展注入强效催化剂,重庆因之而一跃成为西部地区的工业中心。

鸦片战争爆发后,外资逐步渗入中国内地,重庆成为中国西部地区近代工业兴起最早的城市。一方面,英、日、法、德、美等列强纷纷来渝倾销洋货,掠夺原料,开办近代工矿企业;另一方面,中国传统的自给自足的自然经济开始解体,民族资产阶级产生并作为新兴社会群体登上历史舞台。

重庆开埠通商后,在外资的刺激下,民族工业从无到有,民间资本工矿企业竞相创办。重庆近代民族工业首先产生在火柴业,继而扩及至丝纺、棉织、玻璃、采矿、航运、电灯等行业。至抗战内迁前夕,重庆已形成了包括采煤、冶金、纺织、制纸、制革、卷烟、制药、肥皂、制糖、医药、水泥、电力等在内的多个工业生产部门,建立起了初步的现代工业体系。近代民族工业的兴起,改变了城市的功能,重庆日渐由单纯的商业贸易中心,向商业、工业、金融、交通相融合的综合性多功能中心城市转变。近代机器工业作为新兴产业不仅在经济领域对城市产生直接的影响,而且对城市空间布局和城市形态也产生着直接影响,使城市空间扩大,形成新的经济空间。重庆的近代工业企业主要分布在两江汇合处的江边地带,向南延伸至南岸弹子石、铜圆局方向,向北扩展至江北三洞桥、刘家台方向。由于同行业企业具有相对的集中性,因而棉纺业主要分布在南岸弹子石至窍角沱和江北嘴一带，火柴厂主要分布在今市中区下半城和江北城一带，玻璃厂主要分布在江北刘家台至江北嘴一带，机器制造业以南岸铜圆局为中心向外扩展。

2. 抗战时期重庆工业空间布局的扩展与调整

抗日战争全面爆发后，中国沿海沿江城市相继沦陷，战火遍及华东、华南各地，国民经济在战争的影响下遭到严重损失。为了最大程度地保存实力，国民政府做出了相应的政策调整，动员东部沿海及沿江的工厂大批内迁以支撑危局。1938年初，国民政府拟定《西南西北工业建设计划》，规划新的工业基地"以四川、云南、贵州、湘西为主"，将西南地区确立为大后方经济发展的中心。自此，原有以上海为中心的华东工业重心，开始向以长江为中轴，以重庆为中心的西部地区转移。大批工厂内迁给重庆工业注入了新鲜血液，奠定了重庆西部地区工业中心的地位，也带来了重庆工业发展的另一高潮。

表4-3　抗战时期民营工厂内迁厂数地区分布情况表

四川	湖南	广西	陕西	其他	合计
254	121	23	27	23	448

资料来源：工矿调整处编《内迁厂矿数累计表（按内迁复工投厂地区分类）》，1941年6月，重庆档案馆藏。

东部民营工厂内迁共448家，其中迁往四川（含重庆）的有254家，占了内迁工厂总数的56.7%；其中迁往重庆的有243家，占内迁厂数的54.2%，占迁川厂数的95.7%[①]。

重庆成为内迁厂矿的主要目的地，400多家沿海工厂相继迁渝。这些企业中有机器制造业185家，化学工业57家，纺织工业37家，电工器材33家，造纸、印刷等28家，冶金企业20家，还有制革、文教用品、橡胶、服装及其他工业30多家。到1945年，重庆工业企业发展到1694家，职工增加到20多万人，其工业企业数占当时"大后方"工业企业总数的28.3%，占西南地区的51.1%，占四川的59.4%；资本额达272.6亿元（法币），占整个"大后方"的32.1%，占西南的

---

① 隗瀛涛主编：《近代重庆城市史》，四川大学出版社1991年版，第215页。

45.6%，占四川的57.6%；职工人数占"大后方"的26.9%，占西南的47.9%，占四川的58%[①]。重庆一跃成为大后方工业门类较齐全，力量较雄厚的综合性工业基地。重庆经济结构从战前以轻工业为主的格局向以兵工、机械、冶金、采矿、化工等重工业为主的现代大工业格局演化，西部地区工业（以重工业为主导）发展中心的地位得以初步奠定。

战时重庆工业的发展，不仅从根本上改变了重庆的经济结构，亦随之带来了工业空间布局的大变迁。

抗战前，重庆工业布局主要集中在两江汇合处的江边地带。抗日战争时期，华东地区、沿海及长江中、下游一带的工厂大批迁渝，城市工业空间布局在两江汇合处的三岸江边一带的基础上向两江重庆段的上下游沿岸延伸展开，形成了沿长江东起唐家沱，西到大渡口，沿嘉陵江北到磁器口、童家桥，沿川黔公路南到綦江的工业片区。例如，在长江重庆段的上游大渡口建立了钢铁厂，在李家沱兴建了棉纺、毛纺和机器制造业，在嘉陵江重庆段的北碚地区办起了纺织厂，在沙坪坝磁器口兴建了炼钢厂、丝纺厂，在土湾、杨公桥建立了纺织厂、印染厂，在猫儿石建起了化工厂、造纸厂等。在长江重庆段下游的长寿县也建起了化工厂、电冶厂，在郭家沱、青草坝也建起了机器厂、修造船厂等。

南岸、江北、大渡口等地，地处两江沿岸，具有优越的区域地理环境，因而成为内迁工矿企业安置的重要地区。在不到100平方公里的范围内，集中了重庆全市工业总产值80%以上的企业。与之同时，南岸、江北两区在城市中所占地位比重亦随着工业的内迁得到了进一步的提高。据《陪都十年建设计划草案》的不完全统计，全市1356家工厂中，位于南岸地区的有342家，江北地区有146家，南岸地区仅次于主城区列居第2位，江北则是一些重要的兵工、冶金企业的所在地[②]。

---

① 重庆市地方志编纂委员会编纂：《重庆市志》第4卷（上），重庆出版社1999年版，第5页。
② 隗瀛涛主编：《近代重庆城市史》，四川大学出版社1991年版，第467页。

表4-4 抗战时期重庆主要工厂分布情况表

工厂名称	厂址	工厂名称	厂址
大渡口钢铁厂	大渡口	第一兵工厂	重庆鹅公岩
重庆炼钢厂	磁器口	第二兵工厂	重庆巴县纳西沟
重庆冶炼厂	綦江三江	第三兵工厂	
川江电冶厂	长寿	第十兵工厂	江北忠恕沱
南桐煤矿	南铜区	第十一兵工厂	重庆铜罐驿
东林煤矿	南铜区	第二十一兵工厂	江北陈家馆
天府煤矿	北碚	第二十五兵工厂	
天原化工厂	江北猫儿石	第三十兵工厂	重庆王家沱
26兵工厂	长寿	第四十兵工厂	重庆綦江
502厂	綦江桥河	第五十兵工厂	重庆郭家沱
中央电工器材四厂渝池分厂	市中区太平门	上海机器厂	沙坪坝
恒顺机器厂	李家沱	新民机器厂	小龙坎
中国汽车公司华西工厂	道角	大川事业公司	黄沙溪
惠工铁工厂	南坪	顺昌机器厂	江北
西原电机厂	市中区解放西路	民生机器厂	江北青草坪
豫丰协纪纱厂重庆分厂	土湾	蜀江矿冶公司	江北
泰安纱厂	土湾	中国制钢公司	江北
裕华纱厂	南岸窍角沱	清平炼铁公司	江北
沙市纱厂	李家沱马王坪	和济冶铁厂	江北
军需部染整厂	杨公桥	兴隆炼铁厂	江北
中国毛纺织厂	李家沱	华新电气冶炼公司	磁器口
天福丝厂	磁器口	渝光电熔厂	江北
天（大？）明纺织厂	北碚文星湾	东原公司	綦江
中央印刷厂重庆造纸分厂	江北猫儿石	进化冶铁公司	綦江
南洋烟厂	南岸弹子石	文记华成冶铁公司	綦江
中国铅笔公司重庆分公司	菜园坝	九元铁厂	长寿

续表

工厂名称	厂址	工厂名称	厂址
上海冠生园重庆股份有限公司	市中区	星光电化制造厂	
美华汽水厂	市中区	建业机器造船厂	江北溉澜溪
中央印制厂重庆分厂	观音岩	华西兴业公司水泥厂	南岸玛瑙溪

资料来源：陈真《中国近代工业史资料》第四辑，三联书店1961年版，第766～773页；《重庆战时经济大事记》，《重庆商务日报》1943年12月；《抗战时期迁川的兵工单位》，《抗战时期内迁西南的工商企业》，云南人民出版社1998年版；重庆市地方志编纂委员会编纂《重庆市志》第四卷（上），重庆出版社1999年版，第24页。

抗战时期形成的工业分布基本奠定了重庆城市的工业空间布局，这一格局形成后，一直延续到了20世纪后期。

（二）近代成都城市工业空间的形成与变迁

成都自古就是一座商业发达的城市，商业是城市经济发展的主要支柱，手工业虽然也较发达，但并未形成相对独立的工业空间。近代以来，成都作为四川的政治中心，虽然未成为开埠通商城市，但也同样出现了近代工业的萌芽。成都近代工业始于洋务运动时期的官办四川机器局。光绪三年（1877），四川总督丁宝桢奏请开办机器局于成都东南之下莲池街，次年春正式开工，从而开启了四川制造机器业之开端。

此后，近代工业企业先后在成都市内兴办。据统计，晚清时期兴办的工业企业主要有缫丝、火柴、电灯、机器、印刷、化工、水力等几大类，其地理位置分布具体如下表。

表4-5　晚清时期成都近代工业分布表

行业	名称	创办时间	地址
缫丝	德兴丝厂	1911年	南门外净土寺
火柴	惠昌火柴厂（后更名为"培根火柴厂"）	1899年	东城外九眼桥白塔寺
电灯	悦来电灯厂（后改"同益电灯公司"）	1908年	劝业场
	启明电灯公司	1909年	中新街

续表

行业	名称	创办时间	地址
铸造、机器工业	四川实业机械厂	1909年	南门外净土寺
	华昌电镀厂	1909年	
造纸印刷业	成都乐利造纸公司	1909年	
	文伦书局	1903年	三道公馆
	官办铅印官报书局	1904年	
	福昌印刷公司	1908年	
化工工业	洋胰厂	1907年	佛寺侧
	裕德肥皂厂	1908年	
水力	利民自来水厂	1909年	
其他	德昌玻璃厂	1906年	
	因利织布厂	1909年	
	成都建筑公司	1909年	
	成都伐木公司	1909年	
	白药厂	1904年	高板桥侧

资料来源：陈法驾、叶大锵等修，曾鉴、林思进等纂：民国《华阳县志》，第77页；何一民主编《变革与发展：中国内陆城市成都现代化研究》，四川大学出版社2002年版，第174~181页。

民国建立，曾一度为成都发展近代工业企业创造了条件，但随着军阀混战兴起与防区制的建立，城市工业的进一步发展受到阻碍，故至抗战前夕，成都城市近代工业依旧处于一种基础薄弱的发展状态。

抗日战争爆发，大批东部沿海沿江工业企业内迁。成都作为西部大后方的政治次中心城市，也成为企业内迁的目的地之一，数十家工矿企业相继内迁成都或在成都新建。内迁企业先进的技术设备与管理经验给成都本地工业企业以启示与借鉴，在客观上推动了成都近代工业的发展。据1942年的社会调查显示，是年成都共有各类新式企业105家，其中化工工厂35家、食品工厂4家、卷烟工厂32家、五金工厂8家、印刷工厂13家、纺织工厂12家、电气工厂1家[①]。

---

① 《社会调查与统计》，成都，1944年7月，第29~42页。

1945年3月，成都的近代工业企业增至330家，其中纺织工业22家、碱酸工业6家、炼油工业1家、酿造工业16家、制药工业6家、造纸工业1家、制革工业1家、五金工业3家、矿冶工业2家、印刷工业10家、教育文具工业4家、建筑材料工业3家、火柴工业3家、皂烛工业7家、其他化学工业13家、电气工业1家、机械工业20家、陶瓷玻璃工业8家、食品工业7家、烟草工业177家，其他性质未详者14家[①]。随着近代工业的发展，成都形成了早期的工业空间，特别是城东郊外形成了半月形工业分布带。但由于成都与重庆相比，近代工业基础较薄弱，发展较缓慢，特别是大型工业企业较少，因而工业空间的分布也较小，城市经济空间布局仍以传统的商业空间为重心，工业经济形态在整个城市经济空间布局中的地位相对较低。

三、现代市政起步与城市交通枢纽空间的形成

清季，清廷进行地方行政改革，推行城乡分治。但由于辛亥革命的发生和民国初年军阀割据导致的政局动荡，城乡分治的进程受到影响而延缓。然而城乡分治的进程具有不可逆转之势，20世纪20年代，全国各省一些重要的城市都相继设立市建制，城市作为自治单位在国家政治、经济、文化中开始发挥巨大的作用。伴随城市行政地位的提高，城市空间规划布局有了质的变化。社会的发展、人口的繁衍、城市规模的日益增大，亟须打破封闭的城市空间，使城市用地向外延伸扩展。在此背景下，延续了几千年的城墙体系逐渐被打破，城市空间在完全意义上实现了由封闭向开放的转变。同时，新式交通工具的引进与马路的兴建，架构起城区间的连接带，形成了新旧城区的互动与发展，城市交通枢纽空间日渐形成。

20世纪20年代初，中国城市内部出现了具有现代化性质的、专业性的城市建设管理机构，各项市政及基础设施建设逐渐被提上日程，成为各地政府工作的一大要务。南京政府成立后，为了加强对城市的管理，于1928年颁布《市组织法》，在全国范围内推行"市"建制，巴蜀地区先后有成都、重庆两个城市成为建制市。自此，城市成为独立的行政实体登上历史舞台。市建制的推行在一定程度上推动了巴蜀城市空间布局的发展，在市政机构的统一规划管理下，城市布局建设呈现新的局面。

---

① 《抗战前后四川省工厂概况》，《四川档案史料》1985年第4期。

1921年6月，成都市政筹备处的成立，为成都市建制之始。次年3月，川军总司令兼省长刘湘委成都卫成总司令刘成勋兼任成都市市政公所督办，改筹备处为成都市市政公所。1924年2月，杨森委陆军16师32旅旅长王缵绪继任成都市市政公所督办。4月，参照北京、广州各城市的市制，成都制定颁布了《成都市市政公所暂行条例》，作为成都市制之根本法①。成都市市政公所下设六科：总务、财政、工务、教育、公用和卫生。其中，工务科分设测量、计划、建筑、材料、管理五科，是市政建设的专门性的负责部门，掌管新市街的规划，道路、桥梁、沟渠的筑建及修理，各种房屋建筑的取缔及修理，全市公私有土地的测量，各种公共建筑的经营，建筑材料及器具的保管，以及其他土木工程事项。

1921年11月，川军总司令兼省长刘湘下令设立重庆商埠办事处，委任川军第2军军长杨森兼任商埠督办，重庆市政就此萌芽。此一时期，重庆市政因"法令无据又乏经验"，故仅有其名而无所作为②。1922年8月，杨森去职，川军第3师师长邓锡侯改重庆商埠办事处为重庆市政公所，自兼督办。1926年6月，刘湘下令改重庆市政公所为重庆商埠督办公署。7月，委潘文华为督办。重庆商埠督办公署下设总务处、收支局、财政处、工务处、公安处、新市场管理处、江北办事处等7处。这是重庆历史上第一个具有近代意义的城市管理机构。1927年，重庆商埠改为重庆市，成立市政厅，制定《重庆特别市暂行条例》。

在市政机构的统一规划管理下，巴蜀城市建设进入新的历史时期，城市空间呈现出若干新的局面。

第一，城墙与城门的拆除。

在古代封建专制体制统治下的中国，城墙具有一种政治象征意义，坚固的城墙成为政权的标志。从地域空间上看，城市犹如一个个闭合的空间，城门是城市内外联系的节点，是城市人口及物资进出的交通枢纽，城内的统治者和居民依靠这一特殊建筑与外界维持着交往，这种状况与农业时代的经济和社会相适应。但进入工业时代，随着城市经济功能的增强，传统城市的城墙等基础设施功能逐渐失去，并成为城市进一步发展的阻碍。

清中后期以来，重庆成为水陆交通枢纽，"蜀物所萃，四方商贾辐

---

① 杨吉甫等编：《成都市市政年鉴》第一期，成都市政公所发行，1928年。
② 朱之洪等修，向楚等纂：《巴县志》卷一八《市政》，1939年刻本。

辖"①，沿江一带"九门舟集如蚁"②，沿江装卸货物主要利用航道的自然坡岸，并无专门的码头设施。重庆开埠后，港口建设虽然有所起色，但因无专门的机构对此进行管理，仍然存在很多问题。20世纪20年代初，随着轮船运输业的兴起，万轮停泊，起卸货物，对重庆的港口建设提出了新的要求。一来亟须建立相关的码头设施，如锚地、趸船等，以适应轮船停泊所需；二来狭小的城门，不利货物之通行。于是，要求拆毁通往码头的城门，另建码头的呼声日益高涨。随着重庆市政机构的建立，扩充市政，修建码头，扩大码头港区作业范围成为市政机构的主要工作之一。1926年，在重庆商埠督办潘文华的力主下，督办公署行政会议决定拆除朝天门城门左右城墙各一段，修建朝天门码头和嘉陵码头。1927年初，重庆市政当局开始拆除城门，改建码头，同年7月，全部工程竣工。9月24日，举行朝天门、嘉陵两码头落成典礼。其后，又相继新建多个码头。至1935年底，重庆市内共拥有八个新建码头：嘉陵码头、朝天门码头、太平码头、千厮门码头、飞机码头、金紫门码头、储奇门码头和江北码头。

嘉陵码头，长450余尺，石梯320步，有平台3座，高差为105尺，自1927年2月兴工，至7月完成。

朝天门码头，有平台4座，第一平台水标点为1478尺，第4平台水标点为1520尺，与嘉陵码头同时修筑。

太平码头，从水线起至城门止，高差20余丈，有平台3座，共长400尺，宽50尺，自1932年3月开工，至4月完成。拆去太平门城墙头门洞、二门洞，就瓮城界址填筑为大平台③。

千厮门码头，共长280余尺，高50尺，有平台3座，石梯2道，左方至二郎庙街，梯级加宽为16尺，有平台3座，石梯3道，右边特开辟挑水道，自1930年7月兴工，至10月完成。

飞机码头，由南区干路燕喜洞起逶迤而西经接官厅达大江边，经珊瑚坝飞机场，山势过峻，由悬崖至深洼，高差约为180尺，水平距离约长350尺，作梯级三拐，码头定宽度为16尺，因地势陡起石梯保坎工程皆巨，共砌2800余方，

---

① 朱之洪等修，向楚等纂：《巴县志》卷一三《商业》，1939年刻本。
② （清）王尔鉴修，王世沿等纂：《巴县志》卷二《坊厢》，嘉庆二十五年刻本，第24页。
③ 《整理太平门城门交通工程设计及预算概要书》，《重庆市政公报》第2期，1928年2月。

梯内设有暗沟面作10尺梯板，左右以3尺余地植树，共造梯304步，设平台4座，安3.5尺大暗沟1道，用以衔接南区干路所出水，自1935年2月兴工，11月完成。

金紫门码头，为金紫支路与南城第一主干，经路交点，因经路开工建筑特将码头同时兴造，按原定计划，宽度为40尺，长度为136尺，自1935年3月开工，至4月完成。

储奇门码头，为药帮货物起卸之地，且当川黔交通孔道，旧码头上半段既狭且破坏，乃由码头第一平台起将路拓开为30尺至60尺，从前瓮城二道悉拆毁，旧有石梯已倾圮者亦拆卸至基石，计保坎高者至30余尺，自第一平台起至第二平台计石梯60级，第二平台为水码头及城根交汇处，再上石梯60级，即与储奇门支路及下河公路相接，梯级道下作大沟一道，为城内沟道水流之总汇处，自1935年3月开工，5月完成。

江北码头，与巴县之朝天门码头相对，为江北区第一要冲，筑平台2座，第一平台横10丈竖6尺，第二平台横3丈竖2丈，石梯路长18丈，宽3丈5尺，自1928年10月开工，至1939年6月完成[①]。

城门的拆除与码头的兴建，改变了重庆城市原有的封闭格局，城市空间开始由传统的封闭约束型向近代的开放自由型过渡，"昔之所谓重镝密锁者，今则锁开镝解，无复曩时严固矣"[②]。

第二，马路的修筑。

（1）重庆市区道路的修筑

交通方式是影响城市发展，尤其是影响城市形态变化的重要因素。交通方式的每一次变革都带来区域空间形态的变化。近代以来，重庆城市干道交通枢纽网络系统的兴建，加强了城区间的联系，拉动了干道沿线各节点经济的繁荣，极大地改善了市容市貌。城市建设布局沿交通线展开，形成了星状或块状的发展格局。清代中前期，重庆城市交通极为不便，"巴，岩邑也，重屋累居，自昔已然。清季开商埠后，贾客云集，廛市日兴，而城内囿于地势无可发展，繁盛街衢倍形湫隘"[③]。20世纪20年代以前，重庆全城没有一条马路，大街小巷多陡直，坡坡坎坎甚多，滑竿、轿子是当时最主要的交通工具。1927年，重庆商埠督办公

[①] 以上关于码头的介绍（除太平码头）参见朱之洪等修，向楚等纂：《巴县志》卷一八《市政》，1939年刻本。
[②] 朱之洪等修，向楚等纂：《巴县志》卷二《建制》上，1939年刻本。
[③] 朱之洪等修，向楚等纂：民国《巴县志》卷一四《交通》，1939年刻本。

署决定修筑新市区交通干线,"测定干线三线:一由通远门经两路口至曾家岩,约长六里;一由南纪门经菜园坝并斜上接两路口,约长五里许;一由临江门双溪沟经孤儿院至曾家岩,亦长五里许"[1]。还规定,"城内旧路凡沿新建公路者皆酌增宽度,平治整齐俾与新市区公路相接作一大回环形"[2]。至抗战前夕,重庆先后建成三大干道:中区干道、南区干道和北区干道。

一是中区干道。1927年5月至1929年筑成西段(七星岗—曾家岩),命名为中区干道,1932年至1937年筑成东段(七星岗—朝天门),命名为中城径路。两段经过街道10条,包括现名中山四路、中山三路、中山二路、中山一路、民生路、民权路(一小段)、磁器街、新华路、过街楼及陕西街一段,全长约7公里。1937年,中干道所经街道略有变化,由民权路直插今解放碑,经民族路、小什字、新华路到过街楼,全长6公里。

二是南区干道。1929年7月,南区干道开始修建。路线拟从南纪门外定善寺起,经上石板坡、燕喜洞、菜园坝,绕王家坡而达兜子背码头,全长4.67公里。1930年7月完成了由菜园坝到南纪门(麦子市)一段约2.87公里。1933年4月到1936年6月,又修成麦子市至陕西街段,与南干道衔接,称南城经路。南区干道全长6.87公里。

三是北区干道。1927年规划,东起沧白路,西至上清寺,全长4.4公里。由沧白路、临江路(东段)、北区路、人民路组成。其西段人民路(上清寺至大溪沟)于1927年至1932年建成。东段和中段因工程艰巨,经费举措困难,时修时停。临江路1938年建成,沧白路1941年建成。北区路于1947年开工,到解放时仅西段(上大溪沟至富城路华一路口)建成,东段(临江路至富城路华一路口)仅完成今一号桥4座桥墩和少数路面。解放以后,人民政府继续修筑,1951年底,北区干道始全线通车。

---

[1] 《重庆商埠月刊》第7期,1927年。
[2] 朱之洪等修,向楚等纂:民国《巴县志》卷一四《交通》,1939年刻本,据民国28年(1939)刻本影印;《中国地方志集成·四川府县志辑》第六册,巴蜀书社1992年版,第477页。

表4-6　20世纪30年代重庆市区已建成公路一览表

路名	起止	长度
中区干路	曾家岩至七星岗	12230尺
南区干路	菜园坝至麦子市	8600尺
南城经路	麦子市至下陕西街	12000尺
中城经路第一段	七星岗至较场口	4000尺
中城经路第二段	较场口至兴隆巷	3300尺
中城经路第四段	小什字至过街楼	1850尺
北城经路	鱼市街至小什字	4200尺
南城第四纬路	小什字至大什字	570尺
北城第四纬路	鸡街至戴家巷口	850尺
北城第二经路	戴家巷口至临江门	500尺
南城第九街	左营街	100尺
南城第十街	山王庙街	310尺
南城第十一街	四方街	200尺
南城第三纬路	储奇门行街	400尺
中南支路第二段	石板坡	1600尺
储奇门下河公路	储奇门	2600尺
金紫门支路	金紫门	140尺
新开街	段牌坊	160尺
后城马路	七星岗至领事巷	1552尺
北城第三纬路	柴家巷口至临江门	420尺
北城第一纬路	演武厅至大梁子	180尺
北城第一辅助经路第三段	米花街经中营街至大梁子	400尺

资料来源：朱之洪等修，向楚等纂《巴县志》卷一四《交通》，《九年来重庆之市政》，1939年刻本。

重庆市区马路的修建，为实现城市空间向外延伸提供了条件。重庆开埠前，"除两路口、曾家岩、菜园坝、大溪沟原有房屋千数百家外，余在未修马路时皆累累荒坟"[①]，"跨丘越陵，万冢千族，出城十里，累累相望，四周阒

---

① 杨世才编：《重庆指南》，巴蜀印刷社，1938年，第6页。

无居人"①。马路兴建完工后,旧城区市容得到较大的改观,"昔日殡宫,皆成沃壤"②,城市繁华区域逐渐由昔日的两江沿岸向公路两侧转移。潘文华任市长期间,主张开拓附郭坟地以化无用为有用,并决定开辟自临江门沿嘉陵江以达牛角沱,自南纪门沿大江以达兜子背约30平方里的区域,作为新市区。新市区长约15里余,横宽约5里余,左临嘉陵江,由化龙桥顺流而下,至黄花园之天心桥,与旧城孤儿路接界,右滨扬子江,由黄沙溪、鹅公岩坎下顺流而下,至南纪门之燕喜洞,与旧城南纪门接界。前迎旧城,与通远门七星岗接界,后倚佛图关至关外之福建茶亭③。公路交通的建设,不仅推动了重庆新旧城区的良性互动与发展,亦加快了重庆的区域开发进程。

（2）成都市区道路的修筑

四川省会成都在清末民初"市区内街道状况极为复杂,繁盛街面皆以石板铺之,向例街道由各街居民集资修筑,非至石板破烂不堪,实少修理。崎岖难行,达于极点,设遇天雨,尤为泥滑。若少城及僻静街道,多系土路,阴雨一过,非四五日后,全无下足处。而交通器具,惟赖肩舆,进行既缓,所费亦多,居民苦之。民国5年,熊前督军克武,修筑少城东城根街,名曰靖国路,行铁轮人力车……但路线既短,路面又复不平,车行其上,震动颇烈,不便行人,不久即自然消灭"④。"民国12年一月,陈泽沛督办成都市政,派技正杨宝康计划修筑少城马路,以利交通,从金花桥起至实业街止,共计二千零八尺,名曰同仁路,宽度虽有一丈四尺,然路质不佳,殊不耐久,且街道僻静,无裨益于公共交通,此即成都市以前试办马路之大概情形也。十三年王缵绪师长督办市政,鉴于交通一事,为整顿市政要图,拟具计划,呈请前督理杨森核准。第一期初次拓宽街道,市民反对最力,继以一期马路工毕,成绩稍著,人民便之,而马路修筑进行,遂大顺易,乃有第二期筑路之进行。迄至十四年秋,罗泽洲师长督办市政,亦以完成本市交通为当务之急,繁盛街道,概由公所派员监修,偏僻者则由市民自修,时不一载,成都市面焕然一新,而本市现在需要之马路,遂以完成"⑤。

---

① 朱之洪等修,向楚等纂:《巴县志》卷一八《市政》,1939年刻本。
② 杨世才编:《重庆指南》,巴蜀印刷社,1938年,第6页。
③ 杨世才编:《重庆指南》,巴蜀印刷社,1938年,第5页。
④ 成都市政府秘书处编:《成都市市政统计》,成都市政府秘书处编,1940年7月。
⑤ 成都市政府秘书处编:《成都市市政统计》,成都市政府秘书处编,1940年7月。

1924年，成都市政公所建立后，即将大规模地修筑改造成都的街道提上日程。市政公所对成都城市街道建设进行了初步规划，制定了较为详细的城市街道建设网络，计划通过修筑五条干路，连接成都城市的五个城门，疏通城内交通和连接外部交通，并将全城划分为东、西、南、北、中五区。

1935年，成都市政府奉行营指令，重新拟定了成都城市道路计划[①]，在1924年道路计划的基础上新建城市道路网络。新道路计划以连接城门的大街为基础，采取环形道路设计，初步形成放射状环形道路系统的构架。

表4-7 成都第一期干路街名表

区域	街别	长度	宽度	路质
中区	提督中街	45丈	30尺	四合泥
	提督东街	80丈		
	总府街	134丈4尺		
	福兴街	60丈8尺		
	上华兴街	64丈4尺		
	下华兴街	62丈6尺		
	暑袜北街	64丈		
共计	七街，共长511丈2尺			
东区	西东大街	67丈5尺	2丈4尺	四合泥
	盐市口街	25丈4尺		
	上中东大街	102丈7尺		
	城守东大街	85丈7尺		
	上东大街	84丈		
	中东大街	40丈		
	下东大街	88丈1尺		
	东门月城街	12丈		
	外东新城街	41丈8尺		

---

① 陈乐桥：《建设"新成都"与都市设计》，《成都市政府周报》第一卷第10期，1939年3月11日。

续表一

区域	街别	长度	宽度	路质
共计	九街，共长546丈2尺			
南区	下南大街	48丈8尺	24尺	四合泥
	中南大街	58丈		
	上南大街	61丈6尺		
	红照壁街	71丈3尺		
	三桥南街	101丈		
	三桥北街	22丈6尺		
	贡院街	57丈4尺		
共计	七街，共长420丈7尺			
西区	祠堂街	185丈2尺	24尺	四合泥
	旧将军署街	115丈8尺		
	西御街	161丈7尺		
	长顺上街	125丈		
	长顺中街	154丈3尺		
	长顺下街	135丈		
	西大街	125丈		
	通顺街	7丈2尺		
	金河街	194丈		
	督署后街	85丈8尺		
共计	十街，共长1316丈			

续表二

区域	街别	长度	宽度	路质
北区	天星街	未竣工	24尺	四合泥
	月城街	未竣工		
	青果街	27丈7尺		
	北大街	45丈5尺		
	北东街	48丈		
	北一街	43丈6尺		
	北二街	61丈4尺		
	北三街	63丈1尺		
	北四街	61丈5尺		
	鼓楼洞街	52丈		
	鼓楼南街	126丈6尺		
	提督西街	40丈		
	新开寺街	80丈2尺		
	西顺城街	129丈2尺		
	上草市街	12丈		
	天灯巷口	——		
	二巷子口	——		
共计	十七街，共长800丈8尺			

资料来源：成都市政府秘书处编《成都市市政统计》，1940年7月。

表4-8 成都第二期干路街名表

区域	街别	长度	宽度	路质
中区	湖广馆街	55丈7尺	30尺	四合泥
	上北打金街	70丈	24尺	
	中北打金街	31丈5尺		
	下北打金街	78丈7尺		
共计	四街，共长235丈9尺			

续表一

区域	街别	长度	宽度	路质
东区	东御街	159丈8尺	24尺	四合泥
	皮坊街	30丈3尺		
	上西顺城街	121丈7尺		
	中西顺城街	83丈5尺		
	中市街	42丈3尺		
	代书街	80丈		
	红庙子街	59丈2尺		
	东打铜街	89丈4尺		
	正府街	158丈6尺		
	西府街	58丈2尺		
共计	十街,共长723丈2尺			
南区	青石桥北街	53丈9尺	24尺	四合泥
	青石桥南街	74丈2尺		
	青石桥中街	35丈3尺		
	东丁字街	63丈2尺		
	西丁字街	59丈2尺		
	磨子街	88丈5尺		
	新开街	85丈7尺		
	盐道街	71丈4尺		
	指挥街	94丈5尺		
	学道街	103丈		
	东华正街	50丈9尺		
	东华南街	60丈4尺		
	东辕门街	116丈3尺		
共计	十三街,共长956丈5尺			

续表二

区域	街别	长度	宽度	路质
西区	暑袜街	41丈	24尺	四合泥
	顺城街	129丈2尺		
	八宝街	161丈4尺		
	上东城根街	375丈3尺		
	下东城根街	150丈		
共计	五街，共长856丈9尺			
北区	白丝街	59丈2尺	24尺	四合泥
	羊市街	158丈3尺		
	东门街	143丈		
	青龙街	102丈		
	玉带桥街	48丈7尺		
	西玉龙街	157丈8尺		
	后子门街	62丈9尺		
	骡马市街	94丈5尺		
	忠烈祠东街	65丈		
	忠烈祠西街	111丈5尺		
共计	十街，共长1002丈9尺			

资料来源：成都市政府秘书处编《成都市市政统计》，1940年7月。

表4-9 成都其他干路街名表

区域	街别	长度	宽度	路质
外东区	天福街	21丈	30尺	四合泥
	苣泉街	71丈		
	紫东街	30丈		
	水津街	74丈5尺		
	水井街	72丈7尺		
	槐树街	61丈4尺		
	金泉街	64丈4尺		
	星桥街	82丈4尺		
	正紫东街	40丈8尺		
	牛王庙上街	50丈		
	牛王庙下街	78丈		
	一洞桥街	37丈4尺		
	宋公桥街	224丈		
	石佛寺街	161丈2尺		
	三官堂街	193丈7尺		
共计	十五街，共长1262丈5尺			
外南区	桥北街	22丈5尺	24尺	四合泥
	月城街	36丈7尺		
	通惠门至青羊宫	306丈	30尺	三合泥
	百花潭至南门税关	649丈		
共计	四街，共长1014丈2尺			

资料来源：成都市政府秘书处编《成都市市政统计》，1940年7月。

成都各条马路的兴建，改善了城市街道面貌，极大地拓宽了城市商业的可流动性空间，宽敞的区域环境为更大数量的人流与物资的聚集创造了可能，从而拉动了沿街商业的飞速发展。

四、城市公共空间的扩大

公共空间的特性在于其鲜明的"公共性"。与家庭等私密空间相比,公共空间的公共性是不带有任何障碍性设置的,城市内部的每一个居民都能平等地享受其中。近代以来,巴蜀地区城市公共空间布局受西方近代规划制度的影响,出现了新的演变趋势。除传统街道、茶馆等公共空间外,公园等新型公共空间形式亦开始出现,并发挥着重要的作用。

(一)传统城市公共空间

传统城市公共空间主要以街道、茶馆等大众公共空间为主。

街道是城市公共空间的重要组成部分,也是与人们日常生活环境联系得最为紧密的空间构造,是营城建屋后留下的供人们穿越通行、相互接触交流的生活性公共空间;它不仅承载着城市的交通功能,同时也是人们日常生活及各种经济行为的载体。自宋代坊市制打破之后,街道便日益紧密地与城市商业活动相联系。很多地方的街道直接演变成为商品买卖市场,商人、小贩没有任何限制地在街头出售各类商品。

在农业时代,城市的建筑和街道空间以人为尺度,受生产力水平限制和传统生活习惯影响,中国地方城市的建筑多为一层或两层,住家与街面经常只有一个门槛之隔,加之普通居民住宅空间多狭小,很多日常活动如纺线等都需在较为宽敞的室外空间进行。因此,在中国古代,街道往往成为城市居民最易使用亦最为普遍的开敞式公共空间。同时,街道还承担着城市居民的游艺功能,它不仅是各项民间娱乐活动如江湖艺人、坝坝戏的表演场所,也是迎喜神、耍龙灯、城隍出驾等传统民俗庆典的巡演场地。

茶馆是巴蜀城市独具特色的一大传统公共空间。在社会文娱活动甚少的古代社会,茶馆便自然充当起了中下层民众主要休闲娱乐的公共空间角色,茶馆既是信息传播中心和娱乐中心,同时也兼做社会民众的会客厅。对茶客来说,"闲聊恐怕是茶馆最具魅力之处。人们可以在那里谈论一切事情。在茶馆里,你可以听到最荒唐的新闻,如某处的大蜘蛛怎么成了精,受到雷击。奇怪的意见也在这里可以听到,像把海边上都修上大墙,就足以挡住洋兵上岸。这里还可以听到某京剧演员新近创造了什么腔儿,和煎熬鸦片烟的最好的方法"[①]。

---

① 老舍:《茶馆》,人民文学出版社1994年版,第6~7页。

巴蜀城市的茶馆还具有"信息传播"功能和娱乐休闲功能。四川人进茶馆，不仅为饮茶，同时也是为获得精神上的满足，将自己的资讯信息告诉别人，又从他人那里获得更多的资讯信息。在茶馆里人们可以抱怨世风日下、议论新公布的规章、交流各种社会新闻，还可以经常从一些茶馆里的小插曲中得到乐趣。同样，在茶馆里很少有人会对所谈事物充满顾忌，因为他们深信这是一块属于他们自己的地盘，他们可以在这里尽情发挥言论才能，抒发感慨，发泄愤怒，而不会有官僚干涉。茶馆又是娱乐中心，许多艺人在那里卖艺为生，茶馆也借其精彩的演出来吸引顾客。曲艺演出多在茶馆里进行，因此称为茶馆艺术。成都曲艺的普及和受欢迎情况，在清末民初的《锦城竹枝词》中得以反映："萧条市井上灯初，取次停门顾客疏；生意数它茶馆好，满堂人听说评书。"①在茶馆里，人们只需以低廉的价格买一碗书茶，便能欣赏到一种乃至几种曲艺，在扬琴、竹琴、评书、金钱板、清音的或急或缓的节奏中沉迷，闭目摇头，倍感熨帖。除此之外，茶馆也是一种"社会俱乐部"，如操练箭术的"射德会"把少城公园的茶馆作为会址；中山街的茶馆靠近鸽市，因而成为养鸽人的聚会处；百老汇茶馆地处鸟市，便当然被爱鸟人选为大本营。每日清晨，那些养鸟人来到茶馆，把鸟笼挂在屋檐下或树枝上，一边品茶，一边聆听鸟鸣。业余川剧爱好者是茶馆中的另一类活跃分子，他们定期到茶馆聚会唱戏，称"打围鼓"，亦称"板凳戏"，以参加者围坐打鼓唱戏而得名。参加者不用化妆，也不需行头，自由随便，他们自己既满足了戏瘾，也给茶客增添了乐趣②。茶馆作为城市的"社会俱乐部"，城市中的各色人等都能在茶馆里自得其乐，享受生活中难得的一份安逸。茶馆除了以上几种功能之外，还具有其他的社会功能。大概从清代开始，巴蜀地区的茶馆就成为民众集会和评理的场所，民众日常生活中发生冲突、纠纷时，往往将茶馆作为谈判的场所，即所谓的"吃讲茶"。

民国以来，巴蜀城市的茶馆进一步发展，据1935年成都《新新新闻》的统计，成都有茶馆约599家。其中比较著名的有华兴街的"悦来茶园"，皇城坝贡院的"吟啸楼"，鼓楼南街的"归去来"，总府街的"濯江茶楼"，下东大街的

---

① 邢堂生：《天香室传卷》，转引自林青《成都曲艺概谈》，《成都艺术》1995年第1期。
② 参见杨槐：《神童子与满天飞》，《龙门阵》1982年第1期；崔显昌：《旧成都茶馆素描》，《龙门阵》1982年6期；周止颖：《新成都》，复兴书局1943年版。

"闲居茶馆",上东大街的"留芳",城守东大街的"掬春楼",春熙路南段的"清和茶楼",春熙路东段的"江楼茶社",大科甲巷的"观澜阁",提督街的"魏家祠茶社",城守东大街的"华华茶厅",少城公园的"绿阴""鹤鸣茶社""永聚茶社",东城根街口的"锦春茶楼",总府街的"新世界茶厅",青石桥街的"宜淳茶楼",劝业场的"宜春楼""第一楼",等等。

重庆的茶馆数量也甚多,城厢内外,大街小巷到处皆是茶馆,上至官员、大学教授、商人厂主,下至店员、劳动苦力均喜坐茶馆。据《新民报》载,1937年重庆市内的茶馆共有2659家。其中,较为出名的有民生路将军坟的"巴园茶座",新生市场的"百老汇""永安",保安路墨龙池的"悦合",和平路的"听月楼",上清寺的"精忠大茶楼",两路口的"望江楼",磨房街的"汇源居",朝天门的"天成",官井巷的"竹园",厚慈街的"玫瑰",白象街的"复兴",金汤街的"同盟茶社",临江路七星坎的"锦云茶社",林森路的"陆羽茶社",民国路的"万国",夫子池的"仁济",盐井巷的"龙园",青年路的"青年茶社"等①。

(二)新型公共空间

近代以来,城市公共空间发生新的变化,出现了公园等新型公共空间。公园是一个近代性的概念,它指在城市里专门向公众开放,以满足普通居民娱乐、教育和享受自然风光需要的公共空间。公园的开辟改变了城市的空间结构,它的出现极大地推动了城市的现代化进程。

在中国传统的城市空间结构中,一般没有专门向市民开放的公园。花园和园林归私人所有,不向社会公众开放。城市居民的娱乐场所"厥为茶社酒肆,或终年不出户庭,如郊外之名胜,私家之园林,非因令节,决难往顾","是以相聚烦嚣,病疫时出,卫生之道既乖,人民之体质日弱"②。至近代,公园的兴建日渐成为城市发展的迫切需求。时人认为,"至若国中都会,无一完全公园,非特方诸东西列强,大有逊色,其于国民卫生及娱乐上,亦太不加之意哉"③。

我国公园的建立最初始于租界,内地城市也相继开辟公园。清季,成都

---

① 《重庆指南》十周年特刊,1937年,第143~146页。
② 杨吉甫等编:《成都市市政年鉴》第一期,成都市政公所发行,1928年;黄以仁:《公园考》,《东方杂志》第9卷第2号。
③ 朱之洪等修,向楚等纂:《巴县志》卷一八《市政》,1939年刻本。

即建有少城公园。民国成立后,各地方政府都十分重视市政建设,并将公园建设放在重要位置加以推广。重庆为西南一大都会,商贸繁荣,工商直冠全川,然特殊的山地地形加之稠密的人口聚集,市容杂乱不堪,"市廛栉比,街巷逼窄,地价既高,故无隙地以种花木,空气之恶亦遂为全川最"[1]。建设公园不仅对于改善重庆市容市貌起到重要作用,同时也为重庆市民提供了一个可供休闲游憩及满足各种社会交往之地。"中央公园"是重庆城市发展史上第一个近代意义上的公园,"其成也遂为渝人开轩豁敞朗之域"[2]。公园位于上下城之间,旧名后伺坡,建公园之前原为渣滓堆积之处,宛如荒丘,无一草一木之胜。1921年,杨森任重庆商埠督办,拟在此建一公园,后因军事活动而停止,仅动工兴建了一段30多米的保坎。1926年,潘文华继任商埠督办,续议兴修,于当年10月用市政经费肇工。由于"地极陂陀,尺地寸天,不便营治"[3],故又将巴县县政府后的一块空地划入,正式定名为中央公园(今人民公园),特设事务所委员司管理。1929年8月,中央公园建成对市民开放。园内栽种花木,如海棠、石榴、碧桃、紫荆、白杨、洋槐、法国梧桐等,喂养鸟兽,供人赏眺。"东北隅筑金碧山堂一曰葛岭,左有亭曰小灵湫。过此西行有洞二,门垒假山颜曰巴岩延秀。南有中山亭,其西南隅建江天烟雨阁、涨秋山馆。大门进口有喷水池、悠然亭,并有中山像、阅报室、网球场、儿童游戏场、草坪等。有园林之风焉,计全园面积无虑一千余方丈,庐舍亦不多,园中花木次第添植,泥土草皮输自田野"[4]。

江北公园在江北县府侧,"园内有画声馆、喷水池,池中叠石为假山,再进为妇孺运动场、网球场、篮球场、动物园,花木颇富,睿池蓄水,有假山叠立水中,森如石笋。又记北经一泓轩,听风廊,而登土山,虽不高峻,颇具山林气象。北有亭曰乐观,极北满目皆假山,嵌空玲珑,有石三,穿亭而过,依山势起伏,曲折相通,俗呼为八阵图。山下有径有溪,游踪至此,如置身临岩滩畔,足微匠心独步巧夺天工矣。土山之东,为风烟奇古亭,西北堤为水心亭,渡小桥而西,有茅亭曰留客处。再西为草坪,全园景致,以树石胜,工尤

---

[1] 朱之洪等修,向楚等纂:《巴县志》卷一八《市政》,1939年刻本。
[2] 朱之洪等修,向楚等纂:《巴县志》卷一八《市政》,1939年刻本。
[3] 朱之洪等修,向楚等纂:《巴县志》卷一八《市政》,1939年刻本。
[4] 朱之洪等修,向楚等纂:《巴县志》卷一八《市政》,1939年刻本。

巧妙，并有古树数株，大可数人围，浓阴蔽日"①。

民国时期，成都市内共有公园5处：由清朝某将军花园改建而成的少城公园，提督衙门改建而成的中山公园，成都区立小学校园改建而成的北城公园，少城支矶石改建而成的支矶石公园和外东望江楼及薛涛故里改建成的郊外公园。

少城公园是近代以来巴蜀地区兴建最早，亦风景最好的公园。清宣统三年（1911），驻防将军玉崐因清廷有裁兵归农之诏，乃于旗营培修营房之款内，划拨银5000两，建筑公园戏园，谋公共娱乐，借作旗民生计。1922年，少城公园改属于市政公所，1924年王缵绪任成都市政公所督办时，在杨森的授意下，对少城公园大力改造扩建，出现公园之盛况。园内"金河蜿蜒，楼台倒影，茂林参天，桃柳护岸，群山起伏，渔艇待渡，每当春夏之际，游人云集，竞赏芳华，流连美景"②。

中山公园园址为前清提督衙门。1922年，由成都市政公所规划兴建，因居省城之中央，故名中城公园，后为纪念国父孙中山，改名为"中山公园"。中山公园地形阔大，"入门则翠柏夹道，土山耸峙，右侧有西式房社一幢，规模宏大，碧波凝霜，绿窗映日，则园之事务所也。与事务所紧接，有曲栏低亚，茶帘高挑，茗香水活，游人争集者，乐观茶社是也，茶社之左，为沧浪歌浴室，协记体育球房及木球场是也。乐观茶社之右，冀然起一草亭，遥为土山，宜风酒肆，在草亭之右，而买醉者，无不问津于此……该园地广数百亩，房所占五分之一，花木占五分之一，阔地占五分之三"③。

支矶石公园位于锦城之西，地址为长方形，西靠城墙，东临同仁马路，占地数百亩。"园之正门，有石巍然独立者支矶石也，古香古色……园南得同仁工厂南部，园东建有礼堂一所，供市民举行典礼之用，园北有森林茶社，备游人休息，时患坐满，园西为城墙，遍生花木，美丽可爱。偶一登临，逸兴遄飞，常跼处软红尘中，一旦绿色满畴，胸襟俱阔矣。是园之建筑，虽不及他园宏壮，而登城则青城远照，眼底阡陌，回顾则万家灯火，房屋栉比，一游此地，无不徘徊尽日。"④

这一时期，除重庆、成都外，其他一些中小城市也相继开辟了一些小型的

---

① 朱之洪等修，向楚等纂：《巴县志》卷一八《市政》，1939年刻本。
② 杨吉甫等编：《成都市市政年鉴》第一期，成都市政公所发行，1928年1月。
③ 杨吉甫等编：《成都市市政年鉴》第一期，成都市政公所发行，1928年1月。
④ 杨吉甫等编：《成都市市政年鉴》第一期，成都市政公所发行，1928年1月。

城市公园。这些城市公园多集休闲、娱乐、教育、运动、文化等功能于一身，可以满足市民放松自我、享受自然、接受教育、聚会交际、强身健体等多方面的需要，成为城市内部多功能的新型公共空间形态。

五、新型文教区的形成

在中国传统城市中，教育机构——官学、书院、社学、义学等在城市空间布局中具有重要的地位，特别是官学和书院占地面积较大，建筑较宏伟，成为城市重要的标志性建筑。清季，随着新式教育的兴起，中小学堂普遍建立，除原有的官学和书院改建为新式学堂外，不少寺庙也改建为学堂，从而使新式教育机构在城市布局中占有更大的空间。特别是民国建立后，在政府强力政策的推动下，中国的新式教育得到巨大的飞跃，中等以上学校基本上集中在大中城市，从而形成了城市新型文教区。

抗战爆发后，在战争的破坏下，中国教育蒙受了惨重的损失。"当时平津京沪各地之机关、学校均以变起仓促不及准备，其能将图书仪器设备择要转运内地者仅属少数，其余大部分随校舍毁于战火，损失之重，实难估计。"[1]据1938年8月底的统计，高等院校由战前的108所减为83所；中等学校战前计3184所，战争爆发后处于沦陷区及战区者计1926所，减少了40%以上[2]。为保存国家教育实力，国民政府制定实施了沦陷区高校内迁政策，在这一背景下，大批高校纷纷举址迁往大后方地区。各高等院校内迁以西南地区为最。据统计，抗战时期，西南地区一共接待了内迁院校61所，其中大学22所、独立学院17所、专科学校22所[3]。而在这内迁西南的61所院校中，就有48所集中在四川，占内迁西南院校总数的78.6%[4]。巴蜀地区的成渝两城市，凭借突出的政治、经济地位与交通区位优势上升为战时中国高等教育中心，城市内部文教中心布局日渐形成，从而形成新的文化教育片区。

（一）重庆沙坪坝、北碚文教新区的形成

重庆作为大后方政治、经济中心，内迁院校数量居巴蜀地区之最。重庆的内迁院校先后达32所之多，约占高校内迁总数的1/2，这些学校主要集中在沙坪

---

[1] 国民政府教育部编：《第二次中国教育年鉴》第二章，商务印书馆1948年。
[2] 顾毓秀：《抗战以来我国教育文化之损失》，《时事月报》十九卷第五期，1938年10月。
[3] 侯德础：《抗日战争时期中国高校内迁史略》，四川教育出版社2001年版，第71页。
[4] 侯德础：《抗日战争时期中国高校内迁史略》，四川教育出版社2001年版，第71页。

坝、北碚等区域，如国立中央大学、国立中央工业职业学校、私立南开大学经济研究所、国立山东大学、国立北平师范等在沙坪坝；私立复旦大学、私立南通学院医科、中央国术体育专科学校、私立立信会计专科学校等在北碚。高校内迁带给重庆教育发展新契机，抗战期间，重庆的各级教育得到空前的发展与繁荣。高等院校数量由战前的2所增加到34所之多，约占全国高等院校的四分之一至三分之一，抗战时期著名的"文化四坝"——沙坪坝、夏坝、白沙坝、华西坝，就有三个在重庆[①]。

（二）成都华西坝文教区的奠定

位于成都城南的华西坝自20世纪初期始成为新的教育空间。1910年，私立华西协合大学在此开办，至抗战前夕已经成为一所综合性教会大学，内设文、理、牙、教育诸学院，尤以医科、牙科、制药和理科称雄。抗日战争时期，华西坝成为大后方高校内迁集中地之一，其城市文教中心地位得以进一步奠定。先后迁入成都的有私立金陵大学、私立光华大学、私立齐鲁大学、私立燕京大学、国立清华大学航空研究所、私立金陵女子文理学院和国立牙医专科学校等7所。除私立光华大学外，其余6所均集中分布于华西坝一带，华西坝成为抗战时期成都城市的文化标杆。

第三节 多元化发展的现代城市空间

一、成渝城市工业空间布局的演化

1949年10月中华人民共和国成立始，中国城市进入了现代城市发展的新阶段。这一时期，巴蜀城市空间布局发展呈现三大趋势：一是新中国成立初期城市空间规划布局受国家政策因素影响，城市内部工业空间布局强化，成为推动城市功能空间布局变化的主导因素，城市空间结构表现出明显的生产形态特征；二是城市建设规划有了现代意义上的专门法规进行管理与指导，城市整体规划布局出现新的结构调整；三是城市空间形态出现多元化趋向。

1949年中国共产党七届二中全会召开，中共中央做出了将工作重心由乡村

[①] 莫珍莉：《重庆——抗战时期的文教中心》，《四川与抗日战争》，（台湾）川康渝文物馆，1995年，第79~80页。

转移到城市的重大抉择。新中国成立后，党和国家的高层领导认为要顺利实现政府工作重心由乡村向城市的转移，其根本便在于迅速恢复和发展城市生产，"变消费型城市为生产型城市"。工业生产被视为社会主义城市发展的最主要的物质基础，"社会主义城市的建设和发展必然要从属于社会主义工业的建设和发展"[1]。这一方针成为新中国成立初期城市工作纲领，在很长一段时期内，城市的空间布局建设都围绕这一指导方针进行，城市建设的目标就是贯彻国家过渡时期的总路线和总任务，为国家社会主义工业化建设服务。

1953年，国家颁布实施了第一个五年计划，开始了大规模的以重工业为发展重心的工业化建设。"一五"计划以156个重点工程为主体，"这些重点工程有一些是在原有的工业城市中改建、扩建和新建的，更多的工程则将在原来没有近代大工业的城市附近建设起来"[2]。1965年开始，国家为加强战略后方的经济实力，在后方三线地区兴建国防工业。三线建设进一步促进了巴蜀地区国防、冶金、机械、能源等工业的发展，重庆、成都成为全国重要的工业中心城市。

"一五"期间，重庆市党委和政府一方面积极地组织与领导地方工业生产稳步增长，另一方面加强对手工业和资本主义工商业的社会主义改造，将其纳入国民经济计划轨道之内。在此期间，重庆全市共进行了近100个工业项目的兴建和扩建，包括松藻矿务局、重庆发电厂、长寿电厂、铁合金厂、锅炉厂、印染厂、针织厂、罐头食品厂、木材综合加工厂、重庆钢铁公司大平炉车间、重庆空气压缩机厂、六零一染织厂、重庆热水瓶厂、重庆造纸厂、重庆农药厂、中梁山煤矿等。这批工业项目的建设进一步奠定了重庆作为西南地区工业基地的重要地位，至"一五"时期结束时，重庆工业总产值占四川省工业总产值的35%，发电量占73%，生铁占50%，钢和钢材占100%，水泥占87%，金属切削机床占95%，硫酸占93%，烧碱占72%，棉布占66%，卷烟占71%[3]。随着工业企业的增加，城市工业空间布局有所扩大，先后开辟了中梁山、南坪、道角、石门、窍角沱等一批新的工业区，并在远郊区、县开始进行工业建设。

"二五"期间，重庆市掀起"以钢为纲，带动一切"的"大跃进"高潮，全市兴建小高炉几千座，从城市到乡村，从街道到田野，到处摆开了"炼

---

[1] 《人民日报》社论：《贯彻重点建设城市的方针》，1954年8月11日。
[2] 《人民日报》社论：《大力加强新工业区的建设》，1954年8月13日。
[3] 重庆市地方志编纂委员会编纂：《重庆市志》第四卷（上），重庆出版社1999年版，第7页。

铁""炼钢"的战场。在此期间，全市相继建成投产重庆轮胎厂、通信设备厂、光学仪器厂、浦陵机器厂、永川化工厂、柴油机厂等重工业企业，工业生产布局发生了新的变化，专业性工业组团格局开始出现。重庆所属上桥、石门、永川等地建立和形成通用机械工业基地，在李家沱、中梁山、井口等地形成化学工业基地，在歇马场、海棠溪形成农业机械制造工业基地，另外在市属主要集镇发展日用轻工业。

1966~1975年的三线建设期间，重庆由于优越的地理位置和较好的工业基础，成为三线建设的重点地区。国家共投入42亿元的巨额资金，在重庆周围地区兴建了一批兵器、船舶、电子、航天、核工业企业和科研单位，同时迁建、扩建、改建了一批为国防工业配套的机械、仪表、化工等企业。据统计，重庆新建和扩建了工业企业118家，其中仅军工企业就达30余家。新建和扩建的配套民用工业企业达88家[①]，其中冶金工业有西南铝加工厂等，机械工业有四川汽车制造厂、四川仪表总厂、川江船厂、重庆工具厂、无线电三厂、测试仪器厂、探矿机械厂、地质仪器厂、华伟电子设备厂等，化学工业有四川染料厂、西南合成制药厂、长江橡胶厂、川庆化工厂、长风化工厂等，石油工业有一坪化工厂及川东天然气采掘工业等。"三线"建设壮大了重庆工业基地的实力，使重庆形成了以机械、冶金、化工为主体，轻、重工业并举，门类较齐全的工业生产体系。伴随一批国防工业企业的先后迁入，重庆工业空间布局得到调整，逐步形成各具特色的四大工业区：南坪电子仪器仪表工业区、巴南渔洞汽车及重型机械加工工业区、江北冉家坝精密机械电气仪表工业区及石桥铺科研区。现代重庆城市工业空间沿江分散式组团格局得以基本奠定并延续。这既是重庆地形限制的结果，也是重庆城市空间布局不同于巴蜀其他城市的独特之处。

成都的现代工业发展与重庆不同，由于成都深处中国内陆腹地的广阔平原，亦非近代开埠通商城市，受西方工业文明的冲击较弱，城市近代工业整体发展滞后、缓慢。至新中国成立前，成都仍然是一座以商业、金融、行政为主要功能的内陆消费型城市，工业以小手工业生产为主，规模较小，资金较少，技术落后，基础薄弱。1949年，全市工业总产值5494万元（按1952年不变价计算，下同）；有小手工业企业1.4万个，占全市工业企业总数的98.8%；小手工业从业人员4万多人，占全市工业从业人员总数的73.5%；机械化半机械化生产

---

① 重庆市地方志编纂委员会编纂：《重庆市志》第四卷（上），重庆出版社1999年版，第8页。

的工厂仅有一些规模很小的纺织厂、发电厂和以修理服务业为主的机械厂、汽车修配厂、农副产品加工厂、砖瓦厂等。成都不仅没有重工业产业，就连匹头百货和许多生活日用品都需外地供应。从产业结构看，工业占21%（其中手工业占13%），商业占79%[①]。从城市空间结构看，工业空间所占比重甚小，主要在城市郊区有小片相对集中的工业区。

新中国成立后，成都成为国家重点投资发展现代工业的城市之一，"一五"计划的实施，开启了成都现代工业发展的大门。"一五"期间，全国156项重点工程项目中，即有132厂、420厂、成都量具刃具厂、成都宏明无线电器材厂、成都电讯工程学院等9个重点项目选址成都。成都毛巾床单厂、成都针织一厂、成都木材综合工厂、成都热电厂、成都红旗橡胶厂、成都配件厂、铁道部成都机车车辆厂等企业也在成都陆续建成投产，从而改变了近代成都现代工业落后的面貌，实现了成都现代工业空间的扩展，为其由消费城市向生产城市转型奠定了基础。从成都城东的水碾河向北延伸直到火车北站，成都形成了大面积的半月形工业区。

1964年至1966年，成都作为大后方被列为三线重点建设地区。到1966年，由上海、南京、无锡、天津、杭州等城市支援部分技术力量和设备，内迁援建了四川齿轮厂、成都配件厂、宁江机床厂、锦江油泵油嘴厂、岷江齿轮厂、渝江机械厂、成都电焊机厂、成都标准件一厂、成都标准件三厂、四川链条厂、西南电工厂、红旗仪表厂、东方红机城厂、成都轴承厂和成都工具研究所、成都电焊机研究所等现代工业企业[②]。"一五"等五年计划和三线建设的相继实施，为成都现代工业的发展创造了契机，成都一跃而成为西部地区重要的工业基地，工业空间在城市整体空间布局中所占比率得到很大的提升。成都的工业空间布局与重庆的分散组团格局不同，带有较强的区域聚集性，工业项目大都集中于城市近郊，其中尤以东郊地区为工业建设之重。

与此同时，绵阳、乐山、南充、自贡、宜宾、泸州、万县等10余个城市也相继开始发展现代工业，城市空间形态出现新的变化。而位于金沙江之畔的渡口市也因三线建设而形成现代工矿城市。

---

① 成都市地方志编纂委员会编纂：《成都市志·计划志》，成都出版社1995年版，第54页。
② 成都市地方志编纂委员会编纂：《成都市志·机械工业志》，成都出版社1995年版，第6页。

二、现代城市规划与城市空间结构形态的调整

城市规划是市政当局关于城市的未来发展、城市的合理布局和管理各项资源、安排城市各项工程建设的综合部署，是城市各项建设工程设计和管理的依据。1952年9月，《中华人民共和国编制城市规划设计程序草案》出台，成为中国最早的一部城市规划编制方法。1956年7月，国家建委正式颁布《城市规划编制暂行办法》（以下简称《办法》）①。依据《办法》规定，城市规划应按三个阶段进行，即初步规划、总体规划、详细规划。其中，初步规划的主要内容包括确定城市性质；拟定近期和远期人口发展规模；选择城市发展用地，合理划分功能分区和拟定各项用地的经济技术指标。总体规划是在初步规划的基础上拟定的更为详尽的规划总图，是编制详细规划和各种专业设计的依据。详细规划则是在初步规划和总体规划圈定的基础上制定的，其主要任务在于对近期修建地区内的住宅、公共建筑和公用事业设施等进行合理布置，作为修建设计的依据。1980年，全国城市规划工作会议召开，颁布《城市规划条例》《城市规划编制审批暂行办法》和《城市规划定额指标暂行规定》。1990年4月，《中华人民共和国城市规划法》颁布实施。同年7月《城市规划编制办法》出台。

新中国成立后，在中央政策的宏观指导下，巴蜀各地城市政府因地制宜，相继制定本市规划方案，确立城市定位、经济发展远景及空间布局模式，以指导城市建设工作的有效开展。

（一）以重庆为代表的分散组团式空间格局的形成

新中国成立后，重庆市城市建设委员会组织编制了第一个城市规划《重庆城市初步规划》。该规划承续了"大分散、小集中、梅花点状"的城市用地布局原则，强调将工业在更大范围内分散，规划了市中区、大杨（大坪）区、大渡口区等9个片区，在外围规划了北碚、歇马、西彭和南桐4个卫星城。

1983年，重庆市规划局编制《重庆市城市总体规划（1983—2000）》，经国务院批准实施。规划明确了重庆的城市性质为"长江上游的经济中心"，城市发展的方向突破两江屏障，开始向北、向南发展，重庆多中心、组团式的城市空间布局形态正式确立。

1996年，在1983年编制的《重庆市城市总体规划》和1990年的调整规划的

---

① 国家建设委员会：《城市规划编制暂行办法》，1956年。

基础之上，修编《重庆市城市总体规划（1996—2020）》。规划将重庆定位为西南和长江上游重要的中心城市，全国重要的工业基地、交通枢纽和贸易口岸。规划将重庆建成西南地区和长江上游的经济中心和科技、文化、教育事业的中心，形成"三中心"（金融中心、商贸中心、科技信息文化中心）、"两枢纽"（交通枢纽、通信枢纽）、"一基地"（高新技术产业基地）的格局。开拓新的城市发展空间是此次规划的重点之一。这一规划进一步确立了重庆多中心分散组团式格局，将城市的发展空间划分为三个层次。

1. 主城区

主城区东起铜锣山，西至中梁山，北起井口、人和、唐家沱，南至小南海、钓鱼嘴、道角之间约600平方公里的地区。

主城区是重庆城市的主体，其用地结构分为三片区、十二组团。以渝中组团为市中心，分别在北部片区的观音桥（含新牌坊），南部片区的南坪，西部片区的沙坪坝和大杨石（大坪、杨家坪、石桥铺）设立四个城市副中心，集中布置市一级的商贸、娱乐、办公、科技、文化、教育设施。

嘉陵江以北为北部片区，包括大石坝、观音桥、唐家沱三个组团；长江以东为南部片区，包括弹子石、南坪、李家沱三个组团；嘉陵江以南、长江以西为西部片区，包括渝中、大杨石、大渡口、中梁山、沙坪坝、双碑六个组团。

十二个组团有着各自不同的功能划分：

（1）渝中组团：全市的政治、金融、商贸中心和水陆客运交通枢纽。

（2）观音桥组团：嘉陵江以北，人和以南，鸿恩寺、红岩水库以东，被绿化和江水环抱的大片地区，包括观音桥、龙溪镇、龙头寺、江北城，主要发展金融、贸易、信息产业；另规划新牌坊地区为全市远期中央商务区（CBD），龙头寺地区为对外交通枢纽。

（3）大石坝组团：主要发展金融、贸易、文化等第三产业，规划为全市高新技术孵化区和行政办公区。

（4）南坪组团：主要发展科技、金融、文化、商贸和旅游等第三产业以及对大气与水体无污染的技术密集型工业。

（5）弹子石组团：主要发展对大气无污染的加工工业。

（6）李家沱组团：主要发展机械和轻纺工业。

（7）双碑组团：重庆市重要的机械、冶金工业区。

（8）沙坪坝组团：重庆市的科技、文化中心。

（9）大杨石组团：重庆市体育中心、高新技术产业开发区和机械工业集中地区。

（10）大渡口组团：重庆市以冶金、建材工业为主的重要工业区和西南建材批发市场所在地。

（11）中梁山组团：重庆市重要的工业区和仓储区。

（12）唐家沱组团：重庆市主要港区，重点发展对大气无污染的以修造船为主的加工工业。

各组团与组团之间，以河流、绿化带和山体相分隔，共同组成既相对独立，又彼此联系的城市空间布局有机整体。

重庆"多中心、组团式"的布局结构具有相当的科学性，因而在发展过程中得到进一步的巩固与调整。

2. 都市圈

都市圈即重庆都市圈，也是城市规划区范围，是未来重庆城市发展的重点区域。

重庆都市圈由主城区及十一个外围组团组成，东起迎龙、南彭，西至缙云山、白市驿，北起北碚、两路、鱼嘴，南至西彭、一品，面积约2500平方公里。

外围组团是与主城密切联系的独立新城，是主城用地结构的延伸和发展。外围组团包括铜锣山以东的鱼嘴、长生、界石、一品四个组团，中梁山以西的北碚、西永、白市驿、西彭四个组团，主城以北的两路、蔡家两个组团和主城以南的鱼洞组团。其中，北碚组团，以仪器仪表、机械电子工业为主，集商贸、旅游为一体，是北碚区的政治、经济、文化中心；鱼洞组团，以汽车工业为主导的工业城为主，是巴南区的政治、经济、科技文化中心；两路组团，重庆市的空港所在地，是集商贸、旅游为一体的花园城，亦即渝北区的政治、经济、文化中心；西彭组团，我国铝加工生产基地，都市圈西南部的交通枢纽，以发展大型工业为主；鱼嘴组团，以石油天然气化工为主的工业区；西永组团，都市圈西部交通枢纽，以发展低耗水轻污染工业、大型市场和仓库为主；长生组团，一部分规划为重庆经济技术开发区的发展区，同时发展农副产品加工业、农产品及工业品市场；蔡家组团，以发展无污染的轻工业、机械电子工业、旅游产品加工业和大型批发市场为主；白市驿组团，以发展食品工业、农副产品加工业及大型市场为主；界石组团，以发展无污染工业和第三产业为主；一品组团，都市圈南部入口，以发展无污染工业、农副产品加工业及市场为主。

3. 市域

市域即重庆直辖市行政辖区范围内8.23万平方公里的区域，包括广大农村和数量甚多的小城镇。

《重庆市城市总体规划（1996—2020）》的实施最终确立了重庆以产业布局为依据，能源、交通、原材料和旅游开发为动力，主要交通干线为发展轴，以都市圈为核心，以万州、涪陵、黔江等地区中心城市为增长极的"一心多极网络式"城市空间结构体系。

（二）以成都为代表的从单中心圈层式空间发展模式向多中心扇叶式空间发展模式转型

中国城市在古代大多是单中心发展模式，近代以来，由于人口的增加和经济的发展，城市空间开始向单中心圈层式演变。20世纪50年代，成都编制了第一个城市发展总体规划。该规划基本沿用苏联模式，强调形式，追求气势，确定了城市核心放射加圈层的基本格局。同时，强调功能分区，围绕着第一个五年计划，重点突出了工业的布局，划定东郊为城市工业区，从而奠定了成都东城生产、西城居住的基本格局。

1982年6月，成都市计委和市建委联合提出《成都市1982~1990年城市建设规划意见》，将干道建设作为成都城市建设的重点，以此带动其他建设，并做出"综合开发城市，控制城市规模"的战略部署，以城市建成区为基础，南郊、西郊在一环路以内，东郊、东北郊在二环路以内，作为近期城市生活居住配套建设用地，严格控制，不得突破。同时，有计划地加快旧城改造，改变过去遍地开花、分散建设的状况。这一规划对成都市城市建设和城市空间规划布局起到了较大的促进作用，但由于采取单一中心加圈层的发展模式，故而城市建成区则自然沿一、二环路内外层摊大饼式发展，最终形成了"环状+放射形"的城市路网格局及单中心加圈层式的城市空间结构模式。此种空间发展模式有其优点，即城市空间属紧凑型，相对来说较为节约土地；但另一方面由于过于紧凑，对城市中心区构成巨大压力，带来了交通、住房、环境污染等若干问题。

1994年，成都市编制了《成都市总体规划（1994~2020）》，并得到国务院批准。成都城市的性质定位为四川省省会，全省的政治、经济和文化中心，我国西南地区的科技中心、金融中心和商贸中心以及交通和通信枢纽，重要的旅游中心城市，国家级历史文化名城。该总体规划对成都市区域发展、城市结构、功能布局、城市发展方向、城市发展形态等做了相应的调整和部署。

一是区域发展。该规划拟形成以成都市中心城区为核心，中小城市为主体，小城镇为基础的城市群，按照中心城、都市区和远郊区三个层次的城镇体系发展战略，实行区域分工，按城乡一体化的指导思想，实现城乡环境、经济、基础设施和政策的一体化。建设七个卫星城、三个开发区、四大产业发展基地，逐步形成由中心城区—卫星城—县（市）域中心城镇—中心镇——般建制镇构成的城镇体系。

二是城市结构。为使城市交通分布更加合理，有效控制平均出行距离，减少总交通量，城市结构逐步由单中心城市向多中心城市发展，形成一个市级中心、两个市级副中心、二十个大区中心和若干居住区级中心组成的城市结构。为促进和引导城市向东向南发展，规划的城市副中心分别设置在城市的东部和南部。

三是功能布局。按三个圈层进行城市总体功能的战略分区：一环路以内为中心区，主要发展金融、商贸和公共中心区等功能；一环路至三环路为主城区，主要发展生活、科研、文教和办公区等功能；三环路至外环路为环城区，主要发展生活、工业等功能和建设城市生态区。

四是城市发展方向。为保护成都平原优质耕地和市区的环境质量，城区将重点向东部和南部发展，形成东部机械工业发展走廊和南部的高新技术产业发展区。

五是城市发展形态。总体规划放弃修环路而形成的圈层式摊大饼扩张模式，提出了走廊式发展，南北展开，扇叶式布局，多中心结构，功能混合化，在核心区发展中央商务区，行政功能区外迁，居住向新城聚集的城市新格局。

1994年，成都市所编制的《成都市总体规划（1995~2020）》与1982年编制的规划相比，在城市空间布局设置上有两大变化：

第一，城市结构开始由单中心向多中心过渡。人口的膨胀，经济的发展，城市规模的扩大，使得传统单中心块聚式的布局形态不再适应城市发展的需求，而单纯地依赖城市向外层摊大饼式的扩展已无法有效地解决城市发展中产生的人口过密、交通拥挤、环境恶化等一系列问题。城市结构由单中心向多中心城市过渡成为当代城市发展的必然趋势。作为城市内部空间形态的节点，城市中心往往能对周边地区产生较强的吸引力和凝聚力，吸纳人口、物资等资源的向心聚集。因此，多中心的建立发展在一定程度上能疏解中心城市人口，较好地缓解和消除由于高度聚集对中心城区造成的各种城市问题，从而带动中心周边地区的发展，实现城市区域发展的相对平衡。

第二，城市布局形态由"圈层式"向"扇叶式"转变。成都市在1996年编制的城市总体规划中明确提出中心城的布局形态应逐步由密集的"圈层式"发展转变为疏密结合的"扇叶式"，将城市东、南地区定位为城市发展的主导方向，严格控制扇叶之间的生态绿地，以确保城市通风口的形成。

2003年8月，成都市规划设计研究院编制了《成都市城市总体规划（2003—2020）》，确定了主城区用地布局规划。

建设用地发展方向上，近中期空间拓展以向东、向南方向为主，远期和远景以向南、向北方向为主。

空间发展策略上，构建两轴，西控分进，南北展开，重心东移，中心疏散，突出主城区整体发展效益，按各组团不同功能建设开发模式，远期逐步形成南北带状组团式布局结构。

空间布局形态上，逐步改善"环状+放射形"布局形态，突出双轴线发展定位，形成南北展开的带状布局形态，南北轴线重点发展，东西轴线辅助发展。

空间布局结构上，构建"一主两次多核"的多中心城市空间结构。"一主"，即以城市中心区为核心地位，构建南北、东西两条十字交叉轴线，集中布置城市公共设施，形成新的城市中心区。"两次"，即位于主城区南、北两个发展方向的华阳双流、新都—青白江组团作为城市的主要发展区域，构建华阳和新都两个综合性次中心区。该区域是成都对外经济联系的主要方向，将是重要的制造业聚集区，并承担区域物流、专业服务、交通枢纽和居住等职能。近中期重点建设华阳次中心区，远期重点建设新都次中心区。"多核"，即除华阳、新都—青白江以外的其他周边组团将成为重要的城市功能增长核，起到不同职能的分中心作用。

根据总体规划，在用地布局方面，成都市将以中心城（外环路以内）为核心，沿放射道路走廊式轴向发展；同时，通过新都—青白江、龙泉驿、华阳、双流、温江、郫县六个城市组团的打造，成都城市空间规划布局逐步向"分散组团式"格局转变，城市发展重点转向南、北、东三个方向。

三、巴蜀城市空间布局新形态

改革开放后，巴蜀地区城市空间布局呈现多元化的发展趋势。资源过度地向心聚集带来了环境恶化、交通拥挤等一系列城市弊病，仅仅依靠传统摊大饼式的圈层式空间发展模式已无法解决城市扩展过程中产生的诸多矛盾问题，城市空间结构开始向新的发展方向探索；在由单中心向多中心模式过渡的同时，出现了城市郊区化现象，甚至还产生了一种新型的城市空间形态——地下空间。

（一）城市郊区化发展趋势

进入20世纪80年代中后期以来，我国一些大城市先后进入了城市化过程中的郊区化阶段。城市郊区化，简称郊区化，是指由于城市中心区地租昂贵、人口稠密、交通拥挤、环境恶劣，因而形成巨大的推动力，促使城市中心区人口、产业外迁，出现相对中心区而言的城市离心化现象。城市郊区化是城市发展高级阶段的一种动力机制。从空间上看，它是城市化在地域空间上的延伸。在市场经济和制度革新的作用下，人口、工业、商业、服务业、办公业等城市要素先后从城市中心区向郊区迁移，通过城市空间的"置换"，实现城市由集聚型向扩散型发展。因此，归于本质，城市郊区化就是城市"集聚效应"和"扩散效应"的动态作用。

城市郊区化包括工业的郊区化、人口的郊区化、商业的郊区化及基础设施的郊区化四个方面。

20世纪80年代起，我国实行城市土地有偿使用制度改革，将土地的使用权和所有权分离；在使用权上，变无偿、无限期使用为有偿、有限期使用，对城市土地按照等级划分收取不同标准的使用费。土地使用制度的改革使繁华的城市中心成为城市内部土地费用最高之区段，其地价往往是近郊或远郊同类用地地价的多倍。高额的土地成本相应带来生产成本的提升，极大地减少了企业投资的有利机会。为了获取更大的利益，部分企业开始放弃原有区位，寻求新的节点。城市近郊、远郊地区以低廉地价、有利区位、广阔空间等优势产生巨大吸引力，吸纳现代工业资本投资的转移，工业郊迁现象出现。

产业结构的调整对城市工业郊区化也起了很大作用。随着经济发展，城市经营战略调整，一些大城市重新定位城市功能，进行了相应的产业结构调整[1]。

---

[1] 杨文、魏海涛：《城市郊区化研究》，《城市问题》2004年第3期。

一方面，客观上，工业的向心聚集会带来主城区环境污染这一严重城市弊病。出于城市环境保护的考虑，政府制定相关政策措施限令污染大的工业企业外迁。比如《成都市总体规划（1995-2020）》明确指出，由于成都生态环境的自然缺陷，政府决定控制工业用地的规模和布局，中心区以内的工业应全部迁出，主城区以内的工业鼓励迁出并控制就地发展，环城区以内适当发展一些无污染的高科技产业，在卫星城重点发展以四大支柱产业为主体的第二产业。

另一方面，政府对城市功能定位及产业布局的主观调控行为同样促进了工业的郊迁趋势。随着城市的快速发展，城市功能日趋复杂，城市空间布局出现许多新的变化。商业、贸易、金融、保险、写字楼等收益率较高的第三产业在主城区的聚集式发展相应带来城市功能分区的调整，城市中心区域开始被政府明确定位为商务发展区。

《成都市国民经济和社会发展第十个五年计划纲要草案》明确定位了成都城市的功能布局，按三个圈层对城市总体功能进行战略分区：一环路以内为中心区，主要发展金融、商贸和公共中心区等功能；一环路至三环路为主城区，主要发展生活、科研、文教和办公区等功能；三环路至外环路为环城区，主要发展生活、工业等功能和建设城市生态区。同时，"纲要草案"还指出要引导城市向东向南发展。外来投资项目优先向东、向南安排，逐步迁改中心城区内现有工业企业，在条件成熟时考虑中心城区行政功能东移和南移。中心城区工业企业外迁以政策形式得以正式确立。

在政府相关政策的指引带动下，大批位于城市中心区域的工业企业先后向城市边缘区迁移。政府创办工业园区，将迁移的企业聚集在郊区，并通过工业园区的开发与规划，引导企业集中布局以获取集聚经济效益，形成聚集经济和规模经济。在这一背景下，一些新型的工业开发区在城市外围迅速崛起并形成规模。

例如，重庆大城市圈内的工业园区主要包括北部新区、经济技术开发区、高新技术产业开发区、长寿化工园、西永微电子工业园等。其中，成立于2001年的北部新区是重庆市政府开发的重点工业园区，重庆经济技术开发区、重庆高新技术产业开发区的置换区和重庆出口加工区都设在北部新区内。

北部新区位于重庆主城区，南临渝中半岛，北靠江北国际空港区，西接嘉陵江，与高等院校、科研院所密集的沙坪坝区、北碚区数桥相连，东依长江寸滩港区，由人和、大竹林、礼嘉、黄茅坪、翠云、鸳鸯、金山七个组团构成。

优越的地理位置和发达便捷的交通条件，赋予北部新区明显的区位优势。据初步统计，2003年，北部新区（大口径）完成工业总产值426亿元；北部新区（小口径）完成工业总产值39.4亿元，比上年增长2.3倍。历年累计引进项目总计已达到122个，合同投资总额269亿元①。北部新区的开辟将重庆经济开发区总面积由原来的9.6平方公里拓展到了93平方公里，从而形成了一区多园、南北呼应的发展新格局。

新型工业园区的开发与规划，形成聚集经济和规模经济，为城市工业带来质的提升，工业经济总量、质量、效益也同步提高。各式工业园区日渐成为城市新的经济增长极。

高新技术产业开发区是新型工业园区的核心构成部分，20世纪80年代中期开始在北京、深圳试办，其后逐渐在全国部分重点城市中推广。所谓高新技术产业，简单地说，就是把人类已掌握的高技术应用于制造业中而涌现出来的新产业。其本质特征是具有高度密集的知识、技术或高度密集的研究与开发②。研究开发、生产制造和各种服务是高新技术产业的三大主要经济活动。其中，研究开发是最核心的产业活动，生产制造是高新技术产业形成规模效益的重要途径，服务活动是研究开发和生产制造不可或缺的重要辅助。

1988年，成都高新技术产业开发区建立。在其带动下，成都市高新技术企业获得了快速发展。至1998年，10年间成都高新技术企业的数量已达317家，其中中国科学院成都地奥制药公司、华西医科大学制药厂、成都华神高科技股份有限公司、四川鼎天微电有限公司、成都高科技发展股份有限公司等被国家认定为"全国重点高新技术企业"。全市高新技术企业产品的产值占工业总产值的比例，由1990年的8.5%增加到1998年的12%，达到136亿元③。

高新技术产业开发区这一崭新空间，现已成为城市经济发展的重要增长极，也推动了城市制造业质的发展。

（二）城市空间新形态——地下空间的开发及发展

地下空间，顾名思义，是指位于地表之下的一种空间形态。在当代城市发

---

① 重庆北部新区管理委员会：《重庆北部新区开发建设情况》，2003年12月。
② 何一民主编：《变革与发展——中国内陆城市成都现代化研究》，四川大学出版社2002年版，第1140页。
③ 何一民主编：《变革与发展——中国内陆城市成都现代化研究》，四川大学出版社2002年版，第1142页。

展的理念框架中，地下空间通常是指经人工开发形成的空间。城市地下空间是当代城市发展进程中衍生出来的新型形态，是各种城市矛盾综合作用的产物。从功能上看，地下空间是城市功能向地下的延伸和拓展。

城市的本质就是聚集，随着城市的发展，要求人口和各种经济要素在空间上不断地聚集。在一定的条件下，城市经济聚集程度越高，其进一步吸引资本和集聚社会财富的能力越强，城市的自我发展能力也越强，因此城市自我发展的过程也就是一个资源不断向中心集聚累积的过程。然而，城市可利用发展空间是有限的，当这种磁力聚集效应扩大到并超过一定规模的时候，资源的集聚必然与城市的容量发生尖锐的碰撞。人口的快速膨胀，带来城市空间的拥挤、住房紧张、交通拥挤、停车设施不足等弊病，城市建筑、交通、环境容量日渐呈现超饱和状态。传统意义上的水平拓展已无法从根本上解决这一矛盾，出于寻求新空间的迫切需要，城市空间布局开始转为三维的延伸，除了建设越来越高的摩天大楼外，向地下寻找人类生存的空间已经成为一种新的趋势。

现阶段，我国城市的地下空间布局形态大致包括以下三种：地下交通空间、地下商业空间和地下基础设施空间。巴蜀城市地下空间的开发利用以成都和重庆为代表进行介绍。

成都城市地下空间的开发主要集中于地下交通的规划建设。交通问题是阻碍当代成都城市发展的一个重要因素。成都市私家车拥有量位居全国第三，2010年成都的汽车已经超过200万辆，并且每天还在以1000辆的速度递增。虽然市政府一再对现有城市道路进行拓宽和改造，但依旧无法满足道路交通需求。交通方式向地下扩展，修筑地铁成为成都市区解决道路交通问题的有效途径之一。2005年，成都地铁1号、2号线建设规划获国务院批准开工建设。1号线呈南北走向，1期工程北起升仙湖，南至世纪城，设车站17座，线路总长18.5公里；2号线呈东西走向，1期工程东起成都行政学院，西至茶店子客运站，设车站20座，线路长23公里。2010年，成都地铁3号线、4号线全面开工。按规划成都的快速轨道交通网由7条线路组成，线路总长度274.15公里，其中地下线长度144.24公里。快速轨道交通网建成后，大大缓解了成都的交通紧张状况。

重庆是巴蜀地区地下空间开发建设最早也最为完善的一个城市。由于山地地形的限制，重庆可用地面积相对狭小，立体式的空间发展成为城市扩展的一大重要途径。重庆市地下空间开发利用主要有以下几类：第一，地下交通设施，包括兴建的轻轨之地下部分（包括地下隧道和地下车站），多处道路隧道、铁路隧道和各种形式的人行地下过街通道、地下停车场等。第二，地下市政设施，包括给水、排水设施，地下变电站，以及电力、电气、通信、燃气管线等。第三，地下商业及文化娱乐设施，包括地下商场、地下商业街、地下餐饮、地下娱乐城、各类地下综合体等。开发形态综合多样，尤以地下商业和地下交通的开发为重点和主要形式。

2005年，《重庆市人民政府关于主城区地下空间总体规划及重点片区控制规划的批复》对主城区地下空间的扩展内容作了规定与划分。规定主城区可用地下空间资源内容主要：包括广场、绿地、山体、公园、城市道路、体育场等公共设施用地的下部空间；建筑物地下室、非文物古迹与重要保护建筑的下部空间；地下轨道交通线、地下轨道交通站点和地下人防工程设施。主城区地下空间利用分为两个层次：主城核心区和外围组团。主城核心区的地下空间利用采取网络节点式的开发模式，形成以轨道交通线为发展轴，轨道站点为生长点，多层次地下空间立体开发利用体系。外围组团的地下空间开发采取聚集点式的开发模式，重点开发利用各组团中心的地下空间。解放碑片区、江北城片区、江北观音桥片区、杨家坪中心区、沙坪坝中心区、南坪中心区地下空间开发利用的功能为综合性商业与商务中心；两路口片区、大坪中心区、石桥铺中心区、龙头寺客运站片区地下空间开发利用的功能主要以结合交通枢纽功能的综合开发为主；冉家坝中心区地下空间的开发利用的功能以大型居住区地下配套设施为主。

四、成渝城市群的构建

随着工业化与城市化进程的加速，尤其是20世纪90年代以来经济全球化与区域化一体化的不断深入，城市空间不断向更深更广层面拓展，城市群作为区域城市空间布局发展的新型趋势得以蓬勃兴起。《中华人民共和国国民经济和社会发展第十一个五年规划纲要》明确提出："把城市群作为推进城镇化的主体形态，逐步形成以沿海及京广京哈线为纵轴，长江及陇海线为横轴，若干城市群为主体，其他城市和小城镇点状分布，永久耕地和生态功能区相间隔，高效协调可持续的城镇化空间格局。"[①]城市群是一定地域空间内区域经济活动的组织形式，是特定地域内一定数量、不同类型的城市，以一个或数个特大城

---

① 《中华人民共和国国民经济和社会发展第十一个五年规划纲要》，人民网2006年3月17日。

市为核心,通过交通、信息网络连接城市之间、城市与经济腹地之间密切的政治、经济、文化、社会交流,形成城市之间的分工和互动,推动区域整体的发展,共同构成一个相对完整的城市"集合体",这种集合体可称之为城市群。

芒福德曾说过:"对话是城市生活的最高表现形式之一,是长久的青藤上的一朵花……城市发展的一个关键因素在于社交圈子的扩大,以至最终使所有人都能参加对话。不止一座历史名城在一次决定其全部生活经验的对话中达到了自己发展的极顶。"[1]当然,在城市的发展中,对话不仅仅只限于生活这一小小侧面;在信息化高速发展的今天,城市间的经济对话,城市商贸活动的交流与合作,在城市发展中起着越来越重要的作用。

在经济全球化和区域经济一体化加快发展的背景下,中国东部地区的珠三角、长三角、环渤海等城市群已有相当发展,中部地区的武汉、中原、长株潭等城市群迅速成长,西部地区的川渝、关中、环北部湾等城市群处于亟须培育与整合的关键时期,作为巨大经济产出的城市群的培育和发展越来越受到高度重视。因此在21世纪西部大开发的背景下,加快川渝城市群的构建,形成以成都和重庆两大城市为核心的川渝城市群是区域发展的必然趋势。1949年新中国成立之初,四川省仅有重庆、成都、自贡3个建制市,1951年增加至7个建制市,而其余非建制的城市受到行政地位的制约,发展相对缓慢。1976年,四川省的建制市增加至10个,25年间仅增加了3个建制城市,无论是建制城市还是非建制城市之间,都缺乏有机的联系,经济分工也不明确,从而出现产业雷同化倾向。

1978年改革开放以来,四川省委、省政府高度重视发展城市。到1985年末,四川的建制城市增加到16个。1994年,四川的建制城市更达27个。1997年重庆成为直辖市后,四川的建制城市数量有所减少。但在经过短期的调整后,四川的建制城市数量又迅速增加,2004年有建制城市32个。由于历史的原因,以及在工业化和城市化发展初期大城市优先发展规律的作用下,改革开放以来,四川的省会成都发展十分迅速,因而产生了巨大的聚集效应,出现四川其他中小城市的资金、人才、项目向成都聚集的特殊现象。四川体系呈现首位型城市体系和中心—边缘的特征。在首位城市成都与第二位城市之间缺乏特大城

---

[1] [美]刘易斯·芒福德:《城市发展史——起源、演变和前景》,宋俊岭等译,中国建筑工业出版社1985年版,第88~89页。

市和大城市连接，从而出现断层，导致城市规模等级序列不完整；另外，长期的计划经济所形成的条块分割和行政区划管理体制，也使各级城市之间难以形成分工合作机制，从而影响到城市体系整体功能的发挥。因此，改革开放以来，四川省委、省政府在加快推进城市化进程的同时，根据四川城市的区位条件和经济发展水平，制定了新的《四川城市体系规划》，确立了四川城市发展战略。

重庆成为直辖市后，出现了大城市带大农村的新发展格局，城市快速发展，经济实力有很大增强。但由于多种原因，重庆在参与国内竞争和世界竞争中仍然表现为实力不够，核心竞争力不强。加强重庆与四川的合作，构建成渝经济区和川渝城市群成为新世纪西部大开发的一项重大战略。

川渝城市群是由成都城市群、重庆城市群、川南城市群和川东城市群共同构成。川渝城市群以重庆、成都两个中心城市为依托，包括自贡市、德阳市、泸州市、绵阳市、内江市、遂宁市、乐山市、眉山市、南充市、宜宾市、雅安市、广安市、资阳市等四川的14个地级市和渝西经济走廊等县市，平均每万平方公里有8.8个市县。主要城市沿着宝成、成昆铁路（或成绵、成乐高速，108国道），襄渝、川黔铁路（或210国道），成渝铁路（高速公路），成南、渝遂高速公路分布，形成"H"形城市空间布局。2005年，成渝城市群总面积为18.3万平方公里，人口8922.98万人，生产总值8917.55亿元，占川渝两省市土地面积的32.25%，总人口的78%，生产总值的85.29%；同时分别占了西部土地总面积的2.66%，西部总人口的24.80%和生产总值的26.62%。成渝城市群形成了以成都和重庆都市区为特大城市，绵阳、自贡、南充为大城市，德阳、涪陵等13个中等城市的规模结构。重庆市是全国四大直辖市之一，自1997年成为中央直辖市后，城市规模迅速扩大，经济实力不断增强，其对周边的辐射力也在增强。成都是四川省的省会城市，城市发展也很快。成、渝之间在经济上具有很强的互补性，成都在科技、金融、商贸、文化教育方面优势明显，对成都平原地区的中小城市起着重要的辐射与带动作用。重庆制造业基础雄厚，工业水平较高，又是西南交通枢纽和贸易口岸。因而成都和重庆相结合，继续完善城市之间的交通体系建设，加大核心城市的辐射效应，使城市群的一体化程度进一步提高，从而构建以成、渝为双中心的城市群，将会使川渝地区具有更大的优势。

在我国西部12个省区中，成渝经济区（城市群）占有明显的优势。由于它位于中国西部的核心地区，具有连接西北、西南和通海达江的优越条件，构成了国家的战略后方基地。在产业结构上，全国能源基地、重型装备制造基地、国防科技工业基地的地位十分明显，近年来以IT产业为先导的高新技术产业、特色农副产品加工业发展迅速，长江上游生态屏障的作用越来越重要。有研究者在《成渝经济区发展思路研究报告》中提出：成渝经济区具有与长三角、珠三角、京津冀等经济区不同的区域特点和不同的经济结构特色，它在全国的区域分工和空间布局中完全可以扮演"五个基地、一个屏障"（国家的能源基地、重型装备制造基地、国防科技工业基地、以IT产业为先导的高新技术产业基地、特色农副产品加工基地和长江上游生态屏障）和带动西部发展的重要角色。

改革开放以来，成都市是国务院确定的中国西南地区的科技中心、商贸中心、金融中心、交通和通信枢纽。成都市先后被评为"中国最佳商务城市""中国最具经济活力城市""国家环境保护模范城市"和"中国最佳旅游城市"，被世界银行评为"中国内陆投资环境的标杆城市"，获得联合国人居奖和国际舍斯河流奖，被国务院办公厅批准为"中国服务外包示范城市"，被国家确定为全国统筹城乡综合配套改革试验区。重庆市是中国西部最具投资潜力的特大城市，地处长江上游经济带核心地区，是中国东西接合部，是中国政府实行西部大开发的重点开发地区；是中国西部唯一集水陆空运输方式为一体的交通枢纽，横贯中国大陆东西和纵穿南北的几条铁路干线、高速公路干线在重庆交汇，3000吨级船队可由长江溯江至重庆港，重庆江北国际机场是国家重点发展的干线机场；是中国西部电网的负荷中心之一，煤炭、天然气产量大，能源供应的保障程度高；工业基础雄厚，门类齐全，综合配套能力强，科技教育力量雄厚，人才相对聚集。川渝城市群的构建，不仅可以提升川渝的核心竞争力，也将成为中国新的经济增长极，成为我国重型机械制造、电站设备制造、军用飞机设计制造、电子信息科研和设备制造、汽车制造、水能资源开发、天然气资源开发、天然气化工、核工业和其他军事工业的基地。

改革开放以来，川渝城市群内的各大中小城市之间的基础设施较为完善，初步形成了公路、铁路、航空、水运等立体交通网络体系和综合交通走廊，为经济发展、社会的进步和生态环境的保护提供了基础设施保障，其直接辐射的人口总量在1.1亿人以上。川渝城市群内有各类高校40余所，占西南地区的1/3，为该地的科技创新奠定了基础。

改革开放以来，川渝城市群经过相关方面的培育和整合，经过社会各界多年的努力，逐渐从学术界的研究倡导转变为两省市的实际行动。从"十一五"规划起，川渝城市群的构建将从区域合作层面上升到国家战略层面。1999年9月，中共十五届四中全会正式提出西部大开发战略。这一战略的实施，为成渝两市、川渝两地提出了密切合作的更高要求。2000年10月，《中华人民共和国国民经济和社会发展第十个五年计划纲要》将实施西部大开发、促进地区协调发展作为一项战略任务，提出发挥中心城市作用，以线串点，以点带面，实施西陇海兰新经济带、长江上游经济带和南贵昆经济区的空间开发战略。四川、重庆在长江上游经济带开发的主体地位得以确定[①]。2001年，川渝签订《重庆—成都经济合作会谈纪要》，提出打造"成渝经济走廊"。2005年10月，中共十六届五中全会审议通过的《中共中央关于制定国民经济和社会发展第十一个五年规划的建议》将成渝经济区纳入国家"十一五"前期规划的重点发展区域，明确提出促进区域协调发展。这为成渝两市的发展提供了一个历史性的机遇[②]。2004年2月，四川省和重庆市在成都签署了《关于加强川渝经济社会领域合作共谋长江上游经济区发展的框架协议》和交通、农业、公安、旅游、文化、广播电视等六方面的具体协议，标志着整个川渝经济区建设在中国西部大开发背景下进入了一个新的历史阶段。国家"十一五"规划的制定，以及川渝两地框架协议及具体协议的签订，把川渝合作推向近十年来的高潮，也标志着培育建设川渝城市群已从学术界的研究、国家发展和改革委员会的倡导，转化为两省市的实际行动。川渝合作正不断向更深层次、更广领域发展。

构建川渝城市群是一项重大的民心工程、民生工程，它将解决人民群众关心的三大民生问题：一是从生存的角度，解决了川渝不同区域的人民待遇需要平等的问题；二是从发展的角度，解决了川渝人民生产需要发展动力的问题；三是从享受生活的角度，解决了川渝人民生活质量需要进一步提高的问题。川渝城市群的构建有利于带动成渝周边城市群落发展，成都和重庆作为川渝城市群的核心城市，其互动发展的意义是多方面的。川渝城市群通过资源整合和若干年的建设，将成为中国一个新的增长极，带动周边各地的经济发展，在整个国家的战略中具有特别重大的意义。

川渝城市群的构建有利于辐射和带动整个西部经济发展。从区位看，川渝城

---

① 赵曦等：《川渝经济协作建设研究》，中国社会出版社2005年版。
② 戴宾：《成渝经济区：成都、重庆共同发展的历史契机》，《学术动态》2004年第1期。

市群位于西陇海兰新经济带、南贵昆经济区之间,连通川藏、西北、西南通道,在今后进一步通达的立体快速交通条件下,成渝经济区和川渝城市群完全能够在西部大开发中,发挥承南接北、通东达西,带动整个西部发展的重要作用。

构建川渝城市群是一项复杂的系统工程,同时也面临着一些突出的问题,如成都和重庆两大核心城市的产业结构趋同现象较突出。川渝经济区的同质性特征,主要是指该经济区标志性城市成都和重庆在经济结构上基本相似,发展的水平大体相当,面临的问题和困难大致相同,承担的任务和使命接近,发展的思路近似或雷同。有学者对成都市和重庆市1995到2005年期间的工业结构相似性进行了研究,结果发现,两市的产业结构相似系数高达0.8[1]。同质性特征突出的经济区,其内部天生具有不融洽和相互排斥的属性。因为这两个城市如此相似,所以造成两城市对各种资源的需求基本相同,产品市场相同,投资项目相同,从而使两大城市之间的竞争加剧,相互排斥的现象时有发生。尽管近几年川渝合作取得了一些成就,但"双方的合作面窄、合作规模小、合作层次低等问题,依然不可回避"[2]。

生态环境建设是西部大开发的一项根本性任务。川渝城市群应在发展经济的同时,十分重视区域生态环境建设和城市环境综合治理。在确保长江上游生态屏障和三峡库区水环境质量的基础上,加快川渝地区工业化和城市化进程。因此,川渝城市群要实行区域合作,实现区域经济一体化发展;要进一步加强生态环境保护合作,大力发展循环经济,建设循环经济园区,促进各项规划的衔接和各重点项目的合理布局。建立合理的城镇体系规模结构,形成大中小城镇协调发展的新型城市化战略。

川渝城市群在历史上已经形成了以成都、重庆两个特大城市为核心的"双核椭圆形"成渝城市圈。成渝城市圈位于横贯中国东中西部的经济横轴长江沿线经济带的尾端,进一步打造成渝城市群对于平衡东西部发展,合理布局区域空间结构具有重要意义。此外,在成渝城市圈的影响下,城市空间布局发展更加趋于开放性、包容性。建成后的成渝城市圈必将形成一个巨大的增长极,通过强大的辐射效应拉动巴蜀地区乃至西部地区城市经济的繁荣发展。

川渝城市群除了成渝两个特大城市外,缺少50万~100万人口的大城市。近

---

[1] 王骏、邹海红:《川渝经济区的特殊性、复杂性及其构建思路》,《探索》2008年第6期。
[2] 何忠平:《川渝合作十年:背靠背还是脸对脸》,《金融界》2006年第11期。

年来四川的绵阳市、南充市和重庆的涪陵、万州等城市都有较大的发展，但还不能满足川渝城市群发展的需要。因此，加快绵阳、南充、广元、攀枝花、乐山、自贡、宜宾、泸州、涪陵、万县等城市的发展，大力推进城市产业结构的调整与改造，推进工业化进程，促进城市的全面快速发展，促进这些城市产业的扩张与升级，形成具有较强聚集和辐射功能的次中心城市。加快特大城市与各大中小城市之间的交通、通信建设，形成快速、便捷的交通网络。加强交通通信等基础设施建设是西部大开发的首要任务。川渝地区当前一个重要的任务就是要加快地区性城市之间、各中等城市与特大城市之间的交通干线建设，尽快形成区域性快速通道，特别是要加快川渝地区与周边省区之间的快速通道建设，加快港口、机场建设，尽快形成完善现代化的内河航运和空运体系，加大乡村公路建设的力度，实现城乡交通的对接。从"十五"计划到"十一五"计划，其间川渝地区已经建设了遂（宁）重（庆）怀（化）铁路线，该线路西起四川遂宁，经重庆东至湖南省的怀化，其建成对铁路沿线地区的经济发展，打通东西通道，都有重要意义。遂宁至重庆的高速公路、南充至重庆的高速公路已经建成。成都至攀枝花的高速公路已建设完成，从而打通了向南至云南的快速通道，这对于西南地区尤其是四川具有重要意义。在"十一五"规划末期，四川境内共有宝成、成渝、成昆、襄渝4条铁路。"十二五"期间，四川拟新建成都至兰州、成都至贵阳、成都至江油延伸至西安、成渝城际、川藏铁路等6条铁路，其中成都至西安、成都至贵阳均为高速铁路。6条新建铁路总里程约4900公里，总投资约3100亿元。根据规划，2008年至2012年，四川全省新增铁路1200公里以上。"十二五"规划末期，成都将成为中国西部一个重要的铁路交通枢纽，至周边省会城市贵阳、兰州、昆明、西安、武汉形成4小时交通圈，至京津冀、珠三角、长三角地区形成8小时交通圈。高速公路、高速铁路、高速信息网等现代化设施将根本上突破原有单一的行政等级的城市结构，建立起了新的市场联系体系和城市体系。城市体系从垂直体系走向网格化，缩短了城市之间的空间距离，更加密切了城市之间的联系，使得整个区域经济发展形成了不可分割的整体，因此"十二五"期间还需要进一步加快川渝地区特大中心城市与次级中心城市之间的区域基础设施建设。

第五章

巴蜀城市文化瑰宝——成渝历史文化

巴蜀地区是中华文明的发源地之一，巴蜀文化是中华文化的一个重要分支。巴文化与蜀文化在几千年的发展中，既是一个文化整体，也有所区别，并在发展过程中逐渐形成了以成都为中心的蜀文化亚文化圈和以重庆为中心的巴文化亚文化圈。蜀文化圈包括四川盆地西部及陕南、滇北一带，很早就形成了高度发达的城市文明。作为蜀文化圈中心的成都，是一座具有4500多年城市文明史、3000多年城市建成史的历史文化名城，自秦汉以来，就一直是西南地区的政治、经济、文化中心。成都不仅具有悠久的历史和重要的地位，更拥有独具特色的城市文化。巴文化最早源于湖北西南的清江流域，后来扩展至四川盆地东部及附近地区，西周时期逐渐形成了以现在重庆为中心的巴文化圈。以成都城市文化为中心的蜀文化和以重庆城市文化为中心的巴文化在历史发展的过程中，相互影响，相互激荡，相互融合，既有巴蜀文化的共性，也有各自独特的城市文化个性。

第一节　影响成渝城市历史文化的因素

城市历史文化是城市之魂，每一座城市都有属于自己的魂。因此，任何一个城市的文化特质都不是凭空创造的，而是经历了漫长的岁月逐步发展而成的。同时，城市历史文化又是地域文化的集中表现，可以说，城市在形成的过程中就打上了地域文化的烙印，演绎着自身独有的文化情境。而城市文化特质则是地域历史文化的积淀和凝结，是一个城市在特定的区域里经过漫长的积累所形成的。由此可见，城市文化的形成机制主要由自然地理环境因素、地域功能性因素和历时性因素等三大机制构成。

一、自然地理环境因素

地球上一切生命的演变都离不开自然地理环境。在特定的时期和条件下，不仅生命的发展程度依赖它，与生命相关的一切行为和现象，例如文化现象，也往往依赖它。从文化发生的角度来看，地域的因素是不可或缺的，特定的自然生存条件往往决定着一个独立文化体系的最根本的性质和特征,这是各具特色的多元文化形成的一个客观前提。因此,成都与重庆城市文化特质的形成在很大程度上受到它们所处的自然地理环境的影响。

(一)自然地理环境与成都历史文化

成都历史文化的形成深受自然地理环境因素的影响。在某种程度上,甚至可以说正是成都优越的自然地理条件和绚丽美艳的自然风光,造就了历史上成都璀璨的城市文化。

首先,在城址的选择上,成都占尽地利。一座城市,尤其是大城市,其城址的选择绝不是偶然的,而是由一定历史条件下,一定地域内多种地理因素综合作用的结果[①]。然而在众多的地理环境中,气候温和、雨量充沛、土壤肥沃、河流湖泊众多的平原地区恰好是自然环境最优越的所在,自然也就成为早期城市赖以兴起的地理基础。正如《管子·乘马》所说:"凡立国都,非于大山之下,必于广川之上。高毋近旱而水用足,下毋近水而沟防省。因天材,就地利。"虽然《管子·乘马》讲的是国都的选址,要求国都必须选择在大山之下、广川之上的大平原上,但对中国早期城市的选址来说却具有普遍意义。中国历史上几乎重要的城市都诞生于大平原上,这与中国城市建立在农业文明、农耕文化之上不无关系。从《史记·货殖列传》《汉书·地理志》和《汉书·货殖传》中以"都会"相称的11个城市,即邯郸(今邯郸市)、燕(今北京市)、临淄(今淄博市临淄区)、吴(今苏州市)、寿春(今寿县)、番禺(今广州市)、宛(今南阳市)、陶(今定陶西北)、睢阳(今商丘市睢阳区)、江陵(今荆州市江陵区纪南城)、合肥(今合肥市),再加上东周的国都洛阳和西汉的国都长安等13个中国早期最具代表性的城市的选址来看,它们有一个共同的特点——都位于中国著名的平原上。长安位于关中平原的中央,洛阳、邯郸、燕、临淄、陶、睢阳、宛、寿春都在华北大平原上,江陵、吴、合肥位于长江中下游平原,番禺则是位于华南沿海平原[②]。可以说,在农业时代,中国早期城市都是平原孕育起来的绚丽明珠。

成都也是平原孕育起来的一颗耀眼的明珠。成都城市坐落于我国西南最大的平原——成都平原(总面积达1.2万平方公里)的中部。其北部有高耸入云的

---

① 周介铭:《略论成都形成与发展的地理因素》,《四川师范大学学报》1988年第4期。
② 郭天祥:《地理环境与中国早期城市》,《陕西师范大学学报》(哲社版)2003年第4期。

秦岭、大巴山作天然屏障，冬季北方的寒冷气流不易长驱直入，气候温暖；夏季因太平洋、印度洋暖湿气流的影响，降水丰沛，形成这里温暖湿润的亚热带季风气候。因此，成都平原四季分明、土地肥沃的气候特点和地理条件最适宜农作物生长。

成都平原的水利资源十分丰富，主要表现在两方面：一是地表水资源丰富。成都平原不仅是四川盆地西部的多雨中心，而且从周围山地发源的如西河、南河、蒲阳河、绵远河、湔江、鸭子河、斜江、白沙河等大大小小几十条河流呈扇形汇集于成都平原。二是地下水资源也很丰沛。成都平原是堆积平原，土壤层堆积了丰富的松散沉积物，可以最大限度地储存水分，再加上地面来水的渗透，使其地下水资源相当丰富，且水位较高，便于开采利用。

尤为值得一提的是，位于岷江干流上的都江堰水利工程历经数千年仍发挥着巨大的作用，其灌溉网呈扇形展开在成都平原上，使成都成为都江堰灌区的主要受益带，农田可自由灌溉。因此，成都盛产稻米、丝麻、水果、茶叶、井盐等，物产尤为丰富。《华阳国志·蜀志》就曾记载："蜀沃野千里，号为'陆海'。旱则引水浸润，雨则堵塞水门，故记曰：水旱从人，不知饥馑，时无荒年，天下谓之'天府'也。"①《成都府志》也曾记载："成都有天地之生殖，有人事之生殖。大蓬雪岭青城瓦屋岷嶓环绕，周如城垣，而殖货业茂，此天地之生殖也。神禹导江，潴川李冰穿江疏渠令蛟蜃怖，藏卒开沃野千里之利，此人事之生殖也。天地之生殖资民之用，人事之生殖裕民之天。"②于是，优越的自然地理条件造就了成都"天府之国"的美名。正如《成都古今集》开宗明义就说："成都，蜀之都会，厥土沃腴，厥民阜繁，百姓浩丽，见谓天府。"③现代学者任乃强先生对成都优越的自然地理条件也是赞誉有加。他在《乡土史讲义》中指出："若以四川盆地与黄土之黄河平原相比，则无水亢旱之虞；与冲积之江浙平原比，则无卑湿之苦；与三熟之广东平原比，则无水潦之患；与肥沃之松辽平原比，则无霜雪之灾。"④在如此优越的自然地理环境中滋生出的城市历史文化，无疑如田园诗般宁静、优雅。

成都不仅自然地理环境优越，其自然风光亦美艳绝伦，且素来为世人

---

① （晋）常璩：《华阳国志》卷三《蜀志》，商务印书馆1927年版。
② 《天启新修成都府志》卷五《食货志》。
③ （宋）范百禄：《成都古今集》序，载（明）杨慎编：《全蜀艺文志》。
④ 任乃强：《乡土史讲义》，来源于成都方志网www.cdhistory.chengdu.gov.cn。

所称道。唐代伟大诗人李白就曾赞称:"九天开出一成都,万户千门入画图。"①"水绿天青不起尘,风光和暖胜三秦。"②宋代大诗人陆游也曾挥毫描述说:"剑南山水尽清晖,濯锦江边天下稀。"③如此绚丽的自然风光更是为成都优雅、浪漫的城市文化奠定了基础。

世界早期灿烂的文化,无一不是建立在土地肥沃、气候适宜、交通便利的大江大河流域。因此,正是优越的自然地理环境,繁荣的经济,为成都成为长江上游文明的中心,为成都发达的文化创造了重要条件,也为成都人形成浪漫文学思维以及悠闲舒适的生活方式打下了坚实的物质基础,进而形成崇文重教、尚游好乐的风气和习俗。于是,关于成都人"俗不愁苦而轻易淫佚"④,"颇慕文学,时有斐然,多溺于逸乐"⑤,"俗不愁苦,尚侈好文,民重蚕事,俗好娱乐"⑥等相关记载不绝于史。正是天府之国千里平畴、温润气候、丰美食物、绚丽风光,为成都在漫长的历史长河中形成独特的文化气质提供了一种必要的物质基础。

(二)自然地理环境与重庆历史文化

重庆地处青藏高原和长江中下游平原之间的过渡地带,位于四川盆地东南缘,地貌组合差异大,尤以山地居多:华蓥山—巴岳山以西为丘陵地貌,华蓥山—方斗山之间为平行岭谷区,北部为大巴山山区,东部、东南部和南部属于巫山大娄山山区。此外,在巴渝地域,还有八面山、明月山、金佛山、观面山、黄草山、方斗山、太阳山、云顶山、仙女山、开县一字梁、阴条岭、太平山、星斗山、人头山、七姊妹山、万朝山、崩尖子、神农顶、大神农架等山脉。据统计,在今重庆市行政区范围内山地面积约为6.24万平方公里,占总面积的75.8%,丘陵面积近1.5万平方公里,占总面积的18.2%,台地和平坝仅占6%⑦,其境内可谓层峦叠嶂,高山横亘,而重庆主城区则是一个典型的山城。重庆主城区位于长江和嘉陵江交汇处,背靠重峦叠嶂之地,前临两条大江河。

---

① (唐)李白:《上皇西巡南京歌十首》之二。
② (唐)李白:《南京歌十首》之九。
③ (宋)陆游:《成都书事》。
④ 《汉书》卷二八《地理志下》。
⑤ 《隋书》卷二九《地理志》。
⑥ (清)李玉宣等:《同治重修成都县志》卷二《舆地志·风俗》。
⑦ 彭建、赵鹏军:《重庆市的地理背景与区域发展研究》,《地理学与国土研究》2000年第3期。

故而重庆既是典型的"山城",又是一座典型的"江城"。

重庆市境内不仅多高山,而且多江河,水网纵横若织,自古有着舟楫之利。长江干流自西向东横贯全境,流程长达665公里,嘉陵江自西北而来,三折入长江。长江干流重庆段,汇集了嘉陵江、渠江、涪江、乌江、大宁河等五大支流及上百条小河流;重庆成为长江上游水系的汇集中心,溯江而上可沟通四川盆地内部及滇、黔、陇诸省,顺江而下,则"遥牵吴、楚、闽、越、两粤之舟",直通东南。

重庆城市是江、山、城的完美结合。山是一座城,城是一座山,山从城里出,城向山中藏;双江如带,卷起千堆雪;雄关立于峭壁,千帆行走两江;江随城市转,城顺江水建。

以重庆为中心的渝东地区,山高水深,江河纵横,山地连绵,峡高林密,崎岖难行,加上夏季气候炎热,秋冬雾气弥漫,其生存条件较为艰苦。正是由于较为恶劣的生存环境塑造了巴人坚毅的性格、顽强的斗志,他们从远古开始,为了求得生存繁衍,就以大无畏的勇气和意志去战胜较为恶劣的自然环境。如同黑格尔所言:"土地硗薄能使人勤勉持重,坚韧耐劳,勇敢善战。"[1]《华阳国志》言:(巴)"土地山险水滩,人多憨勇,多獽、蜑之民。"[2]晋人左思在《蜀都赋》中也描述了巴人的文化生态:"刚悍生其方,风谣尚其武。奋之则賨旅,玩之则渝舞。"[3]154年,巴郡太守但望曾说:"江州(今重庆)以东,滨江山险,其人半楚,精敏轻疾。垫江(今合川)以西,土地平敞,姿态敦重。"[4]有当代学者在研究了历史时期巴蜀居民的个性后指出:巴人尚武,与多山的环境关系密切,在这样的自然地理环境下,巴人形成了强悍、质朴、尚武、豪爽和好义的特性[5]。

综上所述,在重庆历史文化的生成时期,自然条件起了重要的作用,造就了巴人坚毅果敢、吃苦耐劳的精神;他们在与自然环境做斗争的过程中,养成了顽强、劲勇、率直的天性,形成争于气、重于力、尚于武的文化气质。

---

[1] [德]黑格尔:《历史哲学》,王造时译,上海书店出版社2001年版,第82页。
[2] (晋)常璩撰,刘琳校注:《华阳国志·巴志》,巴蜀书社1984年版,第80页。
[3] 谭继和:《巴蜀文化研究的现状与未来》,《四川文物》2002年版,第2期。
[4] (晋)常璩撰,刘琳校注:《华阳国志·巴志》,巴蜀书社1984年版,第49页。
[5] 蓝勇:《古代交通生态研究与实地考察》,四川人民出版社1999年版,第278页。

二、地域功能性因素

不同的地域具有不同的文化，而在特定的地域、特定的历史条件下所形成的历史城市类型，使该城市具有了与众不同的城市历史文化。所以说，城市历史文化是具有鲜明的地域功能性特征的文化。

我国城市在数千年的发展过程中，在数量上和种类上都超过了世界上任何一个国家，著名都城如西安、洛阳、开封、南京等，重要商贸城市如扬州、临清、九江、淮阴等，重要手工业中心城市如苏州、杭州、景德镇、佛山等，重要海外贸易城市如广州、宁波、泉州、扬州等，重要地区性中心城市如成都、太原、武昌、昆明等，重要军事重镇如大同、宣化、榆林、山海关等。于是，不同类型的城市便具有了各自不同的地域功能和文化特征。其中，政治型城市在中国城市的发展史上无疑具有代表性，正是政治、军事因素成为城市产生的重要原因[1]。罗兹·墨菲在论及世界大都市的起因时言："世界上大多都市兴起，主要依靠两个因素：一个大帝国或政治单位，将其行政机构集中在一个杰出的中心地点（罗马、伦敦、北京）；一个高度整体化和专业化的经济体制，将其建立在拥有成本低、容量大的运输工具的基础上的贸易和工业制造，集中在一个显著的都市化的地点（纽约、鹿特丹、大坂）。"[2]显然，中国传统城市的产生大多属于前者。因此，政治力量是推动城市产生、发展的重要动力，城市规模大小、发展速度快慢与其城市的政治行政地位成正比，政治中心城市优先发展是古代城市发展的一个重要规律[3]。正是由于具有如此的"权威性资源"优势，政治型城市往往又成为区域的文化中心。

（一）地域功能与成都历史文化

成都自开明王国以来，就一直是区域性的政治中心。秦灭开明王国后，成都依然作为蜀郡的治所，为区域的政治中心；其后2000余年间，成都作为区域的政治中心的地位未发生变化，甚至在某一历史时段，成都还成为割据政权的都城，如东汉时期的公孙述、三国时期的刘备、五胡十六国时期的李雄、五代

---

[1] 何一民：《中国城市史纲》，四川大学出版社1994年版，第2页。
[2] ［美］罗兹·墨菲：《上海——现代中国的钥匙》，上海社会科学院历史所编译，上海人民出版社1987年版，第2页。
[3] 何一民主编：《近代中国城市发展与社会变迁（1840~1949）》，科学出版社2004年版，第47页。

十国时期的前蜀王建和后蜀孟知祥等都在成都称帝，建立割据王朝。自元朝以来，设立四川行省，成都在此后就一直作为四川省的政治行政中心，故而数千年来，政治行政中心功能始终是成都城市的主导功能。成都之所以2000余年历经劫难而不衰，成为中国甚至是世界上最有活力的城市之一，其中不可忽视的一大原因就是成都长期成为四川地区的区域政治中心。

由此可见，成都从古到今的兴衰演变都与政治因素有着直接的联系。如此政治环境给成都带来了两个方面的影响：一方面是为成都城市历史文化的发展奠定了权力基础，因成都是蜀地的政治中心，故而其也成为蜀地的文化中心、教育中心；另一方面，成都与中原文化既有着密切的联系和交流，又受蜀地自然地理条件的影响，故而形成了独具天府特色的城市历史文化。这种地域功能性因素造就了蜀人自由不羁、富于想象的个性，从司马相如到陈子昂，从李白到苏轼，从郭沫若到巴金等，历来蜀人皆具有相同的文化气质——崇尚自然、张扬个性、独抒性灵、文采瑰丽及想象奇幻。

地域功能性因素对成都历史文化的影响还在于移民城市的特征，培养了成都包容、和谐的城市文化。成都古典城市文化是以蜀地域文化体系为主体，又兼容南北文化的综合型文化。这种文化兼容性的形成，主要是因为历代蜀地都不断地容纳着东、西、南、北四方众多的移民。历史上任何一次移民都不可能简单地仅仅视为人在地理位置上的移动，即简单的人口迁徙；而任何一次大规模的移民，都与文化的迁移有着直接的、间接的关系。人作为文化的载体，其在地域间的流动也实现了文化在空间上的迁移。当我们考察相当数量的人口迁移对移入地造成的影响时，无疑应该将研究对象扩大到对外来文化的植入与生长的探究上。

成都平原肥沃的土地、便利的灌溉系统、丰饶的物产，加上长期和平安定的社会环境，使成都建城以来的3000多年间，一直不停地吸收着外来移民、外来政治集团和流寓的骚人墨客。例如秦汉时期垦荒救灾的移民，蜀汉和成汉时期北方少数民族的移民，唐宋时期文化人的流寓，清代康雍乾时期著名的"湖广填四川"等。到清末时，外籍人口已占了成都人口的绝大部分，据宣统年间傅崇榘统计，移民占成都人口比例的80%，成都的原土著居民，已寥寥无几[①]。

此外，抗战时期全国政治、经济、文化重心内移川省，成都成为大后方的

---

① 参见（清）傅崇榘：《成都通览》上册，巴蜀书社1987年版。

重要交通枢纽和接济前方的基地，承接了大量的从全国各地蜂拥而至的经济、科技、文化、教育机构、社会团体和各类人员以及大量难民。这不仅使成都人口直线上升，而且也改变了成都人口的结构，同时也带来了各地的文化。

历史时期的大移民不仅促进了成都工商业的繁荣，提高了成都人口素质，使成都城市长期保持着区域大城市的人口规模，也促进了各民族、各地域文化的交汇。历史上多次移民，给成都这座历史古城带来了新的文化元素，如各地的语言、饮食、风俗习惯以及生产技术、生产经验。成都成为各种文化交流融合之城，在各种文化的激荡下，形成了新的文化，并推动成都城市多次出现文化发展的高峰期。比如川剧五种声腔——昆、高、胡、弹、灯的形成，正是移民文化交流融合的结晶；当代的四川话也是形成于清朝康熙年间"湖广填四川"的大移民时期，由各地移民方言逐渐演变融合而成；川菜更是融合了南、北菜系之长而成为独具特色的菜系。"移民特征"构成了历史时期成都人生活方式的主要特点，不仅促进了成都人生活方式多元化发展的趋势，而且使成都人在大规模的移民潮中形成一种包容性、开放性的文化特征，即不排斥外来文化，也乐于接受新鲜事物。

（二）地域功能与重庆城市文化

与成都以行政中心城市功能为主不同，历史上的重庆"政治军事性质最为突出，而尤具军事重镇的特征"[1]。从宏观地理位置考察，以重庆为核心的巴渝地区东连荆楚，西接蜀地，南走滇黔，北上汉中，重庆主城区的地理位置优越，正好处于中国西北、东南、西南三大地理区域的交接地带，是北方王朝南下和江南政权西进的军事要冲，故在历史上一直是中国西南地区的门户和政治、军事重镇。从微观地理位置考察，重庆城则是三面阻江，形势险要。乾隆《巴县志》称："渝州虽东川腹壤，而石城削天，字水盘郭。山则九十九峰，飞拴攒锁于绪云、佛图之间。内水则嘉陵、白水会羌、涪、宕渠来自秦。外水则岷、沫衣带会金沙来自滇，赤水来自黔。俱如盘渝城下。"[2]明代地理学家王士性在《入蜀记》中也曾记述：重庆，"石城天险，依岩而立，过处石脉如蒂，而嘉陵、岷江合于东"[3]。重庆的地理位置符合战略地理学上"邻近关

---

[1] 段渝：《四川通史》第一册，四川大学出版社1993年版，第227页。
[2] 转引自彭伯通：《古城重庆》，重庆出版社1991年版，第11页。
[3] （明）王士性：《入蜀记》，上海古籍出版社1993年版，第113页。

键地域"①的基本条件，具有一般城市所不具备的战略价值，"绾毂西南、控扼江汉"②，为封镇全川水流的锁钥，无论攻守，都必经营，实为扼守全川咽喉的军事要地，故民间有"蜀安，则天下安。重庆安，则蜀安"之说③。早在公元前6世纪，巴人在川东一带建立巴国，相继在长江、嘉陵江沿岸建立了江州、积、垫江、平都、阆中等政治、军事中心。如此重要的战略地位使得位于长江和嘉陵江交汇处的巴渝地区成为兵家必争之地，历代征战频繁。如桓公九年（前711）巴楚与鄾之战，庄公十八年（前676）巴人叛楚而伐那处之战，秦灭巴蜀后东下伐楚之战，汉代公孙述筑白帝城抵抗刘秀西进之战，三国吴蜀对垒，宋元时期合川钓鱼城及川东山寨抗蒙，元末明玉珍，明末张献忠，清初夔东十三家等，都曾转战巴渝地区。抗日战争时期，重庆因其重要的战略地位而成陪都，成为世界反法西斯战争在远东的军事中心④。这种军事重镇的地域功能因素使巴渝地区成为演出一幕幕征战杀伐的历史舞台，并对历史文化产生了直接的影响。

重庆历史文化的形成还与远古时期巴地部落林立，方国众多，族属构成复杂有着密切的关系。据《华阳国志》记载，远古巴地境内有着"濮、賨、苴、共、奴、獽、夷、蜑"等各部族⑤。巴人为了生存、发展、壮大，就必须在征服与反征服的斗争中保持着一种勇武剽悍的尚武性格，形成一种强大的应战力、聚合力的文化精神，而这种在原始社会时期形成的文化因子在历代的传承中渗透到重庆地域文化的方方面面，成为一种文化潜意识。

重庆历史文化也具有与成都历史文化一样的移民特质。巴蜀地区历史上几次大规模的移民同样也涉及重庆，尤以清初"湖广填四川"的大移民影响最为深远。由于重庆位于长江和嘉陵江交汇处，是两湖地区的移民自三峡水路入川后所到达的第一大城市和重要水陆码头，故而大批移民都以这里为落脚点，逐渐向四川中、西部扩散迁移，重庆"自晚明献乱，而土者为之一空，外来者

---

① 庆良：《战略地理学》，国防大学出版社2000年版，第119页。
② 王康：《沉潜磨洗六十年——凭吊中国抗战首都重庆》，《书屋》2002年第6期。
③ 安勇：《"巴出将、蜀出相"成因浅析》，《西华大学学报》2004年8月。
④ 张晓生、刘文彦的《中国古代战争通览》（长江出版社1991年版），周勇的《重庆通史》（重庆出版社2001年版）均有诸多记载。
⑤ （晋）常璩撰，刘琳校注：《华阳国志·巴志》，巴蜀书社1984年版，第28页。另参见丁永忠：《三峡地区先秦人文历史述略》，《三峡文化研究》，重庆大学出版社1997年版，第312~337页。

什九皆湖广人"①。大批移民汇集重庆,而移民所带来的多种地域文化也在这里交汇、碰撞和交融。清前期,随着外省人口向巴蜀地区的迁移,重庆人口很快得到恢复,并成为四川人口密集的地区之一。据嘉庆《四川通志》载:康熙六十一年(1722),成都府各县人口占四川总人口的20.7%,位居第一;重庆府各县人口占四川总人口的19.3%,位居第二②。清中期,随着长江航道的进一步开辟,重庆作为长江上游最重要的港口城市,以其优越的地理位置吸引了大量的商业性移民,"吴、楚、闽、粤、滇、黔、秦、豫之贸迁来者,九门舟集如蚁,陆则受廛,水则结舫"③。嘉庆十七年(1812),移民及其后裔在巴渝地区所占人口比例至少占总人口85%以上④。在移民的主要通道地区,如云阳所占比例更高达92.7%⑤。由此可见,清初的大移民构成了巴渝地区社会的主体,也是该地区人口恢复和增长的主要因素⑥。

大量移民入迁巴渝地区,对巴渝地区经济、文化的恢复和发展做出了巨大贡献,并对巴渝社会、经济开发,以及文化的多样性产生了重要的影响,改变了巴渝农业经济的开发方式,促进了巴渝地区手工业经济的发展和商业的繁荣⑦。大规模移民还促成了不同区域的文化在重庆的交汇融合,从而在语言、饮食、行业方式、风俗习惯、婚丧嫁娶、祭祀、宗教信仰、建筑、戏剧等各个方面都产生了深刻的影响。正是由于移民城市的文化特质,也使重庆具有一种特有的开放与包容,而这种开放与包容的文化气质成为近代以来重庆城市发展的强大动力。

---

① 民国《巴县志》卷一〇,转引自隗瀛涛主编《近代重庆城市史》,四川大学出版社1991年版,第381页。
② 王笛:《跨出封闭的世界——长江上游区域社会研究(1644-1911)》,中华书局2001年版,第63页。
③ 乾隆《巴县志》卷二《建制志·乡里》,转引自隗瀛涛主编:《近代重庆城市史》,四川大学出版社1991年版,第381页。
④ 隗瀛涛主编:《重庆城市研究》,四川大学出版社1989年版,第313页。
⑤ 王笛:《跨出封闭的世界——长江上游区域社会研究(1644-1911)》,中华书局2001年版,第532页。
⑥ 郭璇:《移民社会的缩影——重庆"湖广会馆"文化内涵三题》,《华中建筑》2002年第4期,第20卷。
⑦ 邹登顺:《论明清移民与巴渝文化的新变》,《重庆师范大学学报》(哲学社会科学版)2006年第5期。

三、历时性因素

在城市文化的形成机制中,时间的维度——城市的人文传统和历史变迁也起着十分重要的作用。任何一个城市的文化都不是在一天之中突然完成的,都有一个发展过程,时间本身也是一种影响城市文化的力量,当城市生活中的行为和现象升华到文化层面时,那它一定是经受了时间的检验的。

城市文化与城市的发展历程密不可分,城市的历史越悠久,对城市文化的形成和演变也就越显得重要。任何一个城市在长期的发展过程中,都会形成一定的历史文化传统,而这种历史文化传统在特定的环境中,都潜移默化地沉淀于人们的心灵深处,一代一代的人都自觉或不自觉地接受传统的价值观念、思维方式、情感模式和行为规范,并外化为城市文化的外显方式,被人们认识、了解和熟悉。这种内在价值理念、外在的行为方式,就形成了一个城市的文脉,成为城市文化个性的依据之一。

(一)成都城市发展历程与城市文化的演变

从秦统一巴蜀到20世纪初的2000余年间,成都城市的发展过程曲折复杂,波澜起伏,既有辉煌的繁荣,也曾多次遭到破坏,甚至毁灭性破坏。但成都城市具有很强的再生能力,屡次破坏之后,都能很快得到恢复,始终保持区域性政治、经济、文化中心的地位。从秦至清,成都城市的发展经历了如下几个阶段:

第一阶段:秦汉三国时期,是古代成都城市发展的第一个高峰时期,也是成都古典城市文化形成的时期。

秦统一巴蜀后,为了加强对蜀地的统治,秦王朝对蜀文化加以改造和限制,其政治、文化和城市建设等均以秦国为标准,把蜀文化纳入以秦为中心的大一统文化框架中。秦末汉初,关中和中原地区的城市受到战争的严重破坏,但成都却因战事较少经济持续发展,成为西汉王朝的重要物资供应地。西汉中后期,成都成为全国五大工商业城市——"五都"之一,工商业繁荣,人口密集,城市建设也有很大的发展。汉平帝刘衎元始二年(2),成都县有76256户,当时蜀郡共有268279户、1245929人,平均每户约4.64人,按此推算,此时成都人口约为35.4万人,如果加上未列入户口统计中的军队及其他人口,估计此时成都的人口接近40万人，仅次于国都长安[①]。

汉代，成都的经济十分繁荣。汉武帝时，开辟西南，凿道运粮，四川与外部的交通更加频繁，促进了成都工商业的发展。成都少城南市滨江一带成为交通枢纽、物资集散地，人口繁多，百业兴盛。三国蜀汉时期，成都因是蜀汉的国都，故得到长足的发展，可谓"市廛所会，万商之渊。列隧百重，罗肆巨千。贿货山积，纤丽星繁……伎巧之家，百室离房，机杼相和"。这一时期，既是成都经济繁荣发达的时期，也是成都城市文化在工商业和农业不断发展的基础上迅速发展，并充满生机活力的时期；成都不仅成为西南地区的经济中心，而且也成为西南地区的文化教育中心。

第二阶段：南北朝时期，成都城市由盛而衰。

280年，西晋统一中国。但西晋统治集团极端腐朽，因而很快灭亡，中国分裂为南北两大部分，南方基本上保持政治上的统一，但北方却陷入了长期的大混战、大分裂的浩劫中。北方社会经济遭到空前的大破坏，经济凋敝，人口锐减，多数城市变成废墟，历代创造积累的城市文明遭到严重破坏。在这大动荡的年代，成都城市处于战乱旋涡的边缘，虽然所受到的破坏较小，但仍未能幸免，不仅城市人口减少，经济萧条，而且文化也衰败。

第三阶段：隋唐宋时期，是成都城市发展的第二个高峰时期，也是成都历史文化的鼎盛时期。

581年，杨坚代北周建立隋朝。590年，隋灭南朝陈，结束了中国自魏晋南北朝以来的长期分裂、战乱局面。隋朝虽然是一个短命王朝，但它上承南北朝，下启唐朝，特别是政治的统一为唐朝的兴盛创造了条件。隋朝在政治上确立了三省六部制，创建了影响深远的科举制度；在军事上继续推行和改革府兵制度；在经济上，实行均田制和租庸调制，以增加政府收入。隋朝还兴修了举世闻名的大运河，巩固了中央对东南地区的统治，加强了南北经济、文化的联系。隋时期，成都开始得到较大的发展，人口日增，百业发达，成为四川的经济中心，与中原和江南的联系更加密切。进入唐代，成都发展更加快速。到唐中期，由于经济繁荣，文教兴盛，户口也增多，人口最多时达10万户，约50万人，其规模仅次于长安、洛阳，为全国第三大城市。当长安、洛阳遭战争破坏

[①] 何一民：《变革与发展——中国内陆城市成都现代化研究》，四川大学出版社2002年版，第120页。

而衰落后,成都人口则居于全国城市之首;其经济的发达和文化的繁荣,名列全国各大城市之首,仅次于江南繁华之都扬州,被时人称为"扬一益二"。

到宋代,成都作为区域中心城市的地位更加巩固,苏轼就曾发出过"成都,西南大都会也"①的感叹。李良臣更是把成都的繁华景象描绘得五彩斑斓:"万井云错,百货川委,高车大马决骤于通逵,层楼复阁荡摩乎半空。……奇物异产,瑰奇错落,列肆而班步。黄尘涨天,东西冥冥。"②

第四阶段:元明清时期,成都城市的曲折发展时期。宋末元初和明末清初的两次朝代更替战争,对成都城市造成了极大的破坏,两次中断了成都城市文化发展的进程。

南宋末期,四川成为南宋王朝抗击金兵和蒙军的重要基地。长期的战争使成都社会经济受到严重的破坏。1236年,蒙军攻占成都,对成都进行了毁灭性的破坏,以致"郡城焚荡"。蒙军对成都的攻占,给成都造成了前所未有的大破坏,千年古城和数十代人积累的文明全部毁于一旦。战争使成都人口锐减、经济衰退,金、元"连兵入蜀,蜀人受祸甚惨,死伤殆尽,千百不存一二,谋出峡以逃生"③。宋孝宗淳熙二年(1175),四川共有246万余户,751万余口,但到元初至元十九年(1282),则只有12万户了④。宋末元初,成都因战争的破坏,元气大损,人民生计困苦不堪,"地荒人少","十丧其八"。"昔之通都大邑,今之瓦砾之场;昔之沃壤奥区,今为膏血之野。青烟弥路,白骨成丘,哀恫贯心,疮痍满目。"⑤尽管元朝建立后,也陆续采取了一些恢复和发展生产的措施,但是成都因破坏太重,故社会经济的恢复发展较为缓慢,远远未恢复到宋代的水平。成都虽然在元代是四川省的省会,政治行政地位较前提高,但由于元朝统治者仅仅是对成都的部分建筑进行了修葺,因此其城市文化一直处于衰落状态。

1368年,明王朝建立,成都才又从元末的低谷中走出来开始新的一波上升。然而,中国历史上城市的兴衰轨迹几乎与王朝的兴衰轨迹大体相同,每一

---

① (宋)苏轼:《苏轼集》卷三八《大悲阁记(成都府)》,国际文化出版公司1997年版,第676页。
② (宋)李良臣:《东园记》,同治《成都县志》卷一三《艺文志》。
③ (元)虞集:《道园学古录》卷二〇《史氏程夫人墓志铭》。
④ 蒙默等:《四川古代史稿》,四川人民出版社1988年版,第264页。
⑤ (宋)吴昌裔:《论救蜀四事疏》,《宋代蜀文辑存》卷八四。

个王朝的后期都是权力的腐败，战乱、破坏连续不断，旧王朝灭亡的过程也是城市经济、文化遭到破坏、衰落的过程。明朝末年，政治极端黑暗，阶级矛盾十分尖锐，终于爆发了明末农民大起义。残酷的战争对社会经济产生了严重的破坏作用，许多城市因之而毁灭，成都也遭到了灭顶之灾，城中绝人迹者十五六年，唯见草木充塞，麋鹿纵横，凡是廛间巷，官民居址，皆不可复视，城市几成废墟。面对四川的残破景象，地荒丁亡，民穷财尽，清朝统治者在战乱平定之后，采取了一系列休养生息的措施，并从外省大规模移民四川。在此后数十年间，经过劳动群众的努力，四川的经济逐渐得到恢复和发展。在此基础上，清朝统治者也开始对成都城市进行重建。到乾隆年间，一座新的城市在旧址基础上屹然耸立，其规模比旧城大，人口也较前增加，经济也有很大的发展，成为当时中国最大的城市之一。鸦片战争后，成都也开始受到西方文明的冲击，在阵痛中迈着蹒跚的步伐缓慢地走向现代文明。因此，清时期实为成都历史文化的一个转折时期。

概言之，成都历史文化经历了先秦的形成期，秦汉魏晋南北朝的发展期，隋唐五代的鼎盛期，两宋的勃兴期，元明清的曲折期，晚清至民国的转型期。当代成都城市文化正是经过几千年的沉淀与传承而最终在新中国时期形成。2000多年来，成都城名不变，城址不改，反映了成都文化的悠长和顽强的生命力。"玉垒浮云变古今"，成都经历过沧海桑田，由"喧然名都会"发展成为当代中国西南的中心城市和中国西部的"三中心、两枢纽"，创造出数十项中华之最。几千年来，成都一直在向世人展现着独特的城市精神和文化魅力。

（二）重庆城市发展历程与城市文化的演变

重庆历史悠久，2万多年前的旧石器时代就有人类在此活动。重庆从巴国建都到抗战时期成为陪都，先后经历了三建都城、四次筑城的发展历程，并在此基础上逐步形成了独具特色的重庆历史文化。

重庆古称"江州"，公元前12世纪，因巴人随周武王伐纣功勋显著，封姬姓宗族于今鄂西川东地区，建号巴国，赐子爵，建都于重庆[①]。这是重庆首次为都城。此后，巴国不断与东部的楚、庸及西部的蜀国进行经济、文化往来，也不断发生战争，扩大疆域，"其地东至鱼复，西至僰道，北接汉中，南极

---

① （晋）常璩撰，刘琳校注：《华阳国志·巴志》，巴蜀书社1984年版，第21页。

黔、涪"①。据考证，巴子所筑江州城，在今重庆太平门至千厮门之间，为土城。巴子并在城东铜锣峡外筑滩城，在城西龟亭山北岸的冬笋坝设集市，作为货物交易之地②。

公元前316年，秦灭巴国，置巴郡，张仪在江州古城的基础上进一步扩建，并以江州城为巴郡治所，辖江州、枳县、朐忍、鱼复等县。昭王时又设置南郡。秦统一全国后，巴郡、黔中郡、南郡同为地方一级行政区划。汉承秦制，仍置巴郡，但却将原来的巴郡一分为三，以垫江以上为巴郡，治所在今南充市；以江州至垫江间为永宁郡，治所在今重庆江北区；朐忍至鱼复间为固陵郡，治所今重庆奉节白帝城。由于江州城正处于长江、嘉陵江交汇之处，是巴郡对外交通的枢纽，因此秦汉时便已发展成为一座颇具规模的且较为繁荣的城邑。

三国时期，刘备据四川天险在成都建立蜀汉政权，故而江州的战略地位更加重要。刘备在江州东北的巴子梁置阳关，以费观为巴郡太守，领江州都督，江州（重庆）成为巴地的行政中心和军事重镇③。蜀后主建兴四年（226），都护李严驻防江州，在原来城市的基础上进行了扩建④。南北朝时期，由于政权变更频繁，重庆的称谓亦变更频繁。东晋成汉时，晋成帝咸康四年（338）改江州为荆州。南齐高帝建元二年（480），升巴郡为巴州，下辖若干郡，重庆便从郡治所升为州治所，其名称也改为巴州。梁简文帝大宝元年（550），改巴州为楚州，巴州城名也随之更名为楚州城。西魏时，又改楚州名垫江。后周明帝武成三年（561），再改垫江名巴县⑤。

隋文帝开皇元年（581），重庆始称渝州，其后一直到北宋徽宗崇宁元年（1102）的500多年间没有变更。唐代，巴渝地区一直较为安定，战乱较少，渝州城市经济、文化也获得长足的发展。唐代著名诗人王维就曾描绘过渝州的兴旺景象："水国舟中市，山桥树杪行。登高万井出，眺迥二流明。人作殊方语，莺为旧国声。赖多山水趣，稍解离别情。"⑥

---

① （晋）常璩撰，刘琳校注：《华阳国志·巴志》，巴蜀书社1984年版，第25页。
② 吴庆洲：《四塞天险重庆城——古重庆城的军事防御艺术》，《重庆建筑》2002年第2期。
③ 隗瀛涛主编：《近代重庆城市史》，四川大学出版社1991年版，第57~58页。
④ （晋）常璩撰，刘琳校注：《华阳国志·巴志》，巴蜀书社1984年版，第61页。
⑤ 庄燕和、鲜述秀：《重庆城的由来和发展》，《四川师范大学学报》（社会科学版）1980年第2期。
⑥ （唐）王维：《晓行巴峡》。

宋代是重庆城市发展的一个重要时期。宋徽宗崇宁初年，渝州所辖地区的仡佬族（其聚居地在今贵州遵义及今四川南川一带）不堪宋王朝的民族压迫而起义，后被残酷镇压下去，故崇宁二年（1103）宋王朝改渝州为恭州，表示要仡佬族等少数民族恭敬驯服，永不反叛。南宋孝宗时，封皇族赵惇为恭王，镇守恭州。宋孝宗淳熙十六年（1189），赵惇继孝宗皇帝位，为光宗皇帝，升恭州为重庆府。赵惇在恭州被封为恭王，是一庆；恭王继承帝位，是二庆，即双重喜庆，故将恭州改名曰"重庆"。

宋代是重庆城市发展过程中承前启后的关键时期。秦汉时期，江州作为巴郡的首府一直发挥着川东地区军政中心的作用。晋（刘）宋以降，随着信州（夔州）地位的提高，巴郡（渝州）的川东地区的军政中心地位逐渐丧失，到隋唐五代也已降为一个普通的州郡治所，其政治地位、军事地位日渐衰微。宋代，由于升格为府城，城市的政治地位提升，推动了区域内农业、手工业、商业的发展，城市的经济、文化功能日益增强，重庆在宋代完成了以政治、军事功能为主的城市，向人口密集、工商业日益发展的多功能综合城市演进的过程[①]。

南宋晚期，川东地区成为抗击蒙古（元）的主战场。南宋凭借重庆为中心的川东地区顽强抵抗蒙古军队的进攻达40余年，其间重庆的社会生产力遭到极大破坏，人口大量死亡和逃散。元代至元二十七年（1290），重庆路的中央户部版籍人口仅22395户、93535口，加上大约同等数量的流寓之民，人口仍然只有南宋的20%～25%[②]。

元代，重庆的人口虽然有大幅度的减少，但仍然是四川的第二大城市，一直是四川南道宣慰司和重庆总管府的驻节之地，并一度成为四川行省的驻地。元末，明玉珍率领农民军入川，占领重庆。至正二十三年（1363），明玉珍正式称帝，国号大夏，以重庆为都，辖今湖北宜昌以西，云南昆明以东，陕西汉中以南，贵州遵义以北地区。这是重庆在历史上第二次为都，大夏国直至明洪武四年（1371）灭亡，持续了9年时间。

明朝洪武初年，镇守重庆的指挥使戴鼎，因慑于元末农民大起义的威力，为了防范造反，进行了大规模的筑城，随山岩险壁砌石垒土筑墙，最高处可达

[①] 隗瀛涛主编：《近代重庆城市史》，四川大学出版社1991年版，第75页。
[②] 隗瀛涛主编：《近代重庆城市史》，四川大学出版社1991年版，第84页。

十丈，一般高约三丈，周长二千八百余丈，其城坚固异常①。

明崇祯十七年（1644），张献忠率农民起义军进入四川，攻占重庆，随即占领成都，并以此为都，建立政权。清顺治三年（1646），清军入川后，同大西军、南明永历政权及李自成起义军余部等在重庆及川东、川南一带展开了长期的拉锯战。清康熙二年（1663），清王朝在重庆的统治才得以初步巩固②。由于明末清初长期战乱，造成重庆人口大量死亡和逃迁。重庆城曾"为督臣驻节之地，哀鸿稍集，然不过数百家"③。

为了恢复四川的经济，清王朝实行了一系列休养生息和鼓励移民开垦荒地的措施，使四川的经济逐渐恢复和发展，耕地面积迅速扩大，从康熙十年（1671）的12.4万亩扩大到雍正六年（1728）的1259.76万亩，以后一直保持在1100万～1200万亩之间④。四川区域经济的恢复和发展，为重庆城市的发展和商业的繁荣提供了丰厚的物质条件。到乾隆初年，重庆已是"商贾云集，百物萃聚……或贩自剑南、川西、藏卫之地，或运自滇、黔、秦、楚、吴、越、闽、豫、两粤间，水牵运转，万里贸迁"⑤。转口贸易的发展使得重庆城"九门舟集如蚁"，促进了重庆城市商业的兴旺和发达，进而促进了城市文化的繁荣。

民国时期，重庆地区仍属四川省，境内设有一定数量的县。1929年，重庆设市。1937年，国民政府迁往重庆市，并定为战时首都。1939年，改重庆市为重庆直辖市。1940年，国民政府定重庆市为"陪都"。新中国成立初期，重庆为西南军政、行政委员会驻地，属西南行政委员会直辖市，1953年改为中央直辖市。1954年，西南大区撤销，重庆市改为四川省省辖市，川东地区另设有万县、涪陵、酉阳、永川等地区。1983年，永川地区与重庆市合并，实行市辖县制。1997年3月，又将万县、涪陵、黔江等地市划入重庆市，设立直辖市。

重庆在历史上曾为巴、大夏、中华民国的都城或陪都，并长期作为川东军

---

① 向楚主编，巴县志办公室选注：《巴县志选注》，重庆出版社1989年版，第65页。
② 向楚主编，巴县志办公室选注：《巴县志选注》，重庆出版社1989年版，第66页。
③ 康熙《四川总志》卷一〇《贡赋》，转引自隗瀛涛主编《近代重庆城市史》，四川大学出版社1991年版，第86页。
④ 隗瀛涛主编：《近代重庆城市史》，四川大学出版社1991年版，第87页。
⑤ 乾隆《巴县志》卷三，转引自隗瀛涛主编《近代重庆城市史》，四川大学出版社1991年版，第100页。

政中心，因而重庆的历史发展对历史文化的演变也产生了重要影响。重庆在经历了多次磨难与战乱后，城市文化却似火凤凰般在浴火中得到重生与升华，从而赋予了重庆人刚毅、彪悍的性格。

第二节 成都城市文化特质

成都是一座拥有4500多年文明史的古老文化名城，悠久的历史孕育了灿烂辉煌的古蜀文明和影响深远的地域文化。今天成都的文化，既是绵远的历史文化的延续，又是现代文化兴起的基点，既充满了生机勃勃的活力，又有闲情逸致的柔性。

成都自然环境优美，物产丰富，经济富庶。几千年来的发展使成都的城市人文积淀深厚，孕育和汇集过大批文学家、诗人、画家、学者、教育家，以及其他各类文化名人，他们赋予成都丰富的文化内涵，促进了城市文化的繁荣。成都又是一座移民城市，汇集各方风俗文化，形成了别具一格的城市精神。这一切，共同造就了成都人恬淡怡然、彬彬有礼、积极进取，然而又悠闲自得的生活态度和生活方式。在历史的长河中，成都文化的发展脉络凸显着和谐包容的文化气度、开拓创新的文化精神、崇文重教的文化传统等文化特质。

一、和谐包容的文化气度

和谐包容，作为一种理念、一种文化的体现，产生于人类社会的发展历程中，是人类文明的结晶；同时它又以自身的发展、演进推动着人类社会不断迈向新的和谐与包容。成都这座有着4500多年文明史的文化名城，几千年来，始终以和谐包容的文化气度营造优良的城市品格。

（一）人与自然的和谐包容

成都和谐包容的文化气度首先体现为人与自然的和谐相处，也就是中国传统文化中的"天人合一"。"天人合一"是我国古代贤哲们提出的一种宇宙观和哲学思想，它至少应包含人是自然的一部分，人类应尊重自然，人与自然万物和谐相处等基本思想。"天人合一"观还认为人类应该平等地对待自然界的一切，与之处于一种完美和谐的状态。因此，"天人合一"思想体现的是一种大智慧，一种永恒的自然法则。

以成都为中心的古蜀文化强调人与自然和谐相处，重视人对环境依赖的互动关系，这在三星堆遗址和金沙遗址发掘出来的若干器物中可以得到印证，如太阳神鸟金箔图案，充分展现了古蜀人与大自然和谐相处的文化精神。正是由于蜀文化具有丰富而深刻的和谐文化，成都才能够成为中国道教的发源地。道教是中国土生土长的宗教，并经过长期的历史发展而形成的。道教重视人与自然、人与人之间的和谐统一，天人合一成为道教的文化主体。道教认为道、天、地、人是宇宙循环系统的四个子系统，相互作用、和谐共生，故"人法地，地法天，天法道，道法自然"。因此，人的行为应该符合宇宙的自然法则，才能达到人与自然的和谐。作为道教发源地的成都，其居住在这里的人们很早就已经能够在生产和生活实践中认识到人与自然和谐相处的真谛，他们长期遵循"道法自然"、顺应自然的思想，崇尚自然，热爱自然，享受自然，与自然和谐相处。这便是成都深厚的文化传承中蕴含着的和谐基因，是成都的神韵和魅力所在。

古代成都城市的形成和发展过程本身，就是人与自然和谐相处的典范，正如唐代伟大诗人李白在诗中赞称："九天开出一成都，千门万户入画图。"成都不仅"水绿天青不染尘"，而且"既崇且丽"，虽为人作，宛如天开。古代成都人把道教朴素的天人合一和谐观发挥得淋漓尽致，他们运用自己的智慧修建了许多工程，充分体现了天人合一、人与自然和谐相处的理念。其中最具典型性的当属距今2000多年前修建的都江堰水利工程，它描绘了一幅古代成都人民与自然和谐相处的美丽画卷。公元前236年，战国时期的秦蜀守李冰及其子带领群众治理岷江水患，修建了都江堰水利工程。都江堰水利工程巧妙利用了天然地势和岷江水流，构成了一套完整水利系统，科学地解决了江水的自动分流、自动排沙、自动排水和引水等难题，收到了"行水灌田，泄洪平灾"的功效。2000年11月，这项"世界上历史最悠久、设计最科学、保存最完整、至今发挥作用最好、以无坝引水为特征的大型水利生态工程"被联合国教科文组织列入"世界文化遗产"，成为世界人民共同的文化瑰宝。

"道法自然""崇尚自然""天人合一"，是成都从古至今的文化传统。因而深入发掘成都文化的内涵，加以传承和弘扬，不仅对于改善现代城市形象，增强成都的吸引力、号召力具有不可低估的积极意义，而且也是今天成都建设世界生态田园城市的重要文化基础。

（二）人与人的和谐包容

成都不但是一座人与自然和谐相处、天人合一的城市，更是一座人与人之间宽容度与融合度极大的城市。成都文化的这一特性，主要是受历史上多次移民入蜀的影响而形成的。

先秦时期，成都就是一座由移民建立的城市。早在古蜀时期，成都就出现大量的移民，如楚王族宗支斗氏中的一些支裔就曾移民至蜀国的西鄙，楚昭王的后代也有一些辗转移于蜀境[1]。开明王的开创者丛帝鳖灵就是从长江中游来的移民。秦统一巴蜀后，多次从北方有组织地移民入蜀。《华阳国志·蜀志》载："周赧王元年，秦惠王封子通国为蜀侯，以陈壮为相。置巴郡。以张若为蜀国守。戎伯尚强，乃移秦民万家实之"[2]。大量中原人口向蜀地迁移，进一步造就了成都文化的兼容性和包容性。从东汉末到西晋统一的百余年间，全国发生了多次规模空前的大战争，大量人口或死于战乱，或四处流散。与全国相比，四川境内的大战不多，因而物阜民安、社会相对稳定的成都，便自然而然成为人们躲避战争的理想之地，移居成都者不断增多。隋唐时期，成都经济繁荣，向成都地区移民的人口大量增加，成都城市人口高达10万户。两宋之际，宋、金之间反复进行大规模的战争，四川成为南宋抗金的重要战略基地，但没有受到战争的直接破坏，经济的发展和人口的增长没有中断。同时，金军南侵使大量北方居民迁入四川，如南宋初绍兴二年（1132），南下入川的北方将士达15万人[3]；其余自关陇一带涌入的溃兵、难民、流人更是不可胜数，以致宋廷曾下令在大散关（今宝鸡市南）设置关卡加以限制[4]。自元明至清，成都的人口经历了两次低谷和两次大规模移民潮。明朝前期，因元末战争的影响，出现了第一次"湖广填四川"的移民运动。清初，四川人口大量损失，为了重建四川，清廷"招两湖、两粤、闽黔之民于东西川，耕于野；集江左右、关内外、陕东西、山左右之民，藏于市"[5]。第二次"湖广填四川"改变了四川人的构成，移民在数量上大大超过了土著，文献对此记载颇多。雍正《四川通志》载："其民则鲜土著者，率多湖广、陕西、江西等处迁居之人"[6]。抗日战争的爆发，改变了中国社会的进程，也改变了人口的分布。日本侵略者的铁蹄踏遍

---

[1] （秦）吕不韦：《吕氏春秋·贵卒》，《四部丛刊初编》卷七二，上海书店1989年版。
[2] （晋）常璩撰，刘琳校注：《华阳国志校注》卷三《蜀志》，巴蜀书社1984年版。
[3] 刘时举：《续宋编年资治通鉴》卷三，商务印书馆1922年版。
[4] 《宋史·高宗纪》，中华书局1977年版。
[5] 《清实录》第四册《圣祖仁皇帝实录（一）》卷三六，中华书局1985年版。
[6] （清）黄廷贵等修，张晋生等纂：雍正《四川通志》，乾隆元年（1723）补版增刻本。

了大半个中国，使中国人民陷入苦难的深渊，沦陷区的机关、工厂、学校等广大民众纷纷向内地迁徙。1937年12月国民政府迁都重庆，四川成为战时中国的大后方和抗战的基地。因此，在中国人口数量整体下降的情况下，成都人口却因各政府机关、工厂、企业、文化团体、学校、军队及难民的内迁而增长。

从上可知，成都从先秦以来，经历了几次大规模的移民，而每一次大移民都带来了新的文化因子，带来了朝气和活力，这使成都文化具有很强的包容性。因而，成都文化成为以蜀文化为主，又兼容南北文化的多元文化综合体。这种集南北文化为一体的多元文化特征，构成了成都历史文化的重要特质；不仅促进了成都人生活方式多元化发展的趋势，而且也使成都人具有包容性、开放性的思想特征。成都文化在不断汲取外来文化营养的基础上形成独具特色的和谐文化。

以成都为中心的蜀文化的形成和发展过程就是各种文化不断地碰撞融合的发展过程。从数千年前的三星堆、金沙时期，到改革开放以来的新时期，成都文化无不体现出巨大的包容性，可以说成都是一个多元文化元素汇聚的城市，无论是历史上，还是现在，成都人都较少有排外意识。近年来，越来越多的外地人都认同成都人的热情友好、乐于助人，以及包容性和亲和力。

时至今日，成都依然延续了和谐包容、开明开放的文化传统。如此的文化性格使成都人天性乐观，幽默风趣，即使相互之间有些摩擦，有些矛盾，大都能以一种幽默和大度化解。于是，成都给外地人的第一感觉往往都是随和热情，很容易让南来北往的人产生好感并融入其中。可以说，在现代中国的特大中心城市里，成都对来自中小城镇和落后地区以及异国他乡的"外来人口"最为宽容，特别胸怀大度，既不排外，也不自以为是。外地人在成都居家生活、求学创业，都能很快融入这个城市的方方面面。随着成都向宜居、宜业城市发展，越来越多的外地人来成都购房定居，不仅有四川省内各市县的人群，而且还有来自西藏、新疆、北京、上海等地的人们。据统计，成都的商品房买卖中接近四成的购房者来自外地。不少外地人举家搬迁至成都，他们选择成都作为定居城市，不仅是因为成都气候宜人，物产丰富，有着美景、美食、美酒，而且因为成都人所具有的不排外、易融合的文化个性。在2007年公布的中国城市包容性排行榜中，成都以排名第二荣登前列[①]。因此，成都正如同一个巨大的

---

① 零点集团：《中国公众城市宜居指数2006年度报告》，《天府早报》2007年4月25日。

磁场，以和谐包容、海纳百川的胸怀，不仅吸引了世界五百强等工商业巨头，而且也吸引了无数的海内外英才纷纷"孔雀西南飞"。成都正在成为创业者的天堂、居住者的天堂。

二、开拓创新的文化精神

成都是一座历史文化名城，几千年来历经风雨兴衰，发展曲折复杂，波澜起伏，既有辉煌和繁荣，又曾多次遭到了破坏，甚至遭受了两次毁灭性的破坏。但成都始终保持城址不变，城名不改，有着极强的生命活力。每次在破坏之后，都能很快得到恢复，始终保持区域性政治、经济、文化中心的地位。这是成都城市一个十分重要的特点，在全国的大城市中是绝无仅有的。这不仅体现出成都城市顽强的生命力，也展示了成都人民不畏艰难困苦、自强不息、奋发图强、开拓创新的精神。

成都城市发展史本身就是成都人开拓创新的历史，就是一部艰苦创业史。早在距今数万年的旧石器时期，成都地区就有群居的人类在这里劳动、生息、繁衍。考古工作者在成都平原已发现多处旧石器时期的遗址，至于经科学发掘的从新石器时期到春秋战国时期的遗址更是多达数十处，著名的有广汉三星堆遗址、成都方池街遗址、岷山饭店遗址、十二桥遗址、指挥街遗址、抚琴小区遗址等。这些遗址的科学发掘为我们展现了从原始社会末期至春秋战国时期成都地区人类活动的整体发展历史过程。

民国时期的成都十二桥

从这些考古资料并结合文献资料来看，可以证明至迟在4500多年前，就有数量较为庞大的人群在成都平原过着密集的定居生活，并利用成都平原土地肥沃、气候温和湿润、水源充足等有利条件来从事农业生产。商周时期成都的手工业就比较发达，形成了铸铜业、制陶业、玉石加工业、酿酒业、漆器业等若干手工业生产部门，各部门内部又分成了若干专业，有的甚至在工序上也有了分工并形成了专门技术，三星堆遗址和金沙遗址出土的青铜器、金器的制作技术达到当时的世界一流水平。春秋战国时期，成都造产品已经远销长江中下游和中原地区。

成都的开拓创新文化气韵表现在很多方面，其中之一就是突破封闭的地理环境，走向更广阔的外部世界。

成都位于四川盆地西部，四川盆地西依青藏高原和横断山脉，北近秦岭，与黄土高原相望，东接湘鄂西山地，南连云贵高原；盆地北缘米仓山，南缘大娄山，东缘巫山，西缘邛崃山，西北边缘龙门山，东北边缘大巴山，西南边缘大凉山，东南边缘相望于武陵山。古代蜀地是有名的"四塞之国"，对外交通极为不便，唐代大诗人李白所写"蜀道之难，难于上青天"，成为古蜀对外交通的形象写照。四川盆地封闭的地形对古蜀经济、文化与外部的联系带来了很大的影响，但古蜀先民具有顽强的开拓精神，越艰难越向前，在非常艰苦的条件下，开辟了多条蜀地对外通道：远古时期就开辟有自三峡溯江而上的水道，由云南入蜀的僰道，有自甘肃入蜀的阴平道，有由关中通往汉中的褒斜道、子午道、故道、傥骆道（堂光道），以及由汉中通往四川的金牛道、米仓道等；汉代开辟了通向南中的五尺道，到近代则修建川陕公路、川湘公路，修建宝成铁路、成昆铁路、川黔铁路；当代则逐渐形成了以成都为中心的包括32条高速公路和10条铁路（已建、在建和计划修建）为骨干的出川通道和出海通道立体交通网络体系[①]，天上又有密布的航空线路。这些无不反映蜀人以顽强的精神、不懈的努力走向外部、走向世界的坚定决心和开拓精神。

古代成都人的开拓创新精神还集中表现在大规模治水上面。成都平原是一个冲积平原，在远古时期经常发生水患，洪水横流，沼泽遍地。为了生存与发展，一代又一代的成都先民不懈地与洪水做斗争。据文献记载，中华民族的治水英雄大禹就出生在岷山，由此形成了治水传统，从古蜀人的领袖杜宇、鳖灵到蜀太守李冰，他们先后带领成都人引水导河，兴修都江堰及成都平原系列水利灌溉工程，疏通了岷江水流，并把湔堰分为内外江两大支流，并"穿二江（检江、郫江）成都之中，引渠皆可行舟，有余，则有溉浸，百姓飨其利"[②]。"穿二江"改变了成都城市之侧没有大江河的状况，对成都的发展产生了重

---

① 《四川党的建设》编辑部：《西部综合交通枢纽建设迈出重大步伐》，《四川党的建设》（城市版）2008年第2期。
② 《史记·河渠志》。

要的影响。水是生命的源泉,任何一个大城市都必须靠近水源丰富的江河,世界上多数大城市都是建立在江河湖泊之旁。水文条件不仅是城市选址的重要条件,而且也是城市赖以生存和发展的重要条件。"穿二江成都之中",使成都城市有了充足的水源,生活用水和生产用水能够得到最大程度的满足。由于不断地治理和改造,成都平原的水利系统日臻完善,农业生产条件得到改变,使成都平原的农业经济出现了较大发展,成为中国最著名的农业生产区之一,水旱不饥,号称"天府之国"。

从古蜀时代开始,开拓创新的文化精神就一直贯穿于成都文化的发展之中。三星堆文化的世界性影响,不仅在于它灿烂的青铜文明,还在于它所蕴含的具有世界文明特点的丰富内涵。它揭示了三星堆文化和以它首开先河的巴蜀文化的开放精神和走向世界的开拓意识,从而打破了长期以来流行的所谓巴蜀文化自来就故步自封的"盆地意识"偏见,展现了巴蜀儿女敢为天下先的博大胸怀和豪迈气势。例如三星堆遗址中最引人注目的纵目人面像造型,都是突眼、阔嘴、宽耳。古蜀先民塑造了这样的形象,除宗教含义之外,就是为了突出表现人物的视听等功能,突眼代表传说中的"千里眼",宽耳表示"顺风耳",而阔嘴就是渴望言谈、善于交流的象征。这样的造型,充分表达了古蜀民族虽处于四川盆地闭塞、半闭塞的自然环境中,却希望看得远,听得远,渴望走出盆地、走向世界,与外部世界交流的强烈愿望。三星堆文化还创造了诸多"之最",如世界上最早、树株最高的青铜神树(高384厘米,三簇树枝,每簇三枝,共九枝,上有27只鸟,树侧有一龙缘树透迤而下),世界上最早的金杖(长142厘米,直径2.3厘米,重700多克,上有刻画的人头、鱼鸟纹饰),世界上最大、最完整的青铜大立人像(通高262厘米,重逾180公斤,被称为铜像之王),世界上最大的青铜纵目人像(高64.5厘米,两耳间相距138.5厘米),世界上一次性出土最多的青铜人头像和面具(达50多件)。

几千年来,成都开拓进取、务实创新的文化个性令世界惊叹,成都人创造了多个"世界第一"和"中国第一"。如成都是世界上最早大规模开采井盐和最早开采并使用天然气的地方,发明了世界上最早的丝织品——蜀锦,创作了迄今尚未解读的最神秘的"天书"——巴蜀图语,创办了中国最早的官办地方学校——文翁石室,编写了中国最早的地方志——《华阳国志》,创办了中国最早的皇家画院——翰林图画院,编译了中国最早有注文的石经——孟蜀石经,铸造了世界上最早的年号钱——汉兴钱,发行了世界上最早的纸币——交子,设立了世界上最早的官办银行——交子务，都江堰水利工程更是世界领先、扬名海内外。此外，汉代的漆器、蜀锦，唐代的"西川印子"、宋代的"蜀藏"等，都展现了成都文化的创造性。几千年来，聪慧的成都人善于学习，善于创新，正是由于他们的拼搏努力，才使成都始终充满活力，成都也才能在多次遭到破坏后不断再生，从而一直保持着区域政治、经济、文化中心的地位。

近代以降，成都人开拓创新的文化个性，首先集中表现为国家危难之际涌现出大批立志救世救国的先进知识分子，辛亥四川保路运动即为一突出例子。1911年，成都发生的保路运动不仅是成都历史的光辉篇章，也是成都开拓创新文化精神的典型体现。四川地处中国西南，相较于沿边沿海等省，较为闭塞，可是四川保路运动一鸣惊人，从少数社会精英的喃喃自语演变成一场轰轰烈烈的群众性运动，最终发展为推翻清王朝的起义，成为辛亥革命的导火索，为武昌起义的成功创造了有利条件，加速了中国最后一个封建王朝的覆灭。正如孙中山所言："若没有四川保路同志会的起义，武昌革命或者还要迟一年半载。"①

辛亥革命成功推翻清王朝，结束了2000多年的封建专制统治和帝制，引发了以传统政治为基础的旧有伦理与价值体系的松动。成都人的思想也发生了大解放，男人剪辫、女人放足、青年离家、自由恋爱、洋货畅销、西学昌盛……这些社会生活的巨变，反映了传统价值观念开始失去其在社会中的正统地位，新的思潮在成都逐步确立。

新文化运动时期，成都成为新文化运动的重要阵地，面对守旧派的复辟热潮，成都的进步知识分子展开了激烈而又深刻的反击。1913年，吴虞在《群醒报》上发表了主张宗教革命和家庭革命的批孔文章。1917年2月，吴虞在《新青年》2卷6号上发表了《家族制度为专制主义之根据论》，接着又连续发表了《读荀子书后》《消极革命之老庄》等一系列文章。此后，吴虞陆续在《川报》发表了《道家法家均反对旧道德说》，在《新青年》6卷5号上发表了《吃人与礼教》，在成都《星期日》发表《说孝》等文章。新文化运动旗手之一的胡适在为《吴虞文录》作序时，也称他为"中国思想界之清道夫"，"只手打倒孔家店的老英雄"②。

新中国成立后，尤其改革开放以来，成都人不断解放思想，不断突破盆地

---

① 冯玉祥：《我所认识的蒋介石》，文化供应社1949年版，第161页。
② 《吴虞日记选刊》，《中国哲学》第7辑，三联书店1982年版，第313~314页。

意识，坚持全方位推进改革开放，以大开放促大发展，使成都超越盆地、走向世界。因此，在当代，成都人更是以开拓创新的文化品质不断引起世人瞩目。改革开放以来，成都又出现了许多"全国第一"：1979年，打出全国第一个商业广告；1980年，发行了全国第一张股票——蜀都股票；1986年，全国第一家股份制合作银行——成都市汇通城市合作银行成立；1987年，新中国第一家典当商行——华茂典当服务商行在成都开业；1994年，西南地区首家金融租赁公司——四川金融租赁有限公司在成都开业；1996年，全国第一个国家级生态示范区——温江郫县都江堰生态示范区正式启动。可以说，在中国改革开放这个大舞台上，成都经常站在时代的前沿，成为时代的弄潮儿。近年来，成都分别被联合国世界旅游组织和教科文组织授予"中国最佳旅游城市"和"世界美食之都"称号，在盖洛普咨询公司进行的中国城市国际形象主观调查中排名第三，被世界银行评为中国内陆投资环境标杆城市，2011年被《财富》杂志评为15座全球最佳新兴商务城市之一。

三、崇文重教的文化传统

"天府之国"的地域环境使农业时代的蜀人长期享受农耕社会温饱安逸的舒适生活，由此滋生出蜀人崇文重教的文化传统和风气，并最终形成一种独特、绮丽的浪漫主义文化。灿烂的文化、发达的教育是贯穿整个成都历史文脉中最典型的文化特征之一。由于成都城市所具有的独特魅力超强吸引力，吸引着历代的文人墨客、名士大家来成都求学、生活或交流、游览，利用成都优越的自然、人文环境，创造了光辉的历史文化，同时也对成都崇文重教的文化传统的发展起到了重要的推动作用。

（一）"好文雅"和"颇慕文学"的文化风尚

成都"好文雅""颇慕文学"的文化风尚始于秦代文翁化蜀，所谓"至今巴蜀好文雅，文翁之化也"①。在此后的2000多年间，成都人文荟萃、名人雅士云集，故成都历史上有着"以文辞显于世"的美誉。唐人魏颢在《李翰林集序》中说："自盘古划天地，天地之气艮于西南。剑门上断，横江下绝，岷、峨之曲，别为锦川。蜀之人无闻则已，闻则杰出。是生相如、君平、王褒、扬雄，降有陈子昂、李白，皆五百年矣"。唐代大诗人李白在蜀中度过了

---

① 《汉书·循吏传五十九·文翁》，中华书局1982年版。

二十多个春秋，对巴山蜀水可谓是一往情深，"五岳寻仙不辞远，一生好入名山游"①，"峨眉山月半轮秋，影入平羌江水流，夜发清溪向三峡，思君不见下渝州"②。他的诗歌得自然之助，其诗风飘逸放恣，想象雄奇，语言自然流畅，音律和谐多变，余味深远，皆成天趣，从而形成特有的极富浪漫主义的文化瑰宝。

"自古诗人皆入蜀"。初唐四杰中的王勃和卢照邻也曾客居蜀中。王勃在四川云游了两年，当他离开四川时，写下了"长江悲已滞，万里念将归，况复高风晚，山山红叶飞"③的诗句，以此抒发漫游蜀地的心境。祖籍幽州范阳（今北京地区）的卢照邻也在蜀中生活了10多年，曾担任新都县县尉，并留下若干著名诗篇。边塞诗人高适在安史之乱后入蜀出任彭州、蜀州刺史，之后转升成都尹、剑南西川节度使，为蜀中局势的稳定做出了贡献。与高适齐名的边塞诗人岑参，晚年也入蜀出任嘉州（今乐山）刺史，蜀中山水、人物给他留下了美好印象，遂写下了《先主武侯庙》《扬雄草玄台》《司马相如琴台》《万里桥》《早春陪崔中丞同泛浣花溪宴》等诸多诗词④。唐代大诗人杜甫避乱入蜀，在成都生活了8年，创作诗词900余首。"万里桥西一草堂，百花潭水即沧浪"，杜甫的故居草堂更成为当今中国文化遗址的圣地之一，同样也是成都城市独具魅力的标志性文化遗产。唐代，汇聚于蜀地的文人还有很多，诗人元稹于元和十年（815）被贬为通州（今达州）司马，元稹在通州写下诗句："残灯无焰影幢幢，此夕闻君谪九江。垂死病中惊坐起，暗风吹雨入寒窗"⑤。一生中以"二句三年得，一吟双泪流"⑥著称的苦吟诗人贾岛，也于唐文宗开成二年（837）来蜀，出任长江县（今蓬溪）主簿，后调任普州（今安岳）司仓参军，并病死于普州。贾岛一生潦倒，但"位卑终蜀土，诗绝冠唐朝"。大诗人李商隐也曾两度入蜀，为后人留下了不少描绘巴蜀胜境的诗篇，如《夜雨寄北》："君问归期未有期，巴山夜雨涨秋池；何当共剪西窗烛，却话巴山夜雨

---

① （唐）李白：《庐山谣寄卢侍御虚舟》，《李白诗选》，人民文学出版社1961年版，第210页。
② （唐）李白：《峨眉山月歌》，《李白诗选》，人民文学出版社1961年版，第9页。
③ （唐）王勃：《山中》，《王勃诗解》，青海人民出版社1980年版，第163页。
④ 刘开扬选注：《岑参诗选》，四川文艺出版社1986年版。
⑤ （唐）白居易：《闻乐天授江州司马》，《元稹白居易诗选译》，巴蜀书社1991年版，第37页。
⑥ 黄鹏：《贾岛诗集笺注》，巴蜀书社2002年版，第384页。

时。"①唐代词人韦庄，于唐昭宗乾宁四年（897）奉使入蜀，任剑南西川节度使王建的掌书记；唐亡，王建称帝，韦庄为宰相。韦庄在成都生活了近10年，留下了不少描绘锦里风光的佳作，脍炙人口者如："春晚，风暖，锦城花满，狂杀游人"②；"锦里，蚕市，满街珠翠，千万红妆"③。作此二诗时，韦庄已经是花甲老人，但成都的富丽繁华和妙如仙境的娱乐文化，竟惹得他春心大发，宛如青春少年热情奔放。

"自古蜀中多才女。"唐代成都出现了若干著名才女，如著名女诗人薛涛不仅通音律，清诗词，多文采，而且还发明了薛涛笺，被称作古今绝艺，极负盛名；在今天的成都仍有望江楼、吟诗楼、薛涛坟、薛涛井等遗址，供人们参观凭吊。后蜀主孟昶之妃花蕊夫人也是才艺双绝的女诗人，幼能文，尤长于宫词，所写宫词描绘蜀地宫廷文化，用语以浓艳为主，也有个别词风格清新自然，犹如"清水芙蓉"一般。

宋代，黄庭坚、陆游、范成大等著名文人也曾入蜀，对蜀地文化产生了重要的影响。黄庭坚，祖籍洪州分宁（今江西修水县），在北宋新旧党争中，两次被贬，贬后入蜀为涪州（今涪陵）别驾，后又转戎州（今宜宾）安置。他以被"安置"的身份在蜀地生活了6年，深受四川官民的礼遇和崇敬。在成都杜甫草堂的工部祠内，人们将他与陆游并列，一起配飨杜甫，被誉为"异代升堂宋两贤"④。陆游，原籍越州山阴（今浙江绍兴），宋孝宗乾道五年（1169）被任命为夔州（今奉节）通判，次年入蜀，先后辗转于成都、蜀州、嘉州、荣州等地为官，在蜀中生活了8年，写下了"有花即入门，莫问主人谁"，"曾为梅花醉似泥"，"放翁五十犹豪纵，锦城一觉繁华梦"，"风雨春残杜鹃哭，夜夜寒衾梦还蜀"等大量咏赞巴蜀风光的诗篇。

巴山蜀水的秀美和丰富多彩的社会生活所产生的巨大魅力，使中国各地的文化名人无不入蜀，由此对蜀文化产生了重要的影响，推动了成都文化的繁荣和尚文风气的兴盛。正是历史上有这么多文化名人才令成都这座城市流光溢彩，也才使成都成为蜀文化的中心，而"好文雅"和"颇慕文学"的文化风尚成为成都文化的特质之一。

---

① 安徽师范大学中文系：《李商隐诗选》，人民文学出版社1978年版，第145页。
② （前蜀）韦庄：《河传》，《花间集》卷三，四川文艺出版社1986年版，第93页。
③ （前蜀）韦庄：《怨王孙》，《韦庄诗词笺注》第2卷，山东教育出版社2002年版，第581页。
④ 成都杜甫草堂对联："荒江结屋公千古；异代升堂宋两贤"。

（二）尊崇教育的文化传统

成都尊崇教育的文化传统，始于汉代蜀郡太守——文翁（前156年~前101）。汉景帝末年文翁为蜀郡守，兴教育、举贤能、修水利，政绩卓著。文翁在成都兴"石室"，办地方"官学"，招下县子弟入学，入学者免除徭役，以成绩优良者补郡县吏，促进蜀地文化教育的发展，"其学比于齐鲁"。班固在《汉书》中评论说："至今巴蜀好文雅，文翁之化也"。李焘《新修四斋记》载："后之为成都者，于学官不敢不致力。"① 韩绛也称："成都之学，郡国莫先焉，士人之众，四方鲜拟者。"② 由此，成都形成了尊崇教育的社会风尚。

成都地方官学教育经历了三国、两晋、南北朝时期兴废无常的状态之后，在隋、唐时又逐渐开始复兴。尤其是唐代，按照唐王朝中央政府的诏令及有关规定，四川地方的各级政府都先后创设学校，从而使成都教育的发展达到了一个新的高峰。前蜀时期，延续了唐代选用才能之士的传统，由此激励了教育的发展；一时间，私学教育比官学教育还要兴盛。后蜀时，更是重建了华阳县学和成都县学，特别是修复成都府学（即文翁石室）和刊刻石经，对成都古代学校教育产生了巨大影响。

宋朝统治者十分重视学校教育，所谓"自艺祖皇帝以揖让得天下，两幸太学，列圣因之。开设学校，尊崇师儒，内自京师，外薄四海，州县莫不有学"③。北宋王朝为了培育人才，曾在全国掀起了三次兴学运动，为了发展地方教育颁布了许多具体规定。按照宋王朝诏令所规定的地方教育政策，在今四川全境应设立路学4所，州学35所，军学8所，监学3所，县学180所。经过宋王朝的三次兴学运动，四川的路学、州学及县学都逐渐修复或改建。例如宋杨甲《修学记》写道："成都学官，自汉至今千余载，祠殿、讲堂，岿然独存，其西属延三百楹，壮丽廓大，是为崇宁新学。"④ 北宋王朝的兴学运动，促进了四川地方教育的发展，使成都教育又出现了一个高峰。南宋时期不少地方教育受战争的影响而衰落，但自北宋末年到南宋末年，四川地区有将近250年的安定环境，从而为教育的持续发展提供了前提，故成都的官学教育仍然处于

---

① （宋）李焘：《新修四斋记》。
② （宋）韩绛：《讲堂箴并序》。
③ （清）常明修、杨芳灿纂：《四川通志·中江县修学记》。
④ （清）常明修、杨芳灿纂：《四川通志》卷七八。

不断发展中。宋人冯时行《修成都府学记》载："绍兴二十八年（1158）冬，天子命中书舍人、鄱阳王公出镇全蜀，明年四月至成都，下车谒孔子庙，顾见学官圮毁不治，谓然而叹。且言皇上拨乱反正，易干戈为俎豆，开立政化，纯用儒术，常以万机余闲，手抄六经、论语、孝经、孟子，战国乐毅、晋羊祜列传，及图孔子与门第子七十二人像，躬为叙赞，颂之郡国，藏之学官，以示惇劝，以率斯文，德至渥也。成都西南大府，当是时，学校荐祭无位，肄习无所，其何以仰承圣明休德，亟命度材计工，涓吉肇事，力不民役，费不民取，易腐败而新之，与新作而补其阙，凡四百楹，皆宏敞静深，精坚严贲，公来视成。"① 以成都为中心的四川地方教育在宋代有较大发展，宋代科举考试，四川中榜者居全国前列。据田况撰《进士题名记》记载："益州自太平兴国以来，登进士第者，接踵而出。天圣、景祐中其数倍。至庆历六年，一榜得十八人，皇祐元年得二十四人，他州来学而登第者，复在数外，其盛也如此。"② 宋代四川的书院也有进一步发展，据初步统计，宋代四川共建书院二十余所，其中最著名者有果山书院、柳沟书院、五峰书院、鹤山书院、玉渊书院、同人书院、北岩书院等。书院的兴起，既打破了地方官学的呆板学风，又促进了文化学术的发展。

明清时期，尽管成都城市先后遭受了两次空前破坏，城市文化也出现衰落，但是随着成都城市的重建与经济的恢复，成都文化又逐渐显露繁荣的景象，"文学之士"也开始"彬彬辈出"，如明代有杨廷和、杨慎父子，清代则有李调元等人。清代，成都创办的各类书院也在省会城市中居于前列，并涌现出一批著名书院，如潜溪书院、锦江书院、墨池书院、芙蓉书院、尊经书院等。

光绪元年（1875），在时任四川学政张之洞主持下，高悬"石室重开"匾额的尊经书院在成都南校场建成开学。尊经书院在其后28年间成为巴蜀人才的摇篮，对四川社会产生了重要的影响。清季，实施教育改革，以成都为中心的四川新式教育体系开始初步形成。成都崇文重教的文化传统随时代的变迁也发生了质的转变，不仅出现了新式的教育机构，也涌现出一大批新式知识分子与文学巨匠，如巴金、李劼人等。抗战军兴，成都的教育得到较大发展，不仅中

---

① （清）常明修、杨芳灿纂：《四川通志》卷七八。
② （清）常明修、杨芳灿纂：《四川通志》卷七八。

小学教育十分兴盛，而且高等教育也居于全国前列，成都成为大学之城，大师云集。陈寅恪、吴宓、李方桂、萧公权、钱穆、顾颉刚、徐中舒等诸位大师先后入蜀，高坛讲学，新旧兼容，中西并举，旧学得承，新学大光，造就了近代成都文化教育事业的鼎盛和人才辈出。

新中国成立后，尤其是改革开放以来，成都在承袭崇文重教文化传统的同时，更增添了现代文化教育的多种新元素，发展成为中国西部重要的教育中心之一，据统计，2007年，成都有普通高等院校40所，在校学生54.1万人，专任教师3.4万人；普通中小学校1026所，在校学生138.88万人，专任教师7.76万人；学龄儿童入学率99.96%；幼儿园1660所，在园幼儿24.91万人，专任教师1.14万人[1]。与此同时，成都的文化事业蒸蒸日上，文化产业迅猛发展。8个市属专业表演团体共演出1978场，观众达193.3万人次。全市有群众艺术馆3个，公办博物馆14个，文化馆17个，公共图书馆21个，馆藏图书915.1万册[2]。

正是由于成都文化具有"颇慕文学"的风尚，造就了成都"崇文重教"的文化传统，出现了"巴蜀自古出文宗""诗人自古例到蜀""自古蜀中多才女"的三大文化现象[3]。正是基于这种崇文重教文化传统的传承与积淀，今日成都依旧充满了浪漫与文雅的气韵。

成都文化经过几千年的传承与积淀，塑造出了独具特色的文化特质，其和谐包容的文化气度、开拓创新的文化精神、崇文重教的文化传统构成了成都文化的主旋律。此外，成都文化在长期的发展过程中还形成了张弛有道的文化特征。成都是一座开拓创新的城市，同时也是以懂得生活艺术，并善于享受生活而著称的城市，正如时人所感言："成都人的生活始终是勤劳中伴随着永恒的优哉游哉"[4]。成都人所具有的独特生活方式和生活态度，是在长期的历史发展过程中形成的，是天府之国优越的自然环境与包容的人文环境长期协调发展的结果。成都人自古以来就养成了辛勤劳动与闲适游乐可以兼得的文化心理，因而他们一方面努力劳动，创造物质财富，另一方面也珍惜时光，尽情地享受美好的生活，形成了特有的生活习俗和生活情趣，以及张弛有道的文化心理。

---

[1] 《成都社会发展（2007）》，《中国·成都》，www.chengdu.gov.cn，2008年3月17日。
[2] 《成都社会发展（2007）》，《中国·成都》，www.chengdu.gov.cn，2008年3月17日。
[3] 谭继和：《神奇、神秘、神妙的巴蜀文化》（下），《四川党的建设》（城市版）2007年第9期。
[4] 陈锦：《市井成都》，《华夏地理》2006年11月。

当代成都城市生活具有休闲、时尚、包容、大众化等基本特征,这些基本特征的形成,与历史上"天府之国"的自然地理环境、移民社会的历史渊源、长期作为区域政治中心的城市功能、城市市民社会对工作与生活关系的特殊深刻理解等一系列原因是分不开的。因为地域因素的作用,成都城市生活当中自然会形成一些独特的方式如茶馆繁盛、地方饮食戏剧文化流行、麻将等各种益智运动尤为突出等流行色,充分展现了成都文化的个性特征。成都文化所具有的包容性,使成都人善于吸取国内外其他城市优质的社会生活方式,并将其纳入成都的生活方式之中,并与原有的文化相融合,因而成都人的生活既传统,也时尚,不断地与时俱进,不断地开拓创新。可以说,成都人的生活方式是越来越丰富多彩,越来越讲品位,越来越多层次、多元化。正是成都人不断追求,不断开拓创新,才使其生活充满了阳光和智慧。不必讳言,成都人的生活也存在个别不健康的因素,但这些都不是主流,因而不应以此就对成都文化在整体上加以否定,重要的是如何对大众进行引导,并提供更多的娱乐方式,从而使成都人的生活方式更加健康,更加多元化、多层次化,使其生活更加丰富多彩。

成都文化历经数千年传承与嬗变,在改革开放以来出现了新的发展,尤其是在2008年汶川特大地震发生后,成都文化的优点进一步得到彰显。在灾难面前,成都人众志成城,全力救灾,使灾难减少到最低程度,在灾后重建的过程中更是发扬勇敢坚毅、自强不息、乐观豁达和奋进奉献的精神,用生命与激情对成都文化做出了最新诠释。

2011年,成都市委、市政府确立了将成都建设成为世界生态田园城市的宏伟目标。此一战略定位作为创新科学发展观的又一积极实践,既符合国家发展战略要求,又是成都文化在新时期的开拓与发展,具有鲜明的特色,成为成都打造全球最佳人居环境品牌的要素之一,从而增强成都文化的核心竞争力。

第三节 重庆城市文化特质

两江夹峙、莅控五津的重庆,以舟楫之利及重要的战略地位,自古以来即为兵家必争之地,是我国西南的著名重镇。亘古奔流不息的长江、嘉陵江孕育了巴渝儿女,浇灌出巴渝文化的灿烂之花,由此构成了重庆城市文化要素的独特性。重庆文化的一条显著轨迹就是"一直是朝着壮美——阳刚、雄健的走向延伸"①。

重庆城市历史文化是一个内容极为丰富的庞大体系，生存观念、崇力尚武、忠贞不渝、抱团尚义在重庆城市文化中均有极为充分的显示。在这个体系中，尚武精神占据了极为重要的地位。如果说生存观念是巴人精神的原点，那么尚武精神就是保证巴人生存的手段的，而其余诸如忠贞不渝、抱团尚义等风范则是直接与其尚武精神紧密联系。可以说，崇力尚武是农业时代重庆城市发展的核心精神，是融会古代重庆城市文化的主线。因此，在古代，重庆城市历史文化就主要体现为崇力尚武的文化传统和淳朴实用的文化风尚这两个方面，而其余的文化表征则是容纳于此或由此派生的。

一、崇力尚武的文化传统

在古代的重庆城市文化中，一个甚为显著的特点是尚武文化的发达，武风的浓郁，尚武精神的强烈，武性基因贯穿社会生活的各个领域，渗透在社会实践的方方面面。以劲勇、尚力、知兵、善战、勇武为特征的崇力尚武成为重庆历史文化的一个显著特质，其具体表现为繁多的军事活动和众多的军事人物两个方面。

（一）频繁的军事活动造就巴人的尚武勇猛性格

重庆因居于重要的战略地位而战事频繁，故而巴人以勇猛而闻名于华夏。如传说中巴人帮助黄帝逐鹿中原，夏代帮助启讨伐有扈氏，殷代与大邑商相抗衡，周初参与武王伐纣，春秋战国周旋于列国，其后在秦、汉、晋、隋、唐的"大一统"战争中都有巴人的身影。在历史文献中有关巴人勇猛的记载甚多，如"廪君兵强"②"巴师勇锐"③"锐气喜舞"④"巴人劲勇，见敌无所畏惧"⑤。类似的记载还见于《太平御览》《白虎通·礼乐》《楚辞章句·天问》《后汉书·南蛮西南夷列传》等史籍中。在巴人的墓葬中通常都有兵器，

---

① 王毅、傅晓徽：《重庆文化的壮美基调》，《文史杂志》2002年第3期。
② （北宋）李昉等：《太平御览》卷五三《荆州记》。
③ （晋）常璩：《华阳国志·巴志》。
④ （晋）常璩：《华阳国志·巴志》。
⑤ 《魏书·董绍传》。

有学者认为兵器在巴人墓葬中的普遍性表明具有"全民皆兵"的意义①。明白了这一点,就不难理解几乎每个历史时期的重大战争都会有巴人的身影。

从各个历史时期巴人参与的战争类型来看,主要有以下三种类型:一是频繁参加中原王朝反对旧王朝的统一战争;二是帮助中原王朝抵抗外敌入侵;三是建立自己的政权而战斗。

1. 帮助中原王朝建立大一统政权的战争

巴人本身来自中原,对中原始终保持着强烈的内聚心理,故自中原进入文明时代以后,巴人屡屡参与中原王朝"大一统"的创建。夏、周、秦、汉、晋、隋、唐王朝的建立,巴人均出过大力,其劳至勤,其功甚伟,为中华民族的大一统做出了不可磨灭的贡献。所以,潘光旦先生高度评价说:"唐代以前,历史上为了统一祖国而进行的若干次成功的战争中几乎都有巴人参加。"②

第一,助启灭虞建夏朝。

夏启代伯益,废除禅让制,实行王位世袭制,家天下正式确立。在启益之争、讨伐有扈氏的军事行动中,巴人站在夏启一边,积极参与夏政权的建立和建设。之所以说巴人参加了启讨伐益和有扈氏的军事行动,一是因为从黄帝到夏禹,巴人一直与中原的部落英雄首领保持着至为密切的关系。《华阳国志·巴志》云:"(禹)会诸侯于会稽,执玉帛者万国,巴蜀往焉。"这说明禹不仅为启代益准备了强劲的实力,而且也反映巴人与夏关系的紧密。二是因为巴人先民在英雄时代所确立的赫赫声威,启不可能不加以利用,毕竟这是一个勇武善战的部落,是一群能够致敌于死的致命杀手。徐文华《巴人与战舞及其升华》一文认为,"巴人战舞有着五千年的历史。五千年间,它经历了四次升华",而第一次升华就是禹王练兵,改造巴舞。可见,夏禹是充分利用过巴人的军事实力,毕竟巴人"刚勇好舞",有极强的军事技能③。三是因为"夏人始称其都曰'邑',商人继之。'邑'在表示'封域'的口形之下,有一巴字,看来无巴不成邑。巴人对夏商都邑之建设曾起重要作用"④。以上表明巴人积极地参加了夏朝政权建设和城邑建设。巴人除有巨大的军事才华外,亦有

---

① 李禹阶、黄晓东:《巴族社会组织的一般性与特殊性》,《巴渝文化》第3辑,西南师范大学出版社1994年版,第175页。
② 潘光旦:《湘西北的"土家"与古代的巴人》,《中国民族问题研究辑刊》第4辑,1955年。
③ 徐文华:《巴人与战舞及其升华》,《土家学刊》2001年1期。
④ 张良皋:《巴师八国考》,《江汉考古》1996年1期。

很高的治理国家、管理城市的水平,更重要的是它反映了夏人对巴人的高度倚重和信赖,以至于"以巴名邑"。另外,根据邓廷良在《巴人族源试探》中的考证,"古代巴人属于氐系之龙蛇团族,源出陇右沿东西汉水东南迁。从母系角度论,巴为夏的亲支"①。基于上述理由,可以确认巴人很早就进入中原,积极地参加了启益之争、讨伐有扈氏的军事行动,对夏朝的建立起到了重要的作用。

第二,前歌后舞建西周。

殷周鼎革,纣王无道,武王伐纣。牧野之战,巴人"前歌后舞,以凌殷人"。故巴人对西周的建立起了重要作用。《华阳国志·巴志》云:"周武王伐纣,实得巴蜀之师,著乎《尚书》。巴师勇锐,歌舞以凌,殷人前徒倒戈。故世谓之曰:武王伐纣,前歌后舞也。"但《尚书》并无巴人参战的直接记录,对此学者们进行了深入的研究,或认为巴人就是"虎贲三千"的"虎贲"②,或认为是"西土八国"中的髳人③,或认为是彭人,或认为是以彭、濮而概巴④。但巴人参加了武王伐纣的牧野之战,对殷商的覆灭、西周的建立做出了重要的贡献,则是无疑的。

武王伐纣胜利后,鉴于巴人在伐纣战争中的特殊功勋,乃进行分封,巴人被爵之以子,巴地成为周王朝的南土,其后巴与周一直保持着极为密切的关系⑤。

第三,巴师入楚定江南。

秦自商鞅变法以后,内修耕作,外事兵戎;国富民强,蒸蒸日上,人民劲勇,国力强盛,开始进行统一战争。公元前316年,秦国利用"巴蜀世仇"的矛盾,派张仪、司马错、都尉墨等伐蜀攻巴,一举灭蜀,进而"取巴,执王以归"。从此以后,巴蜀地域纳入秦国版图,巴蜀丰富的军事战略物资也被秦国掌控,巴蜀军队也频繁参与统一战争,无数巴蜀人捐躯沙场。公元前223年秦王嬴政就"以巴人的武勇,巴人所处地位的优势,发巴、蜀之师,顺江而下,

---

① 邓廷良:《巴人族源试探》,《南充师范学院学报》1985年4期。
② 徐中舒:《论巴蜀文化》,四川人民出版社1982年版,第108页。
③ 邓少琴:《巴蜀史迹探索》,四川人民出版社1983年版,第102页。
④ 董其祥:《巴蜀社会性质初探》,《巴蜀历史·考古·民族·文化》,巴蜀书社1991年版,第41页。
⑤ 《逸周书》卷七《王会》,《二十五别史·逸周书》,齐鲁书社2000年版,第83页。

一举灭亡了楚国,统一了天下,建立了有利于中华民族族体复合的中央集权政治"①。

第四,助汉攻楚平三秦。

秦末失鹿,天下共逐之。陈涉发难,项羽覆秦,楚汉相争,刘邦受封为汉中王。刘邦充分利用了巴人勇武善战,接受了巴人儒将范目的建议,征发巴人支系賨人卢(罗)、朴、沓(昝)、鄂、度、夕、龚(龚)七姓讨伐三秦,巴人冲锋陷阵,锐气喜舞,成功平定了三秦,不仅使刘邦的汉中之地获得了巩固,而且剪除了三秦的牵制,兼并了关中之地,为刘邦东向争夺天下创造了条件。正如《华阳国志·蜀志》所载:"汉祖自汉中出三秦伐楚,萧何发巴、蜀米万船而给助军粮,收其精锐以补伤疾。"《华阳国志·巴志》也称:"汉高帝灭秦,为汉王,王巴、蜀。阆中人范目有恩信方略,知帝必定天下,说帝,为募发育民……阆中有渝水,賨人多居水左右,天性劲勇,初为汉前锋,陷阵,锐气喜舞。帝善之,曰:'此武王伐纣之歌也。'乃令乐人习之,今所谓'巴渝舞'也。"可见,巴人不仅参加了刘邦还定三秦的战争,而且功勋卓著,名存史册,其功业得到了汉王朝的充分肯定,巴人歌舞——巴渝舞亦被封建统治者纳入中原雅乐体系——汉乐府。其后汉武帝开西南夷,收南越,无数巴渝儿女奔波忙碌,效命疆场,成就了武帝勋业,巩固了统一的多民族封建国家。

第五,巴人水师入东吴。

汉末纷争,豪杰群起,诸侯并立,因缘离合,鼎成三国。司马崛起,吞蜀代魏,帝晋平吴,一统再造,功业遂成。在晋灭吴的统一战争中,巴人再一次做出了贡献。晋王浚平吴,军中就有巴人士兵几千人,皆效死立功,水师吞吴,鼎成功业。

第六,杨素率巴灭陈朝。

杨坚代周,削平群雄,统一再兴。在隋灭陈的统一战争中,巴人再次为之立名扬万,建功疆场。据《隋书》卷四八《杨素传》记载,信州(治今重庆奉节县)总管杨素鸠工建造了五牙、黄龙、平乘等战船,陈朝将军吕仲肃在荆门、延州屯兵固守,企图阻扼顺流东下的隋军。杨素"遣巴蜒卒千人,乘五牙四艘,以柏橹碎贼十余舰,遂大破之,俘甲士二千余人,仲肃仅以身免"。这

---

① 冉景福:《巴人·土家族与中华民族》,《巴乡村》1998年第6期。

次水战，巴人以寡胜众，战功显赫。经此一役，"陈主遣其信州刺史顾觉镇安蜀城，荆州刺史陈纪镇公安，皆惧而退走。巴陵以东，无敢守者"。巴人对陈朝军事打击的威慑作用对隋平陈产生了巨大而积极的影响。

2. 帮助中原王朝抵抗外敌入侵

重庆不仅在历代中原王朝建立大一统的事业中起到了中流砥柱的作用，而且还参与一系列的抵御外辱的战争，其中最著名的就是抗蒙战争。

第一，抗击蒙古入侵战争。

南宋末年，蒙哥汗亲自率蒙古大军进攻四川，自宋嘉熙三年（1239），重庆府城与合川钓鱼城互为支援，坚持抗蒙元军队进攻达40年。

淳祐三年（1243），余玠率军队在重庆地区与蒙古兵进行了大小共三十六次激战。淳祐四年，余玠以四川安抚制置使知重庆府兼任四川总领财赋夔路转运使，革除弊政，建招贤馆，礼贤下士，得播州冉琎、冉璞二兄弟，采纳二冉建议，在钓鱼山上筑城，徙合州城于上，由二冉负责，先后又筑青居、大获、支顶、天生等十余城，皆"因山为垒，棋布星分，为储郡治所，屯兵聚粮为必守之用"①。宋理宗宝祐元年（1253）七月，余玠去世。此后，蒙军加紧了攻夺重庆的步伐，于宋景定四年（1263），在蒙古都之帅汪良臣率领下击败宋知泸州朱禩孙所率援军，并夺取了重庆洪崖门，俘虏了宋将何世贤②。德祐二年（1276）二月，张珏遣张万以巨舰载精兵，断内水桥，入重庆。四月，合重庆兵出攻凤顶等寨。六月，又收复泸州。元兵于是渐解重庆围。至宋帝昺祥兴元年（1278），元兵万余众围重庆城，宋将张珏兵败，宋都统赵安以城降。张珏率众巷战，走涪州，自尽而死。张珏为抗元虎将，人号为"四川虓将"③。

自1259年，蒙古军队进攻重庆城北门户——合川钓鱼城，历36年攻而不下，南宋守将余玠、王坚、张珏以弱师孤城拒虎狼之军，先后挫敌于阵前，尤其是1259年钓鱼城一战，不仅打死了蒙古前锋之帅汪德臣，更令蒙哥汗中炮而死，创造了中外战争史上以弱胜强的罕见战例。此战不仅扭转了局面，使南宋小朝廷又苟延残喘了一段时间，也为保卫欧洲文明立下了汗马功劳，钓鱼城也因此被欧洲人称为"东方麦加""上帝折鞭处"。宋末元初，重庆军民抗击蒙

---

① 《宋史·余玠传》，中华书局1977年版，第12470页。
② 《中国军事史大事记》，上海辞书出版社1996年版，第327～331页。
③ 《宋史·张珏传》，转引自吴庆洲：《四塞天险重庆城——古重庆城的军事防御艺术》，《重庆建筑》2002年第2期。

元军队的进攻的斗志,充分表现了重庆的尚武精神。

第二,夔东十三家抗清战争。

明末清初,活跃于川、鄂、陕、豫诸省交界处,也就是夔州以东地区的反清武装力量总称为夔东十三家,以反清复明为宗旨,核心成员为原李自成、张献忠部农民起义军,坚持抗清达31年之久。顺治二年(1645),李自成从北京退出后,连续败于清军,最后在湖北通山县九宫山遭到地主武装杀害,其余部刘体纯、郝永忠、李来亨、袁宗弟等在各地尚有40余万人,于顺治三年至四年前后,络绎转战至川鄂边区兴山、归州、巴东、大宁等县,实现了各路农民起义军的大联合。康熙元年(1662)九月,在历次围剿失败之后,清廷组织了规模最大的对夔东十三家的联合围剿,由李国英、董学礼、王一正等率部对十三家义军实行三面夹击。战事异常惨烈,十三家起义军多次反攻,企图突围,因清军封锁严密,皆未成功。到康熙二年(1663)冬,夔东十三家的基地日益缩小,处境困难。十二月,刘体纯兵败自缢,郝永忠、袁宗弟被俘杀,许多将领降清。康熙三年初,清廷增调大军20万,包围李来亨部于茅麓山。八月五日,李来亨粮尽矢绝,全家自焚,部众溃散。至此,坚持斗争达31年之久,威名赫赫的夔东十三家起义军宣告失败。

3. 创建民族政权战斗

巴人早入中原,是中原群团的基本民众,他们在中原文明进程的影响下,建立了许多属于巴人的民族政权。

第一,夷城巴国。

夷城巴国,这是史籍记载中巴人最早建立的民族政权。在廪君时期,经过"五姓争盟"和成功组织了顺夷水到夷城的大迁徙,并通过与盐水女神的战争,廪君表现出卓越的领导管理才华以及高超的谋略。一方面,廪君地位日高,声誉日隆,权威见重,权力弥强;另一方面,百姓不得不心悦诚服,矢志事君。最终巴人正式创建了自己的民族政权——夷城巴国。

第二,汉水巴方。

巴方,也称汉上巴、汉水巴方,是商代一个很重要、极活跃的方国,它是商代众多巴人政权之一。巴人早在黄帝时期,就已入居中原,并且是早期中原群团的基本民众,是黄帝、颛顼、帝喾、唐尧、虞舜等逐鹿中原的中流砥柱。巴人在中原文明的影响之下,建立了许多属于巴人自己的民族政权。又经过千余年的发展,到商代中晚期,终于演变成为一个主宰一方的方伯首领,并与商王朝进行了长期艰苦卓绝的战争,这就是"妇好伐巴方"的著名战争。此次战争是巴人历史上的重大事件,它对巴人未来的发展产生了深远的影响。巴方虽然是一个强大的方伯统领,巴人虽然也勇敢善战,但是商人毕竟力量更为强大,因此,战争的结局也就可想而知。关于巴殷之间战争的最后走向,周勇主编的《重庆通史》依据"商(赏)于巴奠(甸)"的甲骨文献,认为经过"妇好伐巴方",巴方已经"臣服于殷,成为殷代千里王畿边境上的一个方国"①。徐中舒在《巴蜀文化初论》中则认为,"周自太王迁岐以后,周之国力逐渐向江汉流域发展,当时巴的统治者,可能已属周人"②。

第三,重庆巴子国。

巴子国,最早本是西周分封制的产物,在公、侯、伯、子、男五等爵中,属于子爵,到战国时期西迁,定都江州,转化为巴人的一个民族政权。巴殷战争之后,巴人结盟交好于周。周武王伐纣,巴人参与其战,"前歌后舞,以凌殷人",对周人翦商大业的完成起了重要作用。事后,鉴于巴人的劳苦功高,战功卓著,周对巴人褒奖赏赐有加,建立了巴子国,并将巴王室赐姓为姬,赋予巴子国镇抚南土之责。

战国时期,因为楚人的崛起和进逼,巴人被迫西迁。巴人沿清江河水上行,到其源头转入郁水,顺郁水而下至今重庆彭水县城关,然后进入乌江水道,沿乌江下行,到达乌江、长江交汇之处——枳(今重庆涪陵区)。枳是白虎巴人进入重庆后第一个立足之点和最初的政治中心,他们就是凭借枳和枳南的广大地方,包括湘西北沅江流域在内,后来总称为巴黔中的自然条件,向东发展,到达平都(今重庆丰都县),将这里建设成为巴子别都;向西发展,这是巴人发展的主要方向,他们溯江而上,到达江州(今重庆市渝中区)。由于这里是环江为池,以山为城,有险可凭,易守难攻,且嘉陵江、长江两江交汇,水陆交通便利,是建都立国最理想的地方,于是巴人遂最终将这里作为巴子国最大的政治中心——国都。对此,《汉书·地理志》《左传》《元和郡县志》《舆地广记》《嘉庆一统志》等重要历史典籍均将重庆视为巴子国的国都。巴子国定都江州以后,积极开拓土宇,发展势力,首先征服了今合川至川中的百濮群落。之后,巴师进抵川北,通过一系列斗争,把蜀国的势力挤到阆

---

① 周勇编:《重庆通史》第一卷,重庆出版社2002年版,第17页。
② 徐中舒:《巴蜀文化初论》,四川人民出版社1981年版,第19页。

中以西、以北，从而完全控制了川北以及汉中。同时在南边，攻占蜀的鳖国之地，控制了黔北。这样，通过一系列的军事征服与军事扩张活动，巴子国到其鼎盛时期，其疆域至为辽阔，"其地东至鱼腹，西至僰道，北接汉中，南极黔涪"①，囊括今陕西汉中东半部、重庆、川北、湘西北、贵州北部，其领土比当时中原韩、赵、魏三雄之和还要广。

第四，遵义鳖国。

遵义鳖国，是巴人鱼鳖系鳖灵部西迁贵州遵义地区后所建立的一个民族政权。巴人鳖灵部本发源于巫巴山地，其图腾信仰仍然与白虎巴人相同，他们主要居于水边，善于捕鱼，以渔猎经济为主，但也特别擅长水利建设，治水是其强项。他们在白虎巴族的主要成员西迁重庆、立国江州以后，也沿白虎巴人的踪迹，举族西迁。这支巴人一路西行，可他们到达重庆彭水县后，并没有北上与白虎巴人会合，而是继续西进。他们遂从乌江转溯芙蓉江，到达今贵州遵义地区。于是巴人鳖灵部遂在这里安营扎寨，落地生根，披荆斩棘，开辟草莱，以遵义为中心建立了以"鳖"为名的国家。鳖国范围大约北面包括重庆綦江流域，南面包括今遵义地区大部分。

此外，巴人还建立了蜀鱼凫王朝、蜀开明王朝、大越国以及成汉国、宕渠賨国、涪陵枳巴等民族政权。

实际上，巴人除积极为中原王朝的创建效命立功和根据特定时代的社会情势大力创建自己的民族政权以外，他们还参与了诸多少数民族政权或其他政权的建立，如僰国、笮都、夜郎、滇国、五斗米道农民政权等。不仅如此，巴渝人民在应对中原王朝的暴政时依然毫不犹豫地举起了反抗的大旗，诸如东汉巴郡板凳蛮起义、涪陵韩秀升反唐之战等。

纵观巴渝人民及其先民的军事活动，自黄帝以来就几乎参加了缔造中华民族及其历次大统一的所有重大军事活动，不仅创建了多个巴人政权，而且对中华民族一统格局的形成、发展和巩固做出了极为重要的贡献。

（二）群星灿烂的军事人物

在巴人的军事活动中，涌现了一大批军事领导人物，他们知兵善战，勇武过人，或开拓疆土，或拱护社稷，为巴地的发展、壮大可谓是呕心沥血，丹心款款，赢得了极为崇高的声誉，故历史上"巴将"甚为有名。《华阳国

---

① （晋）常璩撰，刘琳校注：《华阳国志·巴志》，巴蜀书社1984年版，第25页。

志·巴志》就称："巴有将，蜀有相。"有学者统计，重庆涌现的杰出军事领袖人物有巴人始祖廪君、巴国青史唯一留名的将军蔓子、蜀开明王朝的创立者鳖灵、楚相春申君黄歇、秦廷尉扶嘉、汉初著名巴人儒将范目、汉巴郡太守严颜、蜀汉大臣董和董允、东吴大将甘宁、晋散骑常侍文立、成汉王李雄、丞相范长生；抗元将帅余玠、王坚、张珏（此三人非重庆人但在此建奇功）；明代重庆籍胡子昭、江渊、李文进、张佳胤、蹇达、赵可怀、刘时俊、陈新甲、王应熊、程源等10个兵部尚书，蹇义、白勉、聂贤、刘春、刘岌、夏邦谟、罗洪载、喻茂坚、李养德、倪斯蕙、高倬等11个五部尚书，蒋勉、李实、邵仲禄、刘世曾、杨芳、高启愚、胡世赏、喻思恂等8个侍郎及女都督少保秦良玉；清代吏部尚书张鹏翮、兵部尚书周煌、兵部侍郎周兴岱、工部侍郎韩鼎晋、刑部侍郎王汝璧、生擒张格尔的总督胡超、清廉按察使李宗羲、甲午勇将徐邦道、抗俄将军程德全。近现代则有中共早期领导人赵世炎，开国元帅刘伯承、聂荣臻等[①]。

由于重庆的军事人物实在数不胜数，就不再一一赘述。由此我们已能得知，巴人极富尚武精神，军事不仅是维护本民族自存、自立、自强的重要手段和工具，而且也是巴人对中华民族有所贡献并贡献卓越的途径之一。因此，巴人军事活动极为频繁，军事人才极为突出。这二者结合在一起又共同成为重庆城市文化中崇力尚武文化传统的生动实录。

二、爱国尚义的文化秉性

从古代巴国至现代重庆，涌现出无数的帝王将相和英雄豪杰，他们或勇于革命反抗，或忠勇为国。因此，"崇力尚武"的文化传统理所当然地成为重庆历史城市文化的重要特质之一，它使重庆人始终具有不畏艰难险阻、不畏强暴、勇于斗争、勇于反抗、强健剽悍的地域文化精神，这种地域文化精神犹如一根生命线，贯穿着重庆历史发展的全过程，并演化为爱国尚义的文化秉性。重庆自古以来就不乏"爱国尚义"的文化因子。巴国时期，既有为存国土而自刎的蔓子将军，东汉也有失地不失节的大将严颜。为表彰和纪念巴蔓子与严颜的忠勇，二人故里临江被改名为忠州。南宋合川钓鱼城抗击蒙元更是成为世界防御战史上的奇迹。明末石砫总兵秦良玉两次率兵赴山海关抗清，并在川平奢

---

① 傅德岷：《巴渝英杰名流》，重庆出版社2004年版。

崇明叛乱,解成都之围;又克重庆,擒斩叛将樊龙。清代秀山人杨芳在平准噶尔叛乱中战功卓著,被封为果勇侯;永川人黄开基在台湾参加抗英战争,击败英舰阿纳号;涪陵人徐邦道在甲午战中,在金州浴血奋战,重创日军;云阳人程德全在黑龙江为疏难民,以身堵俄军炮口;邹容撰《革命军》,倡导推翻帝制,建立平等、自由、独立、民主的中华共和国,为辛亥革命制造了强大的舆论。在中国现代史上,重庆哺育了刘伯承、聂荣臻两位共和国的元帅,以及赵世炎、杨闇公等早期中共领导人和万涛、彭咏梧、江竹筠、陈然等大批烈士。这一切构成了重庆爱国尚义的一条历史红线。

在爱国主义精神的引领下,现代重庆形成的陪都文化和红岩文化更是体现出近代重庆爱国尚义的文化精神。近代中国历史上,没有哪个城市创造过如重庆陪都文化那样悲壮辉煌的城市文化。重庆作为抗战时期的中国首都和世界反法西斯战场的东方指挥中枢,成为与伦敦、纽约、莫斯科齐名的世界反法西斯历史名城,谱写了近代重庆城市文化史上最灿烂的篇章。

首先,陪都文化表现出了中华民族挽救民族危亡、救亡图存的爱国主义精神。季羡林认为中国优秀的人文精神有两点:"一是爱国主义,二是有骨气"①。植根于中华大地的爱国主义精神在抗日战争中得到了高度的发扬,爱国主义精神也是陪都重庆抗战时期的精神支柱。1937年"七七"卢沟桥事变后,日本大举侵略中国,全民族抗战开始。10月29日蒋介石召集国防最高会议,作了《国府迁渝与抗战前途》的讲话,确定四川为抗战的大后方,重庆为国民政府驻地。11月16日,国防最高会议正式决定迁都重庆;11月20日,国民政府发表移驻重庆宣言:"国民政府兹为适应战况,统筹全局,长期抗战起见,本日移驻重庆。此后将以最广大之规模,从事更持久之战斗"②。之后,国民党中央党部迁渝,到1938年1月11日国民政府机关均由南京迁到重庆,重庆成为中国战时首都。12月蒋介石由桂林飞抵重庆,随后国民政府军事委员会亦移渝办公。重庆遂成为中国抗战时期的政治、军事、经济、文化中心。

抗战期间,包括战时首都重庆在内的四川,给前线输送了大量兵员,应征赴前线的兵员达300多万人,做出了巨大的牺牲。1937年8月成立了重庆市各界抗敌后援会,电呈国民政府速颁抗敌令,支援前方抗战。国民政府迁渝后,重

---

① 赵良行:《中国文化的精神价值:中国人文精神之检讨》,上海古籍出版社2003年版,第3页。
② 周开庆:《民国川事纪要》下册,四川文献研究社1974年版,第32页。

庆与全国的抗战息息相关，人民的爱国热情不断高涨。1938年3月，中华全国戏剧界抗敌协会成立；1938年8月，中华全国木刻界抗敌协会成立；1938年9月，中华全国文艺界抗敌协会成立；1939年3月，中华全国美术界、漫画作家界抗敌协会成立；1940年3月，中华全国电影界抗敌协会成立；1941年12月14日，重庆举行国际文化团体扩大反侵略大会。各种抗战团体纷纷在战时的重庆自发涌现出来，为抗战奔走呼号，献策献力。同时，由全国劝储总会发起的抗战建国储蓄竞赛，到1942年1月底，全国储蓄达72540万元，重庆市占13046万元，为全国最多的地区①。可以说，抗日战争激发了陪都重庆人民的奋勇抗战和为国献身的爱国主义精神，这种精神进而成为中华民族抗日战争胜利的重要精神支柱。

其次，陪都文化还极大地表现出了重庆人民敢于反抗外来侵略，维护中华民族自尊、自信、自立、自强的英雄主义精神。

为了摧毁中华民族坚持抗战的精神意志，从1938年到1943年，日军对中国战时首都重庆进行了长达5年半的"战略轰炸"，史称"重庆大轰炸"。这是世界战争史上第一次取消了前线与后方、交战人员与和平居民、军事设施和民用设施界线的"无区别轰炸"。在此期间，日军实施轰炸218次，出动飞机9513架次，投放炸弹21593枚，炸死市民11889人，炸伤14100人，炸毁房屋17608幢，造成数万人流离失所。惨无人道的野蛮轰炸的实际效果却与侵略者愿望适得其反。面对日军的狂轰滥炸，重庆人民以及国民政府顶住断水、断炊、停电的灾难，同仇敌忾、大义凛然、不畏艰险地展开了英勇的反轰炸斗争，挫败了日本"摧毁中国抗战意志，迅速结束中国事变"的狂妄企图。"爱国的情绪，同仇敌忾的心理，只有因轰炸而表现而提高而加强！民族的一切美德，平时蕴藏着的，藉轰炸而全盘的烘托出来！同生死，共患难，无分男女、无分贫贱的民族团结力，藉敌人的炸弹而锤炼成钢铁般的坚守"②。重庆人用血肉筑就了新的长城，用钢铁意志构筑了支撑全国人民抗战到底的"精神堡垒"。其前仆后继、勇往直前的豪迈气概，也得到了世界反法西斯盟友的由衷敬佩。美国总统罗斯福亲赠卷轴："我谨以美国人民的名义，向重庆市赠送这一书卷，以表达我们对英勇的重庆市男女老幼的赞美之情。在空袭的恐怖中，甚至在这种恐怖尚未为全世界所知悉的日子里，重庆市及其人民一直表现出沉着和不可征服

---

① 周开庆：《民国川事纪要》下册，四川文献研究社1974年版，第172页。
② 《要悲壮才能胜利》，《中央日报》1940年6月18日。

的气概。你们的这种表现,自豪地证明了恐怖手段绝不能摧折决心为自由战斗的人民的意志。你们对自由事业的忠贞不渝,必将激起未来一代又一代人的勇气。"① 卷轴高度赞扬了重庆人民团结御辱、宁死不屈的精神气概,充分肯定了重庆人民对世界反法西斯战争胜利所做出的巨大牺牲和伟大贡献。以一国总统的名义代表整个国家的人民,高度赞扬他国一座城市英勇不屈的精神,这在整个世界历史中,也是绝不多见的。

抗日战争时期,重庆作为国民政府陪都,在国际上生产了巨大的影响,当时国际媒体称中华民族抗战精神为"重庆精神"。"重庆精神"既反映了重庆人民抗击外辱的悲壮事迹,也是中华民族抗战精神的写照。可以说,重庆抗战所激发和表现出来的救亡图存、团结御侮、舍身保国、毁家纾难、自尊自强的"重庆精神",正是"豪气山城"千年文脉在近代的辉煌再现,也即是重庆一以贯之的"爱国尚义"传统的具体表现。重庆人民的抗战精神,已经凝结成为中华民族的宝贵财富。抗战赖重庆而生存,重庆以抗战而闻名,因此重庆成为特定时期民族精神的象征。

红岩文化是在陪都文化基础上所升华的一种革命文化②。所谓红岩文化,主要就是指抗日战争中在以周恩来为代表的党的南方局领导下的外对日本帝国主义、内对国民党反动派的斗争和解放战争时期,共产党人在同国民党反动派斗争中形成的大无畏的革命斗争精神;尤其是指新中国成立前夕,被国民党反动派囚禁于渣滓洞、白公馆的大批革命志士在对敌斗争中形成的革命精神。这种革命精神是民族精神、时代精神和共产主义精神的结晶,并像红岩的岩石一样坚硬。后又由于杨益言、罗广斌于新中国成立后发表了著名的长篇小说《红岩》,他们以自己的亲身经历满怀激情地讴歌了大批共产党人在对敌斗争中表现出的坚贞不屈的斗争精神。这种精神不但得到了老一辈革命者的赞同,同时也得到当代大多数人的认可,一致同意将发生在重庆及其民众间的这段革命斗争史,特别是在革命斗争中表现出来的大无畏革命精神,概括和表述为红岩文化或红岩精神。因此,"红岩"即象征着革命,象征着进步,象征着坚固、坚贞、坚强。红岩精神的基本内涵便是救亡图存的爱国精神、不畏艰难的奋斗精

---

① 重庆陪都史书系编委会:《国民政府重庆陪都史》,西南师范大学出版社1993年版,第655页。
② 抗日战争时期和解放战争初期,中共中央南方局负责领导国统区、港澳及海外地区的党组织和统一战线工作。红岩是南方局和八路军办事处在重庆的驻地,与曾家岩50号周公馆、虎头岩新华日报报馆并称"三岩"。

神、同舟共济的团结精神、勇于牺牲的奉献精神。

可以说，红岩英烈的事迹是家喻户晓的。在中美合作所的集中营里，中国共产党的优秀儿女与国民党反动派进行艰苦的斗争，他们不屈不挠，忍受电椅、皮鞭、烙铁、老虎凳、辣椒水、钉竹签等种种酷刑的折磨。但是这些酷刑只能折磨他们的肉体，却无法动摇他们的革命意志。当罗世文、江竹筠、杨虎城、陈然、宋绮云等300余位英雄儿女先后被国民党残酷杀害时，重庆这块土地上自古流传的爱国主义英雄气概也达到了极致。于是，代表着"爱国、奋斗、团结、奉献"的红岩文化，与抗战陪都文化一起成为近代重庆城市文化"爱国尚义"的重要表征。

无论在古代，还是步入近代，重庆所代表的地域群体，由于经常处于各种危难之中，故而群体内部的协作、互助的本能极易被激发和调动起来，以利于共同战胜艰难困苦，争取生存和繁衍，故而重庆人性格粗豪，崇尚"劲勇""尚义""抱团"，具有"豪侠之气"自是顺理成章。在重庆历史上，先民格外珍视凝结着群体和个体血汗的每一份财物和每一寸地盘。任何外来强敌欺压抢夺，都会奋不顾身，拼死反抗。古代巴人抗秦，宋元之际抗蒙，近代抗日战争，红岩英烈与美蒋反动派斗争等，都展现了重庆人舍命相拼、决不言降的铁骨精神。正因为重庆有如此的豪壮气概，几千年来重庆豪气干云的铁血儿女则层出不穷：巴蔓子、余玠、王坚、秦良玉、邹容、陈然、江竹筠等重庆"英才"，赴汤蹈火，舍生忘死，千年一脉的风骨，与重庆的地域文化内核紧密相连。在重庆数千年的历史轨迹中，"耿直、粗豪、劲勇、抱团、尚义"始终是一以贯之的内在文脉，已经成为重庆文化遗传基因。

三、淳朴实用的文化风俗

在古代，崇力尚武作为重庆城市文化最显著的特色，就决定了重庆与成都是不一样的城市。它没有成都的"轻易淫佚"，"人多工巧，崇侈好文"，但却"土风敦厚……俗素朴，无造次辨丽之气"[1]，其文化中无不渗透着淳朴实用的属性。无论是在饮食、居住等生活习俗上，还是在文化艺术等意识形态方面都深深地凝聚着重庆人顺应自然、淳朴实用的文化风格，并表现在重庆人生活的方方面面。

---

[1] （晋）常璩：《华阳国志·巴志》。

（一）饮食习俗文化

重庆人处于高湿度、高气温、高气压的生活环境中，体力消耗大，使他们的生活条件比生活在物华天宝、气候温润的天府之国的成都人要艰苦，因而他们的性格相比成都人更加粗犷，表现在饮食文化方面则是重庆人有着大碗喝酒、大块吃肉的豪气，偏爱麻辣等刺激性大的口味。所以，尽管重庆菜与成都菜同属川菜，但重庆特色突出表现于麻辣味大的火锅，其余菜肴的特色也主要在于麻辣味大。这种饮食特色，既是地理环境使然，也与重庆人"质直好义，土风敦厚"[①]的文化秉性有着内在的一致性。重庆火锅创自劳动大众，它是重庆特殊的地理环境和人文环境相结合而产生的特殊饮食文化现象。重庆火锅据说起源于长江、嘉陵江上的船工纤夫的餐饮方式。一个普通的说法是：自明清起，在各式码头聚集的苦力、脚夫就喜欢将剩菜油汤倒在一个大锅里煮食，然后围而食之。这实际上是古代鼎烹而食的餐饮方式的继续和简化。为抗御江边潮湿的环境，他们在调料里放入大量能驱寒祛湿的辣椒、花椒，由于进食者大多收入低下，选的材料也大都是没人吃的猪、牛下水，更由于牛毛肚特具鲜香嫩的特点，尤为人们所喜爱，故早期火锅店又称毛肚店[②]。正如四川作家李劼人在其所著的《风土什志》中说，"四川火锅发源于重庆，集麻、辣、鲜、烫于一身，既经济，又能增加热量"[③]。历史上的重庆，无论是贩夫走卒、达官显贵，还是文人骚客、商贾农工，都喜爱火锅，且习惯于举家同饮同食，同聚同乐。后又经烹饪大师们悉心打理提升，重庆火锅便成为集"下里巴人"和"阳春白雪"为一体的饮食文化奇葩，形成了现在我们熟知的重庆火锅，其影响遍及中国。

一个地域的饮食文化不仅仅反映着该地域的饮食特征，还能从中窥见更多的文化底蕴，重庆火锅折射着重庆城市的文化之光。可以说，重庆火锅就是重庆城市文化性格之化身。围坐火锅者，自然而然就处于一种兴奋状态；围炉者忘记疲惫和忧愁，不仅以麻辣烫应付饥饿，而且也能大快朵颐，满足口感之刺激。重庆火锅在一定程度上就是重庆人性格耿直，生性火爆、热情的物化形式，而外地人大凡谈到重庆，往往都会把火锅的麻辣烫鲜和山城人特有的耿

---

① （晋）常璩：《华阳国志·巴志》。
② 余德庄：《重庆火锅的由来》，《中国食品》2001年第2期。
③ 王远昌：《麻辣重庆：烫热大江南北》，《地图》2007年第5期。

直豪气联系在一起。当代重庆火锅经过不断创新,更以其独特的麻、辣、鲜、香而享誉中外,不断发展,遍布全国,走向世界。据调查,2006年底,重庆市8.05万家餐饮企业,从事火锅经营的就有5.01万家,占餐饮网点总数的62.2%。在北京、上海的火锅店中,重庆人经营的或冠名"重庆"的火锅店占火锅市场的70%。同时,重庆火锅不断从其他菜系,甚至外国烹饪中吸取营养,形成了重庆以本地火锅为主,兼有南北东西不同风味火锅的风格,使重庆火锅呈现绚丽多元的景象。重庆火锅丰俭皆备,贵贱均具,咸辣随意,浓淡由人,正如现代重庆人,大胆而不鲁莽,现代而不夸张,开放而不排外,自爱而不闭塞。重庆的"小天鹅""秦妈""德庄""孔亮"等一大批火锅名牌企业不仅"红"遍中国大江南北的主要城市,而且还在美国、英国、澳大利亚等10多个国家开设了分店。

(二)居住习俗文化

由于重庆位于两江交汇之处,气候阴雨多变,潮湿多雾,房屋底层地气很重,不宜起居;再加上山高坡陡,极不平整,开挖地基极不容易,建筑用地十分有限,很难形成面积广阔的居住场所。于是在这种苛刻的自然条件限制之下,形成了重庆人顺应自然、因地制宜的居住习俗。其典型代表就是干栏建筑,即通常所谓的吊脚楼。

吊脚楼是古代巴族人留下来的一种民居建筑,其历史至少已有2000多年。早期巴人的一个特殊居住习俗就是巢居。《新唐书·南蛮传》:"南属渝州……户四千余,多瘴疠,山有毒草、沙虱、蝮蛇,人楼居,梯而上,名曰干阑。"[1]南平即今重庆市南川、綦江一带。据《华阳国志·巴志》记载:"郡治江州,地势侧险,皆重屋累居。"[2]这里的"重屋累居"实际上就是干栏,亦即今日山城重庆仍能见到的吊脚楼的原型,在山地水边因构木抬高居住面,居室在上,其下用于养畜或其他,故成重屋。如此说来,干栏建筑在当时即已成为山城风貌的一大特色。

重庆多陡坡、峭壁、悬崖、坡地,居民在利用地形、争取居住空间方面积累了丰富的经验,巧妙利用地形,将建筑纳于环境设计之中。吊脚楼在功能上满足生活的要求,构造上满足牢固的要求,是建筑结合地形的佳作。吊脚楼

---

[1] 《新唐书·南蛮传·南平獠》。
[2] (晋)常璩:《华阳国志·巴志》。

依山临水而建，在苛刻的自然条件限制下拔地而起，修正了正统的建筑概念，一般不讲究轴线和中心，随坡就坎，随曲就折。山崖成为建筑空间的界面，岩体成为建筑的支撑，其建筑平面灵活自由，形体错落多变，建筑对内对外均为开敞式，内部空间十分紧凑，布置自由，利用率很高，居民居住其中，怡然自乐。吊脚楼这种看上去似乎不受任何规矩的约束，而实际上也是有章法可循的，那就是"道法自然"。它强调建筑造型与山地空间环境之间的自然平衡，充分利用山地自然空间，由此形成变化万千的建筑风格，以最大的创造性，顺应于自然，利用自然，从而满足人们生活的需求。吊脚楼体现出重庆人雄浑粗犷、质朴率真的文化精神，以及人与建筑、建筑与自然的统一、和谐。

（三）民间文艺习俗文化

巴人是能歌善舞的民族，在平常的劳动生活和广泛的社会实践过程中，他们创造了内容丰富、极具特色、影响深远的巴渝歌舞，不仅深刻反映了巴人卓越的文化生命力和创造力，而且极大地丰富了中国传统文化的内涵。巴人的歌舞除了娱乐性外，还蕴藏和体现了浓郁的生活实用性特征，巴歌渝舞实乃巴人淳朴实用文化风尚的艺术再现。

艺术是现实生活的提高、凝聚和集中表现，可以说，任何一种艺术的起源都与人类的劳动生产和生活密切相关。巴渝歌舞作为一种艺术，也起源于巴渝地区先民们的劳动生产与生活活动。从巴渝地区先民们的迁徙情况可见，巴人居住在商、周、秦、楚等强大部族之中，处境艰难。为了生存和发展，他们除了进行一般的生产劳动之外，还要凝聚部落内各氏族成员成为一个整体，形成一种合力，一遇战事，齐心协力以卫社稷。要达此目的，就必须动作整齐，步调一致。于是，巴氏部落首领们请来巫师，组织和指挥部落成员唱歌、跳舞，凡播种、收割、渔猎、出征之前，都要进行演练。他们演练的内容即古老的巴渝舞。巴渝舞在牧野之会的誓师大会上"执仗而舞"亮相之后，从秦汉至唐的诸多史籍中均有"巴渝舞"的记述。

《华阳国志·巴志》云："阆中有渝水，民多居水左右。天性劲勇，初为汉前锋，陷阵，锐气喜舞。帝善之，曰：'此武王伐纣之歌也'乃令乐人习学之，今所谓'巴渝舞'也。"[①]《后汉书·南蛮西南夷列传》也载："阆中有渝水，其人多居水左右，天性劲勇，初为汉前锋数陷阵，俗喜歌舞，高祖观

---

① （晋）常璩：《华阳国志·巴志》。

之曰：'此武王伐纣之歌也。'乃命乐人习之，所谓巴渝舞也。"《晋书·乐志》称："汉高祖自蜀汉将定三秦……其俗喜舞，高祖乐其猛锐，数观其舞。后使乐人习之。阆中有渝水，因其所居，故名曰'巴渝舞'。"①汉代而后，自魏黄初三年（222）至晋武帝十年（274），巴渝舞几度易名。黄初三年，诏改巴渝舞为昭武舞，至晋又改为宣武舞。晋咸宁元年（275）诏定庙乐，乃停"宣武"等舞。东晋永始元年（403）桓玄篡位，尚书殿中郎袁明子启增《蒲八渝》，蒲八渝即淮巴渝，恢复了巴渝舞。梁朝又进一步恢复巴渝舞旧名。隋文帝时，采用牛弘建议，认为《矛俞》《弩俞》等舞曲，"既非正典，悉罢不用"②。到唐代，巴渝舞乃为宫廷舞，虞世南《门有车马客》诗可证："危弦促柱奏《巴渝》，遗替堕琪解罗襦。"《新唐书·礼乐志》载："隋亡，清乐散缺，存者才六十三曲。其后传者：平调、清调……巴俞，汉高帝命工人作也。……其声与其辞皆讹失，十不传其一二。"③唐代巴渝舞曲名分别为：《剑俞》《矛俞》《弩俞》，凡三章。同时，诗人陆龟蒙还有《吴俞儿舞歌》一首拟作，见载于《乐府诗集》④。唐朝以后，宫廷巴渝舞不复见于记载。

尽管宫廷巴渝舞日趋衰萎，但民间巴渝舞却因为深深植根于广大民众生活之中而得到发展，并且因地域环境、社会实践等因素的影响而急剧蜕变，形成了各种各样的表演形式和艺术流派，如僚人铜鼓图案上的"羽人舞"，江南的"盾牌舞"，土家族"摆手舞"，重庆的"踏蹄舞"等。

从巴渝舞的艺术特点来看，它是一种典型的实用性舞蹈，早期主要是在军中演出，用以培养士气和尚武精神，一旦临战，又用它鼓舞士气，震慑敌胆以鼓舞士气⑤，所谓"歌舞以凌殷人"⑥。可见，巴渝舞是巴人的一种军事舞蹈、战争舞蹈。《隋书·音乐志》云："汉高祖自汉中归，巴俞之兵执仗而舞"。⑦仗就是兵器，巴渝舞要手执兵器，属于武舞，其舞姿为"剑弩齐列，

---

① 《晋书》卷二二《乐志下》。
② 《隋书》卷一五《音乐志下》。
③ 《新唐书》卷二二《礼乐志》。
④ （宋）郭茂倩：《乐府诗集》，中华书局1979年版，第766页。
⑤ 管维良：《巴文化及其功能浅说》，《巴渝文化》第3辑，西南师范大学出版社1994年版，第158页。
⑥ （晋）常璩：《华阳国志·巴志》。
⑦ 《隋书》卷二二《音乐志下》，中华书局1975年版。

戈矛为之始；进退疾鹰鹞，龙战而豹起"①。由此，我们可以看出巴渝舞作为中国历史上一种极为著名的舞蹈，它有自己鲜明的艺术特色，特别是它蕴藏着巴人极为浓郁的尚武精神，它是巴人尚武精神在音乐、歌舞艺术方面的生动体现和再现。

除了军事形式的巴歌、巴舞外，重庆地区还有其他实用性的文艺，比如竹枝歌（又称巴渝曲）。另外，产生于民间的川江号子更是被誉为中国的"伏尔加船夫曲"。川江号子是重庆地区船工们拉纤、摇橹、推桡时唱的歌谣，它是一种重要的劳动歌谣形式。川江号子不仅韵味无穷、美妙无比，而且雄壮威武、气势磅礴，成为飘荡在峡江上的艺术绝唱。这种川江号子，在长江、岷江、沱江、嘉陵江、涪江、金沙江、渠江、乌江等木船上配有专门的号子工来领唱，"历代川江拉纤多以锣鼓指挥"②。可以说，川江号子是一种展示巴渝人文精神的符号。川江船工号子有悠久的历史、鲜明的个性、独特的形式、动人的音调，它饱含着川江船工朴实的情感、顽强的意志、坚定的信念、探索的勇气。在千百年的流传中，一直潜移默化着重庆人的思维方式、人格品性，并对塑造重庆人豪爽、幽默、义气、朴质、勤奋的精神也起了推动作用。

巴渝舞、巴人歌，是重庆地区民俗民歌之源头。隋唐时期，巴渝歌舞深入民间演变为竹枝歌，宋代又逐渐演变为"踏蹄歌"，明清以后又演变为土家族的摆手歌及汉族的劳动歌舞等。重庆人民的歌舞娱乐总是与区域内的生产生活相配合，"成为人们调剂身心、协调行为的重要手段……家事活动有薅草锣鼓歌，人生仪礼有丧鼓歌，节日聚会有情歌，感叹人生有苦歌等"③。

四、兼容开放的文化气质

如果说，和谐包容是成都城市最鲜明的文化品格，那么兼容开放同样也是重庆城市文化的一大品格。重庆与成都一样，自古就具备了兼容开放的文化品格。这是因为，重庆历史文化也具有与成都一样的移民文化特质。巴蜀地区历史上几次大规模的移民同样也涉及重庆地域，以清初"湖广填四川"影响最为深远。由于重庆位于长江和嘉陵江交汇处，是移民大军沿三峡水路入川后到

---

① （宋）郭茂倩：《乐府诗集》，中华书局1979年版，第769页。
② 蓝勇：《西南历史文化地理》，西南师范大学出版社1997年版，第405页。
③ 萧放：《论巴楚文化的民俗特色》，《巴楚文化研究》，中国三峡出版社1997年版，第247页。

达的第一座大城市和水陆交通口岸，大批移民以这里为落脚点逐渐向四川中、西部扩散迁移，从而形成了多种地域文化在这里相遇、碰撞和交融的局面。据嘉庆《四川通志》卷六四载，康熙六十一年（1722）重庆府占四川总人口的19.3%，仅次于成都，居第二位[①]。这说明在清初有大量外省籍人移居巴渝地区，故而移民构成了巴渝地区社会的主体，也是该地区人口恢复和增长的主要因素，以重庆"湖广会馆"为首的八省会馆，正是这一历史过程的产物和典型实证[②]。

大量湖广移民入迁巴渝地区，对巴渝地区经济文化的恢复发展做出了巨大贡献，促成并影响了巴渝社会经济的开发以及经济结构多样性的形成。正是由于重庆城市的移民文化特质，使重庆也具有了一种开放与包容的情怀，特别是在成为通商口岸之后，这样一种开放的文化气质更是表现得淋漓尽致。

1891年重庆开埠，虽是外迫于西方强权的被动之举，但作为深处中国西部内陆的对外开放城市，外来的商业文明、工业文明所带来的新思想、新理念，对封闭的重庆而言无疑具有强烈的震撼力，使重庆率先于西部其他城市接受现代思想启蒙；早期商业文化、工业文化不仅令重庆的文化风尚为之一新，而且也为现代重庆城市文化奠定了自由民主精神的基础，为以后的资产阶级革命孕育了人才和思想[③]。

如前文所述，重庆开埠前，其文化风尚基本上是一个封闭的文化结构，打上了很深的地域烙印，主要表现为"土风敦厚""俗素朴"。重庆自开埠后，随着对外联系的频繁，封闭的社会慢慢开始向外开放，传统风尚在外界的冲击下不知不觉地发生变化，向着追求时尚、敢为人先的文化风尚转变。重庆文化风尚的嬗变首先表现为生活方式由朴素之气逐渐转向追求时尚。

在古代几千年的发展过程中，以重庆为中心的巴渝地区无论自然条件还是经济发展都比不上以成都为代表的川西地区，因此，"土风敦厚""俗素朴"。然而进入近代以后，随着重庆开埠通商，水陆交通日趋发达，工商业走向繁荣，其生活习俗越来越明显地受到西方的影响，不仅一改原本"素朴"的

---

① 王笛：《跨出封闭的世界——长江上游区域社会研究（1644~1911）》，中华书局2001年版，第63页。
② 郭璇：《移民社会的缩影——重庆"湖广会馆"文化内涵三题》，《华中建筑》2002年1月，第20卷。
③ 从这个意义上来讲，邹容的出现、《革命军》的诞生，也就绝非偶然了。

风尚,且其时尚性远远超出川内其他地区。

以饮食为例,追新求异之风在通商口岸重庆表现得尤为突出。"及重庆互市,民国光复,罐头之品,番餐之味,五方来会,烦费日增;欧酒巴菰,输自海舶,关税漏卮,外溢增巨"①。"番餐"即是西餐,"巴菰"即是雪茄,欧美各国的商品在重庆畅销。开放的文化风尚,加之商业的繁荣,商人间的应酬急剧增多,相应产生了大量包席馆、中餐馆和西餐馆承办高级宴席。官员们为了交往,商人为了拓展业务,多一掷千金②。

重庆自开埠以来,古代巴人那种一往无前的勇气演变为敢为人先的精神。举凡西方传进来的有用的东西,无论是"番餐""欧酒""巴菰",还是"扑克""蹴鞠""流音机""电影""风琴""收音机",重庆人统统敢于接受。甚至当时被视斥"有伤风化","最足以堕落民德"的交谊舞和男女同浴一池的游泳,重庆人也坦然接受,并为青年人所流连忘返。"趋新崇洋",追求舒适、文明、奢侈的生活方式成为风尚,提倡穿新礼服,废除缠足陋习,以穿西装、着皮鞋、高跟鞋等为美,饮食也以吃西餐大菜为时尚。"甚每遇婚丧即夸耀矜奇,穷极奢华,一宴之费,不惜兼金,一事之耗,动辄巨万,甚至鄙夷国产,重视洋货,以为非舶来无以显其尊贵,浸至习俗日偷,人欲愈险,富厚者竞以挥霍相尚,中产者亦举步效颦。"③重庆一跃成为引领四川娱乐时尚的大都会。"娱乐游戏之沿欧风者,蹴鞠(台球、网球、足球多种)、弹子、游泳之戏。"此外,重庆"舞场林立,盛极一时,而均以跳舞为营业,青年男女,竞相迷醉,优游晏乐,流连忘返"。西方新的文化形态的输入,大大改变了人们的娱乐方式,"自流(留)音机行而傀儡废,自电影剧行而洋皮灯影废,自胡琴、琵琶、风琴、军乐行而国乐亦废,自年来播电收音机大行而丝竹满城"。在高雅娱乐方面,重庆在"清末始设剧园,演电影戏,卖客座,其风盖自沪汉,始倡京调,男女合演。初只川调、汉调,间有秦腔"。进入民国后,在晚清就已开始流行的以描写社会、刺世讽俗为题材的新剧也从上海、武汉等开放程度更高的城市传入重庆,为

---

① 民国《巴县志》,1939年刻本。转引自包天笑《钏影楼回忆录》,香港大华出版社1971年版,第59页。
② 肖军、赵可:《近代四川生活习俗的演变趋势及特征》,《成都大学学报》(社科版)2002年第2期。
③ 民国《巴县志》卷五,1939年刻本,第40~41页。

广大市民所接受，丰富了市民的业余文化生活①。

抗战时期，由于大量的东部城市人口移居重庆，使重庆的"现代生活"取向更加"摩登"，如城市女子剪发、烫发已成为时尚，淡蓝色阴丹士林布旗袍成为时髦的女子服饰。同时，旗袍也受西方服装的影响改良为短袖、无袖、贴身收腰的形状。"新式女子，裸膝露肘"。"一般摩登妇女，咸奇装异服，时髦趋新。"而中山装和西装则成为成年男性的时尚服饰。重庆的中产阶级对摩登亦步亦趋，"着花毛呢单衫，笔架克罗米眼镜"，成为那个时代重庆小资情调的标准形象。

重庆文化风尚嬗变的另一个表现则是社会风气由闭塞渐至开放、开明。重庆开埠后民俗民风的变化过程，即是民智渐开的过程。民智之开，一方面对原有的组织结构和生活方式产生冲击，另一方面也促成了近代意识的产生。通商贸易导致了传统经济结构的转型发展，进而引发了社会结构的近代变迁。随着开埠后重庆新型商业、金融、交通和工业经济的发展，城市的社会阶层、社会组织和文化观念也出现变化。新式商人脱颖而出，并形成一个较为强大的社会集团；他们除在经济上有发展要求外，参与政治及社会活动的意识也越来越强。近代知识分子群体也开始从封建桎梏中解放出来，积极倡导新知识、新文化，力主发展民族资本主义，抵御外国资本主义侵略。在物质世界变迁的同时，新思想、新文化在重庆也得到了迅速传播。1892年重庆洋务学堂建立，1898年中西学堂建立。20世纪以后，重庆掀起了兴办学堂的高潮，到1904年重庆已经成为四川省新式学堂最多的地区②。通过新式教育，人们不仅了解到外国语知识，还涉及不同于传统儒学的历史、地理、数学等学科天地。学校成为传播新知识、新文化，培养近代新式人才的基地。1897年之后，报纸作为近代最主要的大众传播媒介在重庆陆续出现，《渝报》《渝州新闻》《广益丛报》《重庆日报》《崇实报》《开智报》《重庆商会报》《救时报》等报刊，形成一个强大的信息传输系统。图书市场亮相城市社区，书店成为人们摄取精神食粮的一个重要渠道。近代大众媒介的兴起，使新思想、新文化及各种信息得以迅速传播，其影响力与日俱增，导致了社会时尚和社会风气的趋新以及思想意

---

① 王进：《重庆人文精神的内涵与建设》，《西南大学学报》（人文社会科学版）2007年第2期。
② 张瑾：《权利、冲突与变革》，重庆出版社2003年版，第187页。

识的多元化和开放性。重庆由此跳出了封闭格局，呈现开放进取的态势。过去见所未见、闻所未闻的事物和观念一下子在重庆纷纷涌现，一统天下的封建思想被打破，近代意识异军突起，尤其是知识界和工商界的思想变化最大。新式商人的开放意识、竞争意识和市场意识日益形成，他们普遍接受了经济民族主义思想，主张通过"商战"，扩大市场来"力挽利权"，发展民族资本主义经济。越来越多的知识分子也在不同程度上接受了西方的政治民主思想和天赋人权观念，他们通过中西制度的比较和对照，认为封建制度的存在是一切社会弊端的根源，要求变法维新，进而提出以革命的手段推翻封建专制，实现民主共和。重庆之所以成为四川维新运动的策源地和四川辛亥革命的重要基地，与重庆开埠后人们思想观念的变化有着密切的关系。随着开埠通商，重庆商品经济的日渐发达和知识信息渠道的增多，重庆市民的思想渐趋自由、开放，信息渐趋灵通，新思想和新观念也就随之广泛传播。

抗战时期，重庆不仅成为中国大后方的政治中心、军事中心，而且也成为抗战文化的中心。重庆因作为陪都，其政治、经济、文化地位得到提升，在文化档次上也有了大幅提高。外来多层次文化的注入为重庆文化增添了活力，为地处内陆、相对封闭落后的重庆文化打上了兼容开放的时代烙印，在此基础上形成的战时陪都文化，是重庆城市文化史上的特殊篇章，它以其文化的兼容性、开放性和高层次性，在重庆文化的发展史上写下了浓墨重彩的一笔。

抗战时期，由于大批东中部的高等院校和科研机构的迁入，重庆教育事业出现了空前的繁荣局面。据统计，至1944年，迁入重庆的高等院校共计31所，占据内迁高等院校数量的一半。当时重庆各高等院校师资骨干队伍大都由国内知名学者专家组成，所设专业除文、理、工、农、医外，还有艺术、军事等，为抗战建国输送了大批高质量的人才资源。此外，迁渝的科研院所也超过百家。其中，科学研究机构多集中于北碚，如中国西部科学院、中央哲学研究所、乡镇建设研究所、兵役研究所、中国地理研究所、中央研究院动物研究所、中央研究院植物研究所、中央研究院气象研究所等。学术研究团体多集中在市中区和沙磁文化区，如中国林学会、中国土壤学会、中国地质学会、中国历史学会、中国教育学会、国立研究院等。如此大批的一流科研院所和学术团体的迁渝，大批科技文化精英的汇聚，使得重庆科学技术和文化事业呈现具有国家水平、学科覆盖面广、理论研究与应用研究并重等特点。

重庆的报刊媒介在抗战时期同样也得以迅速发展。此一时期，有超过200家报社、通讯社在重庆成立，约占全国的一半。除原在重庆的《国民公报》《新蜀报》《商务日报》等外，抗战爆发后迁渝的报刊主要有《新民报》《时事新报》《中央日报》《大公报》《益世报》《南京晚报》《新华日报》等；抗战时期新版的报刊主要有《中国学生导报》《西南日报》《台湾民生报》等。此外，一些世界著名的通讯社，如英国的路透社，美国的合众社、美联社，法国的哈瓦斯社，苏联的塔斯社，德国的海通社，以及英国的《泰晤士报》，美国的《纽约时报》《时代周刊》，法国的《巴黎日报》等纷纷向重庆派驻机构。这些外国媒体对中国抗战的进程、情形，以及宣传陪都重庆，都发挥了独特作用。

自进入近代以后，尤其是开埠通商后，无论是在生活习俗上，还是在文化风气上，重庆的文化风尚发生了翻天覆地的变化。"素朴"的风尚已变为对时尚的追逐，"实用"的文化特质在传承中也演变为务实创新、敢为人先。这种敢为人先的精神，也为现代重庆人所继承。新中国成立后，重庆人民创造了许多"第一"：兴建了新中国第一条铁路——成渝铁路，新中国第一个梯级水电站——狮子滩水电站，新中国第一个中西合璧的会堂——重庆人民大礼堂。改革开放后，重庆成为中国第一个经济体制综合改革试点城市。20世纪末，重庆承担了破解世界级难题——三峡工程百万大移民的重任。这种兼容开放、追求时尚、敢为人先的文化特质，成为近现代重庆城市文化的基本属性。

20世纪90年代，中共中央相继提出并实施了长江经济带开发战略、三峡建设工程和西部大开发战略，以实现区域经济协调发展。1997年，重庆成为直辖市，由此步入了一个崭新的发展时期。重庆人抓住机遇，负重自强，积极探索，克难奋进，努力加快将重庆建设成为西部地区的重要增长极、长江上游地区的经济中心、城乡统筹发展的直辖市。

今天，重庆兼容开放的文化气质在经济战略部署中得以更为清晰地呈现。从"314"总体部署到城乡综合配套改革试验区，重庆以其强大的文化软实力为支撑，使这座古老的城市焕发无限活力。

在重庆漫长的历史演进过程中，由于文化生成机制的流变和环境的演变，形成了独具特色的重庆城市文化。其崇力尚武的文化传统、爱国尚义的文化秉性、纯朴实用的文化风俗和兼容开放的文化气质，共同构成了重庆城市文化的主旋律。此外，重庆人还有忠贞不渝的文化情怀、负重自强的文化精神、诚信无欺的文化品德、开拓创新的文化精神等。

综上所述，我们已然理解巴蜀城市历史文化的特质，隐含在其源远流长的历史文脉和地域性文化的底蕴中，凝聚着一座城市的历史、文化与民风民俗，体现着市民对城市生活价值的归属感和认同感，因而具有强大的精神感召力，并影响着城市发展的方向和路径。成都和重庆作为巴蜀大地最为耀眼的双子城，其城市历史文化的形成、发展与演变，一方面代表着巴蜀城市历史文化的主流，另一方面也彰显着巴与蜀各具风韵的文化特色。伴随历史车轮的前进，巴蜀文化在经过数千年的演进和整合后，两地文化在传承中相互交流、相得益彰，共同构成了几千年来巴蜀城市发展的精神支柱。从成渝统筹城乡综合配套改革试验区到成渝经济区的实践，更是以共生共荣的巴蜀城市文化推动巴蜀城市在21世纪新跨越、新发展。

第六章 巴蜀民族地区城镇文化

巴蜀地区自有人类栖息以来，就是一个多民族聚居区。除汉族外，其中世居的有藏族、彝族、羌族、土家族、苗族等14个少数民族。当代四川境内的少数民族聚居区，集中在三州（甘孜藏族自治州、阿坝藏族羌族自治州、凉山彝族自治州）和两市（乐山市和绵阳市），实行民族区域自治的地区包括1个县级市、4个民族自治县和46个县，共计51个县（市）以及106个民族乡，总面积占四川省总面积的62.05%。当代重庆也是全国4个直辖市中唯一有少数民族聚居地的直辖市，少数民族大部分都集中聚居在渝、湘、鄂、黔四省市交接处的渝东南地区，包括黔江区、彭水县、酉阳县、秀山县和石柱县在内的民族自治县，民族自治县的地区面积占重庆总面积的20.55%。需要注意的是，巴蜀地区少数民族聚居区不仅地域范围广，而且其聚居的地方都是地形复杂、民风独特并有着众多的自然、人文景观。正是由于这些少数民族都有着自身鲜明的特性、独特的生活方式和传统文化，因此其城镇文化也是各具特色、异彩纷呈。其中，以四川地区的藏彝走廊城镇和渝东南的土家族城镇最具特色。

第一节　藏彝走廊民族城镇的兴起与发展

一、藏彝走廊民族城镇的兴盛

中国西南部有一条天然走廊型通道地带，在地理学上称为六江流域（怒江、澜沧江、金沙江、雅砻江、大渡河、岷江）。它北连甘青黄土高原，南接云贵高原，西靠青藏高原，东邻成都平原，大体包括四川西部、云南西北部及西藏东部边缘、甘肃南部、青海东南部在内的交汇地带。这就是费孝通先生首先提出，学界所认同的藏彝走廊。

藏彝走廊地形异常复杂，以典型的高山峡谷地貌为主，地势高峻，山岭连绵，峰峦叠嶂，六条大江宛如六条蛟龙，在崇山峻岭之中开辟出一条条大峡谷。这条雕刻着大自然壮丽气质的走廊带，同时是汉藏两大文化板块的交汇带。千百年来，众多民族在这条雄阔而富丽的走廊上繁衍生息，迁徙交融，使其成为举世罕见的民族文化沉积带，有着古老、多样、丰厚、独特等文化特质，"大香格里拉""南方丝绸之路""茶马古道"等都在这个区域。在这条走廊内，生活着藏、彝、羌、纳西、白、普米、苗、回、怒、哈尼、傈僳、独龙等众多的少数民族。其中，在四川境内部分，主要的少数民族是藏族与彝族。这两大民族分别居住在川西的东北与西南部，在漫长的历史时期，形成了自己独特的地域文化，也出现了各具特色的民族城镇。

巴蜀地区是一个多民族聚居的区域。唐宋以前，盆地内部广泛地分布着数量众多的少数民族。随着汉族地区经济文化的发展和民族融合的进程，巴蜀境内少数民族居住区逐渐向盆地边缘山区后退。到了明清时期，盆地边缘的西南山地和西北高原主要分布着彝、藏、羌、苗、土家等少数民族。历史上，中央王朝并未直接统治巴蜀境内的少数民族，一般是维持一种羁縻关系。元明两代在少数民族地区实行土司制度，设立宣慰使、宣抚使、安抚使、土知府、土知州、土知县等官职，通过各族首领来统治各族人民。为了镇压少数民族的反抗，又在盆地边缘建立卫所，修筑城堡，派驻军队。这些城堡只作为军事据点，一般并不具备经济职能。

明清时期，藏彝走廊地区的少数民族社会经济水平仍十分落后，许多地方仍属刀耕火种的原始农业或畜牧业经济，商品经济大多处于物物交换的原始形态。而少数民族与汉族之间的民族贸易，以向中央王朝呈献贡赋和领取回赐为主要形式，以及严格限于官方的茶马贸易。虽然明代雅安和打箭炉已是民族贸易的重要集散地，但由于民间民族贸易被严格禁止，故而藏彝走廊少数民族地区城镇经济未能得到很好的发展。

清代中后期，随着清廷实施改土归流，藏彝走廊少数民族地区城镇经济有了较大改观，商品经济也有了明显发展。在此基础上，一批藏彝走廊少数民族地区城镇兴起并得到发展，成为清代巴蜀城镇经济的又一个显著的时代特征。

清代巴蜀藏彝走廊少数民族地区城镇经济的兴起和发展，取决于两大因素：一是清政府对巴蜀少数民族地区的改土归流政策；二是移民对藏彝走廊少数民族地区的开发。

雍正初年，清政府先后在巴蜀建昌、天全等地推行改土归流，在此过程中，平定了大小金川叛乱。这在客观上促进了藏彝走廊各少数民族与汉族之间在政治、经济、文化方面的联系，也为移民进入并开发巴蜀少数民族地区创造了条件。

自雍正年间云、贵改土归流之后，云、贵地区经济得到发展，尤其是云南矿业在清代大量开发，铜、铅等矿产品需要通过金沙江输送出川，巴蜀的食盐等物资也需要运往云、贵，由此促进了巴蜀藏彝走廊少数民族地区经济的发展。

清代四川大移民则是促进巴蜀藏彝走廊少数民族地区城镇经济的兴起、发展的另一重要原因①。

如前所述，雍正至乾隆时期，四川盆地内大部分土地已基本被开垦，而人口还在增长，盆地内许多地方农业人口已经开始饱和，人地矛盾开始变得突出；被排挤出来的农村人口，仅有少数人能够进入城镇谋生，相当一部分人为了寻找谋生的出路，开始涌向盆地边缘的藏彝走廊少数民族地区，进行垦荒、开矿或经营小买卖，由此推动了藏彝走廊少数民族地区人口迅速增长。如雷波在雍正八年（1730）有770户，乾隆二十六年（1761）增加到1333户，乾隆四十一年（1776）增加为6747户，乾隆五十二年（1787）为8832户，到嘉庆九年（1804）时，达到29721户，人口直线上升②。进入藏彝走廊少数民族地区的人口，主要是各省移民。在西昌，"凡湖广、闽、浙、滇、豫各省人民，或以宦游，或以商旅，寄居斯土者，恋邛泸之清奇，羡土壤之肥沃，往往世其家焉。汉族繁兴，垦辟荒野"③。据《乾隆五十六年冕宁县造报麦地沟开挖火山户口花名清册》记载，冕宁县少数民族地区人口原籍有较大变化，该花名清册共载29户，其中湖广籍7户，贵州籍9户，陕西籍1户，巴蜀籍7户，冕宁县土著5户④。除了当地土著5户外，进入麦地沟开垦的24户，明确为外省移民的就有17户，占70.8%，由此可以推知进入藏彝走廊少数民族地区人口中移民的比例。

大量移民的迁入，使巴蜀藏彝走廊少数民族地区农业经济迅速得到发展，大量荒地得到开垦，耕地面积迅速扩大，如马边县在乾隆二十九年（1764）有耕地面积7619亩，嘉庆十年（1805）时则达到14.53万亩，41年之间耕地面积扩大了18倍⑤。冕宁县在乾隆五十四年（1789）有耕地面积4074亩，到嘉庆九年

---

① 参见林成西：《移民与清代四川民族区域经济》，《西南民族大学学报》（人文社科版）2006年第11期。
② 《川康边政资料辑要·雷波概况·种族》，1940年。
③ 《四川彝族历史调查资料·档案资料选编》，四川人民出版社1999年版，第320页。
④ 《奏陈剪除建昌会川府之猓蛮折》，《宫中档雍正朝奏折》第27辑。
⑤ 边政设计委员会：《川康边政资料辑要·马边概况》，1940年。

（1804）则达10174亩，15年之间增加了1.5倍①。在开垦山地的同时，玉米、红薯等农作物亦传入少数民族地区并逐步推广。乾隆三十五年（1770），黔江受灾缺粮，知县翁若梅从福建家乡引进番薯，加速了红薯的推广②。耕地面积的扩大和玉米、红薯等农作物的引进和推广，促进了清代藏彝走廊巴蜀少数民族地区农业水平的提高，并为这些地区矿业的开发和城镇经济的兴起创造了条件。

藏彝走廊涉藏地区城镇兴起和发展的途径各不相同，总的来看主要途径有以下几种类型：

第一，由古代茶马贸易沿途的商品集散地发展成为城镇。

这类城镇主要有康定市炉城镇、泸定县冷碛镇、松潘县进安镇、阿坝县阿坝镇、理塘县高城镇等。"四川涉藏地区的第一批集镇，绝大多数是依附商道而兴起的，依靠商道而发展的。川藏线开拓前，今甘孜州地区，没有集镇可言。随着茶马贸易的开展，川藏线的产生，历代中央政府驿站、兵站、粮站设置的增多，集镇也开始出现"③。茶马互市的发展和茶马古道的繁荣，促进了川藏地区和滇藏地区沿线高原城镇的发展。如泸定、康定、德格、巴塘、中甸、昌都等比较著名的高原城镇就是随着茶马古道的开通、繁荣而相继出现的④。藏道则主要是由茶叶贸易开拓的商道而同时成为官道的。川藏茶道的开拓，也极大地促进了川藏道沿线市镇的兴起⑤。

第二，由古代的军事要塞发展成为城镇。

这类城镇主要有泸定县的泸桥镇、金川县的金川镇、小金县的美兴镇、丹巴县的章谷镇、九寨沟县的城关镇等。下面以泸桥镇为例分析。

泸桥镇，在明以前为藏族村落，属杂道长官司地，藏名"阿垄"。清初，音译为"安乐坝"，其地面积包括今之安乐坝和城区一带。康熙四十五年（1706）建成泸定桥。拨化林营兵戍守，设把总一员，桥头开始有住户，经

---

① 边政设计委员会：《川康边政资料辑要·冕宁概况》，1940年。
② 《四川巡抚纪山题》，《乾隆户科题本》乾隆十年八月二十四日，《清代的矿业》，中华书局1983年版，第347页。
③ 欧泽高、冉光荣：《四川藏区的开发之路》，四川人民出版社2001年版，第181～182页。
④ 格勒：《"茶马古道"的历史作用和现实意义初探》，《中国藏学》2002年第3期。
⑤ 贾大全：《川茶输藏的历史作用》，《四川藏学论文集》，中国藏学出版社1993年版，第56～58页。

营小商品贸易。雍正六年（1728）设巡检，管理桥工水利、茶榷以及沈村、烹坝两驿站，始渐有商店市街。乾隆末期雅炉（雅州、打箭炉）之间货运日盛，桥之西端，脚店蔚起。光绪年间因大渡河改道东移，将地区隔为上下两部，从这之后，开始专称下坝为安乐坝，上坝为桥上。清末民初，由内地来边区开采金矿者日多，百业渐兴，住户增至200余户，商店20余家，经营布匹、盐、茶、纸、香、杂货；外销羊毛、皮货、药材、花椒、瓷器、蔬菜。民国17年（1928）为治城和附城乡治地，隶河东联保。民国19年（1930）置河东镇，辖治城一保，附城一、二保，大坝四保，瓦角五保共五个保。1951年并入桥头乡。1958年隶泸桥公社。1966年10月从泸桥公社分离出来，设置城关镇。1978年更名泸桥镇[1]。

第三，由交通中心发展成为城镇。

这类城镇主要有甘孜县的甘孜镇、巴塘县的夏邓镇、理县的杂谷脑镇、阿坝县的阿坝镇、雅江县的本达宗镇等，其中以甘孜镇较为典型。在19世纪中叶，甘孜仅是一个普通的小村落，清同治年间在此招商设市，至民国时期甘孜发展成为甘孜涉藏地区四大集市之一，系康北商业重镇。同治年间，瞻对工布郎吉叛乱，麻弓土司避难成都，羡慕商业繁华，乱定回甘孜后，"乃请川督招汉商赴甘孜设市，川督许之"。当时打箭炉市场已具规模，陕西商人在此经商者有百余年，熟悉康区风土、商情，知甘孜为康北要道，于是纷纷在甘孜设立分号，形成了最初的市场雏形。特别是民国以来，康北军事频繁，加上出关办货者云集甘孜，市场日渐繁荣[2]。据《西康图经》记载，20世纪30年代初，甘孜城区有居民100多户，内有汉商60多家、藏商13家。在13家藏商中，寺院商占7家，土司商2户，平民商4户[3]。

第四，由宗教中心、土司驻地逐渐发展成为城镇。

这类城镇主要有德格县的更庆镇、理塘县的高城镇、新龙县的如龙镇、炉霍县的新都镇、道孚县的鲜水镇、九龙县的呷尔镇、若尔盖的达扎寺镇、马尔康市的马尔康镇、石渠县的呢呷镇、白玉县的麻通镇等。下面以德格县更庆镇为例。

---

[1] 蒋彬：《四川藏区城镇化与文化变迁：以德格县更庆镇为个案》，巴蜀书社2005年版，第81页。
[2] 《甘孜商业概况》，《四川月报》1939年第9卷第2期。
[3] 任乃强：《西康图经》，1934年。

更庆，又称"德格工青"，据当地老人介绍，其含义是"大寺庙"。以第一代土司博塔·扎洗生根和噶举派名僧唐东杰波于明正统十二年（1447）共筑汤甲经堂为建城之始。德格土司以"德格"为其家族称号，后因筑萨迦派寺庙更庆寺于此地，"德格更庆"便成了德格土司治地的地名[①]。

明清时期，更庆为德格土司治地，朝廷先后在此设招讨司、安抚司、宣慰司等机构。清宣统二年（1910）置德化州，1913年改名德格县，1985年在县治地设置更庆镇。

综上所述，藏彝走廊城镇兴起并得到发展，成为巴蜀城镇发展的一个显著特征。特别是位于藏彝走廊内交通纵横的要道之上的康定、松潘、西昌、会理4座城镇更具有代表性，成为藏彝走廊中四川区域内人口众多、发展较快、特色鲜明的代表性城镇。

二、川边锁钥，藏甸屏翰——康定

四川康定市乃甘孜藏族自治州的首府，有着"川边锁钥，藏甸屏翰"的特殊地理位置，自古以来就是川藏交通之枢纽、连接西藏与祖国内地的纽带、汉藏"茶马互市"口岸和物质集散中心。独特的地理区位和人文景观，造就了康定别具一格的城镇文化，既有锅庄文化，更有情歌文化；同时，还汇聚了世界三大宗教和藏传佛教的各个流派，多民族融合形成了多元文化特征。

（一）康定的兴起与发展

康定，藏语名叫"达折渚"，汉语名叫"打箭炉"，系"达折渚"的汉译雅化。"打箭炉"一词，最早出现于史籍是在明代，《明史·西域传》记载："洪武时，其地打箭炉长河西土官元右丞剌瓦蒙遣其理问高惟善来朝，贡方物"[②]。"打箭炉"一名的来历，"相传蜀汉诸葛武侯征孟获，遣郭达造箭于此"[③]。但这仅是传说，其他正史及野史并无确切记载[④]。任乃强先生在《艽野尘梦》的"校注"中说，"打箭炉三字，系藏语'打折渚'之译音"，这也是目前学术界比较一致的看法。康定的兴起与汉藏茶马贸易有着密切关系。

---

① 以上参见蒋彬、白珍：《四川藏区城镇化进程初探》，《西南民族大学学报》（哲社版）2004年第12期。
② 《明史》卷三三一《西域三》。
③ 《打箭炉志略·建制》，中央民族学院图书馆1979年油印本，第2页。
④ 马月华：《打箭炉的传说及地名刍议》，《西南民族学院学报》（哲社版）1987年第3期。

康定（炉城镇）正是因藏彝走廊上汉藏贸易通道形成而发展成为城镇的范例。可以说，川藏茶叶贸易是康定城产生与发展的最重要的因素，茶叶贸易带动了其他商贸活动，"各业皆因茶而兴"①，茶叶贸易直接促进了康定城市的发展。

康定地区在汉朝时就被纳入汉王朝版图，属牦牛县辖区，由于地处偏远，史料记载极少②。直到元代，该地区主要经济形态都属游牧经济，牧民逐水草而居，定居较少，只有因茶马互市而形成的零星聚落。虽有学者早已考证出西南丝绸之路、茶马古道经过康定，打箭炉之名在明朝即见于史籍，但是严格考证其城市之形成，却只有短短几百年时间。据任乃强先生考证：打箭炉"本非市场。自唐以来，随茶马交易，日趋聚盛。由架设帐幕之临时市场，而为建筑碉房之锅庄交易。元时设长河西鱼通宁远土司于此，红教喇嘛寺（南无寺前身）亦元时成立。至明时，仅有住民十余家"③。

康定城市形成的一个重要转折点是明末张献忠起兵，进入四川，有部分商民为避兵乱，携茶货等冒险来到打箭炉，与藏民交易，获利颇厚，故其后来者日众，藏汉杂处。清初始有坐镇之营官，管束往来贸易。康熙三十九年（1700），清廷设有司管束"口内外番夷民户"。而明正土司也于是年移驻炉城，设置锅庄，接待藏商。康熙四十一年（1702），清廷在此设监督征税及管理藏汉贸易，并设兵戍守。康熙四十五年（1706），泸定建起了铁索桥，交通方便，雅州府五属（今雅安、荥经、名山、天全、邛崃，为当年产茶的5个县）商人到打箭炉来经商者与日俱增，藏商到了打箭炉，销货买茶，不必再去碉门。清雍正八年（1730），设置打箭炉厅，隶雅州府。清政府又在大渡河西岸的半山腰上，开凿了一条驿道，溯大渡河而上，直至打箭炉。由此路途便捷，不仅人力背负，行走方便，还可用骡马驮运。此后内地商人多携眷到打箭炉定居经商，也有在当地婚娶定居开设店铺者。由是打箭炉商业日兴，户口日增，各种服务行业应时而兴。康熙五十五年（1716），焦应旂在《藏程纪略》中称，打箭炉虽"为蜀极边，皆番地，乃藏地咽喉，今设兵戍守其地，番汉咸集，交相贸易，称闹市焉"。果亲王在赴藏日记中载："康熙初归附后，以西

---

① 李亦人著，左永泽、郭宇屏校订：《西康综览》第6篇第2章，正中书局1941年。
② 政协甘孜藏族自治州康定县委员会编：《康定县文史资料选辑》第一辑，1987年，第34页。
③ 任乃强：《西康图经·境域篇》，1934年。

番侵扰，讨平之，设官兵戍守。雍正七年（1729）移雅州府同知驻此，为通西藏青海之要区，茶货所聚，市肆稠密，烟火万家"①。

雍正八年（1730），清廷在打箭炉设阜和协，为防止藏兵内侵，东傍跑马山，西临折多河，修筑了用石块砌成的城墙三堵，共长一千一百四十七丈；并分建了东、南、北三座城门，城台高度连垛口排墙共高二丈五尺，长五丈，厚三丈二尺。建有城楼，巍峨壮观。东城门名紫气门，取紫气东来之意；南城门名南极门，取南极星辉之意；北门名拱宸门，取众星拱北之意。三座城门，都有兵把守，晨开暮闭，城门关闭后非有急事是不能开启的。因为打箭炉有了城墙，从此人们开始简称为炉城。

清中期以后，打箭炉（即现今的康定城）始有"汉藏走廊第一城"之称，并成为甘孜地区的政治、经济、文化中心。所谓"百商云集，山货极广，为西藏出入门户咽喉，实为西康陆路最大之商埠"②，"汉番交易总汇"③。康定由于地处汉族聚居区与藏族聚居区的中间地带，受地缘政治和经济的影响，成为汉藏互市之所。内地进藏的茶叶、丝绸等货物，藏地出藏的毛皮、药材等土特产，均依赖康定转口，故而康定成为以商贸为主要功能的城镇。1939年西康建省，康定成为省会，行政地位提高，政治功能得到进一步加强，成为西康地区的政治、经济中心。

（二）茶马古道踏出的锅庄文化

作为茶马古道重镇的康定，是"锅庄文化"的发祥地，自古以来就是多元文化的交汇点及民族文化走廊的腹地。独特的地理生态环境和历史因素造就了康定地域文化的独特、古朴、多样化、边缘性和多元一体的明显特征。

康定锅庄并不是舞蹈的锅庄，而是汉藏贸易的中介机构，是茶马贸易的直接产物。有学者曾将康定锅庄名称来历按照藏汉两种称呼作了解释，其中藏语称呼锅庄有四种：阿佳卡巴、谷昌、谷章和果撒。阿佳卡巴来自拉萨方言，本是对锅庄主人能力的称誉表述，后逐渐转移为对锅庄这个特殊机构的称呼，意指住着精明能干、能说会道的女主人的地方。谷昌是"代表""使者"之意。明正土司所管辖的范围内有48家土百户，他们分别居住在康定、丹巴、道孚、

---

① 四川省康定县志编纂委员会：《康定县志》，四川辞书出版社1995年版，第42页。
② 四川省康定县志编纂委员会：《康定县志》，四川辞书出版社1995年版，第42页。
③ 任乃强：《康藏史地大纲》，西藏社会科学院整理，西藏古籍出版社2000年版，第26~27页。

雅江等地，土百户派驻康定的全权代表居住的地方被称为锅庄。谷章是"贵族""贵人"之意，是指锅庄主曾经都是明正土司大大小小的辅政臣子。他们虽然不再担任明正土司辅臣，但是由于他们过去相当长时间保持着与明正土司的依附关系，有着深厚的社会基础和政治影响，所以这个名称一直被保留下来。果撒意为"院坝"。汉族称呼有三种来源：来自"锅庄"一词；来自"侍贡说"；锅庄就是"谷章"或"谷昌"的汉译音[①]。康定锅庄有如此多的说法，足见其历史文化底蕴的深厚。

锅庄的产生是"茶马贸易"的产物。历史上藏汉贸易以茶马贸易为大宗。清以前，藏汉贸易的主要市场在天全、雅安等地，打箭炉还是荒凉的小村庄。清朝建立后，随着清王朝在打箭炉设官治理，推动汉藏贸易发展，打箭炉才成为川藏交通的枢要，汉藏贸易繁盛市场。汉藏商人、军民云集打箭炉，因商人食宿和营业的要求，锅庄业也才应运而生[②]。

打箭炉成为西康地区最大的商品集散地，其主要原因有以下几点：一是优越的地理位置，位于连接汉族地区与涉藏地区的最佳接合部；二是清朝统治者在康熙年间开放藏汉贸易市场，在打箭炉设关稽征；三是南路边茶贸易中心地位的确立，造就了打箭炉市场的日益繁荣昌盛；四是原明正土司所属之下臣，纷纷筹设锅庄，由最初的13家锅庄发展到48家锅庄，民国时期达到70余家。这些锅庄往来穿梭于藏汉商贾之间，优待汉藏商旅，锅庄的兴起和发展，带动了打箭炉搬运、缝茶包、皮革等产业的发展，为打箭炉成为汉藏贸易中心和川藏中心城市奠定了坚实的基础[③]。

康定锅庄是藏汉贸易的中介机构，汉藏商人之间的交易都要通过锅庄。藏族商人从涉藏地区驮运土特产来康定，寄住在熟悉的锅庄，其货物也寄存锅庄，甚至驮运货物的牛马也由锅庄代为放牧。藏族商人的货物由锅庄介绍雇主，买进货物也由锅庄负责代办。从锅庄经营的业务性质来看：安排食宿，近似旅馆；堆存货物，近似仓库；代客买卖，近似捐客。锅庄从最初作为"旅馆"和"仓库"，参与商贸交易的过程，逐渐发展成为一种独特的商贸组织；锅庄主也因为"一般都精通藏汉两种语言，熟悉藏汉双方商人的贸易情况，成

---

① 曾文琼、杨嘉铭：《打箭炉锅庄考略》，《西藏研究》1989年第4期。
② 贾大泉、陈一石：《四川茶业史》，巴蜀书社1988年版，第355页。
③ 杨国浦：《康定锅庄与民族商业》，《甘孜州文史资料》第7辑，第84页。

为商人之间进行物资交流不可缺少的媒介"①,发展成为汉藏商人贸易活动的"中介人"。藏商的货物运到锅庄后,锅庄就有责任"保证藏商货物不受损失"②,同时还要负责为藏商联系买主,从中撮合价格;藏汉双方交易现场的过秤、钱货易手等程序锅庄都要参与,甚至锅庄还要为藏商代买汉方货物。"买卖双方在交易中发生纠纷,锅庄主也是仲裁、调解人"③。锅庄主在汉藏贸易中的中介作用有力地保障了汉藏贸易的顺利进行。西藏地区的大商人由于距离打箭炉较远,一般每年只到打箭炉完成一次交易。为了节约时间成本,他们常常会在每年"旧历三、四月份从西藏各地运货抵康定,只要锅庄主点头,'充本'即把货物折成茶包或其他所要买的东西赊销给各帮字号(汉商),各帮字号下半年陆续付茶"④。此时,锅庄对于汉藏贸易实际上还起到了信誉担保的作用,保障了赊销的进行,在汉藏商品的流通过程中起到了不可低估的作用,促进了汉藏间的商贸活动顺利进行。锅庄主自身也在撮合汉藏双方交易的过程中提高了影响,"各帮字号对锅庄主都十分尊重",在交易双方过秤、作价方面甚至有"一锤定音的权利,双方决不倔强,唯命是从"的作用,这又反过来增强了锅庄在汉藏商贸活动中的中介和信誉担保功能。

锅庄的出现和兴盛对康定城市的发展产生了重要的影响,促进了康定城镇建设。锅庄贸易的丰厚收益驱使着明正土司所属下臣头人纷纷在康定筹设锅庄,因贸易日繁,锅庄建立益多,清中叶增为48家锅庄。各锅庄主为了满足藏商储存货物、保障安全、拴套马匹等需求,竞相修(扩)建仓库、院坝、围墙、碉楼等。锅庄建筑显得"宏大轩敞……窗棂饰以玻璃,帘幕丽以氆氇,五色陆离,陈设光怪。楼上居客,楼下养驮马乌拉"⑤。其中"最大有八家,称'八大锅庄'……有瓦斯碉者,锅庄之巨擘也,碉在二水(雅拉沟与折多水)会流之处,建筑之丽,积蓄之富,并推炉城第一"⑥。"炉城锅庄。砌石

---

① 格勒:《甘孜藏族自治洲州史话》,四川民族出版社1984年版,第102页。
② 刘仕权:《康定四十八家锅庄》,《康定县文史资料选辑》第2辑,第21页。
③ 《康定瓦斯碉锅庄的概况》,《康定县文史资料选辑》第2辑,第31页。
④ 《康定瓦斯碉锅庄的概况》,《康定县文史资料选辑》第2辑,第31页。
⑤ (清)查骞撰,胡文和校注:《边藏风土记》(光绪三十四),《西南民族文献》第6卷,第26页。
⑥ 任乃强:《西康图经》,西藏古籍出版社2000年版,第72~74页。

为垣,架木为之,形式如高楼"①,建筑面积普遍较大,是打箭炉主要的城市建筑,锅庄建设使城镇建设得到快速发展,在"明正土司盛时,炉城俨如国都"②。

综上所述,康定锅庄业是在汉藏贸易口岸迁至康定的历史条件下形成的,是我国涉藏地区的一种独特文化现象。汉藏茶马互市不是一种单纯的政治行为或商业行为,它所带来的是汉藏人民在政治、经济、文化等各个领域内全方位的交流。

(三)康定情歌文化

众所周知,康定以一曲《康定情歌》享誉中外。这首脍炙人口的情歌是藏汉民歌的代表,是康定多元文化的结晶。

每当人们唱起这首歌时,自然会对孕育《康定情歌》的故乡——康定城寄予深情的思念和无限的遐想。康定正以一曲优美的《康定情歌》而蜚声中外,成为世界文化名城。

溜溜跑马山,摘朵白云就是歌;
滔滔折多河,捧把浪花都是情。

康定情歌多以朴素自然的文字,朴实真挚的情感,讴歌当地青年男女的情感追求,抒发康定人民向往幸福生活的强烈愿望。以《康定情歌》为代表的情歌文化既是康定人民的情爱颂歌,也是一幅展示康定民俗的风情画卷。

一个民族文化的形成与发展和这个地区的地域风俗有巨大关联。所谓"歌因事而发,以观风俗"。民俗与民歌往往同时存在,相互渗透。民歌反映民俗,是民族文化的重要表现方式;民俗是民歌产生的土壤与存在的根基,并为民歌提供了活动发展的舞台空间,故而康定情歌产生有着深厚的文化根源。

第一,传统的赛马文化是《康定情歌》产生的源泉。自古以来,马是藏族人民日常生活中最亲密的伙伴,并伴随藏族人民生活的各个方面。当北接新疆直至中亚、南通云南的"茶马古道"古老而繁荣的民族经济活动开始时,马

---

① (清)查骞撰,胡文和校注:《边藏风土记》(光绪三十四),《西南民族文献》第6卷,第27页。
② 任乃强:《西康图经》,1934年。

具有了另一种价值，马作为运输工具最早在茶马古道上显示了其重要性；随着交易的扩展，马又成为一种与茶叶交换的商品，形成了举世闻名的"茶马互市"。马使康定成为藏汉物资文化交流中心，马成为提升康定人生活品质的重要工具[①]。《康定情歌》中所唱的跑马山位于康定城南，当地藏族称"拉姆则"，意为"仙女山"，是藏族著名神山之一。从清代至民国，康定每年都在"登托"山坪上举行盛大的赛马会，称这地方为跑马山。歌因山而发，山因歌而扬名。康定在跑马山举行的赛马活动多以歌舞助兴，依歌交友便成为康定赛马文化的一个重要内涵。

第二，经济交流是促进《康定情歌》产生的重要因素。历史上，康定曾是我国西南民族地区的一大重镇，汉藏贸易物资集散中心，内地通往西藏的门户。西来的马帮到达康定，就要在这里转换运输工具或者就地进行茶马贸易，康定成为内地与西藏地区之间主要的商业中心。在以后，国内的丝绸、茶叶等商品经过康定运往西方，而南亚、欧洲的商品也从这里销往中国内地，康定因而发展成为我国西部"茶马古道"上的重镇，也是康定地区最繁华的商品集散地。如前文所言，锅庄是藏汉等各民族在经济交流中产生的商贸中介。随着茶马贸易量的不断扩大，康定迅速发展成为藏汉贸易的大商埠，川藏线上的大集镇，锅庄进而演变成为茶马古道上一种独有的经营性机构。康定藏语称锅庄为"阿佳卡巴"，意思为"住着精明能干、能说会道的女主人的地方"。"阿佳"以善于创造财富的品质成为康定青年男子追求的对象。康定男人在择偶时以配偶的健康体魄、漂亮长相、端庄品行以及能干有本事为具体要求。于是，《康定情歌》中对"李家大姐"的"人才好""会当家"赞颂，就是康定经济文化发展的重要反映。"人才好""会当家"的审美标准，使康定的情歌文化更具体、更充实，体现了经济交流使康定情歌文化求真务实的价值取向[②]。

第三，宗教文化对《康定情歌》有着深远影响。康定地处川藏咽喉，历史悠久，是一个多民族的聚居地，宗教形态以藏传佛教为主。藏传佛教是藏族传统文化的载体，其文化体系庞大，内容十分丰富，已成为藏族文化的主干和精髓，在藏族历史上和藏族人民心中占有不同寻常的地位。藏传佛教是中国佛教三大系统之一，是印度佛教、汉地佛教和藏族本教在相互交融过程中的产物。

---

① 石丽珠：《康定情歌的情歌文化》，《歌海》2008年第7期。
② 石丽珠：《康定情歌的情歌文化》，《歌海》2008年第7期。

本教，也作"苯教"，是流传于中国藏族地区的古老宗教。本教崇拜自然，相信万物有灵。本教崇尚自然的信仰，促使藏族人努力将自身与自然界紧密结合在一起，追求自身与自然的和谐相处，寻求人天合一的境界。佛教传入康巴地区，与藏族本教相融合形成藏传佛教，形成了既包含佛教的"慈悲"观念和"业报"思想，又传承了本教追求人与自然的和谐、人与人之间的宽容和谐，以及不同文化间彼此的宽容与和谐的宗教文化[①]。康定大多数群众信仰藏传佛教，并通过参加藏传佛教的宗教节日和宗教活动寄托信仰。每年农历四月八日，康定的藏民们都在跑马山下举行"转山会"，又称"敬山神"，或称"沐佛节"。传说这一天为佛祖释迦牟尼诞辰日，有九龙吐水，为佛祖沐浴，故又叫"沐佛节"。这天，康定藏族以及其他民族群众汇集到跑马山下，进行宗教活动。活动结束后，人们在此支起帐篷，喝着纯美的青稞酒，载歌载舞，尽情欢乐，此时的跑马山像一片沸腾的海洋。与此同时，康定城内则举办物资贸易活动，寺庙里举行宗教佛事活动。"转山会"经过长期的发展，延续至今，长盛不衰，成为康定重要的传统民俗活动。正是这些灿烂、多元的民俗，以音乐的形式阐释着这个地域文化的发生与发展脉络，并造就了康定情歌之城的美誉，所谓"一曲情歌醉百年，无人不知康定城"。情歌文化成为康定的城市品牌与形象，并以其独特的文化符号为世人所认同。

三、高原古城——松潘

松潘历史悠久，有"川西北门户""边陲重镇""战略要冲"之称，历来为川西北高原的商贸集散地，素有"高原古城"之称，为阿坝州内建制最早之地。松潘由于地处阿坝涉藏地区农耕文化和游牧文化的接合部区域，是历史上各民族互通有无的通道和频繁活动的舞台。因此，松潘历史上不仅形成了多元文化交融并存的格局，更着重彰显其军事重镇的古城文化。

（一）松潘城的兴起与发展

松潘古称松州，追溯历史可至战国时代，历来都是我国古代的军事重镇。公元前316年，秦灭蜀后在今松潘川主寺镇建立湔氏县，将松潘正式纳入中国版图。

汉代在此改县为道，进一步走向繁荣。三国迄隋，设立县治从未间断。唐贞观十二年（638），吐蕃首领松赞干布向唐求婚未允，率兵攻打松州，促成了

---

① 多吉才旦：《苯教在民间的实践活动及其文化背景》，中国西藏信息网www.tibetinfor.com.cn。

后来的唐蕃联姻,文成公主进藏,使大唐西部边关保持了近百年的稳定局面。唐中央政府亦随即置都督府,是中央政府在今阿坝州境内设置的3个都督府之一,羁縻生羌部落,极盛之时领羁縻州达104个之多。明洪武十二年(1379),置松州、潘州二卫,后并为松潘卫,从此有了"松潘"之名①。

《松潘县志》记载,"松潘毗邻边疆,据岷江上游,北望河湟,南通汶灌,广袤数千里,昔接氐羌吐蕃部落"②。又说松潘"地处边徼川蜀西北门户,而关陇之藩笼,东连龙安,南接威茂,西近吐蕃,北极洮岷,四塞之地也"③。如此地理位置,使松潘成为兵家必争之地,中央王朝长期在此屯兵建堡,拱卫川蜀。军事功能一直是松潘城市的最主要功能之一。唐朝贞观年间(627~649),西藏的吐蕃族向东扩张,势力达到岷江上游松潘地区,吐蕃人与这里的羌人融合,发展成为松潘草地的藏族。宋初,陆续有汉人迁入该地区④。宋太宗雍熙时期(984~987),茂州共有1515户,其中汉族326户。明洪武十三年(1380),松潘建城后,汉族和回族人开始逐渐增多。清乾隆年间(1736~1795),实施改土归流,回汉民族始大量迁入松潘⑤。

长期以来,松潘城以军事功能为主,起到镇守边疆,羁縻少数民族的作用。乾隆二十五年(1760),清廷在松潘设置"直隶厅",加强统治,驻有七营清兵,最多时期有马步战守4500人⑥。

松潘城的兴起除与军事重镇的性质密切相关外,茶马互市也对其发展起了重要作用。松潘的茶马互市始于唐代。茶叶,自唐代输入松潘地区之后,就成了藏族的生活必需品。松潘地处高寒山区,受自然条件的限制而不产茶叶,唯依赖汉区供应。松潘"县属内外地广产良马",藏族人民"颇以善马至也",来向汉区换取茶叶。宋神宗时期,战事繁纷,宋王朝军队缺乏马匹,北方契丹为侵扰中原,又严禁马匹输入内地;为拥有足够的战马,王安石实行变法,兴马政,以茶叶与藏族换取马匹。于是,松潘成为茶马贸易的重要市场。茶马贸

---

① 张典等修,徐湘等纂:《松潘县志》卷三《边防》,1924年刻本。
② 张典等修,徐湘等纂:《松潘县志》卷三《边防》,1924年刻本。
③ 张典等修,徐湘等纂:《松潘县志·序》,1924年刻本。
④ (南宋)李心传:《建炎以来朝野杂记》甲集,卷一八中。
⑤ 屈锡通、江作见:《松潘商业史料》,《阿坝藏族自治州文史资料选辑》第4辑,1986年,第2页。
⑥ 周群华:《松潘古城考》,《四川文物》1991年6月。

易带动了经济的发展和人口的聚集，明代松潘城发展为"烟火万家"。清代，松潘更是"人烟稠密，商贾辐辏，为西陲一大都会"，最终成为川、甘、青三省边境最大的贸易集散地①。

（二）边陲军事古城建筑文化

由于松潘为川西北地区的门户之一，自古以来就是一处重要的军事要塞。所谓"蜀西关键，以松潘为最要，扼岷岭，控江源，左邻河陇，右达康藏，汉番杂处，不易抚绥，而屏翰成都，实有建瓴之势，安危所系，非独一隅"②，因而历代封建王朝都将其作为边防要塞，筑城垣，屯重兵，据守要冲。特别是明清两朝更是刻意经营，直接促成了松潘城成为中国古代军事城市建筑的经典之作。

松潘古城，始筑于唐代，而现存的松潘古城，却为明代遗存。明洪武十二年（1379），平羌将军丁玉挥师占据松州后，两度上书朝廷请求设卫建城，派兵驻扎。次年，朝廷批准设"松州卫"，后将"潘州卫"（今若尔盖县求吉乡境内），并入，称"松潘卫"，并开始筑城。据民国《松潘县志》载：松潘设卫，平羌将军丁玉调宁州（今甘肃省宁县）指挥高显来松潘，负责筑城事宜。高显在唐宋时期柔远土城基础上，西缘山麓，东滨江岸，筑城，历时5年。明英宗年间，御使寇琛又将西部城墙顺山脊筑至山顶。嘉靖五年（1526），镇守松潘的将军何卿又增修外城二里七分四百零五丈③。

清朝初年，松潘黄胜关外五十二个部落的头人，先后前来"归诚受职"，松潘辖治的范围达到数万平方公里。乾隆二十五年（1760），清政府升松潘为"直隶厅"。时人称"松潘安守则西陲无忧"，故清廷在此置七营清兵，最多时有马步战守兵4500人④。同时，清军在明松潘城基础上进一步修葺增筑。松潘城分内、外两城，内城平面跨崇山，依山顺势略呈三角形，东部崇山之下河谷部分为长方形，外城毗邻内城南面的河谷下坝，有城门与内城相通，平面为长方形。松潘内城为五边形，西门至东门、西门至南门两段城墙沿山脊而筑，长度大体相等。我国现存有不少沿山脊修筑的城墙，主要是用于防御的边界墙，其中最为著名的当数万里长城，但是沿着山脊修筑城墙，却十分罕见。

---

① 林旭：《松潘的茶马互市》，《松潘县文史资料选辑》第1辑，1984年，第2页。
② 张典等修，徐湘等纂：《松潘县志·序》，1924年刻本。
③ 张典等修，徐湘等纂：《松潘县志》卷一《城池》，1924年刻本。
④ 张典等修，徐湘等纂：《松潘县志》卷一《城池》，1924年刻本。

松潘城墙总长6.2公里，外城城墙长1.37公里，用条石砌成墙身，内填土石；内城墙也是外砖内土，但墙体外层则是用烧制青砖砌成；城墙高12.5米，厚12米，以糯米、石灰、桐油熬制的灰浆粕连勾缝，城墙砌砖填土十分考究，墙面平整有致，坚实稳固。

松潘城有城门七座，其中内城五城门：东为觐阳门，南为延薰门，西为威远门，北为镇羌门，西南山麓城门则为小西门；外城有两城门，东西为临江门，北向为安阜门。各城门均以长方条石券拱而成。各城门皆筑瓮城，城门上建有重檐歇山式城楼。松潘城门无论长度、高度还是厚度，在民族地区均是首屈一指。

明清松潘城除注重军事防御功能外，还特别注重造型的美观性，每道城门外壁门沿两侧上方有仿木结构建筑，高浮雕须弥座莲花柱础。门洞内壁两侧墙基分别为浮雕二十八至三十匹骏马自城内向外奔驰图，自起步到止步的系列动作形象逼真，生动传神，每马间以云彩纹。

明清松潘城建设，可谓布局精美，规模宏大，整体布局与地形、山势、水流巧妙融合。城门建筑精致美观，石拱砖拱很有规则，浮雕图案栩栩如生。松潘城实为中国古城建筑的经典之作，其边陲军事重镇的建筑文化彰显得淋漓尽致。

（三）光辉灿烂的红色文化

松潘，这座川西北高原的千年历史古城，在中国现代史上，又成为不可遗忘的地方。1934年10月，中央红军被迫从江西革命根据地战略转移，开始了史无前例的二万五千里长征。1935年4月24日，中国工农红军第四方面军从平武、北川进入木瓜墩，这是红军长征中最先到达松潘境内的红军；1936年7月初，中国工农红军第二方面军的右路纵队从绥靖出发，经马尔康，翻亚克夏山入黑水杂窝，过毛尔盖，去包座，这是长征中最后一批离开松潘的红军。历经15个月，红军一、二、四方面军三次经过松潘，脚迹遍及小河、白羊、镇坪、镇江、岷江、大姓、小姓、红土、红扎、卡龙、下八寨、上八寨、草原等18个乡镇。在这期间，中国工农红军在松潘地区建立了七个苏维埃政权。1935年8月6日和8月20日，中共中央政治局先后在松潘所辖的毛尔盖沙窝（今血洛）和毛尔盖索花寺院召开了"沙窝会议"和"毛尔盖会议"。这两次会议，粉碎了张国焘分裂主义，确定了北上的战略方针，中国革命由此出现转机。

红军长征是人类历史上的一个伟大壮举，中共中央政治局在长征途中召开过五次重要会议,其中两次是在松潘境内召开的。为纪念红军长征的伟大壮举,弘扬长征精神,中共中央、中央军委确定在松潘川主寺镇修建红军长征纪念碑园。如今,红军长征纪念主碑已高高耸立在川主寺镇元宝山顶,背靠雪山、森林,面向草地,主碑高41.3米,顶端的红军战士铜像高14.8米,铜像一手握鲜花,一手拿枪,双臂高举成"V"字形,象征长征的伟大胜利。碑体用450块铜合金贴面,呈三角形,象征着红军一、二、四方面军三大主力北上抗日,无坚不摧的雄奇胜利。碑座由汉白玉环线贴面,碑座周围铺垫绿色草坪,寓意为"雪山草地树丰碑"。园内建立起目前我国规模最大的现代艺术群雕,通过刻画艺术形象,展示红军长征的艰苦历程。群雕长72米,宽8米,最高点12.5米,用1160立方米、1440块红色花岗岩精雕细刻组合而成,融光荣的革命历史和现代艺术的魅力于一体,规模雄伟,气势磅礴,撼人心魄[①]。

由于松潘是川、甘、青边界地区,又是汉民族与少数民族的接合部,历史上每遇动乱年代,就常常成为"化外之域"。松潘在反复经历了氐羌、蒙古、吐蕃等不同民族文化的统治,直至唐代,才基本形成了一体多元多民族文化共存态势。正是松潘的这种文化态势,使得松潘城的基本格局类似于中原城市,在建筑形式上与四川民居相似,仅在建筑细部装饰上具有民族特色。

四、得天独厚月亮城——西昌

西昌是一座具有2100多年历史的文化名城,是南方古丝绸之路的重镇,古有"蜀滇咽喉"和"西南重镇"之称。西昌也是全国最大彝族聚居区——凉山彝族自治州的首府。其城得天独厚,不仅位于一碧千顷的邛海之滨,山川秀美,而且水能、光热等自然资源和民族文化资源都十分丰富。山、水、城相依相融。意大利著名旅行家马可·波罗在《马可·波罗游记》中写道:"碧水秀色,草茂鱼丰,珍珠硕大,美不胜收,其气候与恬静远胜地中海,真是东方之珠"。近现代以来,西昌更享有"航天城""太阳城""月亮城""小春城"等雅称,被誉为"一座春天栖息的城市"。

西昌在千百年的发展过程中形成了以"彝族火把节"为代表的少数民族风情文化,以"天下第一缸"为代表的乡土文化,以"礼州古镇"为代表的历史文化,以"卫星发射基地"为代表的科技文化,以"礼州会议遗址"为代表的

---

① 《人民日报》(海外版)2003年10月27日第6版。

红军长征文化等一系列城市文化精品。

西昌是四川西南部最古老的城镇之一。它地处金沙江水系雅砻江、安宁河中游。气候温和，土地肥沃，河谷宽阔。2000多年来，历代王朝相继在这里设置郡、州、府、司、路、卫、县等行政机构，是我国西部地区一条重要的民族走廊，"南方丝绸之路"上一大重镇。

西昌在春秋战国时，便为"邛都国"地。据《史记》《汉书》记载："自滇以北，君长以什数，邛都最大；此皆椎结，耕田，有邑聚。""其土地平原，有稻田……俗多游荡而喜讴歌。""邛都，南山出铜。"西汉武帝元光五年（前130），武帝以蜀人司马相如为中郎将，"通灵关道"，"桥孙水（今安宁河）以通邛都"，首开西南边疆。司马相如在开发建设越巂郡的日子里，常常为这里的银色月光所陶醉。他在烟霭微茫、湖光月色交相辉映的邛海边，写下了"月出邛池水，空明澈九霄"的千古佳句①。西昌的月亮又大又明，与当地独特的气候条件密不可分。西昌地处川西南高原，海拔高，降雨少，空气湿度小，夜晚天空多晴朗开阔，月出畅行无阻，再加上高原人烟稀少，空气几乎无污染，大气中悬浮物质少，空气透明度大，所以西昌的月亮看起来纯净明亮，美不胜收。古往今来，有多少墨客骚人为建昌月感怀，吟诵辞赋，排遣愁绪，寄托相思。所谓"清风雅雨建昌月"，便是指西昌的月亮又大又明，分外皎洁。

西汉元鼎六年（前111），汉武帝"以邛都为越巂郡"，领邛都、灵关道、台登、定节、会无、乍秦、三绛、苏示、阑、卑水、大节、青岭、姑复、潜街、遂久十五县，地跨金沙江两岸。《后汉书》载："越巂郡，十四城，户十三万一百二十，口六十二万三千四百一十八"。尔后，历经东汉和蜀汉，邛都亦为越巂郡郡治。西汉时越巂郡所辖十五县中，邛都和苏示两县均在今西昌市境内。南齐时期（479~502），西昌为越巂獠郡。北周天和三年（568），改为严州。境内设置邛都、苏祁、可泉诸县。开皇六年（586）改为西宁州，开皇十八年（598）改为巂州。隋炀帝大业三年（607）改巂州复置越巂郡。唐武德元年（618）又复称巂州，武德三年（620）置总管府，次年升为都督府。唐懿宗咸通元年（860），巂州被南诏政权攻陷，立建昌府。唐天复二年（902），南诏被殷氏所灭，建大理国。大理国袭南诏建制，仍在西昌置建昌府。元至元

---

① 《史记·司马相如列传》。

十二年（1275）大理国为元所灭，元王朝改建昌府为建昌路，以罗罗斯宣慰司总之。明洪武十五年（1382），置建昌府，属四川布政使司；又置建昌卫，属四川都司。后废府，改建昌卫为军民指挥使司。洪武二十七年（1394），又设四川行都指挥使司①。清雍正六年（1728）裁卫置县，始称西昌，属宁远府。自此，西昌之名沿袭至今。民国时期，国民政府曾在西昌设立"国民政府军事委员会委员长西昌行辕""西南军事行政长官公署""西康省政府"等行政机构。

纵观2000多年的历史，西昌一直都是金沙江中游和川西南民族地区的政治、经济、文化中心，并形成了特色鲜明的以彝族为主的多民族民俗文化。

西昌是一个多民族地区，境内世居着汉、彝、回、藏等民族。各民族的民俗文化，按照各自的民族个性和发展规律，不断丰富和完善，构成了一个群星灿烂，百花齐放的民俗文化格局，其中以彝族"火把节"最具特色。

彝族火把节②是西昌的狂欢节。据史料记载，火把节起源于西汉元封年间。经过千年传承，彝族火把节已发展为火的盛典、火的诗篇、火的精魂，由此演绎出人们对天空与大地、高山和原野、黑夜与黎明、青春与爱情、力量与角逐、生命和美丽的讴歌。明代文学家杨升庵于嘉靖年间谪贬云南途中曾目睹了当时西昌的火把节，发出"谁把太空敲粉碎，满天星斗落人间"的感叹。火把节活动十分丰富，它以火把为依托，荟萃了彝族人民的历史、传说、宗教、文化艺术、礼仪、道德等内容，充满着古朴而浓郁的民族特色。

火把节还被称为东方的情人节，彝族人世代爱美，追求美，"选美"自古以来一直是彝族传统火把节中最重要和最具有特色的活动内容。延续上千年的彝族传统民间"选美"活动要求十分严格，美丽的彝家姑娘盛装打扮，手持黄伞，围着草坪上的火堆缓缓舞步表演"朵乐荷"，评委们都是村寨里德高望重的老人。他们的评选既挑剔又自然，既要看姑娘的身材容貌，又要看她们的穿

---

① 石逸文：《历代西昌城》，《凉山文史资料选辑》第11辑，1993年，第199页。
② 关于彝族火把节有一个美丽的传说：据说，天上的暴君恩梯古兹对待百姓十分暴虐，派斯日阿比神下界，横征暴敛，弄得民不聊生，百姓痛苦异常。人们实难度日，便集会推阿提拉巴为首领带领大伙和天神斯日阿比斗争。他们点燃千万支火把，烧毁了通天梯，断了斯日阿比的退路，经过九天九夜的战斗，终于把天神杀死。天王闻讯震惊大怒，发誓要灭绝人类，便撒下天虫千千万万，意欲使它们吃绝人间庄稼。而阿提拉巴勇敢异常，率领人们高举火把，把天虫烧为灰烬。为纪念这一造福人民的行动，从此，每年农历六月二十四日就定为"火把节"，以示庆祝。

着打扮,还要看她们平时对待父母长辈的孝顺之心,更重要的是根据她们平时的道德品行和勤劳声誉来判断。改革开放以来,历届彝族火把节"选美"活动既保留原有的风格特色,又在继承发展传统的基础上有所突破,有所创新。选手着平时生活装,又着舞台装,充分显示彝区各地服饰特色,色彩纷呈,种类繁多,犹如服饰展示会,让人耳目一新。

西昌作为中国最大的卫星发射中心所在城市,已经伴随着中国卫星以及其他国家的卫星的多次升空而闻名遐迩。在评选"中国最具魅力的十座小城"时,专家们用了这样的文字来进一步表述西昌的定位:"西昌,位于四川省西南凉山彝族自治州中部,西昌可以说是中国高科技之旅的首站,在那里,人们不仅可以看到巨大的火箭发射架,而且能了解卫星发射的全部过程"[1]。因此,航天科技文化便成为西昌城市文化的重要一环。

中国西昌卫星发射中心始建于1970年12月,于1985年11月对外开放,是具有世界先进水平的现代化航天器发射中心。1990年4月7日首次成功发射亚洲卫星公司的商用卫星"亚洲一号"。自1997年5月12日至2000年12月31日,西昌卫星发射基地已连续成功发射,"十连胜"创造了中国航天业的辉煌。西昌能够作为现代化高科技卫星发射中心,其主要原因之一在于得天独厚的自然地理条件:一是纬度低(北纬28.2度),海拔高(1500米),发射倾角好,地空距离短;二是晴好天气多,"发射窗口好";三是交通、通信条件好。国家派出专家学者先后勘察过西南、西北和中南9省区的81个县,最后才筛选出西昌,并完全依靠中国人自己的力量,建设起一座设备配套、技术先进,具有国际先进水平的综合航天发射场。20多年来,西昌卫星发射中心用四种型号的"长征"系列运载火箭发射了多种国内外通信卫星和气象卫星,使我国成为世界上几个重要的掌握商业发射能力与技术的国家之一,在世界航天领域占有一席之地。

综上所述,丰富灿烂的文物史迹,特色鲜明的民俗文化和世界领先的航天科技文化是西昌历史文化名城的精华和优势所在。西昌正在建设开放型、多功能、经济繁荣、文明富裕、环境优美、独具特色的现代化城市。

五、川滇锁钥——会理

会理之名是由会无、会川发展变化而来。清雍正六年(1728)裁会川卫守

---

[1]《西昌历史文化名城》,西昌旅游资讯网www.xichang.gov.cn,2009年4月19日。

备，移会理州于卫所后，才使用会理这一名称，以"川原并会，政平颂理"而得名。会理，古代彝语称为"涅底"，会理城为"涅底尔库"，系由古代彝族涅理部落居住区域而得名，其意为"春天长驻的地方"[①]。

会理地处四川最南端，数百里金沙江自南环抱而东，蜿蜒北去，隔江与云南毗连，素有"六诏咽喉""川滇锁钥"之称[②]。会理在历史上曾是"南方丝绸之路"西干道入滇的要道，也是古代巴蜀地区与滇西及东南亚等地商贾往来的重要周转地，从而造就了会理独具特色的文化，使会理成为川滇民族文化荟萃之地。近代以来，它更成为商业集散之地，各种语言文化在这里交融，使其本来就已丰富的文化内涵变得更加丰富。

（一）会理城的兴起与发展

会理古城历史悠久，"古为邛都国地"。据史书记载，会理设县最早为西汉武帝开发西南夷时期。西汉元鼎六年（前111）置越嶲郡，辖十五县，跨越川滇，开通了西夷（今凉山）与南夷的交通通道，会理（时称会无县）为十五县之一。会无，是会理有文字记载的最古老的名字，会无古城址就在今会理城北的北山。北山是两河间形成的一片长方形台地，1978年在此发现"北山营顶汉代建筑遗址"，搜集到较完整的汉代砖瓦残片。西汉时会理经济、政治和文化还比较落后，为了加强对西南边疆的统治，汉武帝加大了对西南夷地区的开发力度。据《史记·平准书》记载："武帝通西南夷……乃募豪民田南夷，入粟县官，而内受钱于都内。"之后历代仿效，不断移民，会无县的经济和文化也得到较大发展。

据《元和郡县图志》记载："会川县本汉会无县，属越嶲郡……高宗上元二年于其地置会川县。"此后，会川县名取代会无县名。会川县处于青藏高原横断山脉东南边缘，东西南三面被金沙江环绕，内流河均为北南流向，山势北高南低，"川原并汇"四字，形象概括会川地形，会川由此得名。这是会理在古代使用时间最长的名称，长达1053年。

唐代，在云南大理崛起了一个少数民族的政权——南诏。南诏连年征战，肆意扩张势力范围，势力渗透到四川境内，大渡河以南均为其所控制；会川（即会理）在扩张中成为南诏国属地，南诏政权在会川设置都督府。后晋天福

---

① 《会理文史》第九辑，中国文史出版社1996年版，第7页。
② 《会理文史》第四辑，中国文史出版社1989年版，第23~24页。

二年（937），大理段氏取代南诏建立大理国，同样将会川作为统治西夷地区的重镇，会川列为八府之一，称"会川府"；大理国在此设会川都督府、会川府，并派重兵驻守，同时进行移民和发展生产，促进民族经济文化交流，进一步奠定了会理作为川滇地区文化经济枢纽的地位。南宋末年，大理国为忽必烈所灭，元世祖至元十四年（1277），改会川府为会川路，会理古城成为会川路治所。明初，置会川府，后改为会川卫，属四川。

清初，清王朝为了进一步加强对西南地区的少数民族的统治，强化会川的政治行政地位，于康熙二十九年（1690）改会川县为会理州。1913年，改州为县，始称会理县，一直沿用至今。

从会理城的兴起与发展来看，有以下两点值得注意：

其一，会理作为南方丝绸之路的要津，历代均为四川自南入滇转往印缅的重要通道，至今尚有孔明寨、七登堡等多处古遗迹。经史学家考证，诸葛亮南征渡泸的渡口即今会理鱼鲜渡口。

其二，2000余年来，会理均为西南军事政治重镇。明代以后，会理以其特殊地理位置进一步发展成为四川通往滇黔的重要交通商贸枢纽，各省商旅云集，商业繁盛；清代相继建有滇、黔、川、赣、鄂、闽、粤、江、浙等十大会馆，各会馆在经济和文化上起了重要的交流作用。

此外，会理还是一座有着悠久革命传统的古城。会理是中央红军渡金沙江后进入四川境内的第一个县。1935年5月4日至5日，中央政治局在会理召开了扩大会议，即著名的"会理会议"，会议肯定了毛泽东的战略战术的正确性，巩固了遵义会议的胜利成果。"会理会议"成为中国现代史上的一个重要里程碑。

（二）古城特色建筑文化

会理古城始建成于明初，距今约600余年。清雍正十二年（1734），在城中心十字大街建成钟鼓楼，清乾隆时续修完工，从此就成为会理古城的标志性建筑；同时也完成了古城的整体构筑，形成了穿城三里三、围城九里三、以南北中轴线为主的四街三关二十三巷的棋盘式格局。

如今，古城城墙虽大部分被拆除，但城郭风韵依然，会理古城街巷基本如旧，仍然保持着古老的布局和风貌。在建筑布局上群体设计较为明显，县城7条大街和23条巷道保存完整，形成棋盘式网络，把内城外城分成若干规矩的街坊，被各地来会理的建筑专家誉为"有明清之风"的独特建筑。

会理古城个性独特。古城保护范围1.02平方公里，绝对保护地段0.3平方公里，共有7条大街23条小巷；古城区内有各类古建筑17万平方米，其中标志性建筑钟鼓楼、北门城楼、土城墙等明清古建筑群和科甲巷的胡家大院、邹家大院、吴家大院等明清传统民居建筑群，真实原貌保存较完好，规模较大，分布较集中；古城区有各种古树100余株、古井96眼，是古城环境文化的重要载体。

如会理北门"拱极"古城楼，其匾额命名便极具会理城特色。"拱极"一词出自《论语·为证》："为政以德，譬如北辰，居其所而众星共之。"（"共"是"拱"的本字）"北辰"就是北极星。《尔雅·释天》："北极谓之北辰。"不论是楼名"拱极"，还是题额"北辰拱极"或"永固北辰"，其内涵都在"为政以德"四个字中。

再如会理的小巷，闲适、悠闲是其主要的特色。在会理城现存的23条小巷中，最为有名的是"科甲巷"。因为历史上从这条小巷里走出了许多的进士和举人，所以得名科甲巷。这里犹如一座明清古民居的博物馆：大门、枕石、屋檐、瓦当……无一不流淌着明清时代的风韵。例如胡家大院前院的窗格，线条简洁流畅，没有多余的花饰，这是典型的明代风格；而后院的窗棂却是雕花遍布，复杂玲珑，为清代的纹饰。吴家大院里有着"大夫第"的牌匾和绿陶的屋脊。

综上所述，素有"聚宝盆""攀西明珠"美誉的会理古城，汇川滇之精粹，集彝汉之优长，形成独具特色的会理文化，实至名归地成为一座绚丽多姿、引人注目的历史文化名城。

六、藏彝走廊民族城镇文化发展的同一性与差异性

人类创造的任何一种物质文明都代表着历史人文因素与自然条件的结合，人类活动只有与生态环境和谐相处，才能获得持续发展的动力。藏彝走廊民族城镇和城镇文化的发展是与其各自的地理环境相适应，并受其影响的。康定、松潘、西昌、会理等城市地处四川境内藏彝走廊，由于藏彝走廊地跨六江流域，穿越龙门山、岷山、秦岭等山脉，在地形上跨越了河谷冲积平原、缓丘平坝、高山峡谷、高原草甸、雪山林地等，近乎完整而又有着垂直差异的多种自然生态地貌，涵盖了高原、平原、山地、盆地等多种地形、地貌，特殊的高原峡谷地形使藏彝走廊地区大多属高寒气候带，总的气候特点是降水较少，湿度较小，云雾不多，日照充足，冬干夏湿，干湿季节分明，气候类型多样，气候的垂直变化极为显著，特别是从河谷谷底到高山分水岭，气候往往呈现出从亚

热带气候到永久积雪带的垂直变化。藏彝走廊不同区域的城镇的自然条件不同，使其城镇选址、经济、文化发展模式也各不相同，民族传统和民族性格也各异，但是都与生态环境能够有机地达到统一。

藏彝走廊在历史上曾是不同民族南来北往的迁徙走廊，藏、羌、彝、回、汉等各民族在这一地区共处，形成了藏、羌、彝、汉语言走廊，以及垂直与带状分布的居住分布与样式各异的聚落形态。各类民族文化相互吸收、相互影响。藏彝走廊各民族基于自我生存发展的需要，形成了长期持续不绝的民族间贸易往来，经济联系不断。这种经济联系，不仅是促进民族自我发展的重要动力，而且也是构成藏彝走廊地区多民族并存共生格局的重要基础。在四川、云南、西藏的交界地区内，民族的迁徙与流动，成为区域内经济联系交流拓展的重要基础和途径。而各民族的物产是主要的交换物资。在四川木里俄亚等地，纳西族移民进入这些地区也曾在当地开垦拓植，引进了荞麦、圆根等农作物；在西藏芒康县的盐井等地，明代纳西族移民进入此地后，积极从事盐矿的开发和采掘，使盐井地区成为明清时期滇藏川交界区域最主要的产盐地之一；在滇藏川交界区域矿产资源较丰富的地区，中甸白马厂大开银矿、中甸天生桥金矿、木里俄亚金矿、兰坪盐井、安南东炉房银矿等是矿产资源丰富的地区。

自明代以后，随着藏彝走廊地区社会经济的发展，在藏、纳西、白、回等民族中一些本土商人开始崛起。以茶叶为主要交流物资的滇藏民间商贸对涉藏地区人民非常重要。至今，四川涉藏地区和西藏昌都等地的一些藏族同胞依然把来自云南的茶叶叫作"纳西茶"。四川木里坝子一带的各民族百姓，解放前最主要的商业化活动就是利用牧场好好喂羊养马，然后到云南丽江、永宁等邻近的市场出售牛鞍皮张，以换回茶、盐、布匹等生活必需品[①]。商贸的兴盛不仅促进了藏彝走廊民族间的物资交流，而且也使各少数民族地区经济得到较快发展，在交通便利的地区形成诸多大小城镇。藏彝走廊地区星罗棋布的城市和中心集镇，伴随着它们商贸物资集聚功能的扩散、集镇服务功能的提升，对于吸纳山区民族进入商贸领域，拓展与其他民族之间的经济联系与交流，起到了较强的推动作用。虽然当时集市贸易发展还很薄弱，但是仍为区域内各民族群众参与贸易活动提供了市场。

---

① 周智生：《藏彝走廊地区族际经济互动发展研究》，《中国社会经济史研究》2010年第1期。

经济的互动交流，势必带来文化的进一步交融，形成"你中有我，我中有你"的多元文化局面。藏彝走廊地区的诸多民族文化各具特色，例如雪域高原形成了藏历年、雪顿节、赛马节、萨嘎达瓦节；大小凉山、楚雄、昭通和攀枝花等地出现了火把节、彝族年、赛装节；玉龙雪山下的茶马古道，诞生了纳西族传统的三朵节；苍山洱海边形成的白族盛会三月街；大渡河、岷江边羌寨碉楼之间的羌历年、祭山会；高黎贡山下的怒族吉佳姆节、仙女节；三江并流区傈僳族的阔时节、澡堂会；独龙江畔的卡雀哇；普米族的雪门槛游山节、情人节等。这些规模不同，特色各异的纪念活动、祭祀活动和节庆方式，不仅承载了各个民族的文化和历史，也给今天的中华大地乃至人类世界留下了最为珍稀的原生态民族文化遗产。藏彝走廊各民族文化既有差异性，也有许多相同或相似之处，如藏族、纳西族、白族、普米族、傈僳族以及生活在西藏林芝地区的珞巴等民族，都有着喜爱穿毛皮衣的习俗，原因在于他们都是古代氐羌人的后裔。又如，生活在藏彝走廊的彝族等族群用他们真诚的心世代代保护着火，崇尚着火，依恋着火，在历史长河中逐渐形成了各自独特的民族文化——火文化。藏、羌、彝、纳西、傈僳、独龙等民族的居室内都设有火塘，彝、纳西（摩梭人）、羌等民族还实施火葬，彝、纳西、傈僳、白等民族有传统民间节日——火把节。

生存环境的多样、多种生产方式并存、民族文化的多元性都决定了藏彝走廊民族地区特有的、珍贵的价值。社会学家费孝通先生在描述藏彝走廊各种历史、民族及文化现象之后指出："我们就是要把这些现象作为一个整体来看，从历史上看下来，从他们现在的语言、体质、文物、社会结构、风俗习惯、神话、传说等等综合起来，进行考察。假如我们能把这条走廊都描写出来，可以解决很多问题，诸如民族的形成、接触、融合、变化等。"① 民族学家李绍明认为，藏彝走廊的历史文化特征可概括为七个方面："母系文化带""猪膘文化带""牦牛文化带""笃苯文化带""重屋文化带""石棺葬文化带""藏缅语多元语言带"。由此，我们可大体窥见藏彝走廊地区城镇文化的多元性。在这条走廊峰峦重叠、河谷深邃的群山峡谷中，不仅居住着若干少数民族，而且至今还保存着即将消失的被某一民族语言淹没的许多语言，同时还积淀着许

---

① 费孝通：《谈深入开展民族调查问题》，《中南民族学院学报》（哲学社会科学版）1982年第3期。

多至今还起作用的历史文化遗存，以及宗教信仰、文艺、风俗、习惯等诸多方面。从石器时代起直至现在，藏彝走廊众多民族都在此留下了自己活动的实物证据，其内容之丰富丝毫不亚于中原地区。这些宝贵的资料，对于研究中华民族的形成与发展，我国西南地区乃至中南半岛各民族的起源与迁徙、融合与分化，以及各民族的历史、语言、社会、经济、宗教、文化诸方面均具有极大的科学价值。

藏彝走廊是目前中国民族种类最多、支系最复杂、民族文化原生形态保留最好的地区。如区域内的藏族群众就使用尔苏语、纳木依语、木雅语、嘉绒语等11种支系语言。藏族与彝族是今天此走廊中分布地域最广和人口数量最多的两个民族，其基本分布大体呈现了"北藏南彝"的格局：川西高原、藏东和滇西北高原亦即藏彝走廊北部主要为藏族分布地区；而其以南地区即藏彝走廊南部则主要为彝族或彝语支民族的分布地区。石硕教授认为：与其将藏彝走廊的"藏彝"二字理解为藏、彝两个具体民族，不如将其理解为"藏语支"和"彝语支"两个语支系统的民族更为妥帖和全面，更能准确体现藏彝走廊的民族内涵。今天居住于该走廊中的民族，按其语言系属划分主要有三个语支：藏语支、彝语支和景颇语支。其中除景颇族是属景颇语支外，其余均属于藏语支和彝语支这两个语支的民族。属于藏语支的有藏族、门巴族，属于彝语支的则有彝族、哈尼族、纳西族、傈僳族、拉祜族、白族、基诺族等，他们均是世代居住在此的民族[①]。其中有一些语言属于濒危"物种"，他们的存在无疑是这一文化的"活化石"。

第二节　渝东南地区土家族、苗族城镇

一、渝东南地区城镇的兴起与发展

渝东南地区为土家族、苗族的重要聚居地，现今有4个少数民族自治县——石柱土家族自治县、彭水苗族土家族自治县、酉阳土家族苗族自治县、秀山土家族苗族自治县。本节提及的"渝东南地区的城镇"特指"渝东南地区土家族、苗族城镇"。渝东南土家族居住区与湘西、鄂西、黔东北的土家族居住区

---

① 《中国大百科全书·民族卷》，中国大百科全书出版社1985年版，第557页。

毗邻，是整个土家族聚居区的一个有机组成部分。渝东南土家族、苗族地区在中国版图上位于中心地带，"西连巴蜀，南通黔粤"①，是古代中原地区与西南各地区进行经济、文化交往的重要通道。

渝东南土家族、苗族地区三面与汉族地区接壤：东部与湖南的沅州、常德等汉族地区相接，南部与湖南长沙、衡阳相邻，北部则与河南、陕西汉族地区接壤；渝东南地区则与西南少数民族为邻。中原一有战乱，直接有"大批移民迁来，汉文化得以传播"②。因此渝东南地区不仅受到西南各少数民族文化的影响，更多地受到汉文化的辐射。汉文化作为一种相对优势和先进的文化，较快地流入土家族、苗族地区，并自觉或不自觉地被吸收；由于这种直接的、快速的文化交流而减少了文化在传播过程中的损耗和变异，因此土家族能较早较多地接收汉文化。这也就是渝东南土家族城镇的建筑、结构布局、社会文化、风俗等诸多方面都呈现汉文化特征的原因。

从渝东南土家族、苗族地区的考古发现可知，远在两万多年前的旧石器时代，这里就出现了人类的活动，随着原始社会末期生产力的发展，已出现了较稠密的原始的多民族部落杂居。随着生产力的进一步发展，农业技术的进步，出现了手工业和农业的分离，进而促进了部落联盟内交换的发展，交换发生地也逐渐固定下来成为集市，演变为城镇。经过历朝历代多个阶段的发展和经营，并结合当地的自然地理条件和政治统治需要，城镇发展已初具规模和特色。

（一）渝东南地区城镇的兴起和初步发展

渝东南土家族、苗族城镇的兴起，可以追溯到古代巴人建立国家的时代。在巴国统治的区域内，自原始社会末期以来，在商品经济逐渐发展的基础上慢慢形成了许多城镇。《华阳国志·巴志》载："周之季世，巴国有乱，将军有蔓请师于楚，许以三城。""巴子时虽都江州……或治平都。"由于巴国管辖地区十分广袤，故必须在一些交通要冲、地理优越的地方设立统治据点，并在各据点派驻官员、军队，设立管理机构，这成为渝东南土家族、苗族地区城镇兴起之始。之后，随着楚国逐渐开始强大起来，并向西南发展势力，"楚自汉

---

① 顾彩：《容美纪游》，湖北人民出版社1998年版，第2页。
② 蔡盛炽主编：《彭水县志》，四川人民出版社1998年版，第2页。

中，南有巴、黔中"①。巴、黔中就是今天渝东南土家族、苗族地区的彭水、秀山、酉阳、黔江一带。

公元前316年秦灭巴蜀国之后，夺取了楚国的巴、黔中地，在那里设立了巴郡、蜀郡和黔中郡，"武陵郡秦昭王置，名黔中郡，高帝五年更名……十二城，户四万六千六百七十二，口二十五万九百一十三"②。可见渝东南土家族、苗族地区在秦时仍沿袭了上一代之建制。具体论之：黔江，"秦为巴郡地"③，而巴郡共有"户十五万八千六百四十三，口七十万八千一百四十八，县十一"④，"秀山于秦时于黔中之西鄙"⑤，酉阳，"秦时隶黔中郡，寰宇记云春秋属楚，秦昭王取之隶黔中郡"⑥。换言之，秦为了实行所谓的统一天下，而强夺原属楚的渝东南土家族、苗族地区，并"薄赋敛之，口岁出钱四十"⑦。秦为了达到统一天下的目的，武力征伐之后，轻徭薄赋，笼络人心。另一方面，渝东南土家族、苗族地区被纳入统一的中央统治版图之后，为加强统治，实行了与全国一样的郡县制度，并在各郡县派驻官员和军队，修城建池，控制管理一方。郡县制度在这一地区的实行，标志着政治型城镇在渝东南土家族、苗族地区形成。自此以后，历朝历代都在渝东南土家族、苗族地区设立州县，建筑城池，城镇的发展自此受到政治因素的影响逐渐加深。

（二）渝东南地区城镇的特殊发展阶段

此一特殊阶段主要是指从隋到清之前的阶段。581年，隋朝建立，结束了自西晋末年以来长达近300年的分裂局面。隋朝出现了短暂的盛世繁荣之后，就迅速走向灭亡。唐王朝建立后，总结历史经验和依从历朝历代之统治习惯，在行政建制的设置等方面又有所创新，在渝东南土家族、苗族地区设立了羁縻州县，开启了中央王朝在渝东南土家族、苗族地区一种新的统治制度。这种有效的统治制度被后继者沿用，直到蒙古族统一中国，对渝东南土家族、苗族地区采取土司统治制度时，才被改变。从元代开始实行的土司统治制度是渝东南

---

① 《史记》卷五《秦本纪》。
② （晋）司马彪撰：《续汉书》卷二二《郡国》。
③ （清）张九章等修纂：《光绪黔江县志》，《黔江县志沿革表》，光绪二十年刻本。
④ 《汉书》卷二八《地理志》。
⑤ （清）王寿松、李稽勋等撰：《光绪秀山县志》，光绪十七年刻本。
⑥ （清）王鳞飞、冯世瀛等修纂：《同治增修酉阳直隶州总志·地舆志》，同治二年刻本。
⑦ 《晋书》卷一二〇《李特载记》。

土家族、苗族地区又一特殊统治制度,是羁縻制度的发展和延伸。当然,二者无论是在推行的历史时段,还是实施的具体效果来看,都有着明显的区别。因此,我们将二者划分为不同的发展阶段来探究城镇的发展和演变。

1. 唐宋时期羁縻制度下渝东南土家族、苗族城镇的发展

唐统一中国之后,进入渝东南土家族、苗族地区,发现这一地区的政治、经济、文化的发展不同于汉族地区,而且落后于汉族地区。一方面要将这些地区纳入中央王朝的统一管理之下,以达"天下一统",另一方面又要防止其因严厉的集权统治而叛乱,因此采取了笼络、钳制并用的羁縻制度来达到统治目的。《新唐书·地理志》说:"唐兴,初未暇于四夷。自太宗平突厥,西北诸藩及蛮夷稍稍内属,即其部落列置州县,其大者为都督府,以其首领为都督、刺史,皆得世袭。虽贡赋版籍,多不上户部,然声教所暨,边州都督、都护所领,著于令式。"由此可见,唐中央王朝通过任命少数民族首领担任长官,准其世袭,管理其内部事务。各羁縻州县虽名义上臣属中央王朝,实际上是独自管理本地区的事务,因此中央王朝对羁縻州的管理也不同于一般的州县:首先内部事务悉由长官处理;其次户口不编入版籍,对中央王朝不交赋税,只要不作乱反叛,每隔三年进土贡即可。唐武德元年(618),唐王朝在渝东南土家族、苗族地区设黔州都督府,后改为黔中道,治彭水郁山镇,领彭水、都上、石城(今黔江县)三县,后又分置洋水、洪杜(今龚滩、洪渡一带)、相永、万姿四县。除此七县之外,设有思、辰、施、牢、夷、巫、播、应、克、庄、池、溪等羁縻州,其后羁縻州增加到五十,从而达到分而治之,化整为零,众建土官,分散势力,以相掣肘之目的。

五代十国时期,群雄并起,各王朝无暇顾及对西南少数民族地区的控制,渝东南土家族、苗族地区的各土著首领趁机相互攻打,以强凌弱,一些势力强大的宗族进而扩大了自己的管辖范围,并逐步脱离中央王朝统治。

960年,赵匡胤发动陈桥兵变,建立北宋王朝。经过19年的战争,统一了全国。宋王朝在地方行政建制方面,采取了路、府(州军监)、县的三级管理制度。渝东南土家族、苗族地区仍沿用唐之羁縻制度进行统治,在夔州路下设黔州,除领黔江、彭水二县外,还管理"羁縻州四十九"[①]。南宋后期,羁縻州增为五十六个。宋政和时期,在秀山县境内开始设立平茶洞属羁縻思州,其后

---

① 《宋史》卷八九《地理志》。

有邑梅、平茶、石耶三洞，称之为土知府。南宋王朝为了镇压渝东南土家族、苗族地区人民的反抗，在各州县城驻扎重兵，黔州驻军多达1625人；并推行"以蛮制蛮"的统治政策，招募骁勇善战的土丁子弟编入军队，"施、黔、思三州义军壮丁，总隶都巡检司"①。另一方面，对镇压有功、诚心归附的土著首领采取"树其酋长，使自镇抚"的政策。"宋高宗绍兴元年，冉守忠以来平乱功受敕官守酉阳，孝宗淳熙初年改为酉阳州，光宗绍熙间改酉阳安抚司甯，宋庆元二年废安抚司仍称酉阳州"②，"建炎时，又置石砫安抚司于县地，而犹有县隶忠州"③。

唐宋时期，中央政府在渝东南土家族地区推行羁縻制度，遍设土官，"修其教，不易其俗；齐其政，不易其宜"，在维护王朝统治秩序的前提条件下，授予土官封号爵禄，使之归附中央王朝，达到"以土官治土民"的目的。各土官为了维护其统治，在自己的统治范围内也普遍建立统治据点，城镇数量较过去有所增加④。但是由于经济、地理条件的限制导致渝东南土家族、苗族地区城镇发展相对缓慢，一是数量少，二是规模小，三是经济不发达。另外，由于中央王朝在这些地区加强了统治，对部分州县的政治地位加以提高，从而也推动了这些城市的发展，如将酉阳从县升级为州，从而使酉阳城镇进入一个新的发展阶段。彭水城因成为道、州、县三级政权治所，由此带动了人口聚集和城镇发展，不仅成为渝东南地区政治、军事、经济、文化中心，更是这一广大地区最为繁华的中心城市。

2. 元明时期土司制度下的城镇发展

1279年，元世祖忽必烈灭南宋政权，开始了元朝统治。元王朝在全国实行行省制度，建立了以省辖路、路辖府州、府州辖县的四级地方行政管理制度。元朝对少数民族地区的管理有所改变，在总结历代封建王朝，特别是唐宋以来推行的羁縻制度经验的基础上有了新举措，最为突出的一点即为实行土司制度。土司制度与羁縻制度一样，都是通过分封少数民族地方首领世袭官职，以统治当地人民的一种特殊政治制度。金书四川行枢密院事昝顺言："绍庆府、

---

① 《宋史》卷一九一《兵志》。
② （清）王鳞飞、冯世瀛等修纂：《同治增修酉阳直隶州总志·地舆志》，同治二年刻本，第10页。
③ （清）王槐龄纂修：《补辑石砫厅新志》卷一《地理志》，道光二十三年刻本。
④ 《旧唐书》卷四〇《地理志》三。

施州、南平及诸蛮吕告、马蒙、阿永等，有向化之心"，建议对归附的土著大族实行"授予官职，镇守其旧地"的政策，而对负隅顽抗者派兵剿灭。元王朝采纳了此建议，"从之"①。"辛亥，四川行省参政曲立吉思等讨平九溪十八洞，以前酋长赴阙，定其地立州县，听顺元路宣慰司机制。以向世雄（土家大族首领）等又为巴诸洞安抚大使及其安抚使。"②土司制度最重要的一点是，一改历代等级不明、官职不分的传统，对官职、等级、规制及与中央王朝的关系进行了明确的规定。渝东南土家族的首领们在多重压力之下归顺了元王朝。元政府沿宋制在彭水设立了绍庆府，领彭水、黔江二县；在酉阳添设怀德府，领来宁、柔远、酉阳、服州四州；在诸部蛮夷地设石耶洞，后为顺德军民土知府。

明朝，在渝东南土家族、苗族地区仍沿袭元代旧制，对于归附的西南诸蛮夷土司"多因元官授之，稍与约束"③。洪武五年（1372），酉阳军民宣慰司冉如彪遣其弟朝贡，表示愿意归附明王朝，故明廷就其地置酉阳州，以冉如彪为知州。酉阳设州后，手工业和商业都有较大发展，人口增加，故明王朝以其有功，升为宣抚司，"领长官司三：石耶洞长官司、邑梅长官司、麻兔长官司"④。洪武七年（1374），石砫安抚使马克用遣其子付德与陈世显入朝贡方物，明王朝就其地改石砫安抚司为宣抚司。这样，明王朝在渝东南土家族、苗族地区设立了宣慰司二，长官司五，县二，"皆因其俗，使之附辑诸蛮，谨守疆土，修职贡，供征调，无相携贰"⑤。

在实行土司制度时期，渝东南土司大族在得到中央王朝承认和扶植下，纷纷修建城池，实施民屯，推动农业的发展⑥，由此促进人口聚集和手工业、商业的发展。元、明王朝为了监控土司，也在此地区派驻军队，设立卫所，军士给养则通过军屯来解决。元至元六年（1269），大将李忽兰吉就曾以军士三千，立章广，平山寨，置屯田。卫所之地初为军事城堡，后因农业的发展，人口渐增，为之服务的商业和手工业也兴起，故演变成为城镇。此一时期，许

---

① 《元史》卷八《世祖本纪五》。
② 《元史》卷一二《世祖本纪九》。
③ 《明史》卷七六《职官志》。
④ 《明史》卷四三《地理志》。
⑤ 《明史》卷七六《职官志》。
⑥ 《元史》卷一〇〇《兵志三》。

多汉族地区农民因为战乱,或因失去土地而进入渝东南土家族、苗族地区谋生,这不仅仅增加了劳动力,同时也带来了先进的生产技术、生产方式和优良的农作物品种,促进了土家族、苗族地区农业及其手工业、商业的发展,由此推动了城镇的发展。

3. 清朝至民国时期的城镇变迁

雍正年间,清王朝开始对少数民族地区强制实施新的统治政策——"改土归流"。改土归流是指改土司制为流官制,即废除长达数百年的土司制度,实行与内地行省同样的府县制度。从元朝开始实行的土司制度,虽然在当时对于稳定西南少数民族地区起了一定的作用,但弊病也很多。如土司对内实行残暴统治,对中央则常叛逆不服,并经常骚扰与之接壤的汉民居住区;此外,土司之间也常为争夺资源不断发生战争。明朝就有官员指出土司割据的积弊,主张实行改土归流政策,但由于条件不成熟,难以实施。清朝建立后,经康熙朝锐意经营,国力强盛,故雍正帝即位后,采纳改土归流建议,取消土司世袭制度,设立府、厅、州、县,派遣有一定任期的流官进行管理。从雍正十二年(1734)开始,清廷对渝东南土家族、苗族地区由间接管理转变为直接管理。"雍正十二年,改重庆属之黔江、彭水置黔彭直隶厅。十三年,又改平茶长官司为秀山县"。四川总督黄廷贵在奏章中称:"酉阳各土司,及黔彭二邑,粮赋不繁,事务尚简,且总计新旧属县,统辖无多,设立直隶州,足资弹压。"清廷听从其建议,于"乾隆元年,废厅,改为酉阳直隶州,以黔、彭、秀三县来隶"①,并于乾隆二十七年(1762)升石砫为直隶厅。清廷通过提升渝东南土家族、苗族地区的行政建制地位,进一步加强对该地区的直接统治:先后设置酉阳州,治忠孝坝(今酉阳县城钟多镇);石砫厅,治今南宾镇;黔江县,治今联合镇;彭水县,治今汉葭镇;秀山县,治今中和镇;另设巡检司,治今酉阳龚滩镇。

改土归流废除了土司制度,减少了叛乱因素,加强了中央王朝对内地和边疆少数民族地区的统治,有利于少数民族地区社会经济的发展,对中国多民族国家的统一和经济文化的发展有着积极意义。改土归流之后,渝东南土家族、苗族地区逐渐从半自然半行政的区域状态向正规的行政区域转变。各州县政治行政地位的提高,推动了各州县修城筑池,城镇的防卫功能和管理功能增强,

---

① 《清史稿》卷五八《地理志三》。

从内地派遣的流官多重视发展农业和进行水利设施建设，鼓励发展商业，创办教育事业，由此促进了人口的聚集和经济、社会的发展。

民国建立以后，渝东南地区继续采用流官制。1913年，酉阳改为县，仍治钟多镇，属川东道，1930年归省直辖。1913年，改石砫厅为县，以南宾镇为治所，属川东道，1930年归省直辖。秀山县在民国建立后仍为县，以中和镇为治所，属川东道，1930年归省直辖。黔江县在民国建立后仍为县，以联合镇为治所，属川东道，1930年归省直辖。

4. 新中国成立后渝东南土家族、苗族地区城镇蓬勃发展

1949年新中国成立，给渝东南地区土家族城镇的发展带来了曙光。酉阳解放后成为川东区酉阳行政专员公署所在地，辖酉阳、秀山、黔江三县；石柱县则隶属涪陵专区。1952年9月撤销酉阳专署，酉阳、秀山、黔江三县皆隶属于涪陵专署。1983年，经党中央和国务院批准，先后建立酉阳、黔江、彭水、秀山4个土家族苗族自治县以及石柱土家族自治县。

经过新中国成立之后几十年的发展，渝东南土家族、苗族地区形成了以黔江城为中心城市，包括石柱、彭水、酉阳、秀山、石柱等几座小城市和80多座建制镇所组成的城镇群。无论在城镇数量、人口聚集量和规模上都超越了历史上的任何时期。

二、渝东南地区城镇的空间分布与建筑文化

一个民族的生存与发展，离不开其本身的历史文化背景和自然条件。渝东南土家族依托武陵山区，世世代代耕耘着这片山地，聚集而居，见证着城镇的兴起与发展。在漫长的历史发展中，沿江河分布的渝东南土家族城镇，风水与地势结合，秉承着民族悠久的文化，形成了独具一格的城镇布局及建筑特色。

（一）渝东南地区城镇的区域空间分布

渝东南土家族、苗族地区不仅是川渝湘黔土家族聚居地的有机组成部分，更是酉阳、秀山、黔江、彭水、石柱5个区县互相联系的有机组合体，其区域内城镇的分布特征反映了五区县内政治、经济、文化、自然地理等发展特点。

第一，自然因素，主要指城镇所处的地形地貌、水文气候、自然资源等自然条件及其地理特征。这是城镇及其文化特征所存在的自然基础。

一是河流对于城镇的分布有重要的作用。渝东南地区河流众多，主要是以长江为主干流，汇集包括乌江、酉水等支流，以及大大小小的河流。包括流

经酉阳的龙潭河、溶溪河、平江、小河、唐岩河,流经秀山的梅江河、平江河、洪安河,流经彭水的郁江、诸佛江、长溪河、木棕河,流经石砫龙河、官渡河、悦来河、马武河,流经黔江的阿蓬江、郁江等。水是生命之源,人类的生存和聚居都离不开水的滋润。数以百计的江河穿行于大山之间,哺育着这片古老的土地,也形成了独特的具有山地特征的人类聚居环境。渝东南土家族城镇,与中国其他地区大多数城镇一样都位于河流之旁:酉阳县城钟多镇位于酉水支流的泉孔河畔,秀山县城中和镇位于梅江河上游之畔,黔江县城联合镇位于阿蓬江上游之畔,彭水县城汉葭镇则位于乌江和郁江的汇合处,石柱县城南宾镇则位于南宾河畔。该地区的一些主要商业贸易市镇也都位于河流之旁:酉阳之龙潭镇位于酉水支流龙潭河边,龚滩镇位于阿蓬江与乌江的交汇处,秀山之石堤、平凯镇均位于梅江河之滨,黔江的两河镇、濯水镇均位于阿蓬江侧,石柱之西沱镇则位于长江畔,彭水之郁山镇则位于郁江之畔。总之,临河建的城镇明显多于远离河流而建的村镇,下面以秀山县为例:

秀山县境内有10个具有相当规模的城镇——石堤、龙池、洪安、溶溪、平凯、中和、清溪、龙凤、梅江、石耶,这些城镇都无一例外地位于河流之畔。而大大小小的50多个行政乡,只有保安、平马、川河、龙贡、岑溪、莲花等6个乡的乡政府不临河,其余全都位于河流之畔。从秀山城镇的空间分布来看,河流之畔的城镇密度远远大于其他地区的城镇密度,可见河流对城镇的空间布局有着重要的影响。一般而言,在渝东南土家族、苗族地区规模较大的城镇都位于江河交汇处,而在小江小河交汇处则多形成小城镇。

二是渝东南地区山地地貌特征对城镇有着影响。渝东南地处武陵山区腹心地带,多崇山峻岭,"山川险阻"[①],交通受到限制,区域内人口聚集效应有限,没有广阔平坦的平原,仅有少量狭谷盆地或坝子可供人们建造城镇。因受地形地貌的限制,故其城镇规模相对较小,均为下等城镇。宋代,"绍庆府,下……领县二:彭水,下;黔江,下""怀德府,领州四:来宁州,下;柔远州,下;酉阳州,下;服州,下"[②]。明清时期,酉阳直隶州和石砫直隶州境内共辖5个州县,但只有两个繁级州县,而无冲级州县,而位于成都平原的绵州

---

① (清)王鳞飞、冯世瀛等修纂:《同治增修酉阳直隶州总志·地舆志》,同治二年刻本。
② 《宋史》卷六〇《地理志三》。

所辖6个州县全为繁级，其中有4个为冲级①。由于渝东南土家族、苗族地区的城镇受到山地限制而聚集力不足，故而普遍为小城镇。

第二，渝东南土家族、苗族地区的城镇还受到政治、军事因素的影响。渝东南土家族、苗族地区地势偏僻，交通不便，以少数民族为主，故城镇多与历代中央王朝的统治相联系。汉献帝建安六年（201），益州牧刘璋为管理渝东南的少数民族，选择在现彭水一带设置汉葭县，并建县治。石柱县治所南宾镇，历来为南宾县、土司、厅、县治地。南宋时期，"敕马氏世袭节制九溪十八洞为镇服苗蛮之计"。设石砫宣抚司，其司治所沙子关镇，位于龙河上游和沙子小溪交汇处，古为关隘，是石柱到湖北古驿道的必经地。清道光《补辑石砫厅志》记载："峥嵘沙子，通鄂渚之咽喉"②，其军事重镇的地位可见一斑。

第三，交通和商业成为影响城镇分布的另一重要因素。渝东南地区境内的众多大小河流交织成便捷的水路网络，不仅是土家族人民世世代代生存和发展的基础，也是与外界沟通的交通要道；因山高路远，陆路运输十分困难，故而水运十分重要；水运不仅快捷，而且运载量大，运输成本较低，因而往来客商多通过水路运输，将土家族人民所需的生活、生产资料从四川、湖南等地通过木船水运至渝东南山区，又将收购的土货运至山外。随着码头转运贸易的繁盛和来往客商逐渐增多，沿着港口、码头地方多修筑房屋和店铺，招揽生意，城镇由此发展起来，如石柱之西沱镇，酉阳之龙潭、龚滩镇，彭水之郁山镇，秀山之石堤镇。

西沱镇原名西界沱，古为"巴州之西界"，因地临长江南岸回水沱而得名，是忠、石、万三县交界地，也是渝东南土家族、苗族地区唯一的长江港口，因川盐外运中转而逐渐兴起成为闻名川渝的"盐镇"。由于其优越地理位置，有着便利的水路、陆路交通，成为渝东南土家族、苗族地区食盐外销和货品内运的交通枢纽。元代川江水路在此设"梅沱小水站"驿站，发挥着重要的作用。清乾隆二十七年（1762），在此设巡检司，置塘汛，商贾如云，盐、百货、丝绸、蜀绣等天府特产多经西沱转运至湖北省恩施、利川、来凤等地。

彭水之东北的郁山镇也是因盐而兴的城镇。郁山镇位于渝东南与湖南、贵州接壤处，"通酉阳、黔江、鄾都、利川，清同治年间以守备把总等官戍守，

---

① 参见蓝勇：《明清时期西南地区城镇分布的地理演变》，《中国历史论丛》1995年第1期。
② （清）王槐龄纂修：《补辑石砫厅志》，道光二十二年刻本。

自后设立把总防汛"①,为军事要冲之地,加之盐的重要经济关系,由此建制。早在5000年前,郁山就发现了天然盐泉,遂开始了取水熬盐。战国时期,郁山以其重要的战略地位为群雄所觊,先后为楚、秦所掠。为了加强关系国家命脉的经济物资的开采和控制,自西汉起,历代中央政权都在郁山设置行政机构,加强统治管理。西汉建元元年(前140),汉武帝置涪陵县,治郁山,是郁山为县级政权治所之始。蜀汉章武元年(221),设涪陵郡,治郁山。北周武帝保定四年(564)置奉州,10年后改为黔州,治郁山。隋文帝开皇十三年(593)置彭水县,治郁山。唐高祖武德元年(618),置黔州,治郁山。唐玄宗开元二十一年(733),设黔中道,为唐十五道之一,领五十州,以郁山为治所。宋绍定元年(1228),郁山因"盐泉流白玉"而置玉山,为独立镇建之始。明景泰元年(1450),更名为郁山。清雍正十二年(1734),置黔彭军民厅,为厅治所在地。

渝东南土家族、苗族地区的城镇受到自然地理、政治军事、经济交通等多种因素的影响,在空间分布上呈现不平衡的态势。由于武陵山区多崇山峻岭,开阔平坦之地较少,丘陵和山地较多,城镇的密度远远低于平原地区。

(二)渝东南地区城镇的内部空间特征

渝东南地区城镇的内部空间在不同时代有着不同的阶段特征。

1. 古代城镇内部空间结构

中国古代城镇多为封闭型,所谓筑城以盛民,建池卫城,故而形成一个相对封闭的空间,而纵横交错的街道则将城镇再划分为若干相对独立的空间。城镇之内,街道是属于公共空间,人们可以在这里通行,以及游玩、购物、闲聊交往、欢娱寻乐,既是交通运输的动脉,也是组织市井生活的公共空间场所。渝东南土家族、苗族地区的城镇多受山地环境的影响,故而规模小,地势崎岖不平,街道不能完全按照平原城镇街巷进行"棋盘"式布局;为了适应山地环境,其"街巷随地而变,该弯则弯,该转则转,能上则上,能下则下,不强求一律,不和自然争强弱"②,其街巷多呈现不规则的网状。其不规则的街道布局体现了渝东南土家族、苗族地区传统城镇街巷在营造中对山地环境的调整和适应。

---

① (清)庄定域修,支承祜等纂:光绪《彭水县志》卷一《规建志·关隘》,光绪元年刻本。
② 季富政:《巴蜀城镇与民居》,西南交通大学出版社2000年版,第11页。

明清时期，渝东南各厅县城内街道已经初具规模。秀山县城中和镇内有4条主街——东街、西街、南街、北街，分别连接东西南北四城门，是城内的交通主干道，主要的政治机构基本上都布置在这些主街两侧；西街和南街形成的扇行区域是城镇居民生活区，也是分布街巷最多的区域，共有6条街道，分别为三元街（又曰香巷子）、兴隆街、朝阳街、麻阳街、半边街、清政街（又曰鸡市）；三元街尽头有八卦井和城隍庙，主要是方便镇内居民日常生活取水和到城隍庙参加公共活动。酉阳州城主要有三街：大街、中街下街、河街[①]。彭水"城内有街市四：旧街、正街、文明街、长寿街"[②]。"光绪年间，（黔江）县城计有正街、后街、新街、杨柳街、扇子街等街道。"[③] 由此可见，明清时期渝东南土家族、苗族地区城镇内街道数量较少，规模较小，这与当时的政治经济发展较缓慢是密切相关的。

渝东南土家族、苗族地区的重要城镇主要是因政治军事的原因而建的，因此城镇的内部空间结构和规划受到政治的影响很大。衙署等建筑在城镇建筑中居于主体，无论是建筑数量还是建筑规模都占主导地位。"房琯廨宇修治，凡在郡县，尚其法之志，公署百官所居谓之曰府，施政出令民所听。"[④] 如酉阳县署原是旧土司署，清乾隆元年（1736）耿寿平就旧址改建。乾隆五十二年（1787）知州高塘因旧公署年久失修，日将倾斜，恐为坍塌，借廉俸银1000两进行重修。重修之后，公署已初具规模，有头门五间，仪门五间，圣谕牌坊一座，大堂五间，两廊书办房十间，二堂三间，二堂厢房六间，三堂廊房三间，墙垣一百零二丈。后继任者对公署之增建修葺从未间断：嘉庆五年（1800），知州增修署内书房等。道光二年（1822），知州段逢藻增修署内书房三间。道光二十四年（1844），知州郑金榜辅修三堂正厅，厢廊十一间及四门垣墙，又二堂之壮，增修大官厅五间。州署内原建有"来鹤亭"，乾隆初年知州张兑和在旧址上重建，更名为"小兰亭"，后改名为"小砚亭"。酉阳州署与内地的

---

① （清）王鳞飞、冯世瀛等修纂：《同治增修酉阳直隶州总志·规建志·城池》，同治二年刻本。
② （清）庄定域等修纂：《光绪彭水县志》卷一《规建志·街市》，光绪元年刻本。
③ 四川省黔江土家族苗族自治县县志编纂委员会编：《黔江县志·城镇建设》，中国社会出版社1994年版，第353页。
④ （清）王鳞飞、冯世瀛等修纂：《同治增修酉阳直隶州总志·规建志·城池》，同治二年刻本。

衙署相比，一是规模较小，二是形制较简。清代彭水县县署是在宋代冉通判治所基础上逐渐修缮而形成的。明万历时知县黄承赞重修县署门，并在大门筑台建鼓楼，左立迎宾馆，次立仪门，左立衙神祠门，右立禁监门，门内甬道立戒石坊。大堂南面敞以前轩堂，右筑台为官库，左右两廊为吏书公廨，后建忠爱堂，又后为内署，其西有方池，池南书室三间。县署周围建有高墙。清顺治十八年（1661）知县尹严维，又修建二堂。在内署编竹为篱，大堂仍旧沿用明旧署。康熙二年（1663），县署毁于大火。康熙六年（1667）知县王祚垣重建县署，有大堂五间，内署五间。康熙二十二年（1683）知县吴成龙，建仪门三间。后康熙二十三年（1684），知县朱尔捷又加修厨舍，余屋上覆以瓦。康熙三十八年（1699）知县蒋栋建又建二堂三间，康熙四十六年（1707）知县陶文彬在旧县署基础上向南扩建，向左背东山迁建五间有甯远堂、左书室、右厨舍。乾隆三十年（1765），知县邓瑛以栋宇倾圮重建，后来知县周曦于道光八年（1828）培修。

除县署外，还有其他公共行政建筑，如石柱县在乾隆三十年（1765）"改土归流"后，相继修建了直隶厅署、训导署、照磨署、干总署、演武厅、汛署等。乾隆元年（1736）吏目胡炳森在酉阳州署南建吏目署，后建有监狱；秀山知县夏景馥先建火药军器局于城东，乾隆四年（1739）建武庙，乾隆二十八年（1763）修孔庙。知县边镛倡修圣庙及明伦堂，士民踊跃输资捐建。总而言之，公共行政建筑是渝东南土家族、苗族地区城镇内的主要建筑物，其规模远大于其他建筑，而且使用期限长，一般都是经过不断的修葺和完善的。

此外，祭祀、宗教建筑也占重要位置，然因城镇面积狭小，受地势的限制，这些祭祀、宗教性建筑并未完全按照传统布局，而是分散于城内外。如石柱县城建有龙亭、观音阁、藏经寺、古楼寺、三清观、纯阳观、观音底、城隍庙、武庙、桓侯宫、伏波相等；石砫改为直隶厅后，先后又增建社稷坛、风云雷雨山川坛、先农坛、文庙、崇圣祠、名宦祠、文昌宫、奎星阁、观音寺、龙神洞、显英工庙、吕真君庙、村康庙、四王庙、鲁班庙、财神庙、太白庙、观音岩庙、萧曹府、火神庙、药王庙、禹王宫、紫云宫、巧圣宫、万寿宫、机仙庙、南华宫、太保祠、风翔祠、报恩祠、昭烈祠等。这些宗教祭祀建筑分布于城内各处，约占整个城镇建筑的一半。

由于渝东南的主要城镇以政治、军事功能为主，因而一般居民数量较少，以中小商贩、小手工业者及少量其他劳动人口及无业游民等为主，故居民生活交往区所占面积较小，多在城区边缘，如中和镇的居民生活区只占整个城镇面积的四分之一，汉葭镇居民生活交往区只在城东南一小部分。清代中后期，由于城镇经济的发展和人口的增加，部分州县城的空间已经不能满足发展的需要，很多建筑已经建在城墙之外。如彭水县城北门之外开阔地带建有养济院、万坛、川主宫、壁凰雕、秀峰塔、圣庙等，南城门外则建城隍庙、武庙、汛署、紫云宫、社稷坛、元坛宫、玉皇庙、奎文阁等；秀山县城城墙外东南方向建有迴龙寺、龙王庙、文昌宫、神祇坛、万坛、演武厅、社稷坛，南城门外则建有养济院、栖流所、凤鸣书院、先农坛等①。

渝东南土家族、苗族地区的城镇中有少量因经济开发而形成的城镇，郁山即是其中之一。这些因经济开发而形成的城镇，其空间布局与府、州、县城有很大的区别，一个明显的标志就是无城墙环绕。郁山自汉代以来就不断开发盐业，历代相沿不替，至清代开凿盐井十四井，形成了集生产、包装、运输、销售的于一体的盐业，"在极盛时代，每日产盐会达三百余担至四百余担之多"②。清政府先后在郁山设有巡署、盐院、汛署等机构，但这些机构在郁山所据空间相对较小。全镇的主要空间多与生产盐相关，诸如盐井挖掘，卤水采集，提炼，盐水浓缩、蒸煮，食盐包装、运输等行业占据了全镇大部分空间。由于大大小小盐井分布在城镇之四周，为盐民生产通勤的需要，镇内有多条道路连接各处盐井，方便盐的运输和盐民日常生产与生活的交通，从而形成了网络式道路空间。

2. 近现代城镇内部空间结构

辛亥革命后，渝东南地区的行政隶属变换十分频繁。进入"防区时代"之后，大小军阀互相争夺地盘，到处招兵买马，扩军筹饷，割据称雄，先后在秀山驻军的就有黔军、川军、湘军、护国军、靖国军、讨贼军、清乡军、边防军等不同番号的部队三十多起。各城镇分别为独霸一方的军阀所掌控，不同军阀派系之间的斗争非常严重，弱肉强食，互相残杀，城镇经济和空间结构遭到严重破坏。各县城已是满目疮痍，宫殿庙宇经几番战乱，或千疮百孔，或毁于一旦；少量余下可用者，或被改为统治机构驻地，或被改建为他用，旧貌已不可见。

抗日战争爆发之后，大批逃难的同胞来到渝东南土家族、苗族地区，人

---

① （清）王寿松等撰：《光绪秀山县志》卷四《建制志第三》，光绪十七年刻本。
② 柯仲生编：《民国彭水概况》，1940年铅印本，第102页。

口的聚集为城镇的发展带来了生机，城镇的布局建设也开始突破城墙的束缚，在毁弃的城墙内外形成了开放式的街道和房舍布局。这一时期，城镇空间迅速膨胀，向城墙外和河流对岸发展。随着新的交通通道的出现（如川湘公路经过汉葭镇），导致城镇内部空间有向交通通道靠近倾斜的发展趋势。另外，现代城市公共空间——公园也在渝东南开始出现。抗战时期由于"川湘路启，交通频繁，商旅咽喉，舟车辐辏，地方之繁荣日进，人口之数量尽增；必有公园，以供游骋，庶足以恢宏民德，节宜民情"[①]。1940年，彭水县政府于汉葭镇北修建汉葭公园，此乃渝东南土家族、苗族地区城镇第一个现代意义上的公共空间。

新中国的成立，给渝东南土家族、苗族地区的城镇发展带来了契机。随着社会经济的发展，特别是城镇建设的需要，各县城内街道进行了数次整修、扩建，使其得到了长足的发展。拓宽县城的主要街道，将原来狭窄的老街进行重新规划，改造加宽并铺设为新材料的路面。"1959年11月，石柱县人民委员会发动县城职工和居民义务劳动将后河街、正街、下街三条街由宽4~5米扩为6米，并将三街连成直线，总长1200米，石板路面改为三合土路面。'文化大革命'期间统改为红卫街。1973年至1984年，县政府先后拨款8万元，将街道从9米拓宽为12米，并改建成混凝土路面。"[②]黔江县城扩建正街，成为长1100米、宽16米、横贯县城东西的主干街道[③]，并将路面铺设为三合土；后又将县城内解放路和环城路两条大街铺设为柏油路面，交通北路、十字街、城河街、解放路西段和北段、民主街东段、新华街均改造成水泥路面或柏油路面。改革开放以后，随着经济建设的迅速发展，城镇规模不断扩大，各县都对城镇街道进行改建或新建。黔江县到1985年计建成解放路、环城路、交通北路、联合街、十字街、河街、城河街、解放路西段、解放路北段、交通南路、民主街、新华街等12条主要街道，总长3578米[④]。石柱县城新建五一路，改建环城路，至1985年底，城内主要街道全部改造为8~12米宽的混凝土路面，并组成两个闭

---

① 柯仲生编：《民国彭水概况》，1940年铅印本，第128页。
② 石柱县志编纂委员会编：《石柱县志·城乡建设》，四川辞书出版社1994年版，第282页。
③ 四川省黔江土家族苗族自治县志编纂委员会编：《黔江县志·城镇建设》，中国社会出版社1994年版，第353页。
④ 四川省黔江土家族苗族自治县县志编纂委员会编：《黔江县志·城镇建设》，中国社会出版社1994年版，第353页。

合环状城区道路，大环城由内院河路、南宾路、下街、正街、后河街组成。小环城由新开路、老街、正街、后河街组成。城内计有街道15条，巷道21条，总长1.17万米，占地面积11.35万平方米[①]。渝东南各县城所在城镇街道的质量和数量与民国时期相比，都取得了突飞猛进的进步。

各城镇在旧城区基础上进行改建和新城区扩建。如彭水县城汉葭镇在新中国成立后，依托老城区拓展新县城，城区范围逐步扩展到乌江西岸的插旗村，郁江北岸的五里村，并顺着山势向东门坡方向发展。1974年和1976年先后修建了乌江大桥和郁江大桥，将新老城区连为一体，使城镇范围比1949年扩大了近1倍，达到了106万平方米。酉阳县城新建、改建翠屏桥、碧津桥等多座石拱桥，各桥横跨城区的东西两岸，形成了初具规模的交通网络，方便了东西两岸的百姓生活，也使钟多镇东西两大片区连接成为一个整体。总体说来，新中国成立后渝东南土家族、苗族地区的城镇发展迅速，布局趋于合理。

三、渝东南地区城镇文化的演变

（一）渝东南地区城镇教育文化的发展演变

渝东南土家族、苗族地区虽然被较早地纳入中央管辖的版图之内，但教育却一直不发达。"蜀多僻县，黔又僻之……宋元以前，虽郡县之犹未建有学"[②]。在土司统治时代，由于生产力极其低下，文化教育十分落后，一般的生活、生产知识仍停留在农闲时间父子相授，兄弟相授阶段。明清时期，随着中央集权制度的加强，朝廷始在渝东南地区兴办学校，发展教育。特别是清朝改土归流后，教育得到一定程度的发展。

1. 传统旧式教育

明清以前，官方未在渝东南土家族、苗族地区正式建立官学，仅在与汉族接壤的地区设立学校，以达到潜移默化之效。据《土家族文化史》载："早在东汉时期，为了改变五溪地区'其俗少学而信巫鬼'的社会风俗，东汉政府在汉与土家族、苗族地区交界处的不少地方设立学校，招'溪蛮子弟入学'。"隋唐时期，与土家族交界地区州县官学也接纳部分土家人，如"彭水县人田英，汉文化

[①] 石柱县志编纂委员会编：《石柱县志·城乡建设》，四川辞书出版社1994年版，第282页。
[②] （清）张绍龄纂修：《黔江县志》卷二《风俗志》，咸丰元年刻本。

水平极高，后唐王朝任命他为溪州刺史"①。酉阳冉仁才，年少而好学，文韬武略过人，唐高祖武德二年（619）升为天水郡开国公，食邑三千户。

明清时期，随着中央集权统治的强化，朝廷加强了对渝东南地区少数民族的文化控制。明末，朝廷规定：土官如不入学，不准承袭。土司在此压力之下纷纷在治所设立儒学，开办书院。明代洪武初年，彭水县首在城西建立儒学，"学庙则建于城内，黔之学自兹始"②，"家铉户诵，甲科炳焕"③。明永乐五年（1407），酉阳宣抚司冉兴邦遣龚俊贡等在司治东设立儒学，教授子弟，使其"俾渐华习，三年如觐，十年大造，略比诸郡县"④。

清代是渝东南土家族城镇教育的兴盛时期。由于清朝实施"改土归流"改革，"崇儒重道、劝学兴贤"，带动了土家族学子崇儒兴文的风气，由此"文教极盛，凡省会府州县当事者皆设书院于城郭，官延师境内后俊秀当不下千百"⑤，士子竞相学习汉文化，府厅州县"皆立官署书院，增科广额，史不绝于书，积学之士所以应运而起也"。雍正年间，宣慰司马宗大袭职之后，建夫子庙于石柱城内，延请师儒，教育弟子及其民间俊秀后生，致使文风日盛。清代酉阳儒学秉承明代，多次修葺县学⑥。由是"诵读之声不绝"，各县"应试者不少于几千人"。

清代中后期，渝东南各州县地方官积极倡导创办书院，先后建了一些有名的书院。

酉阳钟零书院，创办于乾隆二十二年（1757），招收土家后生入学。嘉庆二十四年（1819），知州段逢藻将钟零书院迁至司治南，并更名为二酉书院，增添正房四间、耳房五间。书院开办之初有学额文生内课5名，文童内课8名。道光八年（1828）增为文生内课8名，文童内课12名。书院每月给予每名学生发给膏火钱四百文，道光时期增至六百文。为鼓励士子刻苦学习，对童生考试超

---

① 段超：《土家族文化史》，民族出版社2000年版，第89页。
② （清）张绍龄纂修：《黔江县志》卷二《风俗志》，咸丰元年刻本。
③ 柯仲生编：《民国彭水概况》，1940年铅印本，第71页。
④ （清）王鳞飞、冯世瀛等修纂：《同治增修酉阳直隶州总志》卷五《学校志·学署》，同治二年刻本。
⑤ （清）王槐龄纂修：《补辑石砫厅新志·南宾书院记》，道光二十三年刻本。
⑥ （清）王鳞飞、冯世瀛等修纂：《同治增修酉阳直隶州总志》卷五《学校志》，同治二年刻本。

特等至一等的第一名奖赏钱三千文，道光七年增为奖赏钱四千文①。

酉阳龙池书院，位于酉阳龙潭镇。乾隆二十七年（1762），州同刘复仁带头捐廉30两倡办书院，绅商亦纷纷解囊相助，鸠工修建，数月而成。道光十八年（1838），署州同钟叶虎重建，"有正厅五间，左右厢书房各三间，下厅五间，厨房亦三间，头门一间，四围缭以高墙饰以照壁"②。书院规模宏壮，庭院幽深，为读书治学之佳处。

彭水摩云书院，位于县城南，康熙五十七年（1718），知县朱雷创建。其后历届知县均对书院十分重视，加以修葺。光绪元年（1875），知县庄定域及乡绅等筹款培修废毁之书院，复其旧制规模。书院有文生正课六名，副课四名，文童正课、副课共八名，每月给膏火钱五百文至八百文不等；除书院每月给士子膏火钱外，还要准备二十千文为正案上省填卷之用，又以二十千文为遗才起文之用，另以十千零四百文为学书上省认识之用③，由是"学校隆而人才茂"④。

渝东南官学、书院教育的发展，促进了土家族科举的兴盛，"届小试之年，应试者云集，考棚不能容，较前增数倍"⑤，"州郡设书院以造多士"⑥。乾隆年间，酉阳参加州试童生的数量大大增加，"一州三县不下三千余人"⑦。

除发展书院教育外，渝东南土家族、苗族地区官绅文人也积极兴办义学，以倡导士风。嘉庆年间，酉阳州境内各乡镇先后兴办9所义学：槐荫书塾、文江书塾、甘溪场义学、麻旺场义学、蒲海场义学、丁家湾场义学、宜居场义学、两河口场义学、翟河坝场义学。"各以庙宇公馆为学塾，延请蒙师一人，教训各乡镇之幼童，单寒下户无力延请师者甚称便焉。"⑧彭水县县城共有两所义

---

① （清）王鳞飞、冯世瀛等修纂：《同治增修酉阳直隶州总志》卷五《学校志》，同治二年刻本。
② （清）王鳞飞、冯世瀛等修纂：《同治增修酉阳直隶州总志》卷五《学校志》，同治二年刻本。
③ （清）庄定域修，支承祜等纂：《光绪彭水县志·学校志·书院》，光绪元年刻本。
④ （清）庄定域修，支承祜等纂：《光绪彭水县志·学校志·书院》，光绪元年刻本。
⑤ （清）庄定域修，支承祜等纂：《光绪彭水县志·风俗志》，光绪元年刻本。
⑥ （清）王槐龄纂修：《补辑石砫厅新志·艺文志上·第十》，道光二十三年刻本。
⑦ （清）王鳞飞、冯世瀛等修纂：《同治增修酉阳直隶州总志》卷五《学校志》，同治二年刻本。
⑧ （清）王鳞飞、冯世瀛等修纂：《同治增修酉阳直隶州总志》卷五《学校志》，同治二年刻本。

学,分别是观善义学,馆在本城内;琢玉义学,每年义学束脩钱二十千文,馆在本城内。石柱刘大经捐建土庙,设义学专教贫寒子弟,庙东边为义学,为塾师课读地;西边为书屋,可供童生肄业。

有清一代,渝东南地区土家族政治中心城镇,皆设有书院、义学,推行汉文化教育,培养了一大批科举人才。据统计,渝东南土家族、苗族地区建县最晚的秀山县,从1795年设立县学到1905年废除科举制度,一百来年的时间内,参加科考取得功名的有举人20人、武举人8人、各种贡生67人、进士5人、武进士1人。而清代渝东南土家族、苗族地区先后培养出科举人才610名。同时教育的兴起也培养了一大批少数民族文化名人,如黔江的陈景星,酉阳冉氏家族的冉崇文、冉瑞嵩、冉正岳,陈汝燮、陈厚礼,石柱的冉文涛等;他们创作了具有民族地区特色的诗文作品,成为当时土家族中闻名遐迩的文化名人。教育的发展也改变了土家族、苗族地区的风俗习惯和生活习惯。时人称,"酉阳旧杂蛮戎,家自为俗,然自改土归流以来,沐浴四十年之教,农安稼穑,士习诗书,风气断断乎一变"①;石柱县在"改流以来,生齿日繁,若俭而济之以仪,朴而辅之以文,庶彬彬是风,同归大雅"②。

2. 新式教育的发展

清末新政时期,无论是清朝统治者还是民间人士都普遍认识到改革的重要性,尤其教育改革被提高到强国之根本的高度。光绪三十一年(1905),清廷废除实行了千余年的科举制度,从次年开始停止乡试、会试及岁考、科考等一系列旧式教育活动,同时在全国大力兴办新式学堂。渝东南土家族、苗族地区的教育也随之而发生变化,书院、儒学、义学等相继改为学堂,新式教育在城镇逐渐发展起来。

辛亥革命推翻清王朝,结束了中国几千年的封建专制统治,成立了中华民国。尽管民国初年军阀混战使渝东南土家族、苗族地区不断遭到军阀的蹂躏和压迫,但新式教育的发展已经成为不可逆转之势,故而环境虽然再艰难也仍然出现新的发展态势。

一是新式学堂数量大增,入学读书的各族弟子人数迅速上升,教育出现大

---

① (清)王鳞飞、冯世瀛等修纂:《同治增修酉阳直隶州总志》卷一九《风俗志》,同治二年刻本。
② (清)《嘉庆重修一统志·石砫直隶厅·风俗》。

众化、平民化的趋势。

明清时期，渝东南土家族、苗族地区的教育是少数人的教育，士子读书的主要目的是求取功名，追寻仕途。儒师教读书籍，很少讲解，且十分严厉，稍有背诵未完者则施用体罚、责骂，令学生望而生畏，故不少生员视读书为畏途。新式学堂建立后，具有大众化、平民化的特征，教学方式和所学知识也异于昔日，故而师生的积极性也有所提高，学校得到较大发展，新式学堂遍布渝东南土家族、苗族地区的大小城镇。

清末，秀山县城凤鸣书院、龙池书院相继改办为高等小学堂，民国以后均升为初级中学。1913年，秀山县劝学所视学范少奎在原县学旧址（县文庙内）创办模范小学。1921年，"女子小学"在县城鸭子塘开办，专门招收各族女子入堂学习；1940年该校合并到城区小学。民国初年，在秀山士绅倡导下，县城鸭子塘开办了平民小学，主要招收城内普通百姓子弟入学。20世纪20年代，秀山各乡镇如清溪、龙池、邑梅、溶溪等均相继设立小学，后依次扩充为命名为县立第一、第二、第三、第四、第五、第六完全小学。20世纪30年代，秀山县城相继增设中和镇火神庙小学、公立秀山小学；秀山全县39个乡镇，先后都设立了完全小学，乡以下还逐步设立了初级小学，城镇教育普遍发展。

民国初期，酉阳县全县只有小学7所。1924年秋，全县初等、高等小学增加至10所。1939年，全县共有小学272所，在校学生达到14427人。中等教育也有所发展，先后建立"四川省立酉阳师范""四川省立龙潭中学""酉阳县立简易师范""酉阳县立初级中学"，共有在校学生753人。

1914年，石柱县城共有县立高等小学校和模范初等小学校17所，其中女校1所。1922年，高、初小学增加到27所，其中县立女校1所，学生共660余人。1945年，全县共有乡镇中心国民学校33所，164个班，学生3528人；保国民学校192所，250个班，学生5347人。1949年解放前夕，石柱县的各类小学达200余所，学生共9334人。

民国时期，彭水县的新式教育也有较大发展，至1949年解放前夕，有小学158所，学生8100人，其中高级小学15所，初级中学1所，学生186人。

民国元年（1912），黔江全县仅有高等小学校1所，初级小学校40所。1914年，在文庙侧创办县立女子小学1所。1922年，县城高等小学改为县立第一高等小学，其后相继创办县立第二、第三高等小学，加上原渴河坝和大宵山两所高等小学，共有高等小学校6所。1931年，黔江有国民学校115所，学生5325人。

抗战中后期,全县有义务教育短期小学63所、中心学校18所、保国民学校125所,学生共计8357人,并在小学增设成人班159个,学生3838人。

二是新式教育改变教学内容,学校成为传授科学文化知识的主要地方。

新式学堂的设立为渝东南土家族普通平民子弟提供了入学机会,同时教育内容革新也为教育的发展注入了新的活力。明清时期,学署、书院开设的是以"四书""五经"以及准备应试的八股诗文为主的课程,学生只重背诵全书,以求应试之用,不求理解,故而头脑僵化。新式学校的教育不再以教授"四书""五经"为主,而是改授历史、地理、格致(物理、化学)、修身、算术、音乐、体操、图画等多种课程;学校还添设了足球、篮球、排球、乒乓球、羽毛球等体育设备,供学生进行各种体育活动。师生活动的场所也不只局限于学校,"学校社会化"让学生面向农村、面向城镇、面向群众。特别是抗日战争爆发以后,师生开始走出课堂,走向街头群众之间,演抗日街头话剧,唱抗日歌曲,作群众讲演,慰劳抗日战争中的负伤官兵,开展多种多样的抗日救亡工作。

清末民国时期,渝东南土家族、苗族地区的新式教育虽有所发展,但与众多的人口相比,学校数量仍然有限,能入学就读者仍是少数;广大劳苦大众子女入学仍然十分艰难。学校主要集中在县城和个别富裕的城镇,而广大农村,特别是边远山区甚少或没有学堂。

新中国成立后,渝东南土家族、苗族地区的教育得到新的发展。

一是各级各类学校数量增加,广大人民群众的子女都能够入学,义务教育普及化。

新中国成立之初,百废待兴,渝东南土家族、苗族地区首先恢复了战争时期停办的学校。由于社会秩序安定,入学人数增加,学校数量大幅度增长。1950年春,黔江在县城附近恢复小学5所。1951年秋时,已有完全小学19所,村小133所。在土地改革完成后,对工农子女入学实行免收学费的政策。1958年石柱全县公办小学增至290所,民办小学266所。

"文化大革命"期间,渝东南土家族、苗族地区的城镇教育事业发展受到严重破坏,教学质量下降,许多学校形同虚设,面临停课的局面。1978年,党的十一届三中全会以后,渝东南土家族、苗族地区的教育事业出现了新的转机。各级政府从实际情况出发,遵循教育发展的客观规律,在调整教育内部结构、合理布局、克服困难,抓好小学基础教育,进行中等教育的初步改革,建立健全教育教学研究机构，提高师资水平等多个方面都做了大量的工作，教育出现新的发展局面。1983年，彭水县各级各类学校达597所，其中有完全中学4所、初级中学10所。1980年，酉阳各级各类学校总数达811所，其中完全中学4所、初中10所。1984年，秀山全县有中小学443所，其中高中4所、初中6所。

二是入学人数增加，广大人民群众子女均可入校学习。

1957年，彭水小学生人数与1949年解放初期相比增长了2.8倍，中学生人数增加了3倍。1958年秀山在校学生总人数已达到74366人，占总人口的15.3%，比解放初增长了6.3倍。1951年，石柱的小学在校生人数增至10288人，1957年在校小学生增至40635人，在校中学生增至1447人，其中高中生92人。1950年春，黔江全县恢复小学正常工作时只有学生410人，1951年秋，小学在校生人数就超过了1.5万人；土改之后，在校人数达到26866人；1959年，在校学生人数超过4.5万人。"文革"十年动乱时期，渝东南土家族、苗族地区的教育也因此受到严重冲击，学校奉令停课或停办，入学人数逐年下降。1970年，彭水县全县在校小学生人数仅为23695人，只相当于1965年小学生人数的75.5%。1970年，黔江全县在校学生仅19635人，不足"文革"前人数的一半。

粉碎"四人帮"后，渝东南土家族、苗族地区的教育进入一个新的发展阶段，学生人数逐年增加。1983年，彭水在校学生总数达到99278人，其中中专生278人、中学生16037人、小学生82963人，中学生为1949年的86.32倍，小学生为1949年的10.2倍。1980年，酉阳县在校学生人数总计139072人，其中小学生110082人、中学生28910人、中专生中师生392人、卫学生115人。1985年，石柱县在校学生11614名，其中高中学生1436名。1985年，黔江全县有在校小学生51348人、在校中学生13306人（其中少数民族学生8578人）。

三是兴办师范、卫生、农业等专业类学校。新中国成立后，为了缓解渝东南地区师资力量的不足的现状，培养自己的教师队伍，发展本地区的教育事业，渝东南地区各县分别开办师范学校。同时为了发展卫生事业和工农业，各县相继开办卫校和农业学校。1983年，彭水有教师进修学校和中等师范学校各1所。酉阳有中等师范学校1所、卫生学校1所，秀山县有农职校2所，石柱、黔江县也先后办有师范学校，培养自己的教师队伍。

进入21世纪以来，酉阳全县有各级各类学校539所，其中小学218所（另有教学点247个）、初中38所、普通高中4所、职业高中1所、特殊教育学校1所、中等师范1所、幼儿园29所（含民办幼儿园）。有乡镇成人文化技术学校39所、村成人文化技术学校（含教学点）278所。黔江区有各级各类学校268所，其中电大1所、职教学校2所、普通中学18所、九年一贯制学校6所、小学220所、幼儿园1所、民办学校20所。

（二）渝东南地区城镇社会风俗文化的演变

渝东南土家族、苗族地区的人民不仅创造了悠久的历史，而且创造了灿烂的物质文明和精神文明。这些物质文明和精神文明有着丰富的内涵，多样的形式，独特的风格，反映了土家族、苗族地区的历史、社会制度、经济生活、风俗习惯、宗教信仰、伦理道德、哲学思想和审美观念等。土家族、苗族地区的物质文明和精神文明通过各种风俗活动、节庆活动、宗教祭祀等方面表现出来。下面以土家族为例。

1. 渝东南土家族的服饰文化

渝东南土家族的服饰，在清"改土归流"以前，大都保留着世代遗留下来椎髻、草鞋、短衣、筒裙的传统服饰。

渝东南土家族的服饰是在历史的长河中逐渐演变发展的，最早可以追溯到古代先民的装束"蛮俗衣布徒跣，或椎髻，或剪发"①。渝东南土家族这种布衣、光脚、短发的打扮是与其历史文化背景相吻合的。土家族人居住在中纬度地区，气候温暖，所以着布衣、打光脚即可。《蜀中广记》中也有土家族先民服饰的记载："言语侏离开，性好捕猎，火炕焙谷，野麻绩布……"②《嘉庆重修一统志》记载：土家族"杂居洞溪……有蚕丝，人多布衣"③。布衣作为渝东南土家族主要的服饰，从一个侧面反映地区的环境、经济状况，即其地虽位于中国腹心地带，但却连山叠岭，滩险流急，地理条件恶劣，地僻民贫，社会经济发展水平低，因此布衣装束才如此普遍。这种布为土家人自纺、自织、自染的土布，俗称"家几布"。早在宋人的记载中就有相关记载："盘瓠种……织绩木皮，染以草实，好五色衣服，裁制皆有尾形，衣裳斑斓"，"土妇颇善纺织，布用麻，工于汉人"④。清朝实施"改土归流"后，随着汉民的大量迁入，不仅带来了先进的农耕技术，也带来了先进的纺织技术，促进了土家族、苗族地区纺织技术的进步。清中后期，彭水县"境内多养蚕缫丝者，茅田细

---

① 《南齐书》卷五八。
② （明）曹学佺撰：《蜀中广记》卷三八《边防记》。
③ （清）《嘉庆重修一统志》卷四一七《酉阳直隶州》。
④ （宋）乐史撰：《太平寰宇记》卷一七八《南蛮》。

纱等乡，纺锦织布，机声相闻，妇女皆有恒业焉"①。先进的技术带动了土家族、苗族地区纺织工艺的提高，近代以后土家的机匠开始编织出工艺独特和构图美妙的土家织锦——西兰卡普，丰富了土家族服饰文化。

渝东土家族人的服饰在清代"改土归流"之前的土司时期，男女服饰不分，皆为一式，头裹刺花巾帕，衣裙尽绣花边。男女服饰稍有区别的地方是：男衣花边一般为一至二条，女衣花边为四至五条；男裙稍短不过膝，女裙则大而长，系百褶围裙；男女都穿对胸上衣和八幅罗裙。"改土归流"以后，清朝对土家族颁布了所谓禁革"陋习"条款，逐渐使土家族男女服饰有了区别。男人不再穿八幅裙和佩戴耳环首饰，穿戴较之简单。妇女服饰比较讲究，上衣叫银钩，有衣领（矮颈）；衣襟、袖口缀有一条宽青边，青边后面有等距离地贴两条五色梅花条。女裤除裤腰是白布外，裤身分上下两节：上节为蓝布或青布，膝盖左右两边有挑花图案；下节为青布或蓝布裤脚，距裤脚有一条花边。妇女讲究戴首饰，耳上有银质耳环，手腕戴有银质或玉石手镯，手指上戴有银质戒指，胸前挂银链、银牌、银铃、银牙签、银珠子等，头上插多种银花宝针。这些首饰既是富裕的象征，也是美的标志。

新中国成立后，土家族男女服饰受外部分服饰文化影响很大，逐渐接受汉族的服饰装束。特别是"文革"期间，大量的城市知识青年来到渝东南土家族、苗族地区，土家族青年有意或无意地模仿他们的服饰，客观上推动了土家族服饰的变化。

2. 渝东南土家族饮食文化

"民以食为天"，每个民族在特定的地理环境生产和生活，也就决定了每个民族都有自己独特的饮食文化习俗。渝东南土家族长期生活在武陵山区和酉水、乌江流域，形成了颇具特色的饮食习惯。《南齐书》记载："僚者盖南蛮之别种……散居山谷……能卧水底持刀刺鱼，其口嚼食并食饮。"②《太平寰宇记》也记载："土俗：其民皆射生而食用。"③由此推测渝东南土家族的先民的饮食文化长期处于一种采集渔猎的原生态状态下。自秦汉以后，渝东南土家族逐渐从采集和狩猎向种植农业发展。唐宋时期，土家族、苗族地区"蛮

---

① （清）庄定域修，支承祜等纂：《光绪彭水县志》卷三《风俗志》，光绪元年刻本。
② 《南齐书》卷九五。
③ （宋）乐史撰：《太平寰宇记》卷一七八《南蛮·盘瓠种》。

地饶粟",但由于"山多田少,田宜粳稻,山地宜菽麦……土至瘠薄,全恃雨泽,不耐十日旱。雨甚大,亦畏之,恐刷去浮土即成石田矣。南境深山,惟玉黍可种,贫民资以为粮,罕食稻米也"①。元明时期,大量汉族地区的农作物品种如水稻、玉米、燕麦、黄豆、春荞、秋荞、小米等被引进土家族、苗族地区。水稻主要种植在河谷、平坝地区,而山坡贫瘠之地则种植玉米、小米、荞麦等作物。粮食的增多使土家族、苗族地区的酿酒业得以发展,"厅人酿酒,制粳米或黍、稷、粱、粟,置于瓷瓶中,月余始熟,将燕客以热水注满,截细竹通其窍,入瓶底吸而饮之,浅则添水,至味淡乃止,谓之咂酒"②。"民期日食以苞谷为重,并用以酿酒"③。由于地理条件的差异,各地也有所差别,平坝、河谷土家人以大米为主食,而"山野居民多种番薯、洋芋,兼取蕨粉,以备冬夏用之不足。每日朝餐夕食,无燕饮消夜之俗"④。可见,大山上的土家人饮食条件相对较差。

渝东南土家族喜欢吃酸、香、辣。土家人有句民谚说:"三日不吃酸和辣,心里就像猫爪抓,走路脚软眼也花。"故土家人多种植辣椒、胡椒、花椒、大蒜、胡葱、韭菜、香椿等。这主要与居住的环境有关,土家族人在"丛岩邃谷间,冰泉凛冽,岗瘴郁蒸,非辛味不足以温胃健脾"。因此,常吃酸辣食品,不仅可以杀菌、防治肠胃的疾病,还可以起到温胃健脾的作用。心灵手巧的土家妇女多为酸香辣制作能手,如将四季时令蔬菜、野菜或五禽六畜之肉通过干制、腌制、烘炕等制成干菜系列、腊菜系列、辣菜系列、酸菜系列等。

渝东南土家族还喜欢吃豆类食品,土家有句俗话称:"草鞋家机布,面饭懒豆腐"。常见的是用黄豆磨成粉渣或豆浆,然后掺加菜叶煮熟,以辣椒、花椒等佐料做成豆渣,也称"渣豆腐"。土家族还喜欢做"酿豆腐",在自制的豆腐楞边划一个口,以作料齐全的肉馅塞入,用油炸后再煮熟,味美可口。另外,逢年过节,土家族人打糯米糍粑、做竹叶粑粑、炒炒米、做团徽;春日做桐叶麦粑,秋日做苦荞粑等,都是土家族人喜爱的食物。

3. 渝东南土家族的婚俗文化

渝东南地区土家族由于受到地理、历史、经济和文化等多因素的影响,

---

① (清)王槐龄纂修:《道光补辑石砫厅新志》卷五《风俗志》,道光二十三年刻本。
② (清)王槐龄纂修:《道光补辑石砫厅新志》卷五《风俗志》,道光二十三年刻本。
③ (清)张绍龄纂修:《咸丰黔江县志》卷二《风俗志》,咸丰元年刻本。
④ (清)张绍龄纂修:《咸丰黔江县志》卷二《风俗志》,咸丰元年刻本。

其婚姻形态与习俗不同于其他民族，自成特色。《太平寰宇记》之《南蛮·盘瓠种》记载，"盘瓠得女，负走入南山，今五溪中山也。止石穴中，所处险绝，生六男六女，因自相夫妻"①。这也反映了土家族先民曾经历过的"族内婚"制的原始婚姻阶段。直到"改土归流"以前，渝东南土家族、苗族地区的婚姻制度还保存着原始婚姻制度中一些元素，男女婚配比较自由，突出表现在"男女同行，无拘亲疏，不分男女，以歌声为奸淫之媒，虽亲夫当前，无所畏避"。虽然"改土归流"后，官府对渝东南土家族、苗族地区的"陋习"实行强制性革除，这种自由的婚配习俗在民国时期仍有少量的存在。"酉阳风俗……下流社会之男子，每当妇女出行，则必唱淫歌以戏之；若女子亦自属下流，则不惟不避，且亦唱歌以和之"②。

同时，在渝东南土家族、苗族地区还存在"抢亲"的习俗。1933年，西属专员甘民蜀在视察西秀黔彭时写道："婚姻制度，在昔纯为男性选择形式，任何人家的女子，男子只需买一个火炮在女子门口放了，便算定了亲。女家的任何人不能反对。有时一个女子，被多数男子举行放炮定亲的仪式后，弄得手足无措，不知道要嫁给谁好。男的一方面，总是采取有力的手段掠取婚姻，不惜歼灭婚敌，因此而波及岳父之安全的，亦所在皆有。"这种抢亲的遗风反映了土家族婚俗制度的原始性，但在城镇土家族的婚姻制度仍然与内地一样③。

哭嫁也是渝东南土家族婚礼习俗中一种特有的文化现象，即土家族姑娘出嫁前要哭嫁，一般是在出嫁前十五天开始哭嫁，有的甚至在一个月之前就开始哭嫁。哭嫁的内容为抒发对离开父母、离别亲人的依依不舍之情，反映了土家族人朴素的亲情。土家族哭嫁情感丰富，"歌为曼声，甚哀"。

渝东南土家族、苗族地区在"改土归流"之后，在政府强制之下，城镇居民逐渐接受了汉族的婚姻制度，强调"父母之命，媒妁之言"，青年男女失去婚姻自由权。酉阳州"凡两家结婚，先以媒妁之言，既允，即嘱媒妁持果盒、香烛、布帛、鸡、酒等物至女家为聘，谓之插香。女家寻将女之生年日月书红笺上，仍嘱媒妁持赴男家，谓之发庚。将娶前期之日，女家置酒邀婚会亲友，

---

① （宋）乐史撰：《太平寰宇记》卷一七八《南蛮·盘瓠种》。
② 甘明蜀：《酉属视察记》，重庆中国银行出版社，《四川月报》第三卷第一期，1933年。
③ 甘明蜀：《酉属视察记》，重庆中国银行出版社，《四川月报》第三卷第一期，1933年。

谓之过门。至期，男家鼓乐迎女，至家，行合卺之礼。三日，庙见"①。秀山县"择门户之相当者，媒妁既有成说，然后具礼为聘。成婚之日，婿不亲迎，惟以鼓吹肩舆迎女至家，上堂交拜毕，入室行合卺之礼，妆奁称家贫富"②。

新中国成立后，1950年颁布了第一部《婚姻法草案》，提倡婚姻自由，并规定了结婚的法定年龄。这些对于渝东南土家族、苗族地区婚姻旧俗予以冲击，土家族男女青年自主婚姻的逐渐增多，昔日婚姻旧俗已逐渐远去，新的社会主义新婚姻风尚在渝东南土家族、苗族地区形成。

4. 渝东南土家族丧葬文化

土家族人有着与众不同的生死观念。土家族人认为死不是人生的终结而只是另一种生存形式的转换，所以死亡在他们看来，仅仅是对肉体生存形式的告别，没有切断死者的灵魂与生者之间的种种联系。因此，土家人一般将丧葬视为喜事，与结婚一并称为红白喜事，且在丧葬中多表演歌舞，以歌舞闹丧是土家族典型的丧葬习俗。

歌舞闹丧的习俗可以追溯到土家族祖先盘瓠之死的祭祀情况。传说盘瓠初死，"既丧设祭祀，则亲疏咸哭，哭毕，家人既至，但欢饮而归，无复祭哭也……置尸馆舍，邻里少年，各持弓箭，绕尸而歌，以箭扣为节。其歌词说生平乐事，以至终卒，大抵亦犹今之挽歌"③。于是此习俗一直在土家族中沿袭几千年，随着时代的变迁时有变化。"习俗死亡，群聚歌舞，辄联手踏地为节。丧家椎牛多酿以带，名踏歌"，"打鼓路歌，亲属饮宴，舞戏一月余日"④。因此，出现了专业的丧事歌舞者。《蜀中广记》记载："歌唱送殡，号为南客。"⑤《秀山县志》载："丧家奠馈，有哀歌者，童子曼声引唱。至于山野小户，则村氓牧竖鼓为呕歌，此并失礼之尤"⑥。上述史料表现了闹丧

---

① （清）王鳞飞等修，冯世瀛等纂：《同治增修酉阳直隶州总志》卷一九《风俗志》，同治二年刻本。
② （清）王鳞飞等修，冯世瀛等纂：《同治增修酉阳直隶州总志》卷一九《风俗志》，同治二年刻本。
③ （宋）乐史撰：《太平寰宇记》卷一七八《南蛮·盘瓠种》，（台湾）商务印书馆发行，影印文渊阁四库全书本，史部二二八，地理类，第470册。
④ （唐）张鷟撰：《朝野佥载》卷二。
⑤ （明）曹学佺撰：《蜀中广记》卷三八《边防记》。
⑥ （清）王寿松、李稽勋等撰：《光绪秀山县志·风俗志》，光绪十七年年刻本。

习俗自古以来就是在渝东南土家族、苗族地区普遍流行的一种特殊习俗。

5. 渝东南土家族的节庆文化活动

渝东南土家族、苗族地区流行着富有民族特色的节庆文化活动，如"摆手歌舞""过赶年"等。

摆手歌舞，土家语称为"跳金巴"，是土家族人祭祀祖先与庆贺新年、祈祷丰收的集体文化娱乐活动，是土家族先民的集体主义精神在传统文化中的体现。它源于土家族先民的巴渝舞，产生于唐宋时期，后在元明时期广泛流行。据《土家族文化史》记载，土民赛故土司神，旧有堂曰摆手堂，供土司某神位，陈牲醴，至期既夕，群男女并入，酬毕，披五花被，锦帕首，击鼓鸣钲，跳舞歌唱，竟数夕乃止。其期或正月，或三月，或五月不等。歌时男女相携，蹁跹进退，故谓之"摆手"，往往通宵达旦，不知疲也[①]。摆手舞实际上是土家族人举行的祭祀活动一个环节，参加者不分男女，人数不定，少则数十百人，称"小摆手舞"，多则数千上万人，叫"大摆手舞"。舞姿多模仿跋山涉水、农事劳动、战斗姿态、岩鹰展翅、日常生活，有"打猎舞""生产舞""马前舞蹈""饮宴舞"等。舞蹈动作舒展大方，生活气息浓郁，表现出土家人粗犷豪放的民族性格。"改土归流"后，清政府多次下令禁止跳摆手舞，但未取得实效。

新中国成立后，鼓励发展民族文化，土家人又跳起了摆手舞。后来经过文艺工作者收集、整理、简化、改编，摆手舞成为土家族人人参与的民间舞蹈。当地群众闻歌起舞，参与者众，向人们展示出一幅风情浓郁的土家生活画卷。2000年3月，"黔江摆手舞"被评为"巴渝十大民间艺术"。2002年2月，文化部又命名酉阳县为"中国民间艺术之乡（摆手舞）"。

渝东南土家族、苗族地区也过春节，但是比汉族地区要提前一两天，因此土家族、苗族地区的春节谓之"过赶年"，也是土家族一年中最隆重的节日。所谓"赶年"，最显著的特点就是提前一天或两天（即腊月二十八或二十九）过年，但具体时间则因姓氏宗支、地域而有所不同。秀山县石堤镇的田姓是腊月二十八，酉阳县后溪的彭姓则为腊月二十四。

土家族人将祖先祭祀日也称为过年，相当于各大姓宗族的族年，因时间因

---

① 段超：《土家族文化史》，民族出版社2000年版，第79页。

姓氏、宗支、地域而有所差异。祭祀活动在祠堂举行，各路邀约，奔赴祠堂。每到一路，燃爆竹，点铁炮，供斋粑、豆腐、酒食，行三拜九叩大礼，祭祀土王。随后，在本族祖先牌位前，祭祀祖先。祠堂里，整日鞭炮不断。祭祀的土王有彭公爵主、田好汉、向老官人，也有祭祀本族祖先的。

第七章 巴蜀历史文化名城名镇文化特色

在巴蜀地区辽阔的土地上，分布着数量众多、历史悠久的名城古镇。它们或位于山川湖泽之畔，或位于交通要道；或是商埠、水陆码头，或是少数民族聚居之地。在千百年的历史长河中，它们因各种因素兴起、发展，保留了若干独特巴蜀文化风貌，逐渐形成具有浓厚的巴蜀地域特色文化城镇群。这些名城古镇的历史遗存丰富，文化内涵深厚，集中地、典型地反映了四川城市的发展脉络和传统风貌，有很高的城市科学研究和建筑艺术价值，是巴蜀地区重要的文化遗产。

第一节　巴蜀历史文化名城名镇

历史文化名城是指保存文物特别丰富，具有重大历史文化价值和革命意义的城市。而历史文化名镇，是指那些在相当长的历史时期内，对区域政治、经济、文化发展起到某些不可替代作用的，现今仍然存在并且继续发展的城镇。名城名镇的特点是保存文物特别丰富，且具有重大历史价值或纪念价值，能较完整地反映一些历史时期传统风貌和地方民族特色。

一、巴蜀名城名镇的特点与数量

历史文化名城具有自己的建筑风貌和文化内涵，是不同地域文化的象征，具有独特性。巴蜀城镇在漫长的发展过程中，内部各地区又形成了自己独特的发展类型，可以分为巴渝丘陵区型、巴蜀平原区型、西部高原山地藏彝区型。不同地区又有不同的特点。

巴渝丘陵地区名城名镇，在地形选址上，运用传统的风水学，因地制宜，巧妙布局，体现了人与自然和谐统一的生态观念；在建筑结构上，简洁、朴素、方便，就地取材；在建筑装饰上，部件齐全、装饰精美、匠心独运。其典型代表如重庆中心城区，以及涞滩镇、西沱镇、双江镇等。

巴蜀平原区的城镇，地形选址与所处的环境紧密结合，依山傍水，江源地域特点突出，与自然环境相协调，具有优美的山水田园特色；在建筑风格和形态上，自然，质朴，独具特色，呈现出不拘一格的多样化。其典型代表如四川省会成都，以及千载古码头——黄龙溪古镇、安仁古镇等。

西部高原山区，海拔较高，城镇多分布于山谷中，规模不大，属于"藏彝走廊"的一部分，城镇发展具有文化交融性和浓郁的民族特色。其典型代表如蜀北屏障——松潘，以及薛城镇等。

巴蜀地区共有国家级历史文化名城8个，国家级历史文化名镇30个。

表7-1 巴蜀地区国家级历史文化名城

评选批次	国家级历史文化名城	评选年份
第一批	成都	1982年
第二批	重庆、阆中、宜宾、自贡	1986年
第三批	泸州、乐山、都江堰	1992年

表7-2 巴蜀地区国家级历史文化名镇

评选批次	四川省（17个）	重庆市（13个）	评选年份
第一批		涞滩镇（合川县）、西沱镇（石柱县）、双江镇（潼南县）	2003年
第二批	平乐镇（邛崃市）、安仁镇（大邑县）、老观镇（阆中市）、李庄镇（宜宾市）	龙兴镇（渝北区）、中山镇（江津市）、龙潭镇（酉阳土家族苗族自治县）	2005年
第三批	黄龙溪镇（双流县）、仙市镇（自贡市）、尧坝镇（合江县）、太平镇（古蔺县）	金刀峡镇（重庆北碚区）、塘河镇（江津市）、东溪镇（綦江县）	2007年
第四批	恩阳镇（巴中市）、洛带镇（成都龙泉驿区）、新场镇（大邑县）、昭化镇（广元市）、福宝镇（合江县）、罗泉镇（资中县）	走马镇（重庆九龙坡区）、丰盛镇（重庆巴南区）、安居镇（铜梁县）、松溉镇（重庆永川区）	2008年
第五批	龙华镇（屏山县）、赵化镇（富顺县）、清溪镇（犍为县）		2010年

1991年以来，四川省多次开展历史文化名城名镇评选工作，至21世纪初，共有省级历史文化名城名镇70余个。

名城有：叙永县、新都区、剑阁县、崇州市、广元市、西昌市、南充市、江油市、邛崃市、巴中市、眉山市、资中县、松潘县、通江县、绵阳市、广汉市、三台县、会理市、芦山县、旺苍县、雅安市、绵竹市、什邡市、江安县、罗江区。

名镇有：上里镇（雅安市）、安顺镇（石棉县）、新繁镇（新都区）、城厢镇（青白江区）、李庄镇（宜宾市）、龙华镇（宜宾市）、昭化镇（广元市）、木门镇（旺苍县）、罗城镇（犍为县）、恩阳镇（巴州区）、铁佛镇（资中县）、罗泉镇（资中县）、郪江镇（绵阳市）、仙市镇（富顺县）、石桥镇（达县）、黄龙溪镇（双流县）、安仁镇（大邑县）、礼州镇（西昌市）、孝泉镇（旌阳区）、江口镇（彭山县）、青莲镇（绵阳市）、洛带镇（龙泉驿区）、平乐镇（邛崃市）、茶园乡镇（邛崃市）、街子镇（崇州市）、怀远镇（崇州市）、元通镇（崇州市）、西来镇（蒲江县）、五凤镇（金堂县）、太平镇（古蔺县）、立石镇（泸县）、福宝镇（合江县）、尧坝镇（合江县）、老观镇（阆中市）、新场镇（大邑县）、火井镇（邛崃市）、艾叶镇（自贡市）、牛佛镇（自贡市）、狮市镇（富顺县）、赵化镇（富顺县）、二郎镇（古蔺县）、罗目镇（峨眉山市）、毛浴镇（通江县）、白衣镇（平昌县）、薛城镇（理县）等。这些历史文化名镇不但有较多的历史文化遗存，而且其中大部分古镇远离闹市，依然保存着优美、宁静的自然风光。

2002年4月，重庆市评选出第一批市级历史文化名镇，分别是龚滩镇（酉阳）、龙潭镇（酉阳县）、涞滩镇（合川区）、双江镇（潼南县）、松溉镇（永川区）、中山镇（江津区）、宁厂镇（巫溪县）、塘河镇（江津区）、偏岩镇（北碚区）、路孔镇（荣昌县）、安居镇（铜梁县）、石蟆镇（江津区）、丰盛镇（巴南区）、白沙镇（江津区）、后溪镇（酉阳县）、洪安镇（秀山县）、竹园镇（奉节县）、铁山镇（大足县）、走马镇（九龙坡区）、庙宇镇（巫山县）等古镇。2010年4月，重庆市评选出第二批历史文化名镇，万州区罗田镇、黔江区濯水镇、涪陵区青羊镇、渝北区龙兴镇、江津区真武场、綦江县东溪镇、开县温泉镇、巫山县龙溪镇等8座古镇当选。

除国家级、省级历史文化名镇以外，巴蜀地区还散落着若干风景优美、尚未开发，或亟待保护的名镇。它们有一些共同的特征：或历史悠久，是名人故里，有特殊的历史事件发生；或文化积淀丰厚，人文景观丰富；或自然景观优美，个性特色鲜明，有着优美的古镇街区等，风格各异，成为巴蜀乡土文化最典型、最生动、最直观的写照。

二、巴蜀名城名镇的地域分布

巴蜀地域广大，历史文化名城（镇）数量众多，但分布却极不平衡。历史名城（镇）的地域分布状态，在空间上具有非均衡发展特点。这种特点一方面受到地理自然条件的深刻影响，另一方面也是由各地区经济和社会等人文条件综合作用的结果，是经济发展的客观规律，但也应当将这种非均衡控制在一定的程度以内。目前，由于社会发展水平与经济发展水平的不平衡，不同地域表现出的地域性特征的程度也有所不同。历史文化名城不仅体现现有的地域性，同时受传统地域性的影响也较大，或多或少地保留有不同时代的记忆，这种积累有助于系统地研究地域性特征的演变历史。而地域性的体现最重要的还是由居住建筑所形成的城市和城镇。

从地域分布看，巴蜀地区的历史文化名城主要分布在地理条件优越、交通发达、发展历史悠久的地区，如成都平原、重要的河流交汇处和交通要道。这些地区开发历史相对悠久，城市多为历代军事行政中心，发育成熟，积累了灿烂悠久的城市文化。成都平原的名城较为密集，如成都、都江堰、新都、广汉、什邡、崇州、邛州、绵竹等。长江沿岸的历史名城也数量较多，如重庆、宜宾、泸州、乐山等则位于长江及其支流交汇处。另外，交通要道的名城也占一定比例，如阆中、剑阁、广元、松潘、西昌、会理、叙永等均为历史上重要的交通枢纽。

四川的名镇主要集中在成都平原，拥有不同规模的名镇20余个，名镇数量占全省总数近一半。其余的名镇则大多分布在面积广阔的盆地山区和高原地区。甘孜、阿坝、凉山3个少数民族地区国土面积占全省的一半，但只有礼州、松潘、会理等几个名镇。重庆的名镇分布也不平衡，主要集中分布在长江、嘉陵江沿岸，广大的渝东南和渝东北则数量稀少。

巴蜀地区名城名镇空间分布的不平衡性，一方面受到地理自然条件的深刻影响，另一方面也是由各地区经济和社会等人文条件综合作用的结果。因此，纵观巴蜀名城名镇的地域分布，具有以下三个特点：

第一，受自然地理条件的影响，巴蜀历史文化名城名镇具有沿江临河分布的特点。巴蜀境内河流众多，以长江为主要干流，其一级支流包括嘉陵江、岷江、乌江等，加上二级支流，在境内构成了完整的河网系统。由于近水布局城镇，不仅有利于解决生产、生活用水需求，而且也有利于原材料、产品运输，因此，在河流两侧或河流交汇处出现了众多历史悠久的城镇。巴蜀境内的名城名镇，大都分布在长江及其支流两岸，90%以上具有近江临河分布的特征。比如，沿长江分布的重要历史城镇主要有重庆、泸州、李庄等，沿岷江分布的重要历史城镇主要有都江堰、成都、黄龙溪、安仁、乐山、罗城等，沿沱江分布的城镇有泸州、铁佛等，沿嘉陵江分布的城镇有阆中、南充、昭化、广元、涞滩等，沿涪江分布的城镇有绵阳、江油、三台、郪江、青莲等，沿渠江分布的城镇有巴中、石桥等，沿乌江分布的城镇有龚滩等。

第二，巴蜀历史文化名城镇具有沿经济发展水平较高的交通通道分布的特点。除了成都、重庆、乐山等经济发达的城市外，四川省内大部分历史名镇都有沿交通干线布局的特点。如黄龙溪、城厢、安仁、新繁、铁佛、罗泉、孝泉、柳江、江口、上里、罗城、李庄、龙华、仙市、石桥、恩阳、昭化、礼州、郪江、青莲等。这些城镇都在陆路与水路交汇处，约占四川省名镇数量的一半以上。

第三，巴蜀历史文化名城镇空间分布存在不平衡，川西少数民族地区（主要是甘孜、阿坝、凉山等地区）的名城名镇数量少、规模小，发展迟缓。无论是数量、密度还是规模来讲，川西北少数民族地区城镇发展均较为落后。川西少数民族地区城镇发展落后，从其成因来说，主要表现在以下几个方面：（1）从地貌原因来讲，川西少数民族地区地貌复杂，交通建设及名镇建设具有较高的成本。（2）从人口原因来讲，这些地区是四川人口稀少的区域，而在人口稀少的地区，一般而言城镇数量较少，发展规模较小。（3）从经济原因来讲，这些地区多以农林牧业为主，人口居住分散，城市化进程缓慢，这也影响到少数民族地区城镇的发展。

第二节 历史悠久的巴蜀历史文化名城

历史文化名城是世代积累的精神和物质财富，是地域特色文化的集中代表。巴蜀地区现有成都、重庆、乐山、自贡、宜宾、泸州、都江堰和阆中等8座国家历史文化名城，有省级历史文化名城25座。

按照其不同的文化特色，巴蜀地区的历史文化名城大致可以分为以下几种类型：山水型名城，如重庆、阆中等；特殊职能型名城，如自贡；沿江商贸型名城，如宜宾、泸州等；风景名胜型名城，如乐山、都江堰、剑阁等；民族特色型名城，如西昌、会理、松潘等；一般史迹型名城等。尽管核心特征有所不同，但各历史文化名城都具有区位条件优越、历史悠久、商贸发达、文化繁荣等共同特征。

巴蜀历史文化名城数量众多，分布广泛，历史悠久，各具特色，因成都、重庆已有专章，故这里不再涉及，其他历史名城则举其要者概述。

一、巴文化地区重要的历史文化名城

（一）风水名城、千年巴都——阆中

阆中古属梁州，商周时期，为彭国之都城，后为巴国所灭。周显王三十九年（前330），巴国迁都于阆中。秦惠文王更元十一年（前314），置郡县，初名彭道，后改名为阆中，为郡治所，并增筑阆中城池。西汉武帝元朔二年（前127），全国分为十二州，改梁州为益州，阆中属益州。东汉建安六年（201），刘璋分阆中置巴西郡，晋朝因之。东晋永和三年至南朝天监七年（347~508），阆中为北巴西郡治所。南朝梁天监八年至承圣三年（509~554），为南梁北巴州、北巴西郡的州、郡治所。西魏恭帝元年至隋开皇三年（554~583），阆中为隆州和盘龙郡治所。隋开皇三年至大业三年（583~607），阆内（阆中）为隆州治。大业三年（607），改隆州为巴西郡。唐武德元年（618），巴西郡复改为隆州，阆内亦改为阆中。先天二年（713），因避讳改曰阆州，天皇初改称阆中郡。乾德初年，改安德郡节度属利州东路。元初立东川路，至元十三年（1276）升为保宁府；至元二十年（1283），改为保宁路，后复府，隶属广元路。明为保宁府，属四川布政使司。顺治二年（1645），清肃王豪格率清军大举入川，踞保宁府城，因成都还未为清军所控制，故以保宁为四川政权的临时省会。清因明制，阆中仍为保宁府治，领州二、县七[①]。

保宁府城阆中，东枕巴山屏障，西倚剑门雄关，巴蜀通中原的米仓大道与金牛道交汇，以嘉陵江为主干的"一江四河"（嘉陵江、西河、白溪河、东河、构溪河）聚集，实为川北水陆要冲。陆路循米仓道可以直达汉中，往北则

---

① （清）黎学锦、徐双桂等修，史观等纂：《保宁府志》卷二《舆地志》，道光二十二年刻本。

达利州、兴元、南郑,往东可到通江、南江、巴中,往南可达顺庆、恭州、鱼复、捍关,往西可达涪州、成都,往西北则抵葭萌,溯白龙江可达碧口,沿嘉陵江下达重庆、武汉。自古阆中即为西南军事重镇、川北政治中心,"前接关表,后据剑北,据川陆之会,实为要地"①,其城"山河四塞,北连秦陇,东通巴峡,为蜀中北门重镇"②。

保宁府为历代桑蚕产地,盛产丝、绸、绢等织物。隋唐时期,其绫、绸、绢已被列为贡品。保宁丝绸,质量精美,品种齐全,绸、缎、绫、锦、纺、绉等达十余类。光绪三十三年(1907),于保宁府设蚕务局。其南部新井新政有盐③。清代,阆中更是"据丝盐之利,舟楫之便,民户殷盛,交通利便,则市自繁颐"④。商贾列肆而居杂,远方货物色色俱足。四方商贾,多来贸易,是川、陕、甘、鄂的商品集散地,加之阆中盛产丝绸、桐油和猪鬃、药材,所以南北商贾云集,会馆众多,人称"前控六路之师,后据西蜀之粟,左通荆襄之财,右出秦陇之马"⑤。

保宁府城阆中,古为巴国旧都,秦灭巴后,张仪筑城,在今城东北蟠龙山尾清真寺附近⑥,因地处高地,故后人称"高城"。东汉末,刘璋筑土城,桓侯张飞增修⑦。唐代,因洪水之患,州治所曾经三次迁徙:贞观十一年(637)迁至城东,咸亨二年(671)迁蟠龙山山侧,载初元年(690)迁于二十里外的张仪城。唐高宗时,高祖李渊之子鲁王灵夔、滕王元婴先后任阆州刺史,镇守阆中,改建扩建了衙署,并大建宫苑,谓之隆苑,后来因避明皇讳,改称阆苑。北宋初年,阆中城池进行了大规模重建,历时28年方竣工。宋城墙高约两丈一尺,宽约一丈两尺,城门四个,东南北门建有瓮城。元末明玉珍在城西

---

① (清)黎学锦、徐双桂等修,史观等纂:《保宁府志》卷四《舆地志三》,道光二十二年刻本。
② (清)黎学锦、徐双桂等修,史观等纂:《保宁府志》卷首《序》,道光二十二年刻本。
③ (清)常明等修,杨芳灿、谭光祜等纂:《四川通志》卷七四《食货物产》,嘉庆二十一年刻本。
④ 岳永武修,郑种灵等纂:《阆中县志》卷五《城市志二·市场》,1926年石印本。
⑤ (清)徐继镛、李悝等纂:《阆中县志》卷一《场市》,咸丰元年刻本。
⑥ (宋)《舆地纪胜》卷一八五记载:"《九域志》云:阆中古城本张仪筑也;《图经》云:秦司马错执巴王以归阆中,遂筑此城,今仪庙存焉";今址见任乃强校注:《华阳国志校补图注》,上海古籍出版社1987年,第46页注。
⑦ (清)常明等修,杨芳灿、谭光祜等纂:《四川通志》卷二四《舆地志二十三》,嘉庆二十一年刻本。

补筑城墙。明洪武四年（1371），千户腾贵在其基础上加以增拓，内外砌成石条，使城墙高一丈六尺，周长九里三分。四城门分别叫作富春门、锦屏门、澄清门、威德门。成化年间，又建四门城楼。弘治年间，知府张翼重修，城壕深一丈五尺，阔两丈五尺，池水四汇而达于江。后历年既久，城多坍塌①。

清乾隆三十四年（1769），知府宋思仁重修阆中城垣。改城门名为迎和门、延禧门、宝城门、敦吉门；乾隆六十年（1795），知县胡延璠补修城墙。嘉庆三年（1798），浚隍凿堑，东西北濠涧两丈，深一丈，南面近江即以江为濠②。城临嘉陵江，其西南为江水所啮，乾隆年间知县李元修自王家嘴以下筑有石堤。乾隆四十八年（1783），知县陈奉兹铸铁犀，置城西嘉陵江堤上③。嘉庆二十五年（1820），川北道黎学锦以西门外一段石堤渐薄渐坏，复行修筑，并于堤外改建鱼翅，另立石匮。道光二十一年（1841），知县田惠田又于旧堤之东增修一百一十九丈。宣统二年（1910），署知县侯昌镇以水势渐冲城南，又续筑鱼翅二，一长十四丈五尺，一长十四丈两尺。

保宁府城坐落在嘉陵江西岸，山围四面，水绕三方，向为风水家称颂之形胜之地。保宁府山脉若从大势言之，则嘉陵江左岸之山均系巴山山脉，分为盘龙、方山、龙山、六仪四山系；右岸之山皆属剑门山脉，分为飞凤、仙桂两大山系。属巴山山脉之盘龙山，自苍溪烟烽楼蜿蜒而来，在城北三里蜿蜒磅礴，横阔十余里，西至西崖，东至东崖，皆其旁支，盖阆之镇山也④。依风水龙脉之说，属中华三大干龙之中干南麓，与中原一脉，而又近岭南发脉处。史载曾有唐贞观中望气者言："西南千里外有王气，太宗令人入蜀寻之，次阆中，果见山上气色郁葱，因凿破石脉，水流如血"。⑤盘龙山势状若蟠龙，远观蟠龙左臂、右臂、龙爪俱全，与同源于大巴山脉的方山山系和龙山山系，共同形成保宁府城北部深远雄伟的天然屏障，北阻寒风，南纳阳光。远眺诸峰，层峦叠嶂，端崇雄伟，林木葱郁，秀丽多彩，云蒸霞蔚，天光交错，气象万千，为上

---

① （清）黎学锦、徐双桂等修，史观等纂：《保宁府志》卷七《舆地志六·城池》，道光二十二年刻本。
② （清）黎学锦、徐双桂等修，史观等纂：《保宁府志》卷七《舆地志六·城池》，道光二十二年刻本。
③ （清）徐继镛、李惺等纂：《阆中县志》卷一《城池》，咸丰元年刻本。
④ 岳永武修，郑种灵等纂：《阆中县志》卷四《山川志一》，1926年石印本。
⑤ （清）常明等修，杨芳灿、谭光祜等纂：《四川通志》卷一二《舆地志十一》，嘉庆二十一年本。

乘"生龙"之象。

保宁府城砂山为"玄武垂头，朱雀翔舞，青龙蜿蜒，白虎驯伏"之势，其护卫区穴，不逼不压，不使风吹，环抱有情，为堪舆说中至善之风水格局。属仙桂山系之锦屏山在嘉陵江南岸，濒江石壁斗绝，其上蔓衍处横竖一脊，左平右突中段微凹，端正峭蒨，斲削所不能及，盖保宁府城之案山也。每当斜阳倒射，暮霭欲生，自城北望之，诸峰环绕其后，交辉互映，秀绝寰区①。唐代风水大师袁天罡题曰："此山磨灭，英灵乃绝"。锦屏山后印斗山、金耳山、西偃山、黑松山、敖峰等，为保宁府城之朝山，起伏绵延，层次丰富，气象宏远。

嘉陵江一名阆水，又名渝水，由苍溪县东流至阆中县西北，绕城而南，又东流八十里入南部县界②。保宁城建于河曲，水绕三方，呈水形中"金城环抱"之上吉之势。"金"是五行之金，取象圆环之形；"城"则是说水之环绕，有水城之称。"金城环抱"亦称"冠带"，历来引为风水中吉利水形之最佳模式。山水相依，动静相济，阴阳和合。阆水迂曲，经郡三面，造就了一方钟灵毓秀的水土，亦营造了丰富多变的空间层次和流动和谐的环境氛围。

保宁水形与周围山势之配合，亦甚合风水说中河流从西流入为佳、"天门开，地户闭"之言。"天门"由西山和玉台山隔江对峙而成，亦称上水口；"地户"位于东南的交通要道，以塔山、大像山为水口，也称下水口。上下水口共成保宁城之"气口"。据西北"天门"的玉台山，为蟠龙左臂，与西山隔江相峙，为古城西北天然门户，景观秀美，杜甫赞叹"阆州城东玉台碧"。山上更有滕王阁、玉台观、望水寺等，均依风水之说择址而建。锦屏山与黄华山之间为南津关，是古金牛道、米仓道必经的风水气口，因此在黄华山上建奎星楼，以倡文风，兼镇其风口。隔江相望之塔山、大像山恰当江水转折处，高大峥嵘，突起巍峨，矗立江岸，锁镇"水口"，亦有为镇水势而建的大像寺、白塔等风水建筑。

阆中城市总体布局以"中天楼"为中心，十字形大街为主干，东南西北四面展开，各街巷多与远山朝对。保宁府署、阆中县署等主要官署建于城内西部

---

① 岳永武修，郑种灵等纂：《阆中县志》卷四《山川志一》，1926年石印本。
② （清）黎学锦、徐双桂等修，史观等纂：《保宁府志》卷六《舆地志五》，道光二十二年刻本。

凤凰山下之正穴所在，同时也符合州署衙门"后对来龙，前向案山""南向为正，居中为尊"的风水原则。阆中古城以此为中心，采取左城隍、右府署，左文庙、右武庙的对称布局，文武相对、上下有序。

华光楼，又名镇江楼，为阆中的另一标志性建筑，唐滕王元婴所建，位于上华街和下华街之间，紧靠嘉陵江岸，正对南岸南津关连峰楼。历代迭遭火焚，清同治六年（1867）重建。该楼为过街门楼，楼身建于8米高石基上，通高30.06米，三重檐歇山式屋顶，覆以翠绿琉璃瓦，脊饰繁复，重脊套人、兽、鸱吻，正脊为珠宝形叠顶，高达3米。各层装以花隔门，并有回廊周匝，登览古城风光，有"阆苑第一楼"之称。

阆中城布局方位深合风水理论。因东南生气聚财，市场汇聚于府城东南，庐舍毗连，人烟稠密，市肆喧阗。"街东为下新街，由下新街一折而东，市肆喧阗，百货充牣，未有过于东大街者，而东大街又东为沙问街、管星街、县学街、龙神祠街，亦复庐舍毗连，烟火稠密。"[①]华光楼内外，皆为商贾云集的闹市，城内外庐舍毗连，繁荣异常。为避免锦屏山和黄华山之间的"气口"冲射城池，有意将南门东渐，东门南移，建制南津关扼守；建华光楼镇住东南生气，形成水陆通衢、商贾辐辏的生旺财气。

阆中古城内现有90多条街道，其中竟有20多条仍完整地保持着唐宋时的建筑风格，其余的也保持着清末民初的风貌。挂牌保护的民居在古城里有143处，其中现存2处元代时期的建筑，4处明代时期的建筑，12处清代前期的建筑，保留至今的古城民居多为清代中后期和民国时期所建，其平面布局因地制宜，灵活多变，数重的庭院使其空间层次尤为丰富，曲折幽深，宁静自然。

古城的庭院结构集北方四合院和岭南庭院建筑特色于一体，布局讲究寓意，结构各种各样。有意为长命富贵的长方形，也有意为珠玉满堂的串珠式，还有意为官高一品的"品"字形，也有意为多子多福的"多"字形。尤以"多"字形的结构为独特。第一重天井和第二重天井并不在一根轴线上，而是错位成一个"多"字，因此院中有的房间四角，有两个锐角、两个钝角，非常奇特。这种"多"字形结构象征着"多子、多福、多寿"的美好寓意。阆中有名的孙家大院、贺家大院就是这种格局。

阆中的自然景观也奇秀多姿，独具特色。"石黛碧玉相因依"的嘉陵江环

---

① 岳永武修，郑种灵等纂：《阆中县志》卷五《城市志一·城池》，1926年铅印本。

绕阆中古城，四周青山拥抱，宛如一幅"三面江光抱城郭，四围山势锁烟霞"的水墨丹青，浑然天成。阆中的人文底蕴深厚，人文景观丰富多彩，有气势雄浑的永安寺、大佛寺、滕王阁、华光楼，灿烂生辉的张飞庙、杜工部祠、张宪祠、观音寺、巴巴寺，古朴壮观的天宫院、河楼庙、五龙庙、清代考棚等。"嘉陵第一江山"的锦屏山风景区、神秘幽深的佛教圣地大佛寺风景区，融自然风光、名胜古迹、宗教文化和神话传说于一体。

阆中是多元文化的中心，是巴文化的重要发源地之一，至今还流传中国舞蹈研究的"活化石"——神秘的巴渝舞；这里是三国文化的中心之一，众多叱咤风云的英雄人物在这里留下了不朽的传奇，三国寻踪游吸引着大量中外游客；这里也是中国汉唐天文研究中心，诞生了著名的天文学家落下闳，唐代风水天文学家袁天罡、李淳风也曾在此隐居；这里是中国状元之乡，从隋代推行科举考试以来，共考中4名状元、116名进士、400多名举人；这里的宗教文化繁荣昌盛，儒学、道教、佛教、伊斯兰教、基督教兼容并蓄。另外，阆中还汇集了川北地方特色纯正的民间艺术，如灯戏、皮影、剪纸艺术等。

（二）人文江城、巴国别都——合川

合川是重庆的北大门，位于嘉陵江、渠江、涪江交汇处，扼川北水陆交通咽喉，是重庆与资源丰富的川北地区相联结的重要纽带，也是重庆资金技术集约发展的延伸带，被誉为重庆通向四川北部、陕西、甘肃等大西北省区的"经济走廊"。

古代合川，在巴人入川前是濮族人的重要居住地。公元前11世纪，周族姬发（周武王）建立西周王朝，封宗姬于巴，爵子。巴子在今合川城区铜梁山下建巴国别都，名"巴子城"。史载："周武王伐商，封支庶于巴，故名巴子……春秋战国为巴地。"[①]公元前314年，秦置垫江县，县域辖今合川、武胜、铜梁、安岳、岳池县地，隶属巴郡，治所在今合川。垫江县为合川历史上最早的县名。垫江原名为褺江，取嘉陵江、涪江在县城汇合之水如衣重叠之义，《汉书·地理志》误记为垫江并沿袭至今。汉属巴郡之垫江。南朝宋文帝元嘉年间（424~453），宋文帝升垫江县置东宕渠郡，属梁州，郡治在今合川市区。宕渠名源于宕渠水（今渠江）。西魏恭帝三年（556），以涪宕嘉陵三江合，改为合州。合州名因涪江自梓州、遂州来，在合川城区与嘉陵江合流而

---

① （宋）祝穆：《方舆胜览》卷六四《合州》。

故名,州治所在今合川城区。隋文帝开皇十八年(598),合州更名涪州(仍以水名)。隋炀帝大业三年(607),涪州改名为涪陵郡,辖石镜、汉初(清居县并入)、赤水(源于今盐溪河古名赤水得名,县治在原合川县赤水乡)三县。唐高祖武德元年(618)复名合州,属剑南道。唐玄宗天宝元年(742)又改合州为巴川郡。唐肃宗乾元元年(758)再复名为合州。宋太祖乾德三年(965),石镜县改名为石照县,合州属梓州路,后为潼川府路。宋理宗淳祐三年(1243),为抗蒙兵,在州东五公里的钓鱼山筑新城,迁合州及石照县治所于钓鱼城。元世祖至元二十年(1283),撤销昌州(治地今永川市)及所辖之昌元县、永川县并入大足县,属合州。同年,合州及石照县治所由钓鱼城迁回原址,属重庆府路。至元二十四年(1287),赤水县并入石照县。合州辖石照、铜梁(大足县并入)、定远(1285年置,治今武胜县南)三县。明代,合州隶属重庆府。明太祖洪武七年(1374),大足县从合州划出归重庆府直辖。明孝宗成化十四年(1478),从铜梁县分置安居县(属重庆府辖),合州仅辖铜梁、定远两县。清雍正六年(1728),合州成为单州,不再辖县,属重庆府管辖,辖明月里、永清里、来苏里、兴仁里共四里七十三场镇。1913年,合州改名合川县,属川东道。1949年12月3日,合川解放。1952年4月,划出合川县城关区增设合川市(专辖市),属四川省。1958年1月,经国务院批复,合川市建制撤销,原合川市所辖地域改为合川县城关镇。1992年8月4日,经国务院批准,撤销合川县,设立合川市,隶属四川省重庆市。1997年,重庆升为直辖市后,合川市属重庆市。2006年10月22日,国务院批准撤销合川市,设立重庆市合川区,以原合川市的行政区域为合川区的行政区域,合川区人民政府驻南津街道。

合川是巴文化的发源地之一,境内有钓鱼城等著名历史文化古迹。

钓鱼城位于合川东北的钓鱼山上,山高400多米,远望呈鱼形,自古为巴蜀形胜之地,为官民游乐的地方。钓鱼山"涪内水在其南,西溪上流经其北,郡人游者以舟下涪水,舣而上,已乃绕山北,沿西汉水而归,此游观之奇也"。"下有大刹曰护国寺。岁二月八日,太守率僚属宴集于此"[①]。山上有一块平整巨石,称为钓鱼台。钓鱼台是驰名巴蜀的远古遗迹,传说远古之时,三江洪水泛滥,人们竞相奔山避难。正当他们饥饿难熬、濒临死亡之际,突然从天上

---

① (明)曹学佺:《蜀中名胜记》卷一八上《川东道重庆府·合州》。

降下一位巨神,在山顶上持竿长钓,以鲜鱼馈赠灾民,民赖以生。从此以后,巨神留下足迹的石台就被称为钓鱼台,台前留有五个孔穴的巨石,被称为插竿石,而钓鱼山也得名于此。"山南大石砥乎,有巨人迹,相传异人坐其上,投钓江中,山以是名。"

钓鱼城始建于南宋时期,其地势险峻,嘉陵江环绕北、西、南三面,形成一个环抱的钳形江流。端平三年(1236),成都一度为蒙古军攻陷,造成全川震恐。嘉熙四年(1240),南宋四川安抚制置副使彭大雅为了防止蒙古军进攻川东,修筑重庆城,同时看中钓鱼山悬崖陡峭、易守难攻的地形,派部将太尉甘闰于钓鱼山筑寨,以作重庆屏障。淳祐三年(1243),四川安抚制置使兼知重庆府余玠,采纳播州人冉琎、冉璞兄弟建议,于钓鱼山筑城,迁合州及石照县治所于其上,屯兵积粮,积极备战以抵御南侵蒙古军,钓鱼城始名。史载:"钓鱼山东西南三面据江,峭壁悬崖。淳祐三年(1243)安抚使余玠于山建城,以御胡元,故又呼钓鱼城也。"[①]开庆元年(1259),宋将王坚凭借钓鱼城的险要,抗击蒙古大军,坚守长达半年之久,并发炮击杀蒙古大军最高统帅蒙哥,取得了抗击蒙古军的一次巨大胜利。钓鱼城因此被誉为"上帝折鞭处"及"东方麦加城"。钓鱼城保卫战长达36年,写下了中外战争史上罕见的以弱胜强的战例,创世界战争史奇迹,古钓鱼城也因此闻名遐迩,并名垂千古。

自钓鱼城保卫战之后,百姓建祠修庙以祀,文人吟诗作文以颂,凭吊英烈,托古抒怀,合川的游览者更众。经过历史长河的沉淀,此处不仅是保存较完整的古战场,也是国家级重点风景名胜区和全国重点文物保护单位。钓鱼城古战场遗址至今保存完好。主要景观有城门、城墙、皇宫、武道衙门、步军营、水军码头等遗址,有钓鱼台、护国寺、悬佛寺、千佛石窟、皇洞、天泉洞、飞檐洞等名胜古迹,还有元、明、清三代遗留的大量诗赋辞章、浮雕碑刻。其中小白塔、甘泉寺、八角亭等始建于北宋嘉祐元年(1056),距今已有900多年历史。八角亭(原名养心亭)是宋代名人理学家周敦颐讲学和著书立说的地方。

合川是人文之城,历史文化名人辈出,周敦颐、张森楷、卢作孚、陶行知等历代名人曾在此授教创业。北宋理学家周敦颐任合州判官5年,开合州理学之宗,并写下了《养心亭说》等重要篇章。近世著名历史学家张森楷系合川县

---

① (明)曹学佺:《蜀中名胜记》卷一八上《川东道重庆府·合州》。

双凤场人,生于1858年,平生治史,著作等身,达四十八部一千三百余卷,著名的有《史记新校注》《通史人表》《二十四史校勘记》《华夏史要》《四川历代地理沿革表》《四川历代职官沿革表》等。张森楷还是四川蚕桑公社的创始人,四川蚕桑公社自清光绪二十六年(1900)创办,至宣统元年(1909)结束。其间的10年,改变了合川与四川省民间传统的种桑养蚕制丝旧法,并使合川成为川东重点桑蚕地区,推动了四川全省桑蚕业的发展[1]。

(三)渝东门户、白帝故城——奉节

历史文化名城奉节,位于重庆市东部,地处四川盆地东部,东邻巫山县,南界湖北省恩施市,西连云阳县,北接巫溪县,是陕南、渝东、鄂西和湘北最便捷的水上出口通道,更是连接湘鄂渝陕南北经济走廊的枢纽,长江横贯中部,处于长江三峡库区腹心,是重庆市的东大门。境内溪流交错,山峦起伏,四季分明,雨量充沛,控二川,限五溪;扼荆楚上游,为巴蜀要郡[2]。

2002年1月20日,由于三峡工程的兴建,有着2000多年历史的老县城就此长埋于滚滚长江水中。本着"不脱离长江,不脱离历史文化背景,不脱离白帝城风景区"的原则,奉节新县城选址在三马山。新奉节城定位港口旅游文化城市,远景规划为30万人口的中等城市,并要求维护千年古城的风貌。为显现奉节的历史文化内涵,所有重点文物如依斗门、永安宫等都搬迁到新城宝塔坪文化旅游区,每一条街道和小区的地名如永安小区、夔州大道等,都尽显三峡、奉节的文化特色。

奉节城,建于战国时期,时称鱼复。秦惠文王更元十一年(前314)秦于巴国之地置巴郡,领县十一,鱼复位列第九。秦始皇二十六年(前221),分全国为三十六郡,鱼复县仍属巴郡。西汉高祖元年(前206),刘邦封为汉王,领巴、蜀、汉中三郡,仍承秦制。武帝元封五年(前106),全国设置十三刺使部,鱼复隶属益州刺史部之巴郡。同时,在鱼复设江关都尉和桔官。东汉建武元年(25),公孙述筑白帝城。东汉献帝兴平元年(194),刘璋分巴为三郡,鱼复属固陵郡。建安六年(201),改固陵郡为巴东郡,郡治鱼复。二十一年(216),恢复固陵郡名。蜀汉章武元年(221),复巴东郡名。二年(222),刘备从夷陵(今宜昌)败退白帝城,改鱼复为永安县。咸熙元年(264),巴

---

[1] 以上参见《合川》,载http://baike.baidu.com/view/53572.htm。
[2] (清)郑王选修,王良弼、杨崇纂:《奉节县志·饮水记》,光绪十九年刻本。

东太守罗宪降魏，鱼复属魏所有。西晋武帝泰始二年（266），分益州设置梁州。泰始三年（267），置三巴校尉，治所白帝城。太康元年（280），恢复鱼复县名，属梁州之巴东郡。成汉时期（304~347），划巴郡、巴东郡属荆州。废三巴校尉。东晋穆帝永和三年（347），遣桓温灭成汉，鱼复为东晋所有。义熙元年至十年（405~414），谯纵据蜀，鱼复为其属县。南朝宋武帝永初元年（420），鱼复为南朝宋所有。明帝泰始五年（469）十二月，分荆州、益州之五郡，夏置三巴校尉，校尉立府于白帝城。齐高帝建元二年（480），分荆州之巴东、建平、益州之巴郡，梁州之涪陵郡设置巴州。永明元年（483），废巴州，鱼复还属荆州。南朝梁普通四年（523），分益州、荆州设置信州，治所在鱼复。西魏废帝三年（554），改鱼复名为人复，移巴东郡治于阳口县。北周明帝二年（558），升信州为总管府。分巴东郡设置永安郡，治所在人复。隋开皇三年（583），废永安郡存信州总管府，人复为其首县。开皇六年（586），置山南道行台尚书省，信州为其属州。大业元年（605），废总管府。大业三年（607），废信州再置巴东郡。唐武德元年（618），废巴东郡仍置信州。武德二年（619），改信州为夔州，设总管府于白帝城。贞观十四年（640），改夔州总管府为都督府。贞观二十三年（649），改人复为奉节。开元二十一年（733），分山南道为山南东、西两道。奉节属山南东道。天宝元年（742），废夔州设置云安郡。乾元元年（758），废云安郡复置夔州。乾元二年（759），升夔州为都督府。天祐三年（906），在夔州设置镇江军，后迁治所于忠州。五代时期，奉节先后为前蜀（907~925）、后唐（925~933）、后蜀（934~965）所有。前蜀永平四年（914），镇江军还治于奉节。后唐天成二年（927），改镇江军为临江军。宋乾德三年（965），北宋灭后蜀，奉节归宋。开宝六年（973），于山南东、西两道之地置峡西路，夔州属之。太平兴国六年（981），并西川路、峡西路为川峡路。淳化四年（993），恢复道制，奉节属剑南道。至道三年（997），又废道而恢复路。咸平四年（1001），四川分为益州、梓州、利州、夔州四路。夔州路治白帝城。元世祖中统三年（1262），设置陕西四川行中书省，夔州路属之。至元十四年（1277），改夔州路为夔府路，次年复名夔州路，并设总管府于白帝城。明太祖洪武四年（1371），遣汤和率舟师破瞿塘关入夔州，奉节为明所有。废路存府、州、县。洪武九年（1376），降夔府为州，并撤奉节县入州，属重庆府。洪武十年（1377），夔州直接隶属四川布政使司。洪武十四年（1381），升夔州为府，复设置奉节县。清康熙六年（1667），裁大宁县（今巫溪），并入奉节县。清雍正七年（1729），复设置大宁县。

宣统三年十月初六（1911年11月26日），奉节县宣布独立，结束了清王朝的统治。1949年12月3日，奉节和平解放。12月19日，奉节县人民政府成立。1950年奉节属万县专区，1968年属万县地区[①]，1992年属万县市，1997年随万县市隶重庆市，后直属重庆市。

奉节素有"诗城"美誉。我国历代不少著名诗人，如陈子昂、王维、李白、杜甫、孟郊、刘禹锡、白居易、苏轼、苏辙、王十朋、陆游等曾先后至此，留下传世名篇，讴歌这里的山山水水。诗仙李白曾两次到过奉节，留下了脍炙人口的千古绝唱《早发白帝城》：

> 朝辞白帝彩云间，千里江陵一日还。
> 两岸猿声啼不住，轻舟已过万重山。

诗圣杜甫在白帝城写下了被人赞为"杜集七言律诗第一"的《登高》诗：

> 风急天高猿啸哀，渚清沙白鸟飞回。
> 无边落木萧萧下，不尽长江滚滚来。
> 万里悲秋常作客，百年多病独登台。
> 艰难苦恨繁霜鬓，潦倒新停浊酒杯。

陆游有关夔州的诗多达一百三十六首，从夔州诗后，其诗风发生了变化，"诗境宏肆"，很明显是受到杜甫夔州诗的影响[②]。

从奉节县城到瞿塘峡大约方圆10平方公里范围内，历史上许多著名诗人在此留下了优美诗篇[③]，奉节也因此被称为"诗城"。

此外，奉节也深受著名文人之影响，例如周敦颐在任涪州（今重庆涪陵区）、合州（今合川）判官的5年间，曾多次过往夔州，在夔州讲过学，亦有吟

[①] 四川省奉节县志编撰委员会：《奉节县志》，方志出版社1995年版，第54～56页。
[②] 蓝勇主编：《诗城奉节》，福建人民出版社2005年版，第72页。
[③] 蓝勇主编：《诗城奉节》，福建人民出版社2005年版，第82页。

咏，并登临过夔州莲花峰探胜。夔州人仰慕他《爱莲说》中所描述高尚情操，于是在莲花峰上"凿莲花池以志其迹"，并修太极亭以纪念。"莲池流芳"成为古夔州的十二名景之一[①]。

奉节自然环境条件得天独厚，自然、人文景观星罗棋布。境内有雄甲天下的夔门、享誉中外的白帝城、绝世奇观天坑地缝、世界暗河龙桥河、科考价值极高的夔州古象化石，还有神秘莫测的黄金洞和古悬棺以及道教圣地长龙山。

白帝城为奉节最著名的历史景观之一，位于长江三峡瞿塘峡口北岸白帝山上，东依夔门，西傍八阵图，三面环水，下临瞿塘，形势险峻，踞水路要津，扼全川咽喉，历来为兵家必争之地，"东汉初公孙述筑城，述字号白帝，故以为名"[②]。白帝城主要因三国时刘备托孤而闻名于世，城内白帝庙陈有《刘备托孤》大型泥雕，再现三国蜀汉皇帝刘备兵败白帝，忧伤成疾，临终前向丞相诸葛亮托孤情景。

瞿塘峡自白帝城至大溪，全长8公里，是长江三峡中最短、最狭，而景最雄奇的峡。峡中江面宽只有100～200米，最窄处不过几十米，两岸山峰高达1000～1500米，陡峭如壁，拔地而起，形成一幅"瞿塘雄伟天下壮"的画卷。郭沫若曾有"若言风景异，三峡此为魁"的赞美[③]。由于瞿塘峡两岸崖壁陡立，崖顶高程均为150～350米，其背后的赤甲山等均为1000余米的高峰，所以三峡大坝建成后水库蓄水根本不会影响"夔门天下雄"的气势。

夔州古城，位于长江北岸，为历代路、府、州、郡治所，川东历史文化名城，旧时习称夔州、夔府。明成化十年（1474）修筑砖城。其城北靠大巴山，三面依水，方圆三公里。城内名胜古迹众多。从江岸登上几百级石阶，便是庄严雄伟、气势磅礴的"依斗门"（又名"大南门"），沿城墙边东去200多米，为"开济门"（俗称"小南门"）。城内外有刘备托孤的永安宫、甘夫人墓、卧龙冈、莲花池、依斗门、杜甫寓址遗迹北园等著名古迹[④]。

奉节境内还有世界最大的地缝——小寨天坑、世界最长的地缝——天井峡地缝、世界级暗河龙桥河、诸葛亮的八阵图、瞿塘峡内的摩崖石刻、悬棺群等自然、人文景观。

---

① 蓝勇主编：《诗城奉节》，福建人民出版社2005年版，第76页。
② 四川省奉节县志编撰委员会：《奉节县志》，方志出版社1995年版，第729页。
③ 四川省奉节县志编撰委员会：《奉节县志》，方志出版社1995年版，第726页。
④ 四川省奉节县志编撰委员会：《奉节县志》，方志出版社1995年版，第730页。

(四）万川毕汇、万商毕聚——万州

万州，位于长江上游、四川盆地东隅，扼川江咽喉，东临三峡，水路上距重庆327公里，下距宜昌321公里，为川东水陆要冲，素有"川东门户"之称。其境跨大巴山区、巫山、七曜山区和盆东平行岭谷区①，东与云阳毗邻，南连石柱、利川，西与忠县、梁平接壤，北与开江、开县相连。境内山丘起伏，河流纵横，长江自西南向东北横贯腹地，境内普子乡沙坪峰海拔1762米，多处长江岸畔则海拔低至106米。气候温和，雨水充沛，空气湿润，无霜期长，水力、矿藏等自然资源丰富，素有"银万县"之称②。

万州历史悠久，开发甚早。远在180万年前就有早期人类在此活动。西周时，为巴、庸、夔国属地。春秋时期为巴、楚国属地。秦灭巴后，先后属秦国巴郡、黔中郡。西汉时属益州巴郡和荆州南部③。东汉建安二十一年（216），分朐忍地置羊渠县，为万县建县之始。此后，虽经七次更名，三次迁城，四次变境，但县的建制一直延续，长达1776年未变④，直到1992年12月国务院下文撤销万县建制为止。

蜀汉建兴八年（230）十月，阎宇（曾任巴东太守）改羊渠置南浦县（治所在今万州区南岸），属巴东郡。西魏废帝二年（553），改南浦县为鱼泉县，徙治江北（今万州区所在地）。鱼泉县属临州巴东郡，因土地多泉，民赖鱼罟为生，故名鱼泉。北周时期（557～581），先在鱼泉县置安乡郡，后改安乡郡为万川郡，改鱼泉县为安乡县，不久又改安乡县为万川县。民国《万县志》载："万之名源于北周万川郡。唐、宋、元皆以万名州，明清始以万名县，良以四川之江口嘉定、宜宾、泸县、重庆、涪陵，虽受数水会流之江要，皆限于一隅，若吾县则为全川之水所经，万川咸汇于吾县。"

隋初，实行州县两级地方行政建制。开皇十八年（598），废万川郡，改南州万川县为南州南浦县。炀帝大业三年（607），又推行郡县两级制，省南州，南浦县归属巴东郡。唐高祖武德元年（618），改巴东郡为信州；武德二年（619）置南浦郡，领南浦、梁山、武宁三县。武德八年（625）改南浦郡为浦州。贞观八年（634）改浦州为万州。天宝元年（742）改万州为南浦郡。乾

---

① 参见四川省万县市文化局编纂：《万县地区文化艺术志》，四川人民出版社1996年版。
② 万县志编纂委员会编：《万县志》，四川辞书出版社1995年版，第1页。
③ 万县地区地名办公室编：《四川省万县地区重要地名诠释》，1987年版，第1页。
④ 万县志编纂委员会编：《万县志》，四川辞书出版社1995年版，第48～49页。

元元年（758），恢复万州，但南浦郡仍置，领县未变，并与南县同治。

宋太祖开宝二年（969），从万州南浦郡分出梁山县，置梁山军，南浦郡领南浦、武宁两县。

元世祖至元二十年（1283），省南浦县入万州，仍以南浦县故城为州治，领武宁一县。至元二十三年（1286），设四川行中书省（简称"四川省"），万州隶属于四川省夔州路总管府。明代地方建制，在省以下实行府、州、县三级制。洪武四年（1371），省武宁县入万州；洪武六年（1373）改万州为万县。此后，万县之名沿用至今。其隶属关系如下：明洪武六年至十年（1373~1377）属四川行中书省重庆府夔州；洪武十一年至崇祯十七年（1378~1644），属四川布政使司夔州府；1644~1646年属张献忠建大西国；清顺治三年至嘉庆七年（1646~1802）属四川省夔州府；嘉庆七年后（1802~1911）属四川省川东道夔州府[①]。

1935年，设万县专区，专署驻万县。1949年，万县解放。1950年仍设万县专区，属川东行署区。万县专署仍驻万县，辖万县、开县、城口、巫溪、云阳、奉节、巫山、忠县等八县。1952年万县专区属四川省领导。原由川东行署直辖的万县市划归万县专署领导，辖一市、八县。1953年万县市改为省辖市，委托万县专署代管。原大竹专区所属梁平县划入万县专区，辖一市、九县。1970年万县专区改称万县地区，地区驻万县市。辖万县市及万县（驻沙河镇）、开县、城口、巫溪、巫山、奉节、云阳、忠县、梁平等九县。1992年12月11日，国务院批准，撤销万县地区、万县市、万县，设立万县市（地级），辖原万县地区的开县、忠县、梁平、云阳、奉节、巫山、巫溪、城口8个县。万县市新设立3个市辖区：龙宝区、天城区、五桥区。万县市人民政府驻龙宝区的高笋塘。1997年12月20日，撤销万县市及其所辖的龙宝区、天城区、五桥区，设立重庆市万县移民开发区和重庆市万县区，龙宝区、天城区、五桥区改为龙宝管理委员会、天城管理委员会、五桥管理委员会。万县区辖龙宝、天城、五桥3个管理委员会。万县移民开发区受重庆市委、市政府的委托，代管开县、忠县、云阳县、奉节县、巫山县、巫溪县。1998年5月22日，万县区更名为万州区，万县移民开发区更名为万州移民开发区。万州区辖龙宝管委会、五桥管委会、天城管委会。2000年6月25日，撤销重庆市万州移民开发区，原万州移民

---

① 参见万县志编纂委员会编：《万县志》，四川辞书出版社1995年版。

开发区代管的奉节县、开县、云阳县、忠县、巫溪县和巫山县由重庆市直辖。龙宝管委会、五桥管委会、天城管委会更名为龙宝移民开发区、五桥移民开发区、天城移民开发区，由万州区管辖。2000年7月19日，中共中央办公厅、国务院办公厅批复，撤销重庆市万州移民开发区，龙宝管委会、五桥管委会、天城管委会更名为龙宝移民开发区、五桥移民开发区、天城移民开发区，由万州区管辖。原由万州移民开发区代管的奉节、开县、云阳、忠县、巫溪和巫山县由重庆市直接管辖。

万县原是四川东部重镇，濒临长江，是川东、川北、鄂西及陕南的物资集散地。以"万川毕汇""万商毕集"而得名，是长江十大港口之一。群山环抱之中的万县港，濒千里川江，扼川鄂咽喉，为水陆要冲之地，自古以来就是优良的港湾。南北两岸，分布着许多天然的深水沱，如上沱、下沱、徐沱、聚鱼沱等，不论枯、洪水，都是很好的办船泊地；蛾眉沱至陈家坝长达数里的航段，为砂卵石河床，岸线稳定，是天然的锚泊区；从北岸注入长江的苎溪，不仅适于小型木帆船航行，其入江口一带，由于水势平缓，更是理想的船舶避风处所。万县及其附近山地丘陵，物产丰富，除有煤、铁、硫、盐等矿藏外，还盛产柑橘、桐油、乌桕、生漆及蘑菇等，又是山羊及山羊板皮主要产地之一。所以万县成了历代兵家守蜀出川的必争之地。

鸦片战争以后，帝国主义的侵略魔爪逐渐伸入四川，1890年《中英烟台条约续增专条》和1895年《中日马关条约》签订后，帝国主义就逐渐攫取了川江航行权。1900年第一批帝国主义轮船驶入川江，万县成了帝国主义掠夺中国的重要通商口岸。光绪二十八年（1902），清政府与英国签订《中英通商条约》，万县被辟为约开商埠。1912年前后，先后有日、英、美、德、法和丹麦等国的公司洋行20多家在这里设立经商机构[①]。1915年，日、英两国于此设立海关。1917年3月，英国控制的重庆海关在万县城东钟鼓楼上游锦江台处正式设立分关。1925年7月，段祺瑞政府宣布万县正式开埠。从此，万县成为四川省第二个直接报关出口的通商口岸，同成都、重庆并称为"成渝万"，奠定了民国时期万县在四川省的重要地位，谱写了万州辉煌的一页。

1926年，北伐军以锐不可当之势，挺进长江流域。英国政府为了干涉中国

---

① 中共四川省党史工作委员会主编：《万县九五惨案》，四川省社会科学院出版社1986年版，第1~7页。

革命，调遣大批军舰来华示威。英国商轮在水急浪高的长江上游万县段也肆意寻衅肇事，三个月内制造了五次重大覆船事故，由此激起了万县人民和爱国官兵的极大义愤。其时，广东国民政府代表朱德正在万县，他力劝顾虑重重的杨森要敢于同帝国主义列强斗争，要坚决扣留历次肇事之英轮。杨森也为自己受到重大损失而愤怒，更感到人民群众和自己部属中的反英情绪不可压抑，因此，派兵扣留了英商太古公司停泊在万县江面的"万县"号和"万通"号两艘轮船，并打电报给英国领事馆进行交涉。英政府得知这一情况后，决定以武力夺回商船，将驻守重庆的军舰"威警"号调赴万县江面，在宜昌将"嘉禾"商轮改装成军舰，装载大批弹药，架设机枪大炮，气势汹汹地向万县扑来，会同驻万县的英舰"柯克捷夫"号一起行动。三艘军舰在万县江面卸下炮衣，凶相毕露。英军在劫夺被扣商轮时，遭到中国官兵的英勇还击而宣告失败。9月5日，三艘英舰摆开阵势，以炮弹猛轰万县沿江南北两岸街道长达两个多小时，南津街、陈家坝及沿城等处均遭炮击。是时，火光触天，瓦砾遍地，血肉横飞，哭声、叫骂声、寻子唤母声响彻全城。受英舰炮击地点共33处，死亡人数达604人，受伤者391人，财产损失共计2000多万元，造成了著名的"万县惨案"。很快，全国各地掀起了一场声援万县人民反对英帝国主义暴行的群众运动。而当时统治中国的北京政府，不是站在人民一边与英帝国主义斗争；相反，却先致电杨森，要他释放被扣英轮，而"关于惨案的问题，将来由中英派员会而解决，决不有所偏护"，并要求杨森"和平办理"[①]。杨森秉承吴佩孚的旨意，于9月23日下令释放了"万通"号、"万县"号两英轮，并压制人民继续进行反英示威运动[②]。万县惨案后全国性群众抗英爱国斗争，被封建军阀的妥协政策断送。

万州历史悠久，人文和自然景观荟萃。远古时代，巴地的先民们创造了灿烂辉煌的"大溪文化"。这里的阳光雨露，造就了巴蔓子、严颜、甘宁、秦良玉等历代忠烈战将，哺育了刘伯承、林铁、薛子正、彭咏梧等民族精英，养育了何其芳、刘诗白、马识途等天府学子。这里的名山大川，吸引了李白、杜甫、白居易、苏轼、黄庭坚、诸葛亮、张飞、张献忠等人，留下讴歌这里山山

---

① 《外交部致吴佩孚及杨森电》（1926年9月13日），《万县九五惨案史料汇编》，1981年。
② 中共四川省党史工作委员会主编：《万县九五惨案》，四川省社会科学院出版社1986年版，第1~7页。

水水的传世名篇。唐代大诗人杜甫曾在万州留下了脍炙人口的千古绝唱《送鲜于万州迁巴州》：

> 京光先时杰，琳琅照一门。
> 朝廷偏注意，接近与名藩。
> 祖帐排舟数，寒江触石喧。
> 看君妙为政，他日有殊恩。

唐代大诗人白居易也曾作诗《答杨使君登楼见忆》：

> 忠万楼中南北望，南州烟水北州云。
> 两州何事偏相忆，各是笼禽作使君。

万州有西山，宋黄庭坚《万邑西山题记碑》盛赞它的林泉之胜。西山又名洗岩，相传唐李白读书于此，故又称太白岩。太白岩上名胜古迹甚多，碑刻壁联也颇不少。其中有一处明嘉靖年间无名氏的"神智体"石碑，当地人叫作"诗谜碑"。所谓"神智体"诗，就是"以意写图，令人自悟"，相传出于宋代。万州西岩的这块诗碑，上有八个字："竹岩亭开夜事有来"。这八个字的字形古怪，有的写得小，有的写得长，有横着写的，也有偏着写的，更有缺少笔画的，因而不同的人对此有不同的理解。有人解读为"小竹横岩栽，空亭门半开。夜长无一事，偏有一人来"。另外也有人解读为"细竹倒岩栽，亭空户半开。夜长无一事，月下佚人来"①。

太白岩位于万州主城区北面，高约400米，长约3公里，面积40公顷。太白岩风景绝佳，草木之秀，林泉之胜，莫与争长。太白岩"白岩仙迹"为万州八景之一。太白岩半山石壁有宋代石刻"观德亭"三个大字。明万历年间，四川按察使曹学佺来万县，修建"太白祠"，以纪念唐代诗人李白曾在西山读书。太白岩现存有摩崖石刻四十余处，清道光年间的摩崖石刻"太白岩"三个大字清晰可见，被国家文物局列为中国名胜。登临山顶，既可发思古之幽情，抒奋

---

① 邓绍基：《万县太白岩上的"神智体"诗碑》，《中国典籍与文化》1998年第2期，第36~39页。

发之壮志，又可览万州之全景，赏江山之秀美。

青龙瀑布亦为万州重要的自然景观，距万州城区34公里，瀑布宽105米，高64.5米，比著名的黄果树瀑布尚宽19米，堪称"亚洲第一瀑"。该瀑布属甘宁河段，河水湍急凶猛，奔腾咆哮，空谷回荡，如战鼓雷鸣，声闻数里，摄人心魄。瀑布之壮观，如悬天之布，飞流直下，迸珠溅玉，水汽氤氲。日出则见七彩虹霓横跨两岸，令人叹为观止。水帘之下，有一约2000平方米的山洞，宽敞明净，冬暖夏凉，是游人坐洞观瀑的绝佳去处。

大垭口距万州城区22公里，跨万州、开州两界，海拔1308米，是万州区北岸的第二高峰。林区山势绵亘，崖陡壑深，奇峰耸翠，云烟飘浮，山泉甘美，林木繁茂。森林公园总面积350公顷。森林以马尾松、柳杉、水杉、湿地松、火炬松、银糖槭、雪松为主。年平均气温15度，无霜期240天。夏为无暑清凉的避暑胜地，冬为踏雪林海的赏雪佳境。

乌龙池距万州城区30公里，海拔1120米，占地333公顷。山顶开阔平坦，坡度小于8%的面积达260公顷以上。公园内林木森森，遮天蔽日，松涛阵阵，不绝于耳。林中小道纵横其间，林周悬崖峭壁，千姿百态。山顶有一水面约0.7公顷的天然水池和三个水面分别为8公顷、4公顷、1.3公顷的水库，如明珠在林海中闪烁。

潭獐峡峡长约20公里，宽30～80米，峡中多水潭，又常有獐子出没，故称潭獐峡。峡内有7条支峡、24座山峰、48道小溪，两岸山岩在大自然的鬼斧神工之下，形成众多诗情画意、形态万千的自然景观。峡中野生动物种类繁多，有锦鸡、白鹇、獐子、鹿、九节狸、水獭、刺猬、猴子等。

王二包自然保护区位于万州区东南角，平均海拔1200米，占地7496公顷，森林储积量31万平方米。自然保护区内终年浓雾弥漫，林海苍茫，夏为无暑清凉的避暑胜地，冬为踏雪林海的赏雪佳境，是三峡库区科考和观赏珍稀动植物的绝好去处，也是难得的旅游胜地。

盐井沟龙洞古名石龙洞，距万州城区20公里，洞内暗河涌流，钟乳嶙峋。石笋、石帘、石梯田形态万千，巧布其中。洞中泉水每日有规律地涨落，终年不涸，故又称龙泉洞。现仍存有清光绪皇帝御笔亲书的"功宣胸忍"匾额。

天子城为万州八景之一，被称为"天城倚空"，距万州城区3公里，高346米，占地约13公顷。相传三国蜀汉昭烈帝刘备伐吴时，曾屯兵于此，故名天子城。天子城孤峰突起，四方悬崖峭立如壁，仅寨门一线可通，因城天生而成，故又称天生城。其地势险要，易守难攻，自古为兵家必争之要塞。南宋德祐元年（1275），万州守将上官夔于此坚持抗元斗争，同元将杨文安大战年余，至死不降。后人为纪念上官夔以身殉国之壮举，曾在城上建有上官夔祠。清初，此城为夔东农民抗清据点。至今寨门石壁仍存有摩崖石刻，为元初杨文安陷城记功碑[①]。

二、蜀文化地区重要的历史文化名城

（一）万里长江第一城——宜宾

宜宾，别称"僰道""戎州""叙州城"，位于四川省中南部。因金沙江、岷江在此汇合，始称长江，故宜宾也被称为"万里长江第一城"。宜宾是长江上游开发最早、历史最悠久的城市之一，是南丝绸之路的起点，素有"西南半壁古戎州"的美誉。

叙州府城宜宾古为西南夷僰侯国，秦灭巴蜀后，属蜀郡地。西汉高后年间建县，名僰道，属蜀郡。高后六年（前182），始筑城。汉建元六年（前135），汉王朝为开发西南夷地，置犍为郡，僰道改属之。汉始元元年（前86），犍为郡移治僰道，今宜宾城成为郡、县同治之所。西晋永嘉五年（302）后，僚人大批入蜀，居于犍为郡、僰道县。南朝梁武帝大同十年（544），讨定"夷僚"，设戎州。隋初废，大业初年为犍为郡。唐朝初年，复为戎州治。天宝元年（742），改南溪郡。乾元初年，复为戎州。宋政和四年（1114），改叙州，属潼川府路。元至元十八年（1281），升叙州路，并立叙南等处蛮夷宣抚司。明洪武六年（1373），改为叙州府。清沿明制，亦为叙州府[②]。民国初年，仍为叙州府。1935年6月，推行行政督察区制，宜宾为四川省第六行政督察区专员公署所在地。

宜宾地处川、滇、黔之门户，为重要的交通枢纽，自古为兵家必争之地，故有"西南半壁"之誉。其城"负山滨江，地势险阻，蜀中有事，取道外水，此其必出之途也，自府以南，蛮獠环错，通接滇黔，尤为冲要"[③]。"东距泸水，西连大峨，南通六诏，北接三荣，负山枕江，地势险要"[④]。溯金沙江可

---

① 以上转引自《万县》，http://baike.baidu.com/view/674147.htm。
② （清）王麟祥修，邱晋成等纂：《叙州府志》卷二《建制·宜宾》，光绪二十二年刻本。
③ （清）王麟祥修，邱晋成等纂：《叙州府志》卷三《形胜·宜宾》，光绪二十二年刻本。
④ （清）刘元熙修，李世芳等纂：《宜宾县志》卷五《形势》，嘉庆十七年刻本。

达屏山、新市镇，逆岷水可通乐山、成都，沿长江而下直达重庆、武昌、上海，得水运之便，是长江上游重要的物资集散地和商贸中心。战国时期，这里就是南方丝绸之路东下江浙黄金水道的起点。《战国策·楚策》载："秦西有巴蜀，方船积粟起于汶山（岷山），循江而下，至郢三千余里"。隋唐之际，蜀商以岷江水运往返于成都和江陵之间。宋元时期，岷江、长江水系乃交通动脉，官商物资都由长江水路运至荆南（江陵），然后转运各地。据清同治《高县县志》载，乾隆年间为开发云南铜矿，清廷曾对南广河进行了大规模的疏浚，于是"铜运遄行，商船络绎，载铜而下，运盐而上，舟楫便利"。此外，还有金沙江支流横江，溯流而上可达云南盐津、镇雄和贵州的赫章、咸宁。清代叙州府城宜宾，正是因为得舟楫之利，当水陆之要冲，冠盖往来相望，"为叙郡首邑，山有七星师来石城朱提之胜，而岷江丽水环绕城隅，诚两川冠冕，蜀南一大都会也"[1]。

清末民初，川江水运日益发展，先后有云南、广东、江西、陕西、浙江、苏州、黄州（湖北黄冈）、吉安、文水等籍商帮在三江口筹建会馆商行。1900年5月，英商的"乌拉科"号和"乌拉法"号轮船，由重庆首航宜宾，开启宜宾轮船时代。1915年，民族资本家南溪县董氏兄弟开办"瑞庆轮船公司"，购"瑞余"号等轮船往返于宜宾、重庆之间。1932年，民生轮船公司宜宾分公司成立，"民运""民福""民望"等10余艘客货轮船航行于川江宜宾段。1933年，宜宾地方人士出资在合江门修建了梯道式码头。1936年，四川合众轮船公司在宜宾成立，先后开通长江叙渝线、岷江叙嘉线、金沙江叙屏线。1949年，宜宾港有木帆船349只，6231吨位，与之配套的码头人力车237辆，年货运量达16.1万吨，货运周转量为2160万吨公里，成为南丝绸古道商贸历史上最大水运负载量[2]。

宜宾陆路交通地位也十分重要。秦统一六国后，遣常頞"略通五尺道，诸此国颇置吏焉"。五尺道北起宜宾，南至曲靖，途经盐津、大关、昭通、鲁甸、宣威等县，唐樊绰《蛮书》称之为"石门道"。此道成为中原地区经巴蜀与西南少数民族地区，乃至东南亚诸国进行经济、文化交流的重要交通道路。汉初，五尺道暂时受阻，但仍为民间所用。汉武帝时，"发巴蜀卒治道，自僰

---

[1] （清）王麟祥修，邱晋成等纂：《叙州府志》卷二四《学校·宜宾》，光绪二十二年刻本。
[2] 应金华、樊丙庚主编：《四川历史文化名城》，四川人民出版社2000年版，第80页。

人道直指牂牁江"；"凿石开阁，以通南中，迄于建宁，二千余里，山道广丈余，深三四丈"①。在秦五尺道基础上拓展了从宜宾经毕节地区沿牂牁江（北盘江上游），直下两广的"南夷道"；复通了从宜宾至曲靖的"五尺道"，延伸到昆明、大理以西，连接永昌郡出国通道，形成中外交流的"蜀身毒道"。到隋唐之际，以五尺故道为基础，延伸到今越南河内的"步头道"，该道沿线"城邑绵延，势连戎僰"。北宋时期，朝廷在宜宾设立"买马场"，开展茶马互市，历经数百年。到明清时期，宜宾成为有名的茶马贸易之都，周边地区往返宜宾的盐、茶、马匹及日用品的运输也繁忙起来，从而以宜宾"茶马互市"中心，辐射出四条茶马运输路线。

唐德宗时，韦皋在宜宾三江口创筑土城。会昌三年（843），因"马湖江水荡圮"，将城移筑江北。南宋末年，元兵入蜀，移治登高山。元至元十三年（1276），复于三江口筑城。明洪武六年（1373），宜宾修筑石城，"高二丈七尺，厚一丈八尺，周六里，计一千八十七丈，门东曰丽阳，东之南曰合江，南曰七星（俗称小南门），南之东曰建南（俗称大南门），西曰文星，北曰武安，东南以长江马湖江为天堑，西北筑濠，宽五丈，深一丈五。"明末，张献忠入蜀与明军展开激战，反复争夺叙州城，城周"六里，颓者三分之一，为门者六，女墙无一存焉"②。

清乾隆二十八年（1763），清政府重建宜宾城，在明城基础上增高三尺，修补崩缺81处，计长560丈有奇，有城市六座，各门皆建城楼，楼皆三楹，高3丈余。嘉庆十六年（1811），修六门城楼。咸丰九年（1859），因太平军入境，增修西、北两门月城，并在城垣四隅筑炮台七座，在合江门外水城筑炮台两座，在走马街护城外关筑炮台一座③。清代叙州府城为矩形，城周六里，城垣较高，超过三丈，这与其城"蛮獠环错，通接滇黔，尤为冲要"的地理形势有关。城内有南北干道和东西干道各两条。

宜宾历史悠久，多文物古迹。唐韦皋治蜀，解决民族矛盾之后，在西街口建楼一座，以示德政。大观楼，唐称西楼、筹边楼，宋称谯楼，明称西楼，明末毁于兵燹。清康熙年间重建又遭焚毁，清乾隆三十年（1765），知府托隆又

---

① （北魏）郦道元：《水经注·江水》。
② （清）王麟祥修，邱晋成等纂：《叙州府志》卷八《城池·宜宾》，光绪二十二年刻本。
③ （清）王麟祥修，邱晋成等纂：《叙州府志》卷八《宜宾知县初元方修城记》，光绪二十二年刻本。

重建，定名为大观楼。雍正时监察御史邓时敏在《叙郡谯楼记》中称："谯楼也，西南之最"。后又称金书楼、大鼓楼。民国时，因关押壮丁，又称兵楼。新中国成立后，复称大观楼，曾四度维修，现保存完好。大观楼东西向，长方形，有三重檐，共四层，通高23.36米，占地516平方米，其底层为石筑高台，长25.5米，宽22米，高5.7米。自2楼起，为木结构，三层檐下均饰如意斗拱。第三层东檐有清乾隆书法家冀明宣书"大观楼"，其西檐有当时知县华阳顾汝修书"西南半壁"四个字。

流杯池及石刻题记，为宜宾的重要历史遗迹，位于城北约1公里处之岷江北岸天柱山下。北宋著名诗人、书法家黄庭坚，于元符元年（1098）谪居戎州，效王羲之"流觞曲水"，建池于怪石嶙峋的峡谷中。池为九曲形，长5.2米，宽0.5米，深0.55米，有小溪自谷底出，流经九曲没入石缝。池周置石凳，围坐其上，流杯饮酒。夹谷两壁有宋代以来名人诗词书法石刻遗迹98幅，其中可明辨者约61幅。黄庭坚所书"南极老人无量寿佛"，与明代状元新都杨升庵所写"胜概"，民国时期张大千的隶书"亭下华方午，江前石亦流"，当代张爱萍的草书"常饮曲觞酒，不使水倒流"等，均系有名书法真迹。池的周围有荔红亭、涪翁楼、山谷祠及涪翁亭等建于宋代的古迹，多已毁坏，新中国成立后相继修复。

"锁江"石刻，位于岷江北岸，今铁路大桥第一引桥墩侧。宋代著名诗人、书法家黄庭坚书"锁江"二字刻于临江峭壁上，每字1.5米见方，字迹遒劲挺拔，笔锋雄健，旁有"山谷"款识，各约30厘米。"锁江"二字一说为宋淳熙七年（1181）叙州知州何师心所书。二说虽有歧义，但足证为宋代古迹。锁江石顶上建有"锁江亭"。前人为了纪念黄庭坚，又于亭旁建有"吊黄楼"，今楼亭俱毁。

宜宾历史悠久，文脉绵延，文化积淀丰富深邃，独具特色的酒文化、大江文化、僰苗文化、竹文化、石文化、茶文化、哪吒文化、民居文化、抗战文化等多种文化异彩纷呈。宜宾人杰地灵，孕育了一批又一批仁人志士，涌现出了近现代史上的革命先烈李硕勋、抗日民族女英雄赵一曼、蜚声中外的文坛泰斗阳翰笙和近代儒学大师唐君毅等。

宜宾是举世闻名的名酒五粮液的发源地。"五粮液吸取五谷之菁华，蕴积而成精英，其浓香、醇厚、味甜、干净之特质，可谓巧夺天工，调和诸味于一体"。宜宾三江环绕，土地肥沃，物产丰饶，自古以酿造美酒著称。在古代，僰人早已发现了果品自然发酵的现象。陈继儒在《酒颠补》中说:"西南夷有树,类棕,高五六丈,结实大如李……倒其实,取汁流于罐,以为酒,名曰树头酒。"这种原始果酒的出现,开创了僰道的酿酒历史。南北朝时,彝族的一支从云贵高原进入川南,他们用叶来酿酒,用大米"酿成醇米酒",用秋天树林里的果实酿酒。到唐宋直接管辖的戎州,酒业已有了发展,当时已有重碧和荔枝绿,并形成了"茶马市场"。在"茶马市场"中,僰、僚等少数民族除以马匹和木材等作为大宗交易外,同时也还以自己产的酒同汉族交换茶、盐、布、丝绸等物。在唐代,戎州官坊用四种粮食酿制了一种"春酒"。唐代大诗人

茶马古道

杜甫到了宜宾,品尝到了特产的春酒和荔枝,即兴咏出"重碧拈春酒,轻红擘荔枝"的佳句。后人遂将春酒改名为"重碧酒"。宋代,宜宾姚氏家族就开始私坊酿制,采用玉米、大米、高粱、糯米、荞子五种粮食酿造的"姚子雪曲"是五粮液最成熟的原形。明代初年,宜宾人陈氏继承了姚氏产业,创办"温德丰"酒坊。第一代老板陈氏,亲任烤酒师,经过长期摸索,创造了流传至今的杂粮酒配方,时称"杂粮酒"。晚清举人杨惠泉认为:"如此佳酿,名为杂粮酒,似嫌凡俗。此酒集五粮之精华而成玉液,何不更名为五粮液"。其酒坊老板邓子均遂采其建议改名为"五粮液",由此五粮液美名传遍天下。1915年,"五粮液"在巴拿马国际博览会上荣获名酒金奖。五粮液在国内外获得巨大成功,强烈地刺激了宜宾酒业的发展。20世纪30年代中期,糟坊已发展到十四家。1951年,"利川永""长发升"这两家最有名望的糟坊联合成立了"大曲联营社",生产五粮液和提庄、尖庄大曲。1952年,宜宾专卖公司在"大曲联营社"的基础上,接纳了其他几家糟坊,成立了"川南行署区专卖事业公司宜宾专卖事业处国营二十四酒厂"。1953年,"国营二十四酒厂"扩建为"中国专卖公司四川省公司宜宾酒厂"。1957年,酒厂正式命名为"宜宾五粮液酒厂"[1]。1998年,改制为"四川省宜宾五粮液集团有限公司"。五粮液集团有

---

[1] 范用余主编:《中国五粮液》,四川大学出版社1992年版,第14~17页。

限公司在21世纪以来，发展成为以五粮液及其一系列酒的生产经营为主，集现代制造业、现代工业包装、光电玻璃、现代物流、橡胶制品、现代制药等产业多元发展，具有深厚企业文化的特大型现代企业集团。2008年，五粮液品牌价值已达480.56亿元，2010年更是跃升至526.16亿元。发达的酿酒工业使宜宾成为名副其实的"中国酒都"。

（二）川南重镇、江雒之会——泸州

泸州市位于四川盆地南缘，长江、沱江交汇处，川滇黔渝四省市接合部，自汉朝以来就是川南政治、经济、军事和文化中心。

泸州古为西南夷地，秦属巴郡。西汉时，置江阳县。东汉建安十八年（213）升江阳郡。东晋为东江阳郡。南朝梁置泸州。隋大业初年，改为泸川郡。唐初，复为泸州。天宝元年（742），改泸川郡。乾元初年，复泸州。宋代，为泸州泸川郡。宣和二年（1120），置泸州军。景定二年（1261），改江安州。元代，复称泸州，并迁州治于茜草坝。明初，迁还汉宋旧治，初属重庆府，洪武六年（1373），升为直隶州，领三县。天启六年（1626）增辖九姓长官司。清沿明制，领县三、长官司一[①]。民国时期，置川南永宁道，第七行政督察专员公署。新中国成立后，先后置川南行政公署、泸县专员公署、泸州专员公署[②]。1960年7月14日，国务院批复撤销泸州专区，所属市县划归宜宾专区。1983年3月3日，国务院批复同意将地辖泸州市改为省辖市，将宜宾地区的泸县、纳溪、合川等3县划归泸州市管辖。

泸州位于长江上游沱江与长江交汇之处，"东接巴郡，西接犍为，南接牂牁，北接广汉，枕带双流，居江雒之会"[③]；"西接蜀江之流，南通滇省之会，内揆邦畿，外控遐荒"[④]，自古以来就是蜀南的政治、经济、军事、文化中心，川、滇、黔三省和长江上游的交通枢纽。清代泸州"负山带河，幅员千里，控制番禺，抚有五属，长江舳舻，络绎不绝，实昌松马叙之门户，荆襄夔渝之咽喉，蜀中一大都会也"[⑤]。

宋初泸州无城，仅设篱堡。北宋皇祐二年（1050），始易以木栅。崇宁五

---

① （清）田秀栗等修，华国清纂：《直隶泸州志》卷一《舆地上·沿革》，光绪八年刻本。
② 泸州市地方志编纂委员会：《泸州市志》，方志出版社1998年版，第82~83页。
③ （清）黄廷桂等修，张晋生等纂：《四川通志》卷三《疆域》，雍正十三年刻本。
④ （清）常明等修，杨芳灿、谭光祜等纂：《四川通志》卷九《舆地八》，嘉庆二十一年刻本。
⑤ （清）田秀栗等修，华国清纂：《直隶泸州志》卷三《修考棚碑记》，光绪八年刻本。

年（1106）七月，两江水涨，漂散木栅材料，经年不修。政和五年（1115），因"泸南疆域益广，泸州城郭非壮丽何以守御且示威蛮夷"，诏令兴工营建。东面濒江以石砌堤，筑城其上。堤高一丈，通高二丈二尺，下阔二丈，上宽一丈；其三面并筑土墙，通高一丈三尺，下阔三丈，上宽一丈五尺，周城六里三百三十八步。绍兴十五年（1145）再请修筑，往东南、东北方向扩展五百八十五丈，悉用砖石土砌以避水患，其余如故，城周九里十八步。宋元之际，毁于兵燹。元初州治迁茜草坝，未筑城垣。明洪武初，夏人归附，用都指挥马叶望奏开卫治，领指挥皇甫令依照宋城旧址修砌石城，高一丈五尺，周九里七分，计一千二百四十二丈。弘治初年，兵备道罗安、知州何纶拓基增建层楼，有城门六。明末清初战乱，城垣颓塌[1]。

清康熙四十七年（1708），知州张士浩捐修楼堞栏栅，次第完善。乾隆二十二年（1757），知州夏诏新以东城崩塌又火灾，率士民捐资修葺，增建小北门于西北隅。光绪七年（1881）西北隅崩塌，分巡道延佑拨公款培修，光绪十七年（1891）知州李玉宣重修拱极、会津两门城楼[2]。龙透关在州西七里，明末修，后废。同治二年（1863），为防"匪患"重建，并以其为中心南至大江北至小江修外城城墙十余里[3]。

清代泸州城位于沱江与长江两江汇合的狭长地带，长江横贯城南，沱江经城北至管驿嘴与长江汇合。全城除西部、西北及小市北部为山脉外，皆为平地。城西之山为祷祝山余脉，小市北部为五峰山[4]。总体而言，城池沿两江交汇的三角地带呈不规则形状，除东北角随地势延伸外，仍然近似矩形。泸州城外沱江北岸为小市镇，倚山面水，与州城隔江相对，乾隆年间开始兴起，以泸州城为依托，商业繁荣，为泸州城市空间重要的组成部分。据《江阳谱》记述，泸州"西南皆山，东北频江，山皆支分向下不平，不便于建市。故其东顺江自北而南为一长街，其坊五，其北自东而西，又为一长街，其坊一"[5]。这种格局被历代继承。

宋理宗淳祐三年（1243），余玠制置四川，为抗御蒙古骑兵，遍令诸郡择

---

[1] （清）田秀栗等修，华国清纂：《直隶泸州志》卷三《建制上·城池》，光绪八年刻本。
[2] （清）田秀栗等修，华国清纂：《直隶泸州志》卷三《建制上·城池》，光绪八年刻本。
[3] （清）田秀栗等修，华国清纂：《直隶泸州志》卷一《舆地上·关隘池》，光绪八年刻本。
[4] 李昌言：《泸县乡土地理》，1949年石印本。
[5] 陈世松、喻亨仁、赵永康：《宋元之际的泸州》，重庆出版社1985年版，第22页。

险迁治，委曹致大于泸州下游六十里神臂山创立新城，以为泸州治所。这座新城，载籍上叫神臂城，又称铁泸城，俗称为老泸州城。神臂城作为泸州治所，一共存在了135年。由于宋、元双方为争夺这座城战斗激烈，两军五易其手，以致到元朝平定四川时，老泸州城"堡寨遂空"，只剩下废墟一座。元世祖至元十五年（1278）正月，泸州安抚使赵金奉命将治所迁还故址。此后，神臂山老城便遭废弃[①]。神臂城东西2500米，南北1000米，周长3365米。现存东门、神臂门各一道，东城垣569米，西门外石梯痕迹清晰可见。至元二十年（1283），泸州建制降低，治所迁南岸茜草坝。明洪武初年，州治始迁还江阳旧址。故泸州治所三迁，有"三泸"之说。

泸州"白塔"，因塔身洁白无瑕而名，原名"报恩塔"，建于宋绍兴十八年（1148），系泸州安抚使冯楫为报母恩所建。建时无顶，明弘治年间由小市镇生员李节、李俭等采铜五十斤铸顶，同时在塔顶内四叶放置水晶念珠名一串、金碗四个以及七宝八珍等物。清光绪四年（1978）塔顶倾斜，僧人能善捐款培修，州人也捐资献铜，在塔身四周檐脊上安置铜铃，铸铜力士四尊，置于七级塔上檐，用铁链将塔顶加固。1934年，又将塔培修涂饰一新，耗资万余，并在塔内安放五百尊瓷佛像，塔基四周筑砖围栏杆。1967年"文革"期间，塔顶装饰和塔内石刻雕像，以及存放在塔内的铜像、经典、瓷像等器物被破坏殆尽。1984年，省市拨款3万余元，又将塔整治一新，塔外檐重新安上104个铜铃，使塔重现昔日风姿。至今报恩塔巍然屹立在酒城中心，成为泸州古文化的象征。

钟鼓楼，位于市中区花园路，始建于明代，旧称大观台，原为古典式建筑，1928年毁。同年重建，改为中西合璧式建筑，砖石结构，四级楼阁式。抗日战争中被日机炸毁部分。1982年维修，建筑面积41平方米，楼顶为平顶，呈四边形，每层四面开窗，高15.2米。

会津城垣民居，位于市中区会津门城垣上，建于清代，坐西向东，为四重堂四合院建筑。现存前殿和厢房，面积839平方米。大门为帷幔式，高2.9米，宽1.57米，砖木结构。前殿为木结构单檐悬山式屋顶，面阔四柱三间14.85米，进深五间10.60米，穿斗式梁架，三穿用五柱，高8.3米，素面台基高0.45米，垂带式踏道3级。厢房三间，阔5.30米，进深九间25.55米，高8.2米，为两层楼，

---

① 陈世松：《泸州城"刘整降元"石像考》，《四川文物》1984年第4期，第29页。

栏杆为卷帘式。梁柱上均有镂空雕刻纹饰，鼓槌式柱础，梅花纹花窗。

此外，泸州还有周太师抚琴台、龙透关等名胜，城西忠山还有奎星阁、江山平远堂、武侯祠、百子图、节孝牌坊等文化古迹。

泸州拥有众多的历史文化资源，其中以酒文化资源、石刻艺术文化资源、革命传统文化资源最为突出。

泸州物华天宝，土地肥沃，盛产水稻、小麦、糯高粱等粮食作物，加之有甘美的泉水，为酿酒业的发展提供了得天独厚的自然条件。泸酒的酿造技艺经过岁月的锤炼，已经达到炉火纯青的地步。泸州酒史可以追溯到秦汉时期，兴于唐宋，盛于明清。在现存的泸州老窖池群中，持续使用百年以上的就达三百多个，其中最古老的窖池建造于明代万历年间，连续使用距今已有400多年的历史（国窖1573，由此而定名）。泸州老窖池以400年的悠久历史被国务院批准为全国重点文物保护单位，独享"中国第一窖"之美誉。

早在先秦时期，泸州就已酿出被称为"巴乡清"的清酒，作为巴国向周朝上纳的贡品。《诗经·大雅》中记载其"显父浅之，清酒百壶"。宋代的泸州酒业兴盛，成为"八商辐辏"的巨港名都。大诗人黄庭坚在诗中写道"江阳酒有余"。明代"舒聚源"酒坊的创建，成就了今日的"1573国宝窖池群"。杨升庵也在诗中赞称"江阳酒熟花如锦"。醇香浓郁的泸州大曲酒便在明代问世。清代的泸州酒坊更已发展到18家之多，远销川东、北一带及省外。据《修补泸县志》记载，清末酿户10余家，尤以温永盛老窖、天成生为而蜚声海外。坐落在泸州营沟头的温永盛老窖，其基地是优质黄泥，就地挖坑建成，因土质独特，不用采取防漏措施即可保住"黄水"，为泸州老窖大曲酒独特风味的形成奠定了基础，提供先决条件①。以此厚重的历史文化积淀为支撑，1915年，泸州老窖一举荣获巴拿马国际博览会金奖。其后，在历届评酒会上，泸州老窖都获得金奖，成为最有影响力的中国名酒之一，先后共获国际金奖十七次。

作为享誉中外的"酒城"，泸州拥有数量众多、知名度较高且具有一定观赏价值和文物价值的酒文化遗存，除了建于明代万历年间的老窖池，还有全国唯一的天然储酒洞——天宝洞、地宝洞。

泸州有着丰富的石刻艺术作品。石刻作品以明代石刻为主，风格与著名的大足石刻相似。东岩石刻位于市区长江南岸，背靠少鹤山。石刻分布在长约

---

① 傅金泉：《中国古代酿酒遗址及出土古酒文化》，《酿酒科技》2004年第6期。

400米、高约50米的巨型石壁上，共七组，两尊造像。石刻从明朝至民国：明代有"岩云水月""山高水长"和"波光云影"。清代有"少鹤山""波使君记""十方三宝"和南无释迦牟尼佛、南无阿弥陀佛等。民国前期有"般若波罗蜜多心经"，为隶书阴刻，标题和款识字经约0.7米，正文经约0.4米；抗日战争时期有"还我河山"石刻四字，正当月亮崖下，字迹巨大，每字长宽5米，气势磅礴，枯水季节距地表高30米。

此外，泸州还有被誉为"中国第三桥"的全国保护文物龙脑桥以及玉蟾山石刻和现代浮雕作品"流民图"等。

泸州有着光荣的革命传统。城郊况场镇有护国战争时期朱德驻泸州的旧居，占地十五亩，为清代民居建筑，建筑面积3000平方米，水池涟漪，楼阁回廊，环境幽静，具有川南庭园的独特风貌。护国战争胜利后，朱德率部驻防泸州。他与部队同仁和当地的文人名士先后组织了两个诗社，一个叫"东华诗社"，一个叫"振华诗社"。由朱德起草的《东华诗社小引》表明了该诗社的宗旨："大力宣传，振兴东亚中华；高声呼吁，打倒西方帝国。方称联翰墨之因缘，咏吟哦之乐事。唯求良友，无负河山。"1926年12月1日，泸州爆发了由中国共产党四川省委发动的武装起义，即著名的"顺（庆）泸起义"。1927年1月24日，"顺泸起义"总指挥刘伯承到达泸州，建立起义部队总指挥部，发布《国民革命军川军各路总指挥布告》。

新文化运动时期，萧楚女在泸州宣传革命思想，积极筹办泸州图书馆。选定位于市区中心的治平寺作为馆址，拆去寺中的天王殿，改建成一座砖木结构的楼房。这个图书馆的部分馆藏1938年毁于日机轰炸，另一部分也有所散失。散失部分后由泸县民众教育馆陆续收回，解放后转入泸州市图书馆。

（三）千年盐都、恐龙之乡——自贡

自贡城市坐落在中国西南四川盆地南部，历史悠久，其地域由古代的荣州和江阳县的部分产盐区组成。远古时期，四川东、西部分属巴国、蜀国，荣县归蜀，富顺归巴。秦置蜀郡、巴郡，荣县隶蜀郡，富顺属巴郡。汉武帝建元六年（前135），分巴割蜀及新地置犍为郡，富顺归为江阳，荣县境属南安县。北周武帝天和二年（567），将江阳县北部富世盐井及其附近地区置富世县，是为富顺境域立县之始。同期，在荣县境东部建公井镇（因附近有著名盐井曰大公井，故井名命镇名），是为荣县境最早设立行政建制单位之始。隋开皇十年（590），南安县置大牢镇，后改镇为县，时荣县境在大牢县内。唐武德元年

（618），割资州大牢、威远二县置荣州，治公井镇，公井由镇升县。贞观元年（627），分大牢置旭川县（因附近有盐井号旭川，取以为名），治今荣县城关。时荣县境主要为旭川、公井二县。北宋治平元年（1064），置富顺县（今县名始于此），隶属富顺监。南宋绍定六年（1233），升荣州为绍熙府。端平三年（1236），绍熙府择地侨置；宝祐六年（1258），府废。元至元十二年（1275），置富顺安抚司，二十年（1283），升为富顺州，隶属四川等处行中书省叙州路。元末，复置荣州，属嘉定路。明洪武四年（1371），降富顺州为县，归属叙州府。明洪武九年（1376），降荣州为县（荣县县名始于此），属嘉定府。清代因之。民国2年（1913），实行以道统县，荣县属上川南道（次年改称建昌道），富顺归下川南道（次年改称永宁道）。民国17年（1928）废道复省，富顺、荣县隶属四川省。抗日战争时期，沿海沦陷，川盐济楚。为了克服两县长期分治盐场的弊端，民国28年（1939）8月，经四川省政府批准，划出富顺县第五区、荣县第二区两个紧密相连的主要产盐区，面积160.9平方公里，新成立市，取自流井和贡井之合称，名自贡市。同年9月1日，自贡市正式成立，隶属四川省。

　　自贡以盛产井盐、"富甲全川"而闻名中外，是典型的资源型城市，其井盐生产已有近2000年的历史，伴随着城市发展的始终。"因利所以聚人，因人所以成邑。"[①]这一地区蕴藏着丰富的卤盐、天然气资源，早在东汉章帝年间，自贡地区便开始了井盐生产。唐宋时其盐业已闻名全川。北周武帝时（561～578），以富世盐井为中心设置了富世县（明初改称富顺县），并在与富世盐井同时闻名于蜀中的大公井所在地设置了公井镇（清初改称贡井镇）。明末清初，由于战乱频繁，四川各产盐区严重衰落"井圮灶废"，"百不存一"。清初实行"听民穿井，永不加课"的鼓励政策，"蜀盐始蹶而复振"。分属富、荣二县的自流井、贡井两地，由于相距不过十里，在盐业复兴中逐渐连为一体，合称"富义厂"或"富荣厂"。雍正八年（1729），为加强管理，分别在富顺、荣县成立了自流井县丞署和贡井县丞署。到乾隆三十二年（1767），富荣厂盐井恢复到413口，火井11口，盐锅1001口，年产盐达3600万斤。咸丰三年（1853），太平天国占领南京，淮盐不能上运，川盐得以运销两湖市场。首次"川盐济楚"促进了富荣厂盐业的飞速发展。同治七

---

① 《天平广记》卷五《盐井·陵州盐井》。

年（1868），据《四川盐法志》称，"四川盐井近来获利数倍，富顺尤为最旺"。"通年合算，每日产盐总在八十万斤"，折合年产量近十五万吨，"占全省产额十分之六"，达到了自贡井盐史上黄金时期。光绪十七年（1892）大安岩盐的发现和光绪二十七年（1902）蒸汽机采卤的广泛推行，更促进了盐业的发展。民国时期，国人林振翰在《川盐纪要》中称："自贡两场毗连，盐业劳动家不下十余万人，牛马亦过数万匹，诚吾国惟一之大工场也。"抗日战争爆发后，自贡地区盐业由于再次济楚，井盐生产再获机遇。1938年，产盐已达22.8万吨。长期以来早已融为一体的自流井和贡井，建立统一、独立的政治经济实体和行政建制的条件已完全成熟。1939年9月1日，自贡市政府正式成立，由富顺、荣县划出的五镇五乡组成。此后，自贡的行政区划经过了多次变迁。至1983年，自贡市四区两县的行政区划完全形成，其中，以三大盐产区自流井区、贡井区、大安区为主要城市区，自流井区为城市中心区，沿滩区和富顺、荣县为城市发展的重要商品粮和农副产品基地。

自贡有两大著名盐井——贡井和自流井。贡井古称"公井"，因大公井得名。地因井名，始于北周武帝置公井镇。唐武德元年（618），升公井镇为县，并为荣州州治。"贡井"之名最早见于明嘉靖年间富顺人熊过所撰《吴方泉墓志铭》，有"子朝鉴籍为盐官，丁口煮盐贡井……贡井隶荣而畛于富顺"的记述贡井。贡井井名演变的原因，有两种传说。一种认为，打公井生产的盐，色白质纯，曾作为贡品供奉皇帝享用，故名贡井；另一种认为，井名是"公"与"供"语音相谐之故。自流井起源于明代嘉靖年间。明代张翰《松窗梦语》卷二"西游记"载："内江、富顺之交有盐井，曰自流，新开，原非人工所凿而水自流出，汲之可以煎盐，流甚大，利颇饶，多为势家所控"。清乾隆以后，自流井被作为地名用来泛指现自贡市中心一带地方。自流井井名的由来，通常有两种说法。一种说法是因地下盐水沿着裂穴自然流出地表，无须人工鉴凿而形成自流盐泉得名。清同治年间，吴鼎立在《自流井风物名实说》中写道："河岸有井自流盐水，故曰自流；或曰有不见功之井，倏然涌出，非关人力以是得名"。另外一种说法是开凿盐井时，出现盐水自喷。人们把这种因井喷而盐水自然流出的井称之为自流井[①]。

自贡城因盐而兴，因盐建镇、置县、设市，盐业造就了千年盐都，盐文化

---

① 《自贡城市志》上册，方志出版社1997年版，第90～91页。

也就成为自贡城市的核心。自贡城市地域以井盐盐灶、产区产场为范围，逐步形成了分片集中，成组成团，相对独立的组团式城市布局的风貌；城市人口以直接和间接从事井盐生产、经营为主体；城市交通以运盐道路为网络；城市商品交换围绕盐业而繁荣兴旺；城市文化、城市建筑、民俗风情、音乐绘画等，无一不保留着浓郁的盐业历史特征。

自贡人因盐而聚居，并沿河而建城，形成了独特的组团空间格局。贡井城区先河街、后老街，继而新街、筱溪、长土、艾叶；自流井城区从火井沱开始从釜溪河两岸的路边井、双牌坊到郭家坳、大来井，逐步发展到河东的六厂坝，新街逐渐推进到正街、灯杆坝、半边街，成为自贡最繁华的城市中心；大安城区从燊海井、杨家冲、来龙坳、大坟堡到扇子坝，渐成街市，后与自流井区日渐融合为一体。东南方的鸿鹤镇因化工生产而发达，西南方的舒平地区因铁路和工业兴盛，东北方的大山铺、凉高山区因电子工业发展，形成了新的相对独立的城区，共同组成了自贡多组团的空间格局。

自贡城区位于丘陵地带，山体相对高差在30至50米之间，起伏连绵，有3000多亩城市环境保护林分布在百余个山头之上。威远河（清溪）自北而南，旭水河（荣溪）自西向东，在凤凰坝北端双河口汇成釜溪河，转向东南，注入沱江，不仅是盐场运销的命脉，也是城市流动的风景。以自流井、贡井为主体的城市布局与起伏的山峦、蜿蜒的河溪交错穿插，形成了融山、水、城为一体的"半城青山半城楼"的山水园林城市风貌。在自贡中心城区，虽楼宇参差，市井繁华，但仍可见山林葱翠，碧水中流，古榕掩映，形成层次丰富、高低起伏的城市天际线，使千年盐都别具特色。

在近2000年的盐业历史进程中，围绕着盐的生产和运销，自贡积淀了博大精深的井盐文化，形成了许许多多独具特色的人文景观。盐业科技是自贡井盐文化的核心内容。在开发盐卤资源的过程中，无数的先辈们创造了许多科技史上的奇迹，先后发明了冲击式（顿钻）凿井法、薄层岩盐水溶连通开采技术和康盆采气工艺等，为人类文明的进步和科学技术的发展做出了卓越的贡献。自贡至今仍在生产的人类第一口超千米深井——燊海井，其以冲击式（顿钻）凿井法为代表的中国古代井盐钻井技术，已被公认为中国"第五大发明"和"世界石油钻井之父"。2006年5月，"自贡井盐深钻汲制技艺"被列为"第一批国家级非物质文化遗产"。

清乾隆四十四年（1779）出现的同盛井盐开采经营合约——《同盛井

约》,被誉为"中国最古老股票",已经具有现代股票的基本特征,将中国股份制工业企业的出现时间提前了整整100年。包括《同盛井约》在内的自贡盐业契约档案文献,已由省档案局正式向国家档案局申报"中国档案文献遗产"[1]。自贡盐业历史博物馆是世界上唯一的井盐生产陈列专业博物馆,保存有丰富而完整的盐史资料。

盐业历史建筑是自贡井盐文化的重要载体。在"千年盐都"的自贡,有一种高耸入云的木制建筑,名曰"天车"。天车即木制井架,由成百上千根杉木捆扎而成,作为自贡有代表性、有特色的一种生产工具,作为雄伟挺拔、秀插云天的古建筑,是"千年盐都"不可多得的历史文物。它以其独特的造型,雄伟的气势和中国建筑史上的成就构成"盐都"的标志,被誉为"东方的埃菲尔铁塔"。

19世纪中叶至20世纪初,随着自贡盐业的兴盛,外省商人修建的同乡会馆和各行帮兴建的庙宇拔地而起,如西秦会馆、湖广会馆、南华宫、万寿宫、炎帝宫、贵州庙、王爷庙、张爷庙等。这些建筑大都古朴典雅、瑰丽雄奇,无论外观造型和内部结构,乃至装饰的木雕和石雕,都堪称中国古典建筑中的精品。现在作为自贡市盐业历史博物馆的西秦会馆建于清乾隆元年(1736),是由在自贡地区经营盐业而发家致富的陕西籍商人花费4万两白银修建的同乡会馆。西秦会馆紧临龚滩繁华的太平街,顺街可直达龚滩码头,位于当时交通与商业并重的黄金地段。西秦会馆在坡地上围合成院落,由戏台、院落、大殿以及两侧的厢房组成,主要用于祭神及商会会长议事。其屋顶装饰尤为丰富多彩,主要集中在戏楼和大殿,如今它已成为自贡的地标性建筑。

盐商宅邸在自贡盐业历史建筑中也非常有特色。自19世纪中叶至20世纪中叶,拥有巨额财富的盐商巨贾,为了显示其富有,花费巨资营建了各式名园大宅。著名的有王三畏堂的玉川祠、李四友堂的双牌坊大宅、胡汝修的灌园、余述怀的栗园、侯策名的涵院、永安阁乐祠等。所有这些豪宅大院不仅占地广阔,且自成体系,有仿《红楼梦》中大观园的庭院式建筑,有传统的四合大院,有山水一体的西式公馆。清末,自贡富足的盐商为躲避战祸,保护财产,大多据险筑寨,其中以三多寨最为有名。其规模之大,房舍之气派,功能之齐备,"雄盖川南"。寨垣雄峙,府第栉比,松柏森森,泉水潺潺,"八大景

---

[1] 石军、康珺:《浅谈盐文化促自贡灯会旅游发展》,《现代商业》2009年第35期。

观"闻名遐迩，成为著名的旅游胜地。

自贡风俗文化亦具有明显盐业文化特征，民俗文化大多与井盐生产有关。自贡地区古来供奉井神（梅泽）以及各种神灵，并建筑供奉诸神的庙宇，如井神庙、火神庙、井主庙、王爷庙、井口土地庙等，这些神庙都有着鲜明的盐业文化特征；民间彩灯、川剧、舞狮、舞龙表演等无一不与盐有关。围绕着盐业生产诞生了盐文学，盐文学是以盐场的景物、盐业生产过程和场面，以及盐业社会的生活题材创作的诗歌、散文、小说、游记等。如宋代陆游"卖蔬市近还家早，煮井人忙下麦忙"，清代李芝的《井盐赋》，民国时期王余杞的小说《自流井》等都反映了当时盐场的社会、历史、民俗和盐业生产等内容。自贡地名多与盐有关，有的以笕为名，如大昌笕、大生笕等；有的以盐商商号为名，如八店街、尚义号；有因盐的运销而形成的地名，如进盐坝、盐店街。自贡盐商形成了别具一格的饮食文化，形成了独具特色的盐帮菜和牛肉系列，著名盐帮菜餐馆有天德园、金谷园、鹿鸣春、蜀江春等。

自贡还有"恐龙之乡"的美誉。自贡侏罗系地层分布特别广泛，已发现了恐龙化石点70多个，古植物化石20多处。其中产出的化石不仅数量丰富，门类众多，保存完好，而且在几个地点恐龙及其他脊椎动物化石集中埋藏在一起，形成规模宏大的恐龙化石埋藏群[①]。大山铺恐龙化石群遗址位于市东北郊约11公里的大山铺镇旁，是一个盛产1.6亿年前的中侏罗世恐龙及其他脊椎动物化石的遗址，是我国最重要的恐龙化石埋藏地，也是世界上最重要的古生物化石埋藏地之一。该遗址最早于1972年发现，1977年首次发掘，获得一具较完整的蜥脚类恐龙骨架。1979年因基建施工将化石大量暴露，其后先后组织三次大规模的清理和发掘，在约2800平方米范围内获得恐龙及其他脊椎动物200多个个体的上万件化石骨骼标本。已研究定名的有恐龙鱼类、两栖类、龟鳖类、鳄类、翼龙类、似哺乳爬行类等18个属21个种；获得恐龙个体近100个，完整或较完整的骨架30多具，完整的头骨化石7个。据专家估计整个化石群集中埋藏范围约1.7万平方米，化石骨骼10万块以上，因而被称为"恐龙公墓"。20世纪80年代中期，在该遗址上修建有我国第一座大型的恐龙遗址博物馆——自贡恐龙博物馆。

自贡灯会历史悠久，颇具特色。早在唐宋时期，自贡地区就已逐步形成

---

① 参见彭光照、叶勇、高玉辉等：《自贡地区侏罗纪恐龙动物群》，四川人民出版社2005年版。

了新年燃灯，元宵节前后张灯结彩的习俗，民间杂技、杂耍等表演活动亦尽现其间。清道光以后，出现了"狮灯场市""灯竿节"等活动，其场景壮观，灯彩绚丽，比起通都大邑毫不逊色。《荣县志》载："新年灯会甚盛……而楼台为甲观，乡人通命曰亭，一城数亭，一亭各式，其高数重，构栋雕楼，临春组合，彩笺书画，嵌灯如星，一亭燃四五百灯，辉丽万有。西人来观亦欣然，京邑所不见也。"[1]至20世纪初，又渐渐形成了提灯会，有闹花灯、放天灯与舞龙灯等活动，逐渐发展成集西南地区民风、民俗之大成的自贡灯会。

1964年，自贡市人民政府组织举办了新中国成立以后的首届灯会。从此，自贡灯会规模逐渐由小变大，工艺由粗至精，灯具由个体发展为群体，布展由平面发展为立体。各种质地、色彩、大小不同的纸、绢、绸，都是自贡的灯材，还有玻璃、药瓶、瓷器、蚕茧、竹编、扎染布料等独具地方风情和行业特色的制灯原料。千姿百态的龙灯、走马灯、座灯、系列灯、工艺灯、动物灯、人物灯、花鸟灯……五花八门，璀璨夺目。自贡灯会以气势壮观、规模宏大著称，以构思巧妙、制作精巧取胜，以灯景交融、层次迷离称奇[2]。如今，自贡灯会在国际灯会展出市场的占有率已达90%以上，有近4000人次走出国门参加展出，获得了国际社会的高度关注和评价，被誉为"天下第一灯"，自贡也因此被誉为"南国灯城"。

（四）山水冠蜀、大佛圣地——乐山

乐山，古称嘉州，地处四川盆地西南的岷江、大渡河、青衣江汇合处，风光秀丽，历史悠久，名胜众多。王阳明称："山水之胜蜀曰嘉州，水陆要冲，滨江无瘴，背负三峨，襟带三江，孤清秀绝。山水为蜀冠冕。"[3]

乐山开发较早，据《嘉州龙游县志》记载，为《禹贡》梁州之城。秦为蜀郡，因位于成都的南面，故定名南安。汉属犍为郡，后为夷獠所侵。梁武陵王萧纪开通徼外，立青州，遥取汉青衣县以为名也。周宣帝二年（579），改为嘉州。按州境近汉之汉嘉旧县得名，一说取"郡土嘉美"之意。隋大业二年（606），并嘉州入眉州，大业八年（612）改为眉山郡。原南安县改名龙游县，传说是隋朝军队从成都乘船向乐山进军，追击陈国败兵时，岷江中有游龙

---

[1] （清）王培荀：《荣县志》卷一八《舆地志·风俗》，光绪三年刻本。
[2] 《自贡灯会志》，四川人民出版社1994年版，第1页。
[3] （清）龚传黻纂修：嘉庆《乐山县志》卷二《舆地·形势》。

导航，帮助隋朝军队统一天下，因此改南安为龙游。唐武德二年（619）改为嘉州，割通义、洪雅等四县别置眉州。贞观六年（632），割资官属荣州。上元元年（674），以戎州之犍为来属。天宝元年（742），改为犍为郡。乾元元年（758）复为嘉州。元代改为嘉定路。明代改为嘉定州。清雍正十二年（1734）升嘉定州为嘉定府，并在府治置乐山县，因"城西南五里有'至乐山'"，改龙游县为乐山县，沿用至今。中华民国废州府，治地设乐山行政督察专员公署。

战国时期，秦蜀守李冰为避洪患，开凿麻浩河，分江溢洪，形成了四面环水，林荫浓密的乌尤"离堆"。乐山"离堆"的凿成，对于畅通岷江水道、运输四川给养和兵卒，支援统一六国的战争和开发西南夷区，起到了巨大的推动作用；而且至今仍然起着分洪利舟的作用，对乐山城的安全提供了充分的保障，同时形成了乐山青衣三岛的独特城市环境[①]。

汉时汉武帝开发西南夷，开通南道（永昌道），以及从成都出发经乐山、五尺道或芦山灵关道，汇大理经南博道入缅甸及西亚各国的"蜀身毒道"。乐山居水陆二道之要冲，上通成都，下入云南，再加有岷江、青衣江、大渡河交汇之利，遂成为南丝绸之路上的重要枢纽。汉时乐山不仅交通发达，且物产丰饶，富产蚕丝、铁、盐、茶、橘等，工商业十分发达。至今乐山境内还留存着上万座汉代崖墓，其中石刻浮雕和壁画可以窥视到汉代乐山地区的社会文化发展水平，最有代表性的是汉代文学家郭舍人在乌尤山注释《尔雅》的遗迹。

唐代，嘉州属剑南道，此时岷江已是蜀中东达江汉的重要水路，嘉州地区出现了经济繁荣、人烟稠密、商贾往来、人才荟萃的盛世景观。东汉时，佛教开始传入乐山。东晋以后，佛教寺庙与日俱增，香火日趋旺盛。唐宋时期，乐山为中国西南佛教文化的重要所在，峨眉山成为中国四大佛教圣地之一。从公元713年至803年，历时90年，始建成世界第一的乐山大佛。从汉代麻浩崖墓中国第一尊石刻佛像，到凌云山世界第一石刻大佛，再到佛教名山峨眉山，驰名中外的众多佛教文化景观牢固地奠定了乐山的佛教文化名城的地位，形成了著名的"东方佛都"厚重的历史文化积淀。

宋代，乐山经济发展、农业生产、盐铁工业均达较高水平。明代已能利用天然气照明、煮盐；另外，纺织、造纸、印刷、制茶、陶瓷等行业均具有较高

[①] 应金华、樊丙庚主编：《四川历史文化名城》，四川人民出版社2000年版，第144页。

的工艺水平。嘉定丝绸远销各地，还作为贡品入京。明《嘉定府志》称"土地肥美，民勤耕织，士尚诗书"，"山川秀美，商贾喧阗"。

嘉州故城北周始创，历代治此。宋代重筑城东南，临江多水患。明正统年间，障以木栅。成化年间，知州魏翰捍以石堤。明正德十三年（1518），知州胡准掘地筑石，深厚皆8尺，余编柏为栅护以石。清康熙年间，上南道张能鳞、知州高仰崑修葺，乾隆年间知县胡启楷增修。其城高1丈6尺，周围1299丈6尺，有城门十座，分别为三江、覜阳、定波、北上、崇明、瞻峨、来薰、望洋、育贤、名焉门。外城是在沿河街市的基础上修建而成的。"盖其先北门外民居栉比，富室居多"。蓝李起义军至，"皆迁入城，而空屋又虑贼藏匿，由官督民毁以便瞭望"。清咸丰十年（1860），重新圈筑了外城①。乐山古城因地制宜，依山而建，随水进退，前临大渡河，后倚高标山，左右山峦环抱全城，形成山水环抱的优美而独特的城市形态。

乐山不仅文化古迹众多，且风景优美，自然景观与人文景观交融一体，享誉海内外，其中尤以乐山大佛著名。乐山大佛雕凿在岷江、青衣江、大渡河汇流处的岩壁上，依岷江南岸凌云山栖霞峰临江峭壁凿造而成，又名凌云大佛，为弥勒佛坐像，是唐代摩崖造像中的艺术精品之一，是世界上最大的石刻弥勒佛坐像。乐山大佛与山同高，故有"山是一尊佛，佛是一座山"之说。隔江远眺，大佛所在的凌云山和前后两座山刚好构成一尊大卧佛，而乐山大佛仅是卧佛胸部的一尊小佛。如果沿着栈道看向大佛，就会发现在靠近大佛心脏的地方还刻着一个小的佛头，正是"佛中有佛，佛外有佛"。

乐山大佛景区，主要由凌云、乌尤两山构成。这里集嘉州山水之精华，汇乐山风光之秀色。凌云山原名"青衣山"，又名"九顶山"，逶迤起伏，雄伟秀丽。山上茂林修竹，掩映着朱楼画檐，雕凿着大小佛像。山下三江汇聚，惊涛拍岸，舟帆点点，水光接天。"大江东去，佛法西来"。凌云禅院巍峨庄严，寺内天王殿、大雄宝殿、藏经楼等明清建筑大气磅礴。灵宝峰上耸立的灵宝塔，塔形呈密檐式四方锥体，高达40米，内有石阶盘旋至顶，登塔远望，视野广阔。凌云寺左侧东坡楼，又称苏子楼，为苏东坡读书之所。这里山水清秀，幽静雅致，楼壁有东坡侧卧像，飘然欲仙，楼前为东坡洗砚池和清音亭。此外，凌云山尚有宋代注易洞、明代注易洞、海师洞、碑林、碧津楼、沫若堂

---

① 唐受潘修，黄镕、谢世瑄等纂，王畏严补正：民国《乐山县志》卷四《建制》。

等名胜古迹。

乌尤山与凌云山一水之隔，周广七里，一二面环水，孤峰卓立，秀色如黛，宛如一块碧玉浮于江中。清代张船山诗云："凌云西岸古嘉州，江水潺潺绕郭流，绿影一堆飘不去，推船三面看乌尤。"乌尤山庙宇恢宏完整，依山取势，巧妙布局。建筑古雅、别具一格。寺内有大小七殿，两侧配以廊房，寺之周围珍楠挺拔，竹木扶疏，楼阁亭台错落其间，显得格外清幽。罗汉堂内四面观音金光闪烁，灿烂耀眼，五百罗汉彩绘拥身，神态各异，令人叹为观止。旷怡亭于茂竹绿荫之中，丹彩烘托，凭栏面江，近瞰佛都古城三江环绕，远眺峨眉佛山气象万千。远山近水，佛光普照，万物祥瑞，令人目旷神怡。

乐山人才辈出，有李密、苏轼、苏洵、苏辙等著名文学家，也有当代文化巨匠郭沫若和"书坛怪杰"石鲁。历史上，李白、杜甫、岑参、范成大、黄庭坚、陆游、张船山等文化名人或在乐山为官，或在乐山游历，留下了脍炙人口的诗篇。嘉州画派独树一帜，在四川国画界有很高声誉。

（五）水利之都、道教圣源——都江堰

都江堰市位于四川成都平原的西北部，岷江环绕之中，是一座有着2000多年悠远历史因堰而兴的古城。都江堰市拥有两处世界文化遗产，十余处风景名胜古迹，以及灿烂的治水文明，被誉为"活的水利博物馆""水文化摇篮"。中外闻名的都江堰水利工程，是全世界迄今为止，年代最久、唯一留存、以无坝引水为特征的宏大水利工程，被誉为"世界水利文化的鼻祖"。

都江堰市的历史可追溯到夏禹时代，古称"导江"。传说夏禹治水导江至此而得名。今县城古名灌口，是战国秦李冰治水，江水自此以灌平陆，为灌之口而名。灌县在历史上曾名湔县、堰官县、汶山县、永康军、导江县、青城县等①。灌口镇曾为州、郡、县治所。《灌记初稿》云："沿革虽易，而形势之胜，实西来第一门户。"②

公元前276年，《华阳国志·蜀志》载："周灭后，秦孝文王以李冰为蜀守，冰能知天文地理……冰乃壅江作堋。"③这位杰出的水利专家吸取前人的治水经验，亲临实地，访察水脉，合理地利用地形，乘势利导，因地制宜，巧

---

① 参见谭徐明：《都江堰史》，中国水利水电出版社2009年版。
② （清）彭洵：《灌记初稿》。
③ （晋）常璩：《华阳国志·蜀志》。

妙地布置了都江堰渠道工程。公元前256年，以分水堤、溢洪道、宝瓶口为主体的渠首工程最终完成。都江堰具有防洪、航运、灌溉综合利用的功能，经过不断完善，使得成都平原有"沃野千里，天府之土"的称誉。都江堰工程发挥效益以后，成都平原成为粮仓。秦利用巴蜀之强兵、财帛富足和水路交通之便，很快就顺江而下，一举灭楚，并于公元前221年统一全国。

都江堰水利工程为人类智慧的伟大结晶。该水利工程充分利用了其地西北高、东南低的地理条件，根据江河出山口处特殊的地形、水脉、水势，乘势利导，无坝引水，自流灌溉，使堤防、分水、泄洪、排沙、控流相互依存，共为体系，保证了防洪、灌溉、水运和社会用水综合效益的充分发挥。这一工程主要由宝瓶口、鱼嘴分水堤、飞沙堰溢洪道三大主体工程组成。

宝瓶口早在鳖灵治水时已有雏形，经过李冰进一步开凿而更为合理。岷江水由宝瓶口进入内江后，便顺应地势形成扇形自流灌溉系统；而当进水量饱和后，无论岷江发生多大的洪水，宝瓶口都拒之口外概不容纳，使成都平原从此不再遭受水灾，并得到了"天府之国"的称号。

鱼嘴分水堤是都江堰的分水工程，因其形如鱼嘴而得名，位于岷江江心，把岷江分成内外二江。西边叫外江，俗称"金马河"，是岷江正流，主要用于排洪；东边沿山脚的叫内江，是人工引水渠道，主要用于灌溉。

"泄洪道"具有泄洪排沙的显著功能，故又叫它"飞沙堰"。其作用主要是当内江的水量超过宝瓶口流量上限时，多余的水便从飞沙堰自行溢出；如遇特大洪水的非常情况，它还会自行溃堤，让大量江水回归岷江正流。另一作用是"飞沙"，岷江从万山丛中疾驰而来，挟着大量泥沙、石块，如果让它们顺内江而下，就会淤塞宝瓶口和灌区。古时飞沙堰，是用竹笼卵石堆砌的临时工程；如今已改用混凝土浇筑，以保一劳永逸的功效[①]。

宝瓶口起着"节制闸"的作用，能自动控制内江进水量，是湔山伸向岷江的长脊上人工凿成控制内江进水的咽喉，因它形似瓶口而功能奇特，故名宝瓶口。留在宝瓶口右边的山丘，因与其山体相离，故名离堆。离堆在开凿宝瓶口以前，是湔山虎头岩的一部分。宝瓶口左岸山崖上刻有几十条分划，每划间距为一市尺，名为"水则"，用以观测水位涨落，是中国最早的水位标尺。对此，《宋史》有"则盈一尺，至十而止；水及六则，流始足用"的记载。《元

---

① 谭徐明：《都江堰史》，北京科学出版社2004年版。

史》有"以尺画之、比十有一。水及其九，其民喜，过则忧，没有则困"的记载。清朝时以"十六则"为大洪水，现在"十四则"才能保证春耕用水，崖上石刻水则已经达到二十四划。由于宝瓶口自然景观瑰丽，有"离堆锁峡"之称，属历史上著名的"灌阳十景"之一。

都江堰的修建推动了该地区人口的聚集和经济的发展，秦国时期都江堰地区被称为湔氐道。蜀汉始建城镇，称为湔县，不久改为都安县属汶山郡。北周又增置清城县。清光绪《灌县志》记载："晋移都安县于灌口，仍隶汶山郡。"①这是灌口镇成为县治之始。西晋徙都安于今聚源镇导江村，在都安旧治（今灌口镇）置晏官县。西晋后期战乱频繁，政区设置变化极大。刘宋时期，汶山郡治迁灌口，辖都安、晏官二县。南梁于齐基县置齐基郡，郡县同治。西魏时，灌口镇已是川西平原的重要集镇，并且已有相当的知名度。北周天和三年（568），汶山郡还治，改晏官县为汶山县，仍属汶山郡，废都安县以其地入于郫。天和四年（569），废齐基郡，改齐基县为清城县，属犍为郡。隋炀帝大业三年（607），废汶山县，以其地并入郫县。唐高祖武德元年（618），于汶山县旧址设镇静军，于都安旧址置盘龙县。唐高祖武德六年（623），改盘龙县为导江县，属蒙州，清城县属蜀州。玄宗开元十二年（724），改清城县为青城县。前蜀武成元年（908），改镇静军为灌州，辖青城、导江二县。宋乾德四年（966），改灌州为永安军，仍辖青城、导江二县。太平兴国三年（978），更永安军为永宁军，不久改为永康军，辖县不变。熙宁五年（1072），废永康军为永康寨，以导江隶彭州，青城隶蜀州。哲宗元年（1086），复置永康军，仍辖青城、导江二县。南宋末废永康军为灌口寨。元世祖至元十三年（1276），以灌口寨地置灌州，裁撤青城、导江二县，以其地入于灌州。明太祖洪武九年（1376），降灌州为灌县。洪武十年（1377），撤崇宁县入于灌县。洪武十三年（1380），析出复置崇宁县。此后清代、民国沿袭②。1988年，撤销灌县设都江堰市，以李冰父子建造的都江堰而得名。1994年，都江堰获授国家历史文化名城称号。

到唐代和宋代，灌口镇作为城邑已有一定规模，用巨木植于城周，形成栅栏，以保城池安全。宋代元祐年间，永康军判官刘随见巨木护城，虽然可行，

---

① 参见四川省灌县志编纂委员会编纂：《灌县志》，四川人民出版社1991年版。
② 参见四川省地方志编纂委员会编纂：《都江堰志》，四川辞书出版社1993年版。

然巨木易腐坏，每岁须伐木更换，既不经济又不耐久，且颇费民力。于是，他让百姓环城密植杨柳数十万株，用柳树林带替代巨木栅栏作为城池防御的绿色城墙，杨柳河成为灌县县城天然之护城河；这时的城址范围大至为今内江以北，杨柳河以西，北街与外北街口，玉垒山以东的范围内。其后，又植杉树8.4万株、蜡树6.4万株于庙旁隙地①。

从宋代元祐年以后，灌县县城经过多年的发展，人口日繁，城池扩张，至明代洪武时城垣也已由杨柳树改为土筑城墙。弘治年间，灌县知县胡光见土城墙被风雨剥蚀严重，用砖块和石头对城墙进行了加固。城墙高一丈六尺，周八里，计一千四百丈，东、南、西、北各置一城门，东为宣化门，南为导江门，西为宣威门，北为镇安门。城门上建有城楼，东城门楼名为省耕楼，南城门楼名为阅清楼，西城门楼名为怀远楼，北城门楼名为拱极楼。之后数百年来，"虽时事迭更，而山川不易"，一直保持至民国时期。

明末，张献忠攻打灌县，县城城墙遭到战火破坏。清代对城垣进行了多次维修。清康熙五年（1666），知县马玑补修城垣。乾隆二十八年（1763），知县家庆奏请朝廷拨银万余两，用两年时间对城墙作了较大规模的维修，在四门修筑了炮台，加强了城池防御工程②。

民国初期，灌县县城基本上保持清末的模样，没有多大的变化。城墙内外有大小街道14条，城墙内8条，城墙外6条，大小巷6条，城区居民8723户，是清朝康熙六年（1667）时全县居民总户数的近5倍。1929年，开始分期整修街道，加宽道路，街名也有所变更。主要街道太平街、东正街、南正街、朱紫街的街心宽为一丈八尺，人行道四尺；井福街、文庙街、县署街、瑞莲街、书院街、大北街的街心宽度为一丈二尺，人行道三尺；其他街道街心宽度依次有一丈、八尺③。

灌县（都江堰市）因水而兴，因水而发。历代对都江堰都有有效的管理，从而保证了整个都江堰水利工程历经2000多年依然能够发挥重要作用。这里先后为道、郡、军、州、县所在地，并逐步发展成为成都平原西通藏卫、北达甘（肃）青（海）的交通枢纽，是川西北重要的物资集散地，促进了汉族与少数

---

① 参见四川省灌县志编纂委员会：《灌县志》，四川人民出版社1991年版。
② （清）庄思恒、郑山修：《增修灌县志·建制志》，1913年。
③ 参见四川省地方志编纂委员会编纂：《都江堰志》，四川辞书出版社1993年版。

民族的经济文化交流。阿坝、甘青地区所产之虫草、贝母、鹿茸、麝香、大黄、羌活、甘松、羊毛、牛羊及野牲皮张等各种山货药材汇集于此转口集散，阿坝及甘肃、青海各族人民所需之粮食、盐巴、茶叶、布匹及日用百货和内地先进的生产技术经过这里远播山区各地，是汉族与少数民族的经济文化交流的枢纽。明清以后，人口发展，水陆交通便利，经济更加繁荣，和邻近州县相比独具大埠风貌，"实西来第一门户"[①]，享有"小成都"之美誉。古堰、古城、古关隘、松茂古道与颇具特色的民居相映成趣，山、水、城、林、堰、桥浑然一体，都江堰形成了独特的城中有水、水在城中、"满城水色半城山"的布局特色。

都江堰市区西南，有以"天下幽"著称于世的青城山，山形如城郭，葱郁苍翠，四季常青，秦时就是皇帝赐封的国家祭祀山川的圣地，自汉代张陵"结茅传道"后名声大振，成为中国道教的发祥地之一、道教祖庭，有"神仙都会"和"第五洞天"之称，被誉为"活的道教文化博物馆"和"楹联、匾额、石刻宝库"。

都江堰市地理位置优越，山水秀丽，物产丰富，历史悠久，2000多年来留下了众多的文化古迹。如玉垒山的二王庙、宝瓶口离堆之上的伏龙观、古城西门的斗犀台、玉垒山麓的城隍庙、金刚堤上的安澜桥等。至今，每年枯水季节，都江堰仍保留着筑堤断水的岁修和清明时节的开水风俗，形成了独特的地域城市文化。

第三节　类型丰富的巴蜀名镇

巴蜀地区有6000多个场镇，它们是城市和乡村的连接地带，最能集中反映一个地区的历史演变和发展。尤其是那些古镇蕴涵着巴蜀悠久的历史和灿烂的文化，其建筑、人文、民俗、经济活动等是巴蜀文化的符号和生动反映，是不可再生的人文资源。因历史、地理、人文等因素之别，巴蜀名镇与江南名镇、华北名镇或边疆名镇相比，有明显的地域文化特色。尤其是明清以来，巴蜀地区的场镇由于移民的缘故，得到长足发展，场镇数量不仅发展到6000余个，而且场镇建筑亦因取众家之长，发展为独具特色的场镇建筑艺术。巴蜀名镇集街

[①]　（清）彭洵：《灌记初稿》。

市、场镇、聚落、商埠、水陆码头、庙宇祠堂、会馆、书院等为一体,人文内涵极其丰厚。巴蜀名镇所保留的这些特点,不仅使其成为巴蜀地区历史记忆最完整、最丰富的地方,而且成为巴蜀地区悠久历史和灿烂文化的最好见证。

据统计,整个巴蜀地区风貌保存较完整的古镇有近百个,其中比较典型的有四川地区的上里镇、李庄镇、罗城镇、昭化镇、黄龙溪镇、福宝镇、铁佛镇、平乐镇、火井镇、怀远镇、街子镇、西崃镇、白鹿镇、洛带镇、青林口镇、尧坝镇、龙华镇、罗泉镇、云顶寨镇、柳江镇、夹江镇、阆中镇、西平镇、九襄镇、安仁镇、德格镇、丹巴镇、桃坪镇、磨西等。重庆地区的龚滩镇、龙潭镇、西沱镇、松溉镇、涞滩镇、双江镇、中山镇、磁器口镇、路孔镇、宁厂镇等。

尽管巴蜀名镇数量众多,但按照概貌归类的方法,可以把巴蜀名镇划分为山水风光型、水陆要冲型、文脉流香型、风格特异型、民族风情型等五大类型。

一、山水风光型

山水风光型古镇是指具有依山傍水特征,环境幽雅,且具丰富的生态旅游资源的历史名镇。巴蜀地区典型的山水风光名镇主要有福宝镇、上里镇、宁厂镇、龚滩镇、中山镇等。

福宝古镇又名佛宝镇,始建于明末①,地处川黔两省交界处,位于泸州市合江县东南大漕河畔,距县城40多公里。福宝古镇依山而建,三面环水,镇周青山叠翠,河岸绿竹摇风,有"一蛇盘三龟""五桥锁二江""七龙抢珠"之说。古镇是典型的包山式场镇②,选址符合自然,建筑布局合理,功能完整,形式奇特。

福宝镇的古建筑极具特色、美轮美奂。其中,回龙街(又称迥龙街)是全镇保存最完整的一条古街,全长450米③,由青石板铺成的街道循着山冈,弯弯曲曲地向上延伸着,两侧除四个巷口外,全是紧密相连的吊脚木楼,它们随山

---

① 四川省民俗学会等编:《四川城镇民俗文化传承与创新》,四川大学出版社2007年版,第230页。
② 李先逵:《巴蜀古镇类型特征及其保护》,《中国名城》2005年第5期。
③ 四川省民俗学会等编:《四川城镇民俗文化传承与创新》,四川大学出版社2007年版,第230页。

势起伏，错落有致，千姿百态，极其丰富生动。房舍多为明清风格的木结构建筑，灰瓦、白墙、青石板天井。除回龙街外，福宝镇还有回龙桥、三宫八庙等古建筑。回龙桥建于清道光二十年（1840），初建时全长25米，桥宽4米，拱高6米，整座桥由青石板铺就，是大漕河上唯一的石拱桥，也是进入回龙街的必经之路。三宫八庙有各种不同的说法，民国《合江县志》列了九座福宝场的庙宇：禹王宫、万寿宫、川主庙、王爷庙、五显庙、火神庙、董公祠、乡谊祠、桓侯宫。虽历经500多年的沧桑，但福宝镇的古建筑至今仍保留了旧时的格局，高处望去，排排吊脚木楼随山势起伏，错落有致，间有回龙桥、三宫八庙等掩映其中，景观层次丰富多变，被誉为"西部山乡建筑的典范"①。

上里古镇地处四川省雅安市北部，距雅安城区27公里，初名"罗绳"，是古南方丝绸之路临邛古道进入雅安的重要驿站和"茶马司"所在地。古镇位于四面环山的山谷平坝之中，面向被当地人称为"十八罗汉拜观音"的田野小丘，有白马河、黄茅溪二水环绕，自然景观非常优美。狭窄的街道两边，是明清风貌的木质二层吊脚楼式建筑，都有雕刻精细的阳台和黑色的瓦片。整个街市呈井字形布局，显得井然有序，有条不紊。此外，上里古镇还保存着古桥、古宅院、古牌坊、古泉等景观。

上里古镇至今仍保存着十余座古代和近代小桥，这些小桥造型各异，无一雷同，其中以"二仙桥"与"立交桥"为代表。"二仙桥"建于清乾隆四十一年（1776），为单拱桥，桥宽5米、长15米，桥的中部饰有套锁石龙的图案，两边有残缺的石栏杆，桥面建有桥塔一座②。"立交桥"建于清乾隆十四年（1749），是进入古镇的必经之路，有三个拱形桥洞，桥面平整，两端为引桥，可上下通行③。"立交桥"往南，便是修建于清道光四年（1824）的韩家大院，该院是皇帝钦定进士及第的韩延藩，武举韩腾蛟、韩延锐和贡生韩延儒的宅第。整个建筑由七个四合天井组成，称为"七星抱月"，院内的雕刻更是一绝，雕刻多以历史典故为题材，采用独特的镶嵌式工艺，历经三代方成。古镇内尚存有三座石牌坊，其中最为有名的"双节孝"石牌坊修建于清道光十九年（1839），是清廷褒扬韩腾蛟的祖母、韩延藩的母亲两姑媳节孝而修建的；

---

① 四川省民俗学会、宜宾市社科联编：《四川城镇民俗文化传承与创新》，四川大学出版社2007年版，第230页。
② 方兴编著：《历史深处的巴蜀古镇》，天地出版社2008年版，第118页。
③ 杨方琳：《四川历史文化名镇文化旅游资源研究》，四川师范大学2004年硕士学位论文。

另外两座为陈氏"九世同居"和陈氏"贞节"牌坊①。白马泉、喷珠泉也是上里古镇内独特的风景，素有"雅州山水秀，二泉天下奇"的美誉。此外，红军石刻也是上里古镇一道独特的景观。

上里古镇与婉约优雅的江南水乡和豪迈大气的丽江古城相比，依山傍水，田园小丘，木屋为舍，更加显得轻巧雅致，被誉为"奇特的'小桥流水人家'式场镇布局"②。

宁厂古镇是重庆市政府公布的首批历史文化名镇。宁厂古镇地处大巴山东段南麓渝陕鄂三省接合处，距巫溪县城10公里，古称"巴夔户牖，秦楚咽喉"③。宁厂古镇依山傍水而建，三面板壁一面岩，青石街道逼仄，吊脚楼、过街楼等古建筑和民居沿后溪河蜿蜒延伸，俗称"七里半边街"。古镇周边峭峰连绵、溶洞罗列，有宝源山、剪刀峰，有仙人洞、双溪溶洞，还有女王、桃花、凤凰三寨，自然风光非常优美。历史文人墨客多会于此，吟诗、作词、绘画、赋文，给古镇留下丰富的历史文化遗产。此外，宁厂古镇还有着悠久的制盐史。据考证，宁厂盐业生产至少在5000年前便产生了，到宋代，这里的盐业达到了鼎盛，有"一泉流白玉，万里走黄金"的辉煌。因此，宁厂古镇是三峡地区古人类文明的发祥地和摇篮，堪称世界的"上古盐都"和世界手工作坊的"鼻祖"。

龚滩镇位于重庆市酉阳土家族苗族自治县境内，坐落于乌江与阿蓬江交汇处，乌江东岸的凤凰山麓坡地上，形成了背山面水的格局。龚滩镇距今已有1700多年的历史，早在三国时期，蜀汉政权就在此设立了汉复县。《华阳国志校注》记载：汉复县，三国蜀汉时刘备置，属涪陵郡，北至涪陵九十里，治所在今酉阳县之龚滩，西晋末废。但早期的镇址已无从考证，现在的古镇，应该是在明朝时期随着龚滩险滩的形成而发展起来的。

古镇有一新一老两条街道，古建筑主要集中在老街。老街长约1.5公里，相传南宋时就已存在，全部由青石板铺就的街道两旁坐落着特色鲜明的古建筑，其中上段为以西秦会馆为中心的建筑群。西秦会馆是龚滩规模最大的建筑，修

---

① 方兴编著：《历史深处的巴蜀古镇》，天地出版社2008年版，第119页。
② 四川省民俗学会等编：《四川城镇民俗文化传承与创新》，四川大学出版社2007年版，第181页。
③ 朱猛：《历史文化名镇保护规划中的特色文化保护与传承——以重庆市巫溪县宁厂古镇盐文化为例》，《重庆建筑》2006年第4期。

建于清光绪年间，为穿斗式砖木结构建筑，坐东朝西，由正殿、戏楼和左右厢房组成一个四合院，中间为观戏的院坝，四周围以风火山墙。另外，上段还有冉家院子等古建筑。老街中段是三段中最长，也是古建筑最为密集的街道。不仅有川主庙与董家祠堂为主的大型公共建筑，而且有蟠龙楼、织女楼等大型的吊脚楼。而下段则分布有以杨家行为中心的民居建筑。

龚滩古镇青石板街串联全镇，青幽如玉，而街边古香古色、临崖高挑的木制吊楼，更是我国保存最完整、规模最大的吊脚楼群。这些形态各异、独具特色的吊脚楼，成为近年来备受关注的"乌江画廊"的精华所在。

中山镇位于重庆市江津县南部山区笋溪河畔，地处川渝黔三省交界处，是重庆十大古镇之一。古镇依河而建，很像江南水乡的风格，古建筑集中在三合场老街（又称龙洞场），青石铺就的老街沿笋溪河自南向北而建，现保存完好的有1132米，街道两旁是以过街凉亭和吊脚楼为主的小青瓦穿斗式木结构建筑，现存铺面307间。建筑群依山傍水，高低错落，整条老街有雨不湿鞋、日不能晒、冬暖夏凉的特点。另外，古镇还有以枣子坪庄园、龙塘庄园为代表的古庄园9处，以双峰寺为代表的古寺庙10余处，以朝天嘴古寨、大岩山古寨为代表的古寨、古堡3处。这被民俗专家评为"西南地区规模最大、保存最完好、最具民族特色的山地民居古建筑群"①。

二、水陆要冲型

水陆要冲型古镇是指历史上因地理环境优越或处于水陆要冲地带，而一度成为区域交通、市场中心和主要物资集散地。巴蜀名镇以此类型居多，其典型代表为黄龙溪镇、昭化镇、柳江镇、仙市镇、铁佛镇、罗城镇、龙潭镇、西沱镇、松溉镇、磁器口镇等。

黄龙溪古镇位于成都市区东南48公里处，建镇至今已有1700年②。古镇地处双流、彭山、仁寿三县交界处，旧说"一足踏三县"即指此地。鹿溪河（古名赤水河）与锦江在此处交汇，水陆交通便利，地理位置重要。

早在三国时期，蜀汉丞相诸葛亮就曾屯军于此，明末张献忠亦在这里与紧挨彭山的江口与明军进行决战。另外，黄龙溪还是古代商贾繁荣的水陆码头，

---

① 罗能：《重庆市中山古镇旅游开发探讨》，《重庆职业技术学院学报》2006年第6期。
② 方兴编著：《历史深处的巴蜀古镇》，天地出版社2008年版，第53页。

被誉为"神奇的三县老码头"①。唐代诗圣杜甫的千古绝句"窗含西岭千秋雪,门泊东吴万里船"中的"万里船",从成都出发的第一夜便是宿黄龙溪,所以也形成"朝出锦官城,夜宿黄龙溪,日有千人拱手,夜有万盏明灯"的繁华景象。特别是到了宋代,商品经济和乡村集市贸易普遍激增,处于茶叶出产地彭山县和成都之间的黄龙溪,河湾开阔,既可停船,又可避风,成为朝廷设立的一个征税点和收购、销售茶叶的主要集散中心和交易市场②,黄龙溪的商品贸易也由此兴盛起来。

自此之后,黄龙溪历经元、明两次毁于战火,到清初开始得以移民重建,遂后发展成为水运码头。清末《成都通览》记载黄龙溪,"舟人多泊其地,磨补船漏"③。抗战爆发,国民政府迁都重庆,长江三峡航道被封锁,川江河运业迅速发展,黄龙溪的繁盛更是达到历史最高水平。黄龙溪镇作为全省、全国一个历史文化名镇,正是在这一基础上逐渐形成的。

千古蜀道第一镇——昭化古城,位于川北广元市城南36公里处,古称葭萌关,闻名于世的剑门雄关屹立于城之西北,桔柏古渡扼守着城之东南,素有"川北门户"之称,自古以来就是战略要塞,为历代兵家必争之地。另外,古镇一面临江,三面环山,嘉陵江在城东与白龙江汇合,金牛道穿城而过,北通陕西、南达古渝州(今重庆),自古也有"水陆码头"之称。

由于区位至关重要,昭化早在春秋战国时代即为苴国的都邑,公元前316年秦灭巴蜀后即置葭萌县,是四川境内最早建制设县的地区之一。根据《华阳国志·蜀志》载,古代秦灭巴蜀的几次关键性战役都发生在这里。三国时,葭萌是蜀汉的战略重地,所谓"蜀汉兴、昭化起,蜀汉亡、昭化止"。唐代时,唐明皇奔蜀和唐僖宗逃亡都曾来过这里。昭化历代曾先后易名为汉秦、晋秦、盖冒、益光、京兆等,直到宋代才易名为昭化,并延续至今。

昭化在三国时曾是蜀汉的战略要地,历经蜀汉政权的发祥与终结,因而古城内及镇北、镇南沿途保留的三国文物古迹甚多,如张飞夜战马超的"战胜坎"、姜维与曹魏交战兵退的牛头山、山中孔明显灵的"拜水池",故川人亦称其为三国蜀汉第一古城。

---

① 四川省民俗学会等编:《四川城镇民俗文化传承与创新》,四川大学出版社2007年版,第181页。
② 陈世松:《黄龙溪古镇的历史文化脉络》,《成都大学学报》(社科版)2008年第1期。
③ (清)傅崇榘:《成都通览》。

柳江古镇位于四川省眉山市洪雅县西南腹地，距洪雅县城35公里。杨村河由南向北横贯城镇，将城镇一分为二；江河绕柳坝在城镇下部与杨村河汇合，两河汇合后称花溪河注入青衣江，双江蜿蜒，穿镇而过。镇东西南三面环山，自然风光优美，民风古朴。

柳江镇古为"明月镇"，始建于南宋绍兴十年（1140），距今已有800多年的历史。柳江镇自然资源丰富，造纸、茶叶、竹笋始终是当地三个宝。而且，古镇处于洪雅县的几何中心，是洪雅县山区与平坝的过渡带，一镇居中，将洪雅县分为南北两部。南部7个乡镇的竹木、药材、煤炭、铅锌矿等，外运时必经于此；从南方运来的大米、丝绸也必须经由柳江，才可贩运到川蜀各地。得天独厚的地理优势，造就了柳江区域商贸中心的地位。

仙市镇位于自贡市东南11公里的釜溪河畔，水陆交通便利，自隋代因盐设镇，是自贡井盐出川的第一驿站和码头。明代以后，自流井盐场蓬勃发展，井盐产量大增，除少量经陆路外运之外，主要通过釜溪河水路运输，经仙市镇，到邓关入沱江再达泸州汇长江，因而仙市古镇被誉为"古盐道上的明珠"。仙市镇的水码头是当时釜溪河上最大的水码头，民国初年停靠在这里的船常常多达3000余只。到20世纪40年代，从这里过往的船只仍有2000余只[1]。古镇又因"四街、五栈、五庙、一祠、三码头、一鲤、三牌坊、九碑、十土地"，以及精美的古典建筑群和兴盛的佛教文化而闻名遐迩。因此，仙市镇被四川省人民政府批准为省级历史文化名镇，并相继确定为省级小城镇试点镇。2007年5月被评为"中国历史文化名镇"。

铁佛古镇位于川中丘陵资中县城西，距县城32公里。清嘉庆二十年（1815）名铁佛场，1914年改铁佛乡，1985年撤乡设镇。古镇有清代建筑近3万平方米，均为穿斗结构，青瓦屋面，脊檐压顶。古镇依山势三层布局，由上街、中街、下街、新街、新建街、铁罗街、铁走路等组成，其中，上街、中街、下街首尾衔接处有栅门隔绝，且街道下跌，由石梯连接[2]，从而形成三个大的院落。由于其独特的布局，古镇逐渐成为一个区域经济中心，各地客商云集此地。1992年，铁佛因古镇独特的布局和众多的清代四合院建筑而被四川省人民政府公布为省级历史文化名镇。

---

[1] 方兴编著：《历史深处的巴蜀古镇》，天地出版社2008年版，第185页。
[2] 资中县志编纂委员会：《资中县志》，巴蜀书社1997年版，第245页。

罗城古镇位于四川省犍为县东北部，距乐山市60公里，是川南四大名镇之一。罗城古镇始建于明末崇祯年间（1627~1644），成形于清代。罗城镇名，说法有二：一说罗城最早在霭吉门处有草房幺店子，侧边是个小小的观音庙，无场无集，交易不便。后欧姓人在幺店子处修建了"调市"，生意渐好。因生意人来自东南西北四方，而东南西北，古称"四维"，"四维"合而为罗，故名"罗城"。但时隔不久，张姓人也想加入这个热闹的市场，被欧姓人拒绝。欧姓人便在今上节街修起一些幺店子，也取名"罗城"，这就出现了上下两个"罗城"。随着时间的推移，上下两罗城间生意人猛增，原来的茶馆、旅馆、饭食店、酒铺不能满足需求。于是上下罗城的人又修建了许多店铺，这些店铺向两山之间发展而后靠拢，逐渐形成了"罗城"船体的初步格局。另一说罗城镇名是因纪念唐代名将"罗成"而得名[1]。

由于地处边陲，罗城曾是军事要地，明、清两代均是屯兵制夷（西南少数民族）的"军事铺"，故称"罗城铺"，镇西的营盘山就是当年的屯兵之地。镇东北之铁山，"出铁，诸葛亮取为兵器，其铁刚利，堪充贡焉"[2]。19世纪中叶，"李、蓝起义"部队攻占罗城铁山，并驻扎于此，铁山成为起义军之根据地。

罗城镇远离大江大河，因而常年大旱，因陆路交通繁盛，故被称为"旱码头"，与县境内清溪镇"水码头"形成对比。由于罗城镇周边地下资源丰富，盛产煤、盐、铁等矿物，而农副产品也产量不菲，吸引了北至成都、乐山，西至沐川、马边、雷波，南至宜宾、泸州的客商，集市贸易相当繁荣。以马帮为主要运输方式的客商终年络绎不绝，使罗城成为一个重要的物资集散中心。

龙潭古镇位于重庆市酉阳县东南部，距县城30公里。因镇上两个余水潭，形似"龙眼"，常积水成潭，故名"龙潭"。清雍正十三年（1735），龙潭曾被一场大火烧毁，镇址迁往龙潭河（古称湄舒河）旁重建，即今址，亦沿袭旧名[3]。初为一偏僻之地，自雍正末年废除土司制度，取消"蛮不出洞、汉不入境"的禁令后，江浙、湖广、重庆等地客商纷纷云集龙潭古镇，运来大宗食盐、布匹等日用百货，运出桐、茶、漆、朱砂、水银等特产。古镇上盐号、商

---

[1] 参见王宗正主编：《四川罗城》，犍为县志编纂委员会1985年印，第9~14页。
[2] （唐）李吉甫：《元和郡县志·剑南道下》。
[3] 四川省民俗学会、宜宾市社科联编：《四川城镇民俗文化传承与创新》，四川大学出版社2007年版，第303页。

行、店铺林立,有"货龙潭"之称。江西商人会馆万寿宫、湖南商人会馆禹王宫等相继建立起来,促进了当地少数民族与汉族的融合。抗日战争时期,龙潭古镇成为沦陷区民众避战的大后方,商贾云集,人烟阜盛,一时蜚声全国,成为"仅次于涪陵大码头的专区第二大商场"①。

松溉古镇位于重庆永川区最南端的长江北岸,距离永川城区40公里,亦被称作"松既",是重庆市首批历史文化名镇。其始建时间现无法考证,但据清嘉庆《四川通志》记载:"南宋陈鹏飞(字少南,与苏东坡、张子昭被誉为当世注经'三杰'),因为秦桧诬陷遭贬,偕妻在松既设馆教学,死后葬于松既,可知当时此地已有场镇。明万历二十一年,设县治于松既。"②历史上因松溉系永川唯一水码头,故成为永川、泸州、璧山、荣昌、大足、铜梁、隆昌、内江等周边县市的人、货进出要津;土特产品常从松溉装船外运,外地工业品则从此处登岸内运,故花纱、白酒、装卸运输业发达,马帮、餐饮、住宿兴盛。直至解放初松溉古镇仍为永川第一大镇。

西沱古镇位于重庆市石柱土家族自治县,原名西界沱,地处长江南岸,古为"巴州之西界"。西沱江面为凹字形优良静态深水港湾,由重庆、涪陵下万县,或由万县上水,都可将此处作为中转站。居于优良的港湾条件和重要的地理位置,西沱早在汉代即置有码头③。元代川江水路在此设"梅沱小水站"驿站,作为连接川鄂交通水驿,是重庆出川的必经驿站。清乾隆二十七年(1762),在此设巡检司,置塘汛,当时是"川盐销楚"的要镇④。

除水路外,西沱的陆路交通在历史上也发挥过重要的作用,古代的川盐、百货、丝绸、蜀绣等天府特产,经长江上游的成都、重庆、涪陵等地运到西沱,再由西沱镇转运去湖北省恩施、利川、来凤一带,全程300多公里三尺宽的青石板路,又称"三尺道",是宋代著名的陆运交通线,故有"长江千里古盐道"之称。今存清代"下盐店"就是"川盐销楚"的历史见证。于是,西沱在清朝乾隆时期便有"水陆贸易、烟火繁盛、俨然一郡邑"的说法。

磁器口古镇位于重庆市西部,距城区约30公里,坐落于嘉陵江畔,依马鞍山山势而建。传说明朝初年朱允炆被迫削发为僧来渝,隐避于宝轮寺,故将原"白

---

① 季富政:《巴蜀城镇与民居》,西南交通大学出版社2000年版,第20页。
② 《中国古镇游》编辑部:《中国古镇游》,陕西师范大学出版社2003年版,第199页。
③ 季富政:《巴蜀城镇与民居》,西南交通大学出版社2000年版,第32页。
④ 代渝华:《老码头》,重庆出版社2007年版,第66页。

岩镇"改名为"龙隐镇"。清朝初年，因盛产和转运瓷器，而得名磁器口。

磁器口古镇地处嘉陵江水陆要冲之地，明朝时逐渐形成了水陆交汇的商业码头；到清代，瓷器转口贸易已有很大发展，加之米市等集市的出现，形成了大码头、金蓉街、金碧街三大商贸集中地，镇内商贾云集，船只穿梭往来，呈现出一派兴盛景象，所谓"白天里千人拱手，入夜后万盏明灯"。晚清及民国时期，磁器口的商业贸易得到了进一步发展，还形成了新兴的缫丝工业区，成为"重庆城西工业重镇，巴县首镇"。抗战时期，磁器口商业贸易得到空前繁荣，仅金蓉街就有商铺350家，加上金沙街、金碧街及河街，商号店铺达上千家，经常停靠在码头上的各种船只就有二三百艘之多[①]。自1958年码头移至汉渝路后，磁器口便开始被冷落，过去水陆码头的集散地和中转站的地位，逐渐消失。

磁器口古镇有12条街巷，街道两旁大多是明清风格的建筑，地面由石板铺成，沿街店铺林立。漫步古老的街道，仍可感受到当年商贾云集、百舸穿梭的繁荣景象。

三、文脉流香型

文脉流香型古镇是指历史上文化名人的诞生地或旅居地，具有特殊文化价值的名镇。巴蜀地区的此类城镇主要有青莲镇、城厢镇、江口镇、安仁镇、孝泉镇、尧坝镇等。

青莲古镇位于四川省江油市，是我国唐代伟大的浪漫主义诗人李白的故居。李白青少年时代在此生活了二十个春秋，留下传世佳话。该镇不仅哺育造就了旷世奇才李白，而且还蕴含着深厚的历史文化内涵，成为当今世界上反映李白文化最完整之地。如今，青莲镇内有太白祠、陇西院、粉竹楼、明贤词、月圆墓、洗墨地、磨针溪等历史悠久的文物景点可以让人追寻诗人的遗迹，了解李白出生、成长的故事，体会诗人当初辞亲远游、仗剑去国的冲天壮志。

城厢古镇位于成都青白江境内，距今约1400年历史，是辛亥革命烈士彭家珍大将军的故里，也是当代著名诗人流沙河的出生地；国务院原总理、全国人大常委会原委员长李鹏也曾随其母赵君陶于1936～1939年在城厢生活，在此期

---

① 重庆市沙坪坝区地方志办公室编著：《古镇磁器口》，四川人民出版社2000年版，第122～123页。

间就读于金渊小学（现城厢小学）。镇内建筑古朴典雅，民风淳厚，庙宇祠堂众多，曾是民国时期金堂县政府所在地。

江口古镇位于四川眉山市彭山县东北，是四川省的30个历史文化名镇之一，迄今已有2000余年历史。公元前316年秦灭蜀后，设置武阳县，治所在今江口镇平茯与五一村交界处，历时800余年，西魏时县治始西迁凤鸣，宋设乡，清为镇①。秦汉时名为彭亡聚，为百年长寿老人彭祖之故乡，故称彭亡聚。明代时才改为江口，因地处岷江支流府、南二河的汇合处而得名，又是名传千古的东汉忠臣张纲、晋代《陈情表》作者李密的故乡。

安仁古镇位于四川省大邑县，历史悠久，早在唐武德三年（620）就建安仁县（早于大邑建县50年），隶属于剑南道邛州；据《太平寰宇记》载，由"取仁者安仁之意"而得名，当时的县治就在今天的安仁镇，因其古为"安仁"县治，故得名。至元二十一年（1284），安仁县建制撤销，其区域划归大邑县。新中国成立前安仁有"三军九旅十八团"之称，相继涌现出了刘文辉、刘湘等民国时期著名川军将领。

安仁古镇现存建筑多为清末到民国时期所建。民国年间刘氏家族成员相继在家乡建庄园、公馆，据统计安仁古镇的公馆27座，这些建筑多以砖木结构为主，规模宏大，气派典雅，雕窗画门，装饰华美，多将川西民居风格和西式建筑风格融为一体，形成独具特色的中西合璧式的建筑群，因而也被称为"川西建筑文化精品"。安仁镇成为中国规模最大、保存最完整、文化内涵最丰富的庄园历史文化区。

孝泉古镇地处德阳市西北20公里，是川西平原的一大古镇，有2000年以上的历史。孝泉古镇是中国古代"二十四孝"之一东汉大孝子姜诗的故里，汉代叫汛乡，北宋年间改名为"孝泉镇"。1996年被列为省级历史文化名镇。《东观汉记》《后汉书》《太平御览》《华阳国志》等记载了东汉末年姜氏三孝子——姜诗、姜妻庞氏和儿子姜安安的故事。姜诗去世后，汉明帝下诏在孝泉修建姜公祠祭祀，以表彰姜诗一门三孝的孝道。宋代，姜诗又被宋宁宗赐为"东汉至孝广文王"。元代，郭居敬将"姜诗孝亲，涌泉跃鲤"收入《二十四孝图》②。孝泉也便成了德孝文化的发源地。

---

① 王琦：《宁静致远的江口》，《四川省情》2008年第12期。
② 高凡钦：《中华第一德孝城——孝泉》，《中华民居》2009年第6期。

尧坝古镇位于合江、纳溪、江阳三地交界处，历史悠久，名人荟萃，文化底蕴浓厚，是合江最早的六大古寨和八大古镇之一。北宋元丰年间（1078~1085），合江设置二乡六寨，尧坝寨为军事要寨，居六大古寨之首；南宋嘉定年间（1208~1224），合江划分一乡七里二十都、六寨十九集市，尧坝居白马里第十三都，称为"尧坝集市"；至清雍正七年（1729），编为合江西乡尧坝支；光绪年间（1906）属西四区尧坝乡；新中国成立后改为尧坝镇。尧坝素有"川黔走廊"之称，是连接泸州和赤水之间的重要驿站，自开驿站以来，这里便是商贾集聚、土产囤积交换销售之地。

尧坝人杰地灵，名人荟萃。清嘉庆年间（1796~1820）武进士李跃龙、反清斗士任大容、近代革命斗士梁自铭、著名导演凌子风、美学大家王朝闻、著名作家李子英等都是在这片土地上孕育出来的。镇门口高大雄伟的进士牌坊，南北两街形式各异的以李氏家族和周氏家族为主的民居，加之穿插其中的名人故居、祠堂、文庙等古老建筑无一不在彰显着这座"川黔走廊"古镇的悠久历史和人文底蕴。这些建筑大都是因镇上的名人建造，亦主要以民居为主。古老的青石板路、古朴而雕刻精美的木质结构的民居、古井、古桥、古寺院，深厚的文化底蕴，独特的民俗风情，精美的古建筑群，使尧坝古镇成为是川南典型的民居之作。

四、风格特异型

风格特异型古镇是指因社会变迁、历史原因或重大事件，而使当地留下特殊内涵的思想文化价值的古镇，如洛带镇、安顺镇、罗泉镇、李庄镇等均有特殊的文化背景，风格特异。

洛带镇坐落于成都平原东部和龙泉驿山脉交界处的三峨山麓，距成都市区18公里左右，是成渝古道上扼成都物资西进东出的商贸重镇。亦是"西部客家第一镇"。

洛带建镇始于三国蜀汉时期，原名甄子场，后改为洛带。洛带得名原因传说不一，其因蜀汉后主刘禅的玉带落入小镇旁的一口八角井而更名为"落带"的说法流传极为广泛，后人为书写方便去其偏旁"艹"，后演变为"洛带"。唐宋时，洛带隶属成都府灵泉县，排名东山"三大场镇"之首。清代曾改用甄子场一名，后复用"洛带"至今。明末清初随着中央王朝的优惠移民政策，大批的客家人进入巴蜀之地，成为"湖广填四川"的一员。迁入的客家人广泛分布在巴蜀大地，其中以川南的成都东山洛带镇和川西隆昌县为中心。移居洛带的客家人又以广东、湖北、江西居多。外来客家人在承接巴蜀文化的同时又带入了本族人客家风俗，使之融入巴蜀文化。

洛带古镇建筑以明清建筑风格为主，呈"一街七巷"的格局：主要由上下老街和北巷子、凤仪巷、槐树巷、江西巷、柴市巷、马槽堰巷、糠市巷组成；通过多年的发展，街道与巷子及街巷边的建筑融合为一体，构成了最为主要的内向封闭型街巷空间，同时也构成了一个完备的防御系统[①]。此种封闭性的空间格局俨然是客家"围龙屋"的风格。而街巷中典型的明清民居和客家会馆是古镇的点睛之处。广东会馆（南华宫）、湖广会馆（禹王宫）、江西会馆（万寿宫）、川北会馆、四川客家博物馆和客家公园形成"五馆一园"。这样高度集中的会馆建筑群使洛带赢得"客家名镇""会馆之乡"的美誉。这些建筑群的宏伟壮丽、质朴厚重，加之巴蜀山川的秀丽使古镇具有南方古镇的灵气又带有北方场镇的壮阔。

生活于此近400年的客家人不仅创造出了宏伟壮丽的客家建筑，亦保留了众多的客家民俗，如一年一度的"水龙节""火龙节"，更是几百年来客家人传承下来的特色民俗活动。客家人虽客居他乡，但依旧"乡音不改"，漫步洛带古镇还时时听到客家话。因而洛带被评为中国最大的也是唯一的客家古镇，又被世人称之为"世界的洛带、永远的客家"。

安顺镇亦叫安顺场，位于四川省石棉县北部的松林河与大渡河的交汇处，原名紫打地，为松林地土司属地。紫打地开场于清乾隆年间，因月亮沱金矿大旺，松林河两岸居民以日中为市，初名太平场，为河道七场四十八堡之首场。同治十三年（1874）毁于大火。光绪二十八年七月初二（1902年8月5日），山洪暴发，老鸦山山崩，松林河水陡涨，紫打地被冲毁；同年，清政府拨库银在紫打地旧址东部一里处的中坝重新建场，取"山镇久安、河流顺轨"之意[②]。本是一个极为普通的山区小镇，安顺场却因中国现代史上的两次重大事件而扬名天下，即1863年5月太平天国翼王石达开蒙难和1935年5月中国红军强渡大渡河。从此，安顺场便以"翼王悲剧地，红军胜利场"而载入史册，名扬中外。

为了纪念红军强渡大渡河，安顺场现建有中国工农红军强渡大渡河纪念碑

[①] 谢常勇、傅红：《浅析洛带古镇的空间形态》，《四川建筑》2009年第5期。
[②] 石棉县地方志编纂委员会编：《石棉县志》，四川辞书出版社1999年版，第379页。

和中国工农红军强渡大渡河纪念馆,是爱国主义教育的重镇。中国工农红军强渡大渡河纪念馆于2004年5月24日正式开馆。展厅以弘扬红军精神为主题,分为长征、大渡河战役、红军长征过雅安、翼王悲歌、历史评述等五个部分,馆内陈列着100多件红军当年战斗时用过的枪炮、大刀、旗帜等各种实物。室内还珍藏着刘伯承、聂荣臻、杨得志、杨成武、陆定一、李一氓、黄镇等一大批老一辈无产阶级革命家的亲笔题词和信函原件,以及大量珍贵的图片资料。

罗泉古镇在四川省仁寿、威远、资中三县交界的深丘中,有"脚踏三县"之称。古镇依山傍水,深藏在沱江支流珠溪河畔连绵苍翠的群峰峡谷之中,是四川省有名的产盐古镇,亦是具有光荣革命传统的古镇,被称为中国的百个千年古镇之一。

罗泉古镇位于资中县城西,距县城约50公里。古代为资中地,隋隶属资阳,清代改名为罗泉井镇。雍正七年(1792),置资州分州,为州治。1914年撤分州,罗泉井镇也改名为罗泉镇①。

罗泉盐业历史悠久,"资中罗泉,凿井产盐始于秦,兴于宋,衰于明,复于清"②。清代至民国,罗泉井之盐更是闻名于世,清政府和民国政府均在此专设机构管理盐政。清代同治、光绪年间,该镇有盐井1200口。民国时期,亦有900多口盐井,产盐上千吨。1947年成立了制盐工会,有会员88家。罗泉盐不仅数量多,而且品质优,1925年巴黎世界博览会上罗泉盐的品质被评为世界第一③。因盐业而兴起的罗泉镇商业也颇为繁荣。民国时期,镇上有饭铺、面馆、戏楼、茶馆、赌场等百多家,还建有"九宫十八庙",今尚存川主庙、南华宫、盐神庙、福音堂、罗泉书院等。众多的古建筑和回环曲折的巷子使古镇犹如一条游走中的龙,因此古镇亦有"川中龙镇"之称。

1911年,同盟会会员龙鸣剑与加入同盟会的哥老会首领召集各地哥老会首领在罗泉古镇的福音堂,商讨保路运动事宜,决定"组织同志军,利用保路名义,开展反清武装斗争"。福音堂系清代重檐歇山式建筑,房屋布局为四合院式,至今保存完好。罗泉古镇也因"罗泉井会议"而名垂于中国近现代史,在中国革命史上写下了辉煌的一笔。

---

① 四川省资中县志编纂委员会编纂:《资中县志》,巴蜀书社1997年版,第18页。
② 四川省资中县志编纂委员会编纂:《资中县志》,巴蜀书社1997年版,第200页。
③ 四川省资中县志编纂委员会编纂:《资中县志》,巴蜀书社1997年版,第200页。

李庄镇，位于四川宜宾以南，长江之滨，建镇已有1400余年，是巴蜀名镇之一，更以曾为抗战时期中国四大文化中心而闻名海内外。

1940年，李庄以"同大迁川，李庄欢迎，一切需要，地方供应"十六字电文，迎来了同济大学、中央研究院、中央博物院、中央营造学社、中国大地测量所、金陵大学、文科研究所等10余所高校和著名科研机构。著名学者李济、傅斯年、陶孟和、梁思成、林徽因等云集李庄，在此生活、工作了五六年。李庄由此成为众多文化名人和学子从事学术研究的安全港湾。抗战时期，来到李庄的外来人口达到了12000多人，李庄迅速发展为世界知名的文化名镇，与成都、重庆、昆明一起成为中国四大抗战文化中心。

抗战时期，大量文化名人在李庄刻苦钻研，辛勤工作，产生了若干重要学术成果。如梁思成的《中国建筑史》《全国建筑文物简目》，董作宾的《殷历谱》，罗尔纲的《太平天国英雄传》，李济的《殷墟陶器》，李林霖的《么些象形文字字典》，凌纯声、芮逸夫的《湘西苗族调查报告》，史语所集体编写的《中国疆域史》《六同别录》等都是在李庄期间出版或定稿的①。此外，还有生物学家童第周在李庄研究的胚胎遗传学成果等，不一而足。在抗战的烽火岁月里，李庄以其博大的胸怀和珍贵的宁静，为中国文化单位的大西迁，为当时中国一大批文化精英的学习和研究提供了良好的环境，为中华文化免受战火摧残做出了巨大的贡献。

涞滩古镇，位于重庆市合川区城东北28公里，是中国首批历史文化名镇之一，中国十大古镇之一，首批"中国最美的城镇"。涞滩古镇始建于宋代，渠江古称涞江，涞江流经此处多险滩，故名涞滩。清代嘉庆年间为防匪患，沿山岩走势修筑城寨为御敌工事。清同治元年（1862），为防范当时的太平军入川和云南李永和、蓝大顺起义，居民们在西面中寨门外加固工事，修筑瓮城。该古镇是目前西南地区保存最完好的山寨城堡式场镇，其三面悬崖，一面瓮城，属典型的军事性建筑。

涞滩古镇内的古庙建筑群体，始建于唐，兴盛于宋，重建于清。镇内始建于唐的二佛寺，是全国最大的禅宗道场。该寺分上下两殿。其上殿坐落于鹫峰山顶，分三个殿层，气势宏伟，宗教氛围浓厚。中轴线上依次为山门、玉皇

---

① 解洪：《弘扬李庄抗战文化，构建开放和谐宜宾》，四川省民俗学会、宜宾市社科联编：《四川城镇民俗文化传承与创新》，四川大学出版社2007年版，第27页。

殿、大雄宝殿（即佛爷正殿）和观音殿。左右分设社仓、禅房等建筑，呈四合院布局，尤其是大雄宝殿，殿堂正中原来的三尊泥塑金身的主佛高5米，栩栩如生，佛光闪烁。两侧泥塑颜身的十八罗汉五光十色，神态各异，活灵活现，让人望而生畏。"文革"时期寺内文物惨遭破坏。其大雄宝殿内四根石柱高约13米，由整条巨石制成，挺拔壮观，堪称历代建筑一绝。山门牌坊石刻镂空雕精美绝伦，是难寻的历史文化精品。下殿位于鹫峰山间，依山建造的两楼一底殿堂檐拱建筑。其依山摩崖石刻群雕是涞滩古镇人文景观的集中表现，具有深刻的二佛禅宗文化的艺术内涵。二佛寺下殿最大尊释迦牟尼佛像通高12.5米，依岩镌凿，被称为"蜀中第二佛"。该寺现存主要龛窟42个，全部造像计1700余尊，集中镌刻在二佛寺下殿的北、西、南三面岩石之上。涞滩摩崖石刻堪称石刻艺术的宝库，宋代石刻艺术的瑰宝。清代修建的文昌宫戏楼，曾是当年达官贵人、三教九流听戏和聚集之地，戏楼平台外栏木刻浮雕，艺术价值极高，令人叹为观止。经过岁月的雕刻，形成了著名的"涞滩八景"：鹫峰云深、佛岩仙迹、龙洞清泉、修筑戏石、双塔迎舟、独树东门、经盘霁日、画梁搓波。至今，古镇内还有400余间明清时期的小青瓦房高低错落分布，200余米的青石小巷古朴典雅，基本保持了明清时代的原始风貌。

五、民族风情型

民族风情型古镇是指位于少数民族聚居地，尤其川西北地区藏羌聚居地的民族古镇。此类型以丹巴镇、桃坪羌寨、更庆镇为代表。这些古镇（村寨）建筑风格、居民劳动、娱乐、生活方式均富有藏、羌、彝等少数民族特色和异域情调。

丹巴古镇位于四川省甘孜藏族自治州东部，在涉藏地区四大神山之一的墨尔多神山脚下，是嘉绒藏族的集聚中心，是用岩石堆砌出来的古镇。该镇历史悠久，早在商朝前期就有土著先民在此繁衍生息。秦汉属西羌领地，隋为嘉良夷地，唐属吐蕃辖地，元代属吐蕃等路宣慰使司都元帅府，明代属长河西雨通宁远宣慰司，清康熙四十一年（1702）置巴旺安抚司，乾隆四十四年（1776）置章谷屯，民国元年（1912）始设丹巴县，县治设于原章谷屯，屯署所即在地今章谷镇[①]。

---

① 四川省丹巴县志编纂委员会编：《丹巴县志》，四川科学技术出版社2009年版，第49~52页。

丹巴古镇现今保存完好的土司官寨和独特的藏寨民居等建筑被世人称为石砌建筑的典范。丹巴素有"千碉之国"的美誉，有三角碉、四角碉、五角碉、六角碉、八角碉、十三角碉等。丹巴梭坡十三角碉是整个涉藏地区三座十三角碉中唯一保存至今的一座。庄严肃穆的碉楼高低起伏地分布于河谷两岸，俨然是嘉绒地区的守卫。石碉以梭坡、中路、蒲角顶三处最为稠密壮观，且古碉保存完整，并与村寨民居相融一地，形成"天然合一"之势。丹巴碉楼不仅数量众多，而且历史久远。《后汉书·西南夷传》记载，冉駹夷"元鼎六年以为汶山郡，其地有六夷、七羌、九氐……皆依山居止，累石为室"①。此后历代都有所建筑和完善，至迟为清乾隆皇帝平定大小金川时所建。"金川之役"后，据有关资料记载，丹巴县境内还保存有3000余座古碉，至今保存完整的古碉大约只有1/10②。

丹巴碉楼建筑规模宏大，类型多样，按功能分有战碉（军事防御碉）、通讯预警碉（瞭望碉、哨碉、烽火碉）、土司官寨碉、寨碉、家碉、界碉、风水碉、祭祀碉、要隘碉等③，建筑技艺高超，均由乱石堆砌而成。这些以乱石堆砌而成的石碉弥补了中国古代木质结构建筑易毁的不足，也是中国古代建筑的补充，无论从建筑学、美学、社会学、历史学、民族文化学等方面都具有极高的价值。

丹巴嘉绒藏族不仅创造了丰富的碉楼建筑，还为人类保存了丰富的非物质文化遗产，即嘉绒地区的民族风情。这里保存着丰富多彩的传统节日，亦是古东女国故都，墨尔多神山即为女王的神山，女性文化在这里源远流长，亦被称为"美人谷"。丹巴碉楼的壮丽雄伟和丹巴女子的娇柔俊美使丹巴成为"彝藏走廊"的奇镇，也是川西北的有名古镇。

桃坪羌寨，位于岷江上游杂古脑河畔的四川省阿坝藏族羌族自治州理县桃坪乡，距离成都163公里，距离理县县城41公里，是世界上保存较为完整的羌族建筑文化艺术的"活化石"，亦是世界建筑史上的一大奇观。著名的英国牧师托马斯·劳伦士在考察了桃坪羌寨建筑之后惊叹地说："桃坪羌寨像扩大了很

---

① 《后汉书·西南夷传》。
② 宋兴富、王昌荣等：《丹巴古碉群现状及价值》，《康定民族师范高等专科学校学报》2006年第4期。
③ 宋兴富、王昌荣等：《丹巴古碉群现状及价值》，《康定民族师范高等专科学校学报》2006年第4期。

多倍的欧洲中世纪城堡。"①它被世人誉为"神秘的东方古堡"。

桃坪羌寨始建于西汉元鼎六年（前111），在今桃坪乡古城村设广柔县，隶属益州蜀郡，历东汉、三国、两晋，在东晋时废。隋开皇十六年（596）在古城置金川县，仁寿元年（601）改名通化县，唐时将通化县治地迁至今通化乡。宋乾德三年（965）设安信县于古城村。政和四年（1115）在古城村置嘉会县，隶属威州。清代，桃坪属古城里，桃坪乡所属村寨为"后三枯"。1920年建桃坪乡。

桃坪羌寨迷宫般的羌碉民宅和暗沟水道是羌寨的两大特色。羌碉房屋就地取材，用硬度较高的小青石和黄泥依山而建，背山面水，坐北朝南，或高或低错落有致。地势显耀之处，碉楼林立，气势非凡。民居或是围绕碉楼而建或是散布于碉楼周围，为便于联通各居民点，羌寨往往修建过街楼或封闭式道路，与高高耸起的羌碉一起大大提升了羌寨的防护体系。整个村寨严密的布局，错落有致的交通道路，零星散布的羌寨建筑及类似于八卦式的八个寨门使整个羌寨俨如一迷宫，因此桃坪被称为最"神秘的东方古堡"，羌碉也被称为"东方金字塔"，当地人自称"格尔麦阿嘎"，即"古巷人家"。

羌族独特的供水系统也令人震惊，古羌先民引山泉修暗沟，从寨内房屋底下流过，饮用、防御、消防取水十分方便。庄严的羌碉、曲折迂回的交通道路、时隐时现的地下水渠使桃坪羌寨被称为羌族建筑文化艺术的"活化石"。

更庆镇为涉藏地区闻名的文化古镇，是甘孜藏族自治州德格县政府驻地，距州府康定市588公里，距西藏自治区昌都市约310公里。更庆镇自古为川、藏、青三省区军事、政治要塞。德格，藏语意为"四德十善"之地，与西藏拉萨、甘肃夏河齐名，跻身于涉藏地区三大古文化中心之列。它是藏族史诗《英雄格萨尔王》及世界最长史诗《格萨尔王传》的诞生地，藏传佛教五大教派集聚之地。

更庆，又称"德格工青"，汉语为"大寺庙"的意思，为历代土司和州县的治地。明清时，德格土司以"德格"为其家族的号称，后因萨迦派筑更庆寺于此，更名为"德格更庆"。直到1985年5月，经四川省人民政府批准，德格县政府驻地设置在更庆镇。

更庆镇的建筑沿倒"T"字形的色曲、欧普隆两河沿岸修筑，色曲河一侧

---

① 黄升峰：《浅谈四川理县桃坪羌寨的建筑特点》，《当代艺术》2009年第3期。

以民居为主，欧普隆河的一侧以德格印经院、唐甲经院和更庆寺等寺庙为主。这些建筑大多依山而建，因形就势，不规则地散落在两河沿岸，其中以德格印经院最为著名。印经院全名为"扎西果芒大法库印经院"，又称"德格吉祥聚慧院"，藏族称之为"德格巴宫"。印经院始建于清雍正七年（1729），竣工于1756年左右，修建时期正值德格家族繁荣时期，后屡次修整，总占地面积3000平方米。1988年，印经院实有各类书版23.85万块，有画版近600块。另外，《仁育了着》尚有3万多块印版正在补刻制作中。以每块印版2页，每页600字计算，德格印经院库藏文献总文字达2.8亿之巨[①]。德格印经院又被称为"藏族地区璀璨的文化明珠"和"雪山下的宝库"。早在德格土司统治时，德格的民族文化和宗教文化已融为一体，形成独具特色的康巴文化。

第四节　巴蜀名城名镇的地域文化特色

巴蜀名城名镇是巴蜀璀璨历史文化结晶中的一朵奇葩，它不仅是巴蜀劳动人民生产生活的产物，更是巴蜀地区历史上几次大移民，特别是明末清初"湖广填四川"后所形成的移民社会的文化产物。巴蜀名城名镇无论在选址、布局、建筑层面，还是在民风、民俗、饮食层面都具有很强的巴蜀地域特色。

一、总体布局与环境特色

（一）风水为先，亲近自然

巴蜀之地自然环境普遍优美，其中平原地区江河纵横，山区雄川峻岭，风景或婉约，或雄奇，均自然天成。巴蜀人自古偏好自然，历来就重视风水之学。

何为风水？《葬书》曰："气乘风则散，界水则止，古人聚之使不散，行之使有止，顾谓之风水。风水之法，得水为上，藏风次之。"这就是中国古代传统住宅选址思想——"风水学说"。"住宅风水作为一种文化遗产，对人们的意识和行为有着深远的影响。它既含有科学的成分，又含有迷信的成分。用辩证的观点来看待风水理论，正确理解住宅风水与现代居住理念的一致与矛盾，有利于吸取其精华，摒弃其糟粕，强调人与自然的和谐统一，关注居住与

[①] 德格县志编纂委员会：《德格县志》，四川人民出版社1995年版，第425页。

自然及环境的整体关系，丰富健康住宅的生态、文化和心理内涵。"[1]在去除掉迷信的成分后，可以认为风水学就是中国古代的人居环境学说，就是研究人类赖以生存发展的微观物质（空气、水和土）和宏观环境（天地）的学说。在人居环境景观体系的建构方面，其城镇的选址方面注重人与自然相融，在空间布局方面注重得景随形，因借巧施[2]。因此，城镇的选址均在风景独特场所，顺应自然，不拘泥于形式，既满足了居民物质生活环境的要求，又糅进了精神层面上的享受，淋漓地体现出中国先民注重自然与人文融合的关系。

巴蜀历史文化名城（镇）的选址十分重视风水关系。凡于清以来兴起的城镇，或背后靠山，山且有脉蜿蜒渐高远去，或街正对浅田，或有河面街与环护，或城镇左右倚傍山峦岭坡，或官署寺庙位于镇中显要之地的"天心十道穴位"之处，或正街往往正对东方与南方……加之"湖广填四川"移民又多来自风水术盛行的江南各省，承前启后，一脉相承，演成了巴蜀城镇竞相风水择地的形胜城镇景观。剔除历史局限节外生枝的非科学成分，这些仍是当代兴城建镇环境要素的参考。因此巴蜀传统城镇大多傍河而建，背靠大山，地势高爽，其所处位置土地、水源、山林结合而成的环境，不仅有良好的小气候，而且有消防、排水、泄洪、灌溉等功能，以山为本、以水为魂的山水田园特色显著，创造了奇特优美自然美与精心设计的人工美的和谐统一的古镇环境，是一种非常完善的人居环境。其中之佼佼者便是山合四面、阆水环绕的阆中古城，以及选址在老君山山下大龙溪和小龙溪交汇处风水宝地的龙华古镇。

除龙华镇外，选址注重风水理论的名镇还有很多。比如有"五龙抱珠"，或者又叫"九龙会首"的福宝古镇（当地农民的风水之说是"一蛇盘三龟"：一蛇就是白色溪，三龟是明月山、东面的天坛山和西面的乌龟山堡），有"十八罗汉拜观音"的上里古镇，有"三面江光抱城郭，四面山势锁烟霞"，又称"聚财之城"的昭化古镇，还有"二龙抢宝""双凤朝阳"的龙潭古镇。

实际上，绝大多数巴蜀历史文化名镇不但注重自身的风水景观，而且几乎都建于或邻近于知名的自然风景区，可以将风景区的特色景观转借用于自身风水景观的扩充，具体见下表。

---

[1] 国家住宅与居住环境工程中心：《2004年健康住宅技术要点》，2004年。
[2] 参见刘沛林：《古村落：和谐的人聚空间》，上海三联书店1998年版。

表7-3　巴蜀主要名镇与邻近风景区资源特色及二者之间的地理关系表

镇名	古镇主要资源	风景区名	风景区主要资源	二者之间地理关系
龙华	八仙山大佛、古凉桥、顺山势而建之古街和民居、石雕等	老君山	原始森林、珍稀动植物种	风景区在龙华镇境内
上里	石桥、牌坊、传统院落、古道	碧峰峡	野生动物园、森林	镇在风景区境内
江口	崖墓、民居等	仙女山	彭祖墓、阴阳鱼眼奇观、森林	紧临风景区
青莲	李白故居、太白公园、民居等	窦圌山	奇特山势、两峰之间铁索通道、云岩寺等	二者相距38公里
安仁	刘氏庄园	西岭雪山	距离大城市最近的雪山景观	二者相距51公里
昭化	三国古城遗址、民居、费祎墓	剑门蜀道	剑门关、古金牛道、大量三国遗迹等	镇在风景区境内
柳江	吊脚楼、古民居	瓦屋山	原始森林，与峨眉山并称"蜀中二绝"	镇在风景区境内
福宝	明清建筑、三宫八庙	福宝森林公园	原始森林、丹霞地貌	镇在风景区境内
塘河	明清古建筑群	重庆市黑石山—滚子坪风景名胜区	原始桫椤群落	镇在风景区境内
路孔	古桥、石窟、墓穴	大足石刻	唐末、宋初时期的宗教摩崖石刻	二者相距38公里

资料来源：根据方兴的《历史深处的巴蜀古镇》（天地出版社2008年版）、《中国四川广元旅游指南》和四川省大邑县地方志编纂委员会编纂的《大邑县志续编》等资料编制。

由此不难看出，巴蜀名城名镇的选址总体来讲都极为考究，大多是傍河而建，背靠大山，地势高爽，符合古代风水理论，更是善于选址于优美的风景区内。

（二）师法自然，因势布局

巴蜀历史城镇或选址山环水抱之地，或依山临河而建，开合有度，能曲能直，布局灵活，规划合理，顺应地势，融合自然。

在农业时代，水路运输是一种重要的运输方式，所以古镇一般都建在可充分利用水资源和水利交通的地方，故或依江，或靠河，或临渠，或跨溪。同时，考虑到安全因素和财力的限制，建造时往往依山造势。古镇正是靠着便利的水路和险要的山势才成为昔日的物资集散和军事要害之地的①。巴蜀名城名镇更是以此为特色。据统计，巴蜀历史文化名城（镇）80%以上依山临水，青山绿水赋予这些名镇古镇以灵秀，所谓景无山不壮，景无水不秀，山水兼容且因势利导，便成为巴蜀历史文化名城（镇）的一大特色。具体说来，主要体现为以下几点：

第一，以路为轴，街随形变。

一般来讲，巴蜀传统建筑布局受中原中轴对称布局影响很深。在平原地带、地形较平坦地区的城镇仍是采用这种规整有序的布局方式，如四川省城成都、四川双流县的黄龙溪和重庆市江津区的塘河镇。

然而，在地形变化复杂的地区，城镇的总体布局和街市道路规划，不是一味盲目地强求某种固定的手法，如中轴线对称布局等手法，而是因地制宜，根据地形加以理想变换出船形、龙形、磨子形、口袋形等异趣迭出的规划艺术形态，反映古巴蜀文化独具特色的机智和协理。如此一来，街随地形变化，建筑布置在街道两侧，顺街轴延伸，随街上下错落，重叠相加，人沿街行走，空间变幻莫测，时藏时露，趣味无穷②。如被称为"山顶一只船"的罗城古镇，其街道格局以船的形貌，比喻全镇如一船之人同舟共济，团结、和谐、亲善，以船诉诸文化，其独特诡谲的造型，成为中国小镇唯此一家的人文风貌。又如罗泉古镇因场镇似龙而得名，自球溪河北岸依山势形成五里的一条长街，俗称"五里街"，自然构成一条仰头向东、悠然游荡的"蛟龙"，历史上称为川中第一龙镇。

第二，石板为路，青石为街。

由于巴蜀大地位处西南，是我国地势由第一阶梯向第二阶梯的过渡地带，尤其是巴渝地区，多山、多石、多台阶。古时筑街、铺路、修桥多就地取材，这样就形成了巴蜀城镇以石板为路、青石为街且路面狭窄，两边的民居重叠相交且错落有致的局面。如此格局使得天际轮廓线起伏有序，变化丰富，使整体与地形自然统一，空间却变幻莫测，极富韵味。

如平乐古镇，镇上古街区保存完好，33条街道沿江东西排列，一条条古老

---

① 田喜洲：《巴渝古镇旅游开发与保护探讨》，《重庆建筑大学学报》2002年第6期；陈建中：《古镇保护与旅游开发》，《现代经济探讨》2001年第11期。
② 季富政：《巴蜀城镇与民居成都》，西南交通大学出版社2000年版，第11页。

而雅致的石板街道与木板房、小青瓦屋顶相连成片，极具川西风情，再加上临江一排排的吊脚楼，连接河滩的小巷，古味悠悠[①]。

又如松溉古镇，其最大的特色，就是古镇的"十里老街"，也就是十里石板路。这也是松溉古镇有别于其他古镇的区别。一般说来，凡古镇或多或少都有点以前留下来的石板路，但像松溉古镇内纵横交错、形成网状的大小石板路，在众多的古镇中实属鲜见。

再如尧坝古镇，其在古代是川黔交通要道上的驿站，是古江阳到夜郎国的必经之道，有"川黔走廊"之称。而如今尧坝古镇的古街并不多，保存较为完好的只有一条，始建于明、清时期，为南北走向，长约1000米，宽约5米，街面弯曲呈"S"形，全部采用山区青石板和长条石铺就，鳞次栉比的小青瓦房屋沿街而筑，古韵十足。

当然，西沱古镇的云梯街更是典型代表。此街依山取势，垂直长江，形成了独特的建筑风貌和历史文化景观。云梯街是人们对西沱古镇传统街区的俗称，源于它的修筑一反长江沿岸城镇平行地形等高线的传统做法，沿山脊走向，依山取势，垂直长江，依崖蛇行，从长江边一直延伸到方斗山脚下的独门嘴，绵延2500米，有1124步台阶，112个平台，高差近200米，弯弯曲曲，像盘盘登天的云梯，遂有"万里长江第一街"之称。

第三，内部空间自成体系。

巴蜀大多数古城古镇的空间景观布局，具有起、承、转、合等空间序列逻辑关系。一般都为镇入口—街道—中心街道，空间的开—合—开—合的过程，形成简洁、有序的空间序列，给人强烈的情绪感受，与繁忙、杂乱的现代城镇形成强烈对比。

就古镇的入口来看，整体上对居民具有界定的意义和归属的作用。巴蜀古镇入口一般不用限定性极强的城门，而采用自然景观和人文景观结合的手法，如以一座桥、一棵大树、一座庙宇等作为入口标志。

比如罗泉古镇，便以子来桥和盐神庙作为入口导向，形成场镇的第一景观。桥头街道转折处，正面以城隍庙作为对景，并以较宽敞的空坝过渡。中部转折点，用一河湾绿地作为对景与过渡。尾部则以加宽街道，增加两个出口作

[①] 林成西、孔路原：《平乐古镇典型案例分析》，成都文化产业发展报告编委会：《成都文化产业蓝皮书2007年成都文化产业发展报告》，四川人民出版社2007年版，第208页。

为过渡。于是，罗泉古镇便很好地结合地形，采取了三开三合的布局手法，使空间从封闭中转为通透，狭小中转为宽敞。场口河对面的盐神庙，加上子来桥、城隍庙、川主庙，形成一个开敞通透的大环境，其后为大宅院组成的封闭式街道，为一合。狭窄的街道延至观音沱，利用地形的转折，临河为半边街，将远山近水引入街道，又构成一个大的开阔区域，以后复为封闭式小街，又为一合。随着地形的变化，窄小街道向上一折形成一段半边街，于此处外延伸出两条小街形成一开，以后便又合成一条小街。

又如上里古镇，同样是用古桥作为入口。由于古镇依山临水，近十座无一造型相同的小桥，沿小河大道，长石纵横铺陈，既作河岸护壁，又为民居墙体。因此，古镇以古桥为入口既能形成开合有序的布局，又能体现因势布局的理念。

再如素有"一脚踏三县"之称的重庆九龙坡区走马古镇，其入口便是以一棵古黄桷树为引导，通过山门，将人们引入广场前的关帝庙和戏楼，两座富有特色的建筑相互呼应，共同构成了走马古镇富有特色的入口空间。

西来古镇则以古塔为入口。文峰塔是崇尚读书的西来人建于清道光十三年（1833）间，矗立在古镇的街口。塔身四周是戏曲雕塑，配有九曲篆文，精致而小巧，斑驳陆离，此乃世间少有。

就古镇的中心空间序列来看，巴蜀古镇并不像大城市那样具有作为空间序列高潮景观的中心广场。古镇中心往往是空间序列的高潮部分，它一般位于全镇最险要位置，有的是在若干条道路交叉口形成的放大的节点，有的由大尺度的庙宇、宫殿、堂等宗教建筑和其形成的广场构成。

值得注意的是，由于巴蜀古镇多有移民的因素，因此其宗教建筑尤其是祭祀地方神的庙宇、会馆等，一方面由于人流集散促进商业活动的逐渐发展，形成公共活动中心，另一方面又往往成为地域的宗教活动与精神中心，深深地影响着人们的生活。于是，在巴蜀古镇的内部空间布局中，便呈现一大特色，即"以庙定街"，所谓的"凡立宫室，宗庙为先"。这也恰好符合中国古都营建的法则理念，为场镇的空间设置，树立了形态典范和道德规制。宗庙包括宗族庙宇和宗教庙宇，在宗族势力具有决定性影响的场域内，多凸显为尊祖的宗族庙宇；而在民众势力均衡、流动性相对较大的前提下，则形成以宗教庙宇为聚落中心的景象。当然，两者有时也是合而为一或者分置并存的，但其共通的作用是在于营建出场镇范围内的物化聚点和精神核心。因此，宗庙不仅成为巴蜀古镇空间布局的中心，也是解读场镇兴衍的重要图语。

如黄龙溪古镇濒河而建，以一正街贯穿古镇中心，在纵长不足1公里的尺度内，相继矗立着古龙寺、潮音寺和镇江寺三座寺庙，南北相望，前拥后护，凸显出无以复加的宗教氛围，以庙定街，形成"一街三寺庙"的空间布局，这在中国古镇中尚不多见[①]。

又如罗泉镇，建有九宫一寺八庙：九宫包括南华宫、万寿宫、荣禄宫、同庆宫、巧圣宫、禹王宫、文昌宫、天上宫、三圣宫；一寺是指罗泉寺；八庙包括盐神庙、城隍庙、川主庙、龙王庙、关帝庙、东岳庙、玉皇庙、地母庙。每个宫、寺、庙中不但塑有各种菩萨，而且建有戏台，可容纳几百人至几千人看戏。九宫一寺八庙总体布局按"龙"的形态，点缀得恰到好处。整个龙镇由宫庙构成，俯瞰全镇，宛如一幅蛟龙出海图。

再如永川松溉古镇的祠堂和庙宇，有"九宫十八庙之称"，宫庙至少有几十个，如文昌宫、张家祠堂、樊家祠堂、罗家祠堂、游家祠堂、陈家祠堂（在观音阁方家湾），等等，堪称"祠堂博物馆"。还有以权力象征的古县衙和以罗家祠堂、东岳庙、清洁寺等为代表的祠堂和庙宇。其中，始建于明朝洪武年间的罗家祠堂，建筑、雕刻十分别致，保存较好，已整修一新，至今还保存有明皇亲赐的"家法匾"和乾隆八府巡按题词"罗府宗祠"。罗府宗祠内设有大戏台，历来都是古镇居民聚会的中心地。

再如重庆磁器口古镇的街道与建筑，沿嘉陵江及两条溪流环绕马鞍山呈台梯形分布，其街区布局结构以自然山水环境为基础，依山就势，形成立体空间结构形态，有机地附着于自然环境形态之中，与自然山水的空间结构浑然一体。街道均为长条青石铺就，房屋依次排列，清代修建的石拱人寿桥、新街大桥、金碧桥连接着三街。历史街区由街道、巷道、宅院构成了公共空间、半公共空间、私有空间的三级空间结构。实际上这三级结构都是围绕宝轮寺这个核心而布局的。宝轮寺面江背山而建，中轴对称几进院落，已成为今天磁器口的标志性建筑，作为结构中心占据了小镇的制高点，统领全镇，每日香火旺盛，游人不断。俗语说，"磁器口是一条街、一条河、一座庙"[②]。可见寺庙在磁器口古镇人们生活中的地位。

[①] 舒科、李小波：《黄龙溪古镇空间布局的伦理语象》，《中华文化论坛》2008年第4期；姚萍：《历史古城镇逆向空间景观构成及其演化——以四川黄龙溪古镇为例》，《规划师》2010年第1期。

[②] 唐莉：《以批判地域主义的观点来看磁器口的改造》，《建筑设计》2004年第5期。

（三）与江南历史文化名城（镇）相比，巴蜀历史文化名城（镇）具有鲜明的地域特色

首先，两地古城镇形成的宏观环境有所差异。江南古城镇经济发达，文化胜迹众多，而巴蜀古城镇生态原貌保存较好。

江南地区自经济重心东移南迁之后，成为我国经济中心，盛产粮食与经济作物，世称"苏湖熟，天下足"；仰赖密集的河流交通，形成发达的商贸网络，发挥了重要的初级集散地功能，城镇经济地层级分明[①]。近代以来，江南地区最先受到外国商品和资本的入侵，自然经济解体迅速，江南市镇的市场化程度也日益提高，以棉纺织业和蚕桑业为代表，城镇发展迅速。改革开放以后，江南地区成为上海的广大腹地，长江三角洲作为中国改革开放的桥头堡急速复苏。在费孝通等学者提出"小城镇，大问题"的背景下，"苏南模式"成为地方经济发展的典范，小城镇发展红红火火。保留了历史文化特质的周庄、乌镇等在寻根文化传统的视野下异军突起，声名大噪，中国历史文化名镇的地位也显赫起来。

纵观巴蜀地区的古城镇，因山高路狭，商品经济相对滞后，尤其是在交通较为不便的山区名镇，发展就显得迟滞，保存着很多较为朴质的民间特质。近代中国国门洞开，西方因素渐次进入，沿海地区首当其冲，不断接纳与排斥，新兴生产生活方式与传统因素并存，社会转型加剧。但数百年来形成的生产生活方式在这里得以延续，尤其是移民色彩浓厚的、封闭性很强的客家古镇，成为中国农耕文明在近代的载体[②]。1978年以后，中国开始实行改革与开放，江南地区古镇在现代化因素下出现了变异，而四川地区的古镇却因交通不便，发展落后，其原生态风貌得以保存下来。

其次，两地古城镇形成截然不同的文化内涵和精神气质，尤以历史文化名镇的对比为鲜明。江南古镇中蕴含着丰富的精英文化，巨贾富商、文人墨客在此留有足迹，宅院颇具规模，这就使得江南古城镇蕴藏着社会上层的风度。以周庄为例，周庄的沈厅、叶楚伧故居、澄虚道院、全福寺等胜迹，具有丰富的历史、文化和观赏价值。西晋文学家张翰、唐代诗人刘禹锡、陆龟蒙等曾在

[①] 参见樊树志：《江南市镇：传统的变革》，复旦大学出版社2005年版。
[②] 张学君：《长江上游市镇的历史考察》，四川省民俗学会、宜宾市社科联编：《四川城镇民俗文化传承与创新》，四川大学出版社2007年版，第87页。

周庄寓居。元末明初，沈万三发迹于此，成为江南巨富。近代文人柳亚子、陈去病等南社发起人，曾聚会迷楼饮酒吟诗。当代名人到周庄采风者更是不胜枚举，因而当画家陈逸飞以其为背景创作的油画《双桥》问世后，周庄的盛名便远播海内外[①]。

相对而言，巴蜀名镇体现出来的是大众化、平民化气质。巴蜀名镇或远离中心城市，隐匿于大山之中，或因地理位置较偏僻，交通不便，普通大众的日常生活成为这些古镇的主基调。在改革开放后，这些古镇多未得到破坏性开发，留存了历史文化古镇的原始生态面貌，平民文化特征凸显，成为观察者、游览者寻觅古朴生活、精神返璞归真的绿地。

二、建筑文化独具特色

巴蜀历史文化名城名镇的形成，往往具有几百年甚至更悠远的历史。因此，在城镇中有着大量的较高艺术性的建筑物、构筑物和场所。它们不仅具有很高的审美价值，也反映了特定历史时期文化发展的审美情趣和艺术手法，体现了艺术发展的历史轨迹。不仅如此，单独的建筑物又与相邻的建筑物一起形成了一个高质量的古镇艺术环境，从而使得人们能够在整体上体味巴蜀传统城镇的独特建筑风貌。

（一）海纳百川、融会南北于一体的建筑理念

"青瓦粉墙，青石小桥……"是巴蜀古城镇的最佳印象。巴蜀古城镇是融地域特色于其中，同时吸中国南北各地民居精华于其内，并结合当地情况所构建而成的古建筑，将巴蜀地域的民风民情体现得淋漓尽致。

可以说，巴蜀古城镇建筑受其他民族建筑元素影响比较大，特别重要的一次影响是明末清初的大移民。"湖广填四川"带来的"移民"文化使得中原的建筑结构特征与四川的木构建筑相结合，带来了民居在建筑空间结构形式上的演变，形成了多元文化融合的特征。

第一，在建筑结构上以穿斗结构取代抬梁式。建筑理论家们认为，"中国传统民居的结构特征是结构梁柱支撑体系，四川以'穿斗'构架以挑廊、挑

---

① 周晓野：《平乐古镇的启示》，四川省民俗学会、宜宾市社科联编：《四川城镇民俗文化传承与创新》，四川大学出版社2007年版，第210页。

檐、挑楼的木结构技术为特征"①。在"穿斗"的具体做法上，四川民居建筑有丰富多样制作：有单挑出檐的硬挑，有加撑拱的斜挑。出檐常作单挑、双挑甚至三挑，又加撑拱、吊瓜柱，木挑枋作自然向上弯曲状，十分美观自然，可谓别出心裁，艺高胆大②。

第二，巴蜀古城镇建筑引入了南方民居中常见的建筑元素，比如"风火墙"。巴蜀传统民居很少连成一片，因此巴蜀传统城镇最初的建筑中并没有"风火墙"。明末清初"湖广填四川"运动之后，各地移民进入巴蜀，将徽式和潮汕建筑中所特有的"风火墙"也带进了巴蜀地区。实践证明，这种建筑形式在巴蜀是适用的。因此，现在我们可以在很多传统城镇看到"风火墙"的身影。如罗泉古镇的一大特色便是多、大、精，造型奇特、装饰殊异的"风火墙"。此外，龚滩古镇和仙市古镇的"风火墙"都是典型代表。

第三，巴蜀民居原有的干栏式建筑逐渐演变成了合院式的建筑平面布局。在清中期，随着经济的繁荣，沿街的连排民居建筑逐渐发展成了依据地形沿纵深方向多重进深的平面形式。这一特征除了在成都、阆中等名城中极为常见外，在福宝古镇的民居中尤为突出③。

第四，移民会馆建筑数量众多。明末清初，四川遭到战争的巨大破坏，人口大量死亡逃散，因而在清初进行了大规模的移民，四川很多城镇都是移民所建立的，各地移民和外来商人多建立起以同乡关系为纽带的宫庙型会馆。这些会馆因为代表不同地区移民的家乡建筑风格，在与本土建筑形式融合的过程中产生了一定的变异。它们既在一定程度上保留了移民来源地的特色，同时也受到留居地的自然地理、气候等条件的影响，以及原有建筑文化的影响，还受修建过程中所雇用当地工匠的影响，从而呈现出清代巴蜀城镇建筑所独特的建筑特色。这种特色尤以洛带的"四馆一园"建筑为代表。

被誉为"中国西部客家第一镇"的洛带镇，90%以上的居民都为客家人，至今仍讲客家话，沿袭客家习俗，广东、江西、湖广、川北四大会馆便坐落于古镇当中，成为四川移民会馆的典型代表。由此，我们可以看到，巴蜀各地在不断接纳先后迁入的各省籍移民的过程中，原有的社会文化结构被不断地更

---

① 参见荆其敏、张丽安：《中外传统民居》，百花文艺出版社2004年版。
② 陈正平：《传统民居与居住民俗的文化内涵及传承创新》，四川省民俗学会、宜宾市社科联编：《四川城镇民俗文化传承与创新》，四川大学出版社2007年版，第64页。
③ 刘致平：《中国建筑类型及结构》，中国建筑工业出版社2000年版，第28～39页。

新,形成了"客土同籍,习性熔铸混合"的巴蜀文化特色,在它庞杂表象后有着开放性的本质。巴蜀的会馆建筑巧妙地将外来的文化风格纳入地域传统之中,在巴蜀乡土建筑领域占有重要的地位;洛带古镇会馆建筑所反映的传统建筑在设计营造上的部分特征,在现代建筑的设计中仍有相当高的借鉴价值[①]。

除了移民文化对巴蜀历史文化名城名镇建筑的影响以外,部分城镇建筑还具有少数民族风情和异国风情。例如龙华镇的凉桥,其外形酷似黔东南与桂北地区的侗族风雨桥。由于工匠们在吸纳侗族廊桥建筑风格的过程中加入了当地的审美观念,因此龙华凉桥以柱架为桥面,廊上悬挂不少历代文人所写匾额,桥廊显得清灵秀丽,在造型上更加考究,文化气息也更加浓郁。

再如大邑安仁古镇的刘氏庄园,则是一组典型的中西合璧的建筑群。它既有中国封建豪门的奢华遗风,又吸收了西方宗教建筑的特色。刘氏庄园小姐楼六面攒尖的屋顶,和丰园三角形的窗户及柱式拱廊结合在一起,是那个特定历史时期中国吸收外来建筑文化的产物。

从上可以看出,巴蜀历史文化名城名镇的建筑风格吸收和融合了各地建筑文化的特点十分突出,既呈现出巴蜀传统城镇原住居民建筑思想,又与各种外来建筑思想融合,呈现出整体的美感。

(二)因势利导的建筑布局与因地制宜的用料选材

巴蜀历史文化名城名镇多依山傍水,其空间布局或于规矩方正中融合着因地制宜的思想,或沿山水地形自然蜿蜒中体现出对礼制规矩的执着追求。就城市外部形态而言,四川重要的沿江城市雅安、宜宾、泸州,其在外形上尽管都受到河流的影响而不完全规则,但其整体形状都体现出接近矩形的特征;再如依山傍水而建的乐山,城市沿河流交汇而成不规则状,却以正南北向的十字形街区而透露出对中原礼制城市形制的趋同。

巴蜀古镇的建筑布局一般而言或因山就势,凭险筑屋;或傍水而建,沿河兴镇。古镇建筑多位于高坎低坡,滨水河岸之上,山墙鳞次栉比,屋顶错落有致,一砖一木都浸透着千年的巴风蜀韵。

此外,巴蜀名城名镇的建筑主次分明。从结构尺度上看,名镇建筑不求宏大,讲究小巧得体、适度。平面空间讲究大小结合,小中见大,不仅善于利用前低后高的地形,而且能够使室内外的空间交融,取得开放、外实内虚的效

---

① 参见蔡燕歆:《洛带古镇的客家会馆建筑》,《同济大学学报》2008年第1期。

果。其建筑风格又受巴蜀地区多雨、潮湿和日照较少的气候影响，形成了"外围封闭、内庭开敞、出檐较长、天井院小"的特征。这些特征既适合自然气候条件，又以最经济、最简单的构造方式满足了生活要求。巴蜀名镇建筑呈现如此特点，也是其居民克服不利地形的影响，巧妙利用所处的自然条件，努力创造出良好生活空间的结果。

巴蜀古镇中的建筑除因势利导的布局外，还形成了"就地取材"的历史传统。这是巴蜀建筑工匠几千年来积累的一套实用的经验。因此，名镇建筑中所用材料的选择可以说是巴蜀人"靠山吃山，靠水吃水"观念的具体体现。从某种意义上说，巴蜀历史文化名镇可以简单分为"邻水"型和"靠山"型。邻水型名镇在建筑材料选择上多用水中圆石或鹅卵石，木材使用相对较少；靠山型名镇则多采用木材料或山中特有的石材料。如黄龙溪古镇以当地特有红砂石板铺就街面；罗泉镇位于山区，其五里长街全是竹、木、泥串架结构的绣楼骑店铺式的青瓦建筑。而作为特殊例子的柳江古镇，因其背依青山，旁临柳江，故其民居地基和街面都采用河里的鹅卵石；其房屋建造更是大量使用木材料，民居外墙壁带楼的侧面上下通用木板，显得特别大气豪华。而阿坝、金川一带的碎石碉楼，都江堰一带的卵石墙，阿坝藏族的片石墙，川东地区的规整石、乱石墙，达川、万源一带的片石屋面，其应用之广，砌筑方法之精，充分反映了巴蜀建筑的朴素特色，就地取材构成了建筑浓厚的乡土气息。

重庆磁器口古镇的传统建筑形态具有鲜明的巴蜀地域特色，具体表现在其结构形式、构造造型、建筑用材与建筑装饰等方面。结构形式主要采用穿斗式和捆绑式两种，易于适应地形的变化，布局灵活；可采用掉层、错层、吊脚等处理手法，为争取建筑空间创造了客观条件[①]。

中山古镇建筑顺应等高线自然展开，沿山间平坝地生长发展，空间紧凑合理，在很多建设条件恶劣的地形上，通过修筑堡坎、吊脚、跌落、架空等方式，让建筑尽可能地向平坝以外的空间伸展，保持街道空间的平坦舒适，满足人们的公共使用。

无论是磁器口镇还是中山古镇，在材料的采用上均大量运用当地盛产的竹木，如建筑的围护结构多为"竹篾夹墙"。这种围护结构通常是用在木构穿斗

---

① 李和平、严爱琼：《论山地传统聚居环境的特色与保护——以重庆磁器口传统街区为例》，《城市规划》2000年第8期。

构架的山墙上，在木柱上固定编制成网状的竹条，然后在竹网表面摸灰泥，形成壁体。这种竹编壁表面空隙很多，灰泥很易附着，整体干透后收缩小，不易开裂。其做法取材方便、经济易行，且建造速度快、通气性能好，重湿季节可防止室内结露，被称为"会呼吸的墙"[①]。而建筑构造造型多因适应本地区炎热的气候特点而形成，如大出檐、多层挑、斜撑拱、宽街沿、青瓦屋面等，增加了建筑通透空灵、潇洒飘逸的生动性。

（三）浓郁的地方民居建筑

巴蜀名城名镇囊括了巴蜀境内东、南、西、北、中及山地与邻水区域，甚至是民族地区的各类民居风格类型。

川西民居不同于北京之贵、西北之硬、岭南之富、江南之秀，它自有其朴实飘逸的风格。青石板铺就的街面，木柱青瓦的楼阁房舍，镂刻精美的栏杆窗棂，无不给人以古朴宁静的感受。

首先，它体现在建筑造型上是轻盈精巧的。川西的盆地气候使得这里夏季炎热、冬季少雪、风力不大、雨水较多。为了适应这种气候条件，建筑大多采用"墙倒屋不塌"的木质穿斗结构，双坡屋顶（庙宇则常用歇山顶）、薄封檐、室内木地板架空，开敞通透，轻巧自如。建筑的梁柱断面也较小，这使得整栋建筑显得更加飘逸潇洒。民居建筑一般为一至二层，若是二层，楼上则多做成阁楼形式，高度相对较小，相应地成了一处储藏隔热的地方，但从建筑的造型来看，反而突出了建筑的和谐、飘逸之感。临江飞檐翘角的木质吊脚楼则是古蜀民居"干栏"文化的体现。

其次，川西民居的飘逸风格还表现在它的建筑色彩上。如黄龙溪的总体建筑色彩给人的感觉不外乎是朴实淡雅。这种飘逸的风格还体现在住宅布局中的开敞自由，自然而生，整体而长。由于川西地区多山，所以民居布局不十分讲究朝向，因地而宜，且天井纵深较浅，以节省用地面积。这就形成了川西传统的民居建筑特征：以庭院式为主要形式，基本组合单位是"院"，即由一正两厢一下房组成的"四合头"房，立面和平面布局灵活多变，对称要求并不十分严格。院内或屋后常有通风天井，形成良好的"穿堂风"，并用檐廊或柱廊

[①] 李先逵：《古代巴蜀建筑的文化品格》，《建筑学报》1995年第3期。

来联系各个房间，灵巧地组成街坊①。大体来讲，木结构、三合院或四合院新式、长出檐、青瓦白墙、雕花门窗、不对称等特点，是川西民居的典型特点。

罗城古镇的建筑代表了川南民居传统穿斗木构架形式，主街为船形结构，东西长209米，南北宽9.5米，船形街两侧长廊就是当地所称的"凉厅子"，穿越赶街不淋雨、不湿足、不被太阳晒，可谓晴雨相宜。中外建筑考古专家说"折中穿斗构架新式建筑，可防地震"。

铁佛镇的民居建筑建于明清时期，以四合院为主，有造型隽秀的厢房和威而不露的正屋，廊亭楼阁构造巧夺天工，风火山墙翼角高翘，雄奇瑰丽。铁佛镇的民居建筑是典型的四川民居的风格，青砖乌瓦，竹篾夹土墙，屋檐飘出，建筑艺术上力求精美，大到厢房、回廊，小到屋檐、斗拱，每一处都精雕细琢，折射出房主不凡的品位和欣赏水平。

昭化古镇街道全铺青石板，镇内民房多为木质结构庭院；庙宇、广场都是雕梁画栋，玲珑别致，至今仍有富丽堂皇之感。

川东及巴渝院落民居在建筑格局上表现为独特的定式和格局。按照建筑规模分有大院子、中等院子和小院子。院落一般是粉墙、青瓦、穿斗排列构造。在建筑形式上以单檐歇山式居多，一般院落较少双檐的。有双檐的往往是排列结构的两层或多层式排列，楼上往往叫书楼，或者供女儿居住称作闺房②。川东多山，地势高低错落、险峻。由于常在坡地上建房，其代表性的民居就是吊脚楼，特别是在长江和嘉陵江沿岸。吊脚楼建筑群具有灵活多变、不拘一格的平面和立面布局。重庆的地形多陡坡、峭壁和悬崖，由于自然条件苛刻，吊脚楼的建设布局淡薄了正统建筑概念，往往依山临水而建，不追求轴线、中心和对称，而是随坡就坎，随弯就曲，依照地形等高线曲折展开。从整体上看，山崖成为建筑空间的界面，建筑成为岩体的支撑，吊脚楼的建筑哲学不强调规制的约束，而是强调依附于自然、顺应于自然，强调建筑造型与山地空间环境之间的自然平衡，充分利用山地自然空间，并由此自然形成了千变万化的建筑风格和城市风貌。

中山古镇便是巴渝民居的典型代表。中山古镇是西南地区规模最大、保存

---

① 徐淑娟：《从黄龙溪民风民俗看川西传统民居特色》，《西南交通大学学报》（哲社版），2005年第9期。

② 李天明：《川东院落民居历史文化的瑰丽展示》，《西部资源》2006年第6期。

最完好、最具有民族特色的古建筑群。其中最有特色的就是极具重庆地方特色的传统民居建筑——吊脚楼，现尚存有数百座。老街西侧临笋溪河面的民居，大多采用这种形式，依靠河岸用树木桩、木柱、砖石柱支撑在岩体上，将建筑架空，形成一至三层错落有致的吊脚楼建筑群。吊脚楼是重庆传统民居的典型和精华，具有独特的建筑文化特征。

阿坝藏族羌族自治州的羌族碉楼代表了川西民族地区的建筑风格。

碉楼多建在高山或半山腰上，由几户到几十户聚寨而居，称"羌寨"。房屋用不规则的石块（片）砌成平顶碉堡式，为一种无梁土石建筑，结构独特、外形美观、造型多样，有四角形、六角形和八角形，最高可达十多层，小窗口，结构严密，棱角整齐，外观雄伟，坚实耐用。楼的下层圈养牲畜，中层住人，上层堆放粮食等，房顶可晾晒粮食衣物。保留至今的以明嘉靖年间修筑的茂县篙坪碉楼和明万历年间修筑的理县佳山、若达寨碉楼最为著名[1]。

总体来看，巴蜀古城镇建筑文化是中华民族建筑文化的一个有机组成部分，中国古建筑几千年来一脉相承，形成独特而又完整的建筑体系。由于广大地区自然条件和就地取材不同，使建筑在一个总的民族性之下，又派生出丰富多彩的地方特性。而其在建筑群体中鳞次栉比的马头墙、风火墙，挺拔的土碉、石碉、塔楼，山地中"台、吊、梭、跌"的灵活运用，使建筑跌宕多姿，千姿百态，倍显巴蜀地区的独特风情。

三、民风民俗文化特色突出

历史文化名城名镇的存在价值是以其完整的文化形态而出现的。这一文化形态，不仅包括古建筑物、古朴的环境以及众多文物遗存这些凝固的、静止的事物，而且还包括世代生活在这些老房子里的古镇人传统的生存状态，即他们传统的生活方式、生产方式和文化方式。

巴蜀大地历史悠久，文化源远流长。在人类生存繁衍的漫长历史过程中，形成了独具特色的民风民俗和民间节庆，而且绝大多数名城名镇都有各自独特的地方性节日与庆典。传统的民风习俗，对于人们心理素质和古镇物质空间的形成起到了重要作用。因此，保护古城镇的风土人情更能体现城镇居民的群体

---

[1] 李北东、连玉銮：《藏羌碉房：华夏文明传承的特别载体》，《西南民族大学学报》2007年第10期。

意识，更能体现历史文化名城名镇别具一格的风貌特色。如都江堰每年枯水季节，仍保留着筑堤断水的"岁修"和清明时节的"开水"风俗；龙华镇在每年农历的六月十五日都要举行道教"朝山会"的活动；孝泉镇有每年年初举办"上九会"的习俗；罗城每年有"祈雨节"；广元昭化九月初一有"女儿节"；龙华镇正月十五有"烧龙灯"；洛带古镇有火龙节、水龙节等客家民俗，等等。

巴渝历史文化名城名镇的地方节庆日种类亦为繁多，皆因各地的民风民俗和民族特点而不同，尤其在各地古镇保存更加完整。如龚滩古镇盂兰节、娘娘会、富有土家族民族特色的赶年、富有苗族民族特色的蛮王洞香会，等等；合川涞滩古镇每逢某一神圣寿诞或其他定期有庆祝日，如正月灯节、二月观音会、三月无常会等。也有一些古镇根据旅游发展的需要，对地方资源进行挖掘，产生了一些新的节日，如走马镇内桃花遍野，每年春天桃花盛开之际，满山遍野，一片春色，1999年走马镇首开桃花艺术节，"以花为媒，以民间文化活动搭台，促使经济唱戏"。自然与人文、经济与文化的结合在走马镇得到了很好的体现，从而使"桃花节"成了走马镇的品牌，"看桃花，到走马"已成为重庆市民春季欣赏桃花的首选①。

巴蜀历史文化名城名镇是中国历史文化名城名镇中一个具有鲜明特色的分支，是巴蜀地区历史上几次大移民，特别是明末清初"湖广填四川"后所形成的移民社会的文化产物，具有很强的巴蜀地域特色。

第一，巴蜀历史城镇多选址于群山峻岭、江河纵横之地，类型丰富，变化多端，具有强烈的山地滨河特色。

第二，巴蜀历史城镇多讲究风水，善于结合自然，依山就势，因地制宜地创造出环境优美且富有生活情趣的城镇空间，将中国古代"天人合一"的理念发挥得淋漓尽致。

第三，巴蜀古代人民结合山地和地域气候特点，创造出独特的、适地性很强的干栏式建筑，又从独特的移民文化中衍生出别具一格的多种移民会馆建筑，充分体现了古代巴蜀人民的杰出智慧和令人叹服的创造力。

第四，由于巴蜀地区独特的历史，产生了独特的巴蜀移民文化。这种移民文化深深影响着巴蜀山地历史城镇的每一个角落，流传至今的许多巴蜀民俗正

---

① 唐良森：《巴渝风情》，人民出版社2005年版，第22页。

是各省移民文化大融合的产物。

第五，巴蜀历史城镇具有很高的历史价值、文化价值、科学价值、艺术价值和使用价值，是巴蜀人民宝贵的社会财富。

巴蜀历史城镇所具有的各种特色和价值，在市场经济条件下，是巴蜀人民可加以利用的、宝贵的社会文化资源。积极保护好巴蜀历史名城名镇，可以更好地促进巴蜀地区城镇的健康发展，是实现历史城镇可持续发展的具体行动，具有重要的社会和经济意义。

结　语

20世纪末以来，人类社会进入城市化的时代，全球有50%以上的人口居住在城市中。随着经济的发展，科学技术的快速进步，人类谋生方式不断发生变化，还会有更多的人口从农村进入城市，特别是中国等发展中国家的城市化正进入一个高速发展时期，城市化已经成为推动中国，甚至是推动全球经济发展的一种重要力量。

进入21世纪以后，随着信息化、新型工业化和经济全球化的快速发展，城市在国家和区域中的地位越来越重要，城市成为国家或地区经济与社会的发展中心，国家与国家、地区与地区之间的竞争，更多的是体现在城市与城市之间的竞争。中国城市化已经进入一个高速发展的新阶段，成为进一步推动中国经济社会发展的重要拉动力量。中国城市化的发展不仅对于中国的可持续发展具有重要的作用，而且中国经济社会发展中出现的各种深层次矛盾要得到根本解决，很大程度上也将聚焦于城市化进程。不仅如此，中国城市化对于世界经济发展也有重要意义。目前，中国经济已经走上了主要依靠内需拉动增长的轨道，而城市化是消费拉动和投资拉动最重要、最持久的动力，是经济社会发展的火车头。工业化必然伴随着城市化，并带来生产方式及消费方式社会化的变革。伴随着大量农村人口转移到城市之中，必然带动城市数量的增加和城市规模的扩大，而城市人口的增加和城市规模的扩大，也就必然要推动城市基础建设和公共服务设施的建设，推动房地产的发展，而基础设施、房地产建设则是投资拉动和消费拉动的重要动力。在现代社会，以城市为中心，带动农村、带动区域实现整体发展，已经是一种不可更改的大趋势，因而城市经济越发达，城市化程度越高，城乡差别也就越小。城市化进程中的城乡统筹也将促进农村和农业的巨大变化，城乡最终实现一体化发展。

随着城市化的快速发展，人类的文化也发生着根本性的变化，传统的、历史的文化受到城市化的冲击而出现解构，而以工业化、信息化为基础的新型城市文化正在开始成为世界文化的主流。随着高新技术的发展，互联网、电话、电视、广播、报纸、杂志、书籍等文化和文化传播方式正在改变人类的生活方式和价值观念，城市的空间、布局、建筑、风貌、道路、交通、景观也对人们的行为方式产生直接的影响。中国在经历了30余年的改革开放后，工业化、城市化、现代化已经进入快速发展通道，中国文明正在世界崛起。与此同时，中国的文化也出现新的变化，文化对于中国和中华民族的兴起具有越来越重要的作用。中国城市文化，包括城市物质文化、精神文化和制度文化都在新的时代发生着巨大变化，出现了新的发展趋势。

一、城市文化多元化、大众化的发展趋势较以往任何时候都更加凸显

在改革开放以前，中国城市文化的同质性很高，数亿人同一种思想、同一种生活方式、同一种朴素的服装、同一种简单的建筑。改革开放给中国城市带来巨大变化和发展动力，特别是20世纪90年代中后期以来，随着工业化、城市化、现代化的高速发展，越来越多的异质人口聚集在城市中，小城市发展为中等城市，中等城市发展为大城市，而大城市则发展为超大城市，甚至发展为巨型城市。不同地区、不同国家、不同民族的人口聚集在各种类型城市中，必然会使城市文化出现多元异质化的趋势。21世纪以来，由于计算机、互联网络、交通通信在中国的快速发展，更是给中国城市文化增加了新的活力，为多元文化的存在与发展提供了广阔的空间和新的形式。与此同时，城市文化的建设和发展不再是少数人的专利，每一个家庭、每一个城市个体都可以积极地参与到城市文化的建设中。大众参与城市文化，自由发表各种见解，表达个人心声，因互联网的普及，因博客、微博等的迅速兴起而成为一种不可阻挡的新趋势。在互联网时代，城市人的行为方式、生活方式、价值观念、行为准则也都随之而发生变化，文化多元化成为时代的特征。

由于大量异质人口和不同利益群体、不同阶层都聚集在城市这个文化容器中，因此必然会带来不同文化的冲突。城市文化多元化发展的另一个必然结果，就是要求各种文化之间要平等共处、和谐发展。包容性成为城市文化多元

化的价值追求和基本特征。中国正在走向和平崛起，要构建和谐社会，就必然要求城市中不同利益群体、不同阶层的人们必须要改变观念，增强和谐包容、多元共存的开放意识，这是信息时代城市文化发展的内在规律和内在要求。任何文化的发展都有其合理性，因而对不同的文化要给予更多的包容和生存发展的空间，不同文化之间要加强交流、对话和沟通。

在城市文化多元发展的趋势下，一方面要强调城市文化的多元共存，另一方面则要重视城市多元文化的和而不同。不同的文化只有在保持自己特色的前提下，才能形成自己的核心竞争力，才能得到更多的认同。所谓"愈是民族的，就愈是世界的"，正是基于此。任何一种文化都不是封闭的、孤立的，而是开放的、变化的，各种文化之间要相互交流、相互借鉴。通过文化的交流和借鉴，各种文化才能在交流中相互借鉴，在相互借鉴中不断地融合与创新。

二、城市文化出现产业化、商业化的趋势，经济与文化的互动关系变得越来越密切

在农业时代，文化是属于少数人的专利，是小众文化，文化人提倡文化纯粹化和单一化。进入工业时代，工业化和城市化的快速发展，使文化出现了大众化、世俗化趋势。现代教育的发展，使教育面向大众，并得到普及，而报纸、杂志、电视、广播、网络、电话等现代传媒更使文化面向大众。与此同时，文化产业开始兴起，文化产品在工厂中凭借现代科学技术手段，以标准化、规模化的方式被大量生产出来，并通过电影、电视、网络、广播、报纸、杂志等大众传播媒介传递给消费者，而面向大众的城市文化的商业化和娱乐化也更加突显。在文化大众化的过程中，文化与经济逐渐融为一体，文化与经济互动互生，文化产业开始兴起。在文化产业的发展过程中，越来越多的商业力量渗入其中，基于营利目的而进行文化活动的文化人和文化产品越来越多，如不少电影电视、报纸杂志的营利性十分明确。尽管有文化人对此种现象表示担忧，但是文化产业化和商业化的趋势已经变得不可改变；文化产业与文化事业并存，因而不可轻易否定文化的产业化和商业化。文化产业和文化事业都是要服务于广大人民群众的，促使广大人民群众成为社会主义文化产业和事业的参与者和享受者。

三、城市文化出现趋同与求新求变并存的趋势

20世纪中后期以来，经济全球化浪潮席卷世界各国，中国在改革开放以后也深受经济全球化的影响。随着经济全球化的推进，现代物质文明的趋同性使城市文化越来越出现趋同现象，特别是千城一面的现象变得越来越突出。在现代物质文明的挤压下，在城市趋同的背景下，人们开始反思并产生一种强大的反作用力，让求变求新成为城市文化的一种新现象。

21世纪，中国经济保持高速发展趋势，而伴随着经济的发展，中华文明复兴，中国文化崛起。而历史上的巴蜀文化也在新的时代发生变化，并出现新的繁荣。

在新型城市化、新型工业化的条件下，四川和重庆正在发挥后发展现代化地区的优势，一个以成都、重庆两个特大城市为中心的成渝经济区正在形成。成渝经济区主要包括重庆（市区）、江津、合川、永川、成都、雅安、乐山、绵阳、德阳、眉山、遂宁、资阳、宜宾、泸州、自贡、内江、南充、广安、达州、广元、都江堰、彭州、邛崃、崇州、广汉、什邡、绵竹、江油、峨眉山、阆中、华蓥、万源、简阳等33个不同规模、不同等级的城市。成渝经济区将成为中国经济发展的第四极。按规划，2015年成渝经济区的地区生产总值在全国的比重将达到6.5%，人均地区生产总值达到3.2万元，城镇化率达到52%，万元GDP能耗降低18%，城乡居民收入差距由目前的3.3∶1缩小到2.8∶1，将建成为西部地区重要的经济中心。再经过5年的建设，到2020年成渝经济区区域一体化格局基本形成，成为我国综合实力最强的区域之一，人均地区生产总值将达到4.7万元，城市化率达到60%。

经济的发展，将带来政治和文化的变化。在未来的日子里，成渝经济区不仅经济将发生巨大的变化，城市文化也将出现新的发展。源远流长的巴蜀城市文化，既是历史上巴蜀城市发展的结晶，又是当前巴蜀城市文化的重要组成部分。因而了解、认识和深入研究巴蜀城市历史文化，不仅是一件如何正确对待历史文化遗产的严肃事情，也是关系到城市和区域未来发展的重大问题。巴蜀文化不仅要传承与发展，同时也要与成渝经济区的建设相结合。在成渝经济区的建设过程中，既要发展经济，同时也要大力发展巴蜀文化事业和文化产业，将历史上所形成的巴蜀文化的精华转化为发展现代经济的动力，同时在巴蜀历史文化中注入时代的新元素，使巴蜀文化呈现更多元性、多样性和创新性。

伟大的时代呼唤着新的文化产生！

巴蜀城市文化将焕发新的时代光彩！

主要参考文献

史料文献

边政设计委员会：《川康边政资料辑要》，1940年。
蔡毓荣、张德地等修，钱受祺等纂：《四川总志》，康熙十二年刊本。
曹学佺：《蜀中广记》，台湾商务印书馆发行，影印本。
常明等修，杨芳灿、谭光祜等纂：《四川通志》，嘉庆二十一年刻本。
常璩撰，刘琳校注：《华阳国志》，巴蜀书社1984年版。
《三国志》，中华书局1962年版。
成都市政公所：《成都市市政年鉴》，1928年。
重庆陪都建设计划委员会：《陪都十年建设计划草案》，1946年。
崔高维校点：《周礼》，辽宁教育出版社2000年版。
大宁县志编纂委员会：《大宁县志》，海潮出版社1990年版。
德格县志编纂委员会：《德格县志》，四川人民出版社1995年版。
杜佑：《通典》，中华书局1984年版。
杜预、林尧叟附注：《春秋左传》，崇文书局刻本，1868年，影印本。
《后汉书》，北京图书馆出版社2005年版。
方象瑛：《使蜀日记》，道光十三年刻本。
《晋书》，中华书局1974年版。
冯任修，张世雍纂：《天启新修成都府志》，巴蜀书社1992年版。
冯玉祥：《我所认识的蒋介石》，文化供应社，1949年版。

傅润华等：《陪都工商年鉴》，文信书局1945年版。
龚煦春：《四川郡县志》，成都古籍书店1983年版。
顾山贞：《客滇述》，台湾银行印，1958年。
顾炎武：《日知录》，陕西人民出版社1998年版。
管仲：《管子》，华夏出版社2000年版。
广陵书社：《笔记小说大观》，广陵书社2009年版。
国民政府行政院编辑：《国民政府年鉴（第2回）》，《地方之部·重庆市》，国民政府行政院，1944年。
《汉书》，中华书局1962年版。
侯振彤：《二十世纪初的天津概况》，天津地方史志编委会总编室，1986年。
黄修复：《茅亭客话》，商务印书馆1927年版。
教育部教育年鉴编纂委员会：《第二次中国教育年鉴》，商务印书馆1948年版。
乐山市档案馆藏：《川南工商》，1944年6月21日，特刊。
乐山市地方志编纂委员会：《乐山市志》，巴蜀书社2001年版。
乐史：《太平寰宇记》，台湾商务印书馆发行，影印本。
黎学锦、徐双桂等修，史观等纂：《保宁府志》，道光元年补刻本。
李昌言：《泸县乡土地理》，1949年，石印本。
李昉、李穆、徐铉等：《太平御览》，中华书局1963年版。
李昉：《太平广记》，中华书局2008年版。
李吉甫：《元和郡县图志》，中华书局1995年版。
李林甫：《唐六典》，中华书局1992年版。
李焘：《续资治通鉴长编》，中华书局1979年版。
李亦人著，左永泽、郭宇屏校订：《西康综览》，正中书局1941年版。
李肇：《翰林志》，商务印书馆1927年版。
郦道元：《水经注》，北京图书馆出版社2003年版。
刘安等：《淮南子》，北京燕山出版社1995年版。
《旧唐书》，中华书局1997年版。
泸州市地方志编纂委员会：《泸州市志》，方志出版社1998年版。
鲁子建：《清代四川财政史料》，四川省社会科学院出版社1984年版。
绵阳市志编纂委员会：《绵阳市志（1840～2000）》，四川人民出版社2007

年版。

绵阳统计局：《绵阳年鉴（2001）》，四川科学技术出版社2001年版。

名山县志编纂委员会：《名山县志》，四川科学技术出版社1991年版。

内江市市中区编史修志办公室：《内江市志》，巴蜀书社1987年版。

农商部总务厅统计科：《中华民国元年第一次农商统计表》，上海中华书局1914年版。

欧阳忞：《舆地广记》，北京图书馆出版社2003年版。

《新唐书》，中华书局1975年版。

《新五代史》，中华书局1974年版。

攀枝花市志编纂委员会：《攀枝花市志》，四川科学技术出版社1994年版。

彭定求编，中华书局编辑部点校：《全唐诗》，中华书局1992年版。

彭洵：《灌记初稿》，中华书局2008年版。

彭泽益：《中国近代手工业史资料》，三联书店1957年版。

蒲道源：《闲居丛稿》，北京图书馆出版社2005年版。

仇兆鳌：《杜诗详注》，中华书局1979年版。

任乃强校注：《华阳国志校补图注》，上海古籍出版社1987年版。

任乃强、任新建：《四川州县建制沿革图说》，巴蜀书社2002年版。

任乃强：《西康图经》，新亚细亚学会，1934年。

阮元：《十三经注疏》，中华书局1980年版。

上海通社编：《上海研究资料》，上海书店1984年版。

《史记》，中华书局2006年版。

四川省安县志编纂委员会：《安县志》，巴蜀书社1991年版。

四川省巴县志编纂委员会：《巴县志》，重庆出版社1994年版。

四川省丹巴县志编纂委员会：《丹巴县志》，四川科学技术出版社2009年版。

四川省都江堰志编纂委员会：《都江堰志》，四川辞书出版社1993年版。

四川省地方志编纂委员会：《四川省志·地理志》，成都地图出版社1996年版。

四川省奉节县志编纂委员会：《奉节县志》，方志出版社1995年版。

四川省公安局：《四川省会公安局工作年报》，1934年。

四川省灌县志编纂委员会：《灌县志》，四川人民出版社1991年版。

四川省康定县志编纂委会：《康定县志》，四川辞书出版社1995年版。

四川省南充县志编纂委员会：《南充县志》，四川人民出版社1993年版。

四川省渠县地方志编纂委员会：《渠县志》，四川科学技术出版社1991年版。

四川省统计局：《四川地县经济1978～1987》，西南财经大学出版社1988年版。

四川省统计局：《四川统计年鉴（2007）》，中国统计出版社2007年版。

四川省统计局：《四川五十年》，中国统计出版社1999年版。

四川省万县市文化局：《万县地区文化艺术志》，四川人民出版社1996年版。

邵陆：《酉阳州志》，巴蜀书社2010年版。

《宋书》，中华书局1974年版。

石棉县地方志编纂委员会：《石棉县志》，四川辞书出版社1999年版。

舒新城：《中国近代教育史资料》，人民教育出版社1981年版。

孙光宪：《北梦琐言》，中华书局2002年版。

《宋史》，中华书局1985年版。

万县志编纂委员会：《万县志》，四川辞书出版社1995年版。

万县地区地名办公室：《四川省万县地区重要地名诠释》，1987年版。

王棻：《太平县志》，光绪十九年刻本。

王溥：《唐会要》，商务印书馆1900年版。

王培荀：《荣县志》，光绪三年刻本。

王士祯：《蜀道驿程记》，小方壶舆地丛钞，第七帙，光绪六年刻本。

王铁崖：《中外旧约章汇编》，三联书店1959年版。

王象之：《舆地纪胜》，中华书局1992年版。

魏了翁：《鹤山集》，北京图书馆出版社2004年版。

《魏书》，中华书局1974年版。

《隋书》，中华书局1974年版。

温江区地方志办公室：《温江乡土志》（宣统），温江区地方志办公室，2008年。

文同：《丹渊集》，上海书店1989年版。

吴士国：《万县商业志（1911～1988）》，万县日报印刷厂，1990年。

伍彝章等修：《蓬溪近志》，民国24年刻本。

向楚主编，巴县志办公室选注：《巴县志选注》，重庆出版社1989年版。

向达：《唐代长安与西域文明》，河北教育出版社2007年版。

萧统等：《六臣注文选》，上海古籍出版社1993年版。

《南齐书》，中华书局校点本，1972年。

谢桂华等：《居延汉简释文合校》，文物出版社1986年版。

徐坚：《初学记》，中华书局2000年版。

徐松：《宋会要辑稿》，中华书局1957年版。

徐雪筠等译编：《上海近代社会经济发展概况（1882～1931）》，上海社会科学院出版社1985年版。

《旧五代史》，中华书局2003年版。

袁珂：《山海经校注》，上海古籍出版社1980年版。

杨伯峻：《春秋左传注》，中华书局1981年版。

杨慎：《全蜀艺文志》，线装书局2003年版。

严可均校辑：《全上古三代秦汉三国六朝文》，中华书局1958年版。

宜宾市地方志办公室：《宜宾市志》，新华出版社1992年版。

佚名：《打箭炉志略》，中央民族学院图书馆，1979年油印本。

张典等修，徐湘等纂：《松潘县志》，1924年刻本。

张骥修：《温江县志》，民国10年刻本。

张澍：《蜀典》，安怀堂，1834年。

《明史》，中华书局1974年版。

张肖梅：《四川经济参考资料》，中国国民经济研究所，1939年。

《清史稿》，中华书局1998年版。

郑贤书等修，张森楷纂：《合川县志》（影印本），巴蜀书社1992年版。

政协甘孜藏族自治州康定县委员会：《康定县文史资料选辑》第1辑，1987年。

《中国城市统计年鉴（2007）》，中国统计出版社2007年版。

中国第一历史档案馆：《雍正朝汉文朱批奏折汇编》，江苏古籍出版社1991年版。

中国科学院历史研究所：《锡良遗稿》，中华书局1959年版。

中国农业银行经济研究处：《夹江纸业调查报告·四川手工业纸业调查报告》，1943年。

《中国少数民族社会历史调查资料丛刊》修订编辑委员会四川省编辑组：《四川彝族历史调查资料·档案资料选编》，民族出版社2009年版。

周开庆：《民国川事纪要》，（台北）四川文献研究社1974年版。

朱锡谷、陈一津等纂：《巴州志》，道光十三年刻本。

祝穆：《方舆胜览》，中华书局2003年版。

庄思恒、郑山：《增修灌县志》，1913年。

自贡市灯贸管理委员会编：《自贡灯会志》，四川人民出版社1994年版。

自贡市地方志编纂委员会：《自贡市志》，方志出版社1997年版。

傅崇榘：《成都通览》，巴蜀书社1987年版。

国内外著述

曹树基：《中国人口史·清时期》，复旦大学出版社2000年版。

陈德安、魏学峰、李伟纲：《三星堆——长江上游文明中心探索》，人民出版社1998年版。

陈桥驿：《中国城市历史地理》，山东教育出版社1998年版。

陈世松、喻亨仁、赵永康：《宋元之际的泸州》，重庆出版社1985年版。

陈正祥：《中国文化地理》，（香港）三联书店1981年版。

成都文物考古研究所：《金沙：21世纪中国考古新发现》，五洲传播出版社2005年版。

成都文物考古研究所：《金沙——再现辉煌的古蜀王都》，四川人民出版社2005年版。

成都文物考古研究所、四川大学历史系考古研究室、早稻田大学长江流域文化研究所：《宝墩遗址》，日本阿普有限会社，2000年。

程幸超：《中国地方行政制度史》，四川人民出版社1992年版。

《重庆》课题组著：《重庆》，当代中国出版社2008年版。

重庆陪都史书系编委会：《国民政府重庆陪都史》，西南师范大学出版社1993年版。

丛书编辑部：《当代中国的四川》，中国社会科学出版社1990年版。

代渝华：《老码头》，重庆出版社2007年版。

［德］黑格尔：《历史哲学》，上海书店出版社2001年版。

邓少琴：《巴蜀史迹探索》，四川人民出版社1983年版。

邓少琴：《近代川江航运简史》，重庆地方史资料组，1982年。

段超：《土家族文化史》，民族出版社2000年版。

段渝：《三星堆文明：长江上游古代文明中心》，四川人民出版社2006年版。

段渝:《四川通史》第1册,四川大学出版社1993年版。

［德］恩格斯:《家庭、私有制和国家的起源》,人民出版社1972年版。

樊树志:《江南市镇：传统的变革》,复旦大学出版社2005年版。

方兴:《历史深处的巴蜀古镇》,天地出版社2008年版。

傅德岷:《巴渝英杰名流》,重庆出版社2004年版。

格勒:《甘孜藏族自治州史话》,四川民族出版社1984年版。

郭声波:《四川历史农业地理》,四川人民出版社1993年版。

郭涛:《四川城市水灾史稿》,巴蜀书社1989年版。

何一民:《变革与发展——中国内陆城市成都现代化研究》,四川大学出版社2002年版。

何一民:《近代中国城市发展与社会变迁（1840~1949）》,科学出版社2004年版。

何一民:《中国城市史纲》,四川大学出版社1994年版。

侯德础:《抗日战争时期中国高校内迁史略》,四川教育出版社2001年版。

黄炳康、傅绥宁:《四川省经济区划》,四川科学技术出版社1989年版。

黄万波:《巫山猿人遗址》,海洋出版社1991年版。

季富政:《巴蜀城镇与民居》,西南交通大学出版社2000年版。

贾大泉、陈一石:《四川茶业史》,巴蜀书社1988年版。

贾大泉、陈世松主编:《四川通史》（卷4）,四川人民出版社2010年版。

贾大泉:《宋代四川经济述论》,四川省社会科学院出版社1985年版。

蒋彬:《四川藏区城镇化与文化变迁：以德格县更庆镇为个案》,巴蜀书社2005年版。

荆其敏、张丽安;《中外传统民居》,百花文艺出版社2004年版。

李吉荣:《乐山走向世界》,成都科技大学出版社1994年版。

李世平:《四川人口史》,四川大学出版社1987年版。

蓝勇:《古代交通生态研究与实地考察》,四川人民出版社1999年版。

林向:《童心求真集——林向考古文物选集》,科学出版社2010年版。

刘敦桢:《刘敦桢建筑史论著选集：1927~1997》,中国建筑工业出版社1997年版。

刘洪康:《中国人口》（四川分册）,中国财政经济出版社1988年版。

刘江:《中国区域发展回顾与展望》,中国物价出版社1999年版。

刘沛林：《古村落：和谐的人聚空间》，上海三联书店1998年版。

［美］刘易斯·芒福德：《城市发展史——起源、演变和前景》，中国建筑工业出版社1985年版。

刘致平：《中国建筑类型及结构》，中国建筑工业出版社2000年版。

罗开玉：《四川通史》（卷2），四川人民出版社2010年版。

［美］罗兹·墨菲：《上海——现代中国的钥匙》，上海人民出版社1987年版。

［德］马克思、恩格斯：《德意志意识形态》，《马克思恩格斯全集》第3卷，人民出版社2002年版。

马正林：《中国城市历史地理》，山东教育出版社1999年版。

毛曦：《先秦巴蜀城市史研究》，人民出版社2008年版。

［美］R.E.帕克等：《城市社会学》，华夏出版社1987年版。

蒙默等：《四川古代史稿》，四川人民出版社1988年版。

聂宝璋：《中国买办资产阶级的发生》，中国社会科学出版社1979年版。

欧泽高、冉光荣：《四川藏区的开发之路》，四川人民出版社2001年版。

彭伯通：《古城重庆》，重庆出版社1991年版。

皮明庥：《近代武汉城市史》，中国社会科学出版社1993年版。

蒲孝荣：《四川政区沿革与治地今释》，四川人民出版社1986年版。

钱耀鹏：《中国史前城址与文明起源研究》，西北大学出版社2001年版。

庆良：《战略地理学》，国防大学出版社2000年版。

任乃强：《四川上古史新探》，四川人民出版社1986年版。

任乃强：《康藏史地大纲》，西藏古籍出版社2000年版。

三星堆博物馆编：《三星堆研究》（第2辑），天地出版社2006年版。

四川大学历史文化学院考古系、云阳县文管所：《云阳李家坝遗址发掘报告》，《重庆库区考古报告集（1997）》，科学出版社2001年版。

四川省民俗学会等编：《四川城镇民俗文化传承与创新》，四川大学出版社2007年版。

四川省人民政府办公厅编：《迈向21世纪的四川城市》，四川人民出版社1998年版。

四川省文物考古研究所：《三星堆祭祀坑》，文物出版社1999年版。

苏秉琦：《中国文明起源新探》，三联书店2001年版。

谭辉章：《攀枝花改革十年》，四川人民出版社1989年版。

谭徐明：《都江堰史》，中国水利水电出版社2009年版。

唐良森：《巴渝风情》，人民出版社2005年版。

王笛：《跨出封闭的世界——长江上游区域社会研究（1644～1911）》，中华书局2001年版。

王绍荃：《四川内河航运史》，四川人民出版社1989年版。

王士性：《地理书三种》，上海古籍出版社1993年版。

隗瀛涛：《重庆城市研究》，四川大学出版社1989年版。

隗瀛涛：《近代重庆城市史》，四川大学出版社1991年版。

隗瀛涛：《四川近代史稿》，四川人民出版社1990年版。

文物出版社编：《新中国考古五十年》，文物出版社1999年版。

翁俊雄：《唐朝鼎盛时期政区与人口》，首都师范大学出版社1995年版。

武进：《中国城市形态》，江苏科学技术出版社1990年版。

徐中舒：《论巴蜀文化》，四川人民出版社1982年版。

徐中舒：《巴蜀文化初论》，四川人民出版社1981年版。

杨世才：《重庆指南》，巴蜀印刷社1938年版。

［意］马可波罗：《马可波罗行纪》，商务印书馆1954年版。

［英］裘昔司：《上海通商史》，商务印书馆1915年版。

应金华、樊丙庚：《四川历史文化名城》，四川人民出版社2000年版。

张瑾：《权利、冲突与变革》，重庆出版社2003年版。

张朋川：《中国彩陶图谱》，文物出版社1990年版。

张文奎：《人文地理学词典》，陕西人民出版社1990年版。

张晓生、刘文彦：《中国古代战争通览》，长江出版社1991年版。

张学君：《成都城市史》，成都出版社1993年版。

张学君、张莉红：《四川近代工业史》，四川人民出版社1990年版。

章玉钧总主编：《共和国五十年四川文史书系·城市建设展新姿》，四川人民出版社1999年版。

章玉钧总主编：《共和国五十年四川文史书系·"三线"建设铸丰碑》，四川人民出版社1999年版。

赵良行：《中国文化的精神价值：中国人文精神之检讨》，上海古籍出版社2003年版。

赵曦等：《川渝经济协作建设研究》，中国社会出版社2005年版。

赵曦：《四川经济跨越式发展研究》，西南财经大学出版社2003年版。

郑友揆：《中国的对外贸易和工业发展（1840～1948）》，上海社会科学院出版社1984年版。

周开庆：《四川与对日抗战》，（台湾）商务印书馆1987年版。

周洵：《芙蓉话旧录》，四川人民出版社1987年版。

周勇：《重庆：一个内陆城市的崛起》，重庆出版社1989年版。

周勇、刘景修：《近代重庆经济与社会发展（1876～1949）》，四川大学出版社1987年版。

周振鹤：《西汉政区地理》，人民出版社1987年版。

周振鹤：《中国地方行政制度史》，上海人民出版社2005年版。

周振鹤、李治安等：《中国行政区划通史》（元代卷），复旦大学出版社2009年版。

祝慈寿：《中国现代工业史》，重庆出版社1990年版。

论文报刊

蔡燕歆：《洛带古镇的客家会馆建筑》，《同济大学学报》2008年第1期。

蔡昌庆：《推进"工业强市"战略 实现乐山工业经济新跨越》，《市场经济研究》2002年第3期。

陈德安：《三星堆遗址的发现与研究》，《中华文化论坛》1998年第2期。

陈德安、罗亚平：《蜀国早期都城初露端倪》，《中国文物报》1989年9月15日。

陈果：《论早期巴文化及其与周边文化间的关系》，《民族学报》2007年第5辑。

陈剑、陈学志：《营盘山遗址——藏彝走廊史前区域文化中心》，《阿坝师范高等专科学校学报》2005年第1期。

陈建中：《古镇保护与旅游开发》，《现代经济探讨》2001年第11期。

陈世松：《黄龙溪古镇的历史文化脉络》，《成都大学学报》（社科版）2008年第1期。

陈显丹：《广汉三星堆遗址发掘概况、初步分期》，《南方民族考古》第2

辑，四川科技出版社1989年版。

陈显丹、何经泰：《寻找古蜀王国》，《华夏人文地理》2005年第12期。

陈占彪：《论文化发展的影响因素》，《郑州大学学报》（哲社版）2006年第2期。

成都市文物考古队等：《四川新津县宝墩遗址调查与试掘》，《考古》1997年第1期；

成都市文物考古研究所：《成都金沙遗址I区"梅苑"地点发掘一期简报》，《文物》2004年第4期。

成都市文物考古研究所：《成都市新津县宝墩遗址新发现》（打印稿），2010年。

成都市文物考古研究所：《温江县鱼凫村遗址1999年度发掘》，《成都考古发现（1999）》，科学出版社2001年版。

成都市文物考古研究所、郫县博物馆：《四川省郫县古城遗址1997年发掘简报》，《文物》2001年第3期。

成都市文物考古研究所、郫县博物馆：《四川省郫县古城遗址1998～1999年度发掘收获》，《成都考古发现（1999）》，科学出版社2001年版。

成都市邮电志编辑室：《我市第一个邮局的诞生和发展》，《成都志通讯》1990年第1期。

程龙刚：《自贡，盐味十足的历史文化名城》，《中国文化遗产》2010年第3期。

邓廷良：《巴人族源试探》，《南充师范学院学报》1985年第4期。

邓晓：《老重庆的城门与码头文化》，《重庆师范大学学报》2005年第1期。

董其祥：《巴蜀社会性质初探》，《巴蜀历史·考古·民族·文化》，巴蜀书社1991年版。

段渝：《论巴楚联盟及其相关问题》，《江汉论坛》1990年增刊。

段渝：《商代蜀国青铜雕像文化来源和功能之再探讨》，《四川大学学报》（哲学社会科学版）1991年第2期。

段渝：《秦汉时代的四川开发与城市体系》，《社会科学研究》2000年第6期。

范瑛：《清代四川城市发展与空间形制研究》，四川大学博士论文，2009年。

费孝通：《谈深入开展民族调查问题》，《中南民族学院学报》（哲学社会科学版）1982第3期。

格勒：《"茶马古道"的历史作用和现实意义初探》，《中国藏学》2002年第3期。

郭天祥：《地理环境与中国早期城市》，《陕西师范大学学报》（哲社版）2003年第4期。

国家住宅与居住环境工程中心：《2004年健康住宅技术要点》，2004年。

韩东洙：《清代府城的城制与营建活动之研究：以省城分析为主》，台湾大学建筑与城乡研究所硕士论文，1994年。

何清君：《南充经济增长分析与"十五"时期趋势展望》，《市场与发展》2000年第12期。

何一民：《长江上游城市文明的兴起——论成都早期城市的形成》，《中华文化论坛》2002年第2期。

何忠平：《川渝合作十年：背靠背还是脸对脸》，《金融界》2006年第11期。

贺云翱：《从考古学看中国上古城市建设》，《南方文物》1995年第4期。

黄升峰：《浅谈四川理县桃坪羌寨的建筑特点》，《当代艺术》2009年第3期。

黄晓斧：《"蜀""蚕丛""青铜立人"新释》，《中华文化论坛》2007年第2期。

黄以仁：《公园考》，《东方杂志》第9卷第2号。

贾兰坡：《四川史前考古学的希望》，《四川考古论文集》，文物出版社1996年版。

江章华：《成都平原的史前城址文化》，《寻根》2002年第11期。

江章华等：《成都平原的早期古城址群——宝墩文化初论》，《中华文化论坛》1997年第4期。

江章华等：《成都平原早期城址及其考古学文化初论》，《苏秉琦与当代中国考古学》，科学出版社2001年版。

江章华、王毅、张擎：《成都平原先秦文化初论》，《考古学报》2002年第1期。

蒋彬、白珍：《四川藏区城镇化进程初探》，《西南民族大学学报》（哲社版）2004年第12期。

蒋成、陈剑：《2002年岷江上游考古的收获与探索》，《中华文化论坛》2003年第4期。

阙孔壁：《抗战时期成都地区的进步文艺刊物》，《抗战文艺研究》1986年第2期。

李北东、连玉銮：《藏羌碉房：华夏文明传承的特别载体》，《西南民族大学学报》2007年第10期。

李和平、严爱琼：《论山地传统聚居环境的特色与保护——以重庆磁器口传统街区为例》，《城市规划》2000年第8期。

李炯光：《关于把万县建设成为重庆第二大都市的一些思考》，《三峡学刊》1997年第4期。

李明斌：《从三星堆到金沙村——成都平原青铜文化研究札记》，《四川文物》2002年第2期。

李天明：《川东院落民居历史文化的瑰丽展示》，《西部资源》2006年第6期。

李先逵：《巴蜀古镇类型特征及其保护》，《中国名城》2005年第5期。

李先逵：《古代巴蜀建筑的文化品格》，《建筑学报》1995年第3期。

李禹阶、黄晓东：《巴族社会组织的一般性与特殊性》，《巴渝文化》第3辑，西南师范大学出版社1994年版。

林成西、孔路原：《平乐古镇典型案例分析》，《成都文化产业蓝皮书2007年成都文化产业发展报告》，四川人民出版社2007年版。

林涓：《清代统县政区的改革——以直隶州为中心》，《中国历史地理论丛》2000年第4期。

林铭均：《四川威州彩陶发现记》，《说文月刊》（巴蜀专号四卷合订本），1944年。

林向：《成都附近四县考古调查》，《四川大学考古专业创建三十五周年纪念文集》，四川大学出版社1998年版。

刘道军：《从三星堆青铜神树到金沙太阳神鸟》，《重庆师范大学学报》（哲社版）2006年第5期。

刘道军：《金沙遗址中"太阳神鸟"的象征意义》，《成都大学学报》2006年第2期。

刘吉丙：《三十三年四川之商业》，《四川经济季刊》1945年4月1日。

刘茂才、谭继和：《巴蜀文化的历史特征与四川特色文化的构建》，《四川省情》2005年第10期。

毛曦：《巴国城市发展及其特点初论》，《西南师范大学学报》（人文社会科学版）第31卷第3期。

莫珍莉：《重庆——抗战时期的文教中心》，《四川与抗日战争》，（台湾）川康渝文物馆，1995年。

庞启航、陈颖：《成都近代公馆初探》，《四川建筑》2008年第4期。

彭建、赵鹏军：《重庆市的地理背景与区域发展研究》，《地理学与国土研究》2000年第3期。

蒲子问：《广元市场盛衰记》，《广元文史资料》1992年第5辑。

钱玉趾、沙马拉毅：《三星堆金杖与金沙金带新考》，《文史杂志》2007年第2期。

任乃强：《说盐》，《盐业史研究》1988年第1期。

［日］真水康树：《雍正年间的直隶州政策》，《历史档案》1995年第3期。

施劲松：《金沙遗址祭祀区出土遗物研究》，《考古学报》2011年第2期。

石军、康珺：《浅谈盐文化促自贡灯会旅游发展》，《现代商业》2009年第35期。

石逸文：《历代西昌城》，《凉山文史资料选辑》第11辑，1993年。

石占奎：《加快四川城市建设的思路》，《四川社联通讯》1991年第4期。

舒科、李小波：《黄龙溪古镇空间布局的伦理语象》，《中华文化论坛》2008年第4期。

沈仲常：《三星堆二号祭祀坑青铜立人像初记》，《文物》1987年第10期。

沈仲常、陈显丹：《四川广汉发现的东汉雒城遗址》，《中国考古学会第五次年会论文集》，文物出版社1988年版。

四川省博物馆：《川东长江沿岸新石器时代遗址调查简报》，《考古》1959年第8期。

四川省博物馆：《四川涪陵地区小田溪战国土坑墓清理简报》，《三峡考古之发现》，湖北科学技术出版社1998年版。

四川省博物馆：《四川省长江三峡水库考古调查简报》，《考古》1959年第8期。

四川省文物管理委员会：《成都羊子山土台清理简报》，《考古学报》1997年第4期。

四川省文物管理委员会、四川省文物考古研究所、四川省广汉市文化局：《广汉三星堆遗址一号祭祀坑发掘简报》，《文物》1987年第10期。

四川省文物考古研究所：《广汉三星堆遗址二号祭祀坑发掘简报》，《文物》1989年第5期。

四川省政府编：《四川统计月刊》第1卷第1期。

四川省政府编：《统计月报》1948年第4卷。

宋兴富、王昌荣等：《丹巴古碉群现状及价值》，《康定民族师范高等专科学校学报》2006年第4期。

宋治民：《六十年来蜀文化研究的重大收获》，《四川文物》2009年第4期。

孙华：《成都平原的先秦文化》，《苏秉琦与当代中国考古学》，科学出版社2001年版。

孙华：《成都十二桥遗址群分期初论》，《四川考古论文集》，文物出版社1996年版。

谭继和：《巴蜀文化研究的现状与未来》，《四川文物》2002年第2期。

谭继和：《神奇、神秘、神妙的巴蜀文化》（下），《四川党的建设》（城市版）2007年第9期。

谭晓钟、邹一清、段渝：《强国兴川之梦：四川经济一百年（1901—2000）》，《中华文化论坛》2001年第3期。

唐莉：《以批判地域主义的观点来看磁器口的改造》，《建筑设计》2004年第5期。

唐润明：《试论国民政府迁都对重庆的影响》，《重庆师范大学学报》（哲学社会科学版）1991年第4期。

田喜洲：《巴渝古镇旅游开发与保护探讨》，《重庆建筑大学学报》2002年第6期。

王进：《重庆人文精神的内涵与建设》，《西南大学学报》（人文社会科学版）2007年第2期。

王骏，邹海红：《川渝经济区的特殊性、复杂性及其构建思路》，《探索》2008年第6期。

王寿龄：《试论名城成都的城市及建筑特色》，《成都城市研究》，四川大学出版社1989年版。

王鑫：《忠县㽏井沟遗址群哨棚嘴遗址分析——兼论川东地区的新石器文化及早期青铜文化》，《四川考古报告集》，文物出版社1996年版。

王毅、江章华等：《郫县古城发掘取得重大收获》，《中国文物报》1998

年3月18日。

魏崴：《从三星堆、金沙出土金器探索早期蜀文化》，《文史杂志》2005年第2期。

文物出版社：《新中国考古五十年》，文物出版社1999年版。

吴庆洲：《四塞天险重庆城——古重庆城的军事防御艺术》，《重庆建筑》2002年第2期。

吴宏岐、汪新庄：《元代西南地区农牧经济的发展》，《中国历史地理论丛》1993年第4期。

五木：《四川人之生活程度》，《鹃声》1905年第1期。

项英杰：《出版业之发展及均衡分布论》，《出版界》1944年第1卷第4期。

萧放：《论巴楚文化的民俗特色》，《巴楚文化研究》，中国三峡出版社1997年版。

肖军、赵可：《近代四川生活习俗的演变趋势及特征》，《成都大学学报》（社科版）2002年第2期。

谢常勇、傅红：《浅析洛带古镇的空间形态》，《四川建筑》2009年第5期。

解洪：《弘扬李庄抗战文化，构建开放和谐宜宾》，《四川城镇民俗文化传承与创新》，四川大学出版社2007年。

辛中华：《岷江上游新石器时代遗存及相关问题探讨》，《四川文物》2005年第1期。

徐朋章：《四川藏区孟董沟的磨制石器》，《文物参考资料》1955年第6期。

徐淑娟：《从黄龙溪民风民俗看川西传统民居特色》，《西南交通大学学报》（哲社版）2005年第9期。

徐文华：《巴人与战舞及其升华》，《土家学刊》2001年第1期。

薛钟泰：《四川战时民教的回顾与前瞻》，《教与学月刊》第4卷第11期。

亚特：《铸造国民之母》，《妇女世界》1904年第7期。

杨方琳：《四川历史文化名镇文化旅游资源研究》，四川师范大学硕士学位论文，2004年。

杨文、魏海涛：《城市郊区化研究》，《城市问题》2004年第3期。

姚萍：《历史古城镇逆向空间景观构成及其演化——以四川黄龙溪古镇为例》，《规划师》2010年第1期。

俞伟超：《考古学新理解论纲》，《考古学是什么》，中国社会科学出版社

1996年版。

张国硕、阴春枝：《我国新石器时代城址综合研究》，《郑州大学学报》（社科版）1997年第3期。

张良皋：《巴师八国考》，《江汉考古》1996年1期。

张学君：《长江上游市镇的历史考察》，《四川城镇民俗文化传承与创新》，四川大学出版社2007年版。

赵殿增：《三星堆考古发现与巴蜀古史研究》，《四川文物》（三星堆古蜀文化研究专辑），1992年。

赵殿增、李晓鹏、陈显丹：《严道古城的考古发现与研究》，《中国考古学会第五次年会论文集》，文物出版社1988年版。

郑若葵：《寻觅巴人的聚落——解读巫山双堰塘遗址》，《永不逝落的文明——三峡文物抢救纪实》，山东画报社2003年版。

中日联合考古队：《都江堰芒城遗址1998年发掘工作简报》，《成都考古发现（1999）》，科学出版社2001年版。

周介铭：《略论成都形成与发展的地理因素》，《四川师范大学学报》1988年第4期。

周群华：《松潘古城考》，《四川文物》1991年6月。

周晓野：《平乐古镇的启示》，《四川城镇民俗文化传承与创新》，四川大学出版社2007年版。

周智生：《藏彝走廊地区族际经济互动发展研究》，《中国社会经济史研究》2010年第1期。

朱章义、张擎、王方：《成都金沙遗址的发现、发掘与意义》，《四川文物》2002年第2期。

庄燕和、鲜述秀：《重庆城的由来和发展》，《四川师范大学学报》（社会科学版）1980年第2期。

卓芬：《每况愈下的重工业的支柱——煤》，《新华日报》1944年2月11日。

后　记

　　编撰《巴蜀文化通史·城市文化卷》的工作已经完成数年，即将正式付梓。回想数年来的艰辛，不免有一些惆怅。当初设立该项目，我即感到困难重重，不愿承接，一是从2004年起，我就承担国家工程《清史·城市志》的编纂工作，压力十分巨大，时间和精力都不够；二是研究文化实非我所长，虽然多年来研究四川地方史、成都城市史也对城市文化研究有所涉及，但由于文化的内涵和外延十分广泛，既有广义的含义，也有狭义的含义，见仁见智，莫衷一是，很难把握。但在犹豫不决之时，有两位先生对我予以很大的鼓励，从而使我不得不改变初衷。一位是隗瀛涛教授，一位是李绍明教授。隗瀛涛教授是我的硕士生导师，我于1985年毕业后留在四川大学任教，成为隗先生的学术团队成员，其后的20余年间一直与隗先生共同从事中国城市史研究和四川地方史研究。多年来，隗先生力主加强对巴蜀文化和巴蜀城市研究，但在《巴蜀文化通史》作为四川省繁荣社会科学的大型文化工程立项后，他因身体不适而未承担具体项目，他力主设立巴蜀城市文化卷，并建议我来承担该工作。因此，我不能有拂恩师的美意，必须接过他传递来的接力棒，在学术之山的曲径上继续前行。本书的大纲虽由我提出，但基本思路也是与隗先生相商后才确定的。但不等初稿完成，隗先生却已仙逝，本书的出版就是对他的一个很好的纪念。李绍明先生是四川学术界的前辈，他以研究民族史和民族学而蜚声海内外。李先生是土家族，重庆市秀山人，在四川省民族研究所工作，但有时也到四川大学来讲学或参加学术活动，因而我与他有较多的接触。20多年来他一直就对我十分关怀，不吝赐教。四川和重庆是一个多民族聚居区，而研究巴蜀文化，不能不涉及藏族、彝族、羌族、苗族、土家族等少数民族的文化，而我对有关知识却知之甚少，特别是对渝东南地区的少数民族城市与文化的了解几乎为零，因而我向李先生诉说困难，但他却鼓励我，认为我能完成这个工作，并表示可以帮助我，愿为我提供渝东南地区的资料，因而我也不好拒绝他的美意和关心。本书有关渝东南部分的初稿就是在他的帮助下完成的，李先生审阅了相关部分初稿，并给予肯定。遗憾的是，李先生也于2009年驾鹤西去，我又失去了一位良师。

本书在写作过程中得到四川学术界多位前辈和学友的帮助。《巴蜀文化通史》学术委员会在章玉钧先生的领导下，工作严谨。章玉钧先生提倡学术研究要有吹尽狂沙始见金的锲而不舍精神，力主编撰《巴蜀文化通史》要有精品意识，因而对每一卷文稿都严格要求。编委会的林向先生、胡昭曦先生、贾大泉先生、谭继和先生、陈玉屏先生、沈伯俊先生、万本根先生、罗鸣先生、彭邦本先生等人都是以严谨的学术态度来审阅书稿的。本书在此之前已经接受过四次评审，每一次评审会，各位先生都认真地对书稿进行了审阅，并提出了若干中肯的修改建议，在此表示衷心的感谢。

四川大学城市研究所是一个团结的学术团队，但由于从2004年开始承担国家工程《清史·城市志》以后，全部的人员都投入该项目的研究工作中，因而为了不影响《清史·城市志》的研究工作，本书的编撰都未让城市所的同仁参加，只安排了部分博士生和硕士生协助收集资料，其中吴珂、陈琼等人也在此基础上完成了学位论文，他们的研究成果有一部分被纳入本书稿中。2011年，本书进入修改阶段，《清史·城市志》也完成交稿，故而四川大学城市研究所的范瑛副教授（现已为教授）、谯珊副教授参与了本书部分章节的资料补充和修改。范瑛副教授主要参与了城市空间部分的资料补充和修改，谯珊副教授主要参与了历史文化名镇部分的资料补充和修改。此外，还有多名研究生参与了本书稿的校对工作，在此加以说明。

何一民
于四川大学东风五幢城市研究所
2021年11月28日

图书在版编目（CIP）数据

巴蜀文化通史. 城市文化卷 / 章玉钧, 谭继和主编；何一民等著. -- 成都：四川人民出版社, 2021.12
ISBN 978-7-220-10575-3

Ⅰ.①巴… Ⅱ.①章… ②谭… ③何… Ⅲ.①文化史—四川②城市文化—文化史—四川 Ⅳ.①K297.1

中国版本图书馆CIP数据核字（2017）第280109号

BASHU WENHUA TONGSHI
CHENGSHI WENHUA JUAN

巴蜀文化通史 城市文化卷

何一民等 著

出 品 人	黄立新
项目统筹	谢 雪 董 玲 谢 寒
责任编辑	董 玲 周晓琴 孟庆发
封面设计	张 科
装帧设计	经典记忆 戴雨虹
责任校对	林 泉
责任印制	祝 健
出版发行	四川人民出版社（成都三色路238号）
网 址	http://www.scpph.com
E-mail	scrmcbs@sina.com
新浪微博	@四川人民出版社
微信公众号	四川人民出版社
发行部业务电话	（028）86361653 86361656
防盗版举报电话	（028）86361653
制 版	四川省经典记忆文化传播有限公司
印 刷	成都东江印务有限公司
成品尺寸	180mm×260mm
插 页	14
印 张	30.75
字 数	544千
版 次	2021年12月第1版
印 次	2021年12月第1次印刷
书 号	ISBN 978-7-220-10575-3
定 价	138.00元

■ 版权所有·侵权必究
本书若出现印装质量问题，请与我社发行部联系调换
电话：（028）86361656